管理教材译丛

MANAGERIAL ACCOUNTING

17th Edition

管理会计

（原书第17版）

[美]　雷·H. 加里森　　埃里克·W. 诺琳　　彼得·C. 布鲁尔　　著
（Ray H. Garrison）　（Eric W. Noreen）　（Peter C. Brewer）

王满　译

机械工业出版社
CHINA MACHINE PRESS

本书通过巧妙地介绍管理人员在组织中必备的三项基本技能（计划运营、控制行动、制定决策），引出了管理会计的重要性，系统诠释了如何收集并有效运用会计信息。本书内容全面，囊括了各种类型的企业案例和例子，帮助读者理解管理人员在实际工作中所涉及的管理会计专业知识与实务。第17版进行了大量的修订，新增了战略绩效管理这一章，拓展了企业社会责任的内容，以确保本书与时俱进，既关注管理会计理论前沿问题，也满足实务工作者对热点话题的理解和应用。

本书可作为会计学、财务管理等专业本科生和 MBA 的教材，也可作为管理会计理论研究者、企业管理者以及从事企业实务的会计师的参考书。

Ray H. Garrison, Eric W. Noreen, Peter C. Brewer.

Managerial Accounting , 17th Edition.

ISBN 978-1-260-24778-7

图书在版编目（CIP）数据

管理会计：原书第 17 版 /（美）雷·H. 加里森（Ray H. Garrison），（美）埃里克·W. 诺琳（Eric W. Noreen），（美）彼得·C. 布鲁尔（Peter C. Brewer）著；王满译 . —北京：机械工业出版社，2024.2

（管理教材译丛）

书名原文：Managerial Accounting, 17th Edition

ISBN 978-7-111-75017-8

I. ①管…　II. ①雷…②埃…③彼…④王…　III. ①管理会计－教材　IV. ① F234.3

中国国家版本馆 CIP 数据核字（2024）第 031275 号

机械工业出版社（北京市百万庄大街 22 号　邮政编码 100037）

策划编辑：吴亚军　　　　　　责任编辑：吴亚军
责任校对：潘　蕊　薄萌钰　韩雪清　责任印制：郜　敏
三河市国英印务有限公司印刷
2024 年 3 月第 1 版第 1 次印刷
214mm×275mm · 29.5 印张 · 946 千字
标准书号：ISBN 978-7-111-75017-8
定价：109.00 元

电话服务　　　　　　　　网络服务
客服电话：010-88361066　机　工　官　网：www.cmpbook.com
　　　　　010-88379833　机　工　官　博：weibo.com/cmp1952
　　　　　010-68326294　金　书　网：www.golden-book.com
封底无防伪标均为盗版　机工教育服务网：www.cmpedu.com

我使用加里森的教材已经很多年了，可以说，无论是教材的内容、练习题，还是网络资源，它都是我目前最喜欢的教材之一。作为教师，我们越来越多地被要求为学生提供批判性思维的练习，书中有些问题涉及的知识点是相当全面的，有助于增强学生解决问题的技能……

——史黛西·克莱恩（Stacy Kline），德雷塞尔大学（Drexel University）

它是管理会计的最佳教材之一，几乎涵盖了学习所需的所有材料，并传授了使用数据的方法，我真的很喜欢这本教材。

——帕梅拉·贝克（Pamela Baker），得克萨斯女子大学（Texas Women's University）

这是一个完整的学习系统，为学生提供了各种各样的方法来学习资料和概念，实现"乐中学"。

——朗达·K. 托马斯（Rhonda K. Thomas），巴特勒社区学院（Butler Community College）

这本教材的内容既实用又有趣。它不会让读者陷入复杂的解释，而是提供简单和易于理解的解释。教材的配套习题也写得很好，很适合布置家庭作业。

——卡莉·奥尔森（Kari Olsen），犹他州立大学（Utah State University）

我觉得这是市场上最好的管理会计教材。它不仅具有会计专业的读者所需的内容深度，而且非会计专业的读者也可以阅读。这本教材成功地将理论和实践进行了有机融合。

——约瑟夫·杰拉德（Joseph Gerard），威斯康星大学白水分校（University of Wisconsin-Whitewater）

我很喜欢！它是最好的管理会计教材。我认为没有任何一本教材能得到如此高的评价。

——杰瑞利·艾森豪尔（Jerrilyn Eisenhauer），塔尔萨社区学院（Tulsa Community College）

译者序 Translator's Preface

　　《管理会计》第17版是由著名管理会计学者、杨百翰大学的雷·H.加里森、华盛顿大学的埃里克·W.诺琳和维克森林大学的彼得·C.布鲁尔合作完成的一部经典著作。这本教材一直引领着管理会计的教学前沿，不仅享有其他教材竞相企及的美好声誉，而且吸引了两百多万学生使用，几届学生都对这本教材的可读性颇为赞赏。

　　这本教材注重跨学科知识的融合、理论与实务的融合，从企业管理的视角对管理会计课程的内容进行了较为深入和系统的阐述。书中设有众多的专栏以引导读者阅读并激发读者学习兴趣，运用了一系列工具培养和提升读者的学习能力。例如，每章开篇的"商业聚焦"通过生动的案例或前沿知识引出本章所要研究的内容；每章通过大量的"商业实战"突出本章知识点在实践中应用的思路和方法；"管理会计实践"专栏以管理者在讨论会上对话的形式引导读者思考专业问题；"本章小结"对每一章的知识点进行了梳理，并通过附有答案的"复习题"对该章中的重点和难点内容进行强化训练；每章后面配有思考题、基础练习、练习题、问题和案例，以层层递进的复习方式引导读者掌握管理会计的知识点。同时，部分问题和案例将职业道德有机地融入管理会计的决策思考中。这些内容不仅使读者可以巩固已学知识，增强对管理会计这门应用学科的感性认识，还可以极大地提高读者发现问题、分析问题和解决问题的实战能力。

　　本教材分为17章，涵盖的内容包括管理会计概述、管理会计与成本概念、分批成本法（计算单位生产成本、成本流转和对外报告）、分步成本法、本量利关系、变动成本法与分部报告（管理工具）、作业成本法（帮助决策的工具）、全面预算、弹性预算和业绩分析、标准成本和差异、责任会计制度、战略绩效管理、差量分析（决策的关键）、资本预算决策、现金流量表、财务报表分析。在第17版中，作者结合了用书教师的反馈意见及建议，对多个章节进行了修订，并增加了"战略绩效管理"一章，拓展了企业社会责任的衡量，以确保教材与时俱进，既关注管理会计的理论前沿问题，又能满足实务工作者对特定问题的理解和应用。

　　灯塔为水手引航，指示安全通道。在管理会计教学领域，加里森、诺琳和布鲁尔教授的这本教材如同灯塔，不断引领成千上万的读者走进管理会计，为读者指明方向，帮助他们顺利通过课程学习，掌握管理会计的专业技能。本书不仅可以作为教材，也可以作为广大会计与经营管理者在实际工作中的阅读和参考资料，虽然书中的各个专栏主要是结合国外企业的实践，但也有助于读者从国外管理会计的理论和实务中汲取有益的管理思路和方法，并应用到我国企业的管理会计实践中。

　　本书由本人翻译，在翻译过程中力求忠实于原文，努力做到信、达、雅。非常感谢我的研究生王涵、王钦、吕佳姝、尹悦、郑清源、陈婷婷在本书翻译过程中给予的支持和帮助。由于本人水平有限，书中难免有不妥和疏漏之处，敬请读者不吝指正。

王满

2023年12月于东北财经大学师道斋

雷·H. 加里森（Ray H. Garrison），杨百翰大学（位于美国犹他州普洛佛）会计学名誉教授，获杨百翰大学学士、硕士学位，印第安纳大学工商管理博士学位。

加里森教授以注册会计师的身份曾参与美国国家及地区会计师事务所的管理咨询工作，并曾在《会计评论》《管理会计》等专业期刊上发表多篇论文。加里森教授还以课堂教学创新获得了杨百翰大学的卡尔·G. 梅瑟（Karl G. Maeser）杰出教学奖。

埃里克·W. 诺琳（Eric W. Noreen），曾于欧洲工商管理学院（法国）和香港科技大学（中国）任教，担任华盛顿大学会计学名誉教授，目前担任天普大学福克斯商学院的会计学教授。

诺琳教授获华盛顿大学学士学位、斯坦福大学工商管理学硕士和博士学位，并获注册管理会计师协会授予的杰出执业证书。

诺琳教授曾担任《会计评论》和《会计与经济学杂志》的副主编，曾在《会计研究杂志》《会计评论》《会计与经济学杂志》《会计新视野》《会计、组织与社会》《当代会计研究》《管理会计研究杂志》《会计研究评论》上发表大量论文。

诺琳教授还获得多个由学生评议的教学奖项。

彼得·C. 布鲁尔（Peter C. Brewer），维克森林大学会计系讲师，此前曾于迈阿密大学担任会计学教授19年。布鲁尔教授获宾夕法尼亚州立大学会计学学士学位、弗吉尼亚大学会计学硕士学位、田纳西大学博士学位，并曾在《管理会计研究杂志》《信息系统杂志》《成本管理》《战略金融》《会计杂志》《会计教育问题》《商业物流杂志》上发表了40余篇论文。

布鲁尔教授曾是《会计教育》《会计教育问题》的编委会成员，他发表的论文《战略导向平衡计分卡》被纳入2003年国际会计师联合会优秀论文评选，论文《应用六西格玛改进财务职能》《精益会计是什么》分别获得2005年及2006年的管理会计莱布兰德（Lybrand）金奖及银奖，还曾获得迈阿密大学理查德·T. 法默商学院优秀教学奖。

在迈阿密大学任职前，布鲁尔教授曾担任德勤会计师事务所费城办事处的审计师，也曾担任长老会养老金委员会的内部审计经理。

前言 Preface

　　几个世纪以来，灯塔一直为水手引航，指示安全通道。与之类似，加里森、诺琳和布鲁尔教授也成功地引领成千上万的学生学习管理会计，为他们指明道路，帮他们顺利完成该课程的学习。

　　数十年前，灯塔一直是由手工操作的，而在当今数字化转型时期，灯塔的运行则是使用灯光自动转换器及其他现代化设备。同样地，加里森、诺琳和布鲁尔教授也对管理会计教学不断创新。就像灯塔不断为船员提供可靠指示，加里森、诺琳和布鲁尔教授的教材也不断引领、帮助学生顺利学习管理会计课程，并始终注重三项重要性质：相关性、准确性和清晰性。

　　相关性。本教材尽量帮助学生将书中概念与管理者决策相关联。加里森教授的作者团队确保管理会计与最新的教学方法和数字工具保持同步，允许学生使用 Excel 和 Tableau 分析、解释以及将会计数据可视化，使学生能够开发他们在市场高度重视的会计环境中的分析和沟通技能。

　　准确性。加里森教授的第 17 版教材仍对准确可靠的材料设定了标准。在每次修订中，作者对全书及补充材料进行评估，尽全力确保每章章末材料的一致性、时效性及准确性。

　　清晰性。几届学生都对加里森教授这本教材行文的亲切友好及可读性颇加赞赏，但这仅仅是个开端。在第 17 版教材中，作者结合了全美教师的意见及指导，对多个章节进行了重新编写，以确保加里森教授这本教材的授课与学习尽量简单。

　　作者对这三项核心要素的坚持收获了巨大成果。《管理会计》一直引领着市场，吸引了两百多万学生使用，并收获了其他教材竞相企及的可靠性声誉。

《管理会计》第 17 版的变动内容

基于教师的反馈，我们对《管理会计》这本教材做出了进一步完善。针对读者建议，作者对教材做出了如下变动。

（1）第 16 版中第 12 章的章名为"分权制组织中的业绩考核"，在第 17 版中，这一章已被拆分为两章，一章名为"责任会计制度"，另一章名为"战略绩效管理"。战略绩效管理是在实践中普遍存在的话题，这一章极大地扩展了我们对平衡计分卡的覆盖范围，提供了很多实施平衡计分卡措施的例子，比如如何从学习和成长、内部业务流程以及客户角度衡量非财务业绩，这些例子将丰富学生对该内容的理解。此外，这一章还扩展了公司如何衡量其企业社会责任绩效的内容。

（2）书后的综合练习已经从 13 道增加到 20 道。这些练习有助于学生了解各章的学习目标是如何相互结合的，同时适合改进课堂模式，营造主动学习的氛围，吸引学生并鼓励他们进行批判性思考。

（3）全书的商业实战进行了部分更新，为课堂讨论提供当前的现实案例，增进学生对本章关键概念的理解。具体变动如下。

第 1 章：新增了对大数据和数据分析的讨论，以及战略与竞争力分析师考试的相关内容，并提供了管理会计师协会《职业道德守则公告》的最新版本；新增 1 个商业实战，向学生介绍了管理会计师协会的管理会计能力框架。

第 2 章：第 2.1 ~ 2.5 节重点重申了相关成本和非相关成本，增加了可控制成本和不可控制成本、增值成本和非增值成本；新增 4 个商业实战；将附录 2A 的质量成本移至第 13 章。

第 3 章：新增 3 个商业实战。

第 4 章：修订了产成品成本表的格式；新增 1 个商业实战。

第 5 章：新增 1 个商业实战。

第 6 章：调整对经营杠杆的讨论，以强调对销量变化的分析；更新商业聚焦并新增 1 个商业实战。

第 7 章：更新商业聚焦。

第 8 章：更新商业聚焦并新增 2 个商业实战。

第 9 章：将"企业为何以及如何编制预算"的讨论减半，同时保留所有关键的见解。新增 2 个商业实战。

第 10 章：将与"理解根据预算和实际结果编制业绩报告时的常见错误"相关的学习目标替换为"编制基于多个成本动因的业绩报告以反映作业量差异及收入和支出差异"的学习目标。

第 11 章：新增 3 个商业实战。

第 12 章：将章名修改为"责任会计制度"；删除了经营业绩衡量和平衡计分卡的相关内容；将附录 12A（转让价格）和附录 12B（服务部门成本）移至章节正文。

第 13 章：这是第 17 版新增加的章节，本章章名为"战略绩效管理"，该章极大地扩展了平衡计分卡和企业社会责任的覆盖内容。

第 14 章： 新增 3 个商业实战。

第 15 章： 将获利指数的公式修改为"获利指数＝项目现金流入的现值 ÷ 所需投资额"；新增一个脚注，解释如何使用 Microsoft Excel 的 IRR 函数来计算内含报酬率；更新商业聚焦并新增 2 个商业实战。

第 16 章： 新增 2 个商业实战。

第 17 章： 更新商业聚焦并新增 3 个商业实战。

Contents 目录

第 1 章

绪论：管理会计概述

商业聚焦

管理会计：理解更广泛的背景

"利用价值创造价值"是当今管理会计师的信条。它表现出管理会计师对道德价值观的坚定承诺，并利用自身知识技能影响组织利益相关者价值创造的决策。这些技能要求管理会计师能够利用计划、预算、预测、决策以及数据科学（如数据的高级分析、数据的可视化和解释数据背后的故事）来进行风险管理和战略实施。管理会计师是了解企业财务、运营和市场业务的战略合作伙伴，他们报告并分析公司与利润有关的各项表现（财务报表），其中包含了财务及非财务指标。这些责任与盈利情况（财务报表）、流程（顾客导向及顾客满意度）、员工（员工学习及满意度）、地球（环境管理）有关。

资料来源：Conversation with Jeff Thomson, president and CEO of the Institute of Management Accountants.

1.1 管理会计是什么

本章将从回答以下两个问题入手：①管理会计是什么？②为什么管理会计对你的职业生涯如此重要？借以阐明为什么管理会计对所有商科学生的未来职业生涯如此重要，并通过对大数据、道德、战略管理、企业风险管理、公司社会责任、流程管理和领导力7个方面的探讨，明确了管理会计操作的业务环境。

许多选择本课程的同学都完成了对财务会计入门课程的学习。**财务会计**（financial accounting）主要关注向企业外部关系人（如股东、债权人和监管机构）报告财务信息。**管理会计**（managerial accounting）主要关注向企业内部管理层提供信息。图 1-1 总结了财务会计与管理会计的 7 点主要差异。财务会计与管理会计的根本区别在于财务会计为满足企业外部需求服务，而管理会计是为了满足企业内部管理层的需求。由于二者本质上是信息使用者的差异，因此财务会计侧重于企业过去活动的财务结果、客观性、可验证性、准确性以及企业整体业绩，而管理会计强调影响企业未来的决策、相关性、及时性及分部业绩。**分部**（segment）是指管理层需要了解组织内部的一个部分或一项业务活动的成本、收入、盈利数据。常见的业务分部有产品线、顾客群体（按年龄、种族、性别、采购量等划分）、地域、事业部、工厂、部门等。此外，财务会计要强制进行对外报告，且须遵循各项法规，如一般公认会计原则（GAAP）、国际财务报告准则（IFRS），而管理会计是非强制性的，无须遵循外部准则。

如图 1-1 所示，管理会计帮助管理人员进行 3 项重要活动——计划、控制和决策。**计划**（planning）包括制定目标，并确定如何实现目标。**控制**（controlling）包括收集反馈以确保计划正确执行，或随情况变化得以修正。**决策**（decision making）包括从互斥方案中选定具体行动方案。下面让我们来详细探讨一下管理会计的这三大支柱。

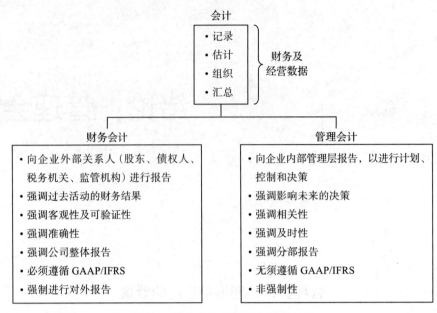

图 1-1　财务会计与管理会计的对比

1.1.1　计划

假定你在宝洁公司（Procter & Gamble）工作，负责公司对商科专业大学生的校园招聘。在此例中，将以制定目标作为你计划活动的开端，如招聘最优秀、最聪明的大学生。计划的下一步是通过回答下面一系列问题来确定如何达到该目标。

- 我们总共需要从各专业招聘多少学生？
- 哪些学校在我们的招聘计划中？
- 在各学校的招聘工作中，如何安排我们的工作人员？
- 什么时候组织面试？
- 怎样比较这些学生，并决定录用谁？
- 新员工的工资将定为多少？是否因专业不同而有所差异？
- 在此项招聘工作中预计我们会花费多少？

如你所见，计划过程需要回答很多这样的问题。计划通常伴随着预算。**预算**（budget）是指以定量形式表示的未来详细计划。作为宝洁公司招聘工作的负责人，你的预算要包含两项关键部分：一是你要与公司其他高管制定新员工的工资预算总额；二是你要制定一份此次校园招聘活动的资金预算。

|商业实战 1-1| 　　　　　　　　　　经营社区剧院的财务问题

制订计划和预算是经营社区剧院的重要工作。例如，海牛球员（Manatee Players）是佛罗里达州布雷登顿市的一家剧院，在过去的 10 年中，年预算由 48 万美元增长至 150 万美元。剧院的票务收入可支付 77% 的运营成本，其余财务支持来自个人及企业的捐赠。

除管理收入外，剧院也在寻找各种方式控制成本，例如通过内部制作节目每年可节省 3 000 美元；剧院将运营资金投放于宣传整季节目，而非个人节目；剧院还将部分营销预算由传统方式转向更具成本效益的社交媒体渠道。

资料来源：Kevin Brass, "Let's Put on a Show," *The Wall Street Journal*, November 3, 2014, p.D7.

1.1.2　控制

制订并开始施行宝洁公司的招聘计划后，你就进入了控制过程。该过程包含了对反馈信息的收集、评估和应对，以确保今年的招聘工作达到预期并寻求使下一年招聘工作更加有效的方法。控制过程要回答如下问题。

- 我们是否在各专业、各学校按计划数量成功地招聘到了学生？
- 我们是否将太多优秀的候选人流失给了竞争对手？
- 此次招聘过程中每名员工的工作是否令人满意？
- 我们制定的比较各个学生的方法是否奏效？
- 校园及办公室面试是否顺利？
- 新员工的工资总额是否在预算内？
- 招聘工作的花销是否在预算内？

如你所见，控制过程需要回答很多这样的问题。回答这些问题时，你不仅要简单回答是或不是，还要思考业绩超出或未能达到预期的深层原因。控制过程还包括编制业绩报告。**业绩报告**（performance report）是指将预算数据和实际数据进行比较，识别并学习出色的业绩，识别并消除较差的业绩。业绩报告也是用来评估、奖励员工的依据之一。

这个例子讲述的是宝洁公司的校园招聘，我们也可以看看美国联邦快递公司（FedEx）公司如何利用计划在一个晚上完成全球范围内的包裹配送，以及苹果公司（Apple）如何利用计划对连续的几代 iPhone 进行开发和营销。我们也可以探讨控制过程如何帮助辉瑞（Pfizer）、礼来（Eli Lily）、雅培实验室（Abbott Laboratories）确保它们生产的药品符合严格的质量标准，以及克罗格（Kroger）超市如何利用控制过程保持其货架上的存货。但也存在计划和控制失败的案例，如高田（Takata）公司召回了 3 000 多万件安装在本田（Honda）、福特（Ford）、斯巴鲁（Subaru）等汽车上有问题的安全气囊。总之，所有的管理人员（可能有一天也会包括你）都在执行着计划和控制活动。

1.1.3　决策

最基本的管理技能可能就是能够做出明智、以数据为基础的决策。一般来说，这些决策都会涉及以下 3 个问题：我们要销售什么？我们为谁服务？我们怎样执行？表 1-1 分别列举了与这 3 个问题有关的决策示例。

表 1-1　决策示例

我们要销售什么	我们为谁服务	我们怎样执行
销售的产品及服务的重心是什么	销售对象的侧重点是谁	怎样提供产品及服务
我们应提供什么样的新产品及服务	应先向谁提供服务	怎样扩大产能
产品及服务的定价应该为多少	谁应支付价格溢价或享受价格折扣	怎样缩减产能
应终止销售哪些产品及停止哪些服务	应停止向谁服务	怎样提高效率及效益

表 1-1 左栏反映了每家公司都要做出与它销售的产品及服务相关的决策。例如，每年宝洁公司都要确定怎样在众多品牌间分配销售预算，以使各个品牌均创造超过 10 亿美元的销售收入或者具有增长潜力。美泰公司（Mattel）要确定向市场推出什么样的新玩具。美国西南航空公司（Southwest Airlines）要为每天数千次航班的机票进行定价。通用汽车公司（General Motors）要确定是否停产某种型号的汽车。

表 1-1 的中间栏反映了所有公司都要做出与服务的客户相关的决策。例如，西尔斯百货（Sears）要决定怎样分配在不同产品间的销售预算，来吸引其不同性别的客户。美国联邦快递公司要对是否向全球范围内的新市

场扩展服务进行决策。惠普公司（HP）要确定为购买大量产品的集团客户提供什么样的价格折扣。银行要确定是否停止对无利可图的客户的服务。

表 1-1 的右栏反映了公司对如何执行计划进行的决策。例如，波音公司（Boeing）要对是否将建造飞机的零件进行外包做出决策，比如是否外包给古德里奇（Goodrich）、萨布（Saab）、劳斯莱斯（Rolls-Royce）。辛塔斯洗衣店（Cintas）要决定是否通过增加现有设备的建筑面积或者建造一个全新的设备，以提高在某地区的熨烫和洗涤能力。经济衰退期，制造商可能不得不决定是在 3 个工厂各取消一个 8 小时的轮班，还是关闭一个工厂。最后，所有公司都要在各个互斥的改善方案中进行抉择。例如，公司要决定是否安装新软件系统、升级设备，或是向员工提供额外的培训。

本章该部分阐明了计划、控制、决策是管理会计的三大支柱。本书将通过介绍怎样制订未来的财务计划，怎样通过获取、评估、应对反馈以不断接近目标，以及怎样做出明智的、以数据为基础的决策，帮助你成为一名更有效的管理者。

1.2 为什么管理会计对你的职业生涯如此重要

很多同学在选专业时会感到焦虑，因为他们不清楚该专业以后是否会有一个让他们满意的职业生涯。为降低这种焦虑，我们建议同学们不要过分关注未来不可控的因素，而要关注当下的可控因素。具体来说，要回答以下问题：为了在未来未知的职业生涯中取得成功，你现在能够做什么样的准备？最佳答案是学习技能，提高适应能力，让自己更能适应未来不确定的环境。

无论你最终是在美国还是在其他国家工作，是为大公司、小企业、非营利组织还是为政府机构工作，你都要了解如何为未来做计划，如何逐渐实现自己的目标，以及如何做出明智的决策，而管理会计技能对于所有职业生涯、组织和行业都是有用的。如果在这门课程中投入精力，你就为未来做出了一项明智的投资，虽然你现在可能还无法意识到这一点。接下来，我们将通过解释管理会计与商科和会计专业未来职业生涯的相关性，来进一步证实管理会计对你的职业生涯的重要性。

1.2.1 商科专业

表 1-2 举例说明了计划、控制和决策如何影响除会计专业以外的其他 3 个商科专业——市场营销、供应链管理、人力资源管理。

表 1-2 管理会计与 3 个商科专业的相关性

	市场营销	供应链管理	人力资源管理
计划	投放在电视、印刷、互联网广告上的预算是多少	下一期的计划产量是多少	在职业安全培训上计划投入多少资金
	开拓新领域应计划招聘多少销售人员	下一期的公共事业费预算是多少	在员工招聘广告中计划投入多少资金
控制	降价计划增加的产品销量是否达到预期	实际生产时的耗费高于预期还是低于预期	员工保留率是否超过了我们的预期目标
	假日购物季是否准备了过多库存	降低残次品数量的目标是否达到	是否及时完成了绩效评估的目标
决策	应该捆绑销售服务还是分开销售	是否需将某零件的生产转向海外供应商	是否需要聘请现场医务人员来降低医疗成本
	采用直接销售给顾客的方式还是通过经销商销售给顾客	是否需要重新设计制造流程以降低库存水平	应该聘用临时工还是全职员工

表 1-2 的左栏描述了在市场营销领域中计划、控制和决策的应用。从计划的角度来看，营销经理计划并决定在不同媒体渠道的广告投入的资金分配，以及为新领域配备销售人员。从控制的角度来看，营销经理可能密

切追踪数据，观察预计价格下降是否产生了预期的销售增加；他们还可能研究假日购物季的库存水平，以按需调整售价、优化销售。从决策的角度看，营销经理也制定了很多重要的决策，如确定将服务捆绑销售，还是将每种服务分开销售；他们也要决定将产品直接销售给顾客，还是通过经销商销售给顾客。

表 1-2 的中间栏阐述了供应链管理人员需要计划生产多少产品以满足预期客户的需求；他们也要为营业费用制定预算，如公共事业费、材料成本及人工成本等。在控制方面，他们要监控实际耗费，并与预算进行比较，密切关注经营指标，如与计划相比的实际生产的残次品数量。供应链管理人员也要制定众多决策，例如，是否将某零件的生产转向海外供应商，是否投资重新设计制造流程以降低库存水平，等等。

表 1-2 的右栏解释了人力资源管理人员怎样制定多种计划决策，如为职业安全培训以及员工招聘广告的资金投入进行预算。在控制方面，他们监控着许多管理问题上的反馈（如员工保留率），以及及时完成员工的绩效评估。他们也制定了很多重要决策。例如，是否聘请现场医务人员来降低医疗成本，以及在不确定的经济环境中是聘用临时工还是全职员工。

简洁起见，表 1-2 并未包括所有商科专业，如金融、信息技术、经济学。你能解释计划、控制和决策活动与这些专业的关系吗？

1.2.2 会计专业

许多会计专业毕业生的职业生涯都是从会计师事务所的工作开始的，即为他们的客户提供多种有价值的服务。其中一些毕业生会在会计师事务所建立成功和充实的职业生涯，但是大多数人会选择在某一时点离开这个行业，去其他组织工作。事实上，管理会计师协会（Institute of Management Accountants，IMA）估计，美国有超过 80% 的专业会计师在非公共会计环境下工作。[⊖]

公共会计职业具有很强的财务会计导向，它最重要的作用是通过确保企业历史财务报告遵循了适用的会计准则，以保护投资者及其他外部信息使用者。管理会计人员也要具备较强的财务会计技能。例如，他们帮助组织设计并维护财务报告系统，使财务信息得到可靠披露。但是，管理会计人员的主要职责在于与企业内部人员合作，提高业绩。

如果你是一名会计专业的学生，基于上述 80% 的数据，很有可能你将来是在非公共会计环境下工作。你的雇主很希望你能具备优秀的财务会计技能，但是他更希望你能利用计划、控制和决策的管理会计的基础技能来提高企业业绩。

| 商业实战 1-2 |　　　　　　　　　　　一个交流的机会

管理会计师协会（IMA）是一个大网络，具有来自超过 140 个国家的 10 多万名会计和财务专业人员。IMA 每年都举办大学生领导才能研讨会，吸引了来自 50 多所高校的 300 名学生参与，嘉宾讨论过的主题有：领导力、对成功职业生涯的建议、怎样在经济困难时期推销自己并在各个年龄层的员工中脱颖而出。一个参加过研讨会的学生说："我喜欢与我所关注领域的专业人士交流，因为他们的经历可能是我未来职业生涯的潜在路径。"如果想了解这一宝贵交流机会的更多信息，请电话联系 IMA 或访问它们的网址（https://www.imastudentconference.org）。

资料来源：Conversation with Jodi Ryan, the Institute of Management Accountants' Director, Education/Corporate Partnerships. (201) 474-1556.

职业认证：一项明智的投资

如果你打算学习会计专业，注册管理会计师（Certified Management Accounting，CMA）、战略与竞争

⊖ 统计数据由管理会计师研究与政策协会副主席兼常驻教授 Raef Lawson 提供。

力分析师（Certified in Strategy and Competitive Analysis，CSCA）和全球特许管理会计师（Chartered Global Management Accounting，CGMA）是全球认可的证书，能够提高你的可信度、升职空间以及薪酬。

CMA 考试由管理会计师协会主办，地点在新泽西州的蒙特维尔。成为注册管理会计师需要成为管理会计师协会的会员，取得认可高校的学士学位，具有连续两年的相关工作经验，并通过 CMA 考试。表 1-3 总结了 CMA 考试两个部分主要考查的内容。简洁起见，我们并未对表中的所有术语进行定义。该表的目的仅是强调 CMA 考试侧重于考查计划、控制和决策，这些技能对所有管理人员来说都是至关重要的。更多有关 CMA 考试的信息参见管理会计师协会网站（www.imanet.org）或拨打电话 1-800-638-4427。

管理会计师协会还主办 CSCA 考试，这是一个三小时的考试，包括 60 道选择题和 1 个案例分析题。考试内容包括战略分析、创造竞争优势以及战略实施和绩效评估三个方面。它适用于已经获得了 CMA 认证并担任着职员会计、首席财务官（chief financial officer，CFO）等相关职位的人员。

CGMA 考试由美国会计师协会（American Institute of Certified Public Accountants，AICPA）与特许管理会计师公会（Chartered Institute of Management Accountants，CIMA）联合主办，二者提供了两种成为 CGMA 的不同方式。AICPA 制定的条件是有会计专业的学士学位（同时大学期间共获得 150 学分）、通过注册会计师（Certified Public Accountant，CPA）考试、具有 AICPA 的会员身份、3 年管理会计相关工作经验以及通过 CGMA 的考试。该考试以案例分析为主，侧重考查专业技术能力、商业技能、领导力、社交技能、道德、正直以及专业性。请注意，AICPA 要求通过 CPA 考试，强调遵循各项准则，如鉴证准则、财务会计准则、商法、税法。更多有关 CGMA 考试的信息见 www.cgma.org。

表 1-3　CMA 考试的具体内容

第一部分	财务规划、绩效和分析
	外部财务报告决策
	规划、预算及预测
	绩效管理
	成本管理
	内部控制
	技术和分析
第二部分	战略财务管理
	财务报表分析
	公司理财
	决策分析
	风险管理
	投资决策
	职业道德

| 商业实战 1-3 |　　　　　　　　　　　　工资如何

管理会计师协会制定了如下表格，供管理会计人员估算自己的工资情况（单位：美元）。

			计算结果
起点基数		48 722	48 722
公司最高层管理人员	加	50 462	
或者公司高层管理人员	加	34 665	
或者公司中层管理人员	加	15 758	
从事该领域年限_____	乘	968	
具有高学历	加	16 050	
具有 CMA 证书	加	15 788	
具有 CPA 证书	加	10 447	_____
预计工资水平			_____

例如，如果你是公司最高层管理人员，且工作已 10 年，具有高学历和 CMA 证书，则你的预计工资为 140 702[=48 722 + 50 462 +（10×968）+ 16 050 + 15 788] 美元。

资料来源：Shannon Charles，"IMA's Global Salary Survey，" *Strategic Finance* March 2019，pp. 29-39.

1.3 管理会计：理解更广泛的背景

表 1-4 总结了本书各章节如何讲授计量技能，该技能广泛应用于管理人员的日常工作。例如，第 8 章阐述了与产品、服务、客户盈利能力相关的计量技能，第 9 章讲授了管理人员应如何制订下一年的财务计划，第 10 章和第 11 章介绍的计量技能为管理人员如何评价自己相对于预期计划的实施情况。然而，管理者需要在更广泛的业务环境中应用这些度量技能，以实现智能计划、控制和决策，理解这一点是至关重要的。大数据、道德、战略、企业风险管理、企业社会责任以及流程管理和领导力等要素共同构成了这样的业务环境。

1.3.1 大数据

据专家们估计，每一天的每一秒，我们每个人都在创造约 1.7 兆字节的新信息。全球人口超过 75 亿，这意味着我们在以一个惊人的速度生成新数据。然而，目前只有不到 0.5% 的数据被用于分析和决策，[一]因此，这也是业务经理理解和利用大数据的绝好机会。**大数据**（big data）是指从公司内部或外部收集的大量数据的集合，它们可以用来持续提供报告和支持分析。[二]大数据既可以是"结构化的"，如备忘录和报告；也可以是"非结构化的"，如视频、图片、音频和其他数字形式。

表 1-4 计量技能：管理者视角	
章节序号	管理者关注的关键问题
第 2 章	出于不同的管理目的，应进行怎样的成本分类
第 3 章	为客户提供定制化服务需要多少成本
第 4 章和第 5 章	对外报告的期末存货及销货成本是多少
第 6 章	若改变售价、销量及成本，利润将怎样变化
第 7 章	利润表应怎样列示
第 8 章	各项产品及服务的盈利情况如何
第 9 章	如何制订下一年的财务计划
第 10 章和第 11 章	对计划的执行情况如何
第 12 章和第 13 章	如何实施绩效衡量体系以实现战略目标
第 14 章	如何量化某项行动的财务影响
第 15 章	怎样制定长期资本投资决策
第 16 章	哪些现金流入及流出解释了现金余额变动
第 17 章	如何分析财务报表以更好地了解业绩

大数据有五大特征，我们称之为 5V。前 3V 分别是多样化（variety）、体积（volume）和速度（velocity），它们完善了大数据的定义。多样性是指数据中的数据格式存储的信息形式，其中包括传统的表单和数字格式、社交媒体、网页点击率、传感器反馈以及基于网络的音频或视频文件。体积是指大数据不断膨胀的体量，这使得公司必须对数据进行收集、清理、组织和分析。对于大公司，这可能是数百拍字节（PB）的数据（1PB=100 万 GB）。速度是指组织接收和处理数据的速率。当数据的保存期限有限时，这一点尤为重要。例如，零售业者如果能够以秒或分钟为单位接受和处理销售数据，而不是以天或周为单位，那么他们就能够更好地匹配供给与需求。

大数据的其余两个特征——价值（value）和准确性（veracity）定义了用户对大数据的期望。价值是指组织用于分析大数据的时间和金钱，这反映了利益相关者的价值取向。例如，股东们期望大数据分析能转化为财务效益，比如增加销售、提高投资回报和提高股价。准确性是指用户希望他们的数据准确可靠。对于专业的会计人士，准确性可能是 5V 中最重要的，因为他们的分析和意见，以及众多利益相关者（如管理者、投资者和监管机构）所依赖的数据，必须得到可验证数据的支持。

从管理会计的角度来看，管理者的目标是通过数据分析从大数据中获取价值。**数据分析**（data analytics）是指借助专门的系统和软件来分析数据，进而得到数据所含信息并得出结论的过程。[三]管理者通常通过使用数据可视化技术（如图形、图表、地图）将数据分析的结果传达给其他人。

数据分析可用于描述、判断、预测和规范的目的。描述分析用于回答以下问题：发生了什么？例如，管理者可以利用这些数据更好地了解收入和费用的历史趋势。判断分析用于回答以下问题：为什么会发生这种情况？例如，经理们可以分析经济指标（如新员工就业率）的变化，以帮助解释销售增加或减少的原因。预测分

⊖ 资料来源：Bernard Marr, "Big Data: 20 Mind-Boggling Facts Everyone Must Read," Forbes, September 30, 2015.
⊜ 资料来源：Lisa Arthur, "What is Big Data," Forbes, August 15, 2013.
⊜ 资料来源：https://searchdatamanagement.techtarget.com/definition/data-analytics.

析用于回答以下问题：会发生什么？例如，管理者可以使用预测技术（如回归分析）来预测下一个月份、季度或年度的销售额或费用。最后，可以使用规范分析来回答以下问题：我该怎么办？例如，管理者可以使用规范分析来决定某产品是否应该进行推广、淡化或停产。[⊖]

1.3.2　道德

道德是经济持续运行的润滑剂。没有该润滑剂，经济运行效率将大幅下降，这意味着消费者得到的产品或服务更少、质量更低、价格更高。换句话说，失去了商业诚信中的基本信任后，经济运行效率会更低。因此，为了各方利益（包括盈利企业），在建立并维持信任的道德框架中进行商业活动是至关重要的。

管理会计人员的行为准则

管理会计师协会已经颁布了《职业道德守则公告》，详细阐述了管理会计人员的道德责任。虽然该公告专门为管理会计人员制定，但是得到了更广泛的应用。该公告由两部分组成，全部列示在表 1-5 中。第一部分介绍了道德行为的一般准则。总的来说，管理会计人员在四大领域承担道德责任：一是保持高水平的专业胜任能力；二是以保密方式处理敏感问题；三是保持个人诚信正直；四是以可信方式披露信息。公告第二部分对发现的不道德行为提供了明确的解决方法。

《职业道德守则公告》向管理会计人员及管理者提供了有效、实用的建议。公告中的多数准则均出于实用性考虑，在商业活动中若不遵守，经济运行以及我们所有人都会受到损害。考虑以下未遵守公告准则的具体实例的后果。

- 假定不相信员工会保守机密信息。高层管理人员不愿意在公司内部传递此类信息，导致决策以不完全的信息为基础，经营情况就会恶化。
- 假定员工收受供应商的贿赂。那么签订合同的将是支付最高贿赂的供应商而非最胜任的供应商。你愿意乘坐由行贿最高的分包商制造的飞机吗？如果航空产业由于劣质零部件导致安全问题，会出现什么样的后果？
- 假定公司总裁经常在年报及财务报表中作假。若不能相信公司财务报表基本真实，则投资者将无法做出正确决策，缺少决策基础。设想最坏的情况，理性投资者将减少购买公司发行的证券，甚至根本不愿意投资。结果公司生产性投资不足，进而导致经济缓慢增长，产品和服务减少，价格升高。

道德不只是经济的润滑剂，还是管理会计的基础。如果管理会计人员没有能力，且不能客观、真实地进行收集、分析和报告，那么他们计划、控制和决策所依据的数据是没有意义的。随着职业生涯的展开，你不可避免地会面临道德上的抉择。做决策前，你需考虑以下几个事项：①你要定义自己的行动方案；②确定可能受你决策影响的各方；③确定每个行动方案对各方有怎样有利或不利的影响。完全理解了决策环境后，你要向外部寻求指导，例如管理会计师协会的《职业道德守则公告》（见表 1-5）、拨打 IMA 道德热线（800）245-1383，或与可信任的知己交流。在你的决策执行前，再问自己最后一个问题：我是否愿意将我的行动方案在《华尔街日报》的头版上公开？

表 1-5　管理会计师协会（IMA）的《职业道德守则公告》

IMA 会员的行为应遵循道德规范。承诺遵守的职业道德守则包括：表现我们价值观的总体道德原则，以及指导我们行为的准则
原则
IMA 的总体道德原则包括：诚实、公正、客观和责任。会员遵守这些原则，并鼓励组织内部其他人遵守

⊖　资料来源：Jake Frankenfield，"Data Analytics," published by Investopedia，链接：https://www.investopedia.com/terms/d/data-analytics.asp。

（续）

准则
IMA 会员有责任遵守并维护以下标准，未能遵守可能会导致纪律处分

Ⅰ. 胜任能力

1. 通过提高知识和技能，保持适当水平的专业领导力和专业技能
2. 根据相关法律法规和技术标准履行专业职责
3. 提供准确、清晰、简洁、及时的决策支持信息和建议，识别并帮助管理风险

Ⅱ. 保密性

1. 保持信息的保密性，除非获得授权披露或符合法律要求
2. 通知有关各方恰当使用机密信息，监控机密信息以确保其合规性
3. 避免将机密信息用于获取不道德或非法的利益

Ⅲ. 正直

1. 缓解实际的利益冲突。定期与业务伙伴沟通，避免明显的利益冲突。告知所有各方任何潜在的利益冲突
2. 避免进行任何有损于履行道德职责的行为
3. 避免参与或支持任何可能损害职业声誉的活动
4. 建立积极的道德文化，并将职业操守置于个人利益之上

Ⅳ. 可信性

1. 公正客观地交流信息
2. 披露可能会影响信息使用者理解报告、分析或建议的全部信息
3. 根据组织政策和 / 或适用法律，披露所有与信息、及时性、处理或内部控制方面相关的任何延迟或缺陷
4. 传达可能妨碍职业判断或成功执行计划的专业限制或其他限制

道德冲突的解决办法

在应用《职业道德守则公告》时，会员可能会遇到不道德的问题或行为。在这种情况下，会员不应忽视它们，而应积极寻求解决问题的办法。在确定遵循哪些步骤时，会员应考虑所涉及的所有风险以及是否应当实施存在防止报复的保护措施

当面临不道德问题时，会员应遵守组织的既定政策，包括使用匿名报告系统（如果可用）。如果组织没有既定的政策，会员应考虑以下的行动方针

1. 处置过程可包括与会员的直接主管进行讨论。如果主管似乎涉及其中，则可将其提交给上一级管理层
2. IMA 提供匿名帮助热线，会员可致电该热线，咨询 IMA 的《职业道德守则公告》中所提及的观点如何用于解决道德问题
3. 会员可咨询自己的律师来了解相关的法律义务、权利和风险

关于这一问题，如果努力后仍然无法解决问题，则会员可以考虑脱离该组织

1.3.3　战略

公司经营成功靠的不是运气，而是它们制定如何在市场中取得成功的战略。**战略**（strategy）是一项"制胜战术"，能够让公司在众多竞争者中脱颖而出，吸引客户。公司战略的侧重点是它们的目标客户。公司取得成功的方法是向目标客户提供一个在竞争者中选择自己的原因。这些原因是战略的本质，也被称作客户价值主张。

客户价值主张分为三大类：客户亲密关系、卓越经营及产品领先。采用客户亲密关系战略的公司实际上是在向客户说："您应该选择我们，我们可以提供比竞争对手更符合您个人需求的定制化产品。"丽思卡尔顿（Ritz-Carlton）、诺德斯特龙公司（Nordstrom）、沃特欧（Virtuoso，高级服务旅行社）的成功主要依靠客户亲密关系的客户价值主张。第二类客户价值主张是卓越经营，采用该主张的公司实际上是在向其目标客户说："您应该选择我们，我们可以更快地向您交付产品及服务。"美国西南航空公司、沃尔玛（Walmart）、谷歌（Google）是率先利用卓越经营取得成功的案例公司。第三类客户价值主张是产品领先，实行该主张的公司是在向其目标客户说："您应该选择我们，我们提供的产品质量比竞争对手的更高。"苹果公司、思科系统公司（Cisco Systems）、戈尔公司（W.L. Gore，戈尔特斯面料的创造者）是依靠产品领先取得成功的实例。[⊖]

负责计划的经理人详细地解释了他们试图控制的变量、制定的决策均受公司战略的影响。例如，沃尔玛不

⊖　这 3 类顾客价值主张取自 Michael Treacy and Fred Wiersema，"Customer Intimacy and Other Value Disciplines"，*Harvard Business Review*，Volume 71 Issue 1，pp.84-93.

会制订开设昂贵服装精品店的计划，因为这样的计划与公司卓越经营及"每日低价"的战略冲突。苹果公司也不会选取降低成本的业绩指标来进行控制经营，因为这些指标与其产品领先的顾客价值主张冲突。最后，即使有财务分析表明低价策略可短期内提升利润，劳力士（Rolex）也不会大幅度降低手表价格，原因在于它会降低奢侈品品牌效应，而奢侈品品牌是公司产品领先客户价值主张的基础。

1.3.4 企业风险管理

每项战略、计划及决策都有风险。**企业风险管理**（enterprise risk management）是指企业识别并应对风险，使企业能够确保达到目标的过程。表 1-6 左栏列出了企业面临的 10 种经营风险实例。风险范围从与天气相关的风险，到与计算机黑客、不遵纪守法、供应商罢工、损害客户的产品的相关风险。表 1-6 的右栏列举了控制方法，对应降低表 1-6 左栏中的各项风险。[⊖]虽然这些控制方法不能完全消除风险，但可以使企业主动管理风险，而不是被动地对已经发生的不幸事件采取行动。

表 1-6　识别并控制经营风险

经营风险举例	降低经营风险的控制方法举例
• 计算机文件中的智力资产失窃	• 建立防火墙以防止计算机黑客破坏或盗窃智力资产
• 出现损害客户的产品	• 开发一个正式且严格的新产品测试程序
• 因未预期的竞争对手行为而失去市场份额	• 制订一种可合法搜集竞争者计划和行动的方案
• 恶劣天气条件下停止经营	• 为克服天气相关的干扰制订应急计划
• 网站发生故障	• 互联网上线前需对网站进行全面测试
• 供应商罢工导致原材料供应中断	• 与两家能提供所需原材料的公司建立联系
• 薪酬奖励制度制定不恰当，导致员工做出错误决策	• 建立一套平衡的业绩指标体系，对所期望的行为提供激励
• 环境管理不善，导致声誉和经济损失	• 建立一个能够追踪关键环境绩效指标的报告系统
• 预算估计不准确导致生产过量或不足	• 实行严格的预算审查程序
• 未遵守《公平就业机会法案》	• 跟踪与合规相关的关键指标并编制报告

在管理会计中，公司利用控制来降低计划无法实现的风险。例如，若一家公司计划在预计的预算及时间内建造一台新生产设备，则它需制定并监督控制措施，确保项目按时且在预算内完成。风险管理也是决策的一个重要方面。例如，某公司向海外派遣工作来降低劳动力成本，则在进行财务分析时应谨慎评估其附带风险。海外生产商是否会雇用童工？产品质量是否会下降，进而导致维修、客户投诉、法律诉讼？客户下订单到产品交付的时间是否会大幅增加？公司的国内员工是否会降低生产积极性，并对公司内部造成危害？管理人员在决策过程中应该考虑上述风险。

公司在财务会计中也运用控制保护资产，最大限度地降低财务报告出错的风险。表 1-7 介绍了公司用以保护资产及降低财务报告出错风险的 7 种控制方法。表中每项均标注属于预防性控制还是探测性控制。**预防性控制**（preventive control）阻止不良事件的发生。**探测性控制**（detective control）监测已经发生的不良事件。

表 1-7　财务报告内部控制的类型

控制类型	类别	说明
授权	预防性控制	要求管理层对某类交易进行正式批准
调节表	探测性控制	利用数据间的关联识别并解决数据间的差异
职责分离	预防性控制	将授权交易、记录交易、保管相关资产的职责进行分离
物质防护	预防性控制	利用监控、锁、物理设施以保护资产
业绩考评	探测性控制	将实际业绩与各种基准进行比较，识别未预期差异
保存记录	探测性控制	保存手写和电子证据，为各项交易提供证据
信息系统安全	预防性 / 探测性控制	运用密码、访问日志等控制方法确保数据访问限制在恰当水平

⊖　除了使用控制方法降低风险外，公司还可以选择其他风险应对方法，如接受或避免风险。

如表 1-7 所示，某类交易需要授权属于预防性控制。例如，公司通常需要特定的高级经理对所有超过特定金额的支票进行签署，降低现金不恰当流出的风险。调节表是一项探测性控制。如将银行对账单与支票簿进行对照，检查是否有不符情况，该类调节称作银行对账。银行对账是一项探测性控制，识别银行或公司记录中已经出现的错误。另一类调节出现在公司对存货的实地盘点，将现有存货的价值与会计记录进行比对，识别并解决其中的不符情况。

表 1-7 也提到了职责分离，职责分离是一项预防性控制，将授权交易、记录交易、保管相关资产的职责进行分离。例如，一名员工不能同时负责授权存货采购、对采购业务记账、管理存货库房。物质防护防止未授权的员工接触资产，比如存货和计算机设备。业绩考评是一项由监督性职位员工实施的探测性控制，确保实际业绩与相关基准相比是合理的。若实际业绩偏离预期，则需进一步分析以确定偏离的根本原因。公司保存记录，为每项交易提供证据。例如，公司运用连续编号的支票（探测性控制）跟踪现金支出。最后，公司利用密码（预防性控制）和访问日志（探测性控制）限制电子数据，以维护信息系统安全。

再次强调，运用这些控制方法可降低公司的风险，但无法保证一定会达到该目标。例如，两名或多于两名员工可能会串通规避控制系统，或公司高层领导可能蓄谋凌驾于控制政策和程序之上，进而操作财务结果。这样的现实情况强调了高层领导（包括首席执行官和首席财务官）致力于在公司高层建立道德"基调"的重要性。

| 商业实战 1-4 |　　　　　　　　　　管理患者手术过程的风险

约翰霍普金斯大学（Johns Hopkins University）的研究者发现每年有超过 4 000 项索赔源于被认为不可能发生的事件——本应永远不会发生的手术失误，比如在错误的身体部位进行手术。研究发现，20 多年间，这类不可能发生的事件造成 6.6% 的患者死亡、33% 的患者永久性伤害。这些案例随后的诉讼赔偿总额高达 13 亿美元。

鉴于以上统计数据，很多医院更关注识别风险，并实施控制以降低风险。例如，为降低手术后将手术用具落在患者体内的风险，医院实行的控制方法有在每台手术前后查点器械、缝针、棉花的数量。伤口缝合前应用射频识别标签也可检测患者体内是否遗留手术用具。

资料来源：Laura Landro, "How to Make Surgery Safer," *The Wall Street Journal*, February 17, 2015, pp.R1-R2.

1.3.5　企业社会责任

企业负责制定策略，形成符合股东需求的财务成果。但是企业也具有向其他利益相关者（如客户、员工、供应商、机构、环境及人权倡导者等）提供服务的社会责任，它们的利益与企业业绩息息相关。**企业社会责任**（corporate social responsibility，CSR）是一种思想，即企业在制定决策时考虑所有利益相关者的需求。CSR 远远超出了法律合规的范畴，还包括为满足利益相关者预期的自愿行动。许多公司如宝洁、3M、礼来公司、星巴克（Starbucks）、微软（Microsoft）、基因泰克（Genentech）、强生（Johnson & Johnson）、百特国际（Baxter International）、雅培实验室、毕马威（KPMG）、PNC 银行、德勤（Deloitte）、美国西南航空公司、卡特彼勒（Caterpillar）在其企业网站中突出介绍了自己的社会责任业绩。

表 1-8 列示了 6 个利益相关者感兴趣的企业社会责任举例。[⊖] 若企业未能满足这 6 个利益相关者的需求，则会对企业的财务业绩产生负面影响。例如，如果企业污染环境或未向员工提供安全且人性化的工作环境，环境及人权倡导者的负面宣传可能使客户流失，"最佳"职位应聘者可能将简历投向别处，这两项最终都可能损害企业的财务业绩。这也就解释了为什么管理人员在应用管理会计时要考虑对所有利益相关者的影响，从而制订计划、实施控制、做出决策。

⊖　表 1-8 的多数例子来自 Terry Leap and Misty L. Loughry, "The Stakeholder-Friendlly Firm," *Business Horizons*, March/April 2004, pp.27-32.

表 1-8 企业社会责任举例

企业应向客户提供	企业与供应商应向员工提供
• 公允定价下安全的、高质量的产品	• 安全且人性化的工作环境
• 有能力、有礼貌、可快速交付产品及服务	• 非歧视待遇、集会及申诉不满的权利
• 完整披露与产品相关的风险	• 公平薪酬
• 易于操作的信息系统，用于购物及跟踪订单	• 培训、晋升、个人发展的机会

企业应向供应商提供	企业应向社区提供
• 公正的合同条款与及时付款	• 纳税
• 准备订单的合理时间	• 有关计划的真实信息，如关闭工厂
• 对及时、完整的交货实行免检	• 用于支持慈善事业、学习及公民活动的资源
• 合作而非单方面行为	• 获取媒体资源的合理渠道

企业应向利益相关者提供	企业应向环境及人权倡导者提供
• 称职的管理工作	• 温室气体排放数据
• 易于取得完整且准确的公司财务信息	• 回收及资源保护数据
• 完整披露企业所有风险	• 童工透明度
• 对已知问题诚实回答	• 完整披露发展中国家的供应商

| 商业实战 1-5 |　　　疏散计划：一项不幸但必要的企业社会责任

企业对员工的责任远不止对他们所提供的服务支付报酬。例如，某企业在全球各处的员工遇到政治动荡引起的暴力冲突、恐怖袭击或埃博拉病毒爆发时，有责任保障他们的安全。为协助雇主完成这项工作，环球救援和国际 SOS 救援中心等机构，专门为危险情况下的员工撤离（从海陆空撤离）设计并执行应急方案。意识到企业社会责任的重要性，英国通过了一项法律，将企业误杀罪定为刑事犯罪。

资料来源：Erika Fry, " The Great Escape Business," *Fortune*, December 1, 2014, p.16.

1.3.6　流程管理

多数公司由职能部门构成，如营销部门、研发部门、会计部门。这些部门构成了一条有明确上下级关系的"指挥链"。但有效的管理者知道业务流程比职能部门更能够满足公司最重要的利益相关者——客户的需求。**业务流程**（business process）是指为完成业务而执行的一系列步骤。这些步骤跨越部门，因而需要管理人员进行部门间的合作。价值链通常用来描述组织内部职能部门如何相互作用形成业务流程。如图 1-2 所示，**价值链**（value chain）由使公司产品及服务增值的业务功能构成。

图 1-2　构成价值链的业务功能

管理人员需了解价值链在计划、控制和决策方面的有效性。例如，公司工程师计划设计一项新产品，要与生产部门沟通确保该产品实际中可生产，与营销部门沟通确保客户会购买此产品，与分销部门沟通确保大量产品可经济且有效地运送至客户手中，与会计部门沟通确保产品会赢利。从控制和决策的角度来看，管理人员要关注流程的合理性和有效性，而非功能和性能。例如，如果采购部门只关注材料采购成本最小化，这种狭隘地降低成本的方法会进一步导致生产部门出现更多废料和返工，客户服务部门接到更多投诉，而营销部门将面临由于客户不满意转而向竞争者购买的更严峻的挑战。

管理人员经常使用的流程管理方法为精益资源管理，在生产部门也被称作精益生产。**精益生产**（lean production）是一种管理方法，将与业务流程相关的人力、机器设备等资源组织起来，仅根据客户订单进行生产。通常也将其称为准时制（just in time，JIT）生产，因为产品仅按客户订单进行生产，按时完工并及时运送至客户手中。精益生产与传统生产方法不同，传统生产组织各部门工作并鼓励各部门最大化自身产量，即使该产量已超出客户需求及库存量。精益生产仅要求按客户订单安排生产，因此产品产量等于产品销量，进而使库存最小化。与传统生产相比，精益生产能够降低废品数量、减少浪费、更快地对客户做出回应。

1.3.7　领导力

组织内员工的需求、信念和目标各不相同。因此，组织领导的重要作用是将其下属员工团结起来，使他们的行为均围绕两个主题——追求战略目标和制定最优决策。管理人员为履行责任，需了解内在动机、外部激励以及认知偏差如何对人类行为产生影响。

1. 内在动机

内在动机来自我们的内心。停下来，思考你人生中最大的成就，问问自己是什么促使你达成了这一目标？你实现它很可能是因为你想要这么做，而并非受人逼迫。也就是说，你有内在动机。类似地，若员工均出于内在动机追求组织利益，组织蓬勃发展的可能性更大。如果员工认为领导可信赖且尊重他们对组织的价值，则会更倾向于出于内在动机追求战略目标。随着职业生涯的发展，成为一名可信赖的领导需要 3 项特质——技术能力（跨越价值链）、个人诚信（职业道德和诚信方面）、强大的沟通能力（包括口头表达能力及写作能力）。成为一名尊重员工对组织价值的领导也需要具备 3 项特质——强大的指导能力（开发他人潜力）、倾听能力（向同事学习，并对他们的需求做出回应）、个人谦逊（认可对组织成功做出贡献的所有员工）。具备这 6 个特质，你就有可能成为一名激励并引导他们愿意努力完成组织目标的领导。

2. 外部激励

很多公司利用外部激励来突出重点目标，激励员工实现这些目标。例如，假设公司制定的目标为将完成任务的时间缩短 20%，即 3 个月内完成目标，公司将向员工额外支付奖金。在这种情况下，公司利用奖金这种外部激励突出特定目标，可能对员工产生激励作用。

外部激励的支持者认为这些奖励会对员工行为产生有利影响，而批评者认为这些奖励也会产生不正常的后果。例如，假定上述员工 3 个月内完成目标，将时间缩短了 20%，并获得奖金。但我们也假定这 3 个月中生产的产品质量大幅下降，进而导致公司维修成本、销售退回、客户流失大幅提升。在这种情况下，外部激励奏效了吗？答案为奏效，也不奏效。奖励机制确实激励员工达到了缩短时间的目标，但也带来了意想不到的后果，导致员工忽视产品质量，因而增加了维修成本、销售退回及客户流失。换句话说，看似出于好的目的制订的外部激励方案实际上会给公司带来不正常的后果。该案例强调了你以后可能面临的一项重要的领导挑战——设计可公正奖励员工的财务补偿机制，不要无意中制订促使他们执行损害公司行为的外部激励方案。

3. 认知偏差

领导需意识到所有者（包括他们自己）都有认知偏差或扭曲的思维过程，会对计划、控制和决策产生不利影响。为描述认知偏差怎样产生作用，我们借用电视购物的情境，有人在销售声称价值 200 美元的商品，而接下来 30 分钟内打进电话的电视观众仅需 19.99 美元即可得到。你认为商家为什么声称产品价值 200 美元？卖方利用一种被称作锚定偏差的认知偏差，使电视观众相信 180 美元的折扣太划算，不容错过。"锚"就是产品实际价值为 200 美元的错误认知。若观众错误地信任该条虚假信息，他们对情境的扭曲分析导致他们将支付 19.99 美元购买该产品，而其实际经济价值比该数额小得多。

虽然认知偏差无法消除，但是有效的领导应采取两步法降低其负面影响。首先，他们应该承认自己对认知偏差的敏感性。例如，领导的判断可能受乐观主义偏差（过度乐观地评估未来结果）或自我提升偏差（相对于其他人高估优势、低估缺陷）的影响。其次，他们应该承认其他人也存在认知偏差，并利用技术最小化其负面后果。例如，为降低确认偏差（偏差来自人们更加关注先入为主的观念，并贬低与之矛盾的观念）及群体思维偏差（某些小组成员支持这个行动方案只是因为其他小组是这么做的），领导可以采用日常性地指派员工组成独立小组去评估其他个人和团体提出建议的可信度。

|商业实战 1-6| 管理会计职业的更广阔视野

管理会计师协会（IMA）建立了一个能力框架，以描述能在市场中取得成功的管理会计师所需的各种技能。该框架的核心是领导力，领导力指的是与他人合作并激励团队实现组织目标所需的能力。而该框架的基础则是职业道德和价值观，剩余的4个能力包括战略、规划和绩效，报告和控制，技术和分析，以及商业头脑和操作。该框架能够支撑在本章中所描述的计划、控制和决策。IMA定义了这套框架的能力，以指导会计专业人员发展自己的技能，并帮助他们为职业发展感兴趣的同事提供指导。

资料来源：提供此框架详细说明的44页文档可在如下链接中查看：https://www.imanet.org/career-resources/management-accounting-competencies.

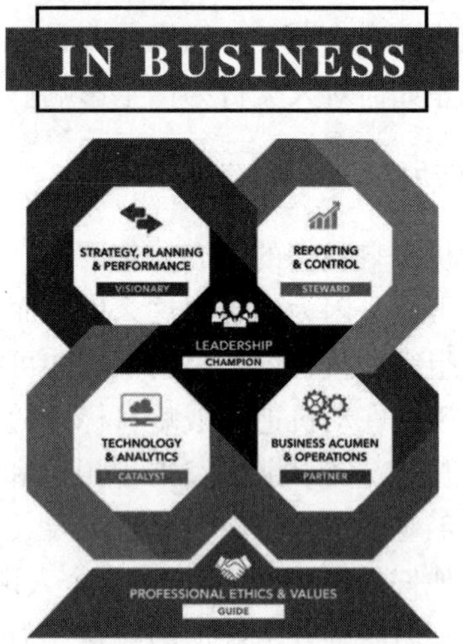

资料来源：*Institute of Management Accountants*

本章小结

本章对管理会计进行了定义，并解释了它与商科及会计专业相关的原因。本章还探讨了大数据、道德、战略、企业风险管理、企业社会责任、流程管理、领导力这7个主题，界定了管理会计应用的主要业务内容。本章最重要的目标是让你理解管理会计对你未来的职业生涯很重要，与你的专业无关。会计是商业语言，你要利用它与其他管理人员有效沟通，并影响他们。

术语表

Big Data 大数据 从公司内部或外部收集的大量数据的集合，能够为持续报告和分析提供支撑。

Budget 预算 是以定量形式表示的未来详细计划。

Business process 业务流程 为完成业务而执行的一系列步骤。

Controlling 控制 收集反馈以确保计划正确执行，或随情况变化得以修正的过程。

Corporate social responsibility 企业社会责任 是一种思想，即企业在制定决策时考虑所有利益相关者的需求。

Data analytics 数据分析 在专门的系统和软件的辅助下，进行数据分析并得出数据信息结论的过程。

Decision making 决策 从互斥方案中选定具体行动方案。

Detective control 探测性控制 监测已经发生的不良事件的控制方法。

Enterprise risk management 企业风险管理 企业识别并应对风险，使企业能够确保达到目标的过程。

Financial accounting 财务会计 向企业外部联系人报告历史财务信息，如股东、债权人和监管机构。

Lean production 精益生产 将与业务流程相关的人力、机器设备等资源组织起来，仅根据客户订单进行生产的管理方法。

Managerial accounting 管理会计 向企业内部管理层提供信息以供组织内部使用的会计阶段。

Performance report 业绩报告　将预算数据和实际数据进行比较，识别并学习出色的业绩，识别并消除较差的业绩。

Planning 计划　制定目标，并确定如何实现目标的过程。

Preventive control 预防性控制　阻止不良事件发生的控制方法。

Segment 分部　管理层需要了解组织内部的一个部分或一项业务活动的成本、收入、盈利数据。

Strategy 战略　是一项"制胜战术"，能够让公司在众多竞争者中脱颖而出，吸引客户。

Value chain 价值链　使公司产品及服务增值的主要业务功能，如研发、产品设计、生产、营销、分销、客户服务。

思考题

1. 管理会计与财务会计有何不同？
2. 选择一个知名的电视广播公司，描述该公司管理人员可能参与的计划和控制活动。
3. 如果你在决策选择继续生产某零件还是向海外供应商采购，哪些定量因素及定性因素会影响你的决策？
4. 公司为什么要编制预算？
5. 为什么管理会计与商科专业学生及其未来职业生涯相关？
6. 为什么管理会计与会计专业学生及其未来职业生涯有关？
7. 选择一家大公司，运用本章中定义的 3 个顾客价值主张之一描述其企业战略。
8. 为什么管理会计师需要了解他们公司的战略？
9. 选择任何一家大公司，描述它面临的三大风险以及如何应对这些风险。
10. 选择 3 个行业，描述行业内公司面临的风险如何对其计划、控制和决策活动造成影响。
11. 选择任何一家大公司，并解释三种划分公司整体业绩的方法。
12. 登录一家披露企业社会责任报告的公司网站（也称可持续发展报告）。描述报告中包括的 3 种非财务业绩指标。你认为公司为什么要发布该报告？
13. 实行精益生产的公司为什么要最小化库存量？
14. 为什么道德行为对商业很重要？
15. 为什么道德行为对企业很重要？
16. 如果你是一家餐厅所有者，你会实行什么内部控制来进行现金控制？
17. 作为内部控制的一种形式，在向供应商开具的发票支付前应审核哪些文件？
18. 对于赊销和应收账款，你要实行哪些内部控制？
19. 公司为什么要至少一年对现有存货进行实地盘点一次？
20. 公司为什么对支票、销售发票、采购订单等文件实行连续编号？

练习题

1. 计划和控制

假设你是一名销售经理，与你的老板一起制定明年的销售预算。一旦制定了销售预算，它将影响公司内其他部门计划分配资源的计划。例如，制造经理将计划生产足够的产品，以满足预算的单位销售额。如果销售预算过高，则会导致库存过剩；如果销售预算过低，则会导致销售损失。

你已研究了所有相关数据，并得出结论，"最有可能"的结果是销售额预计为 100 万美元。你还认为，即使销售团队工作格外努力，并且今年表现出色，实现 120 万美元"乐观"销售预测的可能性不大。相反，如果经济不景气，你相信你的销售团队仍然可以实现 90 万美元的"悲观"销售预测。

要求：

（1）假设你的公司仅将销售预算用于一个目的，即使制造产品的供应与客户需求相匹配，从而最大限度地减少库存和销售损失。你会向老板提供什么样的销售预测？

（2）假设你的公司也将销售预算用作激励工具来帮助员工努力实现"延伸目标"和优秀的业绩。你会向老板提供什么样的销售预测？

（3）假设你公司的销售预算也用于第三个目的，以确定你的加薪、奖金和晋升潜力。如果实际销售额超过销售预算，这会对你的职业生涯有所帮助。如果实际销售额低于销售预算，你的奖金等经济补偿和晋升潜力将降低。你会向老板提供什么样的销售预测？

（4）你对前三个问题的回答是相同的还是不同的？为什么？如果根据过去的经验，你知道你的老板通常会给你增加 5%～10% 的预算，这会如何影响你对前三个问题的回答吗？

（5）在你不为老板提供任何意见的情况下，你认为老板制定的销售预算合理吗？为什么？

（6）在老板不为你提供任何意见的情况下，你认为公司会允许你制定销售预算吗？为什么？

2. 控制

假定你在航空公司工作，工作内容是从飞机上卸行李。你的老板说过，每架飞机平均载有 100 件行李。进一步讲，老板说过你应该在 10 分钟内从一架飞机上卸下 100 件行李。今天一架载有 150 件行李的飞机到达，你在 13 分钟内将其全部卸下。工作完成后，老板冲你发火，原因是你用时超过了飞机卸货要求的 10 分钟。

要求：

（1）13 分钟内卸下 150 件行李而被批评，你感觉如何？

（2）如何将该情境与公司设计控制系统这个大问题相关联？

3. 决策

本章中的表 1-1 包括与公司经常面临的 12 项决策类型相关的 12 个问题。这 12 项决策是在营利性公司的背景下讨论的；然而，它们也很容易适用于非营利组织。为了说明这一点，假设你是某大学的高层领导，如校长、教务长或院长。

要求：

对于表 1-1 中的 12 项决策中的每一项，请举例说明该类决策如何应用于大学环境。

4. 道德与管理者

里士满公司经营着 44 家连锁百货公司。两年前，里士满公司董事会批准对其门店进行大规模改造，以吸引更高端的客户。在这些计划最终敲定之前，有两家门店进行了改造，作为一项试验。

助理总监琳达·帕尔曼被要求监督这些试营门店的财务报告，她和其他管理人员都是根据门店销售额的增长和盈利能力来分配奖金的。在完成财务报告的过程中，帕尔曼发现了大量本应折扣出售或退回制造商的库存商品。她与管理层同事讨论了相关情况，最终达成共识：由于披露该事项会降低财务业绩和奖金，因此忽略该库存报告中涉及的库存商品。

要求：

（1）根据 IMA 关于职业道德实践的声明，帕尔曼不报告该事项是否符合职业道德？

（2）在这种情况下，帕尔曼采取符合职业道德的行动对她来说是一件容易的事情吗？

5. 战略

下列表格包含了 6 家公司。

公司	策略
1. 迪尔公司（Deere）	?
2. 联邦快递	?
3. 美国州立农业保险公司（State Farm Insurance）	?
4. 宝马公司（BMW）	?
5. 亚马逊公司（Amazon.com）	?
6. 嘉信理财（Charles Schwab）	?

要求：

将每家公司的战略分为 3 类：关注客户、卓越经营、产品领先。如果你希望在完成练习前增进对每家公司顾客价值主张的理解，那就看看它们最近发布的年报。在互联网上搜索每家公司的名称加"年度报告"可获取该信息的电子版。

6. 企业风险管理

下表涉及七个行业。

行业	商业风险举例	减少商业风险的控制措施举例
1. 航空公司（如达美航空公司）		
2. 药品（如默克公司）		
3. 包裹递送（如联合包裹服务）		
4. 银行业（如美国银行）		
5. 石油和天然气（如埃克森美孚）		
6. 电子商务（如易贝）		
7. 汽车（如丰田）		

要求：

请举例说明在各行业内竞争的公司所面临的业务风险，并描述一个可用于降低已识别业务风险的控制措施。

7. 商业道德

40 多个州的消费者和司法部部长指控全美著名的汽车维修连锁店误导客户，向他们销售或提供从刹车片到前端校准仪这种不必要的零件或服务。Lynn Sharpe Paine 在《哈佛商业评论》第 72 卷第 3 期《组织诚信管理》中报告了以下情况：

面对收入下降、市场份额缩水和日益激烈的市场竞争，管理层试图刺激汽车中心的业绩。汽车服务顾问被强加了特定产品的销售配额作为业绩指标，要求销售一定量的弹簧、减震器、校准仪或制动器，并根据这些产品的销售额支付佣金。未能完成配额可能导致被调岗或减少工作时长。

一些员工谈到了销售带来的"压力、压力、压力"。这种压力的氛围造成了这样一种情况：员工觉得完成指标的唯一途径是向产品的非客户群体销售产品和提供服务。

假设所有汽车维修企业都按照惯例向客户销售或提供不必要的零部件或服务。

要求：

（1）这种行为会如何影响客户？客户如何保护自己？

（2）他们自己反对这种行为吗？这种行为可能会如何影响汽车服务行业的利润和就业？

8. 认知偏差

20 世纪 70 年代，有一项针对 100 万即将上大学的学生的调查，要求他们将自己与同龄人进行比较。调查的一些主要结果如下：

a. 70% 的学生认为自己的领导能力高于平均水平，而只有 2% 的学生认为自己的领导能力低于平均水平。

b. 60% 的学生认为自己的运动技能高于中位数，只有 6% 的学生认为自己的运动技能低于中位数。

c. 60% 的学生认为自己在人际交往能力方面排名前 10%，而 25% 的学生认为自己在人际交往能力方面排名前 1%。

要求：

（1）在上面提到的数据中，显示了哪种类型的认知偏差？

（2）这种认知偏差如何对管理者的计划、控制和决策活动产生不利影响？

（3）管理者可以采取哪些措施来降低这种认知偏差对其行为产生不利影响的可能性？

资料来源：Dan Lovallo and Daniel Kahneman, " Delusions of Success: How Optimism Undermines. Executives' Decisions," *Harvard Business Review*, July 2003, pp. 56-63.

9. 企业社会责任

经济学家米尔顿·弗里德曼在《资本主义与自由》一书的第 133 页写道："有且仅有一项企业社会责任——运用资源参与能为企业赢利的活动，并在公开及自由的环境下竞争，而非欺骗或欺诈。"

要求：

你是否同意这个表述并解释原因。

10. 内在动机和外部激励

在《哈佛商业评论》一篇题为《为什么激励计划不起作用》（第 71 卷第 5 期）的文章中，作者阿尔菲·科恩写道："研究表明，总的来说，激励只能成功地确保一件事暂时的服从。然而，当涉及态度和行为的持久改变时，激励和惩罚一样，都是非常无效的。一旦激励用完，人们就会恢复到原来的行为。关于激励还有另一种说法，心理学家称之为外部激励因素，它不会改变我们行为背后的态度。它们不会创造对任何价值或行动的持久承诺。相反，激励只是暂时改变我们的行为。"

要求：

（1）你同意这个观点吗？为什么？

（2）作为管理者，你将如何激励员工？

（3）作为一名管理者，你是否会使用财务激励来补偿员工？如果会，有效利用这些激励的关键是什么？如果不会，你将采取什么措施？

11. 认知偏差和决策

在第二次世界大战期间，美国军方正在研究他们经过战斗测试的战斗机，以确定飞机上最容易受到敌人火力攻击的部分。研究的目的是确定每架飞机最脆弱的部分，然后采取措施加固这些部分，来提高飞行员的安全性和飞机的耐久性。美国军方收集的数据显示，经过战斗测试的战斗机的某些部分始终比其他部分更频繁地受到敌人火力的打击。

要求：

（1）你会建议加固飞机上最常被敌人炮火击中的部分，还是加固较少被敌人炮火击中的部分，为什么？

（2）你认为认知偏差有可能影响美国军方在加强战斗机方面的决策过程吗？

资料来源：Jerker Denrell, " Selection Bias and the Perils of Benchmarking," *Harvard Business Review*, Volume 83, Issue 4, pp. 114-119.

第 2 章

管理会计与成本概念

👁 **商业聚焦**

电动汽车电池：管理会计视角

麦肯锡公司的一项研究表明，电动汽车的电池成本价格从 2010 年的每千瓦时 1 000 美元逐步下降到最近几年的每千瓦时 227 美元。随着这些电池成本的持续下降，制造商的销售价格也下降了，但这是否会导致电动汽车的销量大幅增长仍未可知。从管理会计的角度来看，电动汽车制造商将电池成本视为直接材料成本、产品成本和可变成本。将电池成本作为直接材料成本，是因为每个电池的成本可以很方便地追溯到特定的交通工具；将电池成本作为产品成本，是因为在每辆电动汽车中安装一个电池是生产过程中必不可少的一部分；将电池成本作为可变成本，是因为每辆电动汽车的电池成本是恒定的，而随着生产更多电池，电池的总成本会不断增加。

资料来源：Jacky Wong, "EV-Battery Makers Face Price Crunch," *The Wall Street Journal*, December 5, 2017, p. B13.

✐ **学习目标**

1. 理解基于成本对象的成本分类：直接成本及间接成本。
2. 识别生产成本的 3 个基本类别并举例说明。
3. 理解用于编制财务报表的成本分类：产品成本与期间费用。
4. 理解用于预测成本性态的成本分类：变动成本、固定成本、混合成本。
5. 理解决策使用的成本分类：相关成本和无关成本。
6. 分别编制商业企业的传统式利润表及贡献式利润表。

根据管理需要，会计中将成本分为不同类别。由第 1 章可知，财务会计主要是向股东、债权人和监管机构等企业外部报告财务信息，为此，成本按照外部制定的准则进行分类，以便进一步编制财务报表。而管理会计主要是向企业内部管理层提供信息，进而管理层可制订计划、控制经营、做出决策。此时，成本以不同的方式进行分类，使管理层能够预测未来成本、比较实际成本与预算成本、将成本分配至业务分部（比如产品线、地区、分销渠道）、比较与竞争替代品相关的成本。

以不同目的对成本进行不同分类的成本概念是本章最重要的主题，且是全书的关键基础概念之一。表 2-1 总结了全书将会使用的 5 种成本分类，分类依据分别为：①分配成本至成本对象；②核算制造业企业成本；③编制财务报表；④随作业量变化预测成本性态；⑤制定决策。当我们对各成本分类的相关成本术语进行定义时，请参考表 2-1，以加强对本章整体结构的理解。

表 2-1　成本分类总结

成本分类的目的	成本分类
分配成本至成本对象	• 直接成本（易于追溯） • 间接成本（不易追溯）
核算制造业企业成本	• 生产成本 　直接材料 　直接人工 　制造费用 • 非生产成本 　销售费用 　管理费用
编制财务报表	• 产品成本（可计入存货） • 期间费用（费用化）
随作业量变化预测成本性态	• 变动成本（与业务活动成正比） • 固定成本（总量不变） • 混合成本（包含变动与固定部分）
制定决策	• 相关成本（不同备选方案的成本不同） • 无关成本（应忽略）

2.1　按成本对象进行的成本分类

将分配成本至成本对象往往出于多种不同目的，包括定价、进行盈利能力研究、控制支出。**成本对象**（cost object）是指所有需要成本数据的对象，包括产品、客户、地区、组织内组成部分。出于分配成本至成本对象的目的，成本分为直接成本与间接成本。

2.1.1　直接成本

直接成本（direct cost）是指易于且便于追溯至特定成本对象的成本。例如，如果阿迪达斯（Adidas）将成本分配至不同国家和地区的营业部，则日本东京营业部销售经理的工资就是该营业部的直接成本。如果印刷公司为某特定客户制作了 10 000 本小册子，则制作小册子的纸张成本就是该客户的直接成本。

2.1.2　间接成本

间接成本（indirect cost）是指不易于且不便于追溯至特定成本对象的成本。例如，金宝汤公司（Campbell Soup）生产了数十种罐装汤。工厂经理的工资是特定品种（如鸡肉面条汤）的间接成本。因为工厂经理的工资是由运营整个工厂产生的结果，而非生产特定品种的汤制品产生的。能追溯至成本对象（如特定产品的成本），一定由该成本对象引起。工厂经理的工资被称作工厂生产多种产品的共同成本。**共同成本**（common cost）是指为支持多个成本对象而产生的成本，但无法单独追溯至成本对象。共同成本是一种间接成本。

某种成本可能是直接成本，也可能是间接成本，这主要取决于成本对象。金宝汤公司工厂经理的工资是生产鸡肉面条汤的间接成本，也是生产部门的直接成本。在第一种情况下，成本对象是鸡肉面条汤；在第二种情况下，成本对象是整个生产部门。

2.2　制造业企业的成本分类

像美国申泰公司（Samtec）、美国马克卡车公司（Mack Trucks）和 3M 公司这样的制造业企业，成本通常分为两大类：生产成本与非生产成本。

2.2.1　生产成本

多数制造业企业将生产成本进一步分为两大类——直接成本与间接成本，直接成本包括直接材料与直接人工，间接成本是指制造费用。

1. 直接材料

构成最终产品的材料被称为**原材料**（raw materials）。该术语具有误导性，其字面意思表示未经处理的自然资源，如木浆或铁矿石。实际上，原材料是指用于构成最终产品的所有材料。例如，杜邦公司生产的塑料制品是惠普公司生产个人计算机的一种原材料。

直接材料（direct materials）是指构成产成品组成部分的原材料，其成本可追溯至产成品。例如，直接材料包括空客公司（Airbus）从分包商处购买的安装在商用飞机上的座位、三星集团（Samsung）的手机使用的电子元件、安装在惠而浦（Whirlpool）冰箱上的门。

| 商业实战 2-1 | 廉价零件使通用汽车公司耗费大量金钱

通用汽车公司（GM）在生产汽车点火开关中应用了一种直接材料零部件，叫作制动活塞。工人安装该零部件需要几分钟，生产成本为 2.00 ～ 5.00 美元。但是这个看似微不足道的零部件导致了点火系统失灵，12 人丧生，对 GM 法律和财务的影响成了头条新闻。

GM 的麻烦还有联邦刑事调查，调查公司为什么未及时重新设计、召回并替换有缺陷的制动活塞。

GM 在 2004 年的雪佛兰 Cobalt 车型上就发现了点火系统失灵，但是 2007 年才重新设计制动活塞解决这个问题，而且公司直到 2014 年才召回存在点火开关系统故障的汽车。除法律问题外，GM 预计将花费 800 万美元替换 160 万辆召回汽车的点火开关系统。

资料来源：Jeff Bennett, " For GM, Cheap Part Now a Pricey Fix," *The Wall Street Journal*, March 13, 2014, pp. B1-B2.

---

2. 直接人工

直接人工（direct labor）是指易于追溯至单个产品的人工成本。直接人工有时也被称作可触摸人工，因为工人在生产过程中通常要触摸产品。直接人工的例子有丰田汽车装配线上的工人、住宅建造商 KB Home 的木工、庞巴迪利尔（Bombardier Learjet）飞机上安装设备的电工。

管理人员有时将两类直接生产成本定义为主要成本。**主要成本**（prime cost）是直接材料成本与直接人工成本的总和。

3. 制造费用

制造费用（manufacturing overhead）是指除直接材料及直接人工以外的所有生产成本。从产品成本核算的角度来看，制造费用是间接成本，因为它们不易于追溯至特定的产品。例如，制造费用包含间接材料与间接人工。**间接材料**（indirect materials）属于原材料，比如日本东芝公司（Toshiba）高清电视用来焊接电子元件的焊锡、伊森艾伦（Ethan Allen）用于组装椅子的胶水，这些成本不易于且不便于追溯至产成品。**间接人工**（indirect labor）是指像锅炉工、监工、搬运工人、维修工人、夜间保安这样的员工，在运营生产设备中具有必不可少的作用，但是这些员工的工资无法追溯至特定的产品。由于间接材料成本与间接人工成本无法追溯至特定的产品，因此将其成本计入制造费用。

制造费用也包括其他无法追溯至产成品的间接成本，比如生产设备的折旧费用、公共事业费、财产税、运营生产设备发生的保险费。虽然公司为维持非生产经营也发生了折旧费用、公共事业费、财产税、保险费，但这些成本不计入制造费用。只有与运营工厂相关的间接成本才计入制造费用。

实际中，管理人员以不同称呼命名制造费用，如间接生产成本、工厂开销、工厂负担。所有这些术语都是制造费用的同义词。管理人员在实际中使用的另一术语是转换成本。**转换成本**（conversion cost）是指直接人工与制造费用的总和。用该术语描述直接人工与制造费用，是因为这些成本是将直接材料转换成产成品而发生的。

2.2.2　非生产成本

非生产成本通常分为两大类：销售费用与管理费用。**销售费用**（selling costs）是指确保客户订单与交付产成品及服务至客户的所有成本。这些成本有时被称作订单获取成本与订单供应成本。销售费用的例子有刊登广告、运送、销售差旅、销售佣金、销售工资、产成品仓库成本。销售费用可能是直接成本，也可能是间接成本。例如，一项针对特定产品的广告是该产品的直接成本；营销经理负责多种产品，其工资是与个别产品相关的间接成本。

管理费用（administrative costs）是指与组织全面管理相关的所有成本，而不是与生产或销售有关的成本。管理费用的例子有高管薪酬、一般会计、法律顾问、秘书、公共关系及组织内整体全面管理过程中包含的类似成本。管理费用可能是直接成本，也可能是间接成本。例如，负责东部地区应收账款记录的会计经理的工资是该区域的直接成本，而负责全公司所有地区的首席财务官的工资是与个别地区相关的间接成本。

非生产成本也被称作销售及行政开支（selling，general，and administrative，SG&A）或销售和管理费用。

2.3　用于编制财务报表的成本分类

在编制资产负债表和利润表时，需将成本分为产品成本和期间费用。为理解产品成本与期间费用之间的差异，我们首先要探讨财务会计中的配比原则。

总体来说，成本在收益期间的利润表中确认为费用。例如，若公司预先支付了两年的责任保险，但整个账户并未在支付期间确认为费用，而是在每年确认一半的费用。原因是两年都从该项投保中获益，而非仅在第 1 年获益。保险费中未进行费用化的部分在资产负债表中作为一项资产列示，确认为预付保险费。

配比原则以权责发生制为基础，产生特定收入的成本应在确认收入的当期确认为费用，即如果成本的发生是为获取或生产最终会销售的产品，则成本应在销售实现时确认，也就是收益实现时。这样的成本被称为产品成本。

2.3.1　产品成本

财务会计中，**产品成本**（product costs）包含了获取和生产一项产品的所有成本。产品成本与采购或生产一项产品有关，进入仓库待售也是如此。产品销售时，成本从存货中释放并列示为支出（通常被称作销货成本），在利润表中与收入进行配比。由于产品成本最初分配至存货，因此也被称作**可计入存货的成本**（inventoriable costs）。

对于制造业企业，产品成本包含直接材料、直接人工及制造费用。⊖在计入利润表的销货成本前，制造商的产品成本通过资产负债表的 3 个存货账户——原材料、在产品、产成品进行流转。原材料是指构成最终产品的所有材料。**在产品**（work in process）是指仅部分完工的产品，且在销售前需进一步加工。**产成品**（finished goods）是指尚未销售给客户的完工产品。

生产期间耗用的直接材料，从原材料转入在产品账户。直接人工和制造费用计入在产品账户，将直接材料加工成产成品。产品完工后，其成本由在产品账户转入产成品账户。制造商将产成品销售给客户，成本由产成品转入销货成本。

⊖　出于内部管理的目的，产品成本可能不包含某些生产成本。例如，参见附录 3B 与第 7 章的讨论。

需要强调的是，产品成本在发生期间不一定要计入利润表的费用项目，而是如上所述，要在产品销售期间计入费用。

2.3.2　期间费用

期间费用（period cost）是指不计入产品成本的所有成本。所有的销售和管理费用都是期间费用，如销售佣金、广告费用、高管薪酬、公共关系费用、行政办公室租金等。期间费用不是采购和生产产品的成本，而是根据会计中的权责发生制，在发生期间计入利润表的费用。请记住，成本发生的期间不一定会发生现金流转。例如之前提到的，责任保险费的受益期间横跨了两个期间，而不考虑保险费支付的期间。

图 2-1 总结了上述探讨的制造商产品成本与期间费用的流转。在计入利润表的销货成本之前，产品成本在资产负债表的 3 个存货账户之间流转。相反，期间费用不在资产负债表的存货账户之间流转，也不计入利润表的销货成本，而是计入发生期间利润表的销售和管理费用账户。

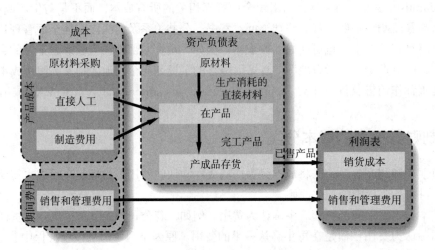

图 2-1　制造业企业应用分批成本法的成本流转及分类

| 商业实战 2-2 |　　　　　　财务部门的机器人

Equinor 是一家挪威公司，最近聘请了罗伯塔在财务部工作。罗伯塔的有趣之处在于它没有姓，也没有胳膊、腿和脸。它是一个机器人，它能比人类更高效地从事那些耗时且重复性的文书工作。

哈克特集团（Hackett Group）估计，全球 67% 的公司要将部分或大部分业务自动化，在未来几年内削减 20% ～ 35% 的劳动力和外包成本。阿托斯

（Atos SE）的财务总监艾利·吉拉德不仅计划通过这种方式削减成本，还计划使用机器人更好地让员工完成复杂的、以决策为导向的工作。他认为，机器人来完成他所属部门的任务，将使得其余员工的工作内容迅速发生变化。

资料来源：Tatyana Shumsky，"Firms Leave Bean Counting to the Robots," *The Wall Street Journal*,October 23, 2017, p.B5.

2.4　用于预测成本性态的成本分类

预测某项成本如何随作业量变动而改变是很有必要的。例如，安德玛（Under Armour）的管理人员想估计销量上涨 5%，公司直接材料总额会有怎样的影响。**成本性态**（cost behavior）是指成本在作业量改变时如何发生变动。随着作业量的上升和下降，某项特定成本也会上升和下降，或保持不变。出于制订计划的目的，管

理人员要预测将要发生的情况；若一项成本会发生变化，管理人员要能够估计其变动量。为便于进行这样的区分，成本通常分为变动成本、固定成本与混合成本。每项成本在组织内部的相对比例被称为**成本结构**（cost structure）。例如，组织可能有大量固定成本、少量变动成本或混合成本，也可能有大量变动成本、少量固定成本或混合成本。

2.4.1　变动成本

变动成本（variable cost）是指总额随作业量水平成正比例变动的成本。常见的变动成本包括制造业企业的销货成本、直接材料、制造费用的变动部分（如间接材料、物料和电力成本）以及销售和管理费用的变动部分（如佣金和运输成本）。[一]

变动成本一定是随着某事项的改变而变动，该"事项"即为作业基础。**作业基础**（activity base）是指导致变动成本发生变化的事项。作业基础有时指成本动因。一般作业基础包括直接人工工时、机器工时、产量、销量。作业基础的其他例子有销售人员驾车的英里数、旅馆洗衣的重量数、软件公司技术支持人员处理的电话数量、医院病床数量。由于组织内部存在多种作业基础，因此全书除特别说明外，应假定作业基础是组织提供产品及服务的总量。作业基础不是总产量时，会特别指出说明。

下面我们举例说明变动成本。路可克探险公司（Nooksack Expeditions）是一家提供北喀斯喀特山脉泛舟游览河流服务的小公司。公司提供所有必要的设备、经验丰富的导游以及美食。公司为全天旅行按 30 美元 / 人的标准向餐饮承办商购买餐食。该变动成本以单位成本和成本总额为基础，列示如下：

游客数量 / 人	游客的餐食成本（美元 / 人）	餐食成本总额 / 美元
250	30	7 500
500	30	15 000
750	30	22 500
1 000	30	30 000

变动成本总额随作业量改变时，单位变动成本并不发生改变。例如，虽然餐食总成本随作业量升高或降低，但是单位餐食成本保持 30 美元不变。图 2-2a 描述了变动成本总额随作业量的增减而升高或降低。在作业量为 250 名游客时，餐食成本总额为 7 500 美元。在作业量为 1 000 名游客时，餐食成本总额为 30 000 美元。

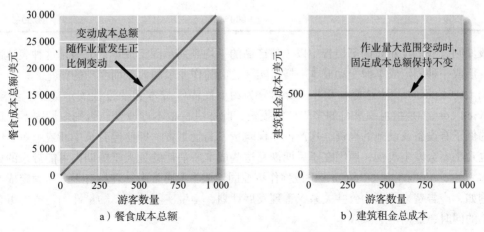

图 2-2　变动成本与固定成本性态分析

[一]　出于各种原因，直接人工成本通常是固定的，而不是可变的。例如，在一些国家，如法国、德国和日本，劳动法规和文化规范可能会限制管理层根据活动变化调整劳动力的能力。在本书中，除非明确告诉你，否则我们总是假设直接人工是变动成本。

| 商业实战 2-3 | 你会租一辆自行车使用 30 分钟吗

优步公司（Uber Technologies Inc.）收购了 Jump Bikes，将其业务扩展到了按需租赁自行车。该公司现在在华盛顿特区和旧金山有几百辆自行车可以出租。客户付 2 美元可以租一辆自行车，使用 30 分钟；付 4 美元可以租一辆自行车，使用 60 分钟。从客户的角度来看，自行车租赁行为就像一个变动成本。每单位的成本是恒定的——每 30 分钟的时间增量为 2 美元。随着租赁时间的增加，成本也成比例增加。因此，如果客户租用自行车 90 分钟，总费用为 6 美元。

资料来源：Greg Bensinger "Uber to Acquire Cycle-Rental Startup Jump Bikes," *The Wall Street Journal*, April 10, 2018, p. B6.

2.4.2 固定成本

固定成本（fixed cost）是指无论作业量水平怎样改变，总额均保持不变的成本。制造费用通常包括多种固定成本，如折旧费用、保险费、财产税、租金、高管薪酬。类似地，销售和管理费用也包括固定成本，如行政人员工资、广告费、非生产用资产的折旧费。不像变动成本，固定成本不受作业量变化的影响。因此随着作业量的增减变动，固定成本总额保持不变，除非受到外力的影响，如房东提高了月租金。仍以路可克探险公司为例，假定公司以每月 500 美元租金租一间房子，以存储其设备。支付的租金总额与公司每月的游客数量无关。固定成本的概念如图 2-2b 所示。

固定成本总额在作业量水平大幅变化下仍保持不变，而随着作业量的增加，平均单位固定成本越来越小。若路可克探险公司一个月仅有 250 名游客，则 500 美元的固定租金降至平均 2 美元 / 人。若有 1 000 名游客，则固定租金的平均成本为 0.5 美元 / 人。下表阐述了固定成本的成本性态。请记住，随着游客数量的上升，单位游客的平均固定成本将下降。

月租金成本 / 美元	游客数量 / 人	单位游客的平均固定成本 / 美元
500	250	2.00
500	500	1.00
500	750	0.67
500	1 000	0.50

作为一般原则，我们反对在内部报告中以单位产品的平均额列示固定成本，原因是这种表达造成了对固定成本的误解，形成一种固定成本像变动成本一样、实际总额随作业量的改变而变动的错觉。

出于制订计划的目的，固定成本可进一步划分为约束性固定成本和酌量性固定成本。**约束性固定成本**（committed fixed costs）是指组织进行的多年计划投资，除非进行根本性改变，否则短期内不会显著削减。属于这类成本的例子有设备及设施的投资、房产税、保险费、高管工资。即使经营被中断或缩短，约束性固定成本在短期内也几乎不会发生改变，原因在于后期恢复这些成本所消耗的远大于短期内可能带来的成本节约。**酌量性固定成本**（discretionary fixed costs，也被称作可控固定成本）通常由管理层对于某项固定成本支出的年度决策引起。例如，广告费、研发、公共关系、管理发展计划、学生实习项目。酌量性固定成本可在对组织长期目标损害最小的同时，短期内缩减成本。

2.4.3 线性假定和相关范围

管理会计通常假定成本具有严格的线性关系，即成本和作业量的关系在一定范围内能以直线表示，该范围被称作相关范围。**相关范围**（relevant range）是指满足假定成本性态符合严格线性关系，是合理有效的作业

范围。⊖

相关范围的概念对理解固定成本十分重要。假设梅奥医学中心（Mayo Clinic）租入一台月租金 20 000 美元的机器，用于检测血液样本中是否含有白血病细胞。再假设白血病检测机器的能力是每月进行 3 000 次检测，该检测机器的 20 000 美元的月租金只在每月检测 0 ～ 3 000 次这个相关范围内有效。若梅奥医学中心每月需要检测 5 000 次血液样本，则需额外再以月租金 20 000 美元租入另一台机器。租入一般检测机器是不可能的，因此图 2-3 描述的阶梯模式是这种成本的典型情况。该图显示出在相关范围 0 ～ 3 000 次检测内，固定租金为 20 000 美元。在相关范围 3 001 ～ 6 000 次检测内，固定租金增长至 40 000 美元。租金成本呈现离散型增长，即每增加 3 000 次检测，租金就会上升，并非随检测次数增加而呈现线性增长。

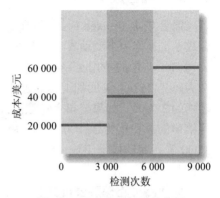

图 2-3　固定成本与相关范围

阶梯式的成本性态也被用于描述其他成本，如一些人工成本。例如，领薪员工的工资可用阶梯模式表示。公司以固定数额支付领薪员工工资，比如每年 40 000 美元，要求员工提供预先确定工时的工作，如每年工作 50 周，每周工作 40 小时（＝每年 2 000 小时）。在此例中，工资总额在 0 ～ 2 000 小时的相关范围内为 40 000 美元。若组织工作需要将工时的相关范围扩大至 2 001 ～ 4 000 小时，则工资成本总额增长至 80 000 美元（或两名员工的工资成本）。领薪员工的成本性态模式通常被称为阶梯式变动成本。阶梯式变动成本可随情况变动迅速做出调整，而且阶梯式变动成本的变动步幅很小，多数情况下被视为变动成本。而固定成本的步幅很宽，在相关范围内这些成本可被视为固定不变的。

表 2-2 总结了与变动成本和固定成本有关的 4 个重要概念。进一步阅读前请先认真学习。

表 2-2　变动成本与固定成本性态的总结

成本	成本性态（相关范围内）	
	成本总额	单位成本
变动成本	变动成本总额随作业量水平成正比例变动	单位变动成本保持不变
固定成本	固定成本不受相关范围内作业量水平变动的影响	平均单位固定成本随作业量的增加而降低，随作业量的降低而增加

｜商业实战 2-4｜　　　　　　　有多少导游

美日迪海上皮艇公司（Majestic Ocean Kayaking）位于不列颠哥伦比亚省的尤克卢利特（Ucluelet），由特雷西·摩本－伊芙汀（Tracy Morben-Eeftink）拥有并经营。公司提供有向导的皮划艇游览，服务范围有尤克卢利特港口 3 小时游览、克里阔特湾 6 日皮划艇与野营旅行等。公司有一项 4 日皮划艇与野营旅行项目，地点在太平洋沿岸国家公园的布鲁肯群岛。该项位于

公园的旅行有特殊规定，其中一项是每 5 名游客至少要配备一名认证导游。例如，一次旅行有 12 名游客，则至少需要 3 个认证导游。导游的工资并不是以工作天数为基础计算的。因此公司一次旅行的导游成本是阶梯式变动成本，而非固定成本或严格的变动成本。一名导游负责 1 ～ 5 名游客，两名导游负责 6 ～ 10 名游客，3 名导游负责 11 ～ 15 名游客，依此类推。

⊖　一项研究集中于成本如何响应活动的变化。该研究与会计师的线性模型基本一致，超出相关范围的预期活动通常会导致固定成本的调整。参见 Rajiv Banker and Dmitri Byzalov, " Asymmetric Cost Behavior ", *Journal of Management Accounting Research*, 2014, Vol. 26, No. 2,pp.43-79, and Eric Noreen, " Capacity Constraints and Asymmetric Cost Behavior ", working paper, 2014-5.

2.4.4 混合成本

混合成本（mixed cost）包含变动成本和固定成本。混合成本也被称为半变动成本。仍以路可克探险公司为例，该公司向州支付的费用是一项混合成本。该成本包含的执照费为每年25 000美元加上每名漂流者需向州自然资源部门缴纳的3美元。如果公司今年漂流人数为1 000人次，则支付给州的总费用为28 000美元，由25 000美元固定成本与3 000美元变动成本组成。图2-4反映了该项混合成本的成本性态。

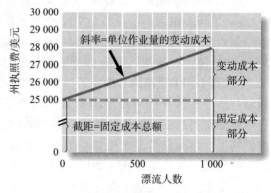

图2-4　混合成本性态

即使路可克探险公司没有揽到一名游客，公司也要支付执照费25 000美元。所以图2-4中成本线与纵轴交点为25 000美元。公司组织的漂流者每多一个人，向州缴纳费用的总成本就增加3美元。因此变动成本每人次3美元加上固定成本每年25 000美元，得到的总成本线向上倾斜。

图2-4的混合成本呈一条直线，下列线性等式可用来表示混合成本与作业量之间的关系：

$$Y = a + bX$$

式中　Y——混合成本总额；

　　　a——固定成本总额（直线纵轴截距）；

　　　b——作业量的单位变动成本（直线斜率）；

　　　X——作业量水平。

单位变动成本等于直线斜率，因此直线越陡峭，单位变动成本越高。

在路可克探险公司向州政府支付执照费的案例中，等式可写成：

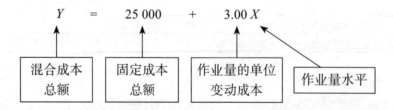

运用上述等式，易于计算出相关范围内作业量水平对应的混合成本总额。例如，假定公司预计下一年组织800人次漂流。则向州政府缴纳的费用计算如下：

$$Y = 25\ 000\ 美元 + 3\ 美元 / 人 \times 800\ 人$$
$$= 27\ 400\ 美元$$

2.4.5 成本术语：进一步分析

为增强对目前所介绍的定义及概念的理解，以下述场景为例进一步说明。某公司最近一个月报告的成本及费用如下：

（单位：美元）

直接材料		69 000
直接人工		35 000
变动制造费用	15 000	
固定制造费用	28 000	

（续）

制造费用总额		43 000
变动销售费用	12 000	
固定销售费用	<u>18 000</u>	
销售费用总额		30 000
变动管理费用	4 000	
固定管理费用	<u>25 000</u>	
管理费用总额		29 000

这些成本费用可按多种方法进行分类，其中一些分类如下所示：

产品成本 = 直接材料 + 直接人工 + 制造费用
= 69 000 美元 + 35 000 美元 + 43 000 美元
= 147 000 美元

期间费用 = 销售费用 + 管理费用
= 30 000 美元 + 29 000 美元
= 59 000 美元

转换成本 = 直接人工 + 制造费用
= 35 000 美元 + 43 000 美元
= 78 000 美元

主要成本 = 直接材料 + 直接人工
= 69 000 美元 + 35 000 美元
= 104 000 美元

变动成本 = 直接材料 + 直接人工 + 变动制造费用
= 69 000 美元 + 35 000 美元 + 15 000 美元
= 119 000 美元

固定成本 = 固定制造费用 + 固定销售费用 + 固定管理费用
= 28 000 美元 + 18 000 美元 + 25 000 美元
= 71 000 美元

2.5 用于决策的成本分类

每个决策都需要从至少两个备选方案中进行选择。在备选方案中进行选择的关键是识别相关成本、无关成本与利得之间的区别。决策时应考虑相关成本和相关收益。在做决策时，无关成本和利得应该被忽略。本节剩余部分通过定义差别成本、收入、增量成本、机会成本和沉没成本等，来对这些概念进行拓展。

2.5.1 差别成本与收入

在业务决策中，需要比较备选方案之间的成本和收入。两个备选方案之间的未来成本差异为**差别成本**（differential cost）。差别成本是相关成本。两个备选方案之间的未来收入差异为**差别收入**（differential revenue）。差别收入是相关收入的一个例子。所有备选方案间的未来成本与收入与当前的成本与收入不存在差异的，决策时应不予考虑。

差别成本也被称为**增量成本**（incremental cost）。虽然严格上讲，增量成本应该仅指备选方案间的成本增加，而成本下降应称为减量成本，但差别成本是一个广义的术语，既包含备选方案间的成本增加（增量成本），也包含成本下降（减量成本）。

会计中的差别成本概念可与经济学中的边际成本概念进行对比。描述成本与收入的变动时，经济学家通常利用边际成本和边际收入两个概念。再多销售一件产品所获得的收入被称为边际收入；再多生产一件产品所耗费的成本被称为边际成本。经济学家的边际概念与会计人员的差别成本概念基本一致。

差别成本可能是固定的或变动的。为方便阐述，假定天然化妆品有限公司（Natural Cosmetic, Inc.）考虑更改营销策略，由通过零售商经销改为由附近的销售代表分销。当前成本及收入与预计成本及收入的对比如下。

（单位：美元）

	零售商经销（当前）	销售代表分销（提议）	差别成本与差别收入
销售收入（变动）	700 000	800 000	100 000
销货成本（变动）	350 000	400 000	50 000
广告费（固定）	80 000	45 000	（35 000）
佣金（变动）	0	40 000	40 000
仓库折旧费（固定）	50 000	80 000	30 000
其他费用（固定）	60 000	60 000	0
费用总计	540 000	625 000	85 000
净经营收益	160 000	175 000	15 000

根据上述分析，差别收入为 100 000 美元，差别成本总计为 85 000 美元，得到正差别净经营收益为 15 000 美元，所以应改用销售代表分销的营销策略。

总之，只有备选方案之间的差异才与决策有关。所有备选方案均一致的、不受决策影响的项目应不予考虑。在上述天然化妆品有限公司的例子中，所有方案中"其他费用"均为 60 000 美元，则该项目与决策无关，不予考虑。若该项目从计算中排除，销售代表分销的方案仍有 15 000 美元的净经营收益优势。这是管理会计中很重要的一项原则，后面章节会继续用到。

2.5.2 机会成本与沉没成本

机会成本（opportunity cost）是指放弃某备选方案而选择其他方案损失的潜在收益。例如，假定你上大学的时候有一份每周 200 美元的兼职工作。如果你寒假期间在海滩度过一周因而没有工资，则 200 美元的工资损失就是你在海滩度假的机会成本。机会成本通常不在会计记录中记载，但是在管理人员做决策时必须明确考虑机会成本。实际上所有的备选方案均存在机会成本。

沉没成本（sunk cost）是指已经发生的成本，当前或将来做出的任何决策都无法改变。由于沉没成本无法被任何决策改变，该成本就不是差别成本，且只有差别成本与决策相关，因此做决策时应不予考虑沉没成本。

为阐述沉没成本，假定某公司几年前支付 50 000 美元购买一台专用机器。该机器生产的产品现在已经过时，且不再出售。即使事后看来购买这台机器是不明智的，50 000 美元的成本已经发生且无法撤回。但错误地继续生产过时产品、试图"收回"机器原始成本的行为是愚蠢的。简而言之，最初购买机器支付的 50 000 美元是沉没成本，当前决策时应不予考虑。

在进入下一节之前应当注意，除了本章目前为止所述的成本分类的目的之外，管理者还可以将成本分类用于其他目的。例如，出于员工绩效评估的目的，管理者可能希望将成本分为可控制成本和不可控制成本。被评估的管理者可能会影响可控制成本。不可控制成本不受被评估管理者的影响。为了改进流程，公司经理可能还希望将成本分类为增值成本和非增值成本。增值成本增加了向公司利益相关者提供的产品和服务的价值，而非增值成本不会给公司利益相关者带来任何好处。本章的首要目的是首先确定管理层的需求，然后相应地对成本进行分类。

| 商业实战 2-5 | 　　　　　　在餐馆吃午餐是否已经过时

NPD 集团估计，美国人在餐馆吃午餐的次数比往年减少了 4.33 亿次。面对如下三种选择：在餐厅吃午餐、将食物送到办公室以及从家里带食物，商务专业人士越来越多地选择了后两种，因为这可以节省他们的时间和金钱。

得克萨斯客栈（Texas Roadhouse）的总裁斯科特·科洛西说，他的员工经常在办公室吃午餐，以至于他们都知道当地送货司机的名字。为了节省时间和提高效率，他们选择在午餐时间工作。与此同时，餐馆午餐的平均价格上涨了 19.5%，达到了 7.59 美元，而杂货店正在经历 50 多年来最长时间的价格下跌。这些不同的趋势解释了为什么许多员工选择从家里带午餐而不是在餐馆吃饭。

资料来源：Julie Jargon, " Lunch Business Serves Up Less For Restaurants," *The Wall Street Journal*, May 31, 2017, pp. B1-B2.

2.6　依据不同目的选择不同的成本分类

本部分我们将探讨如何编制商业企业⊖的传统式利润表及贡献式利润表。商业企业只向客户销售商品，并不进行生产。如劳氏（Lowe's）、家得宝公司（Home Depot）均是商业企业，因为它们从生产商处采购产成品并再次向终端消费者销售。

对比这两类利润表可增进我们对本章主题的理解，即依据不同的目的选择不同的成本分类。传统式利润表主要出于对外报告的目的编制，使用编制财务报表目的的成本分类（产品成本与期间费用）以描述过去交易的财务结果。贡献式利润表出于内部管理的目的编制，使用预测成本性态的成本分类（变动成本与固定成本），更好地为影响未来的决策提供信息。

两类利润表的不同编制目的体现了财务会计与管理会计最重要的差异：一个侧重记录过去业绩，另一个侧重做出影响未来业绩的预测和决策。

2.6.1　传统式利润表

表 2-3 的左侧是商业企业的传统式利润表。该类利润表将成本分为两大类：①销货成本；②销售和管理费用。销售收入减去销货成本等于毛利。毛利减去销售和管理费用等于经营净利润。

表 2-3　比较商业企业的传统式利润表与贡献式利润表（所有数据均为给定）　（单位：美元）

传统式利润表			贡献式利润表		
销售收入		12 000	销售收入		12 000
销货成本①		6 000	变动成本：		
毛利		6 000	销货成本	6 000	
销售和管理费用：			变动销售费用	600	
销售费用	3 100		变动管理费用	400	7 000
管理费用	1 900	5 000	边际贡献		5 000
经营净利润		1 000	固定成本：		
			固定销售费用	2 500	
			固定管理费用	1 500	4 000
			经营净利润		1 000

① 对于制造业企业，销货成本包含变动成本，如直接材料、直接人工、变动制造费用；还包含固定成本，如固定制造费用。制造业企业的利润表形式会在后续章节详细介绍。

⊖ 后面章节对制造业企业不同形式的利润表进行比较。

销货成本反映了当期与已售商品相关的产品成本。销售和管理费用反映了发生的所有费用化的期间费用。商业企业的销货成本计算方法为直接将销售产品数量乘以单位产品成本，或者间接使用下列等式计算：

$$销货成本 = 期初商品存货 + 采购 - 期末商品存货$$

例如，我们假定表 2-3 中公司当期采购 3 000 美元的商品，期初与期末商品存货分别为 7 000 美元和 4 000 美元。应用上述等式计算销货成本如下：

$$
\begin{aligned}
销货成本 &= 期初商品存货 + 采购 - 期末商品存货 \\
&= 7\,000\,美元 + 3\,000\,美元 - 4\,000\,美元 \\
&= 6\,000\,美元
\end{aligned}
$$

传统式利润表用于对外报告，但用于内部管理时存在严重的局限性。它并未区分固定成本和变动成本。例如，"销售和管理费用"科目下，变动管理费用（400 美元）和固定管理费用（1 500 美元）均集中在一起（1 900 美元）。从内部来看，管理人员需要将成本数据按成本性态整理，为计划、控制和决策提供支持。贡献式利润表则针对上述目的进行编制。

2.6.2 贡献式利润表

贡献法（contribution approach）编制利润表的核心在于区分固定成本与变动成本。贡献法编制利润表的独特之处是向管理人员提供了明确区分固定成本与变动成本的利润表，进而为计划、控制和决策提供帮助。表 2-3 的右侧是商业企业的贡献式利润表。

贡献法将成本划分为固定成本与变动成本，先将销售收入减去所有的变动成本得到边际贡献。对于商业企业来说，销货成本是一项变动成本，包括在贡献式利润表的"变动成本"中。**边际贡献**（contribution margin）是指销售收入中减去所有变动成本后的剩余金额。这一金额先补偿固定成本，才得出当期经营净利润。边际贡献也可基于单位产品进行列示。例如，表 2-3 中列示该公司销售 500 件商品，则其单位产品边际贡献为每件 10（=5 000 ÷ 500）美元。

贡献式利润表是用于内部计划和决策的工具，关注成本性态有助于进行本量利分析、管理绩效考评、制定预算。贡献法还帮助管理人员整理与各类决策相关的数据，如产品线分析、定价、稀缺资源利用、自制或外购分析。所有相关内容将在以后章节介绍。

本章小结

本章我们探讨了管理人员成本分类的方式。使用成本的目的决定了如何对成本进行分类，使用成本的目的包括：①分配成本至成本对象；②核算制造业企业成本；③编制财务报表；④随作业量变化预测成本性态；⑤制定决策。

出于将成本分配至成本对象（如产品、部门）的目的，成本分为直接成本和间接成本。直接成本可追溯至成本对象，间接成本无法追溯至成本对象。

出于对外报告的目的，成本分为产品成本和期间费用。产品成本计入存货，且在出售前作为资产列示。销售时，产品成本转入利润表中的销货成本。相反，期间费用在发生期间作为费用直接计入利润表。

出于随作业量变化预测成本性态的目的，成本分为 3 类：变动成本、固定成本和混合成本。变动成本总额与作业量有严格的正比例关系。单位变动成本保持不变。作业量在相关范围内变动时，固定成本总额保持不变。随着作业量的增加，平均单位固定成本降低。混合成本由变动成本与固定成本组成，且可用等式 $Y = a + bX$ 表示，其中 Y 是混合成本总额，a 是固定成本总额，b 是单位变动成本，X 是作业量水平。

出于制定决策的目的，管理者必须区分相关成本、无关成本和收益。要做到这一点，他们必须理解差别成本与收入、机会成本与沉没成本的概念。差别成本与收入是备选方案间成本与收入的差异。机会成本是放弃某备选方案而选择其他方案损失的潜在收益。沉没成本是过去发生且无法改变的成本。决策时应认真考虑差别成本与机会成本。沉没成本一般与决策无关，不予考虑。

本章的主题是出于不同目的进行不同的成本分类，传统式利润表与贡献式利润表的对比突出了这一主题。传统式利润表主要用于对外报告的目的，应用产品成本与期间费用的成本分类。贡献式利润表有助于决策，其前提是将成本分类为变动成本与固定成本。

复习题 1：成本术语

本章介绍了很多新成本术语。你需要时间来学习每个术语，以及在组织中如何合理进行成本分类。请思考下面的例子：波特公司（Porter Company）生产包括桌子在内的家具。给定成本如下所示。

（1）木制桌子每张成本 100 美元。

（2）桌子由工人组装，每张桌子的组装成本为 40 美元。

（3）组装桌子的工人受工厂主管监督，该主管年薪为 45 000 美元。

（4）电力成本为每机器工时 2 美元，生产一张桌子需要 4 个机器工时。

（5）生产桌子所用机器的折旧费用总计为每年 10 000 美元。这些机器无转售价值，且不会因使用而发生磨损。

（6）公司董事长的年薪为 200 000 美元。

（7）公司每年在产品广告费上支付 250 000 美元。

（8）每销售一张桌子，销售人员获得佣金 30 美元。

（9）若不生产桌子，公司将工厂租出，每年可得租金收入 50 000 美元。

要求：

利用本章的各种成本术语对上述成本进行分类。仔细学习每项成本分类。若不理解为什么如此分类成本，请重新阅读本章介绍该特定成本术语的内容。本例中变动成本与固定成本两个术语是指与桌子年产量相关的成本性态。

复习题答案：

	变动成本	固定成本	期间费用（销售和管理费用）	产品成本 直接材料	产品成本 直接人工	产品成本 制造费用	沉没成本	机会成本
1. 桌子耗用的木料（每张 100 美元）	×			×				
2. 组装桌子的人工成本（每张 40 美元）	×				×			
3. 工厂主管的工资（年薪 45 000 美元）		×				×		
4. 生产桌子的电力成本（每机器工时 2 美元）	×					×		
5. 用于生产桌子的机器的折旧费用（每年 10 000 美元）		×				×	×①	
6. 公司董事长工资（年薪 200 000 美元）		×	×					
7. 广告费用（每年 250 000 美元）		×	×					
8. 支付给销售人员的佣金（每销售一张桌子 30 美元）	×		×					
9. 停止生产、出租厂房的租金收入（年租金 50 000 美元）								×②

① 该项为沉没成本，原因是设备费用在以前期间发生。

② 该项为机会成本，因为它反映了厂房用于生产桌子所损失的潜在收益。机会成本是一类特殊成本，未在会计记录中记载。为避免与其他成本混淆，我们不再将此成本进行其他分类，只列为机会成本。

复习题 2：利润表格式

下面是关于 McFarland, Inc. 的信息。

（金额单位：美元）

	总额
售出的单位数量 / 台	35 000
单位售价	40
单位变动销售费用	3
单位变动管理费用	1
固定销售费用总额	45 000

（续）

	总额
固定管理费用总额	28 000
期初商品存货	21 000
期末商品存货	35 000
商品采购	805 000

要求：

（1）编制一份传统式利润表。

（2）编制一份贡献式利润表。

复习题答案：

（1）传统式利润表。

（金额单位：美元）

McFarland, Inc. 传统式利润表		
销售收入（40×35 000）		1 400 000
销货成本（21 000＋805 000－35 000）		791 000
毛利		609 000
销售和管理费用		
销售费用（3×35 000）＋45 000	150 000	
管理费用（1×35 000）＋28 000	63 000	213 000
经营净利润		396 000

（2）贡献式利润表。

（金额单位：美元）

McFarland, Inc. 贡献式利润表		
销售收入		1 400 000
变动成本		
销货成本（21 000＋805 000－35 000）	791 000	
变动销售费用（3×35 000）	105 000	
变动管理费用（1×35 000）	35 000	931 000
边际贡献		469 000
固定成本		
销售成本	45 000	
行政成本	28 000	73 000
经营净利润		396 000

术语表

Activity base 作业基础 导致变动成本发生变化的事项。例如，医院使用的手术手套成本总额会随着手术次数的增加而上升。因此，手术次数是解释手术手套成本总额的作业基础。

Administrative costs 管理费用 不包括生产及销售、与组织全面管理相关的所有执行成本、组织成本、办公成本。

Committed fixed costs 约束性固定成本 对设施、设备、基本组织结构的多年计划投资，除非进行根本性改变，否则短期内不会显著削减。

Common cost 共同成本 一种支持多个成本对象而产生的成本，但无法单独追溯至成本对象。例如，747 客机飞行员的工资成本是整架飞机所有乘客的共同成本。没有飞行员，就不能航行，也就没有乘客。但是飞行员的工资不是由乘坐该航班的某位旅客导致的。

Contribution approach 贡献法 一种将成本按成本性态分类的利润表形式。成本被分成变动成本和固定成本，而不是分为出于对外报告目的的产品成本与期间费用。

Contribution margin 边际贡献 销售收入减去所有变动成本后的剩余金额。

Conversion cost 转换成本 直接人工与制造费用的总和。

Cost behavior 成本性态 成本在作业量改变时如何发生变动。

Cost object 成本对象 所有需要成本数据的对象，包括产品、客户、地区、组织内组成部分，如部门、分部。

Cost structure 成本结构 固定成本、变动成本与混合成本在组织内部的相对比例。

Differential cost 差别成本 两个备选方案之间的未来成本差异。

Differential revenue 差别收入 两个备选方案之间的未来收入差异。

Direct cost 直接成本 易于且便于追溯至特定成本对象的成本。

Direct labor 直接人工 易于追溯至单个产品的工厂人工成本，也被称作可触摸人工。

Direct materials 直接材料 构成产成品组成部分的原材料，其成本可追溯至产成品。

Discretionary fixed costs 酌量性固定成本 由管理层对于某项固定成本支出的年度决策引起的可控制固定成本，如广告费和研发费。

Financial accounting 财务会计 向企业外部关系人报告历史财务信息的会计，外部信息需求者如股东、债权人和监管机构。

Fixed cost 固定成本 无论作业量水平在相关范围内如何改变，总额均保持不变的成本。若以单位固定成本表示，则随作业量变动呈反比变化。

Finished goods 产成品 尚未销售给客户的完工产品。

Incremental cost 增量成本 两个备选方案之间的成本差异（同差别成本）。

Indirect cost 间接成本 不易于且不便于追溯至特定成本对象的成本。

Indirect labor 间接人工 像锅炉工、监工、搬运工人及其他工厂员工的人工成本，且无法追溯至特定产品。

Indirect materials 间接材料 像钉子、胶水等构成产成品组成部分的小配件，其成本不易于追溯至特定产品。

Inventoriable costs 可计入存货的成本　产品成本的同义词。

Managerial accounting 管理会计　向管理层提供信息、供组织内部使用的会计。

Manufacturing overhead 制造费用　除直接材料及直接人工以外的所有生产成本。

Mixed cost 混合成本　包含变动成本和固定成本。

Opportunity cost 机会成本　放弃某备选方案而选择其他方案损失的潜在收益。

Period costs 期间费用　在发生期间或应计期间直接作为费用计入利润表的费用。

Prime cost 主要成本　直接材料成本与直接人工成本的总和。

Product costs 产品成本　获取和生产一项产品的所有成本。生产产品时，产品成本包括直接材料、直接人工、制造费用（同可计入存货的成本）。

Raw materials 原材料　构成最终产品的所有材料。

Relevant benefit 相关利益　决策应考虑的利益。

Relevant cost 相关成本　决策时应考虑的成本。

Relevant range 相关范围　满足假定成本性态符合严格线性关系，是合理有效的作业范围。

Selling costs 销售费用　确保客户订单与交付产成品及服务至客户的所有成本。

Sunk cost 沉没成本　已经发生且当前或将来做出的任何决策都无法改变的成本。

Variable cost 变动成本　总额随作业量水平成正比例变动的成本。单位产品的变动成本保持不变。

Work in process 在产品　仅部分完工且销售前需进一步加工的产品。

思考题

1. 制造业企业的 3 类主要产品成本是什么？
2. 区分以下概念：①直接材料；②间接材料；③直接人工；④间接人工；⑤制造费用。
3. 解释产品成本与期间费用的差异。
4. 区分以下概念：①变动成本；②固定成本；③混合成本。
5. 作业量水平的提高对下列各项有何影响？
  （1）单位固定成本。
  （2）单位变动成本。
  （3）固定成本总额。
  （4）变动成本总额。
6. 定义以下术语：①成本性态；②相关范围。
7. 计算变动成本时，作业基础有何含义？请列举几个作业基础的例子。
8. 管理人员通常假定成本与作业量水平间存在严格的线性关系。在何种情况下，这是一个有效或无效的假设？
9. 区分酌量性固定成本与约束性固定成本。
10. 相关范围的概念适用于固定成本吗？请解释。
11. 传统式利润表与贡献式利润表有什么差异？
12. 什么是边际贡献？
13. 定义下列术语：差别成本、沉没成本、机会成本。
14. 只有变动成本可能是差别成本。你同意这种说法吗？请做出解释。

基础练习

马丁内斯公司（Martinez Company）的生产量在 7 500 台至 12 500 台之间浮动。当该公司生产和销售 10 000 台时，其每台的平均成本如下所示。

（单位：美元）

	每台的平均成本
直接材料	6.00
直接人工	3.50
变动制造费用	1.50
固定制造费用	4.00
固定销售费用	3.00
固定管理费用	2.00
销售佣金	1.00
变动管理费用	0.50

要求：

（1）从财务会计的角度来看，生产 10 000 台产品所发生的产品成本总额是多少？

（2）从财务会计的角度来看，出售 10 000 台产品所产生的期间费用总额是多少？

（3）如果生产和销售 8 000 台，每台变动生产成本和变动销售费用是多少？

（4）如果生产和销售 12 500 台，每台变动生产成本和变动销售费用是多少？

（5）如果生产和销售 8 000 台，与生产和销售相关的变动成本总额是多少？

（6）如果生产和销售 12 500 台，与生产和销售相关的变动成本总额是多少？

（7）如果生产 8 000 台，每台平均固定制造成本是多少？

（8）如果生产 12 500 台，每台平均固定制造成本是多少？

（9）如果生产 8 000 台，则固定制造成本总额是多少？

（10）如果生产 12 500 台，则固定制造成本总额是多少？

（11）如果生产 8 000 台，则间接制造成本总额是多少？每台的间接制造成本是多少？

（12）如果生产 12 500 台，则间接制造成本总额是多少？每台的间接制造成本是多少？

（13）如果每台售价为 22 美元，那么每台的边际贡献是多少？

（14）如果生产 11 000 台，则直接和间接制造成本总额是多少？

（15）如果马丁内斯公司将产量从 10 000 台增加到 10 001 台，会增加多少制造成本？

练习题

1. 差异成本、沉没成本和机会成本

东北医院（Northeast Hospital）的放射科正在考虑用最先进的数字 X 光机取代一台低效的旧 X 光机。这台新机器将在更短的时间内提供更高质量的 X 光片，并且每次 X 光片的成本更低，耗电量更少，而且新机器使用了彩色激光打印机，生成的 X 射线图像更加清晰。然而，实验室部门正在建议医院管理层购买新的 DNA 分析仪，而不是将资金投资于新的 X 光机。

要求：

分析以下各项，并判断在决定用新机器更换旧 X 光机时，该项成本是否应被视为差异成本、沉没成本或机会成本，在相应的位置填写"×"。如果认为该项成本并非上述三类成本中的任何一类，请留白。

成本	差异成本	沉没成本	机会成本
举例：旧机器 X 光片的成本	×		
1. 旧 X 光机的成本			
2. 放射科主任的工资			
3. 实验室部门负责人的工资			
4. 新 X 光机的成本			
5. 放射科的房屋租金			
6. 维护旧机器的费用			
7. 新的 DNA 分析仪带来的利得			
8. 运行 X 光机的电力成本			

2. 传统式利润表和贡献式利润表

切诺基公司（Cherokee Inc.）是一家经销商，以下是该公司的相关信息。

（金额单位：美元）

	总额
售出商品数量 / 台	20 000
单位售价	30
单位变动销售费用	4
单位变动管理费用	2

（续）

	总额
固定销售费用	40 000
固定管理费用	30 000
期初商品存货	24 000
期末商品存货	44 000
商品采购	180 000

要求：

（1）编制传统式利润表。

（2）编制贡献式利润表。

3. 直接成本和间接成本

库宾公司（Kubin Company）的生产量在 18 000 台至 22 000 台之间浮动。当其生产和销售了 20 000 台时，每台的平均成本如下所示。

（单位：美元）

	单位平均成本
直接材料	7.00
直接人工	4.00
变动制造费用	1.50
固定制造费用	5.00
固定销售费用	3.50
固定管理费用	2.50
销售佣金	1.00
变动管理费用	0.50

要求：

（1）假设成本对象是每单位的产品。

a. 制造 20 000 个单位所产生的直接制造成本总额是多少？

b. 制造 20 000 个单位所产生的间接制造成本总额是多少？

（2）假设成本对象是制造部门，其总产量为 20 000 台。

a. 制造部门的直接制造成本总额是多少？

b. 制造部门的间接制造成本总额是多少？

（3）假设成本对象是公司的各个销售代表。此外，假设该公司将其总固定销售费用中的 50 000 美元用于广告宣传，总固定销售费用的其余部分用于支付公司销售代表的固定薪酬。

a. 当公司销售 20 000 台时，单个销售代表的直接销售费用是多少？

b. 当公司销售 20 000 台时，单个销售代表的间接销售费用是多少？

（4）库宾公司的管理费用在其内部管理报告中是否始终被视为间接成本？

4. 固定成本、可变成本和混合成本

参考练习题 3 中给出的数据，回答下列问题。

要求：

（1）如果生产和销售 18 000 台，每台产品的变动生产成本和变动销售成本是多少？

（2）如果生产和销售 22 000 台，每台产品的变动生产成本和变动销售成本是多少？

（3）如果生产和销售 18 000 台，变动生产成本和变动销售成本总额是多少？

（4）如果生产和销售 22 000 台，变动生产成本和变动销售成本总额是多少？

（5）如果生产 18 000 台，每台产品的平均固定制造成本是多少？

（6）如果生产 22 000 台，每台产品的平均固定制造成本是多少？

（7）如果生产 18 000 台，则固定制造费用总额是多少？

（8）如果生产 22 000 台，则固定制造费用总额是多少？

5. 成本分类

澳大利亚新南威尔士州的 Wollogong 集团有限公司 10 年前购买了一座厂房。几年来，该公司以每年 3 万美元的价格出租一个位于大楼后面的小型附属设备。承租人的租赁合同很快就要到期了，但该公司没有续约，而是决定使用附属设备来生产新产品。

新产品的直接材料成本为每件 80 美元。为了存放产成品，该公司将以每月 500 美元的价格租用一个小型仓库。此外，该公司必须以每月 4 000 美元的价格租用设备来生产新产品。公司雇用员工来生产新产品，每生产一个产品就要向员工支付 60 美元的直接人工费用。与往年一样，附属设备所占用的空间将继续按每年 8 000 美元折旧。

新产品的年度广告费用为 50 000 美元。公司计划雇用一名主管来监督生产，每月公司需要向该主管支付 3 500 美元作为报酬。操作设备的电费为每台 1.20 美元。将新产品运送给客户的成本为每件 9 美元。

为了提供资金购买材料、支付工资等，该公司将不得不清算一些临时投资。这些投资目前每年产生 3 000 美元的回报。

要求：

使用下表，以 4 种方式描述与新产品决策相关的每种成本。根据预测成本性态的成本分类（第 1 列），指出成本是固定的还是变动的。关于制造商的成本分类（第 2 列），如果项目是制造成本，则说明是直接材料、直接人工还是制造费用。如果是非制造成本，则选择"无"作为答案。关于编制财务报表的成本分类（第 3 列），说明该项目是产品成本还是期间费用。最后，根据决策成本分类（第 4 列），确定沉没成本或机会成本。如果你将某个项目确定为机会成本，则在第 1～3 列中选择"无"作为你的答案。

以下项目的成本分类：

成本项目	（1）预测成本性态	（2）制造商	（3）编制财务报表	（4）决策

问题

1. 传统式和贡献式利润表

Todrick Company 是一家销售公司，下表披露了它销售 1 000 台商品的相关信息。

	（单位：美元）
销售收入	300 000
期初商品存货	20 000
采购成本	200 000

	（续）
期末商品存货	7 000
固定销售费用	?
固定管理费用	12 000
变动销售费用	15 000
变动管理费用	?
边际贡献	60 000
经营净利润	18 000

要求：

（1）编制贡献式利润表。

（2）编制传统式利润表。

2. 变动成本和固定成本；直接成本和间接成本的微妙区别

麦迪逊老年护理中心（Madison Seniors Care Center）是一个为老年人提供各种健康服务的非营利组织。该中心由多个部门组成，其中一个部门负责上门送餐服务，通过"轮椅用餐"计划每天为家中的老年人提供热餐。下面列出了该中心和"轮椅用餐"计划的一些成本。例如，用于准备食物的杂货成本。

a. 租用送餐车的费用。

b. 盐、胡椒、餐巾纸等附带用品的成本。

c. 送餐车所消耗的汽油成本。

d. 麦迪逊老年护理中心的设施的租金，包括"轮椅用餐"计划。

e. "轮椅用餐"计划兼职经理的工资。

f. "轮椅用餐"计划中使用的厨房设备折旧。

g. 开车送饭的看护人的小时工资。

h. 遵守厨房卫生安全规定的费用。

i. 为"轮椅用餐"计划发送募捐信的费用。

要求：

对于上面列出的每项费用，请说明它是"轮椅用餐"计划的直接成本还是间接成本，是该计划服务的特定老年人的直接成本还是间接成本，以及它是变动成本还是固定成本。请使用下面的表格填写你的答案。

项目	说明	"轮椅用餐"计划的直接成本或间接成本		参加"轮椅用餐"计划的特定老年人的直接成本或间接成本		随着参加"轮椅用餐"计划的老年人数量的变化而变动或固定的成本	
		直接	间接	直接	间接	变动	固定
实例	用于准备食物的杂货成本	×		×		×	

3. 成本分类

下面列出的是各种组织的成本。

（1）工厂的物业税。

（2）本公司生产的洗涤剂包装盒。

（3）销售人员的佣金。

（4）工厂主管的工资。

（5）行政部门汽车的折旧。

（6）组装计算机工人的工资。

（7）成品仓库的保险。

（8）生产设备用的润滑油。

（9）广告成本。

（10）用于生产计算器的微芯片。

（11）已售出商品的运费。

（12）工厂餐厅订阅的杂志。

（13）服装厂使用的线。

（14）高管的人寿保险。

（15）教科书印制中使用的油墨。

（16）物料搬运工人的附加福利。

（17）羊毛衫生产中使用的纱线。

（18）行政办公室接待员的工资。

要求：

准备一张答题纸，如下所示列出标题。对于每个成本项目，请注明它是基于生产量和销售的变动成本还是固定成本；它是销售费用、管理费用、还是制造费用。如果是制造费用，请说明它是产品的直接成本还是间接成本。下面提供了三个示例答案作为说明。

成本项目	变动成本或固定成本	销售费用	管理费用	制造费用（产品）	
				直接	间接
直接人工	V			×	
管理人员工资	F		×		
工厂租金	F				×

案例

成本分类与成本性态

多利来公司（Dorilane Company）是一家家具公司，生产包含一张桌子、四把椅子的庭院套装家具。公司有足够的客户订单，每年产量最高可达2 000套。在负荷生产时的年成本数据如下。

	（单位：美元）
直接人工	118 000
广告费	50 000
工厂监管费	40 000
工厂大楼财产税	3 500
销售佣金	80 000
工厂保险费	2 500
行政办公设备折旧费	4 000
工厂设备租金	12 000
工厂间接材料费	6 000
工厂大楼折旧费	10 000
行政办公用品（账单）	3 000
行政办公人员工资	60 000
耗用的直接材料费（木材、螺钉等）	94 000
工厂公共事业费	20 000

要求：

（1）在答题纸上以下面给出的列标题编制表格。将每项成本项目填入该表，金额填入合适的列标题下。如例子给出，表中已经将上述前两项成本填入。注意每项成本以两种方式分类：第一种是分类为与产销量有关的变动成本、固定成本；第二种是分类为期间费用、产品成本。（若某项成本属于产品成本，也应如下进一步分类为直接成本或间接成本。）

成本项目	成本性态 变动成本	成本性态 固定成本	期间费用（销售或管理费用）	产品成本 直接成本	产品成本 间接成本①
直接人工	118 000			118 000	
广告费		50 000	50 000		

①基于单位产品。

（2）计算上述（1）中每列的金额总数。计算每套庭院家具的单位成本。

（3）假定产量下降至每年 1 000 套。你认为平均每套产品成本会升高、下降还是保持不变？请做出解释（可不列出计算步骤）。

（4）参考原始数据。董事长的姐夫想给自己做一套庭院家具，且已获知供应商提供必要材料的定价。姐夫问董事长他是否可以以"成本价"从多利来公司购买一套庭院家具，董事长应允。

a. 二人之间是否会就姐夫支付的价款产生争议？董事长可能会要价多少？姐夫呢？

b. 由于公司满负荷生产，因此本章的哪个成本术语可作为董事长向姐夫按着全额的正常价格要价却仍以"成本价"出售的理由？

第 3 章

分批成本法：计算单位生产成本

👁 **商业聚焦**

高校 T 恤公司：为美国 150 多所高校服务

高校 T 恤公司（University Tees）是 2003 年由两名迈阿密大学（Miami University）的学生创建的，为兄弟会、姐妹会、学生组织提供带有丝网印刷、刺绣的促销 T 恤。如今，该公司总部设在俄亥俄州的克利夫兰市，为美国 150 多所高校提供服务，并在每个高校设立了 4 名校园经理。

公司为确保售价高于订单中的产品成本，精确计算每个潜在客户订单的成本尤其重要。产品成本包括空白 T 恤成本、印刷成本（随着 T 恤产量及每件 T 恤颜料数量的改变而变动）、图案设计成本（随着 T 恤中颜料数量的改变而变动）、运输成本、插图设计成本。公司在定价过程中也考虑了竞争对手的价格策略。

在高校中取得成功后，高校 T 恤公司将它的姊妹公司 On Point Promos 推荐给营利企业及非营利组织提供服务。

资料来源：Conversation with Joe Haddad, cofounder of University Tees.

🏷 **学习目标**

1. 计算预计制造费用分配率。
2. 利用预计制造费用分配率将制造费用分配至各批产品。
3. 利用全厂预计制造费用分配率计算总成本及每批产品的单位生产成本。
4. 利用多种预计制造费用分配率计算总成本及每批产品的单位生产成本。
5. 利用基于作业的完全成本法计算单位生产成本（附录 3A）。
6. 理解预计制造费用分配率以生产作业而不是预计作业为基准的含义（附录 3B）。

企业将成本分配至产品和服务主要出于以下两点原因。第一，成本分配起到了计划、控制和决策的作用。例如，企业利用产品成本信息来更好地理解每种产品的盈利能力，进行每种产品的定价。第二，成本分配可以得到期末产品成本及对外报告的产品销售成本。资产负债表中的期末存货项目包含了未销售的产品成本，销货成本在利润表中的销货成本项目中体现。

通常，对外财务报告的要求对企业将成本分配至产品及服务的方式影响较大。很多公司出于成本核算的目的采取了多种完全成本法的方式，是因为大多数国家（包括美国）对外报告财务信息时需要多种形式的完全成本法。在**完全成本法**（absorption costing）中，将全部制造费用（包括固定成本及变动成本）分配至单位产品，单位产品完全吸收了制造费用。相反，将全部非制造费用认定为期间成本，无须分配至单位产品。

本章及下一章阐释了一种常见的完全成本法的类型——分批法。本章将探讨分批成本法在计划、控制和决策中的作用。我们重点关注将制造费用分配至个别批次的方法。下一章将介绍分批成本法在计算期末存货价值及对外报告销货成本中的应用。

3.1 分批成本法综述

分批成本法（job-order costing）适用于在每个会计期间生产多种具有不同特征的产品。例如，李维斯服装厂在一个月内生产多种不同类型的男式和女式牛仔裤。一项订单可能包括 1 000 条男式蓝色喇叭牛仔裤，货号 A312。订单中的 1 000 条牛仔裤即为一批。在分批成本法中，成本需追溯并分配至各批，各批成本再根据各批中的产品数量分配，得到平均单位成本。平均单位成本也被称作单位产品成本。

其他适用于分批成本法的情形包括：柏克德国际（Bechtel International）主导的大规模建造项目、波音公司（Boeing）生产的商用飞机、海盗印刷公司（Vistaprint）设计、印刷和发货的名片、汉莎天厨公司（LSG SkyChefs）制造的航空餐。这些例子均有产出多样性的特点。每个柏克德项目都是独一无二的，每个项目之间均有不同——可能同时在尼日利亚建造水坝，在印度尼西亚建桥。同样地，每条航线可能在汉莎天厨公司订购不同种类的航空餐。

分批成本法也被应用于服务行业。医院、律师事务所、电影制片厂、会计师事务所、广告公司、修理车间均使用分批成本法的变形形式来计算成本。以下章节的分批成本法举例属于制造业企业，但是该方法的基本概念和程序也应用于许多服务性组织。

|商业实战 3-1|　　　　　　　　　真的能作为一批吗

佛蒙特州的布里斯托尔市的 VBT 骑行假期公司（VBT Bicycling Vacations）在美国、加拿大、欧洲及全球其他地区提供奢华骑行度假体验。例如：该公司在意大利的普利亚区提供为期 10 天的度假服务。该旅游产品的价格包含国际机票、10 晚住宿、大部分餐食、自行车使用费、必要的地面交通费。每个旅游团均由至少两名当地导游做向导，一名导游会和游客沿着旅游线路一同骑行，其余导游驾驶补给车，补给车中携带水、零食、自行车修理工具，能够提供往返酒店、爬坡助力等服务，还能够将游客的行李从一个酒店运至下一个酒店。

每个具体的旅游团可视为一批。例如：Giuliano Astore 和 Debora Trippetti 是普利亚区的本地人，在 4 月底带了一个超过 10 天的 17 人 VBT 骑行团。旅行结束时，Giuliano 向 VBT 总部提交了一份报告，该报告就属于一种分批成本单。这份报告详细列示了本次旅行的成本，包括补给车的燃油和使用费、游客的住宿费、提供餐食的费用、零食费、雇用必要地面交通的费用、导游工资。除此之外，一些费用直接由 VBT 支付给供应商。将从游客处收取的总收入减去本次旅行的总成本，即可得到本次旅行的毛利。

资料来源：Giuliano Astore and Gregg Marston, President, VBT Bicycling Vacations.For more information about VBT, see www.vbt.com.

3.2 分批成本法举例

为介绍分批成本法，我们将随着生产过程的推进跟踪一个具体批次的生产。该批次由两个试验性的联轴器组成，该联轴器是约斯特精密加工公司（Yost Precision Machining）接受的来自路珀斯（Loops Unlimited）公司（过山车制造商）的订单。联轴器将过山车上的小车连接起来，是过山车性能及安全性的重要组成部分。在我们开始讨论之前，再次强调公司通常将生产成本分为 3 大类：①直接材料；②直接人工；③制造费用。随着对分批成本法操作过程的研究，我们将了解这 3 类产品成本怎样分配至各批次来计算单位生产成本。

管理会计实践 3-1

约斯特精密加工公司是密歇根州的一家专门制造精密金属件的公司，这些零件应用范围从深海勘探工具到汽车安全气囊的惯性触发开关。公司的高层管理者每天早上 8 点在公司会议室召开当天的计划会。今天早上参会的有：公司董事长珍·约斯特（Jean Yost），市场部销售经理戴维·张（David Cheung），生产部经理黛比·特纳（Debbie Turner），财务主管马克·怀特（Marc White）。董事长开始主持会议。

珍：生产计划显示我们今日将生产批次 2B47。是那笔试验性联轴器的特殊订单吗，戴维？

戴维：是的，就是那笔路珀斯公司的订单，为魔法山的新过山车生产的两个联轴器。

黛比：为什么只订两个联轴器？不是每辆小车都需要一个联轴器吗？

戴维：是的，但这是一个全新的过山车。小车的速度更快，和已有的过山车相比，轨道上有更多的弯道、转弯、下落和环道。为支撑这些压力，路珀斯公司的工程师重新设计了小车和联轴器。他们想让我们只生产两个这种新型的联轴器用作测试。如果设计奏效，我们将很有可能获得为过山车整体供应联轴器的订单。

珍：我们接受由我方承担首批订货的成本以有机会获得更多的订单。马克，在记录成本获得相应报酬方面有困难吗？

马克：没问题。与路珀斯公司的合同保证了他们会向我们支付与分批成本法确定的联轴器单位成本等额的金额。我可以在本批完成的当日确定单位联轴器的直接材料、直接人工和制造费用。

珍：好。关于这批产品我们还有需要讨论的事项吗？没有了？那我们继续探讨下一项工作。

3.2.1 计量直接材料成本

根据路珀斯公司递交的计划，每个试验性联轴器需要 3 个部件作为直接材料：2 个 G7 连接器和 1 个 M46 外壳。每个试验性联轴器需要 2 个连接器和 1 个外壳，那么 2 个试验性联轴器需要 4 个连接器和 2 个外壳。该产品是第一次生产的定做产品，但如果它们是公司的标准产品之一，则存在已确定的材料清单。**材料清单**（bill of materials）是一份列示了生产产品所需要的每种直接材料数量的文件。

与客户在订单的数量、价格、装运期方面达成一致后，一份生产订单即确定。接下来生产部门准备与图 3-1

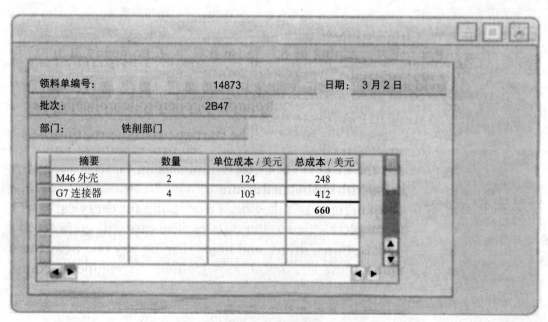

领料单编号：	14873		日期：	3 月 2 日
批次：	2B47			
部门：	铣削部门			

摘要	数量	单位成本 / 美元	总成本 / 美元
M46 外壳	2	124	248
G7 连接器	4	103	412
			660

图 3-1　领料单

相似的领料单。**领料单**（materials requisition form）详细记录了从仓库领用的材料数量和种类，确定材料成本所属的产品批次。领料单用来控制生产过程中的材料流转，也为会计记录中分类账的条目提供依据（在下一章中将具体阐释）。

　　图 3-1 是约斯特精密加工公司的领料单，显示了铣削部门为路珀斯公司的订单领用了 2 个 M46 外壳和 4 个 G7 连接器，并定名为批次 2B47。

3.2.2　分批成本单

　　生产订单发出后，会计部门的分批成本软件系统自动生成了一份如图 3-2 所示的分批成本单。分批成本单记录了该批次订单的直接材料成本、直接人工成本和制造费用。

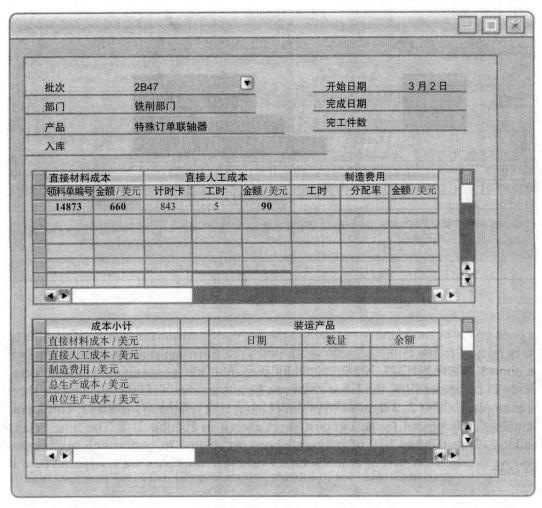

图 3-2　分批成本单

　　直接材料成本确定后，便自动记录在分批成本单中。例如，图 3-2 中 660 美元的直接材料成本先在图 3-1 的领料单中记录，再记录至批次 2B47 的分批成本单中。分批成本单中记录的领料单编号 14873 便于追溯确定直接材料成本的单据来源。

3.2.3　计量直接人工成本

　　直接人工成本是可直接追溯至特别批次的人工成本。未能直接追溯至特定批次的人工成本归为制造费用的一部分。如第 2 章阐述，后者的人工成本是间接人工成本，包括维护、管理、清理等工作所产生的费用。

多数公司利用会计电算化系统来保存员工计时卡。一份完整的**计时卡**（time ticket）以小时来记录雇员全天的活动。一种创建计时卡的计算机方法使用了条码来记录数据。每个雇员及每个批次均有一个独特的条码。开始一个批次的作业时，雇员使用一个类似杂货店结账台条码扫描器的手持设备，依次扫描 3 个条码。第一个条码表示开始进行一项任务；第二个条码是雇员身份徽章上的唯一条码；第三个条码是特定批次的条码。信息自动通过电子网络传送到记录时间及所有数据的计算机上。任务完成后，雇员扫描身份徽章上的条码及特定批次的条码表示任务已完成。信息再次被传送至记录时间的计算机，图 3-3 的雇员计时卡自动生成。由于所有源数据已在计算机中存储，分批成本单中的直接人工成本可自动转入。例如，图 3-3 中显示了批次 2B47 的直接人工成本是 90 美元。该金额自动转入至图 3-2 的分批成本单中。图 3-3 的雇员计时卡也显示了维护工作相关的间接人工成本是 18 美元。该成本作为制造费用的一部分，未转入分批成本单中。

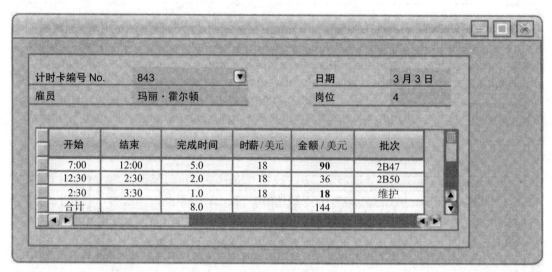

图 3-3　雇员计时卡

3.2.4　计算预计制造费用分配率

生产成本包括制造费用、直接材料和直接人工，所以制造费用也需要记录在分批成本单中，但将制造费用分配至特定批次较为复杂，有以下 3 点原因。

（1）制造费用是间接成本，不可能或者很难将其追溯至特定产品或批次。

（2）制造费用由许多不同类型的成本组成，其范围包括从机器润滑油到生产经理的年薪。一些成本与生产水平变化成正比，就是变动制造费用（例如，间接材料、供应品、电力）。一些成本在生产水平变化时保持恒定，就是固定制造费用（例如，照明和热力、财产税、保险）。

（3）很多公司有大量的固定制造费用。因此，即使这些公司生产的产品数量变化很大，但每期总固定制造费用几乎保持恒定，导致每期平均生产成本也会发生变化。

在这些条件下，将制造费用分配至产成品。分配是通过选取对于公司所有产品和服务均通用的分配基础来完成。**分配基础**（allocation base）是一种度量方式，例如，能够将制造费用分配至产成品和服务的直接人工工时（DLH）、机器工时（MH）。生产过程中最广泛使用的分配基础有直接人工工时、直接人工成本、机器工时、产品数量（适用于只生产单一产品的企业）。

通常使用预计制造费用分配率将制造费用分配至产成品。**预计制造费用分配率**（predetermined overhead rate）的计算方法是将整个会计期间的预计制造费用总额除以预计分配基础总量，公式如下：

$$预计制造费用分配率 = \frac{预计制造费用总额}{预计分配基础总量}$$

预计制造费用分配率在会计期间开始前计算，计算分为 4 个步骤。第一步是预计下一期生产水平对应的分配基础总量（分母）。第二步是预计下一期总固定制造费用和单位分配基础的变动制造费用。第三步是使用下面的成本公式来预计下期制造费用总额（分子）：

$$Y = a + bX$$

式中　Y——预计制造费用总额；

　　　a——预计固定制造费用总额；

　　　b——预计单位分配基础的变动制造费用；

　　　X——预计分配基础总量。

第四步，计算预计制造费用分配率。[⊖]注意，预计分配基础总量要在预计制造费用总额前确定。原因是制造费用总额包括变动制造费用，而变动制造费用的大小取决于分配基础总量的数额。

3.2.5　分配制造费用

再次强调，预计制造费用分配率在会计期间开始前进行计算，然后应用于整个会计期间将制造费用分配至特定批次。分配制造费用至特定批次的过程被称作**制造费用分配**（overhead application）。确定分配至特定批次的制造费用数额的公式为：

$$分配至特定批次的制造费用 = 预计制造费用分配率 × 该批次发生的分配基础数额$$

例如，如果预计制造费用分配率是每直接人工工时 20 美元，那么一个批次发生的单位直接人工工时分配的制造费用是 20 美元。当分配基础是直接人工工时时，公式变为：

$$分配至特定批次的制造费用 = 预计制造费用分配率 × 该批次发生的实际直接人工工时$$

注意，分配至特定批次的制造费用金额不是该批次的实际制造费用。实际制造费用无须分配至批次，若能追溯至特定批次，则该成本为直接成本，而非间接成本。分配至特定批次的制造费用仅是年初预计的制造费用总额的一部分。分配该制造费用的方法是定额成本法。**定额成本制度**（normal cost system）是将制造费用分配至特定批次的方法，计算方法是预计制造费用分配率乘以该批次实际发生的分配基础数额。

⊖　公司有不止一个生产部门时，每个部门可能有不同的单位分配基础的变动制造费用。此时，公式 $Y = a + bX$ 应在各部门分别使用。这些预计部门成本在第四步中可以合起来计算一个预计制造费用分配率，也可以分别计算部门预计制造费用分配率。

|商业实战3-3|　　　　　　　　在中国，机器人取代了直接人工

苏州胜利精密制造有限公司（Suzhou Victory Precision Manufacturing Company）开始用机器人（这是制造费用的一部分）取代直接人工，原因有3个。首先，中国的劳动力规模正在减少。中国的劳动力在2010年达到9亿人的峰值，到2050年将降至8亿人以下。其次，中国的平均劳动力成本已经上升到每小时14.60美元，目前是美国平均每小时劳动力的64%，而这一比例在2000年是30%。最后，机器人的成本在下降，而其能力在继续增强。因此，中国制造商预计每年至少会购买15万台机器人，目标是最终自己能够制造更多的机器人。

资料来源：Whelan, Robbie and Fung, Esther, "China's Factories Turn to Robots," *The Wall Street Journal*, August 17, 2016, pp B1-B2.

3.2.6　制造费用详述

为阐述计算和使用预计制造费用分配率，我们继续研究约斯特精密加工公司，并做以下假设。在第一步中，公司预计全年生产产品所需直接人工工时为40 000小时。在第二步中，预计下一年固定制造费用总额为640 000美元，单位变动制造费用为每直接人工工时4.00美元。已知上述假设，第三步使用下面的成本公式预计全年制造费用总额。

$$Y = a + bX$$
$$= 640\ 000 + 4.00 \times 40\ 000$$
$$= 640\ 000 + 160\ 000$$
$$= 800\ 000（美元）$$

第四步，约斯特精密加工公司计算得出其预计制造费用分配率为每直接人工工时20美元，计算方法如下：

$$预计制造费用分配率 = \frac{预计制造费用总额}{预计分配基础总量}$$
$$= \frac{800\ 000\ 美元}{直接人工工时\ 40\ 000\ 小时}$$
$$= 20（美元/小时）$$

图3-4的完整的分批成本单显示批次2B47发生直接人工工时27小时。因此，分配至该批次的制造费用总额为540美元。

$$分配至批次2B47的制造费用 = 预计制造费用分配率 \times 批次2B47实际发生的直接人工工时$$
$$= 20\ 美元/小时 \times 27\ 小时$$
$$= 540（美元）$$

该制造费用金额已记入图3-4中。

3.2.7　对预计制造费用分配率的需要

相比于使用估计的预计制造费用分配率，人们可能会认为公司应该使用依据月度、季度或年度的实际制造费用总额及实际分配基础总量。然而，如果按月度或季度计算实际分配率，制造费用或分配基础中的季节性因素会对制造费用分配率产生波动性影响。例如，伊利诺伊州某工厂加热和冷却的成本，在夏季和冬季最高，在春季和秋季最低。若每月或每季度的制造费用分配率是基于实际成本及生产活动重新计算的，那么冬季时该分配率会上升，夏季会下降。结果是两个完全相同的批次，一个在冬季完工，一个在夏季完工，但是产生了不同的制造费用分配率。

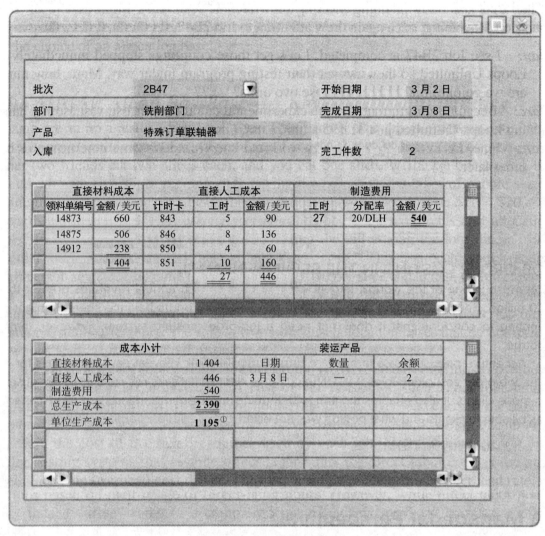

图 3-4　完整的分批成本单

① 2 390÷2=1 195（美元/件）。

为避免类似波动，实际制造费用分配率将以年度为基础计算。但是，采用这种方法只能在年末才能得知分配至特定批次的制造费用。例如，约斯特精密加工公司的批次 2B47 的产品，虽然在 3 月就已经完工并装运给客户，但是到年末才能知道该批次的成本。出于这些原因，大多数公司在成本核算系统中使用预计制造费用分配率而非实际制造费用分配率。

| 商业实战 3-4 |　　　　　　　网络保险：制造商的新常态

艾德威森有限责任公司（Advisen Ltd.）估计，制造商目前每年为网络专用保险支付的费用超过 3 690 万美元。虽然这些公司一直在为它们的制造设施投保，以避免物理损害，但事实是，它们的工厂“越

来越计算机化、自动化，并与公司的其他部分数字化集成”，这就需要扩大制造的间接成本，包括网络保险。金佰利公司（Kimberly-Clark Corporation）的企业风险经理丹尼尔·斯坦纳（Daniel Steiner）表

示，他的公司从 2009 年开始购买网络保险。最近，德国联邦信息安全办公室（German Federal Office for Information Security）报告称，一场网络攻击对该国一家钢铁厂造成了"大规模破坏"，许多其他制造商也纷纷开始购买网络保险。

资料来源：Richard Teitelbaum，"More Manufacturers Weigh Insurance For Cyberattacks," *The Wall Street Journal*, April 18, 2017, p B4.

3.2.8　计算批次总生产成本及单位生产成本

约斯特精密加工公司将制造费用 540 美元分配至如图 3-4 所示的分批成本单后，该分批成本单还需最后两个步骤完成。第一，直接材料总额、直接人工总额、制造费用总额结转至分批成本单中的成本小计部分，加总后得到该批次的总成本。[○]第二，总产品成本（2 390 美元）除以产成品数量（2）得到单位生产成本（1 195 美元）。如前述可知，单位生产成本是平均成本，不能解释为再生产 1 单位产品所发生的实际成本。由于再生产 1 单位产品并不会改变实际制造费用，因此增加的成本低于平均单位生产成本 1 195 美元。

管理会计实践 3-2

3 月 9 日早上 8：00 的日计划会议中，约斯特精密加工公司董事长珍·约斯特曾对批次 2B47 生产的试验性联轴器很关注。

珍：我看批次 2B47 已完工，我们马上将联轴器装运给路珀斯公司吧，这样他就可以进行测试项目了。马克，这两个产品我们向路珀斯公司要价多少？

马克：我们同意以成本价出售这两个试验性联轴器，所以每个联轴器仅向路珀斯要价 1 195 美元。

珍：好的，期待联轴器试验成功，我们以后可以接他们的大订单赚钱。

| 商业实战 3-5 |　分批成本法在服务业的应用

埃森哲（Accenture）是全球最大的咨询公司之一，年收入超过 300 亿美元。由于该公司资产负债表中并未有存货项目，导致有人可能认为他们并不需要分批成本系统，但事实并非如此。

埃森哲每年向咨询顾问支付超过 200 亿美元来为客户提供服务。公司利用分批成本法将每名客户的收入与针对该客户的服务所付出的成本进行对比。该方法也能让公司找出自身咨询能力的可计费部分及无法向特定客户收取费用的部分。

资料来源：Accenture 2014 Annual Report。

3.3　分批成本法：内部管理者的视角

管理者利用分批成本信息制订计划、做出决策。例如，管理者可能应用分批盈利报告制订下一年的销售和生产计划。若某批次产品具有高赢利性，如低容量、工程密集型的批次，管理者可能决定增加未来广告支出以提高该类批次产品的销售。相反，若其他类型批次的产品盈利性差，如高容量、劳动力密集型的批次，管理者可能会减少该类批次产品的计划销量及产量。

管理者也可能利用分批成本信息来进行定价决策。例如，若批次 A 的制造费用总额为 100 美元，通常管

○　注意，我们假定批次 2B47 的产品所需要的直接材料、直接人工成本如图 3-1 和图 3-3 所示。

理者使用预先确定的利润率（假定为 50%），计算出利润为 50（=100×50%）美元，售价为 150（=100+50）美元。上述方法为成本加成定价法，在此方法中管理者制定利润率，他们认为该利润率可以产生足够多的收入来弥补该批次产品的总生产成本，存在剩余利润时弥补公司部分非生产成本。

如果公司的分批成本核算系统并未精确地将制造费用分配至各批次，上述计划与决策类型会受到不利影响。换言之，失真的分批成本数据可能会导致管理者将增加的广告支出投入到他们认为赢利但实际并非如此的某些批次中。类似地，不准确的分批成本可能使管理者的定价相对于更精明竞争者的定价过高或过低。

在这点上，你可能想知道这是如何发生的，分批成本核算系统将成本分配至各批次时怎么能不准确呢？这个问题的答案要关注间接产品成本，即制造费用。分批成本法虽然将直接材料、直接人工成本准确追溯至各批次，但该方法未能将生产过程中的制造费用准确地分配至各批次。其根本原因是分批成本分配通常与分配基础的选择有关。

选择分配基础：分批成本分配准确性的关键

想象你和 3 位朋友去餐厅吃饭。你们点了一大份 20 美元的比萨，切成 10 块。你的一位朋友吃了 5 块比萨，另外两位朋友各吃了 2 块比萨，你吃了一块。结账时，吃了 5 块比萨的那位朋友提议以"吃饭人数"作为分配基础来结账，因此你需支付其中 5（=20÷4）美元。你认为这个成本分配基础准确性如何？在所有的可能性中，你会提议以"吃的块数"作为分配基础来结账。在这种方法下，吃饭的每人需支付每块比萨 2（=20÷10）美元，此时你需支付账单中的 2 美元。使用"吃饭人数"作为分配基础时造成的信息失真显而易见，分批成本核算系统也经常发生同样的错误：他们应用的分配基础未能反映该批次实际耗用资源的情况。

为提高分批成本的准确性，预计制造费用分配率的分配基础应是制造费用的成本动因。**成本动因**（cost driver）是引起制造费用发生的因素，如机器工时、占用的床位、计算机时间或飞行时间。若预计制造分配率使用的基础并不是制造费用的成本动因，那么该分配率将不能准确计量各批次耗用资源的制造费用。很多公司在应用分批成本核算系统时，假定直接人工工时（直接人工成本）是唯一的制造费用成本动因。他们使用单一预计制造费用分配率，或被称作**全厂制造费用分配率**（plantwide overhead rate），以他们直接人工工时情况为分配基础将制造费用总额分配至各批次。然而，虽然直接人工工时确实是公司部分制造费用的成本动因，但是该分配基础过于简单，且假定直接人工工时是公司唯一的制造费用成本动因是不正确的。公司若能识别不止一种制造费用成本动因，则可以利用多重预计制造费用分配率来改善分批成本的准确性。

3.4 分批成本法使用多重预计制造费用分配率

公司也使用**多重预计制造费用分配率**（multiple predetermined overhead rates）的成本核算系统，即利用不止一个制造费用分配率将制造费用分配至各批次。例如，公司中每个生产部门各使用一个预计制造费用分配率。这样的核算系统虽然更复杂，但由于可以反映出部门间批次耗用资源的制造费用差异而更加准确。例如，在相对劳动力密集型的部门，基于直接人工工时将制造费用分配至各批次；在相对机器加工密集型的部门，可能基于机器加工工时将制造费用分配至各批次。

3.4.1 多重预计制造费用分配率：部门级次的方法

迪克森公司（Dickson Company）有两个生产部门：铣削部门和装配部门。该公司使用分批成本核算系统，每个生产部门计算其各自的预计制造费用分配率。铣削部门的预计制造费用分配率以机器工时为基础，装配部门的预计制造费用分配率以直接人工工时为基础。公司采用成本加成定价法来确定产品的售价。**成本加成定价法**（cost-plus pricing）是一种定价方法，在这种定价方法中，将预先确定的加价应用于成本基础，以确定目标售价。在这个例子中，迪克森公司使用总生产成本的 75% 作为加价百分比来确定所有产品的售价。年初公司进行了如下估计。

	部门	
	铣削部门	装配部门
机器工时	60 000	3 000
直接人工工时	8 000	80 000
固定制造费用总额 / 美元	390 000	500 000
每机器工时变动制造费用 / 美元	2.00	—
每直接人工工时变动制造费用 / 美元	—	3.75

批次 407 于本月开始生产并完工。公司利用部门预计制造费用分配率及下列批次 407 的附属信息来为该批次产品定价。

批次 407	部门	
	铣削部门	装配部门
机器工时	90	4
直接人工工时	5	20
直接材料 / 美元	800	370
直接人工成本 / 美元	70	280

表 3-1 阐释了迪克森公司为批次 407 产品定价的 5 个步骤。

步骤 1，计算各部门预计制造费用总额，计算公式如下：

$$Y = a + bX$$

式中　Y——预计制造费用总额；

a——预计固定制造费用总额；

b——预计单位分配基础的变动制造费用；

X——预计分配基础总量。

如表 3-1 所示的步骤 1，该等式计算出铣削部门预计制造费用总额为 510 000 美元，装配部门预计制造费用总额为 800 000 美元。

步骤 2，用下面的公式计算各部门预计制造费用分配率：

$$预计制造费用分配率 = \frac{预计制造费用总额}{预计分配基础总量}$$

表 3-1 中的步骤 2，运用该公式计算出铣削部门和装配部门的预计制造费用分配率分别为每机器工时 8.5 美元、每直接人工工时 10 美元。

步骤 3，利用下面的通用公式计算批次 407 中各部门分配的制造费用：

$$分配至批次 407 的制造费用 = 预计制造费用分配率 \times 批次 407 实际耗用的分配基础数量$$

如表 3-1 步骤 3 所示，从铣削部门分配至批次 407 的制造费用为 765 美元，然而从装配部门分配至同一批次的制造费用为 200 美元。

最后，表 3-1 也总结了步骤 4 和步骤 5，计算出批次 407 的总生产成本（2 485 美元），利用利润率 75% 计算出批次 407 的售价（4 348.75 美元）。

切记，利用部门级次分配制造费用的方法制定的批次 407 的售价，与基于直接人工工时或机器工时的全厂制造费用分配率计算出的售价不同。使用部门预计制造费用分配率的优点在于可以更准确地核算各批次产品成本，反过来能够提高管理计划与决策制定的质量。

表 3-1　迪克森公司：多重预计制造费用分配率的应用举例

步骤 1：计算各部门预计制造费用总额	
铣削部门制造费用（Y）	装配部门制造费用（Y）
$= 390\,000 + （2.00 \times 60\,000）$	$= 500\,000 + （3.75 \times 80\,000）$
$= 390\,000 + 120\,000$	$= 500\,000 + 300\,000$
$= 510\,000$（美元）	$= 800\,000$（美元）

步骤 2：计算各部门预计制造费用分配率	
铣削部门制造费用分配率	装配部门制造费用分配率
$= \dfrac{510\,000}{60\,000}$	$= \dfrac{800\,000}{80\,000}$
$= 8.50$（美元 / 机器工时）	$= 10.00$（美元 / 直接人工工时）

步骤 3：计算两部门分配至批次 407 的制造费用	
铣削部门：分配至批次 407 的制造费用	装配部门：分配至批次 407 的制造费用
$= 8.50 \times 90$	$= 10.00 \times 20$
$= 765$（美元）	$= 200$（美元）

步骤 4：计算批次 407 总生产成本

	铣削部门	装配部门	合计
直接材料 / 美元	800	370	1 170
直接人工 / 美元	70	280	350
分配的制造费用 / 美元	765	200	965
批次 407 的总生产成本 / 美元			2 485

步骤 5：计算批次 407 的售价

批次 407 总生产成本 / 美元		2 485.00
利润（2 485 × 75%）/ 美元		1 863.75
批次 407 的售价 / 美元		4 348.75

3.4.2　多重预计制造费用分配率：以作业为基础的方法

使用部门制造费用分配率是建立包括多重预计制造费用分配率的分批成本核算系统的方法之一。另一种方法是建立与部门内作业相关的制造费用分配率。该方法下产生的制造费用分配率比部门级次的制造费用分配率多，因为各部门可能发生不止一种作业。公司基于其作业建立制造费用分配率的做法，是作业成本法的应用。

现在，我们简单地介绍一下作业成本法的思想——制定多重预计制造费用分配率的替代方法。管理者应用作业成本法可以更准确地计量各批次、产品、客户及其他成本对象的资源耗用情况。附录 3A 进一步探讨了基于作业的完全成本法与本章前述介绍的全厂方法的对比。第 8 章介绍了一种更准确的作业成本法，比附录 3A 中的基于作业的完全成本法更能满足管理者的需求。

3.5　分批成本法：对外财务报告的视角

本章着重使用分批成本核算系统计算单位生产成本，以达到内部管理的目的。然而，分批成本核算系统也经常用来编制资产负债表及利润表，供外部信息使用者使用，例如，股东和债权人。下一章将更详细地介绍分批成本法怎样促进对外财务报告的编制，本章强调与制造费用分配及会计明细账相关的两个要点，某种意义上将本章与下一章联系起来。

3.5.1　制造费用分配与利润表

公司利用预计制造费用分配率将制造费用分配至各批次，几乎肯定的一件事是会计期间分配至所有批次的制造费用与该期间实际发生的制造费用金额不同。分配的制造费用低于公司生产实际发生的制造费用时，该情况属于制造费用分配不足；分配的制造费用高于公司生产实际发生的制造费用时，该情况属于制造费用分配过度。

制造费用分配不足或分配过度的情况反映出公司如何编制财务报表。例如，公司利润表中的销货成本一定经过了制造费用分配不足或分配过度的调整。制造费用分配不足增加了销货成本，降低了经营净利润。而制造费用分配过度降低了销货成本，增加了经营净利润。下一章将更深入地从数字上解释如何计算制造费用的分配不足和分配过度。

3.5.2 分批成本单：明细分类账

分批成本单集成了直接材料、直接人工、分配至某批次的制造费用。公司的所有分批成本单集中记录形成了明细分类账。换言之，公司的分批成本单提供了基本的财务记录，解释了特定批次产品在资产负债表中在产品及产成品、利润表中的销货成本的数量的组成部分。

举例说明，假定迪克森公司在运营的第一个月开始了 6 个批次的生产，并未发生制造费用分配不足或分配过度的情况。批次 A 和批次 B 月末没有完工，批次 C 完工但未售出，批次 D、E 和 F 本月生产并售出。除此之外，假定这 6 个批次的分批成本单在月末报告了下列成本。

（单位：千美元）

	批次					
	A	B	C	D	E	F
直接材料	100	90	140	110	180	160
直接人工	80	60	90	70	120	100
分配的制造费用	96	72	108	84	144	120
总生产成本	276	222	338	264	444	380

这 6 个批次成本包含了资产负债表中的在产品及产成品项目、利润表中的销货成本项目，具体如下。

（单位：千美元）

在产品		产成品		销货成本	
批次 A	276	批次 C	338	批次 D	264
批次 B	222	合计	338	批次 E	444
合计	498			批次 F	380
				合计	1 088

这个简单的例子阐明了公司分批成本单与财务报表之间的相互关系。例如，批次 A 和批次 B 的混合成本等于资产负债表中的在产品项目（498 000 美元），而批次 D、E、F 的混合成本等于利润表中的销货成本（1 088 000 美元）。

3.6　分批成本法在服务业公司的应用

本章关注的是制造业企业，然而，分批成本法也适用于律师事务所、电影制片厂、医院、修理店等服务型组织。例如，在律师事务所，每名委托人是一个"批次"，随着事务所对委托人案件的处理，该批次成本逐日记录在分批成本单中。法律形式和相似的投入是该批次的直接材料；律师占用的时间为直接人工；秘书工资、法律援助、租金、折旧等是制造费用。

在电影制片厂，例如哥伦比亚电影公司，电影制片厂制作的每部电影是一个"批次"，直接材料（服装、道具、拍摄）、直接人工（演员、导演、临时演员）结转至每部电影的分批成本单中。电影制片厂的部分间接成本，如公共事业费、设备折旧费、维护工人工资等，计入每部电影成本。

总体来说，分批成本法是一种通用且广泛使用的成本核算方法，几乎适用于任何提供各种产品及服务的组织。

本章小结

分批成本法适用于提供多种不同产品及服务的组织，如家具制造厂、医院、律师事务所。处在制造业环境中时，分批成本系统在分批成本单中记录某批次的直接材料、直接人工和制造费用。销售和管理费用由于是期间费用因而未被分配至各批次。

分批成本核算系统通过领料单和雇员计时卡将直接材料和直接人工追溯至各批次。由于制造费用是间接成本，因此要分配至各批次。理想情况下，将制造费用分配至各批次的分配基础应当是成本动因，即应当驱动制造费用的发生。分批成本系统中最常用的分配基础是直接人工工时、机器工时。

定额成本制度使用预计制造费用分配率将制造费用分配至各批次，该分配率应在会计期间开始前估计。预计制造费用分配率的计算方法为会计期间内的预计制造费用总额除以预计分配基础总量。分批成本核算系统可以使用单一预计制造费用分配率（也称全厂制造费用分配率）或多重预计制造费用分配率。

在整个会计期间，分配至各批次的制造费用为预计制造费用分配率乘以每批次记录的实际分配基础数量。分配至某批次的总生产成本（包括直接材料、直接人工及分配的制造费用）除以批次产品数量等于单位生产成本。

复习题：计算单位生产成本

瑞德浩公司（Redhawk Company）有两个生产部门：装配车间和制造车间。该公司将全部制造费用视为固定成本。下表第一组数据以年初制定的预计总产量为基础。第二组数据与该年度完工的特定批次有关——批次 A200。

预计数据	装配车间	制造车间	合计
制造费用 / 美元	300 000	400 000	700 000
直接人工工时 / 小时	25 000	15 000	40 000
机器工时 / 小时	10 000	50 000	60 000
批次 A200	装配车间	制造车间	合计
直接材料 / 美元	110	50	160
直接人工 / 美元	70	45	115
直接人工工时 / 小时	10	2	12
机器工时 / 小时	1	7	8

要求：

（1）若瑞德浩公司使用以直接人工工时为分配基础的全厂预计制造费用分配率，应分配至批次 A200 多少制造费用？

（2）若瑞德浩公司在装配车间使用以直接人工工时为分配基础的部门预计制造费用分配率，在制造车间使用以机器工时为分配基础的部门预计制造费用分配率，则分配至批次 A200 的制造费用总额为多少？

（3）假定瑞德浩公司使用要求（2）中的部门制造费用分配率，且批次 A200 有 50 件完工产品，则批次 A200 的单位生产成本是多少？

复习题答案：

（1）全厂预计制造费用分配率计算如下：

$$预计制造费用分配率 = \frac{预计制造费用总额}{预计分配基础总量}$$

$$= \frac{700\,000}{40\,000}$$

$$= 17.5（美元 / 直接人工工时）$$

分配至批次 A200 的制造费用计算如下：

$$\begin{array}{c} 分配至批次 A200 \\ 的制造费用 \end{array} = \begin{array}{c} 预计制造 \\ 费用分配率 \end{array} \times \begin{array}{c} 批次 A200 的实际 \\ 发生的直接人工工时 \end{array}$$

$$= 17.5 \times 12$$

$$= 210（美元）$$

（2）部门预计制造费用分配率计算如下：

装配部门：

$$预计制造费用分配率 = \frac{预计制造费用总额}{预计分配基础总量}$$

$$= \frac{300\,000}{25\,000}$$

$$= 12（美元 / 直接人工工时）$$

制造部门：

$$预计制造费用分配率 = \frac{预计制造费用总额}{预计分配基础总量}$$

$$= \frac{400\,000}{50\,000}$$

$$= 8（美元 / 机器工时）$$

分配至批次 A200 的制造费用计算如下。

批次 A200	（1） 制造费用分配率	（2） 实际耗用小时	分配的 制造费用 （1）×（2）
装配部门	12 美元 / 直接人 工工时	10 小时	120 美元
制造部门	8 美元 / 机器工时	7 小时	56 美元
制造费用总额			176 美元

（3）批次 A200 的单位生产成本计算如下。

（单位：美元）

批次 A200	装配车间	制造车间	合计
直接材料	110	50	160
直接人工	70	45	115
分配的制造费用	120	56	176
批次总成本（a）			451
批次 A200 的产品数量（b）			50
单位生产成本 =（a）÷（b）			9.02

术语表

Absorption costing 完全成本法 一种将所有的制造成本，包括直接材料、直接人工、变动制造费用和固定制造费用等都分配到单位产品上的产品成本分配方法。

Allocation base 分配基础 一种将成本分配至成本对象的作业度量指标，如直接人工工时或机器工时。

Bill of materials 材料清单 一份列示了生产产品所需要的每种直接材料数量的文件。

Cost driver 成本动因 引起制造费用发生的因素，如机器工时、占用的床位、计算机时间或飞行时间。

Cost-plus pricing 成本加成定价法 一种将预先确定的加价应用于成本基础以确定目标售价的定价方法。

Job cost sheet 分批成本单 记录某生产批次的直接材料、直接人工、制造费用的表格。

Job-order costing 分批成本法 一种适用于每个会计期间生产或提供多种不同的产品、批次、服务的成本核算系统。

Materials requisition form 领料单 记录从仓库领用的材料数量和种类，确定各批次耗用材料成本的原始凭证。

Multiple predetermined overhead rates 多重预计制造费用分配率 一种有多个制造费用成本库的成本核算系统，每种制造费用成本库使用不同的预计制造费用分配率，而非在全公司使用单一的制造费用分配率。每个生产部门可能作为一个单独的制造费用成本库。

Normal cost system 定额成本制度 一种将制造费用通过将预计制造费用分配率与该批次实际发生的分配基础数量相乘分配至各批次的成本核算系统。

Overhead application 制造费用分配 将制造费用分配至特定批次的过程。

Plantwide overhead rate 全厂制造费用分配率 全厂使用的单一的预计制造费用分配率。

Predetermined overhead rate 预计制造费用分配率 每个会计期间预先制定的用来将制造费用分配至各批次的分配率。计算方法为整个会计期间的预计制造费用总额除以预计分配基础总量。

Time ticket 计时卡 一种以小时记录员工在各项作业中耗用时间的原始凭证。

思考题

1. 什么是分批成本法？
2. 什么是完全成本法？
3. 什么是定额成本法？
4. 各批次中的单位生产成本怎样计算？
5. 解释计算预计制造费用分配率的 4 个步骤。
6. 分批成本核算系统中编制分批成本单的目的是什么？
7. 解释为什么有些生产成本要通过分配过程分配至产成品。
8. 为什么公司利用预计制造费用分配率而非实际制造费用分配率将制造费用分配至各批次？
9. 计算预计制造费用分配率选择分配基础时要考虑哪些因素？
10. 如果公司将其制造费用全部分配至各批次，该会计期间还能保证盈利吗？
11. 你认为会计期间内分配的制造费用等于该期间的实际制造费用吗？为什么？
12. 什么是制造费用分配不足？什么是制造费用分配过度？
13. 什么是全厂制造费用分配率？为什么有些公司选择多重制造费用分配率，而非全厂制造费用分配率？

基础练习

加甜（Sweeten）公司在 3 月初没有在产品，也没有期初库存。公司下设两个生产部门——成型部门和制造部门。3 月，它只开始、完成并出售了两个批次——批次 P 和批次 Q。以下是公司整体和批次 P 和批次 Q 的附加信息（所有数据和问题都与 3 月有关）。

	成型部门	制造部门	合计
估计使用的总机器工时 / 小时	2 500	1 500	4 000
估计的固定制造费用总额 / 美元	10 000	15 000	25 000
估计每机器工时的变动制造费用 / 美元	1.40	2.20	

	批次 P	批次 Q
直接材料 / 美元	13 000	8 000
直接人工费用 / 美元	21 000	7 500
实际使用的机器工时 / 小时		
成型部门	1 700	800
制造部门	600	900
总计	2 300	1 700

加甜公司当月没有生产间接成本分配不足或分配过度的情况。

要求：

对于问题 1～9，假设加甜公司使用部门预计制造费用分配率，并将机器工时作为两个部门的分配基础。对于问题 10～15，假设公司使用全厂预计制造费用分配率，以机器工时作为分配基础。

（1）公司在成型部门和制造部门的预计制造费用分配率是多少？

（2）有多少制造费用从成型部门分配到批次 P，有多少分配到批次 Q？

（3）从制造部门分配到批次 P 的间接制造费用有多少，分配到批次 Q 的间接制造费用有多少？

（4）分配给批次 P 的制造费用总额是多少？

（5）如果批次 P 生产了 20 个单位产品，它的单位产品成本是多少？

（6）分配给批次 Q 的总制造成本是多少？

（7）如果批次 Q 生产了 30 个单位产品，它的单位产品成本是多少？

（8）假设加甜公司使用成本加成定价法（加成率占总生产成本的 80%）来确定所有工作的销售价格。批次 P 和批次 Q 产品的售价是多少？两份产品的单价是多少？

（9）加甜公司 3 月的销货成本是多少？

（10）公司全厂预计制造费用分配率是多少？

（11）批次 P 和批次 Q 分别有多少间接制造费用？

（12）如果批次 P 生产了 20 个单位产品，它的单位产品成本是多少？

（13）如果批次 Q 生产了 30 个单位产品，它的单位产品成本是多少？

（14）假设加甜公司使用成本加成定价法（加成率占总生产成本的 80%）来确定所有工作的销售价格。批次 P 和批次 Q 产品的售价是多少？两份产品的单价是多少？

（15）加甜公司 3 月的销货成本是多少？

练习题

1. 分批成本法与决策

塔夫拉斯（Taveras）公司目前拥有 50% 的生产能力。它采用分批成本核算系统，全厂预计制造费用分配率以机器工时为分配基础。年初，公司做了以下预测。

支持预计生产所需的机器时间 / 小时	165 000
固定制造费用 / 美元	1 980 000
每机器工时的变动制造费用 / 美元	2.00

要求：

（1）计算全厂预计制造费用分配率。

（2）在这一年里，批次 P90 开始生产、完成并以 2 500 美元的价格出售给客户。以下为该批次的已知信息。

直接材料 / 美元	1 150
直接人工 / 美元	830
已使用的机器工时 / 小时	72

计算分配给批次 P90 的总生产成本。

（3）在比较批次 P90 的销售收入和总生产成本时，该公司的首席财务官说："如果明天有同样的机会来到我们面前，我宁愿拒绝，而不是生产并以 2 500 美元的价格出售。"

a. 用论据（以数字分析为依据）反驳首席财务官的主张。

b. 用论据（并辅以数值分析）来支持首席财务官的主张。

2. 计算预计制造费用分配率和批次成本

穆迪公司（Moody Corporation）应用分批成本核算系统，并采用以机器工时为分配基础的全厂预计制造费用分配率。年初，公司做了以下预测。

支持预计生产所需的机器工时 / 小时	100 000
固定制造费用 / 美元	650 000
每机器工时的变动制造费用 / 美元	3.00

要求：

（1）计算全厂预计制造费用分配率。

（2）在这一年，批次 400 开始生产并完成。以下为该批次的已知信息。

直接材料 / 美元	450
直接人工 / 美元	210
使用的机器小时 / 小时	40

计算分配给批次 400 的总生产成本。

（3）如果批次 400 生产了 52 个单位产品，那么这个产品的单位生产成本是多少？

（4）如果穆迪公司使用其总生产成本的 120% 作为加价百分比，那么它为批次 400 设定的单位售价是多少？

（5）如果穆迪公司聘请你为顾问，评价其定价方法，你会怎么说？

3. 服务公司的分批成本计算

燕西制片公司（Yancey Productions）是一家使用分批成本核算系统的电影制片厂。该公司的直接材料包括服装和道具等物品。直接人工包括每部电影的演员、导演和临时演员的工资。公司的管理费用包括水电、设备折旧、高级管理人员工资和维修工人工资等项目。燕西制片公司基于直接人工将制造费用分配到各部电影上。

年初，燕西制片公司做出以下估计。

预计所有产品所用的直接人工 / 美元	8 000 000
固定间接费用 / 美元	4 800 000
每直接人工成本的变动制造费用 / 美元	0.05

要求：

（1）计算预计制造费用分配率。

（2）在这一年里，燕西制片公司制作了一部名为《你可以再说一遍》的电影，成本如下。

直接材料 / 美元	1 259 000
直接人工 / 美元	2 400 000

计算出这部电影的总批次成本。

4. 全厂及部门预计制造费用分配率：分批成本

德尔菲公司（Delph Company）应用分批成本核算系统，且有两个生产部门：铸造部门和制造部门。年初公司提供了以下预计信息。

	铸造部门	制造部门	合计
机器工时 / 小时	20 000	30 000	50 000
固定制造费用 / 美元	700 000	210 000	910 000
每机器工时的变动制造费用 / 美元	3.00	1.00	

该公司本年期初及期末均无存货，且本年开始生产并完成、售出两个批次产品——批次 D-70 和批次 C-200。两个批次的相关信息如下。

批次 D-70	铸造部门	制造部门	合计
直接材料 / 美元	375 000	325 000	700 000
直接人工 / 美元	200 000	160 000	360 000
机器工时 / 小时	14 000	6 000	20 000

批次 C-200	铸造部门	制造部门	合计
直接材料 / 美元	300 000	250 000	550 000
直接人工 / 美元	175 000	225 000	400 000
机器工时 / 小时	6 000	24 000	30 000

德尔菲公司本年不存在制造费用分配不足或分配过度的问题。

要求：

（1）假定德尔菲公司使用基于机器工时的全厂预计制造费用分配率。

a. 计算全厂预计制造费用分配率。

b. 计算分配至批次 D-70 和批次 C-200 的总生产成本。

c. 若德尔菲公司制定的投标价格为总生产成本的 150%，则批次 D-70 和批次 C-200 的投标价格是多少？

d. 德尔菲公司的销货成本是多少？

（2）假定德尔菲公司使用基于机器工时的部门制造费用分配率。

a. 计算部门预计制造费用分配率。

b. 计算分配至批次 D-70 和批次 C-200 的总生产成本。

c. 若德尔菲公司制定的投标价格为总生产成本的 150%，则批次 D-70 和批次 C-200 的投标价格是多少？

d. 德尔菲公司的销货成本是多少？

（3）此题的计算过程带给你管理上的什么启示？
[提示：（1）和（2）中计算的销货成本金额相同吗？（1）和（2）中计算的投标价格相同吗？为什么？]

问题

1. 服务公司的分批成本法

快速汽车维修（Speedy Auto）公司使用的是分批成本核算系统。该公司的直接材料包括安装在客户车辆上的替换零件，直接人工包括机械师的时薪。快速汽车维修公司的管理费用包括很多项目，比如经理的工资、设备折旧、水电费、保险费、杂志订阅费和等候室的茶点。

该公司将所有的制造费用都基于直接人工工时分配给各批次。年初，它做出了下列估计。

预计产量所需的人工直接工时 / 小时	20 000
固定间接费用成本 / 美元	350 000
每直接人工工时的变动制造费用 / 美元	1.00

要求：

（1）计算预计制造费用分配率。

（2）在这一年里，威尔克斯先生把他的汽车换了刹车、火花塞和轮胎。以下是关于他汽车的信息。

直接材料 / 美元	590
直接人工 / 美元	109
使用的直接人工工时 / 小时	6

计算威尔克斯先生汽车的批次总生产成本。

（3）如果快速汽车维修公司以总成本的 40% 作为加价百分比来确定销售价格，那么它会向威尔克斯先生收取多少费用呢？

2. 全厂预计制造费用分配率与多重预计制造费用分配率

麦卡洛医院（McCullough Hospital）应用分批成本核算系统将成本分配至患者。直接材料包括药品、心脏瓣膜、人工髋关节、起搏器等物品。与外科手术及检查相关的直接人工成本（例如：外科医生、麻醉医师、放射科医生、护士）追溯至单个患者。所有其他成本，如医疗器材的折旧费、保险费、公共事业费、附带医疗药品、与日夜连续监测患者相关的人工成本，视为间接费用。

以往，麦卡洛医院使用基于患者日（患者在医院一晚视为一个患者日）数量的预计制造费用分配率将间接费用分配至患者。近日，医院的一名会计人员建议使用两种预计制造费用分配率（基于患者日数量分配）以改善分配至患者的成本的精确度。第一种分配率包括重症监护室（ICU）的所有间接费用，第二种分配率包括其他所有间接费用。患者 A 与患者 B 的预计间接费用（与医院预计患者日的相关的信息）如下。

	ICU	其他	合计
预计患者日的数量 / 天	2 000	18 000	20 000
预计固定间接费用 / 美元	3 200 000	14 000 000	17 200 000
预计每天单位患者的变动间接费用 / 美元	236	96	

	患者 A	患者 B
直接材料 / 美元	4 500	6 200
直接人工 / 美元	25 000	36 000
患者日的总数量（包括 ICU）/ 天	14	21
ICU 患者日的数量 / 天	0	7

要求：

（1）假定麦卡洛医院仅使用一种预计制造费用分配率，计算：

a. 预计制造费用分配率。

b. 总生产成本，包括直接材料、直接人工、分配至患者 A 及患者 B 的间接费用。

（2）假定麦卡洛医院使用如会计人员建议的两种预计制造费用分配率，计算：

a. ICU 及其他制造费用分配率。

b. 总生产成本，包括直接材料、直接人工、分配至患者 A 及患者 B 的间接费用。

（3）会计人员建议的方法带给你什么启示？

案例

全厂制造费用分配率与部门制造费用分配率

德利达公司（Teledex Company）董事长戴维·威尔森（David Wilson）说："我们刚在库珀斯公司订单投标上损失了 2 000 美元。我们定价如果过高会得不到订单，定价过低只能赚到投标订单的一半金额。"

德利达公司依客户特殊需求生产产品，且应用分批成本核算系统。公司使用基于直接人工工时为分配基础的全厂预计制造费用分配率，将其制造费用（假定均为固定制造费用）分批至各批次。以下为年初预计情况。

（单位：美元）

	部门			全厂合计
	制造部门	加工部门	装配部门	
制造费用	350 000	400 000	90 000	840 000
直接人工	200 000	100 000	300 000	600 000

各批次在 3 个部门中的工作量不断变化。库珀斯订单的生产成本在 3 个车间中的情况如下。

（单位：美元）

	部门			全厂合计
	制造部门	加工部门	装配部门	
直接材料	3 000	200	1 400	4 600
直接人工	2 800	500	6 200	9 500
制造费用	?	?	?	?

要求：

（1）使用全厂制造费用分配率的方法。

a. 计算当年全厂预计制造费用分配率。

b. 确定应分配至库珀斯订单的制造费用。

（2）假定不使用全厂预计制造费用分配率，而使用基于直接人工为分配基础的部门预计制造费用分配率。

a. 计算当年各部门预计制造费用分配率。

b. 确定应分配至库珀斯订单的制造费用。

（3）解释问题（1）b 中使用全厂预计制造费用分配率方法及问题（2）b 中使用部门预计制造费用分配率方法分配制造费用至库珀斯订单的差异。

（4）假定该行业通常将投标价格定为总生产成本（直接材料、直接人工、分配的制造费用）的 150%。公司应用全厂预计制造费用分配率下的库珀斯订单投标价格是多少？应用部门预计制造费用分配率下的库珀斯订单投标价格呢？

附录 3A　基于作业的完全成本法

第 3 章介绍了制造业企业怎样使用传统完全成本法核算系统计算单位生产成本。在此附录中，我们将传统完全成本法与其替代方法——基于作业的完全成本法，进行对比。**基于作业的完全成本法**（activity-based absorption costing）是指以生产该产品的作业为分配基础，将全部制造费用分配至产品。**作业**（activity）是指引起制造费用资源消耗的事件。基于作业的完全成本法的核算方法将各项作业的制造费用归集记入作业成本库，而非依赖于全厂或部门成本库。**作业成本库**（activity cost pool）好比"水池"，与单一作业相关的成本归集于此。每个作业成本库有一项作业计量。**作业计量**（activity measure）是分配基础，用作作业成本库的分母。归集在作业成本库的分子中的成本除以分母中作业计量的数量等于作业分配率。作业分配率将作业成本库中的成本分配至产品。

基于作业的完全成本法与传统完全成本法在两个方面有所不同。第一，基于作业的完全成本法比传统完全成本法更多地使用成本库。第二，基于作业的完全成本法包括了一些作业及与产量无关的作业计量，然而传统完全成本法仅依赖于受产量驱动的分配基础。例如：基于作业的完全成本法可能包括批次层级的作业。每当一个批次被加工或处理，即为一项**批次层级的作业**（batch-level activity），无论该批次中有多少件产品。批次层级的作业包括发布采购订单、安装设备、零件批量运输等任务。批次层级的成本取决于生产的批次数量，而非生产的产品数量。基于作业的完全成本法也可能包括产品层级的作业。**产品层级的作业**（product-level activity）与特定产品相关，且无论生产多少批次或者生产销售多少产品均需执行。产品层级的作业包括产品设计、工程设计变更等任务。产品层级的成本取决于它所能支持的产品数量，而不是生产的批次数量或生产销售的产品数量。

为描述传统的和基于作业的完全成本法之间的差异，我们将以马克思尔工业公司（Maxtar Industries）为例进行解释，该公司生产高质量的烧烤装置，有两条产品线——高端产品线和标准产品线。公司已经利用传统的基于直接人工工时的全厂预计制造费用分配率分配制造费用至产品。表 3A-1 详细地阐述了两条产品线怎样应用传统成本核算系统计算单位生产成本。根据传统完全成本核算系统，高端产品线的单位生产成本为 71.60 美元，标准产品线的单位生产成本为 53.7 美元。

表 3A-1　马克思尔工业公司的传统完全成本核算系统

基础数据		
预计制造费用总额 / 美元		1 520 000
预计总直接人工工时 / 小时		400 000
	高端产品线	标准产品线
单位直接材料 / 美元	40.00	30.00
单位直接人工 / 美元	24.00	18.00
单位直接人工工时 / 小时	2.0	1.5
产量 / 件	50 000	200 000

计算全厂预计制造费用分配率		

$$\text{预计制造费用分配率} = \frac{\text{预计制造费用总额}}{\text{预计分配基础总量}}$$

$$= \frac{1\,520\,000}{400\,000} = 3.8\,(\text{美元 / 直接人工工时})$$

传统单位生产成本		
	高端产品线	标准产品线
直接材料 / 美元	40.00	30.00
直接人工 / 美元	24.00	18.00
制造费用（2.0×3.8；1.5×3.8）	7.60	5.70
单位生产成本 / 美元	**71.60**	**53.70**

马克思尔工业公司最近实验了基于作业的完全成本法核算系统，该系统有 3 个作业成本库：①支付直接人工；②安装机器；③配件管理费用。表 3A-2 的第一个表格反映了这些作业成本库相关的基础数据。需要注意的是，这 3 个成本库中的预计制造费用总额为 1 520 000 美元，与公司传统完全成本法核算系统中的预计制造费用总额一致。基于作业的完全成本法仅是公司在两产品间分配制造费用的替代方法。

表 3A-2 的第二个表格计算了 3 个作业成本库的作业分配率。例如："安装机器"作业成本库中的总成本为 480 000 美元，除以该作业成本库中的作业总量 800 次安装，得出作业分配率为每次安装 600 美元。

表 3A-2 的第三个表格应用了作业分配率将制造费用分配至两种产品。例如："安装机器"作业成本库中的作业分配率为每次安装 600 美元，乘以高端产品线的 600 次安装次数，得出分配至高端产品线的机器安装成本为 360 000 美元。

表 3A-2 的第四个表格反映了单位制造费用和基于作业的单位生产成本。单位制造费用由制造费用总额除以生产的产品数量得出。例如：高端产品线的制造费用总额 728 000 美元除以 50 000 单位的产品，得出每单位产品制造费用为 14.56 美元。注意：此单位生产成本与表 3A-1 中应用传统完全成本法核算系统计算的不同。由于基于作业的完全成本法既包含了批次层级（安装机器）的成本，也包括产品层级（配件管理费用）的作业成本库，基于作业的完全成本核算方法下的单位生产成本，通常将制造费用由高产量产品向低产量产品转移。标准产品线是高产量产品，其单位生产成本由传统完全成本法下的 53.70 美元下降至基于作业的完全成本法下的 51.96 美元。相反，高端产品线是低产量产品，其单位生产成本由传统完全成本法下的 71.60 美元增加至基于作业的完全成本法下的 78.56 美元。基于作业的完全成本法核算系统使用批次层级的作业计量、产品层级的作业计量，将批次层级和产品层级的作业成本库分配至两种产品，而不是使用直接人工工时（随产量的变化而改变）来分配制造费用至各产品。

表 3A-2　马克思尔工业公司的基于作业的完全成本法核算系统

（1）基础数据				
作业成本库及作业计量	预计制造费用	预计作业		
		高端生产线	标准生产线	合计
支付直接人工（直接人工小时）	800 000 美元	100 000 美元	300 000 美元	400 000 美元
安装机器（次数）	480 000 美元	600 美元	200 美元	800 美元
配件管理费用（种类）	240 000 美元	140 美元	60 美元	200 美元
制造费用总额	**1 520 000** 美元			

（续）

（2）计算作业分配率			
作业成本库	预计制造费用总额（a）	预计作业总量（b）	作业分配率（a）÷（b）
支付直接人工	800 000 美元	400 000 直接人工工时	2 美元 / 直接人工工时
安装机器	480 000 美元	800 次	600 美元 / 次
配件管理费用	240 000 美元	200 种	1 200 美元 / 种
（3）分配制造费用至产品			
高端产品线			
作业成本库	作业分配率（a）	作业（b）	作业成本（a）×（b）
支付直接人工	2 美元 / 直接人工工时	100 000 直接人工工时	200 000 美元
安装机器	600 美元 / 次	600 次	360 000 美元
配件管理费用	1 200 美元 / 种	140 种	168 000 美元
合计			728 000 美元
标准产品线			
作业成本库	作业分配率（a）	作业（b）	作业成本（a）×（b）
支付直接人工	2 美元 / 直接人工工时	300 000 直接人工工时	600 000 美元
安装机器	600 美元 / 次	200 次	120 000 美元
配件管理费用	1 200 美元 / 种	60 种	72 000 美元
合计			792 000 美元
（4）基于作业的完全成本法生产成本金额			
		高端产品线	标准产品线
直接材料		40 美元	30 美元
直接人工		24 美元	18 美元
制造费用（728 000 美元 ÷ 50 000 单位；792 000 美元 ÷ 200 000 单位）		14.56 美元	3.96 美元
单位生产成本		78.56 美元	51.96 美元

术语表

Activity 作业 引起制造费用资源消耗的事件。

Activity-based absorption costing 基于作业的完全成本法 一种以生产该产品的作业为分配基础，将全部制造费用分配至各产品的成本核算方法。

Activity cost pool 作业成本库 在基于作业的完全成本法中归集与单一作业计量相关的成本的"水池"。

Activity measure 作业计量 基于作业的完全成本法中的分配基础；理论上，作业成本库中驱动作业成本变动的作业量的度量。

Batch-level activity 批次层级的作业 每批次加工或处理时产生的作业，无论该批次中有多少产品单位。资源消耗量取决于生产的批次数量而非批次中生产的产品数量。

Product-level activity 产品层级的作业 与特定产品相关的作业，无论生产多少批次或生产销售多少产品均需发生的成本。

问题

基于作业的完全成本法是传统产品成本核算方法的替代方法

西格尔（Siegel）公司生产一个产品，产品兼用于豪华型和普通型。该公司生产普通型已有多年。豪华型是几年前推出的，目的是开拓一个新的市场。自从引进豪华型以来，公司的利润逐渐下降，管理层越来越关注产品成本核算系统的准确性。豪华型产品的销量增长很快。

制造费用是按直接人工工时分配给产品的。该公司预计，今年的制造费用将达到 90 万美元，豪华型将生产 5 000 台，普通型将生产 40 000 台。豪华型每单位需要的直接人工工时为 2 小时，普通型需要 1 小时。直接材料和直接人工成本如下。

	型号	
	豪华型	普通型
直接材料 / 美元	40	25
直接人工 / 美元	38	19

要求：

（1）使用直接人工工时作为分配基础来计算预计制造费用分配率。利用这个比率和该题中的其他数据，计算每个型号的单位生产成本。

（2）管理层正在考虑使用基于作业的完全成本法将制造费用分配至各个产品。基于作业的完全成本法系统将有以下 4 个作业成本库。

作业成本库	作业计量	预计制造费用 / 美元
采购	采购订单发出	204 000
加工	机器工时	182 000
废弃 / 返工	废弃 / 返工订单发出	379 000
航运	货物的数量	135 000
		900 000

作业计量	预计作业		
	豪华型	普通型	总计
采购订单发出	200	400	600
机器工时	20 000	15 000	35 000
废弃 / 返工订单发出	1 000	1 000	2 000
货物的数量	250	650	900

确定 4 个作业成本库的预计制造费用分配率。

（3）使用你在（2）中计算出的预计制造费用分配率，做以下工作。

a. 使用基于作业的完全成本法计算分配至每个型号的制造费用总额。在算出这些总数之后，确定每个型号的单位制造费用。

b. 计算每个型号的单位生产成本（包括直接材料、直接人工和制造费用）。

（4）从你计算的（1）到（3）的数据中，找出可能导致公司利润下降的因素。

案例

基于作业的完全成本法及定价

爪哇苏公司（JSI）从世界各地购买咖啡豆，烘烤、混合、包装后进行再次售出。JSI 的一些咖啡豆很受欢迎，销量大，但一些新出的产品销量较低。JSI 公司产品的定价机制为生产成本加上 25% 的利润。

本年 JSI 预算包含了预计制造费用 2 200 000 美元。JSI 以直接人工工时为基础分配制造费用。预计直接人工成本总额为 600 000 美元，代表了 50 000 直接人工工时。

预计直接材料成本及每包 1 磅⊖的两种咖啡产品的直接人工成本如下。

	肯尼亚纯咖啡	越南优选咖啡
直接材料 / 美元	4.50	2.90
直接人工（每包 0.02 小时）/ 美元	0.34	0.34

JSI 的管理者认为公司的传统成本核算系统可能会误导成本信息。为确定该观点知否正确，管理者分析该年度预计制造费用情况，如下表所示。

作业成本库	作业计量	本年预计作业	本年预计成本 / 美元
采购	采购订单	2 000 份订单	560 000
物料运输	安装次数	1 000 次安装	193 000
质量控制	批次数量	500 批次	90 000
烘烤	烘烤小时	95 000 烘烤小时	1 045 000
混合	混合小时	32 000 混合小时	192 000
包装	包装小时	24 000 包装小时	120 000
制造费用总额			2 200 000

与肯尼亚纯咖啡、越南优选咖啡相关的预计产量数据如下。

	肯尼亚纯咖啡	越南优选咖啡
预计销量	80 000 磅	4 000 磅
批次规格	5 000 磅	500 磅
安装次数	每批 2 次	每批次 2 次
采购订单规格	20 000 磅	500 磅
每 100 磅的烘烤时间	1.5 个烘烤小时	1.5 个烘烤小时
每 100 磅的混合时间	0.5 个混合小时	0.5 个混合小时
每 100 磅的包装时间	0.3 个包装小时	0.3 个包装小时

要求：

（1）应用直接人工工时作为制造费用分配基础。

a. 确定本年将使用的全厂预计制造费用分配率。

b. 确定 1 磅肯尼亚纯咖啡、1 磅越南优选咖啡的单位生产成本。

（2）应用基于作业的完全成本法。

a. 确定本年分配至肯尼亚纯咖啡、越南优选咖啡的制造费用总额。

b. 利用上述（2）a 计算结果，计算每磅肯尼亚纯咖啡及越南优选咖啡的制造费用。

c. 确定每磅肯尼亚纯咖啡及越南优选咖啡的单位生产成本。

（3）为 JSI 董事长写一个简短的备忘录，解释你在上述（1）（2）中发现了什么，讨论使用直接人工工时作为单一的制造费用分配基础的含义。

⊖　1 磅 =0.454 千克。

附录 3B　预计制造费用分配率及生产能力

该附录对比了两种预计制造费用分配率的计算方法。第一种方法（本章使用的方法）描述了以对外财务报告为目的的完全成本法。[○]制造费用分配率的分母以下一期间的估计或预算的数额为分配基础。第二种方法通常用于内部管理，其制造费用分配率的分母以预计生产能力总量为分配基础。为简化接下来对两种方法的比较，我们做两个重要假设，适用于整个附录：①所用制造费用是固定的；②期初估计或预算的固定制造费用与期末实际发生的固定制造费用相等。

我们假设普拉哈德公司（Prahad Corporation）为当地媒体工作室生产 DVD。公司的 DVD 复制机器每 10 秒从母 DVD 中复制一张新 DVD。公司每年租入该 DVD 复制机器产生固定成本 180 000 美元，且是公司的预计（实际）单一的制造费用。考虑到安装及维护费用，该机器理论上每年能生产 900 000 张 DVD。由于经济不景气，普拉哈德公司的客户下一年订单可能不会达到 600 000 张 DVD。公司使用机器工时作为分配基础将制造费用分配至 DVD。数据总结如下。

普拉哈德公司数据	
预计和实际制造费用总额	180 000 美元 / 年
分配基础——每张 DVD 的机器工时	10 秒 / 张
生产能力	900 000 张 / 年
下年预算产出	600 000 张

如果普拉哈德公司使用了上述的第一种方法，即使用会计期间内的预计或预算作业计算预计制造费用分配率，则它下一年的预计制造费用分配率为每秒机器时间 0.03 美元，计算如下：

$$预计制造费用分配率 = \frac{预计制造费用总额}{预计分配基础总量}$$

$$= \frac{180\ 000\ 美元}{600\ 000\ 张 \times 10\ 秒 / 张}$$

$$= 0.03\ 美元 / 秒$$

由于每张 DVD 需要 10 秒机器工时，因此每张 DVD 收取制造费用 0.3 美元。

虽然该完全成本法广泛应用于对外报告目的，但从管理会计视角来看，该方法有两大缺点。第一，若预计制造费用分配率基于预算作业，且制造费用包含大量的固定成本，则单位生产成本随会计期间的预算作业水平波动。例如，若普拉哈德公司下一年预算产出仅有 300 000 张 DVD（而非 600 000 张 DVD），其预计制造费用分配率为每秒机器工时 0.06 美元或每张 DVD0.6 美元，而不是每张 DVD0.3 美元。注意，当公司预算产出下降时，其单位制造费用上升。然后会反映在生产 DVD 的成本增长中，诱使管理人员在最差的时机提高定价——此时需求在减少。

第二，该方法改变了产品未耗用资源的成本。当固定成本分配到预计作业时，公司必须承担任何未使用产能的成本。计作业进行延续时，产量需承担所有未使用生产能力。若作业水平下降，公司压缩产量必然会提高负担闲置生产能力的成本，使得吸收的成本超出实际的生产成本。

以预计生产能力作为分配基础计算的预计制造费用分配率克服了上述讨论的两个缺点。其计算如下：[○]

○ 《美国财务会计准则第 151 号——存货成本》及《国际会计准则第 2 号》：存货要基于正常生产能力将固定制造费用分配至产品。正常生产能力反映了正常情形下多个期间的预期生产水平。该定义反映了本书中的预计制造费用分配率是指以下一期间的预计或预算的数额为分配基础。

○ 通常来说，由于存在变动制造费用，生产能力的预计制造费用总额会比预计作业水平的制造费用总额高。但是，为简化，我们假定附录中的全部制造费用均为固定的，则制造费用总额同样也无须考虑作业水平。

$$基于生产能力的预计制造费用分配率 = \frac{基于生产能力的预计制造费用总额}{基于生产能力的预计分配基础总量}$$

$$= \frac{180\ 000\ 美元}{900\ 000\ 张 \times 10\ 秒/张}$$

$$= 0.02\ 美元/秒$$

普拉哈德公司在基于生产能力的作业计算预计制造费用分配率时，完全成本法下的预计制造费用分配率为 0.02 美元/秒而非 0.03 美元/秒。因此，完全成本法下，普拉哈德公司应用基于生产能力的分配方法计算的分配至每张 DVD 的制造费用为 0.2 美元（=0.02 美元/秒 ×10 秒）而非 0.3 美元。注意：基于生产能力的每秒数额及每张数额低于完全成本法下的计算的数额。其发生的原因为基于生产能力的分配方法应用了更高的反映普拉哈德生产 DVD 能力的分母——9 000 000 秒。

普拉哈德公司基于生产能力的预计制造费用分配率为 0.02 美元/秒，即使其预算生产能力水平在会计期间波动，该指标也会保持不变。因此，若公司预计生产能力水平从 600 000 张 DVD 下降至 300 000 张 DVD，基于生产能力的预计制造费用分配率仍为 0.02 美元/秒。在此情形下，公司未使用生产能力的成本会增长，但其生产 DVD 的单位成本保持 0.2 美元/张不变。

每当公司运营未达到完全生产能力，且使用基于生产能力的分配基础分配固定制造费用时，该指标会显示出闲置生产能力的成本，计算如下：

未使用生产能力的成本 =（基于生产能力的分配基础数量 – 分配基础的实际数量）× 预计制造费用分配率

例如，我们假定普拉哈德公司实际使用 DVD 复制机 6 000 000 秒来生产 600 000 张 DVD。在该产出水平上，公司计算其未使用生产能力的成本如下：

闲置生产能力成本 =（基于生产能力的分配基础数量 – 分配基础的实际数量）× 预计制造费用分配率
闲置生产能力成本 =（9 000 000 秒 –6 000 000 秒）× 0.02 美元/秒
= 3 000 000 秒 × 0.02 美元/秒
= 60 000 美元

表 3B-1 描述了普拉哈德公司怎样在以内部管理为目的的利润表中披露闲置生产能力的成本。普拉哈德公司基于生产能力的分配方法，并没有将它视为一项生产成本，而是作为毛利下的一项期间费用。通过在利润表中分开披露闲置生产能力成本 60 000 美元，而不是包含在已售商品成本中，表明对于公司管理人员来说，高效管理生产能力尤为需要。总的来说，公司管理人员需对大量闲置生产能力做出反应，寻找新商机来利用闲置能力或者降低成本、减少当前可使用的生产能力数量。

表 3B-1　普拉哈德公司：显示闲置生产能力成本的利润表

普拉哈德公司利润表 截至 12 月 31 日的年度（单位：美元）		
销售收入[1]		1 200 000
销售成本[2]		1 080 000
毛利		120 000
其他费用		
闲置生产能力成本	60 000	
销售和管理费用[3]	90 000	150 000
经营净损失		（30 000）

[1] 假定销售 600 000 张 CD，售价为 2 美元/张。
[2] 假定单位生产成本为 1.8 美元/张，包括 0.2 美元的制造费用。
[3] 假定销售和管理费用总额为 90 000 美元。

问题

预计制造费用分配率与生产能力

白金曲目公司（Platinum Tracks, Inc.）是洛杉矶的一家小录音室。公司承接广告公司的工作，主要是广播广告，该公司客户中有一些歌手和乐队。白金曲目公司的工作内容是从编辑到制作一个可以复制的 CD 数字模板。洛杉矶的录音室行业竞争激烈，近几年尤为严重。该录音室的客户一直在流失，他们转向设备更先进、价格更具吸引力、服务更优质的新录音室。近两年的经营数据摘要如下。

	去年	今年
预计录音室服务工时 / 小时	1 000	800
录音室预计制造费用 / 美元	160 000	160 000
录音室实际提供的服务工时 / 小时	750	500
录音室实际制造费用 / 美元	160 000	160 000
录音室的服务能力工时 / 小时	1 600	1 600

公司将录音室制造费用分配至各录音批次，以提供的录音室服务工时为分配基础。例如：为当地的拉美乐队录音、编辑、制作佛得角半岛音乐的唱片需要 40 小时的录音室服务工时。录音室的全部制造费用是固定的，实际发生的制造费用与上年年初及本年年初预计的一致。

要求：

（1）白金曲目公司在年初基于录音室当年预计制造费用和预计服务工时，计算预计制造费用分配率。在此方法下，去年佛得角半岛音乐批次分配的制造费用是多少？今年是多少？

（2）白金曲目公司的董事长听说该行业的公司更换至一个以录音室能提供的服务能力的工时为基础，计算预计制造费用分配率的系统。他想知道该方法下分配的批次成本的影响。若该方法去年使用，则分配至佛得角半岛音乐批次的制造费用是多少？若今年使用呢？

（3）若白金曲目公司基于（2）中录音室服务能力工时计算预计制造费用分配率，则去年未使用的服务能力是多少？今年呢？

（4）白金曲目公司面临的基础经营问题是什么？在这个问题中哪种计算预计制造费用的方法更有帮助？请解释。

案例

道德规范、预计制造费用分配率与生产能力

帕特·米兰达（Pat Miranda）是沃特硬盘公司（Vault Hard Drives, Inc.）的新任主计长，刚参加完有关预计制造费用的作业层次选择问题的研讨会。虽然讨论题目不能令人充满激情，但她发现讨论中有些重要想法需要在她的公司里讲一下。从研讨会回来后，她安排了与生产经理 J. 史蒂文斯（J. Stevens）及助理生产经理马文·华盛顿（Marvin Washington）的会议。

帕特：我偶然听到这样一个想法，想和你们二位核实一下，这个想法是有关我们计算预计制造费用分配率方法的。

J.：您请讲。

帕特：我们计算预计制造费用分配率的方法为：将全厂来年预计制造费用总额除以预计来年生产数量，该制造费用全部为固定成本。

马文：自从我来公司，我们就一直使用这种方法。

J.：我工作过的公司除了至多以直接人工工时为分配基础的，其他公司均使用这种方法。

帕特：我们使用产量作为分配基础是因为它比较简单，且我们生产产品的品种单一。但是还有其他方法来分摊制造费用。我们计算制造费用分配率时可以使用生产能力的总量为基础，而不是使用来年预计总产量为分配基础。

马文：市场部会喜欢的。这种方法会降低产品的全部成本，市场部会疯狂砍价。

帕特：这也是一个问题，但在与市场部沟通前，我想先和你们二位沟通。

J.：你们不是总有很多未使用的生产能力吗？

帕特：是的，但我给你看一下我们是怎样处理的吧。这有一份明年的预算。

预计生产数量 / 件	160 000
预计销量 / 件	160 000
生产能力 / 件	200 000
售价 / 美元	60
变动制造费用 / 美元	15
总制造费用（均为固定费用）/ 美元	4 000 000
销售和管理费用 / 美元	2 700 000
期初存货 / 件	0

传统方法下计算预计制造费用分配率：

$$\frac{预计制造费用总额}{预计生产总量} = \frac{4\ 000\ 000\ 美元}{160\ 000\ 件} = 25\ 美元/件$$

预算利润表 （单位：美元）

销售收入（160 000 件 × 60 美元/件）		9 600 000
销售成本：		
变动生产成本（160 000 件 × 15 美元/件）	2 400 000	
分配的制造费用（160 000 件 × 25 美元/件）	4 000 000	6 400 000
毛利		3 200 000
销售和管理费用		2 700 000
经营净利润		500 000

使用生产能力作为分母计算预计制造费用分配率的新方法：

$$\frac{预计生产能力制造费用总额}{生产能力总产量} = \frac{4\,000\,000\ 美元}{200\,000\ 件} = 20\ 美元/件$$

预算利润表　　（单位：美元）

销售收入（160 000 件×60 美元/件）		9 600 000
销售成本：		
变动生产成本（160 000 件×15 美元/件）	2 400 000	
分配的制造费用（160 000 件×20 美元/件）	3 200 000	5 600 000
毛利		4 000 000
未使用生产能力成本［（200 000 件－160 000 件）×20 美元/件］		800 000
销售和管理费用		2 700 000
经营净利润		500 000

J：我不喜欢"未使用生产能力成本"这项。如果它体现在利润表中，总部很可能会派人来解雇一些人的。

马文：我也有一些担心的事情。销售收入如果没达到预期会怎么样？我们要变"帽子戏法"吗？

帕特：不好意思，我不是很理解。

J：马文说的是很常见的一些事。销售收入下滑、利润看起来预计比董事长要求的低时，董事长会来要求我们提供更多利润。

帕特：我还是不太理解，你的意思是我们要增加销售收入？

J：不是的，我们扩大产量。我们是生产经理人，不是销售经理人。

帕特：我知道了，你们生产得更多，销售部门才能销售得更多。

J：不对，市场部的人什么也不需要做，我们只是生产更多存货，一个小伎俩而已。

要求：

在下面所有问题中，假定传统方法下的预计制造费用分配率是 25 美元/件，新的基于生产能力方法下的分配率是 20 美元/件。

（1）假定实际销量是 150 000 件，实际产量、实际售价、实际单位变动生产成本、实际固定成本均等于各自的预算量。在这些假定下：

a. 使用传统利润表形式计算经营净利润。

b. 使用新利润表形式计算经营净利润。

（2）假定实际销量为 150 000 件，且实际售价、实际单位变动生产成本、实际固定成本均等于各自的预算量。在传统方法下，需要生产多少产品来实现经营净利润 500 000 美元？

（3）假定实际销量是 150 000 件，且实际售价、实际单位变动生产成本、实际固定成本均等于各自的预算量。在基于生产能力的新方法下，实现 500 000 美元的经营净利润需要生产多少产品？

（4）基于生产能力的新方法对经营净利润的变动有什么作用？

（5）若使用基于生产能力的新方法，则"帽子戏法"是更容易施行还是更难施行？

（6）你认为"帽子戏法"符合道德准则吗？

第 4 章

分批成本法：成本流转和对外报告

👁 商业聚焦

托尔兄弟公司的存货核算

托尔兄弟公司（Toll Brothers）是美国最大的建筑公司之一，年收入超过 58 亿美元。该公司的存货成本包括土地取得成本、土地开发成本、房屋建造成本、与开发和建造相关的制造费用。按照一般公认会计原则（GAAP），托尔兄弟公司将其存货视为长期资产而非流动资产，是因为其社区总体规划需要 10 年才能全面开发。

虽然托尔兄弟公司相对其他制造商有一些独一无二的特点，但是该公司很适合分批成本法。例如，每个新建房屋可作为一个批次，并归集所有直接材料（如木材、木瓦、砖块）、直接人工（如分包电工、水管工、屋顶工）和制造费用（如工程监理成本、建造该批次使用的设备费）。

✍ 学习目标

1. 理解分批成本系统中成本流转的含义，确定合适的分类账记录成本。
2. 使用 T 型账户表示分批成本核算系统中的成本流转过程。
3. 编制产品成本及销货成本计算表、利润表。
4. 计算分配不足与分配过度的制造费用，编制会计分录以将制造费用余额结转至合适账户。

第 3 章探讨了公司怎样应用分批成本核算系统将制造费用分配至各批次。本章将介绍怎样使用分批成本核算系统以对外报告为目的的资产负债表和利润表。为帮助你理解本章的内容，将相关的重要术语总结如下，如表 4-1 所示。

表 4-1　重要术语总结

术语	定义
分批成本法	会计期间内生产或提供多种不同产品、批次、服务时应用的成本核算系统
完全成本法	一种产品成本中包括所有生产成本——直接材料、直接人工、变动制造费用及固定制造费用的核算方法
分配基础	将成本分配至成本对象的作业度量，如直接人工工时、机器工时
预计制造费用分配率	在各会计期间前制定的、将制造费用分配至各批次的分配率，其计算公式为：$$预计制造费用分配率 = \frac{预计制造费用总额}{预计分配基础总量}$$
制造费用分配	运用下列公式将制造费用分配至特定批次的过程： 分配至特定批次的制造费用 = 预计制造费用分配率 × 该批次发生的分配基础数量
定额成本	分配至制造费用通过预计制造费用分配率乘以批次实际发生的分配基础数量计算的成本核算系统
分批成本单	记录某批次的直接材料、直接人工、制造费用的表

4.1　分批成本法：成本流转

在第 2 章中，我们使用图 2-1 描述了制造业企业应用分批成本法的成本流转及分类。现在我们要用一个相似的图（见图 4-1），介绍制造业企业应用分批成本法的成本流转及分类。

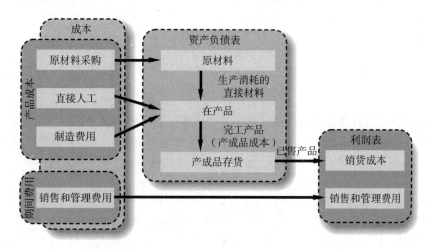

图 4-1　制造业企业应用分批成本法的成本流转及分类

图 4-1 展现了在分批成本法中，公司的生产成本通过资产负债表的 3 个存货类账户流转，然后转至利润表中的产品成本。具体来讲，采购原材料在原材料存货账户中记录。**原材料**（raw materials）包括所有生产最终产品的材料。原材料在生产过程中用作直接材料时，该成本被转至在产品。[⊖]**在产品**（work in process）包括仅部分完工的产品且需要进一步加工才能出售给消费者的产品。为将直接材料结转至完工批次，在产品成本包括直接人工成本，且通过将预计制造费用分配率乘以各批次实际发生的分配基础数量计算的制造费用分配至在产品。[⊖]批次完成后，成本由在产品成本转至产成品。**产成品**（finished goods）由当期完工但尚未销售至客户的产品组成。

由在产品转移至产成品的金额被称作产成品成本。**产成品成本**（cost of goods manufactured）包括在会计期间完成的与产量相关的生产成本。随着产品售出，成本由产成品转至已售产品。此时，与该批次相关的各种成本被最终作为利润表中的一项费用。至该时点，这些成本在资产负债表中的存货类账户中。期间费用（或销售和管理费用）并不在资产负债表的存货类项目中流转。它们作为该会计期间的一项费用计入利润表中。

我们将以鲁格公司（Ruger Corporation）4 月发生的交易为例，描述分批成本核算中的成本流转。鲁格公司是金银纪念套章的生产商，且 4 月仅生产了两个批次。批次 A 是为纪念电影发明而特别铸造的 1 000 块金纪念套章，该批次 3 月开始，4 月完工。3 月 31 日，批次 A 分配至生产成本 30 000 美元，与鲁格公司 4 月 1 日在资产负债表中的在产品成本一致。批次 B 是纪念柏林墙倒塌的 10 000 块银纪念套章，4 月开始生产，月底完工。

4.1.1　材料采购和领用

4 月 1 日，鲁格公司有 7 000 美元的原材料。本月，公司又赊购了一批 60 000 美元的原材料。采购记录如分录（1）所示。

（1）

借：原材料　　　　　　　　　　　　　　　　　　　　　　　　　　　60 000
　　贷：应付账款　　　　　　　　　　　　　　　　　　　　　　　　　　　　60 000

⊖　间接材料是制造费用的一部分。
⊖　为了简化，图 4-1 假定已售产品成本无须根据本章后面介绍的方法进行调整。

注意原材料是资产类科目。因此，购买原材料时，最初是作为一项资产记录的，而非一项费用。

直接和间接材料的领用

4月，领料单显示52 000美元的原材料从仓库领用用于生产，包括50 000美元的直接材料、2 000美元的间接材料。生产部门领用原材料如分录（2）所示。

（2）

借：在产品	50 000	
制造费用	2 000	
贷：原材料		52 000

在产品中记录的原材料是具体批次的直接材料。这些成本也在相应的分批成本单中记录。图4-2也阐述了这点，50 000美元的直接材料中有28 000美元批次A的分批成本单，剩余的22 000美元转至批次B的分批成本单中。（在本例中，所有数据以小计形式列示，分批成本单已简化。）

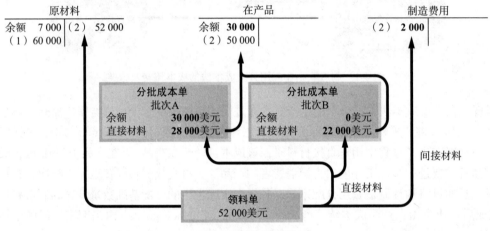

图4-2 原材料流转

分录（2）中记录的2 000美元的制造费用代表间接材料。制造费用借方通常记录实际制造费用，例如会计期间实际发生的间接材料。如在分录（7）中所见，该账户贷方通常记录分配至在产品的制造费用。

注意，在图4-2中，批次A的分批成本单中包括期初余额30 000美元。我们之前介绍了该期初余额代表3月生产的成本，结转至4月。还需注意的是，在产品账户同样包括了30 000美元的期初余额。因此，在产品账户包括了分批成本单中所有在产批次的成本。批次A是4月期初的唯一一个在产批次，因此，在产品账户期初余额等于批次A的期初余额30 000美元。

4.1.2 人工成本

4月，雇员计时卡（提供了每名员工全天的作业工时）记录了60 000美元的直接人工，15 000美元的间接人工。这些成本如分录（3）所示。

（3）

借：在产品	60 000	
制造费用	15 000	
贷：应付职工薪酬		75 000

只有直接人工60 000美元计入在产品账户。直接人工计入在产品的同时，也计入个别分批成本单中，如图4-3所示。4月，40 000美元的直接人工分配至批次A，剩余的20 000美元分配至批次B。计入制造费用的15 000美元代表了该会计期间的直接人工，如监督、门卫、维护费用。

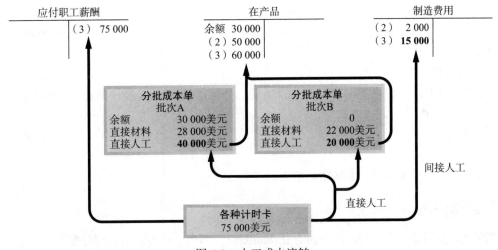

图 4-3　人工成本流转

孟加拉国最低的工资是 38 美元 / 月。一台功能强大的缝纫机在未延长工时的情况下每月可赚 100 美元。以法克服装（Fakir Apparels）公司为例，该公司是孟加拉国的一家 T 恤生产商，低人工成本已经吸引了沃尔玛（Walmart）、盖璞（GAP）、普利马克（Primark）等客户。但是，除了为大型零售商服务外，法克服装公司也为一些优质品牌生产 T 恤，如汤米·希尔费格（Tommy Hilfiger）、乔治·阿玛尼（Giorgio Armani）、雨果·波士（Hugo Boss）、智思达（G-Star Raw）。一件法克服装公司的 T 恤的生产成本在 1.6 ~ 6 美元，这些 T 恤的零售价从 6 美元（沃尔玛）至 91 美元（智思达）不等。

资料来源：Christina Passariello, TriptiLahiri, Sean Mclain, "Bangladesh's Tale of the T-Shirts," *The Wall Street Journal*, July 1, 2013, pp.B1 and B8.

4.1.3　制造费用

如前所述，生产成本中除了直接材料和直接人工外，还有制造费用。这些成本在发生时直接计入制造费用账户。为便于说明，假定鲁格公司 4 月发生的工厂一般费用如下：

（单位：美元）

公用事业（热力、供水、供电）	21 000
工厂设备租金	16 000
各种工厂管理费用	3 000
总计	40 000

分录（4）记录了这些成本。

（4）

借：制造费用　　　　　　　　　　　　　　　　　　　　　　　　　　　　40 000

　　贷：应付账款[⊖]　　　　　　　　　　　　　　　　　　　　　　　　　　　　40 000

另外，假定 4 月鲁格公司应计财产税有 13 000 美元，厂房和设备的预付保险费中有 7 000 美元期满。分录（5）记录了这些事项。

⊖　贷方账户也可能是库存现金等。

（5）

借：制造费用		20 000
贷：应付财产税		13 000
预付保险费		7 000

最后，假定公司4月工厂设备折旧费为18 000美元。分录（6）记录了应计提的折旧费用。

（6）

借：制造费用		18 000
贷：累计折旧		18 000

总之，所有制造费用发生时计入制造费用借方。

4.1.4 分配制造费用

考虑到实际制造费用计入制造费用账户而非在产品账户，那么怎样将制造费用分配至在产品账户？答案是通过将会计期间的预计制造费用总额除以预计分配基础总量，计算得到预计制造费用分配率来分配制造费用。例如，若我们假定以机器工时作为分配基础，那么分配至该批次的制造费用为预计制造费用分配率乘以各批次发生的机器工时数量。

为说明，假定鲁格公司预计制造费用分配率为6美元/机器工时。同时也假定4月生产批次A用时10 000机器工时，批次B用时5 000机器工时（总共15 000机器工时）。因此，分配至在产品的制造费用有90 000美元（=6美元/机器工时×15 000机器工时）。制造费用分配至在产品账户的记录如分录（7）所示。

（7）

借：在产品		90 000
贷：制造费用		90 000

制造费用账户的成本流转情况如图4-4所示。图4-4中制造费用账户借方的实际制造费用是分录（2）～（6）计入该账户的。记录实际制造费用［分录（2）～（6）］与分配制造费用至在产品账户［分录（7）］是两种独立且完全不同的过程。

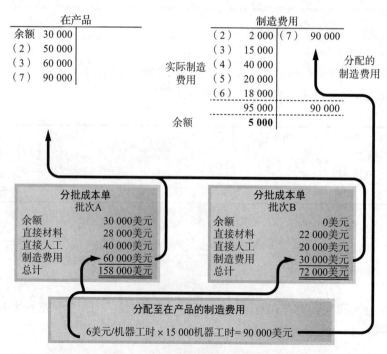

图4-4 制造费用分配的成本流转

过渡账户的概念

制造费用账户相当于一个过渡账户。如前所述，全年发生的实际制造费用计入该账户借方。该批次完工（或会计期末）时，利用预计制造费用分配率将制造费用分配至该批次——借记在产品账户，贷记制造费用账户。顺序如下所示。

制造费用（过渡账户）

整个会计期间发生的实际制造费用计入该账户	利用预计制造费用分配率将制造费用分配至在产品

如我们之前强调的，预计制造费用分配率完全以预计作业量水平和预计制造费用为基础，且在该年度开始前制定。因此，该年度分配的制造费用可能多于或少于实际发生的制造费用。例如，图 4-4 中鲁格公司该期间的实际制造费用比分配至在产品的制造费用多 5 000 美元，导致制造费用账户的借方余额有 5 000 美元。我们将在本章后面部分讨论怎样处理这 5 000 美元的余额。

此时，我们可以从图 4-4 中得到结论，完工批次的成本由该批次的实际直接材料、实际直接人工、分配至该批次的制造费用组成。需要特别注意：实际制造费用并未计入该批次；实际制造费用不在分批成本单和在产品账户中列示。只有基于预计制造费用分配的制造费用才在分批成本单和在产品账户中列示。

| 商业实战 4-2 |　　　　　　　　　　　　应用技术改善生产效率

罗兰公司（Roland DG）是日本一家有 966 名员工的制造商，开发了一个先进的生产系统，被称作 D 车间（D-shop）。该技术密集型系统可使一名工人完成从头至尾的装配工作。每名工人可通过计算机显示屏获取正确装配产品的各步骤的说明，且以三维图样的形式展现。计算机化的旋转部件架会自动转至装配过程中各步骤恰当的零件。数字螺丝刀监控着螺丝旋转的频率及松紧程度。螺丝正确旋转至实现设定的次数时，计算机才会进行下一步。

因此，D 车间将公司的效率提高了 60%，长期目标是将效率提高一倍。其实，罗兰公司已经开发了一种创新性的生产方法，自动化的制造费用能够降低单位产量的直接人工成本。

资料来源：Mayumi Negishi, "No More Assembly Line," *The Wall Street Journal*, June 2, 2014, p.R3.

4.1.5 非生产成本

除生产成本外，公司还发生了销售和管理费用。这些成本作为期间费用，直接计入利润表中。非生产成本不应计入制造费用账户中。为阐述非生产成本的正确处理方法，假定鲁格公司 4 月发生了销售和管理人员薪酬 30 000 美元。工资计提的分录（8）如下。

（8）

借：薪金费用	30 000
贷：应付职工薪酬	30 000

假定 4 月办公室设备的折旧费用为 7 000 美元，分录（9）如下。

（9）

借：折旧费用	7 000
贷：累计折旧	7 000

特别要注意，该分录与分录（6）记录的工厂设备折旧费用存在差异。在分录（6）中，工厂设备的折旧费用借记制造费用，是一项生产成本；上述分录（9）中，办公室设备的折旧费用借记折旧费用账户。办公室设备的折旧费用是一项期间成本而不是一项产品成本。

最后，假定鲁格公司4月广告费用为42 000美元，其他销售和管理费用总计为8 000美元。分录（10）记录了这些事项。

（10）

借：广告费用	42 000	
其他销售和管理费用	8 000	
贷：应付账款⊖		50 000

分录（8）～（10）直接计入了费用类账户——对生产成本不产生影响。4月发生的所有其他销售和管理费用也是同理，包括销售佣金、销售设备的折旧费用、办公室设备的租金、办公室设备的保险费及相关成本。

4.1.6　产成品成本

当某批次完工时，完工产品从生产部门转移至完工产品仓库。此时会计部门已将直接材料、直接人工计入该批次，制造费用也已经利用预计制造费用分配率分配。成本核算系统中成本的转移与完工产品向完工产品仓库的实物转移同步进行。完工批次的成本从在产品账户中转出，转至产成品账户。两账户间转移数量的合计为该会计期间的产成品成本总额。

在鲁格公司的案例中，批次A在4月完工，批次B在月末并未完工。分录（11）记录了批次A的成本从在产品账户转至产成品账户。

（11）

借：产成品	158 000	
贷：在产品		158 000

如图4-4中的分批成本单所示，158 000美元是批次A的完工成本。由于批次A是4月唯一一个完工批次，因此158 000美元也是该月的产成品成本。

由于批次B在4月末并未完工，则其成本继续留在在产品账户中，并结转至下月。若4月末编制资产负债表，则批次B目前的累计成本（72 000美元）会在资产类账户在产品中列示。

4.1.7　销货成本

随着完工成本运送至客户，其累计成本从产成品账户转至销货成本账户。若某批次产成品全部一次装运，则分批成本单中的全部成本转移至销货成本，但有时仅是某特定批次的部分产品会立即售出。此种情形下，利用单位产品成本确定从产成品账户转出、计入销货成本的金额。

对于鲁格公司，假定批次A的1 000枚金奖章中的750枚月末运送至客户，总收入为225 000美元。由于产量为1 000枚，分批成本单中的总批次成本为158 000美元，则单位产品成本为158美元。分录（12）和分录（13）记录了此项销售（所有销售均考虑在列）。

（12）

借：应收账款	225 000	
贷：销售收入		225 000

（13）

借：销货成本	118 500	
贷：产成品		118 500

（750枚×158美元/枚＝118 500美元）

分录（13）代表分批成本核算系统中成本流转完成。为将鲁格公司的例子整合在一起，分录（1）～（13）在表4-2中全部列示。另外，表4-3通过T型账户来展现成本流转。

⊖　贷方也可能为库存现金等其他账户。

表 4-2　鲁格公司分录汇总

(1)			(7)		
借：原材料	60 000		借：在产品	90 000	
贷：应付账款		60 000	贷：制造费用		90 000
(2)			(8)		
借：在产品	50 000		借：薪金费用	30 000	
制造费用	2 000		贷：应付职工薪酬		30 000
贷：原材料		52 000	(9)		
(3)			借：折旧费用	7 000	
借：在产品	60 000		贷：累计折旧		7 000
制造费用	15 000		(10)		
贷：应付职工薪酬		75 000	借：广告费用	42 000	
(4)			其他销售和管理费用	8 000	
借：制造费用	40 000		贷：应付账款		50 000
贷：应付账款		40 000	(11)		
(5)			借：产成品	158 000	
借：制造费用	20 000		贷：在产品		158 000
贷：应付财产税		13 000	(12)		
预付保险费		7 000	借：应收账款	225 000	
(6)			贷：销售收入		225 000
借：制造费用	18 000		(13)		
贷：累计折旧		18 000	借：销货成本	118 500	
			贷：产成品		118 500

表 4-3　鲁格公司的成本流转汇总

应收账款		应付账款		销售收入	
余额　　××			余额　　××		(12)　225 000
(12)　225 000			(1)　60 000		
			(4)　40 000		**销货成本**
预付保险费			(10)　50 000		(13)　118 500
余额　　××					
	(5)　7 000	**应付职工薪酬**		**薪金费用**	
			余额　　××	(8)　30 000	
原材料			(3)　75 000		
余额　　7 000	(2)　52 000		(8)　30 000	**折旧费用**	
(1)　60 000				(9)　7 000	
余额　　15 000		**应付财产税**			
			余额　　××	**广告费用**	
在产品			(5)　13 000	(10)　42 000	
余额　　30 000	(11)　158 000				
(2)　50 000				**其他销售和管理费用**	
(3)　60 000				(10)　8 000	
(7)　90 000					
余额　　72 000					

产成品	
余额　　0	
(11)　158 000	(13)　118 500
余额　　39 500	

（续）

累计折旧		
余额	× ×	
（6）	18 000	
（9）	7 000	

制造费用			
（2）	2 000	（7）	90 000
（3）	15 000		
（4）	40 000		
（5）	20 000		
（6）	18 000		
	95 000		90 000
余额	5 000		

分录解释：

（1）采购原材料。

（2）生产领用直接材料和间接材料。

（3）工厂发生的直接和间接人工成本。

（4）公用事业及发生的其他工厂费用。

（5）工厂发生的财产税和保险费。

（6）工厂资产记录的折旧费。

（7）分配至在产品的制造费用。

（8）发生的管理费用。

（9）办公室设备记录的折旧费用。

（10）广告及发生的其他销售和管理费用。

（11）转移至产成品的产成品成本。

（12）批次 A 记录的收入。

（13）批次 A 的销货成本。

4.2 产成品成本表与销货成本表

本部分应用鲁格公司的例子说明了怎样制作产成品成本表、销货成本表及利润表。**产成品成本表**（schedule of cost of goods manufactured）包含了生产成本的 3 要素——直接材料、直接人工、制造费用，它汇总了仍保留在期末在产品中的成本及从在产品转移至产成品账户的成本。**销货成本表**（schedule of cost of goods sold）也包含了生产成本的 3 要素——直接材料、直接人工、制造费用，它汇总了仍保留在期末产成品中的产品成本及由产成品转入销货成本的成本。

4.2.1 产成品成本表

表 4-4 为鲁格公司产成品成本表。值得注意的是，产成品成本表包含了 3 个等式。第一个等式：生产耗用的原材料，使用下式计算。

表 4-4　鲁格公司产成品成本表（截至 4 月 30 日）

（单位：美元）

期初在产品余额		30 000
直接材料：		
期初原材料	7 000	
加上：原材料采购	60 000	
可用原材料总量	67 000	
减去：期末原材料	15 000	
生产耗用的原材料	52 000	
减去：生产耗用的间接材料	2 000	
生产耗用的直接材料		50 000
直接人工		60 000
分配至在产品的制造费用		90 000
生产成本总额		200 000
		230 000
减去：期末在产品余额		72 000
产成品成本		158 000

$$生产耗用的原材料 = 期初原材料 + 采购的原材料 - 期末原材料$$

对于鲁格公司，期初原材料 7 000 美元加上采购的原材料 60 000 美元减去期末原材料 15 000 美元等于生产耗用的原材料 52 000 美元。如果公司不使用任何间接材料，那么生产耗用的原材料就是生产耗用的直接材料。反之，如果使用了间接材料，则必须从生产耗用的原材料中减去间接材料，才能得到生产耗用的直接材料。对于鲁格公司来说，52 000 美元生产耗用的原材料减去 2 000 美元生产耗用的间接材料等于 50 000 美元生产耗用的直接材料。请记住，间接材料成本是通过分配制造费用的过程计算到存货上的；因此，它们必须从生产耗用的原材料的计算中去除。我们要强调的第二个等式显示在表 4-4 中间的数字栏中。生产成本总额的计算方法如下。

$$生产成本总额 = 直接材料 + 直接人工 + 分配至在产品的制造费用$$

对于鲁格公司，直接材料 50 000 美元加上直接人工 60 000 美元，再加上分配至在产品的制造费用 90 000 美元等于生产成本总额 200 000 美元。值得注意的是，生产耗用的直接材料（50 000 美元）包含在生产成本总额中，而不是原材料采购（60 000 美元）中。由于原材料余额改变或从原材料中领用间接材料，因此生产耗用的直接材料通常与原材料采购数量不同。你也应该了解该等式包含了分配至在产品的制造费用而不是实际制造费用。对于鲁格公司来说，其分配至在产品的制造费用 90 000 美元的计算方法为：预计制造费用分配率 6 美元 / 机器工时乘以所有批次记录的实际分配基础数量 15 000 机器工时。会计期间实际发生的制造费用未计入在产品账户。

我们要强调的第三个等式出现在表 4-4 右边的数字栏中。产成品成本的计算公式如下。

$$产成品成本 = 生产成本总额 + 期初在产品余额 - 期末在产品余额$$

鲁格公司生产成本总额 200 000 美元加上期初在产品余额 30 000 美元，减去期末在产品余额 72 000 美元等于产成品成本 158 000 美元。产成品成本代表了该会计期间的完工产品成本，并从在产品账户转移至完工产品。

4.2.2　销货成本表

表 4-5 中的销货成本表，利用下列等式计算未调整的销货成本。

$$未调整的销货成本 = 期初产成品余额 + 产成品成本 - 期末产成品余额$$

期初产成品余额（0 美元）加上产成品成本（158 000 美元）等于可出售产品成本（158 000 美元）。可出售产品成本（158 000 美元）减去期末产成品余额（39 500 美元）等于未调整的销货成本（118 500 美元）。最后，未调整的销货成本（118 500 美元）加上分配不足的制造费用（5 000 美元）等于调整后的销货成本（123 500 美元）。本章下一部分进一步详细阐述了为什么销货成本需要根据分配不足或过度分配的制造费用进行调整。

4.2.3　利润表

表 4-6 列示了鲁格公司 4 月的利润表。需要注意的是，该表中的销货成本从表 4-5 中结转过来。销售和管理费用（合计 87 000 美元）并不在产成品成本表和销货成本表间流转。分录（8）～（10）展现了这些项目在发生时立即计入费用类项目的借方，而不是存货类项目的贷方。

表 4-5　鲁格公司销货成本表（截至 4 月 30 日）

（单位：美元）

期初产成品余额	0
加上：产成品成本	158 000
可出售产品成本	158 000
减去：期末产成品余额	39 500
未调整的销货成本	118 500
加上：分配不足的制造费用	5 000
调整后的销货成本	123 500

注：分配不足的制造费用计入销货成本。若制造费用分配过度，则需从销货成本中减掉。

表 4-6　鲁格公司利润表（截至 4 月 30 日）

（单位：美元）

销售收入		225 000
销货成本（118 500 美元 + 5 000 美元）		123 500
毛利		101 500
销售和管理费用：		
薪金费用	30 000	
折旧费用	7 000	
广告费用	42 000	
其他费用	8 000	87 000
经营净利润		14 500

4.3 详述制造费用分配不足与分配过度

本部分将说明如何计算分配不足与分配过度的制造费用、怎样处理期末制造费用账户余额。

4.3.1 计算分配不足与分配过度的制造费用

预计制造费用分配率在会计期间开始前制定，完全基于预计数据，因此分配至在产品的制造费用通常与实际发生的制造费用金额不同。例如，在鲁格公司的案例中，利用预计制造费用分配率 6 美元 / 机器工时将 90 000 美元制造费用分配至在产品，而 4 月实际发生的制造费用为 95 000 美元（见图 4-4）。分配至在产品的制造费用与会计期间内实际发生的制造费用间的差异被称作**制造费用分配不足**（underapplied overhead）或**制造费用分配过度**（overapplied overhead）。鲁格公司分配不足的制造费用为 5 000 美元，产生的原因为分配的制造费用（90 000 美元）比实际制造费用（95 000 美元）少 5 000 美元。若情况相反，公司分配至在产品账户的金额为 95 000 美元，实际发生的制造费用仅为 90 000 美元，则为制造费用分配过度。

导致制造费用分配不足或分配过度的原因是什么？利用预计制造费用分配率分配制造费用的方法主要假定实际制造费用与该会计期间实际发生的分配基础总量成比例。例如，若预计制造费用为 6 美元 / 机器工时，则其含义是假定每个实际机器工时实际发生的制造费用是 6 美元。这项处理之所以不准确至少有两点原因：一是制造费用中多数由固定成本组成，不随发生的机器工时升高或下降；二是制造费用支出项目可能不受控制。若负责制造费用花销的负责人完成较好，则发生的成本可能比期初预计的少。若这些负责人未能较好地完成工作，则成本可能比预计的高。

为说明这些概念，假定两个公司——特博考夫公司（Turbo Crafters）和布莱克 & 霍威尔公司（Black & Howell）编制的下一年的预计数据如下。

	特博考夫公司	布莱克 & 霍威尔公司
分配基础	机器工时	直接材料
预计制造费用（a）	300 000 美元	120 000 美元
预计分配基础总量（b）	75 000 机器工时	80 000 美元的直接材料
预计制造费用分配率（a）÷（b）	4 美元 / 机器工时	直接材料的 150%

注意，当以金额为分配基础时（例如，布莱克 & 霍威尔公司案例中的直接材料），预计制造费用分配率表示成占分配基础百分比的形式。金额除以金额，其结果为百分比。

现假定由于制造费用及单位销售出现意外变动，则每个公司该年度发生的实际制造费用与实际分配基础数量如下。

	特博考夫公司	布莱克 & 霍威尔公司
实际制造费用	290 000 美元	130 000 美元
实际分配基础总量	68 000 机器工时	90 000 美元的直接材料

给定实际数据和每一家公司的预计制造费用分配率，则分配至在产品的制造费用计算如下。

	特博考夫公司	布莱克 & 霍威尔公司
预计制造费用分配率（a）	4 美元 / 机器工时	直接材料的 150%
实际分配基础总量（b）	68 000 机器工时	90 000 美元的直接材料
分配的制造费用（a）×（b）	272 000 美元	135 000 美元

制造费用分配不足与分配过度的情况显示如下。

	特博考夫公司	布莱克 & 霍威尔公司
实际制造费用	290 000 美元	130 000 美元
分配的制造费用	272 000 美元	135 000 美元
分配不足（分配过度）的制造费用	18 000 美元	−5 000 美元

特博考夫公司分配至在产品的制造费用 272 000 美元少于该年实际制造费用 290 000 美元，因此，分配过度的制造费用为 18 000 美元。

布莱克 & 霍威尔公司分配至在产品的制造费用 135 000 美元多于该年实际制造费用 130 000 美元，因此，分配不足的制造费用为 5 000 美元。

这些概念的总结如图 4-5 所示。

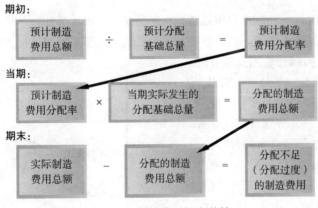

图 4-5　制造费用概念总结

4.3.2　处理分配不足与分配过度的制造费用余额

上面用特博考夫公司和布莱克 & 霍威尔公司的例子介绍了分配不足与分配过度的制造费用的一种处理方法。另一种确定分配不足与分配过度的制造费用金额的方法是适当地分析生产成本 T 型账户。这种处理方法可以使我们从财务报告的外部探讨对制造费用分配不足与分配过度账务的处理问题。

我们回到鲁格公司的例子，看表 4-3 中的制造费用 T 型账户，其借方余额为 5 000 美元。该账户借方余额代表实际制造费用，贷方余额代表分配的制造费用。在这个例子中，分配的制造费用（贷方）比实际制造费用（借方）少 5 000 美元。因此，借方余额说明制造费用分配不足。换句话说，若制造费用账户借方余额有 X 美元，则分配不足的制造费用为 X 美元。若制造费用贷方余额为 Y 美元，则分配过度的制造费用为 Y 美元。

量化制造费用分配不足或分配过度时，生产成本相应的账户中的期末余额要用以下两种方式之一进行处理。

（1）结转至销货成本账户。

（2）按比例结转至在产品账户、产成品账户、销货成本账户。

1. 结转至销货成本账户

将制造费用余额结转至销货成本账户是较为简单的方法。在鲁格公司的例子中，结转分配不足的制造费用5 000美元至销货成本账户中的分录（14）如下。

（14）

借：销货成本 5 000

 贷：制造费用 5 000

注意，由于制造费用存在借方余额，因此需贷记该账户以将余额转出。此做法导致4月销货成本增加了5 000美元，具体如下。

未调整的销货成本 [分录（13）]	118 500 美元
加上分配不足的制造费用 [分录（14）]	5 000 美元
调整后的销货成本	123 500 美元

此处鲁格公司调整后的销货成本123 500美元与表4-6中列示的该公司利润表中的金额一致。

注意，未调整的销货成本是基于分配至该批次的制造费用，不是发生的实际制造费用。因此，制造费用分配不足意味着两点：①分配至该批次的制造费用不足；②销货成本被低估。加上分配不足的制造费用可以更正低估情况。

2. 按比例结转至在产品账户、产成品账户、销货成本账户

按比例将分配不足、分配过度的制造费用结转至在产品账户、产成品账户、销货成本账户的方法比将全部余额结转至销货成本账户的方法更精确，但是也更复杂。我们用三步法解释该按比例结转的方法。

第一步，将会计期间内的制造费用总额分配至该期间内的生产，并将其分为3部分：①期末在产品中的部分；②期末完工产品中的部分；③分配至销货成本的部分。第二步，分别计算这3部分金额占分配至生产的制造费用总额的百分比。第三步，将第二步中的百分比乘以分配不足或分配过度的制造费用，得到分录中需要的记账金额。

图4-6说明了鲁格公司的三步法。如前述，鲁格公司4月生产了两个批次——批次A和批次B。批次A由1 000块金纪念套章组成，750块已销售给消费者，250块仍在期末产成品账户中。批次B由10 000块银纪念套章组成，4月末未完工。

在图4-6的步骤一中，鲁格公司将图4-4中的制造费用总额（90 000美元）分配至生产，并将它在批次A（60 000美元）和批次B（30 000美元）间分摊。由于批次B在4月末未完工，则月末其全部制造费用（30 000美元）均在在产品账户中，分配至批次A的制造费用60 000美元则需要在两个账户间分摊。批次A金纪念套章总量的25%（=250块÷1 000块）在4月末产成品账户中，所以分配至批次A制造费用中的25%或15 000美元（=60 000美元×25%），仍在产成品

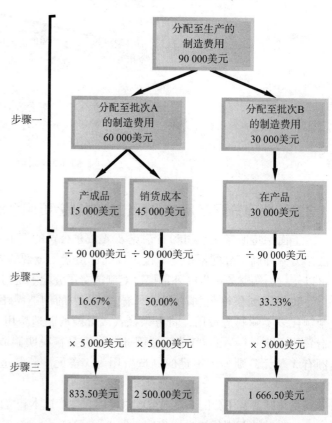

图4-6 鲁格公司：将分配不足的制造费用按比例结转至在产品、产成品、销货成本账户中

账户中。类似地，批次 A 金纪念套章总量的 75%（=750 块 ÷1 000 块）在 4 月售出，所以分配至批次 A 制造费用的 75% 或 45 000 美元（=60 000 美元 ×75%）包含在销货成本中。

在图 4-6 的步骤二中，分配的制造费用在在产品账户（30 000 美元）、产成品账户（15 000 美元）、销货成本账户（45 000 美元）均以分配至生产的制造费用总额的百分比表示。换句话说，4 月末分配至生产的制造费用总额的 33.33% 在在产品账户中，类似地，制造费用总额的 16.67% 在产成品账户中，50% 则包含在销货成本账户中。

在图 4-6 的步骤三中，按步骤二中的百分比将分配不足的制造费用 5 000 美元分配至在产品、产成品、销货成本账户中。在产品账户中分摊的分配不足的制造费用为 1 666.50 美元，产成品账户和销货成本账户中分别为 833.50 美元和 2 500 美元。利用这些金额，记账如下。

借：在产品		1 666.50
产成品		833.50
销货成本		2 500.00
贷：制造费用		5 000.00

注意，贷记制造费用 5 000 美元，确保了该账户该月余额为零。需要强调，若鲁格公司的制造费用是分配过度而不是分配不足，上述分录则应相反。制造费用账户会有贷方余额，因此需将上述分录借贷对调。

4.3.3　比较两种处理分配不足或分配过度的制造费用的方法

将分配不足或分配过度的制造费用分配至在产品、产成品、销货成本的方法比更简便地将全部制造费用分配至销货成本账户中的方法更精确。例如，全部分配至销货成本账户的方法将鲁格公司销货成本高估了 2 500 美元（=5 000 美元 −2 500 美元），低估了经营净利润 2 500 美元。

4.3.4　生产成本流转的一般模型

图 4-7 通过 T 型账户模型展现了分批成本核算系统中制造费用的流转。该模型对理解制造费用怎样从定额成本核算系统最终流转到利润表中的销货成本科目很有帮助。

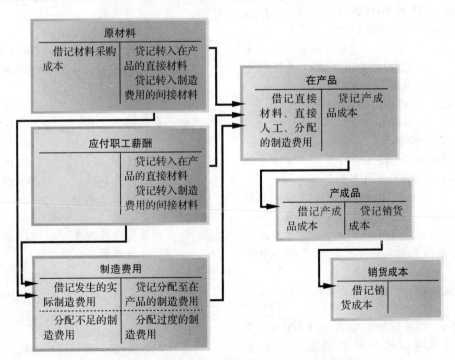

图 4-7　成本流转的一般模型（应用定额成本法）

本章小结

制造业企业的成本流转是本章需要理解的最重要概念。从供应商处采购的原材料在生产领用前储存在原材料中。直接材料、直接人工和分配的制造费用一同转入在产品中。某批次完工后，其生产成本从在产品转移至产成品中。产品售出后，其相关成本由产成品转入利润表的销货成本中。销售和管理费用与产量无关，它们发生时计入利润表中的费用类账户。

制造费用应用预计制造费用分配率分配至各批次。预计制造费用分配率以估计数为基础，因此会计期间实际发生的制造费用可能多于或少于分配至生产的制造费用。该差异为分配不足或分配过度的制造费用。一个会计期间分配不足或分配过度的制造费用可能全部转入销货成本账户中，或按比例转入在产品、产成品、销货成本账户中。制造费用分配不足时，制造费用被低估，存货及销货成本必须向上调整。制造费用分配过度时，制造费用被高估，存货及销货成本需要向下调整。

复习题：分批成本核算系统中的成本流转

霍格尔公司（Hogle Corporation）是一家应用分批成本法的生产商。1月1日，公司存货余额如下。

（单位：美元）

原材料	20 000
在产品	15 000
产成品	30 000

公司以生产的机器工时为基础分配制造费用。当年，公司预计制造费用分配率的计算公式基于预计制造费用总额 450 000 美元、75 000 机器工时的预计作业水平。当年记录的各项交易如下。

a. 赊购原材料 410 000 美元。

b. 生产耗用原材料 380 000 美元（直接材料 360 000 美元，间接材料 20 000 美元）。

c. 下列成本为员工提供服务的应计项目：直接人工 75 000 美元；间接人工 110 000 美元；销售佣金 90 000 美元；管理人员薪酬 200 000 美元。

d. 销售人员差旅费 17 000 美元。

e. 工厂公共事业费 43 000 美元。

f. 广告费用 180 000 美元。

g. 当年计提的折旧费用 350 000 美元（80% 与工厂资产有关，20% 与销售和管理用资产有关）。

h. 当年期满的保险费 10 000 美元（70% 与工厂经营活动有关，30% 与销售和管理活动有关）。

i. 分配至生产的制造费用。由于产品实际需求大于预期，公司当年所有批次的生产耗用了 80 000 机器工时。

j. 根据分批成本单，当年完工产品的批次成本为 900 000 美元。

k. 当年赊销给客户的收入总额为 1 500 000 美元。根据分批成本单，这些产品的批次成本为 870 000 美元。

要求：

（1）编制会计分录记录上述交易。

（2）将上述（1）中分录记入 T 型账户中。（注意存货账户的期初余额。）

（3）当年制造费用是分配不足还是分配过度？编制将制造费用账户的余额全部结转至销货成本的会计分录。不要在在产品、产成品、销货成本账户中分配余额。

（4）编制当年利润表。

复习题答案：

（1）

a.

借：原材料	410 000	
贷：应付账款		410 000

b.

借：在产品	360 000	
制造费用	20 000	
贷：原材料		380 000

c.

借：在产品	75 000	
制造费用	110 000	
销售佣金	90 000	
管理人员薪酬	200 000	
贷：应付职工薪酬		475 000

d.

借：销售人员差旅费	17 000	
贷：应付账款		17 000

e.

借：制造费用	43 000	
贷：应付账款		43 000

f.

借：广告费用	180 000	
贷：应付账款		180 000

g.

借：制造费用	280 000	
折旧费用	70 000	
贷：累计折旧		350 000

h.

借：制造费用	7 000	
保险费用	3 000	
贷：预付保险费		10 000

i. 当年预计制造费用分配率计算如下：

$$预计制造费用分配率 = \frac{预计制造费用总额}{预计分配基础总量}$$

$$= \frac{450\,000\ 美元}{75\,000\ 机器工时}$$

$$= 6\ 美元 / 机器工时$$

基于当年实际生产的 80 000 机器工时，公司分配至生产的制造费用为 480 000 美元：6 美元 / 机器工时 × 80 000 机器工时 = 480 000 美元。下列分录记录了该项制造费用的分配。

借：在产品	480 000	
贷：制造费用		480 000

j.

借：产成品	900 000	
贷：在产品		900 000

k.

借：应收账款	150 000	
贷：销售收入		150 000
借：销货成本	870 000	
贷：产成品		870 000

（2）

应收账款

(k) 1 500 000	

预付保险费

	(h) 10 000

原材料

余额 20 000	(b) 380 000
(a) 410 000	
余额 50 000	

在产品

余额 15 000	(j) 900 000
(b) 360 000	
(c) 75 000	
(i) 480 000	
余额 30 000	

产成品

余额 30 000	(k) 870 000
(j) 900 000	
余额 60 000	

制造费用

(b) 20 000	(i) 480 000
(c) 110 000	
(e) 43 000	
(g) 280 000	
(h) 7 000	
460 000	480 000
	余额 20 000

累计折旧

	(g) 350 000

应付账款

	(a) 410 000
	(d) 17 000
	(e) 4 300
	(f) 180 000

应付职工薪酬

	(c) 475 000

销售收入

	(k) 1 500 000

销货成本

(k) 870 000	

销售佣金

(c) 90 000	

管理人员薪酬

(c) 200 000	

销售人员差旅费用

(d) 17 000	

广告费用

(f) 180 000	

折旧费用

(g) 70 000	

保险费用

(h) 3 000	

（3）当年制造费用分配过度，余额全部转入销货成本的分录如下。

借：制造费用	20 000	
贷：销货成本		20 000

（4）

霍格尔公司利润表（截至 12 月 31 日）

（单位：美元）

销售收入		1 500 000
销货成本（870 000−20 000）		850 000

（续）

毛利		650 000
销售和管理费用：		
销售佣金	90 000	
管理人员薪酬	200 000	
销售人员差旅费	17 000	
广告费用	180 000	
折旧费用	70 000	
保险费用	3 000	560 000
经营净利润		90 000

术语表

Absorption costing 完全成本法 一种包括所有的制造成本——直接材料、直接人工、变动制造费用和固定制造费用的核算方法。

Allocation base 分配基础 一种将成本分配至成本对象的作业度量指标，如直接人工工时或机器工时。

Cost of goods manufactured 产成品成本 会计期间完成的与产量相关的生产成本。

Finished goods 产成品 当期完工但尚未销售至客户的产品。

Job cost sheet 分批成本单 记录某生产批次的直接材料、直接人工、制造费用的表格。

Job-order costing 分批成本法 一种适用于每个会计期间生产或提供多种不同的产品、批次、服务的成本核算系统。

Normal costing 定额成本法 一种制造费用通过将预计制造费用分配率与该批次实际发生的分配基础数量相乘分配至各批次的成本核算系统。

Overapplied overhead 制造费用分配过度 分配至在产品的制造费用金额多于该会计期间内实际发生的制造费用，而导致的制造费用账户的贷方余额。

Overhead application 制造费用分配 将制造费用分配至特定批次的过程。

Predetermined overhead rate 预计制造费用分配率 每个会计期间预先制定的、用来将制造费用分配至各批次的分配率。计算方法为会计期间的预计制造费用总额除以预计分配基础总量。

Raw materials 原材料 所有生产最终产品的材料。

Schedule of cost of goods manufactured 产成品成本表 该表包含了生产成本的 3 要素——直接材料、直接人工、制造费用，它汇总了仍保留在期末在产品中的成本及从在产品转移至产成品账户的成本。

Schedule of cost of goods sold 销货成本表 该表包含了生产成本的 3 要素——直接材料、直接人工、制造费用，它汇总了仍保留在期末产成品中的产品成本及由产成品转入销货成本的成本。

Underapplied overhead 制造费用分配不足 会计期间内实际发生的制造费用多于分配至在产品的制造费用，而导致的制造费用账户的借方余额。

Work in process 在产品 仅部分完工的产品且需要进一步加工才能出售给消费者的产品。

思考题

1. 产成品成本表与销货成本表之间的联系是什么？
2. 制造费用分配至在产品时贷方科目是什么？你认为某会计期间内分配的制造费用与实际发生的制造费用相等吗？为什么？
3. 什么是制造费用分配不足、制造费用分配过度？产生的金额期末应怎样处理？
4. 给出制造费用可能分配不足的两点原因。
5. 产成品成本表中对于制造费用分配不足应做何调整？制造费用分配过度呢？
6. 怎样计算生产耗用的原材料？
7. 怎样计算产成品成本表中的制造费用总额？
8. 怎样计算产成品成本？
9. 怎样计算未调整的销货成本？
10. 直接人工成本在分批成本核算系统中怎样流转？

基础练习

邦内尔公司（Bunnell）是一家采用分批成本法核算的制造商。1 月 1 日，公司存货余额如下。

	（单位：美元）
原材料	40 000
在产品	18 000
产成品	35 000

公司根据直接人工工时来计算制造费用。就本年度而言，该公司在基于成本公式估计的 4 万直接人工工时的作业水平下，制造费用总额将达到 65 万美元，预计制造费用分配率是每直接人工工时 16.25 美元。本年度记录的交易如下。

a. 赊购原材料 51 万美元。

b. 生产耗用的原材料为 48 万美元。所有的原材料都作为直接材料使用。

c. 员工服务应计成本如下：直接人工为 60 万美元；间接人工为 15 万美元；销售和管理人员工资为 24 万美元。

d. 产生的各种销售和管理费用（如广告、销售人员差旅费、产成品入库）为 367 000 美元。

　　e. 发生的各种制造费用（如折旧、保险、公用事业）为 50 万美元。

　　f. 制造费用用于生产。实际上，该公司全年在所有批次上的实际直接工时为 41 000 小时。

　　g. 根据生产成本表，年内完成所有批次的总生产成本为 168 万美元。

　　h. 在这一年里，赊销给客户 280 万美元。根据他们的生产成本表，这些工作的生产成本是 169 万美元。

要求：

（1）生产中使用的原材料的日记账分录是什么？

（2）原材料的期末余额是多少？

（3）一年内发生的人工成本的日记账分录是什么？

（4）一年内用于生产的制造费用总额是多少？

（5）一年内在产品中增加的总生产成本是多少？

（6）g 项中提到的完成批次转移的日记账分录是什么？

（7）在产品的期末余额是多少？

（8）全年发生的实际制造费用总额是多少？

（9）本年度制造费用是分配不足还是分配过度？其数额是多少？

（10）一年内可供销售的商品成本是多少？

（11）h 项中提到的销货成本的日记账分录是什么？

（12）产成品的期末余额是多少？

（13）假设公司将分配不足或分配过度的间接费用转移到销货成本中，那么该年度调整后的销货成本是多少？

（14）今年的毛利率是多少？

（15）一年的经营净利润是多少？

练习题

1. 产成品成本表与销货成本表

以下是梅森（Mason）公司刚刚完成年度的数据，取自该公司的会计记录。

	（单位：美元）
销售收入	524 000
直接人工	70 000
采购原材料	118 000
销售费用	140 000
管理费用	63 000
分配至在产品的制造费用	90 000
实际的制造费用	80 000

存货	期初	期末
原材料	7 000	15 000
在产品	10 000	5 000
产成品	20 000	35 000

要求：

（1）编制产成品成本表。假设生产中使用的所有原材料都是直接材料。

（2）编制销货成本表。假设公司分配不足或分配过度的间接制造费用已结转至销货成本。编制利润表。

2. 分配制造费用；日记账；分配不足或分配过度的制造费用

以下资料来自拉塔公司（Latta）的账目。T 型账户中的分录是当年影响这些账户的交易的摘要。

制造费用			
(a)	46 000	(b)	390 000
余额	70 000		

在产品			
余额	15 000	(c)	710 000
	260 000		
	85 000		
(b)	390 000		
余额	40 000		

产成品			
余额	50 000	(d)	640 000
(c)	710 000		
	120 000		

销货成本		
(d)	640 000	

在年度内用于生产的制造费用在年度结束时分配给在产品、产成品和销货成本如下。

	（单位：美元）
期末在产品	19 500
期末产成品	58 500
销货成本	312 000
分配的制造费用	390 000

例如，期末在产品的 40 000 美元中，有 19 500 美元的制造费用已经在当年被分配了。

要求：

（1）确定（a）至（d）项的原因。

（2）假设分配不足或分配过度的制造费用已结转至销货成本账户，编制必要的日记账。

（3）假设分配不足或分配过度的制造费用按比例结转至在产品、产成品和销货成本账户，编制必要的日记账并提供计算步骤。

3. 分配制造费用；日记账；T 型账户

狄龙公司（Dillon）根据客户要求制造各种机械零件。公司采用分批成本核算系统，并以机器工时为分配基础，将制造费用分配至各个批次上。今年年初，该公司使用成本公式，估计在 240 000 机器工时的作业水平下，预计制造费用总额将达到 4 800 000 美元。该公司花了整整一个月的时间来处理一份 16 000 件定制机械零件的大订单。1 月初，该公司没有任何在建工程。1 月的成本数据如下。

a. 赊购原材料 325 000 美元。

b. 生产耗用的原材料为 290 000 美元（80% 直接材料，20% 间接材料）。

c. 工厂应计人工成本为 180 000 美元（1/3 为直接人工，2/3 为间接人工）。

d. 工厂设备的折旧为 75 000 美元。

e. 其他制造费用为 62 000 美元。

f. 制造费用以当月实际机器工时 15 000 个小时计算到生产中。

g. 已完成的 16 000 件定制机械零件于 1 月 31 日移入成品仓库；等待交付给客户。（在计算这一分录的金额时，请记住，完工批次的成本包括直接材料、直接人工和已分配的制造费用。）

要求：

（1）编制日记账以记录以上 a 到 f 项（暂时忽略 g 项）。

（2）为制造费用和在产品编制 T 型账户。将你的日记账中的相关项目填制到这些 T 型账户中。

（3）为上述 g 项编制日记账。

（4）如果定制的机械零件在 2 月出货 10 000 件给客户，这项工作的成本有多少会计入 2 月的销货成本账户中？

问题

1. 综合问题

广东金巢公司（Gold Nest Company of Guangdong）是一家为华南市场生产鸟笼的家族企业。该公司通过街头摊贩网络销售鸟笼，这些摊贩从销售中获得佣金。

公司采用分批成本法，直接费用是根据直接人工成本分配到各个批次的。它的预计制造费用分配率基于成本公式，估计对于直接人工成本为 20 万美元的生产水平将发生制造费用 33 万美元，直接人工成本为 20 万美元。在年初，存货余额如下。

	（单位：美元）
直接材料	25 000
在产品	10 000
产成品	40 000

年内完成了下列交易。

a. 赊购原材料 275 000 美元。

b. 生产耗用的原材料为 280 000 美元（直接计入批次的材料费用为 220 000 美元；剩下的材料是间接的）。

c. 雇员服务费用如下。

	（单位：美元）
直接人工	180 000
间接人工	72 000
销售佣金	63 000
管理费用	90 000

d. 当年的租金为 18 000 美元（其中 13 000 美元用于工厂业务，其余用于销售和行政活动）。

e. 工厂的公用事业费为 57 000 美元。

f. 广告费为 14 万美元。

g. 设备折旧费为 10 万美元（其中 88 000 美元用于工厂作业的设备；其余 12 000 美元用于与销售和管理作业的设备）。

h. 间接制造费用计入工作成本表。

i. 根据工作成本表，生产成本为 675 000 美元的货物已经完成。

j. 当年的销售收入（全部以现金支付）为 1 250 000 美元。根据他们的工作成本表，生产这些货物的总成本为 70 万美元。

要求：

（1）编制日记账以记录当年的交易。

（2）为每个存货、制造费用和销货成本账户编制 T 型账户。将日记账中的相关数据登记到 T 型账户中（不要忘记在存货账户中输入期初余额）并计算每个账户的期末余额。

（3）当年制造费用是分配不足还是分配过度？编制日记账，将制造费用账户中的余额结转至销货成本账户中。编制年度利润表。（不编制销货成本表；利润表所需要的所有信息都可以在你编制的日记账和 T 型账户中找到。）

2. 成本流转、T 型账户、利润表

速普瑞视频公司（Supreme Videos, Inc.）生产音

乐视频短片，并销售给零售商。公司 1 月 1 日的账户余额表如下。

速普瑞视频公司资产负债表（截至 1 月 1 日）

（单位：美元）

资产		
流动资产		
库存现金		63 000
应收账款		102 000
存货		
原材料（胶卷、服装）	30 000	
在制中的视频	45 000	
完工待售的视频	81 000	156 000
预付保险费		9 000
流动资产总额		330 000
录音室及设备	730 000	
减累计折旧	210 000	520 000
资产总额		850 000
负债及所有者权益		
应付账款		160 000
股本	420 000	
留存收益	270 000	690 000
负债及所有者权益总额		850 000

由于视频制作在时长和复杂性上有所不同，因此公司应用分批成本核算系统来确定每个视频的生产成本。视频的录音室制造费用以摄制时长为分批基础。公司当年预计制造费用分配率的计算公式为预计生产成本 280 000 美元除以预计分配基础 7 000 个摄制小时。以下为当年发生的交易。

a. 赊购胶卷、服装及类似原材料 185 000 美元。

b. 生产耗用的胶卷、服装及其他原材料为 200 000 美元（85% 是制作视频的直接材料，其余 15% 是间接材料）。

c. 录音室发生的公共事业费为 72 000 美元。

d. 录音室、摄影机及其他设备的折旧费用为 84 000 美元，3/4 的折旧费用与视频摄制有关，其余与销售和管理用设备有关。

e. 发生的广告费用为 130 000 美元。

f. 发生的薪金费用如下。

（单位：美元）

直接人工（演员及导演）	82 000
间接人工（建造道具的木匠、服装设计师等）	110 000
管理人员工资	95 000

g. 当年期满的预付保险费为 7 000 美元（80% 与视频生产有关，20% 与销售和管理活动有关）。

h. 发生的各种销售和管理费用为 8 600 美元。

i. 录音室制造费用要分配至制作的视频中，公司当年耗用 7 250 个摄制小时。

j. 根据分批成本单，视频生产成本为 550 000 美元，完工视频转入完工视频仓库以待销售、运送至客户。

k. 当年销售收入总额为 925 000 美元，均已记账。根据分批成本单，生产这些视频的总成本为 600 000 美元。

l. 当年从客户处收到的收入合计 850 000 美元。

m. 当年向供应商付款 500 000 美元，向员工支付薪金 285 000 美元。

要求：

（1）编制公司余额表中每个账户的 T 型账户，并列示期初余额。

（2）直接将交易记入 T 型账户。若需要，可编制新的 T 型账户。编制上述从 a 到 m 的会计分录。计算每个账户的期末余额。

（3）当年录音室的制造费用是分配过度还是分配不足？在 T 型账户中编制分录，将录音室制造费用余额转至销货成本账户中。

（4）编制产成品成本表。若编制正确，表中产成品成本与上述交易一致吗？

（5）编制销货成本表。若编制正确，表中未调整的销货成本与上述交易一致吗？

（6）编制当年利润表。

案例

道德标准与管理者

特丽·隆森（Terri Ronsin）最近调入美国家用产品安全系统部门。任该部门管理者的岗位不久，上级要求她为下一年制定区域预计制造费用分配率。该比率的准确性十分重要，因为全年都要使用该比率，且年末分配不足或分配过度的制造费用要全部结转至销货成本。所有区域的美国家用产品均以直接人工工时作为制造费用的分配基础。

为计算预计制造费用分配率，特丽将她预计的下一年制造费用总额除以管理者预计的下一年直接人工工时总数。她将计算结果请示区域总经理以获批准，但令人惊讶的是总经理建议修改分配基础。她与美国家用产品安全系统部门总经理哈里·欧文（Harry Irving）的对话如下：

隆森：这是我计算的下一年预计制造费用分配率。若您同意，我们就可将该比率于1月1日输入计算机，下一年分批成本系统将继续运转。

欧文：很感谢你这么快计算出分配率，计算结果还可以。但是我想看到一点小修正。你的预计直接人工工时总量为44 000小时，若削减至42 000小时如何？

隆森：我不知道能否这样修改。生产经理说她大约需要44 000直接人工工时才能达到下一年的销售预测。另外，本年的直接人工工时将超过43 000工时，且明年的销售预测要高于今年的。

欧文：隆森，我知道这些情况。但我仍想将分配基础直接人工工时削减至420 000工时。你可能不知道，我与你前任分区管理人员有个约定，每年将预计直接人工工时削减约5%。这样的话，我们在年末可以在经营净利润上有很大的增长。我们称之为圣诞奖励。公司总部对于我们在年末创造这样的奇迹很高兴。这个机制已经有很多年了，我不想改变。

要求：

（1）解释将预计制造费用的分配基础直接人工工时削减5%怎样导致年末经营净利润的激增。

（2）特丽·隆森应该按照总经理的要求在计算预计制造费用分配率时将直接人工工时降低至420 000工时吗？

第 5 章

分步成本法

商业聚焦

"一抹即净"的成本核算

当你不小心把牛奶洒了的时候,没准儿邦迪纸巾可以大显身手。宝洁公司(Procter & Gamble)在制造这种邦迪纸巾时使用了两个部门:造纸部门和加工部门。在造纸部门,木浆先被制成纸,这些纸再被卷成重达 2 000 磅[⊖]的纸卷;在加工部门,两个造好的纸卷在机器中同时被打开,经由装饰、打孔及压花,最终制成双层的纸巾。这些纸巾会被卷在大概 8 英尺[⊜]长的圆柱形硬纸芯上,等到纸巾缠绕的层数达标,这些 8 英尺长的卷筒就会被切割成标准的邦迪卷纸,然后进入传送带,进行打包、装箱和运输。

在这种制造环境中,我们无法轻易地计算出单个卷纸的成本;然而,由于制造出的产品性质完全相同,发生在造纸部门的全部成本可以被平均分摊到它所产出的 2 000 磅卷纸上。同样,发生在加工部门的全部成本(包括从造纸部门转入的 2 000 磅卷纸的成本)也能被平均分配到其产出的邦迪卷纸上。

宝洁公司对它的许多产品都采用相似的方法计算成本,如汰渍洗涤剂、佳洁士牙膏和黎明浓缩洗洁精。

资料来源:Conversation with Brad Bays, formerly a Procter & Gamble financial executive.

学习目标

1. 在分步成本法下记录材料、人工和制造费用的流转。
2. 使用加权平均法计算约当产量。
3. 使用加权平均法计算单位约当量成本。
4. 使用加权平均法分配产品成本。
5. 适用加权平均法编制成本对账单。
6. 使用先进先出法计算约当产量(附录 5A)。
7. 使用先进先出法计算单位约当量成本(附录 5A)。
8. 使用先进先出法分配产品成本(附录 5A)。
9. 使用先进先出法编制成本对账单(附录 5A)。
10. 使用直接法将服务部门的成本分配到经营部门(附录 5B)。
11. 使用顺序分配法将服务部门的成本分配到经营部门(附录 5B)。

⊖ 1 磅 =0.453 592 37kg。
⊜ 1 英尺 =30.48 厘米。

分批成本法（job-order costing）和分步成本法（process costing）是计算单位生产成本的两种常用方法。正如上一章所述，分批成本法适用于每期生产不同批次或产品的公司。例如，家具制造业、定制式印刷业、造船业和各类服务组织行业都采用该方法计算成本。

相比之下，采用分步成本法最普遍的行业是生产连续进行且产品相同的行业，如砖块、汽水或纸张。采用分步成本法的公司包括雷诺兹消费品公司（Reynolds Consumer Products）（铝块）、斯各特造纸公司（Scott Paper）（纸巾）、通用磨坊公司（General Mills）（面粉）、埃克森美孚（ExxonMobil）（汽油和润滑油）、水宝宝（Coppertone）（防晒霜）和家乐氏（Kellogg's）（早餐谷物）。另外，有时一些有组装业务的公司也会采用该方法，分步成本法也可用于生产天然气、水、电等公共事业。

本章的目的在于阐述在分步成本系统中产品成本是如何核算的。

5.1 分批成本法和分步成本法的比较

在某些方面，分步成本法和分批成本法是非常相似的，但在某些方面它们又有很大的区别。本节我们主要学习这两种方法的异同之处，为以后进一步学习分步成本法打下基础。

5.1.1 分批成本法和分步成本法的相似点

上一章所学的关于成本核算和成本流转的大部分内容，同样适用于本章的分步成本法。我们并非要放弃已经学过的所有成本核算的内容，转而从头开始学习一套全新的核算系统。分批成本法和分步成本法的相似点如下。

（1）两种系统的基本目标相同——分配材料、人工和制造费用并提供一种计算单位生产成本的原理。

（2）两种系统使用同样的基本生产账户，包括制造费用、原材料、在成品和产成品账户。

（3）在两种系统中，生产账户中的成本流转基本相同。

从上述比较中可以看出，我们学过的大多数关于成本核算的知识同样适用于分步成本法。现在，我们的任务是提炼出这些知识，并将这些知识延伸至分步成本法。

5.1.2 分批成本法和分步成本法的不同点

表 5-1 总结了分批成本法和分步成本法的 3 个不同点。

第一，分批成本法适用于生产许多具有特殊要求的不同批次产品的公司，而分步成本法适用于生产工序连续且产品完全相同的公司。

第二，分批成本法使用分批成本单为某一批次归集成本。分步成本法按部门（而非批次）归集成本并将这些成本平均分配给当期通过该部门的所有产品。

第三，分批成本法使用分批成本单计算每一批次的单位成本。分步成本法按部门计算单位成本。

表 5-1　分批成本法和分步成本法的不同点

分批成本法	分步成本法
1. 每期有许多不同的批次，每个批次有单独的生产要求	1. 连续或长期生产单一产品，所有产品完全相同
2. 按批次归集成本	2. 按部门归集成本
3. 按分批成本单上的批次计算单位成本	3. 按部门计算单位成本

5.2 分步成本法下的成本流转

在学习分步成本法的实例之前，我们先大体上看一下生产成本如何在分步成本系统中流转是非常有帮助的。

5.2.1 加工部门

加工部门（processing department）是加工产品并将材料、人工和制造费用计入产品的一个组织单位。例如，奈利家的薯片厂有 3 个加工部门：一个准备马铃薯；一个烹调薯片；一个负责检查和包装。某砖厂有两个加工部门：一个负责混合黏土并将它塑形成砖块；另一个负责烧制成型的砖块。一些产品或服务需要经过大量的加工部门，而有的只需要经过一到两个加工部门。无论经过几个加工部门，这些产品或者服务都有两个本质特征。第一，加工部门对流经的所有产品的处理完全相同；第二，加工部门的产量相同，换句话说，它们生产的所有产品都是相同的。

用分步成本法核算的产品，如砖块或薯片，都是典型的按顺序从一个加工部门流向另一个加工部门的，如图 5-1 所示。

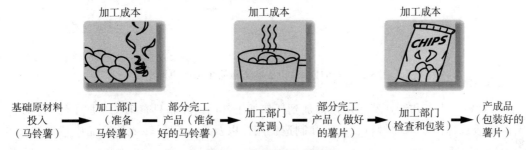

图 5-1 连续的加工部门

| 商业实战 5-1 |　开门！送外卖的

在超级碗（Super Bowl）星期天，有 1 250 万张比萨被送到美国的千家万户。这些比萨被装在盒子里，而大部分盒子是由位于佐治亚州诺克罗斯（Norcross）的 Rock-Tenn 公司所拥有的 17 家工厂中的一家生产的。这家公司在亚特兰大的工厂使用一条占地面积超过 1.5 个足球场的生产线，把"直径 58 英寸⊖的重磅纸制成带状的瓦楞硬纸板，再穿过印刷机，用高速模压切割机折叠，最后被剪切成单独的盒子"。50 位员工用这条生产线，一周 7 天、一天 24 小时以每分钟 400 个的速度生产这些未折叠的盒子。

这种类型的生产过程应使用分步成本法计算成本，因为每分钟生产出的 400 个比萨盒彼此之间完全相同。它与分批生产以回应顾客不同生产需求的定制化生产形成了鲜明的对比。

资料来源：Bob Tita, "It's Crunch Time For Pizza Boxes," *The Wall Street Journal*, January 30, 2015, pp. B1 and B6.

5.2.2 材料、人工和制造费用的流转

在分步成本系统下，成本的归集较分批成本法简单。在分步成本系统下，成本仅归集到几个加工部门而不用分配到数以百计的不同批次中去。

图 5-2 反映了分步成本系统中材料、人工和制造费用流转的 T 型账户模型。图 5-2 中有几处关键点应予以重视。首先，每个加工部门都要建立单独的在产品账户。与之相反，在分批成本法中，整个公司也许只有一个在产品账户。其次，第一个加工部门（图中的 A 部门）的完工产品转入第二个加工部门（B 部门）的在产品账户。在 B 部门进一步加工后，完工产品再转入产成品账户（在图 5-2 中，我们只展示了两个加工部门，但一个公司可能有许多加工部门）。

⊖ 1 英寸 =2.54 厘米。

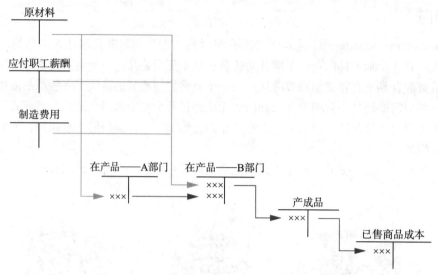

图 5-2 分步成本法下成本流转的 T 型账户模型

最后，注意材料、人工和制造费用可以被加到任何加工部门，并非只有第一个加工部门。B 部门在产品账户中的成本包括 B 部门发生的材料、人工和制造费用，以及从 A 部门转入的产品中包含的成本（即转入成本）。

5.2.3 材料、人工和制造费用分录

为完成在分步成本系统下关于成本流转的讨论，在本节我们将展示梅根经典奶油苏打公司（Megan's Classic Cream Soda）的材料、人工和制造费用的相关分录。梅根经典奶油苏打公司有两个加工部门——调制部门和灌装部门。调制部门负责对材料进行质检、混合并注入二氧化碳，制成香草奶油苏打。灌装部门负责检查瓶子是否有缺陷、灌入香草奶油苏打、加盖、再次检查外观后打包运输。

1. 材料成本

和分批成本法一样，我们使用领料单从仓库领取材料。任何加工部门都可以添加材料，尽管更常见的情况是只在第一个加工部门添加材料，而后续部门只加入人工和制造费用。

在梅根经典奶油苏打公司，调制部门会投入某些材料（如水、面粉、糖和二氧化碳），灌装部门则会投入另一些材料（如瓶子、瓶盖和包装材料）。记录第一个加工部门——调制部门耗用材料的分录如下。

借：在产品——调制部门 　　　　　　　　　　　　　　　　　　　　　　×××
　贷：原材料 　　　　　　　　　　　　　　　　　　　　　　　　　　　　　　×××

记录第二个加工部门——灌装部门耗用材料的分录如下。

借：在产品——灌装部门 　　　　　　　　　　　　　　　　　　　　　　×××
　贷：原材料 　　　　　　　　　　　　　　　　　　　　　　　　　　　　　　×××

2. 人工成本

在分步成本法下，人工成本被计入部门而非个别批次。下列分录记录了梅根经典奶油苏打公司的调制部门发生的人工成本。

借：在产品——调制部门 　　　　　　　　　　　　　　　　　　　　　　×××
　贷：应付职工薪酬 　　　　　　　　　　　　　　　　　　　　　　　　　　　×××

记录灌装部门人工成本的分录类似。

3. 制造费用

分步成本法与分批成本法一样，通常使用预计制造费用分配率，即根据该部门发生的分配基础的数量分配制造费用。下列分录记录了调制部门分配的制造费用。

借：在产品——调制部门   ×××

     贷：制造费用   ×××

记录灌装部门制造费用的分录类似。

4. 完成成本流转

一旦某部门完成加工，其产品就会转入下一个部门进行进一步加工，如图 5-2 中的 T 型账户所示。下列分录把调制部门完工产品的成本转入灌装部门。

借：在产品——灌装部门   ×××

     贷：在产品——调制部门   ×××

灌装部门完成加工后，完工产品的成本转入产成品账户。

借：产成品   ×××

     贷：在产品——灌装部门   ×××

最后，完成客户订单并卖出产品后，产成品成本就转入销货成本账户。

借：销货成本   ×××

     贷：产成品   ×××

总而言之，分步成本法账户之间的成本流转和分批成本法基本一致。此时二者的唯一区别是在分步成本法中每个部门都有单独的在产品账户。

| 商业实战 5-2 | 垃圾食品走健康路线

糖果制造商受到了来自顾客的压力，消费者要求他们去除零食中不健康的成分。例如，雀巢（Nestle）正在致力于从超过 250 种巧克力产品中去除人工色素（如红 40 和黄 5）和人造香味剂（如香草醛）。雀巢计划用胭脂树红（源自胭脂树）代替人造食用色素，还打算用天然香精代替香草醛。尽管天然材料的成本更高，但雀巢表示不会提高售价来弥补更高的材料成本。除了雀巢之外，亿滋国际（Mondelez International）、奥利奥饼干和怡口莲巧克力的制造商，也计划减少其产品中 10% 的饱和脂肪和钠。

资料来源：Annie Gasparro, "Nestle Bars Artificial Color, Flavors," *The Wall Street Journal*, February 18, 2015, p. B6.

5.3 分步成本法计算：3 个关键概念

在分步成本法中，每个部门需要计算两个数据以完成财务报告——期末在产品成本和转入下一部门的完工产品的成本。取得这两个数据的关键是计算每个部门的单位成本。从表面上来看，这些部门的单位成本计算似乎非常明确——简单地用部门成本（分子）除以其产量或者单位产出（分母）。然而，要正确完成这看似简单的计算，你需要理解 3 个关键的基础概念。

5.3.1 关键概念 1

有不止一种方式可以计算部门的单位成本。本章介绍了两种方法以完成该计算，即加权平均法和先进先出法。分步成本法中的**加权平均法**（weighted-average method）是本章介绍的重点。我们将在附录 5A 中介绍分步成本法中的**先进先出法**（FIFO method），它认为单位成本的计算仅基于当期的成本和产量。

5.3.2 关键概念 2

每个部门都需要对该部门发生的每一种制造成本单独计算其单位成本。例如，如果一个给定部门要在产品加工中加入材料、人工和制造费用，则这 3 种成本的单位成本都需要单独计算。为了简化步骤，公司经常把人工和制造费用结合起来，将 3 种成本变成 2 种，这种结合起来的成本叫作转换成本（或简称"转换"）。正如之前章节所定义的那样，**转换成本**（conversion cost）是直接人工和制造费用之和。

5.3.3 关键概念 3

考虑到大多数部门在期末通常有一些部分完工产品，量化每个部门生产的产品是十分复杂的。因为在计算部门产量时，将这些部分完工产品等同于完全完工产品会夸大产量，应该将这些部分完工产品转换成等量的完全完工产品。在分步成本法中，可以用下述公式完成这个转换。

$$约当量 = 部分完工产品数量 \times 完工比例$$

如公式所示，**约当量**（equivalent units）就是部门中部分完工产品数量和完工比例的乘积。粗略地讲，约当量是部分完工产品中包含的材料和人力本应生产出的完工产品的数量。

例如，假设 A 部门有 500 件期末在产品，其完工比例为 60%。这 500 件部分完工产品相当于 300（=500×60%）件的完全完工产品。因此，A 部门的期末在产品中包含了要并入其当期产量的 300 件约当量。

5.4 加权平均法：举例

现在我们将注意力投向戴蒙滑雪板公司，该公司制造高性能的深雪用滑雪板，采用分步成本法确定单位生产成本。公司的生产流程如图 5-3 所示。滑雪板依次经过 5 个加工部门，从塑形与铣削部门开始，到完工与配对部门结束。

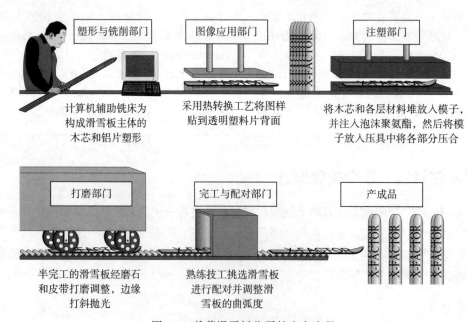

图 5-3 戴蒙滑雪板公司的生产流程

我们将使用戴蒙滑雪板公司的例子，分 4 步来解释分步成本法下的加权平均法。

第 1 步：计算约当产量。

第 2 步：计算单位约当量成本。

第 3 步：分配产品成本。

第 4 步：编制成本对账单。

5.4.1 第 1 步：计算约当产量

在计算单位成本时，分母就是约当产量。每个加工部门都要为每一类制造成本分别计算其产品的约当量。在加权平均法下，某一部门的**约当产量**（equivalent units of production）是转入下一部门（或产成品）的完工产品的产量与该部门期末在产品的约当量之和。该定义用公式表示如下。

加权平均法（对每个加工部门的每类成本分别计算）

约当产量 = 结转到下一部门（或产成品）的完工产品的产量 + 期末在产品的约当量

为更好地理解上述公式，让我们关注戴蒙滑雪板公司的塑形与铣削部门。该部门使用计算机辅助铣床精确地为滑雪板的木芯和金属片等主体塑形。表 5-2 总结了 5 月塑形与铣削部门的生产数据，其中包含两类制造成本——材料成本和转换成本。

表 5-2　5 月塑形与铣削部门的生产数据

塑形与铣削部门	数量	完工比例	
		材料	转换
期初在产品	200	55%	30%
5 月投入产量	5 000		
5 月完工并转入下一部门的产量	4 800	100%[①]	100%[①]
期末在产品	400	40%	25%

① 通常假定转出某个部门的产品在该部门完成了 100% 的加工。

表 5-2 中第一个需要注意的是部门的产品流转（即数量一列的数据）。该部门期初在产品有 200 件，在 5 月投产 5 000 件，总数为 5 200 件。在这 5 200 件中，5 月完工并转入下一部门的有 4 800 件，期末在产品有 400 件。大体上，期初在产品加上本期投入量应该等于期末在产品加上完工并转入下一部门的产量。计算公式如下所示。

期初在产品数量 + 投入或转入数量 = 期末在产品数量 + 完工并转出数量

表 5-2 中第二个需要注意的是在期初在产品中，有关材料的完工比例是 55%，有关转换的完工比例为 30%。这意味着该部门产品完工所需的材料成本的 55% 已经发生。同样，产品完工所需的转换成本的 30% 也已经发生。然而，在使用加权平均法计算约当产量时，这两个关于期初在产品的完工比例（55% 的材料和 30% 的转换）就会被忽略掉。

表 5-2 中第三点需要强调的是，在塑形与铣削部门，期末在产品的材料完工比例是 40%，转换的完工比例是 25%。这意味着在期末在产品中，产品完工所需的材料的 40%、转换的 25% 已经发生。在加权平均法下，这两个有关期末在产品存货的完工比例（40% 的材料成本和 25% 的转换成本）会被计算在约当产量中。

表 5-3 总结了在塑形与铣削部门材料成本和转换成

表 5-3　约当产量：加权平均法

塑形与铣削部门	材料	转换
转到下一部门的产量	4 800	4 800
期末在产品的约当量：		
材料：400 件 × 40% 完工	160	
转换：400 件 × 25% 完工		100
约当产量	4 960	4 900

本约当产量的计算。我们需要注意的是，该计算忽略了期初在产品有关材料和转换的部分完工情况。例如，200 件期初在产品的转换成本完工比例为 30%。然而，加权平均法只考虑期末在产品转换成本的 100 件约当量以及转入下一部门的 4 800 件半成品（约当产量总共是 4900 件）；该方法不关注期初存货已部分完工的情况。换句话说，运用加权平均法计算得到的 4 900 件约当产量包括了以前期间已经完成的工作。这是加权平均法的关键点，而且极易被忽略。

图 5-4 提供了另一种计算约当产量的方式，描述了转换成本的计算。在学习下一步之前，请认真研读该图。

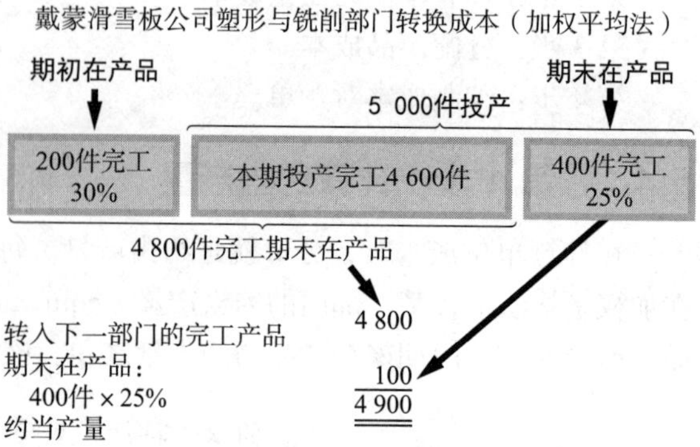

图 5-4 约当产量视图

5.4.2 第 2 步：计算单位约当量成本

在第 2 步中，我们需要计算材料和转换成本的单位约当量成本，即用总成本除以在第 1 步中计算出来的约当产量。为了帮助理解，表 5-4 展示了 5 月塑形与铣削部门的成本数据。

表 5-4 5 月塑形与铣削部门的成本数据

	材料成本	转换成本	总额
期初在产品成本 / 美元	9 600	5 575	15 175
本期发生成本 / 美元	368 600	350 900	719 500
总成本 / 美元	378 200	356 475	734 675

给出这些成本数据后，现在我们就可以使用下述公式计算塑形与铣削部门材料和转换成本的单位约当量成本。

加权平均法（对每个加工部门的每类成本分别计算）

单位约当量成本 =（期初在产品成本 + 本期发生成本）/ 约当产量

注意，分子是期初在产品成本和本期发生成本之和。因此，加权平均法将前期和当期成本混合在一起。这就是称它为加权平均法的原因，即它将前期和当期的成本平均到前期与当期的产量上。

使用这个公式，塑形与铣削部门 5 月材料和转换成本的单位约当量成本计算列式如下。

塑形与铣削部门
单位约当量成本

	材料成本	转换成本
期初在产品成本 / 美元	9 600	5 575
本期发生成本 / 美元	368 600	350 900
总成本 / 美元（a）	378 200	356 475
约当产量（见表 5-6）(b)	4 960	4 900
单位约当量成本 / 美元（a）÷（b）	76.25	72.75

5.4.3 第 3 步：分配产品成本

在第 3 步中，我们用单位约当量成本计算期末在产品和转入下一部门完工产品的成本。例如，从塑形与铣削部门转到图像应用部门的每件半成品都带来 149 美元（= 材料成本 76.25 美元 + 转换成本 72.75 美元）的成本。5 月有 4 800 件产品被转入下一部门（见表 5-2），因此计入这些产品的总成本是 715 200（=4 800 × 149）美元。

期末在产品和转出产品的成本的完整核算如下。

塑形与铣削部门
期末在产品和转出产品的成本

	材料成本	转换成本	总额
期末在产品：			
约当量（见表 5-3）(a)	160	100	
单位约当量成本 / 美元（b）	76.25	72.75	
期末在产品成本 / 美元（a）×（b）	12 200	7 275	19 475
完工及转出产品：			
转入下一部门的产品数量（表 5-3）(a)	4 800	4 800	
单位约当量成本 / 美元（b）	76.25	72.25	
转出产品的成本 / 美元（a）×（b）	366 000	349 200	715 200

对于材料成本和转换成本，将期末在产品和转入下一部门的完工产品的约当量乘以单位约当量成本，就能得出转出产品的成本。例如，期末在产品中属于转换成本的 100 件约当量乘以 72.75 美元的单位约当量成本，就能得出期末在产品中所包含的转换成本 7 275 美元。同样地，完工及转出产品的数量 4 800 件乘以 72.75 美元的单位约当量成本，就可以得出完工转出产品中 349 200 美元的转换成本。

5.4.4　第 4 步：编制成本对账单

计入期末在产品和完工并转出产品的成本，应与表 5-4 中开始的成本调整一致。

转到图像应用部门的产品成本 715 200 美元将在该部门"转入成本"部分核算。在分步成本系统中，该成本就作为一种其他成本，和材料成本、转换成本一样处理。唯一的区别是相比于塑形与铣削部门的工作量，转入的成本总是 100% 完工的。成本按照这样的方式从一个加工部门转入下一个加工部门，直到它们进入最后一个加工部门——完工与配对部门。当最后一个部门也完成加工时，在产品成本就转入产成品中。

塑形与铣削部门
成本对账单　（单位：美元）

应核算的成本：	
期初在产品成本（表 5-4）	15 175
本期发生成本（表 5-4）	719 500
应核算总成本	734 675
已核算的成本如下：	
期末在产品成本（见上）	19 475
转出产品成本（见上）	715 200
已核算总成本	734 675

5.5　经营成本法

分批成本法和分步成本法代表了两种极端。分批成本法适用于用一套设备生产多种不同产品的公司，分步成本法则适用于生产大量同种产品的公司。在这两种极端之间，还有许多兼具分批成本法和分步成本法特点的混合制度，其中一种混合制度被称为经营成本法。

经营成本法（operation costing）主要用于产品之间既有共同特征又有个体特征的情况。例如鞋子，所有款式的鞋子的共同特征就是都要经过裁剪和缝纫等重复性工序，而且使用相同的设备、通过相同的流程。鞋子也具有个体特征——有些用昂贵的皮革制成，另一些则用便宜的人造材料。在这种情况下，产品有某些共同特征又必须个别加工时，可使用经营成本法确定产品成本。

正如上面提到的，经营成本法是一种使用分批成本法和分步成本法不同方面的混合制度。在使用经营成本法时，产品是典型的按批加工处理，但每批有特定的材料。从这个意义上说，经营成本法和分批成本法类似。然而，其人工成本和制造费用则像分步成本法一样，按工序或部门归集，再分配到产品上。生产鞋子时，不论款式如何，每只鞋都要负担相同的单位转换成本，但要计入特定的材料成本。因此，公司能区分不同款式产品的材料消耗，也能利用分步成本系统中计算人工成本和制造费用的简便性。

经营成本法适用的其他产品有电子设备（如半导体）、纺织品、服装和珠宝（如戒指、手镯和奖章）。这类产品是典型的分批生产，但不同模式不同款式之间的材料成本也不同。

|商业实战 5-3| 看看可口可乐的包装成本

一份 8 盎司○的可口可乐的价格根据使用包装的不同会有很大的差异。用塑料瓶和铝罐包装的可乐是最便宜的选择。例如，一份 8 盎司的可口可乐装在一个 2 升的塑料瓶里的价格是 0.18 美元，装在 7.5 盎司的铝罐里的售价为 0.43 美元。最昂贵的包装是铝瓶，

8 盎司一瓶的价格是 1.51 美元。玻璃瓶包装的价格介于中间，用 8 盎司的瓶子每 8 盎司的成本是 0.81 美元，用 12 盎司的瓶子每 8 盎司的成本是 0.89 美元。

资料来源：Mike Esterl, "As Sales Fizzle, Pop Makers Bill More for a Sip?" *The Wall Street Journal*, January 28, 2016, pp. B1-B2.

本章小结

分步成本法适用于同种产品或服务连续生产的情形。分步成本系统中，生产账户间的成本流转与分批成本系统基本相同。然而，在分步成本法下，成本是按部门而不是按批次归集的。

在分步成本法下，必须分别计算每个部门每类成本的约当产量。在加权平均法下，约当产量等于转入下一部门或产成品的完工产品数量和期末在产品的约当量之和。期末在产品的约当量等于部分完工的产品数量与特定成本类别的完工比例的乘积。

在加权平均法下，某类成本的单位约当量成本，是用期初在产品成本与本期发生成本之和除以约当产量计算出来的。计算出的单位约当量成本用于计算期末在产品成本和转入下一部门或产成品的产品成本。

成本对账单是将期初在产品成本与本期发生成本之和，与期末在产品与转出产品的成本总和调整一致。

成本从一个加工部门转入下一个加工部门，直到最后一个加工部门。到那时，在产品的成本就被转入产成品中。

复习题：分步成本流转和成本核算

拉克盖得家用涂料公司（Luxguard Home Paint Company）生产每桶 1 加仑○的外用乳胶漆。该公司有两个加工部门——基础生产部门和完工部门。白漆是公司生产所有油漆的基础，它是在基础生产部门用原料混合而成的。在完工部门，白漆中会被加入色素，着色后的油漆在压力作用下被喷射入 1 加仑的容器中，贴上标签和打包之后，就可以进行装运了。该公司 4 月生产经营的有关信息如下。

a. 生产使用的原材料：基础生产部门，851 000 美元；完工部门，629 000 美元。

b. 发生的直接人工成本：基础生产部门，330 000 美元；完工部门，270 000 美元。

c. 分配的制造费用：基础生产部门，665 000 美元；完工部门，405 000 美元。

d. 从基础生产部门转入完工部门的白漆为 1 850 000 美元。

e. 从完工部门转入待运产成品的油漆为 3 200 000 美元。

要求：

（1）编制 a ～ e 项目的会计分录。

（2）将（1）中的会计分录记入 T 型账户。4 月 1 日基础生产部门在产品账户余额为 150 000 美元；完工部门在产品账户余额为 70 000 美元。记入 T 型账户后，计算每个部门在产品账户的期末余额。

○ 1 美制液体盎司 = 0.029 57 升。
   1 英制液体盎司 =0.028 41 升。
○ 1 美制加仑 =3.785 升。
   1 英制加仑 =4.546 升。

（3）计算 4 月基础生产部门期末在产品和转入下一部门的完工产品的材料成本、人工成本、制造费用以及总成本。4 月基础生产部门其他生产资料如下。

生产数据 / 加仑：	
在加工产品，4 月 1 日：材料完工率 100%；	
人工和制造费用完工率 60%	30 000
4 月投入生产数	420 000
完工并转入完工部门产品	370 000
在加工产品，4 月 30 日：材料完工率 50%；	
人工和制造费用完工率 25%	80 000
成本数据 / 美元：	
在产品，4 月 1 日：	
材料	92 000
人工	21 000
制造费用	37 000
在产品总成本	150 000
4 月新增成本：	
材料	851 000
人工	330 000
制造费用	665 000
4 月新增总成本 / 美元	1 846 000

（4）编制 4 月的成本对账单。

复习题答案：

（1）a. 借：在产品——基础生产部门
　　　　　　851 000
　　　　在产品——完工部门
　　　　　　629 000
　　　贷：原材料　　　1 480 000
　　b. 借：在产品——基础生产部门
　　　　　　330 000
　　　　在产品——完工部门
　　　　　　270 000
　　　贷：应付职工薪酬　　600 000
　　c. 借：在产品——基础生产部门
　　　　　　665 000
　　　　在产品——完工部门
　　　　　　405 000
　　　贷：制造费用　　　1 070 000
　　d. 借：在产品——完工部门
　　　　　　1 850 000
　　　贷：在产品——基础生产部门
　　　　　　1 850 000
　　e. 借：产成品　3 200 000
　　　贷：在产品——完工部门　3 200 000

（2）

原材料

余额	×××	(a)	1 480 000

应付职工薪酬

		(b)	600 000

在产品——基础生产部门

余额	150 000	(d)	1 850 000
(a)	851 000		
(b)	330 000		
(c)	665 000		
余额	146 000		

制造费用

（各种实际成本）		(c)	1 070 000

在产品——完工部门

余额	70 000	(e)	3 200 000
(a)	629 000		
(b)	270 000		
(c)	405 000		
(d)	1 850 000		
余额	24 000		

产成品

余额	×××		
(e)	3 200 000		

（3）首先，我们需要计算各类成本的约当产量。

基础生产部门的约当产量

（单位：加仑）

	材料	人工	制造费用
转入下一部门产品	370 000	370 000	370 000
期末在产品约当量（材料：80 000 加仑 ×50% 完工率；人工：80 000 加仑 ×25% 完工率；制造费用：80 000 加仑 ×25% 完工率）	40 000	20 000	20 000
约当产量	410 000	390 000	390 000

然后，我们要计算各类成本的单位约当量成本。

基础生产部门的单位约当量成本

（单位：美元）

	材料	人工	制造费用
成本：			
期初在产品成本	92 000	21 000	37 000
本期发生成本	851 000	330 000	665 000
总成本（a）	943 000	351 000	702 000
约当产量（b）	410 000	390 000	390 000
单位约当量成本（a）÷（b）	2.30	0.90	1.80

计算出单位约当量成本后，就可以将它归入期末在产品和转出产品中。

基础生产部门期末在产品和转出产品成本

	材料	人工	制造费用	总成本
期末在产品：				
约当量 / 加仑	40 000	20 000	20 000	
单位约当量成本 / 美元	2.30	0.90	1.80	
期末在产品成本 / 美元	92 000	18 000	36 000	146 000
完工并转出产品：				
转入下一部门数量 / 加仑	370 000	370 000	370 000	
单位约当量成本 / 美元	2.30	0.90	1.80	
完工并转出产品成本 / 美元	851 000	333 000	666 000	1 850 000

（4）

基础生产部门成本对账单　　　　　　　　　　　　　　　　（单位：美元）

应核算成本：	
期初在产品成本	150 000
本期发生成本	1 846 000
应核算总成本	1 996 000
已核算成本如下：	
期末在产品成本	146 000
转出产品成本	1 850 000
已核算总成本	1 996 000

术语表

Conversion cost 转换成本　直接人工成本加上制造费用。

Equivalent units 约当量　由部分完工产品数量和完工比例确定其成本。约当量是部分完工产品中所包含的材料和人力本应生产出的完工产品的数量。

Equivalent units of production（weighted-average method）约当产量（加权平均法）　当期转入下一部门（或产成品）的完工产品的产量加上该部门期末在产品的约当量。

FiFO method 先进先出法　仅以当期的成本和产量计算单位成本的一种分步成本法。

Operation costing 经营成本法　一种当产品既有共同特征又有个体特征时使用的混合成本制度。

Process costing 分步成本法　一种用于连续生产相同产品情况的成本核算方法。

Processing department 加工部门　一个加工产品并将材料、人工和制造费用计入产品成本的一个组织单位。

Weighted-average method 加权平均法　一种将前期与当期的产量和成本融合在一起的分步成本法。

思考题

1. 什么情况下适合使用分步成本法？

2. 分批成本法和分步成本法有哪些相似点？

3. 为什么使用分步成本系统归集成本比使用分批成本系统更简单？

4. 一家使用分步成本法的公司会设置多少在产品账户？

5. 假设某公司有两个加工部门——混合部门和烧制部门。编制会计分录，反映从混合部门到烧制部门的产品流转。

6. 假设某公司有两个加工部门——混合部门和烧制部门。试解释当期有什么成本要加到烧制部门的在产品账户中。

7. 加权平均法下的约当产量是什么意思？

8. 沃特金斯奖杯股份有限公司生产数以千计的金制、银制和铜制大奖章。在制造过程中，除了使用的材料不同，所有奖章其他工序均相同。你建议该公司采用什么成本制度？

基础练习

Clopack 公司生产的一种产品要经过混合部门的加工处理。所有的材料都从混合部门开始处理。该公司采用分步成本法中的加权平均法。6 月，混合部门的在产品 T 型账户如下（所有即将提出的问题都与 6 月有关）。

在产品——混合部门（单位：美元）

6 月 1 日存货	28 000	完工并转到产成品的成本	?
材料成本	120 000		
直接人工	79 500		
制造费用	97 000		
6 月 30 日存货	?		

6 月 1 日的期初在产品存货有 5 000 件，这些产品的材料成本为 16 000 美元，转换成本为 12 000 美元。6 月 1 日在产品的材料完工比例为 100%，转换完工比例为 50%。6 月，37 500 件产品开始生产。6 月 30 日的期末在产品存货有 8 000 件，在产品的材料完工比例为 100%，转换完工比例为 40%。

要求：

（1）编制日记账，记录生产中使用的材料成本和发生的直接人工成本。

（2）编制日记账，记录分配给在产品的制造费用。

（3）在此期间有多少件在产品完工并转为产成品？

（4）计算材料成本的约当产量。

（5）计算转换成本的约当产量。

（6）在产品的期初成本加上在此期间增加的材料成本是多少？

（7）在产品的期初成本加上在此期间增加的转换成本是多少？

（8）材料成本的单位约当量成本是多少？

（9）转换成本的单位约当量成本是多少？

（10）期末在产品的材料成本是多少？

（11）期末在产品的转换成本是多少？

（12）转入产成品的材料成本是多少？

（13）转入产成品的转换成本是多少？

（14）编制日记账，记录从在产品到产成品所转移的成本。

（15）要计算的总成本是多少？总成本占多少？

练习题

1. 约当量、单位约当量成本、成本的归集（加权平均法）

赫里公司（Helix Corporation）在分步成本系统下使用加权平均法。该公司在生产部门通过一系列的步骤完成预制地板的生产。在第一个生产部门用到的所有材料在加工开始时投入。5 月第一个生产部门的数据如下。

	数量	完工比例	
		材料	转换
5 月 1 日在产品存货	5 000	100%	40%
5 月 30 日在产品存货	10 000	100%	30%
5 月 1 日在产品材料成本 / 美元		1 500	
5 月 30 日在产品转换成本 / 美元		4 000	
投产数量		180 000	
转入下一生产部门数量		175 000	
5 月新增材料成本 / 美元		54 000	
5 月新增转换成本 / 美元		352 000	

要求：

（1）计算 5 月第一个生产部门材料成本和转换成本的约当产量。

（2）计算 5 月第一个生产部门材料成本和转换成本的单位约当量成本。

（3）计算 5 月第一个生产部门期末在产品的材料成本、转换成本和总成本。

（4）计算 5 月第一个生产部门转入下一生产部门产品的材料成本、转换成本和总成本。

2. 约当量和单位约当量成本（加权平均法）

飘芙股份有限公司（Pureform Inc.）在分步成本系统下使用加权平均法。该公司通过两个部门生产产品。第一个部门最近一个月的数据如下。

	数量	材料 / 美元	人工 / 美元	制造费用 / 美元
期初在产品存货	5 000	4 320	1 040	1 790
投产数量	45 000			
转出数量	42 000			
期末在产品存货	8 000			
本月发生成本		52 800	21 500	32 250

期初在产品材料的完工比例是 80%，人工和

制造费用的完工比例是 60%。期末在产品材料的完工比例是 75%，人工和制造费用的完工比例是 50%。

要求：

（1）计算本月第一个部门材料成本、人工成本和制造费用的约当产量。

（2）计算本月第一个部门材料成本、人工成本和制造费用的单位约当量成本。

3. 综合练习：第二个生产部门（加权平均法）

斯里布纳公司（Scribners Corporation）通过 3 个生产部门——制浆部门、烘干部门和整理部门生产优质纸。制浆部门用机械和化学方法加工像木质纤维和碎棉布这样的原材料，以分离其中的纤维，最终变成纤维浓浆。烘干部门将制浆部门转入的湿纸浆摊开在多孔渗透的网上，按压以除去过多的液体，然后在炉子中烘干。整理部门将烘干的纸张上胶、切割并缠绕在卷筒上。该公司在分步成本系统下使用加权平均法。烘干部门 3 月的数据如下。

	数量	完工比例	
		制浆	转换
3 月 1 日在产品存货	5 000	100%	20%
3 月 31 日在产品存货	8 000	100%	25%
3 月 1 日在产品中制浆成本 / 美元			4 800
3 月 1 日在产品中转换成本 / 美元			500
转入下一生产部门数量			157 000
3 月新增制浆成本 / 美元			102 450
3 月新增转换成本 / 美元			31 300

在烘干部门没有新增的材料成本。制浆成本代表了从制浆部门转入的湿纸浆的成本。烘干部门对湿纸浆分批进行加工；上表中的数量代表批次，且每批湿纸浆会生产出规定数量的干燥纸张并转入整理部门。

要求：

（1）计算烘干部门 3 月的制浆成本和转换成本的约当产量。

（2）计算烘干部门 3 月的制浆成本和转换成本的单位约当量成本。

（3）计算烘干部门 3 月的期末在产品的制浆成本、转换成本和总成本。

（4）计算烘干部门 3 月的转入整理部门产品的制浆成本、转换成本和总成本。

（5）编制烘干部门 3 月的成本对账单。

4. 约当量、归集成本、成本对账单（加权平均法）

苏泊迈公司（Superior Micro Products）在分步成本系统下使用加权平均法。1 月，第四装配部门加工完成 25 000 件产品并转入下一部门。期初在产品成本和 1 月发生成本总计 599 780 美元。1 月，期末在产品有 3 000 件，其中材料完工比例为 80%，人工和制造费用完工比例为 60%。本月单位约当量成本如下。

	材料	人工	制造费用
单位约当量成本 / 美元	12.50	3.20	6.40

要求：

（1）计算本月期末在产品的材料成本、人工成本和制造费用的约当量。

（2）计算 1 月期末在产品的材料成本、人工成本和制造费用及总成本。

（3）计算 1 月转入下一部门产品的材料成本、人工成本和制造费用及总成本。

（4）编制 1 月的成本对账单（注意：期初在产品成本和本月发生成本在记账时不用分开写）。

问题

1. 综合问题；第二个生产部门：加权平均法

故乡联合公司（Old Country Links, Inc.）有生产香肠的三个部门——混合部门、肠衣和腌制部门、包装部门。混合部门进行肉类的准备和研磨，然后与香料混合。随后，香料和肉的混合物被转移到肠衣和腌制部门，该部门将混合物注入肠衣，然后将它们悬挂和腌制在受温度控制的烟熏室里。包装部门将腌制好的香肠分类、包装并贴上标签。该公司在分步成本系统中采用加权平均法。肠衣和腌制部门 9 月的数据如下。

	数量	完工比例		
		混合	材料	转换
9 月 1 日期初在产品	1	100%	90%	80%
9 月 30 日期末在产品	1	100%	80%	70%

（单位：美元）

	混合	材料	转换
9 月 1 日 期初在产品	1 670	90	605
9 月新增成本	81 460	6 006	42 490

混合成本是指从混合部门转入肠衣和腌制部门的香料和肉的混合的成本。混合物在肠衣和腌制部门进行分批加工；上表中的数量代表批次，而每一批次的混合物会产生一定数量的香肠，并转入包装部门。9月完成50批并转入包装部门。

要求：

（1）确定肠衣和腌制部门9月的混合成本、材料成本和转换成本的约当产量。不要四舍五入。

（2）计算肠衣和腌制部门9月的混合成本、材料成本和转换成本的单位约当量成本。

（3）计算肠衣和腌制部门9月期末在产品中混合成本、材料成本、转换成本和总成本。

（4）计算9月转入包装部门的肠衣和腌制部门产品的混合的单位成本、材料的单位成本和转换的单位成本。

（5）编制肠衣和腌制部门9月的成本对账单。

2. 综合问题（加权成本法）

建筑者产品公司（Builder Products, Inc.）在分步成本系统中使用加权平均法。该公司生产的填充复合材料在完成前要经过3个加工阶段。第一个部门即烹饪部门的工作信息如下。

生产数据：	
5月1日在产品；材料完工比例100%；转换完工比例80%	10 000
5月投产的产品	100 000
完工并转出的产品	?
5月31日在产品；材料完工比例60%；转换完工比例20%	15 000
成本数据：	
5月1日在产品：	
材料成本 / 美元	1 500
转换成本 / 美元	7 200
5月新增成本：	
材料成本 / 美元	154 500
转换成本 / 美元	90 800

要求：

（1）计算5月材料成本和转换成本的约当产量。

（2）计算5月材料成本和转换成本的单位约当量成本。

（3）计算5月期末在产品的材料成本、转换成本和总成本。

（4）计算5月转入下一部门的材料成本、转换成本和总成本。

（5）编制5月的成本对账单。

案例

道德与经理，理解完工比例对利润的影响：加权平均法

加里·史蒂文斯（Gary Stevens）和玛丽·詹姆斯（Mary James）是通用电子公司消费电子部门的生产经理，该公司在世界各地有几十家工厂。玛丽管理的工厂位于艾奥瓦州得梅因市，而加里管理的工厂位于加利福尼亚州埃尔塞贡多。如果整个部门达到或超过全年目标利润，生产经理不仅会拿到工资，还会获得相当于基本工资5%的额外奖金。奖金将在公司年度报告编制好并发给股东后的3月确定。新年伊始，玛丽接到了加里打来的电话，电话内容如下。

加里：最近怎么样，玛丽？

玛丽：很好，加里。你过得怎么样？

加里：太棒了！我刚刚得到了我们部门去年的初步利润数据，我们离实现今年的目标利润差不到20万美元。我们所要做的就是牵线搭桥，然后我们就能成功了！

玛丽：你是什么意思？

加里：嗯，有一件事是很容易改变的，那就是你对期末在产品完工比例的估计。

玛丽：加里，我不知道我能不能做到。这些完工比例数据是由我的首席主管汤姆·温思罗普（Tom

Winthrop）提供的，我一直相信他会为我们提供准确的估计。另外，我已经将完工比例数据发送给了公司总部。

加里：你可以告诉他们数据有误。想想看，玛丽，所有的经理都在尽我们所能获得这笔奖金。你可能不想要，但其他人肯定需要。

玛丽工厂的最终加工部门在年初没有在产品。年内，有21万件在产品从以前的加工部门转来，20件产品完成并售出。从上一部门转入的成本共计39 375 000美元。最终加工部门没有添加任何材料。年内，最终加工部门共发生了20 807 500美元的转换成本。

要求：

（1）汤姆估计最终加工部门期末在产品完成了30%的转换成本，如果使用了这个估计的完工比例，那么当年的销售成本是多少？

（2）加里是希望完工比例增加还是减少？解释为什么。

（3）使用多少的完工比例将导致报告的经营净利润比使用30%的完工比例增加20万美元？

（4）你认为玛丽应该同意这个要求，改变对完工比例的估计吗？为什么同意或为什么不同意？

附录 5A　先进先出法

分步成本法下的先进先出法通常比加权平均法更准确，但其计算更复杂。它仅使用当期的成本和产量计算产品成本，反之，加权平均法使用当期和前期的成本和产量计算成本。

我们将使用表 5-2 和表 5-4 中戴蒙滑雪板公司塑形与铣削部门的数据来阐明先进先出法。我们也将用加权平均法中的 4 个步骤解释先进先出法。

5A.1　第 1 步：计算约当产量

先进先出法下约当产量的计算和加权平均法有两点不同。

第一，"转出产量"被分成两个部分：一部分是完工并转出的期初存货的数量，另一部分是本期投入并完工的产品数量。

第二，充分考虑本期发生在期初和期末的在产品上的工作量。因此，在先进先出法下，期初和期末的在产品都被换算成约当量。对于期初在产品，约当量代表完工尚需的工作量；对于期末在产品，约当量代表使产品在期末达到一定的部分完工程度所需要的工作量（与加权平均法相同）。

用先进先出法计算约当产量的公式比加权平均法的公式更复杂。

先进先出法（每个加工部门的每类成本单独核算）

约当产量 = 期初在产品完工所需的约当量 + 本期投入并完工的产量 + 期末在产品的约当量
期初在产品完工所需的约当量 = 期初在产品数量 ×（100% - 期初在产品完工比例）

或者，也可以用下列公式计算约当产量。

约当产量 = 转出数量 + 期末在产品的约当量 - 期初在产品的约当量

为说明先进先出法，我们再次看一下表 5-2 中戴蒙滑雪板公司塑形与铣削部门的数据。5 月，该部门完工并转入图像应用部门的产量是 4 800 件。由于这些产量中有 200 件来自期初存货，所以塑形与铣削部门 5 月投产并完工的产量是 4 600 件。在本月开始时，期初存货 200 件产品材料的完工比例是 55%，转换成本的完工比例仅是 30%。因此，要使这些产品加工完成，该部门需要再投入另外 45% 的材料成本（100%-55% = 45%），以及另外 70% 的转换成本（100%-30% = 70%）。按照这个推理，塑形与铣削部门 5 月的约当产量计算如表 5A-1 所示。

表 5A-1　约当产量：先进先出法

	材料	转换
期初在产品完工所需的约当量：		
材料：200 件 ×（100% - 55%）[①]	90	
转换：200 件 ×（100% - 30%）[①]		140
本期投产并完工产量	4 600[②]	4 600[②]
期末在产品的约当量：		
材料：400 件 × 40% 完工	160	
转换：400 件 × 25% 完工		100
约当产量	4 850	4 840

① 这是期初在产品完工所需的约当量。
② 5 000 件投产 -400 件期末在产品 = 4 600 件投产并完工。或者用 4 800 件完工并转入下一部门的产量 -200 件期初在产品来计算。先进先出法假定期初存货是优先完工的。

在这里停一下，比较表 5A-1 和表 5-3 中的数据，表 5-3 展示了加权平均法下约当产量的计算。同时参照图 5A-1，它对两种方法进行了比较。

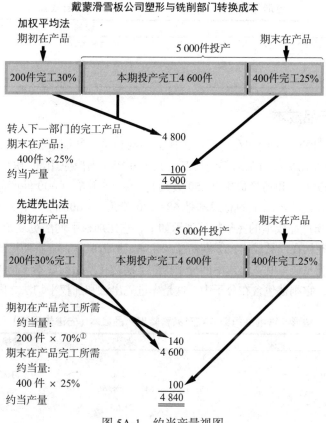

图 5A-1　约当产量视图

① 100%−30% = 70%，这 70% 表示期初在产品完工所需的约当量。

两种方法的本质区别在于，加权平均法将当期和前期的成本与产量融合在一起，但先进先出法将两个期间区分开来。为了更清楚地理解这一问题，来看下面两种计算方法调节的约当产量。

塑形与铣削部门	产量	转换
约当产量（加权平均法）	4 960	4 900
减去期初在产品的约当量：		
200 件 ×55%	110	
200 件 ×30%		60
约当产量（先进先出法）	4 850	4 840

正如两种核算方法的调节中所显示的那样，很明显，先进先出法把期初存货中已有的约当量从用加权平均法得出的约当产量中移除。因此，先进先出法把应归于本期工作的约当产量单独分离出来，而加权平均法则将期初存货中已有的约当量与应归于本期工作的约当产量混合起来。

5A.2　第 2 步：计算单位约当量成本

在先进先出法下，单位约当量成本计算如下：

先进先出法（每个加工部门的每类成本单独核算）

单位约当量成本 = 本期发生成本 / 约当产量

与加权平均法不同，在先进先出法中单位约当量成本仅基于该部门本期发生的成本计算。

通过合并表 5-4 中的成本数据，塑形与铣削部门 5 月材料和转换的单位约当量成本可计算如下：

塑形与铣削部门单位约当量成本（先进先出法）

	材料	转换
本期发生成本（见表 5-4）/ 美元（a）	368 600	350 900
约当产量（见表 5A-1）(b)	4 850	4 840
单位约当量成本 / 美元（a）÷(b)	76.00	72.50

5A.3 第 3 步：分配产品成本

单位约当量成本被用来计算：①期初在产品完工所需的约当量；②期末在产品的约当量；③本期投产并完工的产品数量。例如，每一件在塑形与铣削部门投产、完工并转入图像应用部门的产品，都会带着每件 148.50 美元的成本（材料成本 76.00 美元和转换成本 72.50 美元）。由于 5 月有 4 600 件产品投产、完工并被转入下一部门（见表 5A-1），应归集到这些产品中的总成本是 683 100 美元（4 600 件 × 148.50 美元 / 件）。

归集到期末在产品和转出产品成本的完整核算列示如下，它比加权平均法更复杂。这是因为转出产品的成本包含了 3 个独立的组成：①期初在产品成本；②期初在产品完工所需成本；③本期投产并完工的产品成本。注意，在用先进先出法计算单位约当量成本时，公式中的分子排除了期初在产品的成本（15 175 美元）。然而，在加权平均法计算单位约当量成本时，它则被包含在分子中。这是先进先出法和加权平均法之间一个主要的不同之处。

塑形与铣削部门期末在产品和转出产品成本（先进先出法）

	材料	转换	总成本
期末在产品			
期末在产品约当量（见表 5A-1）(a)	160	100	
单位约当量成本 / 美元（b）	76.00	72.50	
期末在产品成本 / 美元（a）×（b）	12 160	7 250	19 410
转出产品			
期初在产品成本	9 600	5 575	15 175
期初在产品完工所需成本：			
期初在产品完工所需约当量（表 5A-1）(a)	90	140	
单位约当量成本 / 美元（b）	76.00	72.50	
期初在产品完工所需成本 / 美元	6 840	10 150	16 990
本期投产并完工产品成本：			
本期投产并完工产品数量（见表 5A-1）(a)	4 600	4 600	
单位约当量成本 / 美元（b）	76.00	72.50	
本期投产并完工产品成本 / 美元（a）×（b）	349 600	333 500	683 100
转出产品总成本			715 260

5A.4 第 4 步：编制成本对账单

计入期末在产品和转出产品的成本应与表 5-4 中开始的成本调整一致。

塑形与铣削部门成本对账单 （单位：美元）

应核算成本：		已核算成本如下：	
期初在产品成本（表 5-4）	15 175	期末在产品成本（见上表）	19 410
本期发生成本（表 5-4）	719 500	转出产品成本（见上表）	715 265
应核算总成本	734 675	已核算总成本	734 675

转入图像应用部门的成本 715 265 美元，将在该部门的"转入成本"中核算。正如在加权平均法中，作为一项其他类别成本，和分步成本系统下的材料和转换成本一样处理。唯一的区别是该转入成本在塑形与铣削部门的加工总是 100% 完成的。成本就照这样从一个部门转入下一部门，直到进入最后一个加工部门——完工与配对部门为止。当产品在最后一个部门完工时，它们的成本就被转入产成品中。

5A.5　成本核算方法的比较

在大多数情况下，加权平均法和先进先出法算出的产品成本是非常相似的。如果没有任何期末存货，这两种方法的计算结果是相同的。原因是在没有期末存货时，没有成本要被结转到下期，则加权平均法就仅是基于本期成本来计算产品成本的，就和先进先出法一样。而如果有期末存货，不稳定的投入价格或者不稳定的产量水平都会造成两种计算方法下单位成本的不同。这是由于加权平均法会将前期转入和当期发生的成本混合在一起。但除非这些产品成本差别很大，否则这种成本的混杂不会造成太大差别。

虽然如此，从控制成本的角度来看，先进先出法优于加权平均法。当期的成本仅应在当期计算，但加权平均法混杂了前期和当期的成本。因此，在加权平均法下，管理者当期的表面业绩会受前期情况的影响。先进先出法则不会出现这个问题，因为先进先出法对前期成本和当期发生成本做了一个明显的区分。基于同样的原因，先进先出法也为决策目标提供了更多、最新的成本数据。

此外，加权平均法比先进先出法更易使用，但当编程合适时，计算机可以轻松完成这些额外的计算。

练习题

1. 计算产品的约当产量（先进先出法）

麦迪斯公司（MediSecure）在分步成本系统中使用先进先出法。它为药店生产透明塑料容器，流程从制模部门开始。该部门最近的业务数据如下。

期初在产品：	
在产品数量	500
材料的完工比例	80%
转换的完工比例	40%
本月投产的数量	153 600
完成并转出的数量	153 700
期末在产品：	
在产品数量	400
材料的完工比例	75%
转换的完工比例	20%

要求：

计算制模部门在此期间的材料成本和转换成本的约当产量。

2. 约当产量和单位约当量成本（先进先出法）

参考本章正文章末练习题 2 中飘芙股份有限公司的数据。

要求：

假定该公司在分步成本系统下使用先进先出法。

（1）计算本月第一个部门材料成本、人工成本和制造费用的约当产量。

（2）计算本月第一个部门材料成本、人工成本和制造费用的单位约当量成本。

问题

约当产量；分配成本；成本对账单（先进先出法）

塞尔齐克公司（Selzik）生产的超级蛋糕混合料要经过两个处理部门——混合部门和包装部门。7月，混合部门记录了以下数据。

生产数据：	
7月1日在产品数量（材料完工比例 100%；转换完工比例 30%）	10 000
投产的数量	170 000
7月31日在产品（材料完工比例 100%；转换完工比例 40%）	20 000
成本数据：	
7月1日在产品：	
材料成本/美元	8 500
转换成本/美元	4 900

	（续）
本月新增成本：	
材料成本/美元	139 400
转换成本/美元	244 200

所有的材料都是在混合部门开始工作时添加的。该公司在分步成本系统中使用先进先出法。

要求：

（1）计算混合部门 7 月材料成本和转换成本的约当产量。

（2）计算混合部门 7 月材料成本和转换成本的单位约当量成本。

（3）计算混合部门 7 月期末在产品的材料成本、转换成本及总成本。

（4）计算混合部门 7 月转入下一部门的产品的材料成本、转换成本和总成本。

（5）编制混合部门 7 月的成本对账单。

附录 5B　服务部门成本分配

大多数大型组织都设有经营部门和服务部门，经营部门负责主要业务，服务部门不直接参与经营活动，它们只是为经营部门提供服务或帮助。比如，西奈山医院（Mt. Sinai Hospital）的外科部，华盛顿大学（University of Washington）的地理系，好事达保险公司（Allstate Insurance Company）的市场部，三菱（Mitsubishi）、惠普（Hewlett-Packard）和米其林（Michelin）等制造公司的生产部门，都属于经营部门。在分步成本法下，加工部门都是经营部门。自助餐厅、内部审计部、人力资源部、成本核算部和采购部属于服务部门。

公司出于不同的原因（如激励和评估经营绩效，鼓励服务部门资源的有效利用，以及计算产品成本），将服务部门的成本分配到经营部门。第 12 章主要为上面提到的前两个原因——激励和评估经营绩效，以及鼓励服务部门资源的有效利用分配服务部门成本。本附录主要集中于把服务部门成本分配到经营部门中，以此来计算多种类型的产品成本。

例如，一家制造企业为了编制外部报表计量存货价值和售出货物的成本时，也许会发生需要包含到单位成本计算中的服务部门成本。服务公司在计算经营部门的产品成本时，也会发生它们希望包含在计算中的服务部门成本。例如，医院通常会计算类似每个患者每天的成本或者化验的单位成本。把服务部门成本分配到直接服务患者或者完成化验的经营部门，会为医院不同的产品成本提供更综合的理解。

这个附录介绍了两种经常用来把服务部门成本分配到其他部门的方法：直接法和顺序分配法。[⊖]在详细学习这两种方法之前，我们需要解释一下部门间服务的概念。

部门间服务

许多服务部门不仅会为经营部门提供服务，相互之间也会提供服务。例如，食堂为所有员工提供食物，不仅是经营部门的员工，也包括那些在其他服务部门工作的员工。反过来，食堂也会接受其他服务部门的服务，比如托管服务或者人事部门的服务。服务部门之间相互提供的服务就是部门间服务（interdepartmental services）或者交互服务（reciprocal services）。

5B.1　直接法

直接法比顺序分配法简单，因为它忽略了任何由一个服务部门提供给另一个服务部门的服务（如部门间服务）。即使一个服务部门（比如人事部门）给另一个服务部门（比如食堂）提供了大量的服务，直接法也不会在两个部门之间进行任何成本分配。直接法绕过其他服务部门，直接把所有服务部门成本分配给经营部门；因此，把这种方法被称作直接法（direct method）。

以山景医院为例，如下所示，有两个服务部门和两个经营部门。该医院基于工时分配其医院管理成本，基于占用面积分配其托管服务成本。

	服务部门		经营部门		总成本
	医院管理	托管服务	化验室	患者护理	
分配前部门成本 / 美元	360 000	90 000	261 000	689 000	1 400 000
工时 / 小时	12 000	6 000	18 000	30 000	66 000
占用空间 / 平方英尺[⊜]	10 000	200	5 000	45 000	60 200

用直接法把医院服务部门的成本分配给经营部门列示在表 5B-1 中。在该表中有几件需要注意的事情。首先，在直接法下，医院管理部门和托管服务部门的工时在分配医院管理部门的成本时是被忽略的。在直接法

⊖ 交互法也可用来把服务部门成本分配到经营部门。然而，该方法需要联立线性方程，超出了本书范围。

⊜ 1 平方英尺 =0.092 9 平方米。

下，任何归属于服务部门本身的分配基础都被忽略；在成本分配中只有归属于经营部门的分配基础才会被使用。其次，在分配托管服务部门成本时，这一点同样适用。即使医院管理部门和托管服务部门同样占用空间，分配托管服务部门成本时也要忽略这一点。最后，注意在所有的分配完成后，所有服务部门发生的成本都包含在了两个经营部门中。

表 5B-1　成本分配的直接法　　　　　　　　　　　　　（单位：美元）

	服务部门		经营部门		总成本
	医院管理	托管服务	化验室	患者护理	
分配前部门成本	360 000	90 000	261 000	689 000	1 400 000
分配：					
医院管理成本（18/48，30/48）[①]	（360 000）		135 000	225 000	
托管服务成本（5/50，45/50）[②]		（90 000）	9 000	81 000	
分配后总成本	0	0	405 000	995 000	1 400 000

①基于两个经营部门的工时，18 000 小时 +30 000 小时 = 48 000 小时。
②基于两个经营部门的占用空间，5 000 平方英尺 + 45 000 平方英尺 = 50 000 平方英尺。

5B.2　顺序分配法

与直接法不同，在顺序分配法中服务部门的成本也向服务部门分配，就如分配到经营部门一样。顺序分配法是有顺序的，其顺序是典型的从向其他服务部门提供最多服务的部门开始。在分配完成本后，该过程一步一步继续进行，直到进行到向其他服务部门提供最少服务的部门结束。该过程列示在图 5B-1 中。

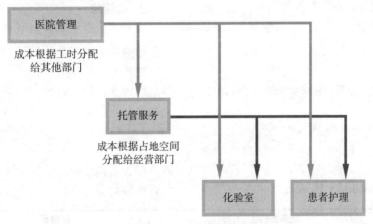

图 5B-1　顺序分配法图示

表 5B-2 展示了顺序分配法的细节。关于这些分配要注意以下 3 个关键点。第一，在表 5B-2 中分配项下，你会看到两个分配，或者两个步骤。第一步，医院管理部门的成本被分配到了另一个服务部门（托管服务）和两个经营部门。与直接法不同，医院管理部门的分配基础现在既包括了分配给托管服务部门的工时，也有给经营部门的工时。然而，该分配基础仍除去了医院管理部门本身的工时。不论在直接法还是顺序分配法中，任何归属于正在进行分配其成本的服务部门的分配基础数量，都要被忽略。第二，再看一下表 5B-2，注意在分配项中的第二步里，托管服务部门的成本被分配到了两个经营部门中，尽管医院管理部门也在建筑中占用了空间，但并没有成本被分配到医院管理部门。在顺序分配法下，任何归属于已经分配成本的服务部门的分配基础数量，也要被忽略。在分配完一个服务部门的成本后，其他服务部门的成本就不会再重分配回来。第三，注意在表 5B-2 的第二步中，托管服务部门分配给其他部门的成本（130 000 美元），包括了医院管理部门在表 5B-2 的第一步中已经分配给托管服务部门的成本。

<table>
<tr><td colspan="6" align="center">表 5B-2 成本分配的顺序分配法</td><td align="right">（单位：美元）</td></tr>
</table>

	服务部门		经营部门		总成本
	医院管理	托管服务	化验室	患者护理	
分配前部门成本	360 000	90 000	261 000	689 000	1 400 000
分配：					
医院管理成本（6/54，18/54，30/54）①	（360 000）	40 000	120 000	200 000	
托管服务成本（5/50，45/50）②		（130 000）	13 000	117 000	
分配后总成本	0	0	394 000	1 006 000	1 400 000

① 根据托管服务部门和经营部门耗费的工时，6 000 小时 + 18 000 小时 + 30 000 小时 = 54 000 小时。

② 如表 5B-1 所示，该分配是根据两个经营部门占用空间分配成本的。

练习题

1. 顺序分配法

费雷（Ferre）出版公司下设 3 个服务部门和 2 个运营部门。以下是 5 个部门的最近数据。

	服务部门			运营部门		
	管理	清洁	维护	装订	印刷	总计
成本 / 美元	140 000	105 000	48 000	275 000	430 000	998 000
员工数量 / 个	60	35	140	315	210	760
占用空间 / 平方英尺	15 000	10 000	20 000	40 000	100 000	185 000
印刷时间 / 分钟				30 000	60 000	90 000

公司使用顺序分配法来分配服务部门的成本，顺序如下：管理（员工数量）、清洁（占用空间）、维护（印刷时间）。

要求：

采用顺序分配法，将服务部门的成本分配给运营部门。

2. 直接法

请参阅上题中费雷出版公司的数据。

要求：

假设公司采用直接法而不是顺序分配法分配服务部门的成本，那么运营部门需要分配多少成本？

问题

顺序分配法

伍德伯里医院（Woodbury Hospital）有 3 个服务部门和 3 个经营部门。该医院下季度预估的成本和经营数据由如下所示。

	服务部门			经营部门			总额
	家政服务	食品服务	管理服务	化验室	放射室	综合医院	
成本 / 美元	87 000	301 060	249 020	405 900	520 500	475 800	2 039 280
三餐服务			800	2 000	1 000	68 000	718 000
空间 / 平方英尺	5 000	13 000	6 500	1 000	7 500	108 000	150 000
文件处理				14 000	7 000	25 000	46 000

医院使用顺序分配法来分配服务部门的成本，所按顺序由以下表格给出。

服务部门	分配基础
家政服务	空间
食品服务	三餐服务
管理服务	文件处理

该医院的所有账单全部通过化验室、放射室或者综合医院完成。医院的管理人想把这 3 个服务部门的成本全部分配到这 3 个经营部门中。

要求：

使用顺序分配法，按医院管理人的要求进行成本分配。在每个经营部门下包括该部门的直接成本，以及从服务部门分配来的成本。

案例

顺序分配法相比直接法

"这真是一个很奇怪的情况，"吉姆·卡特（Jim Carter），赫兰出版公司（Highland Publishing Company）的总经理说，"我们中标的大多数在印刷部门需要大量热压时间的项目，其利润并不像预期那样高，而我们也失去了大多数在装订部门需要大量时间的投标。我感觉是我们的制造费用分配率出现了问题，但我们已经为每一个部门都计算了单独的制造费用分配率。

那还有什么地方出错了呢？"

赫兰出版公司是一个提供多种印刷和装订服务的大型组织。3 个服务部门辅助印刷部门和装订部门。这些服务部门的成本按以下表格中的顺序分配给其他部门。人事部门成本以员工数量为基础进行归集。保管服务部门成本以占用空间的平方英尺为基础进行归集。维护部门成本以机器工时为基础进行归集。

部门	总人工工时/小时	占用空间/平方英尺	员工数量/个	机器工时/小时	直接人工工时/小时
人事	20 000	4 000	10		
保管服务	30 000	6 000	15		
维护	50 000	20 000	25		
印刷	90 000	80 000	40	150 000	60 000
装订	260 000	40 000	120	30 000	175 000
	450 000	150 000	210	180 000	235 000

每一个部门当年的预算制造费用成本如下。

（单位：美元）

人事	360 000
保管服务	141 000
维护	201 000
印刷	525 000
装订	373 500
总预算成本	1 600 500

由于它的简易性，公司通常使用直接法把服务部门的成本分配到印刷部门和装订部门中。

要求：

（1）使用顺序分配法，把服务部门的成本分配到印刷部门和装订部门中，然后计算印刷部门和装订部门的预计制造费用分配率。使用机器工时作为印刷部门的分配基础，使用直接人工工时作为装订部门的分配基础。

（2）重复上面的问题（1），这次使用直接法，重新计算印刷部门和装订部门的预计制造费用分配率。

（3）假定该公司当年投标的一个项目所需的机器工时和直接人工工时如下。

部门	机器工时/小时	直接人工工时/小时
印刷	15 400	900
装订	800	2 000
总工时	16 200	2 900

a. 如果该公司使用问题（1）中算出的制造费用分配率，判断其应分配到该项目的制造费用成本的数量。然后判断在使用问题（2）中算出的制造费用分配率时，应分配到该项目的制造费用成本的数量。

b. 向总经理卡特先生解释，为什么比起直接法，顺序分配法为计算预计制造费用分配率提供了更好的基础。

第6章

本量利关系

👁 **商业聚焦**

消费者愿意花费更多的钱购买鸡肉吗

几十年来，美国鸡肉生产商一直在不断降低向超市提供鸡肉的成本。事实上，在过去的 50 年里，一只被屠宰的鸡的大小平均增加了一倍，但从孵化到收获的天数减少了一半。随着其寿命的缩短，饲养这只鸡的总变动成本也会减少，这反过来又会使肉类加工业的利润增加。

科布－万特雷斯公司培育了一种名为科布 500 的鸡，这种鸡的重量每天增加 71 克；而哈伯德公司培育了一种名为 JA57 X 的鸡，重量平均每天只增加 28 克。全食超市和星巴克认为，许多顾客会愿意支付更高的价格，这样可以抵消更有机和人道主义的慢速养殖方式所增加的成本。但与此相反的是，科布－万特雷斯公司的一位发言人表示："大多数人不愿意花那么多钱把鸡肉摆上餐桌"。

资料来源：Kelsey Gee, "Demand Swells for Chickens That Grow More Slowly," *The Wall Street Journal*, May 5, 2016, pp. B1-B2.

🤚 **学习目标**

1. 解释销量的变化是如何影响边际贡献和经营净利润的。
2. 绘制并解释本量利图表和利润图。
3. 使用边际贡献率计算由销量改变引起的边际贡献和经营净利润的改变。
4. 说明变动成本、固定成本、销售价格及其数量变化对经营净利润的影响。
5. 计算保本点。
6. 计算实现预期目标利润的销售水平。
7. 计算安全边际并解释其重要性。
8. 计算特定销售水平下的经营杠杆系数，并解释它在预测经营净利润变化中的应用。
9. 计算多品种公司的保本点并解释销货组合的改变对边际贡献和保本点的影响。
10. 使用散点图和高低点法分析混合成本（附录 6A）。
11. 使用散点图和最小二乘回归法分析混合成本（附录 6A）。

本量利（cost-volume-profit，CVP）分析可以帮助管理者做出很多重要的决策。例如，提供什么样的产品和服务，定价多少，使用哪些市场策略，以及保持什么样的成本结构。本量利分析的主要的目的是预测以下 5 个因素将如何影响利润。

（1）销售价格。
（2）销量。

（3）单位变动成本。

（4）总固定成本。

（5）产品销售组合。

为简化本量利计算，管理者对这些有关因素进行了如下假设。[⊖]

（1）销售价格是恒定的。当销量改变时，产品或服务的价格保持不变。

（2）成本是线性的且能被准确地分成变动成本和固定成本。单位产品的变动成本是恒定的，在整个相关范围内总固定成本也是恒定的。

（3）多品种产品的公司中，产品销售组合保持不变。

虽然实务活动并不会完全遵循这些假定，但本量利分析的结果通常还是十分有用的。当管理者正关注着超出相关范围以外的销量的大幅变动时，只依靠简单的本量利分析可能是决策的最大风险。然而，考虑到销售价格、单位变动成本、总固定成本发生变动，以及出现预估超出相关范围的销售组合的这些情况，可以对本量利模型加以调整使用。

为帮助理解在商业决策中本量利分析的作用，现在我们把目光转向由普雷姆·纳拉扬（Prem Narayan）建立的公司——库思考股份有限公司（Acoustic Concepts Inc.）。

管理会计实践 6-1

普雷姆，当时是一位工程学专业的研究生，成立了库思考股份有限公司，销售他为汽车音响系统设计的一种全新的扬声器。这种名为"音速风暴"的扬声器，使用先进的微处理器和专有软件，将声音放大到令人震撼的水平。普雷姆与中国台湾的一家电子制造商签订合同，生产这种扬声器。通过家人提供的启动资金，普雷姆向制造商下了订单，并在汽车杂志上刊登了广告。"音速风暴"立即获得了成功，销量急剧增长以至于普雷姆将公司的总部从他的公寓里搬出，在附近的工业园租了办公场地。他雇用了一位接待员、一位会计师、一位销售经理和几位销售人员向零售商售卖扬声器。鲍勃·卢奇里是该公司的会计师，曾在数家小型公司里担任企业顾问、会计师和簿记员。就在鲍勃入职不久，该公司发生了如下讨论。

普雷姆：鲍勃，关于公司的财务我有很多问题，希望你能帮我解答。

鲍勃：公司的财务状况很好。再过几个月就可以还清你家的借款了。

普雷姆：我知道，但我担心的是经营扩张所要承担的风险。如果市场出现了竞争者，我们的销售业绩下滑该怎么办呢？允许销售业绩下滑的警戒线是多少？还有一个我试图解决的问题是，我们的销量要增长多少，才能证明是销售人员推行大型销售活动的结果。

鲍勃：销售总是需要在广告上投入更多的钱。

普雷姆：他们总是让我降低扬声器的销售价格。我同意更低的价格可以推动我们的销量，但我不确定增长的销量能否弥补低价对收入带来的损失。

鲍勃：听起来这些问题都涉及我们的销售价格、成本以及销量之间的关系。这些问题并不难回答。

普雷姆：几天后我们可以再见面商谈吗？看看你给出的答案。

鲍勃：好的。到那时候我会给你一些初步的回答，以及以后你可以用来回答相似问题的模型。

6.1　本量利分析的基础

鲍勃为即将会面的普雷姆编制了一张贡献式利润表。前面的章节介绍过，贡献式利润表强调了成本性态，

⊖　还有一个一般用于制造业企业的假设是：存货量不会改变，生产产品的数量等于售出产品的数量。

因此在判断销售价格、成本或者销量对利润的影响时，对管理者是十分有用。鲍勃将以他上个月编制的贡献式利润表作为他分析的基础。

库思考股份有限公司贡献式利润表（6月）		（单位：美元）
	总额	单位金额
销售收入（400个扬声器）	100 000	250
变动成本	60 000	150
边际贡献	40 000	100
固定成本	35 000	
经营净利润	5 000	

注意在以上贡献式利润表中，销售收入、变动成本和边际贡献分别以总额和单位金额为基础列示。在鲍勃的一些计算中，单位金额是非常有用的。注意，贡献式利润表是为管理人员编制的，仅在公司内部使用，一般不对外提供。

6.1.1　边际贡献

边际贡献是销售收入减去变动成本的余额。因此，它是补偿固定成本后能够提供当期利润的金额。注意，这里的顺序——边际贡献首先用来补偿固定成本，剩下的部分才形成利润。如果边际贡献不足以补偿固定成本，在该期就会发生亏损。下面我们用一个极端的例子来阐述。假设库思考股份有限公司在某月仅卖出了1个扬声器。该公司的贡献式利润表则如下所示。

贡献式利润表（出售1个扬声器）		（单位：美元）
	总额	单位金额
销售收入（1个扬声器）	250	250
变动成本	150	150
边际贡献	100	100
固定成本	35 000	
经营净利润	（34 900）	

在该月中公司每多销售1个扬声器，可用来补偿固定成本的边际贡献就增加100美元。例如，如果卖出了第2个扬声器，边际贡献总额就会增加100美元（总额为200美元），该公司的亏损就会减少100美元，变为34 800美元。

贡献式利润表（出售2个扬声器）		（单位：美元）
	总额	单位金额
销售收入（2个扬声器）	500	250
变动成本	300	150
边际贡献	200	100
固定成本	35 000	
经营净利润	（34 800）	

如果能售出足够多的扬声器以形成35 000美元的边际贡献，则所有的固定成本都会得到补偿，公司该月就会实现保本——既没有利润也没有亏损，仅仅是补偿了所有的成本。为达到这个保本点，该公司一个月要卖

出 350 个扬声器，因为每卖出 1 个扬声器就能产生 100 美元的边际贡献。

贡献式利润表（出售 350 个扬声器）		（单位：美元）
	总额	单位金额
销售收入（350 个扬声器）	87 500	250
变动成本	52 500	150
边际贡献	35 000	100
固定成本	35 000	
经营净利润	0	

保本点的计算在本章之后会详细介绍，现在需要理解的是**保本点**（break-even point）是利润为零时的销售水平。

一旦达到了保本点，每多卖出 1 单位商品，经营净利润就会按单位边际贡献的数量增长。例如，如果该月卖出了 351 个扬声器，该月的经营净利润就是 100 美元，因为公司比保本时的数量多卖出了 1 个扬声器。

贡献式利润表（出售 351 个扬声器）		（单位：美元）
	总额	单位金额
销售收入（351 个扬声器）	87 750	250
变动成本	52 650	150
边际贡献	35 100	100
固定成本	35 000	
经营净利润	100	

如果卖出了 352 个扬声器（超过保本点 2 个扬声器），该月的经营净利润就是 200 美元。如果卖出了 353 个扬声器（超过保本点 3 个扬声器），该月的经营净利润就是 300 美元，等等。为估计超过保本点的任一销量的经营净利润，应把售出商品超出保本点的数量乘以单位边际贡献，结果就是该期的预期经营净利润。或者，要估计销量的计划增长对经营净利润的影响，只需简单地将增加的售出商品数量与单位边际贡献相乘，就是预计增长的经营净利润。如果库思考股份有限公司目前一个月卖出 400 个扬声器且计划销售将增长到每月 425 个扬声器，对经营净利润的预计影响如下。

售出扬声器增长数量	25
每个扬声器的边际贡献 / 美元	× 100
经营净利润的增加 / 美元	2 500

计算验证如下。

	销量		差额	每单位差额
	400 个扬声器	425 个扬声器	（25 个扬声器）	
销售收入（250 美元 / 个）	100 000	106 250	6 250	250
变动成本（150 美元 / 个）	60 000	63 750	3 750	150
边际贡献 / 美元	40 000	42 500	2 500	100
固定成本 / 美元	35 000	35 000	0	
经营净利润 / 美元	5 000	7 500	2 500	

由此可见，如果销售收入为零，公司亏损等于它的固定成本。每售出 1 个产品，其亏损就会减少单位边际贡献的数额。一旦达到了保本点，每多售出 1 个产品，公司的经营净利润就会增加单位边际贡献的数额。

6.1.2 本量利在等式中的关系

贡献式利润表可以用如下等式表示：

$$利润 = (销售收入 - 变动成本) - 固定成本$$

为简化起见，在等式中我们用利润代替经营净利润。

当一家公司只有一种产品时，如库思考股份有限公司，我们可以进一步把等式提炼为

$$销售收入 = 单位售价 \times 销量 = P \times Q$$
$$变动成本 = 单位变动成本 \times 销量 = V \times Q$$
$$利润 = (P \times Q - V \times Q) - 固定成本$$

我们可以用这个简化等式完成上一节所有的计算。例如，之前我们算出了销售 351 个扬声器时，经营净利润是 100 美元。用如上等式我们可以得到相同的结果。

$$利润 = (P \times Q - V \times Q) - 固定成本$$
$$利润 = (250\ 美元/个 \times 351\ 个 - 150\ 美元/个 \times 351\ 个) - 35\ 000\ 美元$$
$$= (250\ 美元/个 - 150\ 美元/个) \times 351\ 个 - 35\ 000\ 美元$$
$$= 100\ 美元/个 \times 351\ 个 - 35\ 000\ 美元$$
$$= 35\ 100\ 美元 - 35\ 000\ 美元$$
$$= 100\ 美元$$

用单位边际贡献表示该简化的利润等式通常也是有效的。

$$单位边际贡献 = 单位售价 - 单位变动成本 = P - V$$
$$利润 = (P \times Q - V \times Q) - 固定成本$$
$$利润 = (P - V) \times Q - 固定成本$$
$$利润 = 单位边际贡献 \times Q - 固定成本$$

我们也可以用该等式计算销售 351 个扬声器的利润。

$$利润 = 单位边际贡献 \times Q - 固定成本$$
$$= 100\ 美元/个 \times 351\ 个 - 35\ 000\ 美元$$
$$= 35\ 100\ 美元 - 35\ 000\ 美元$$
$$= 100\ 美元$$

对那些喜欢代数的人，解决本章问题最快、最简单的办法也许就是，在这些简化利润等式中选择一个使用。

6.1.3 本量利在图表中的关系

收入、成本、利润和销量之间的关系可由**本量利图**（cost-volume-profit graph，CVP graph）阐明。本量利图强调的是一定作业范围内的本量利关系。为了更好地向普雷姆解释他的分析，鲍勃为库思考股份有限公司编制了一个本量利图。

在一个本量利图（有时叫作保本图）中，销量在横轴（X 轴）上表示，销售收入在纵轴（Y 轴）上表示。编制一个本量利图包括以下 3 个步骤，详见图 6-1。

（1）画一条与横轴平行的直线来表示固定成本。对于库思考股份有限公司来说，固定成本是 35 000 美元。

（2）选择某一销量，并标出该销量对应的总成本（固定和变动）的点。在图 6-1 中，鲍勃选择了 600 个扬声器的销量。该销量对应的总成本如下表所示。

（单位：美元）

固定成本	35 000
变动成本（600 × 150）	90 000
总成本	125 000

在标出该点后，穿过该点以及固定成本线与纵轴的交点做一条直线。

（3）再选择一个销量，标出该销量对应的总销售收入的点。在图 6-1 中，鲍勃仍然选择 600 个扬声器的销量。该数量下销售收入是 150 000（=600 × 250）美元。穿过该点和原点做一条直线。

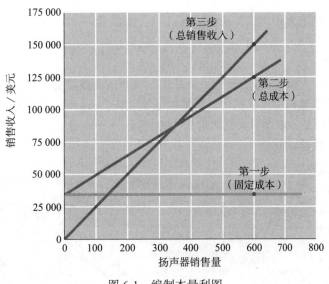

图 6-1　编制本量利图

该本量利图的说明见图 6-2。在任一给定销售水平下的预期利润或亏损，都可以通过总销售收入线和总成本线（变动成本加固定成本）之间的垂直距离衡量。

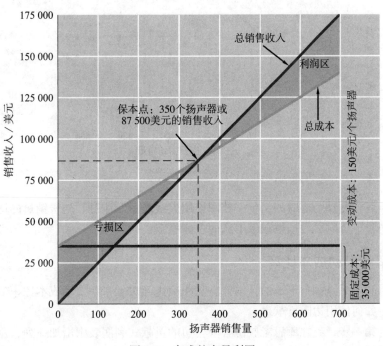

图 6-2　完成的本量利图

保本点是总销售收入线和总成本线的交叉点。图 6-2 中 350 个扬声器的保本点与之前算出的保本点是一致的。

当销量低于保本点时——在本例中是 350 个，公司遭受亏损。注意，当销量减少时，该亏损（用总成本线和总销售收入线之间的垂直距离表示）增大。当销量高于保本点时，公司获得利润，并且当销量增加时，利润（用总销售收入线和总成本线之间的垂直距离表示）增加。

本量利图的一个更简单的形式是利润图，见图 6-3。该图基于以下等式：

$$利润 = 单位边际贡献 \times Q - 固定成本$$

在库思考股份有限公司的案例中，该等式表示成：

$$利润 = 100 \text{ 美元}/\text{个} \times Q - 35\,000 \text{ 美元}$$

由于这是一个线性等式，因此它的分布是一条直线。绘制这条线需要计算两个不同销量的利润、标注其坐标点，然后用一条直线连接这两个点。例如，当销量是零（即 $Q=0$）时，利润是 $-35\,000$ 美元（$= 100$ 美元/个 $\times 0 - 35\,000$ 美元）。当销量是 600 个时，利润是 25 000 美元（$= 100$ 美元/个 $\times 600$ 个 $- 35\,000$ 美元）。图 6-3 描出了这两个点并用一条直线连接它们。

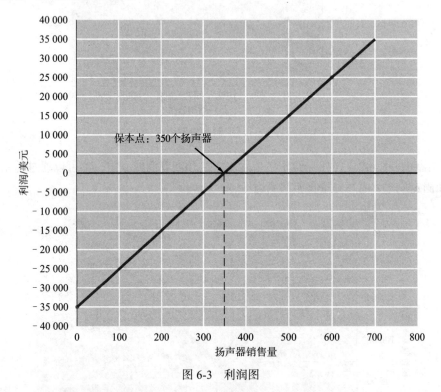

图 6-3　利润图

利润图上的保本点是当利润为零时的销量，在图中用虚线表示。注意，随着销量的增长，利润在保本点的右侧稳定增长；而当销量下降时，亏损也在保本点的左侧稳定扩大。

6.1.4　边际贡献率和变动成本比率

上一节探讨了本量利关系是如何形成的，本节将从明确边际贡献率和变动成本比率的定义开始。之后我们会展示在本量利计算中如何使用边际贡献率。

定义这两个术语的第一步，是在库思考股份有限公司的贡献式利润表中增加一列，用销售收入的百分比形式表示销售收入、变动成本和边际贡献。

	总额 / 美元	单位金额 / 美元	占销售收入百分比 /%
销售收入（400 个扬声器）	100 000	250	100
变动成本	60 000	150	60
边际贡献	40 000	100	40
固定成本	35 000		
经营净利润	5 000		

边际贡献占销售收入的百分比就是**边际贡献率**（contribution margin ratio，CM ratio）。该比率计算如下：

$$边际贡献率 = 边际贡献 / 销售收入$$

对于库思考股份有限公司，计算是：

$$边际贡献率 = 边际贡献 / 销售收入 = 40\ 000\ 美元 /100\ 000\ 美元 = 40\%$$

像库思考股份有限公司这种只生产一种产品的公司，单位产品的边际贡献率也可按如下方式计算：

$$边际贡献率 = 单位边际贡献 / 销售单价 = 100\ 美元 /250\ 美元 = 40\%$$

类似地，变动成本占销售收入的百分比就是**变动成本比率**（variable expense ratio）。该比率的计算如下：

$$变动成本比率 = 变动成本 / 销售收入$$

对于库思考股份有限公司来说，其计算公式为：

$$变动成本比率 = 变动成本 / 销售收入 = 60\ 000\ 美元 /100\ 000\ 美元 = 60\%$$

由于库思考股份有限公司只生产一种产品，单位产品的变动成本比率也可按如下方式计算：

$$变动成本比率 = 单位变动成本 / 销售单价 = 150\ 美元 /250\ 美元 = 60\%$$

定义了这两个术语之后，需要强调的是边际贡献率和变动成本比率能在算术上相互联系：

$$边际贡献率 = 边际贡献 / 销售收入$$
$$边际贡献率 = （销售收入 - 变动成本） / 销售收入$$
$$边际贡献率 = 1 - 变动成本比率$$

因此，在库思考股份有限公司的案例中，二者的关系如下：

$$边际贡献率 = 1 - 变动成本比率 = 1 - 60\% = 40\%$$

边际贡献率展示了销售收入的改变是如何影响边际贡献的。库思考股份有限公司的边际贡献率是 40%，这意味着销售收入每增加 1 美元，边际贡献总额将增加 40 美分（1 美元 ×40%）。假定固定成本不受销售收入增加的影响，经营净利润也将增加 40 美分。大体上，销售收入变化对边际贡献的影响可用如下等式表示：

$$边际贡献变化量 = 边际贡献率 × 销售收入变化量$$

正如这个等式所显示的，销售收入的变化对经营净利润的影响可以通过边际贡献率乘以相应销售收入的变化金额来计算。例如，如果库思考股份有限公司计划在下个月增加 120 个扬声器的销量，那么销售收入将增加 30 000 美元（= 120 个扬声器 × 250 美元 / 个扬声器）。使用上面所示的等式，我们可以很快确定，这种销售收入的增加会使边际贡献率增加 12 000 美元（= 销售收入增加的 30 000 美元 × 边际贡献率 40%）。如果固定成本不变的话，经营净利润也将增加 12 000 美元。验证如下表所示。

	销量 / 美元			占销售百分比 /%
	当期	预期	增长	
销售收入	100 000	130 000	30 000	100
变动成本	60 000	78 000①	18 000	60
边际贡献	40 000	52 000	12 000	40
固定成本	35 000	35 000	0	
经营净利润	5 000	17 000	12 000	

① 预期销量 = 130 000 ÷ 250 = 520（个）；预期变动成本 = 520 × 150 = 78 000（美元）。

利润和边际贡献率之间的关系也可使用如下等式表示：

$$利润 = 边际贡献率 \times 销售收入 - 固定成本^\ominus$$

或者，另一种表达式：

$$利润变化量 = 边际贡献率 \times 销售收入变化量 - 固定成本变化量$$

例如，在销售收入是 130 000 美元时，预期利润是 17 000 美元，计算如下：

$$利润 = 边际贡献率 \times 销售收入 - 固定成本$$
$$= 40\% \times 130\ 000\ 美元 - 35\ 000\ 美元$$
$$= 52\ 000\ 美元 - 35\ 000\ 美元$$
$$= 17\ 000\ 美元$$

同样，如果你擅长代数，这个方法比构建贡献式利润表更快、更简单。

在比较两种产品的销售金额时，边际贡献率是非常有用的。在这种情况下，我们要注意的是销售收入每增加 1 美元，产品所能产生的最大边际贡献的数额。

6.1.5　本量利原理的其他应用

在展示了本量利计算中边际贡献率的使用后，库思考股份有限公司的会计师鲍勃想向该公司的董事长普雷姆提供 5 个例子，解答公司现在面临的问题——如何运用本量利分析法。所以，他从提醒普雷姆公司每月的固定成本是 35 000 美元开始，并且重申了以下关键数据。

	单位金额 / 美元	占销售收入百分比 /%
销售价格	250	100
变动成本	150	60
边际贡献	100	40

例 1：改变固定成本和销量

库思考股份有限公司目前每月卖出 400 个扬声器，每个 250 美元，一个月的总销售收入是 100 000 美元。销售经理认为每月增加 10 000 美元的广告预算能使每月的销售收入增加 30 000 美元，即卖出 520 个扬声器。是否应该增加这个广告预算呢？下面的表格展示了改变每月广告预算的计划对财务的影响。

⊖ 该等式源于基础利润等式和如下边际贡献率定义的使用：
利润 =（销售收入 - 变动成本）- 固定成本
利润 = 边际贡献 - 固定成本
利润 =（边际贡献 / 销售收入）× 销售收入 - 固定成本
利润 = 边际贡献率 × 销售收入 - 固定成本

	当期销售收入 / 美元	增加广告预算的销售收入 / 美元	差额 / 美元	占销售收入百分比 /%
销售收入	100 000	130 000	30 000	100
变动成本	60 000	78 000①	18 000	60
边际贡献	40 000	52 000	12 000	40
固定成本	35 000	45 000②	10 000	
经营净利润	5 000	7 000	2 000	

① 520 个 ×150 美元 / 个 =78 000 美元。

② 35 000 美元 + 每月新增 10 000 美元广告预算 =45 000 美元。

假设无须考虑其他因素，应该批准增加广告预算，因为可使经营净利润增长 2 000 美元。算出这个答案有两种简单方法。第一种可供选择的方案如下。

可选方案 1

（单位：美元）

预期边际贡献总额：	
130 000 美元 ×40% 边际贡献率	52 000
当前边际贡献总额：	
100 000 美元 ×40% 边际贡献率	40 000
增加的边际贡献总额	12 000
固定成本变动：	
减：增加的广告成本	10 000
增加的经营净利润	2 000

因为在这个案例中只有固定成本和销量改变了，该答案也可按以下方式快速获得。

可选方案 2

（单位：美元）

增加的边际贡献：	
30 000 美元 ×40% 边际贡献率	12 000
减：增加的广告成本	10 000
增加的经营净利润	2 000

注意，这个方法并不依据以前销售收入的资料，同时注意以上两种简便方法都不需要编制贡献式利润表。在这两个可选方案中都出现了**增量分析**（incremental analysis），也就是说，如果新计划实施，这两种方法只考虑收入和成本的变化量。尽管每个案例都需要编制一个新的利润表，但增量分析法更为简单直接，并能将注意力放在与决策有关的特殊变化上。

例 2：改变变动成本和销量

参考原始数据，回想一下，库思考股份有限公司目前每月卖出 400 个扬声器。普雷姆正考虑使用更高质量的元件，但这将为每个扬声器增加 10 美元的变动成本（从而减少了边际贡献）。然而，销售经理预测使用更高质量的电子元件将会使每个月扬声器的销量增加到 480 个。那么应该采用更高质量的电子元件吗？

单位变动成本增加了 10 美元会使单位边际贡献减少 10 美元，即从 100 美元变为 90 美元。

方案

（单位：美元）

使用高质量电子元件的预期边际贡献：	
480 个扬声器 ×90 美元 / 个	43 200
当前边际贡献总额：	
400 个扬声器 ×100 美元 / 个	40 000
增加的边际贡献总额	3 200

根据这个分析，公司应该使用更高质量的电子元件。因为固定成本没有改变，表中所展示出的边际贡献增加了 3 200 美元，使经营净利润增加了 3 200 美元。

例 3：改变固定成本、销售价格和销量

参考原始数据，回想一下，库思考股份有限公司目前每月卖出 400 个扬声器。为增加销售收入，销售经理想把每个扬声器的售价减少 20 美元，并将每月的广告预算增加 15 000 美元。销售经理认为如果这两步同时进行，产品销量将增加 50%，即每个月售出 600 个扬声器。应该做出这种改变吗？

每个扬声器减少 20 美元的销售价格会使单位边际贡献减少 20 美元，变为 80 美元。

方案

(单位：美元)

降低售价后的预期边际贡献总额：	
600 个扬声器 × 80 美元 / 个	48 000
当前的边际贡献总额：	
400 个扬声器 × 100 美元 / 个	40 000
增加的边际贡献	8 000
固定成本变动：	
减：增加的广告成本	15 000
经营净利润（亏损）	(7 000)

根据这个分析，公司不应该做出这个改变。上表所展示出的经营净利润减少了 7 000 美元。该结论可通过下面比较的贡献式利润表验证。

(单位：美元)

	当前每月销售 400 个扬声器		预期每月销售 600 个扬声器		差额
	总额	单位金额	总额	单位金额	
销售收入	100 000	250	138 000	230	38 000
变动成本	60 000	150	90 000	150	30 000
边际贡献	40 000	100	48 000	80	8 000
固定成本	35 000		50 000①		15 000
经营净利润	5 000		(2 000)		(7 000)

① 35 000 美元 + 每月增加的广告预算 15 000 美元 = 50 000 美元。

例 4：改变变动成本、固定成本和销量

与上面一样，参考库思考股份有限公司的原始数据。该公司当前每月销售 400 个扬声器。销售经理想给销售人员支付销售佣金，每卖出一个扬声器可获得 15 美元，而不是现在每月支付 6 000 美元的固定工资。销售经理很有自信，这个改变将会使每月的销量增加 15%，从而达到 460 个扬声器。公司应该做出这种改变吗？

方案

把销售人员的工资从薪金制改为佣金制，会同时影响变动成本和固定成本。每单位变动成本将增加 15 美元，从 150 美元变为 165 美元，单位边际贡献将会从 100 美元减少为 85 美元。固定成本将会减少 6 000 美元，从 35 000 美元变成 29 000 美元。

（单位：美元）

佣金制下的预期边际贡献总额：	
460 个扬声器 × 85 美元 / 个	39 100
当前边际贡献总额：	
400 个扬声器 × 100 美元 / 个	40 000
减少的边际贡献总额	（900）
固定成本变动：	
支付佣金可避免的工资	6 000
增加的经营净利润	5 100

根据这个分析，公司应该做出这个改变。同样的结论也可通过编制比较的贡献式利润表获得。

	当前每月销售 400 个扬声器		预期每月销售 460 个扬声器		差额
	总额	单位金额	总额	单位金额	
销售收入	100 000	250	115 000	250	15 000
变动成本	60 000	150	75 900	165	15 900
边际贡献	40 000	100	39 100	85	900
变动成本	35 000		29 000		（6 000）①
经营净利润	5 000		10 100		5 100

①注意：固定成本的减少对经营净利润的增加有影响。

例 5：改变销售价格

参考原始数据，库思考股份有限公司当前每月销售 400 个扬声器。如果能谈判得到合适的价格，该公司将有向一家批发商出售 150 个扬声器的机会。该销售不会改变公司日常的销售收入，也不会影响公司的总固定成本。如果库思考股份有限公司在这一批销售中想获得每月 3 000 美元的利润，每个扬声器应向批发商报价多少美元？

方案

（单位：美元）

每个扬声器的变动成本	150
每个扬声器的预期利润：	
3 000 美元 ÷ 150 个扬声器	20
每个扬声器的报价	170

注意，该计算中不包括固定成本。这是因为整批销售不影响固定成本，所以，所有增加的边际贡献都增加了公司利润。

| 商业实战 6-1 |　　　　　　　　　　　报纸宣传仍然值得投资

在数字时代，可能很容易认为零售商放弃报纸广告（又称报纸宣传）与印刷报纸有关。然而，博雷尔联合公司（Borrell Associates）估计，自 2012 年以来，每年在报纸宣传、优惠券、直邮和商品目录上的费用增加了 85%，达到每年 760 亿美元。这一令人惊讶的趋势可能正在发生，因为韵迪枫传媒（Wanderful Media）发现，读报纸的人中有 80% 的读者会看里面的宣传广告，而只有 1% 的线上读者会点击数字广告。

当沃尔玛中止在法戈、北达科他州、麦迪逊、威斯康星州、图森和亚利桑那州的报纸宣传，并把这些市场的广告费用用在数字媒体上时，它通过这些统计数据了解到了自己的处境。接下来发生的销售收入的下降刺激沃尔玛立即恢复了它在印刷报纸上的宣传。

资料来源：Sarah Nassauer, "Digital Ad Trend Can't Slay Lowly Circulars," *The Wall Street Journal*, January 12, 2018, p. B3; Suzanne Kapner, "Retailers Can't Shake Their Circular Habit," *The Wall Street Journal*, March 12, 2015, p. B8.

6.2 保本分析和目标利润分析

我们需要卖出多少商品才能避免亏损？我们要卖出多少商品才能实现每月 10 000 美元的利润？像这样的问题，管理者可以使用保本分析和目标利润分析进行回答。我们先讨论保本分析，再讨论目标利润分析。

6.2.1 保本分析

在本章前面的部分，我们定义了保本点就是公司利润为零时的销售水平。为了计算保本点（用销量和销售收入表示），管理者可以使用基本等式法或者公式法。我们会使用来自库思考股份有限公司的数据论证这两个方法。

1. 基本等式法

基本等式法根据本章之前所介绍的基础利润等式计算。由于库思考股份有限公司仅有一种产品，我们将使用该等式中边际贡献的形式来完成保本计算。回忆一下，库思考股份有限公司的单位边际贡献是 100 美元，固定成本是 35 000 美元，该公司保本点计算如下：

$$利润 = 单位边际贡献 \times Q - 固定成本$$
$$0 = 100\ 美元/个 \times Q - 35\ 000\ 美元$$
$$100\ 美元/个 \times Q = 0 + 35\ 000\ 美元$$
$$Q = 35\ 000\ 美元 \div 100\ 美元/个$$
$$Q = 350\ 个$$

因此，正如之前所计算的，库思考股份有限公司将在每月的销量是 350 个扬声器时达到保本状态（或者利润为零）。

2. 公式法

公式法是基本等式法的简化版。它的核心观点是本章之前讨论的，每销售 1 个产品就会提供一定数量的边际贡献用于弥补固定成本。在单一产品情况下，计算保本销量的公式是：

$$保本销量 = 固定成本/单位边际贡献^{\ominus}$$

在库思考股份有限公司的案例中，达到保本需要的销量计算如下：

$$保本销量 = 固定成本/单位边际贡献$$
$$= 35\ 000\ 美元 \div 100\ 美元/个$$
$$= 350\ 个$$

注意，保本销量为 350 个扬声器的结果与使用基本等式法得到的结果是一致的。这种情况永远成立，因为基本等式法和公式法在数学上是相等的。公式法仅仅是跳过了基本等式法的几个步骤。

3. 保本销售额

除了找到保本销量，我们也可以使用三种方法找到保本销售收入。第一种方法，我们可以使用基本等式法

⊖ 该公式源自：
利润 = 单位边际贡献 $\times Q -$ 固定成本
0 美元 = 单位边际贡献 $\times Q -$ 固定成本
单位边际贡献 $\times Q = 0$ 美元 + 固定成本
$Q =$ 固定成本 $\div$ 单位边际贡献

和公式法算出保本销量，然后把得到的结果乘以销售价格。在库思考股份有限公司的案例中，使用这种方法计算保本销售收入就是 350 个扬声器 ×250 美元 / 个，即 87 500 美元的总销售收入。

第二种方法，我们可以使用基本等式法计算保本销售收入。库思考股份有限公司的边际贡献率是 40%，固定成本是 35 000 美元，用基本等式法计算保本销售收入过程如下：

$$利润 = 边际贡献率 \times 销售收入 - 固定成本$$
$$0 = 40\% \times 销售收入 - 35\,000$$
$$40\% \times 销售收入 = 0 + 35\,000\,美元$$
$$销售收入 = 35\,000\,美元 \div 40\%$$
$$销售收入 = 87\,500\,美元$$

第三种方法，我们可以使用公式法计算保本销售收入：

$$保本销售收入 = 固定成本 / 边际贡献率^{\ominus}$$

在库思考股份有限公司的案例中，计算如下：

$$保本销售收入 = 固定成本 / 边际贡献率$$
$$= 35\,000\,美元 \div 40\%$$
$$= 87\,500\,美元$$

重申一下，你会注意到三种方法计算出的保本销售收入（87 500 美元）是一样的。这种关系永远成立，因为三种方法在数学上是相等的。

6.2.2　目标利润分析

使用本量利分析的一个关键就是目标利润分析。在**目标利润分析**（target profit analysis）中，我们需要估计实现预期的目标利润需要的销量水平。例如，假设库思考股份有限公司的普雷姆想要估计，每月实现 40 000 美元的目标利润需要的销量。为了计算实现目标利润的销量和销售收入，需要依靠迄今为止我们所介绍过的两种方法——基本等式法和公式法。

1. 基本等式法

要计算每月实现 40 000 美元的目标利润所需的销量，库思考股份有限公司可以使用保本分析时用到的利润等式。回忆一下，该公司单位产品的边际贡献是 100 美元，总固定成本是 35 000 美元，基本等式法应用如下：

$$利润 = 单位边际贡献 \times Q - 固定成本$$
$$40\,000\,美元 = 100\,美元 / 个 \times Q - 35\,000\,美元$$
$$100\,美元 / 个 \times Q = 40\,000\,美元 + 35\,000\,美元$$
$$Q = 75\,000\,美元 \div 100\,美元 / 个$$
$$Q = 750\,个$$

因此，可以通过每月销售 750 个扬声器来实现目标利润。请注意，这个基本等式和库思考股份有限公司计算保本销量时用到的等式之间的唯一区别是利润。在计算保本销量时，利润为零，而在计算目标利润时，利润

⊖　该公式源自：
利润 = 边际贡献率 × 销售收入 − 固定成本
0 美元 = 边际贡献率 × 销售收入 − 固定成本
边际贡献率 × 销售收入 = 0 + 固定成本
销售收入 = 固定成本 ÷ 边际贡献率

为 40 000 美元。

2. 公式法

我们可以使用如下公式计算实现目标利润时需要的销量：

$$实现目标利润的销量 = （目标利润 + 固定成本） / 边际贡献率$$

在库思考股份有限公司的案例中，实现 40 000 美元的目标利润需要的销量的计算如下：

$$实现目标利润的销量 = （目标利润 + 固定成本） / 边际贡献率$$
$$= （40\,000\,美元 + 35\,000\,美元） \div 100\,美元 / 个$$
$$= 750\,个$$

3. 基于销售收入的目标利润分析

在确定实现目标利润所需的销售收入时，我们可以使用计算保本销售收入的三种方法。第一种方法，我们可以使用基本等式法和公式法计算出实现目标利润需要的销量，然后用这个结果乘以销售价格。在库思考股份有限公司的案例中，实现目标利润所需的销售收入应计算为 750 个扬声器 × 250 美元 / 个，即 187 500 美元的总销售收入。

第二种方法，我们可以使用基本等式法计算实现目标利润所需的销售收入。库思考股份有限公司的目标利润是 40 000 美元，边际贡献率是 40%，固定成本是 35 000 美元，基本等式法计算的结果如下：

$$利润 = 边际贡献率 × 销售收入 - 固定成本$$
$$40\,000\,美元 = 40\% × 销售收入 - 35\,000\,美元$$
$$40\% × 销售收入 = 40\,000\,美元 + 35\,000\,美元$$
$$销售收入 = 75\,000\,美元 \div 40\%$$
$$销售收入 = 187\,500\,美元$$

第三种方法，我们可以使用公式法计算实现目标利润需要的销售收入：

$$实现目标利润的销售收入 = （目标利润 + 固定成本） \div 边际贡献率$$

在库思考股份有限公司的案例中，计算如下：

$$实现目标利润的销售收入 = （目标利润 + 固定成本） \div 边际贡献率$$
$$= （40\,000\,美元 + 35\,000\,美元） \div 40\%$$
$$= 75\,000\,美元 \div 40\%$$
$$= 187\,500\,美元$$

重申一下，你会注意到我们使用的方法算出的结果是一样的。这是因为所有的方法都仅仅是通往相同目的地的不同道路而已。

| 商业实战 6-2 | 你会为了一双运动鞋支付 800 美元吗

一些公司依靠销量驱动利润，而另一些公司则通过稀缺性增加边际贡献和利润。巴斯米（Buscemi）

运动鞋以每双 760 美元的价格闯入市场，不久就攀升到每双 865 美元。该公司有意限制生产以驱动利润。它首先生产一批运动鞋，只有 600 双，然后在几天内售完。然后该公司再向市场投放 4 000 双鞋，当流行歌星贾斯汀·比伯在社交平台上放上一张签了名的金色巴斯米的时候，这些鞋全部售光。下一步就是在大概 50 个商店再投放 8 000 双鞋。尽管巴斯米完全有能力增加生产和提高销量，但该公司仍选择限制其可获得性来增加品牌的神秘度（以及价格）。

资料来源：Hannah Karp, "An $800 Sneaker Plays Hard to Get," *The Wall Street Journal*, July 28, 2014, pp. B1 and B7.

6.2.3 安全边际

安全边际（margin of safety）是指预计或实际销售收入超过保本销售收入的部分。它是在亏损之前可以发生的销售收入下滑的数量。安全边际越高，收支不平衡并发生亏损的风险越低。安全边际的公式如下：

安全边际额 = 总预计（或实际）销售收入 - 保本额

安全边际也可以用安全边际额除以总销售收入的百分比形式表达：

安全边际率 = 安全边际额 / 总预计（或实际）销售收入

库思考股份有限公司安全边际的计算如下：

（单位：美元）

销售收入（当前数量是 400 个扬声器）(a)	100 000
保本额（350 个扬声器）	87 500
安全边际额 (b)	12 500
安全边际率 (b) ÷ (a)	12.5%

这个安全边际意味着在当前该公司的销售水平、价格和成本结构下，销售收入减少 12.5%，即 12 500 美元时，正好达到保本。

在像库思考股份有限公司这样的单一产品公司中，可以将安全边际表达成售出产品数量的形式，即用安全边际额除以单位产品销售价格。在这个案例中，安全边际是 50 个（=12 500 美元 ÷ 250 美元 / 个）扬声器。

管理会计实践 6-2

普雷姆和鲍勃见面讨论鲍勃分析的结果。

普雷姆：鲍勃，你展示给我的所有东西都非常清晰。我能看出销售经理的建议对我们的利润有什么影响。其中的一些建议非常好，也有的并不太好。我担心的是我们的安全边际只有 50 个扬声器。我们怎么才能增加这个数字？

鲍勃：我们得增加总销售收入或者降低保本点，或者双管齐下。

普雷姆：要降低保本点的话，要么减少固定成本，要么增加单位边际贡献？

鲍勃：没错。

普雷姆：你的建议是什么？

鲍勃：这个分析没法告诉我们选哪个方案，但它确实指出在这里我们有一个潜在的问题。

普雷姆：如果你没有什么直接的建议，我想召开一个全体会议来讨论增加安全边际的方法。我想每个人都会关心我们有多容易受到销售收入下降带来的危害，即便下降的幅度十分小。

6.3 在选择成本结构中考虑本量利因素

成本结构代表了一个组织中固定成本和变动成本的相对比例。管理者通常要在这两种类型的成本之间进行权衡。例如，对自动化设备的固定投资可以减少变动的人工成本。本节我们既会讨论成本结构的选择，也会介绍经营杠杆的概念。

6.3.1 成本结构和利润稳定性

哪种成本结构更好？高变动成本和低固定成本，还是相反的情况？这个问题没有唯一的答案，每个方法都有它的优点。为了回答这个问题，请看以下来自两个蓝莓农场的贡献式利润表。博赛德农场（Bogside Farm）按时薪支付手工摘取浆果工人的工资，而斯特林农场（Sterling Farm）投资了昂贵的摘果机。结果是，博赛德农场有更高的变动成本，而斯特林农场有更高的固定成本。

	博赛德农场		斯特林农场	
	金额 / 美元	比例 /%	金额 / 美元	比例 /%
销售收入	100 000	100	100 000	100
变动成本	60 000	60	30 000	30
边际贡献	40 000	40	70 000	70
固定成本	30 000		60 000	
经营净利润	10 000		10 000	

哪个农场拥有更好的成本结构？这取决于很多因素，包括销售收入的长期趋势、销售水平的同比波动以及所有者对待风险的态度。如果销售收入在未来预期会超过 100 000 美元，那么斯特林农场的成本结构更合理。因为它的边际贡献率更高，因此当销量增加时，它的利润增长得更快。假定每个农场在固定成本不变的情况下，销量增加 10%。新的贡献式利润表如下。

	博赛德农场		斯特林农场	
	金额 / 美元	比例 /%	金额 / 美元	比例 /%
销售收入	110 000	100	110 000	100
变动成本	66 000	60	33 000	30
边际贡献	44 000	40	77 000	70
固定成本	30 000		60 000	
经营净利润	14 000		17 000	

即便两个农场销售收入的增长是相同的，但由于斯特林农场的边际贡献率更高，因此它的经营净利润涨幅会更大。

假如销售收入降到 100 000 美元会怎样呢？两个农场的保本点是多少？它们的安全边际是多少？使用公式法计算如下。

（单位：美元）

	博赛德农场	斯特林农场
固定成本	30 000	60 000
边际贡献率	÷40%	÷70%
保本销售额	75 000	85 714
当期总销售收入（a）	100 000	100 000
保本额	75 000	85 714
安全边际销售收入（b）	25 000	14 286
安全边际率（b）÷（a）	25.0%	14.3%

博赛德农场的安全边际更高，并且它的边际贡献率也比斯特林农场低。因此，比起斯特林农场，博赛德农场更能承受销售收入下降带来的风险。由于它较低的边际贡献率，当销售收入下降时，博赛德农场边际贡献损失的速度不会像斯特林农场那么快。因此，博赛德农场的利润比较稳定。之前我们看到当销售收入上升时这是它的一个缺点，但当销售收入下降时它又提供了更多的保障。另外因为它的保本点更低，在摆脱亏损之前博赛德农场能承受更大幅度的销售收入下降。

总之，在未来不确定的情况下，很难确定哪一种成本结构更好。两种结构都存在优点和缺点。斯特林农场有较高的固定成本和较低的变动成本，在销售收入发生波动时经营净利润会产生大幅摆动，丰年时的利润会更高，灾年时的亏损也更大。博赛德农场有较低的固定成本和较高的变动成本，享有更高的利润稳定性，并在灾年时得到保障，但这是以丰年时的经营净利润更低为代价的。此外，如果斯特林农场更高的固定成本能带来更高的生产能力，相较于博赛德农场，斯特林农场能更好地从未预期的需求增加中获利。

6.3.2　经营杠杆

杠杆是增加力量的工具。使用杠杆可以仅用适当的力气移动巨大的物体。在企业中，经营杠杆也能达到相同的目的。**经营杠杆**（operating leverage）是衡量经营净利润对销售收入变化敏感性的量度指标。经营杠杆就像一个放大器。如果经营杠杆很高，销售收入增长一个很小的比例，就能使经营净利润产生更大比例的增长。

上面提到的两个蓝莓农场的例子就可以解释经营杠杆。我们已经算出了销售收入增长 10%（每个农场的销售收入从 100 000 美元增长到 110 000 美元）会使斯特林农场的经营净利润增长 70%（从 10 000 美元增长到 17 000 美元），而博赛德农场仅增长了 40%（从 10 000 美元增长到 14 000 美元）。因此，销售收入增长 10%，比起博赛德农场，斯特林农场的利润产生了一个更大比例的增长。所以斯特林农场的经营杠杆要比博赛德农场大。

在给定销售水平的情况下，**经营杠杆系数**（degree of operating leverage）计算如下：

$$经营杠杆系数 = 边际贡献 / 经营净利润$$

在给定销售水平时，经营杠杆系数是衡量销售收入变动程度对利润的影响幅度。举个例子，在销售收入为 100 000 美元时，两个农场的经营杠杆系数计算如下：

$$博赛德农场：40 000 美元 \div 10 000 美元 = 4$$
$$斯特林农场：70 000 美元 \div 10 000 美元 = 7$$

博赛德农场的经营杠杆系数是 4，因此该农场的经营净利润的增长幅度是销售收入增长幅度的 4 倍。相比之下，斯特林农场经营净利润的增长幅度是销售收入增长幅度的 7 倍。因此，如果销售收入增长 10%，我们可以预计博赛德农场的经营净利润增长 4 倍，或者说增长 40%；而斯特林农场的经营净利润会增长 7 倍，即70%。总之，销售收入的变化比例和经营净利润的变化比例之间的关系可用以下公式表示：

$$经营净利润变化比例 = 经营杠杆系数 \times 销售收入变化比例$$
$$博赛德农场：经营净利润变化比例 = 4 \times 10\% = 40\%$$
$$斯特林农场：经营净利润变化比例 = 7 \times 10\% = 70\%$$

是什么使斯特林农场的经营杠杆更高呢？两个农场之间唯一的区别就是它们的成本结构。如果两家公司有相同的总收入和总成本，但其成本结构不同，那么固定成本在成本结构中占比更大的公司拥有更高的经营杠杆。想一想之前的数据，两个农场的销售收入都是 100 000 美元，总成本都是 90 000 美元，博赛德农场成本的 1/3 是固定成本，而斯特林农场成本的 2/3 是固定成本。因此，斯特林农场的经营杠杆系数比博赛德农场的更高。

经营杠杆系数不是一成不变的，销售水平越接近保本点，其经营杠杆系数越大，并且会随着销售收入和利润的增长而减少。下面的表格展示了博赛德农场在不同销售水平下的经营杠杆系数。

(单位：美元)

销售收入	75 000	80 000	**100 000**	150 000	225 000
变动成本	45 000	48 000	**60 000**	90 000	135 000
边际贡献（a）	30 000	32 000	**40 000**	60 000	90 000
固定成本	30 000	30 000	**30 000**	30 000	30 000
经营净利润（b）	0	2 000	**10 000**	30 000	60 000
经营杠杆系数（a）÷（b）	∞	16	**4**	2	1.5

因此，如果销售收入是 225 000 美元，销售收入增加 10%，利润仅会增加 15%（=10%×1.5），相比于我们之前所计算的在 100 000 美元的销售水平下，利润的增长幅度是 40%。随着公司的销售水平远离保本点，其经营杠杆系数也会一直减少。而在保本点上时，经营杠杆系数则是无穷大（30 000 美元的边际贡献 ÷0 美元的经营净利润 =∞）。

经营杠杆系数可以用来快速估计出销售收入不同比例的变动对利润的影响，而没有编制详细的贡献式利润表的需要。正如我们的例子所显示的，经营杠杆的影响是戏剧性的。如果一家公司靠近它的保本点，销售收入很小比例的增长也能使利润产生一个很大比例的增长。这就可以解释为什么管理部门要为了销售收入微小的增长而拼命努力工作。如果经营杠杆系数是 5，那么销售收入 6% 的增长就可以转变为利润 30% 的增长。

| 商业实战6-3 | 两家线上杂货商成本结构的比较

也许商业网站时代最大的失败是一家名叫威普旺（Webvan）的线上杂货商。这家公司在 2001 年破产之前"烧掉"了 800 万美元的现金然后停止运营。威普旺垮台的部分原因是其成本结构严重向固定成本倾斜。例如，威普旺在冷藏库中储藏了大量的存货，而每建造一个冷藏库需要 4 000 万美元。该公司还有 4 500 名享有薪酬福利的雇员（包括仓库工人和送货人员）以及一队自有的运货卡车。

2015 年之后，易达客股份有限公司（Instacart Inc.）正设法成为赚钱的线上杂货商。只是这一次易

达客股份有限公司努力避免曾困扰威普旺的巨大固定成本投资。易达客股份有限公司用独立承包的驾驶员为顾客运送杂货，代替雇用享有薪酬福利的员工。该公司为每单运送货物支付给驾驶员 10 美元，此外，基于订单大小和运送速度进行额外补偿。由于驾驶员使用自己的车直接从超市装上杂货，从而消除了卡车队、昂贵的冷藏库和被易腐坏的存货占用的营运成本。

资料来源：Greg Benninger, "Rebuilding History's Dot-Com Bust," *The Wall Street Journal*, January 13, 2015, pp. B1-B2.

6.4　销货组合

在结束本量利概念的讨论之前，我们需要考虑销货组合对公司利润的影响。

6.4.1　销货组合的定义

销货组合（sales mix）指的是一家公司销售产品的相对比例。其目的是选择能产生最大利润的组合。大多数公司有许多产品，并且通常情况下这些产品的获利能力并不相等。因此，在某种程度上利润会依赖于公司的销货组合。比起低边际贡献产品，高边际贡献产品在销售收入中所占的相对比例更大的话，利润也会更高。

销货组合的变化能导致公司利润产生复杂的变化。在销货组合中，高边际贡献产品向低边际贡献的转变会引起总利润的减少，哪怕总销售收入也许会增加。反之，销货组合中低边际贡献产品向高边际贡献产品的转变会产生相反的影响——即使总销售收入减少，总利润也会增加。因此，完成一定的销量是一码事，而卖出获利能力最大的产品组合是另一码事。

6.4.2 销货组合和保本分析

如果一家公司销售多种产品，其保本分析比起之前所讨论的更要复杂。原因是不同的产品有不同的销售价格、不同的成本和不同的边际贡献。因此，保本点会依赖于不同产品的组合。举个例子，沃吉尼无限责任公司（Virtual Journeys Unlimited）是一家销售两种光盘的小公司：一种是介绍美国最受欢迎的国家保护区的纪念光盘，另一种是介绍美国国家公园的公园光盘。该公司 9 月的销售收入、成本和保本点如图 6-4 所示。

沃吉尼无限责任公司 9 月的贡献式利润表					
纪念光盘		公园光盘		总额	
金额 / 美元	百分比 /%	金额 / 美元	百分比 /%	金额 / 美元	百分比 /%
销售收入　　20 000	100	80 000	100	100 000	100
变动成本　　15 000	75	40 000	50	55 000	55
边际贡献　　5 000	25	40 000	50	45 000	45
固定成本				27 000	
经营净利润				18 000	

保本点计算：　　　　　　固定成本 / 总体边际贡献率 = 27 000 美元 ÷ 45% = 60 000 美元

保本点检验：

	纪念光盘	公园光盘	总额
当前销售收入 / 美元	20 000	80 000	100 000
占总销售收入百分比 /%	20	80	100
保本销售收入 / 美元	12 000	48 000	60 000

	纪念光盘		公园光盘		总额	
	金额 / 美元	百分比 /%	金额 / 美元	百分比 /%	金额 / 美元	百分比 /%
销售收入	12 000	100	48 000	100	60 000	100
变动成本	9 000	75	24 000	50	33 000	55
边际贡献	3 000	25	24 000	50	27 000	45
固定成本					27 000	
经营净利润					0	

图 6-4　多产品保本分析

如图 6-4 所示，保本销售收入是 60 000 美元，由该公司的固定成本 27 000 美元除以 45% 的总体边际贡献率计算得出。然而，这仅是在公司不改变销货组合时的保本状态。目前，纪念光盘占公司销售收入的 20%，公园光盘占销售收入的 80%。假定该销货组合不变，如果总销售收入是 60 000 美元，那么纪念光盘销售收入会是 12 000 美元（60 000 美元的 20%），公园光盘的销售收入是 48 000 美元（60 000 美元的 80%）。如图 6-4 所示，在这个销售水平下，公司才真正实现了保本。但这仅是在销货组合不变的情况下，60 000 美元才代表了保本点。如果销货组合改变，保本点也将随之改变。10 月的结果可以说明这一点，10 月，该公司的销货组合从高盈利的公园光盘（50% 的边际贡献率）转向低盈利的纪念光盘（25% 的边际贡献率）。结果如图 6-5 所示。

尽管销售收入保持了 100 000 美元不变，但图 6-5 中的销货组合与图 6-4 中的正好相反，图 6-5 中大块的销售收入来自低盈利的纪念光盘。注意，尽管销售收入相同，但销货组合的这种转换导致了总边际贡献率和总利润比起上个月均出现了急剧的下滑。总边际贡献率从 9 月的 45% 滑落到 10 月的 30%，经营净利润从 18 000 美元下降到了 3 000 美元。另外，随着总边际贡献率的下滑，该公司的保本点不再是 60 000 美元的销售收入。因为公司意识到了现在 1 美元的销售收入所能带来的平均边际贡献较低，所以它们需要更多的销售收入来弥补数额相同的固定成本。因此，保本点从每年 60 000 美元的销售收入增加到每年 90 000 美元。

在保本分析中，做出假定时需要考虑到销货组合，通常情况下我们假设销货组合不会发生改变。然而，如果销货组合预计会发生改变，那么这一点在任何本量利计算中都要被明确地考虑到。

沃吉尼无限责任公司 10 月的贡献式利润表					
	纪念光盘		公园光盘		总额
	金额 / 美元	百分比 /%	金额 / 美元	百分比 /%	金额 / 美元	百分比 /%
销售收入	80 000	100	20 000	100	100 000	100
变动成本	60 000	75	10 000	50	70 000	70
边际贡献	20 000	25	10 000	50	30 000	30
固定成本					27 000	
经营净利润					3 000	

保本点计算：

固定成本 / 总体边际贡献率 = 27 000 美元 ÷ 30% = 90 000 美元

图 6-5　多品种保本分析：销货组合转换（见图 6-4）

|商业实战 6-4| 百事公司在健康领域的投入导致其销售收入和利润缩水

百事公司希望到 2025 年，其全球饮料系列产品中有 2/3 的饮料每 12 盎司含的热量低于 100 卡路里。然而，2017 年，该公司表示，其更健康的产品占用了太多的货架空间和广告费，比如它的高端瓶装水品牌 LIFEWTR。这一失误导致它在北美地区的销售收入和利润分别下降了 3% 和 10%。

为了解决这个问题，百事公司重新分配了更多的货架空间和广告费，用于其畅销含糖饮料，如百事可乐和激浪。该公司的财务总监休·约翰斯顿说："我们正在进行一项多年的研究之旅，以促使人们购买更健康的产品，降低卡路里的摄入……任何事都要循序渐进，消费者改变习惯的速度会有多快？我们只是稍微领先了他们。"

资料来源：Jennifer Maloney, "Health Push Backfires on PepsiCo," *The Wall Street Journal*, October 5, 2017, p. B3.

本章小结

本量利分析以一个简单的模型为基础，描述有关价格、成本和数量是如何影响利润的。这个模型通常用来回答不同的关键问题，例如公司的保本销量是多少，它的安全边际是多少，以及如果价格、成本和数量发生了特定的变化会导致什么结果。

本量利图描述了销量和固定成本、变动成本、总成本以及利润之间的关系。利润图比本量利图更简单，它展示了销售收入是怎样影响利润的。本量利图和利润图有助于直接反映销售收入的改变是怎样影响成本和利润的。

边际贡献率是边际贡献占销售收入的比率。这个比率能用来快速估计销售收入的变动会引起经营净利润多大的变动。在保本分析中也会用到该比率。

保本分析用来计算保本销售收入。保本销量可以用固定成本除以单位边际贡献计算得到。目标利润分析用来计算实现某一特定的目标利润所需的销量。实现目标利润需要的销量可以用目标利润与固定成本之和除以边际贡献率得到。

安全边际是一家公司预期（或实际）销售收入超过保本销售收入的数额。

经营杠杆系数能快速地计算出给定的销售收入变动幅度对经营净利润的影响。经营杠杆系数越大，对公司利润的影响程度越大。经营杠杆系数不是一成不变的，它依赖于公司当前的销售水平。

多产品公司的利润会受到公司销货组合的影响。销货组合的改变会影响保本点、安全边际和其他关键因素。

复习题：本量利关系

富尔特公司（Voltar Company）为高电磁辐射环境生产并销售一种专用无线电话。该公司最近一年的贡献式利润表如下。

	总额 / 美元	单位金额 / 美元	占销售收入 百分比 / %
销售收入（20 000 件）	1 200 000	60	100
变动成本	900 000	45	?
边际贡献	300 000	15	?
固定成本	240 000		
经营净利润	60 000		

管理部门想要增加公司的利润，要求对一些产品品种进行分析。

要求：

（1）计算该公司边际贡献率和变动成本比率。

（2）使用基本等式法计算该公司保本销量和保本销售收入。

（3）假定下一年销售收入增加了 400 000 美元。如果成本性态模式保持不变，该公司的经营净利润会增加多少？使用边际贡献率计算得出你的答案。

（4）参考原始数据。假定下一年管理部门想要该公司赚到至少 90 000 美元的利润。要达到这个目标利润，需要售出多少件产品？

（5）参考原始数据。计算该公司的安全边际，用金额和百分比的形式表示。

（6）a. 计算该公司在当前销售水平下的经营杠杆系数。

b. 假定通过销售人员的努力，该公司下一年的销量增加了 8%，那么你预计经营净利润会增加多少百分比？使用经营杠杆系数获得答案。

c. 按销量增加 8% 编制一个新的贡献式利润表，以此核实在 b 中得到的答案。

（7）参考原始数据。为努力增长销售收入和利润，管理部门正考虑使用更高质量的扬声器。更高质量的扬声器会使每件产品的变动成本增加 3 美元，但管理部门可以辞去一位年薪 30 000 美元的质检员。销售经理估计，更高质量的扬声器会使年销量至少增加 20%。

a. 假定上述变化发生，为下一年编制一个计划的贡献式利润表。数据用总额、单位金额和百分比表示。

b. 使用公式法计算该公司新的保本销量和保本销售收入。

c. 你推荐该公司做出的这个变化吗？

复习题答案：

（1）边际贡献率 = 单位边际贡献 / 销售单价 = 15 ÷ 60 = 25%

变动成本比率 = 单位变动成本 / 销售单价
= 45 ÷ 60 = 75%

（2）利润 = 单位边际贡献 × Q - 固定成本

0 = 15 美元 / 件 × Q - 240 000 美元

15 美元 / 件 × Q = 240 000 美元

Q = 240 000 美元 ÷ 15 美元 / 件

Q = 16 000 件；在每单位产品 60 美元时，保本销售收入为 960 000 美元。

（3）

增加的销售收入 / 美元	400 000
边际贡献率	25%
预期增加的边际贡献 / 美元	100 000

由于固定成本预计不变，经营净利润将按照上面计算的边际贡献 100 000 美元的增长额全额增长。

（4）基本等式法：

利润 = 单位边际贡献 × Q - 固定成本

90 000 美元 = 15 × Q - 240 000 美元

15 美元 / 件 × Q = 90 000 美元 + 240 000 美元

Q = 330 000 美元 ÷ 15 美元 / 件

Q = 22 000 件

公式法：

实现目标利润的销售收入 =（目标利润 + 固定成本）/ 单位边际贡献

=（90 000 美元 + 240 000 美元）÷ 15 美元 / 件

= 22 000 件

（5）安全边际额 = 总销售收入 - 保本额 = 1 200 000 美元 - 960 000 美元 = 240 000 美元

安全边际率 = 安全边际额 / 总销售收入 = 240 000 美元 ÷ 1 200 000 美元 = 20%

（6）a. 经营杠杆系数 = 边际贡献 / 经营净利润 = 300 000 美元 ÷ 60 000 美元 = 5

b.

预计增加的销售收入	8%
经营杠杆系数	5
预计增加的经营净利润	40%

c. 如果销量增加了 8%，那么下一年会售出 21 600 件产品（20 000 × 1.08 = 21 600）。新的贡献式利润表将如下所示。

	总额 / 美元	单位金额 / 美元	占销售收入 百分比 / %
销售收入（21 600 件）	1 296 000	60	100
变动成本	972 000	45	75
边际贡献	324 000	15	25
固定成本	240 000		
经营净利润	84 000		

因此，下一年预期的 84 000 美元的经营净利润，代表了在当年赚到的 60 000 美元的经营净利润上增加了 40%：

（84 000 美元 –60 000 美元）÷60 000 美元 = 24 000 美元 ÷60 000 美元 = 40%

注意，销量从 20 000 件到 21 600 件的增长不仅增加了总销量，也增加了总变动成本。

（7）a. 销量增长 20% 将使下一年售出 24 000 件产品：20 000 件 ×1.20 = 24 000 件。

	总额 / 美元	单位金额 / 美元	占销售收入 比例 /%
销售收入（24 000 件）	1 440 000	60	100
变动成本	1 152 000	48①	80
边际贡献	288 000	12	20
固定成本	210 000②		
经营净利润	78 000		

① 45 美元 + 3 美元 = 48 美元；48 ÷ 60 = 80%。
② 240 000 美元 – 30 000 美元 = 210 000 美元。

注意，每单位变动成本的改变使得单位边际贡献和边际贡献率发生改变。

b. 保本销量 = 固定成本 / 单位边际贡献
= 210 000 美元 ÷ 12 美元 / 件
= 17 500 件

保本销售收入 = 固定成本 / 边际贡献率
= 210 000 美元 ÷ 20%
= 1 050 000 美元

c. 根据这些数据，应该做出这个变化。这个变化使公司的经营净利润从目前的 60 000 美元增长到了每年 78 000 美元。尽管这个改变也导致了更高的保本点（相较于目前的 16 000 件变成了 17 500 件），但该公司的安全边际实际上比以前更高了：

安全边际额 = 总销售收入 – 保本销售收入
= 1 440 000 美元 –1 050 000 美元
= 390 000 美元

正如在（5）中展示的，该公司目前的安全边际仅是 240 000 美元。因此，题中所提议的改变会带来一些利益。

术语表

Break-even point 保本点 利润为零时的销售水平。

Contribution margin ratio（CM ratio）边际贡献率 用边际贡献除以销售收入得到的比率。

Cost-volume-profit（CVP）graph 本量利图 对一个组织中一方面的收入、成本和利润以及另一方面的销量二者之间关系的图解的描述。

Degree of operating leverage 经营杠杆系数 在给定销售水平下，销售收入变化的比例如何影响利润变化的量度。经营杠杆系数是用边际贡献除以经营净利润计算得出的。

Incremental analysis 增量分析 仅对那些由于一个决定而改变的成本和收入进行分析方法。

Margin of safety 安全边际 预期或实际销售收入超过保本销售收入的部分。

Operating leverage 经营杠杆 衡量经营净利润对于给定销售收入变化幅度的敏感性。

Sales mix 销货组合 一家公司销售产品的相对比例。销货组合通过每个产品的销售额占总销售额的比例来计算表达。

Target profit analysis 目标利润分析 估计实现预期目标利润所需要的销量水平。

Variable expense ratio 变动成本比率 变动成本除以销售收入计算得到的比率。

思考题

1. 边际贡献率的含义是什么？在计划商业运营时该比率是如何发挥作用的？

2. 通常做出一个商业决定最直接的方式是增量分析。增量分析的意思是什么？

3. 除了公司 A 有更多的变动成本而公司 B 有更多的固定成本之外，公司 A 和公司 B 在所有的方面都相同。当销售收入增加时，哪家公司会取得更大的利润增长？请做出解释。

4. 经营杠杆的含义是什么？

5. 保本点的含义是什么？

6. 为回应你直属上司的要求，你编制了一个本量利图来描绘你们公司产品和经营的成本及收入特点。解释一下当发生如下变化时，图表上的线和保本点会怎样变化。
（1）每单位销售价格减少。
（2）在图上描绘的整个相关范围内固定成本增加。
（3）每单位变动成本增加。

7. 安全边际的含义是什么？

8. 术语销货组合的含义是什么？在本量利分析中，有关销货组合通常会做出什么假定？

9. 解释一下销货组合的转变是如何同时导致保本点提高和经营净利润降低的？

基础练习

奥斯陆公司（Oslo Company）基于 1 000 台的销量（相关的生产范围是 500 台到 1 500 台）编制了如下贡献式利润表。

	（单位：美元）
销售收入	20 000
变动成本	12 000
边际贡献	8 000
固定成本	6 000
经营净利润	2 000

要求（独立回答每个问题，并始终参考原始数据，除非另有提示）：

（1）单位边际贡献是多少？

（2）边际贡献率是多少？

（3）什么是变动成本比率？

（4）如果销量增加到 1 001 台，经营净利润将增加多少？

（5）如果销量下降到 900 台，经营净利润是多少？

（6）如果每台产品的售价增加 2 美元，销量减少 100 件，经营净利润是多少？

（7）如果每台产品的变动成本增加 1 美元，广告支出增加 1 500 美元，销量增加 250 台，经营净利润是多少？

（8）保本销量是多少？

（9）保本销售收入是多少？

（10）要达到 5 000 美元的目标利润，必须卖出多少台？

（11）安全边际额是多少？安全边际率是多少？

（12）经营杠杆系数是多少？

（13）利用经营杠杆系数，当销量增加 5% 时，预计经营净利润增加的比例是多少？

（14）假设公司的总变动成本和总固定成本发生了颠倒。换句话说，假设总变动成本是 6 000 美元，总固定成本是 12 000 美元。在这种情况下，假设总销售收入不变，经营杠杆系数是多少？

（15）使用你在（14）中计算的经营杠杆系数，当销量增加 5% 时，预计经营净利润增加的比例是多少？

练习题

1. 计算并使用经营杠杆系数

恩伯格公司（Engberg Company）是一家在住家院子里安装草皮业务的公司。公司最近的月度贡献式利润表如下。

	总额 / 美元	占销售收入百分比 /%
销售收入	80 000	100
变动成本	32 000	40
边际贡献	48 000	60
固定成本	38 000	
经营净利润	10 000	

要求：

（1）公司的经营杠杆系数是多少？

（2）利用经营杠杆系数，估计销量增加 5% 时对经营净利润的影响。

（3）假设销量增长 5%，通过为公司编制一个新的贡献式利润表，验证上述（2）中你的估计。

2. 多产品保本分析

卢奇多公司（Lucido Products）销售两款电脑游戏：活跃新人和大改造。这两款游戏最近一个月的贡献式利润表如下。

	（单位：美元）		
	活跃新人	大改造	总额
销售收入	30 000	70 000	100 000
变动成本	20 000	50 000	70 000
边际贡献	10 000	20 000	30 000
固定成本			24 000
经营净利润			6 000

要求：

（1）公司的边际贡献率是多少？

（2）公司的保本销售收入是多少？

（3）通过编制贡献式利润表，显示了两款游戏的适当销售水平，验证并计算公司的保本点。

3. 销售价格、销量、单位变动成本和总固定成本的变动

米勒公司（Miller Company）最近一个月的贡献式利润表如下所示。

（单位：美元）

	总额	单位金额
销售收入（20 000 台）	300 000	15.00
变动成本	180 000	9.00
边际贡献	120 000	6.00
固定成本	70 000	
经营净利润	50 000	

要求（独立考虑每种情况）：

（1）如果销量增加 15%，其经营净利润是多少？

（2）如果每件产品的售价下降 1.5 美元，而销量增加 25%，其经营净利润是多少？

（3）如果每件产品的售价增加 1.5 美元，固定成本增加 2 万美元，而销量减少 5%，其经营净利润是多少？

（4）如果每件产品的售价增加 12%，单位变动成本增加 60 美分，销量减少 10%，其经营净利润是多少？

4. 保本和目标利润分析

林登公司（Lindon Company）是一种汽车部件产品的独家经销商，该产品每件售价 40 美元，边际贡献率为 30%，公司的固定成本是每年 180 000 美元，该公司计划今年销售 160 000 件产品。

要求：

（1）单位变动成本是多少？

（2）保本销售收入和保本销量是多少？

（3）达到每年 60 000 美元的目标利润需要的销量和销售收入是多少？

（4）假设通过合作更高效的运货商，公司能够减少 4 美元的单位变动成本。公司新的保本销售收入和保本销量是多少？此时达到 6 万美元的目标利润需要多少销售收入？

5. 保本分析和本量利图表

哈特福交响乐协会（Hartford Symphony Guild）正计划它的年度晚宴舞会。晚宴舞会委员会为此收集了如下预期成本数据。

（单位：美元）

晚餐（每人）	18
赠品和流程表（每人）	2
乐队	2 800
舞厅租金	900
幕间休息期间的专业娱乐	1 000
门票和广告	1 300

为了这个晚上的活动，晚宴舞会委员会成员想向每人收取 35 美元的门票费用。

要求：

（1）晚宴舞会的保本点是多少（依据参加的人数）？

（2）假定去年仅有 300 人参加了晚宴舞会。如果今年参加的人数相同，为保本，每张门票应收取多少？

（3）参考原始数据（门票价格 35 美元 / 人）。为晚宴舞会绘制一个从卖出 0 张到 600 张门票的本量利图。

6. 保本分析和目标利润分析、安全边际、边际贡献率

门洛公司（Menlo Company）生产一种产品。该公司上个月的销售收入和成本如下。

（单位：美元）

	总额	单位金额
销售收入	450 000	30
变动成本	180 000	12
边际贡献	270 000	18
固定成本	216 000	
经营净利润	54 000	

要求：

（1）每月的保本销量和保本销售收入是多少？

（2）不凭借计算的话，保本点的总边际贡献是多少？

（3）每月需要售出多少产品才能实现 90 000 美元的目标利润？通过编制目标销售收入水平下的贡献式利润表验证你的答案。

（4）参考原始数据。计算该公司的安全边际额和安全边际率。

（5）该公司的边际贡献率是多少？如果每月的销售收入增长了 50 000 美元而固定成本不发生改变，你预期每月的经营净利润会增加多少？

问题

1. 本量利应用：保本点分析；成本结构；目标销售额

诺斯伍德公司（Northwood Company）生产篮球。该公司有一款售价为 25 美元的篮球，目前，这种篮球是在一家严重依赖直接劳动力的小工厂制造的，因此，其变动成本很高，每个篮球的变动成本是 15 美

元，其中 60% 是直接人工成本。

去年，该公司售出了 30 000 个这种篮球，利润表如下。

	（单位：美元）
销售收入（30 000 个篮球）	750 000
变动成本	450 000
边际贡献	300 000
固定成本	210 000
经营净利润	90 000

要求：

（1）计算该种篮球去年的边际贡献率和保本点以及在去年销售收入水平下的经营杠杆系数。

（2）由于劳动力价格的上涨，该公司估计明年每个篮球的变动成本将增加 3 美元。如果发生这种变化，但每个篮球的售价仍保持在 25 美元不变，那么明年的边际贡献率和保本点是多少？

（3）根据（2），如果变动成本发生了预期变化，那么明年需要卖出多少个篮球才能获得与去年相同的经营净利润（90 000 美元）？

（4）根据（2），董事长认为公司必须提高其篮球的售价。如果诺斯伍德公司想保持和去年相同的边际贡献率［根据（1）中计算得出的］，明年每个篮球的售价必须是多少才能抵销增加的人工成本带来的影响？

（5）参考原始数据。这家公司正在讨论建设一个新的自动化制造工厂，新工厂会把每个篮球的变动成本削减 40%，但是会导致每年的固定成本翻倍。如果新工厂建成，公司新的边际贡献率和保本点是多少？

（6）参考（5）中的数据。

a. 如果新工厂建成，明年需要卖出多少个篮球才能达到和去年同样的经营净利润（90 000 美元）？

b. 如果新工厂建成，明年公司开始生产和销售 30 000 个篮球（与去年相同的销量）。编制贡献式利润表并计算经营杠杆系数。

c. 如果你是公司的高层管理人员，你会赞成建设新工厂吗？请解释原因。

2. 本量利应用、保本分析、图表

时尚鞋业公司（The Fashion Shoe Company）是一家女鞋连锁品牌，出售多种款式的鞋，价格相同。商店里的销售人员每卖出一双鞋就会得到销售提成，外加一小笔底薪。

以下数据属于 48 号商店，其数据能代表该公司的众多门店。

	（单位：美元）
	每双鞋
销售价格	30.00
变动成本：	
发票价格	13.50
销售佣金	4.50
总变动成本	18.00

	（单位：美元）
	年度
固定成本：	
广告	30 000
租金	20 000
工资	100 000
总固定成本	150 000

要求：

（1）48 号商店的保本销量和保本销售收入是多少？

（2）绘制本量利图，展示 48 号商店每年从卖出 0 双鞋到 17 000 双鞋的成本和收入数据，并在图上清楚地标出保本点。

（3）如果该公司一年卖出 12 000 双鞋，那么 48 号商店的经营净利润（亏损）是多少？

（4）该公司正在考虑支付给 48 号商店的经理每双鞋 75 美分的激励佣金（除了销售人员的佣金），如果实施这项措施，新的保本销量和保本销售收入是多少？

（5）参考原始数据。作为（4）中的替代方案，该公司正在考虑对超过保本点的鞋每双支付给 48 号商店经理 50 美分的佣金。如果实施这项措施，当卖出 15 000 双鞋时，48 号商店的经营净利润（亏损）是多少？

（6）参考原始数据。该公司正在考虑取消公司门店的全部销售佣金，并将固定工资每年提高 31 500 美元。如果实施这项措施，48 号商店新的保本销量和保本销售收入会是多少？你支持这种方式吗？请解释原因。

3. 销货组合、保本分析、安全边际

帕劳群岛的爱兰纪念品股份有限公司（Island Novelties Inc.）生产两种产品——夏威夷幻想和塔希提欢笑。两种产品的销售价格、每件的变动成本和每年的销量如下。

	夏威夷幻想	塔希提欢笑
每件销售价格/美元	15	100
每件固定成本/美元	9	20
年销售产品数量/个	20 000	5 000

每年的总固定成本是 475 800 美元。

要求：

（1）假定销货组合如上所述，完成以下要求。

a. 编制贡献式利润表，列出每种产品及整个公司的金额和比例。

b. 计算该公司的保本销售收入，同时计算它的安全边际额和安全边际率。

（2）该公司已经开发出了一种新的名为萨摩亚之乐的产品，售价为 45 美元 / 个，每个产品的变动成本是 36 美元。假设该公司能销售 10 000 件萨摩亚之乐而不会引发任何额外的固定成本。

a. 编制包括萨摩亚之乐的贡献式利润表。假定其他两种产品的销售收入不变。

b. 计算该公司增加萨摩亚之乐产品后的保本销售收入、安全边际额和安全边际率。

（3）该公司的董事长检查了你的数据后说："有些地方很奇怪。我们的固定成本没有改变，而且你的计算表明了如果我们新增一种产品会取得更大的边际贡献，但是，你也表明了我们的保本点会上升。随着边际贡献变大，保本点应该下降而不应该上升啊。你有什么地方做错了？"请你向董事长解释发生了什么。

案例

成本结构、保本和目标利润分析

皮特曼公司（Pittman Company）是一家规模虽小但不断发展的电信设备制造商。公司没有自己的销售队伍，它完全依靠独立的销售代理来推销其产品。这些代理商从售出的所有商品中获得 15% 的销售佣金。皮特曼公司的财务总监芭芭拉·切尼（Barbara Cheney）刚刚编制了公司明年的预计利润表，内容如下。

皮特曼公司预计利润表（截至 12 月 31 日）

（单位：美元）

销售收入		16 000 000
制造费用：		
变动成本	7 200 000	
固定成本	2 340 000	9 540 000
毛利		6 460 000
销售及管理费用：		
代理商佣金	2 400 000	
固定销售费用	120 000①	
固定管理费用	1 800 000	4 320 000
经营净利润		2 140 000
固定利息支出		540 000
税前利润		1 600 000
所得税（30%）		480 000
净利润		1 120 000

①主要是储存设施折旧。

当芭芭拉把这份预计利润表交给皮特曼公司的总裁卡尔·韦奇（Karl Vecci）时，她评论道："我们打算继续使用代理商 15% 的佣金率来完成这张预计利润表，但我们刚刚得知，除非将佣金率提高到 20%，否则他们明年将拒绝代理我们的产品。"

"我忍无可忍了，"卡尔生气地说，"那些代理商的要求越来越多，这次他们做得太过分了。他们怎么能要求 20% 的佣金率？"

芭芭拉回答说："他们声称，在支付了广告、差旅费和其他促销费用之后，就没有什么剩余的利润了。"

"我说这纯粹是抢劫，"卡尔反驳道，"我还想说，我们是时候甩了那些家伙，拥有自己的销售团队了。你能让你们的人计算出一些成本数据给我们看吗？"

芭芭拉说："我们已经让他们行动起来了。我们知道的几家公司会给自己的销售人员 7.5% 的佣金，外加很少的薪水。当然，我们还得处理所有的促销费用。估计我们的固定成本每年将增加 2 400 000 美元，但这将被减少的 3 200 000 美元（=20%×16 000 000 美元）的代理佣金所抵销。"

2 400 000 美元的固定成本明细如下。

（单位：美元）

工资：	
销售经理	100 000
销售人员	600 000
旅行和娱乐	400 000
广告	1 300 000
总计	2 400 000

"很好"卡尔说，"我注意到 2 400 000 美元刚好等于我们付给代理商 15% 的佣金。"

芭芭拉解释说："还可以更好。实际上，我们每年可以节省 75 000 美元，因为这是我们付给审计师让他们检查代理报告的钱，所以我们的整体管理费用会更少。"

卡尔说："把所有这些数字放在一起，我们将向执行委员会展示。有了委员会的批准，我们可以立即着手处理这件事。"

要求：

（1）计算公司明年保本销售收入，假设：

a. 代理商的佣金保持在 15% 不变。

b. 代理商的佣金提高到 20%。

c. 公司雇用自己的销售人员。

（2）假设皮特曼公司决定继续通过代理商销售，并支付 20% 的佣金。确定要产生与预计利润表表中所列的相同的净利润所需的销售收入。

（3）当皮特曼公司通过代理商（20% 的佣金率）销售和雇用自己的销售人员保持相等的净利润时，确定其销售收入。

（4）计算公司预计在明年年底的经营杠杆系数，

假设：

a. 代理商的佣金率保持在 15% 不变。

b. 代理商的佣金率提高到 20%。

c. 公司雇用自己的销售人员。

在计算经营杠杆时使用税前利润。

（5）根据以上（1）～（4）中的数据，你建议公司继续使用销售代理（20% 的佣金）还是雇用自己的销售人员？给出你的理由。

附录 6A 分析混合成本

第 6 章的主体假定是所有的成本都可以被分成变动成本和固定成本。实际上，许多成本同时包含变动的和固定的成分，即混合成本。本附录的目的是介绍将混合成本分成变动成本和固定成本的方法，从而使其能够使用于本量利分析。

在大多数组织中常见的是混合成本。例如，哈佛大学医学院附属医院（Harvard Medical School Hospital）为患者做手术的全部成本是一项混合成本。设备折旧成本和外科医生及护士的薪酬是固定的，但手术用的手套、电力和其他供应品的成本是变动的。在西南航空公司（Southwest Airlines），维护成本是一项混合成本。该公司租用维护设备以及熟练技工的工资是固定成本，但替换件、润滑油、轮胎等是与公司飞机飞行的距离和频率有关的变动成本。

混合成本中固定的部分代表了使一项服务准备好并可使用的最低成本。变动的部分代表了该服务实际消耗所产生的成本，因此它与服务实际消耗的数量相对应。

管理者可以使用不同的方法计算混合成本中固定和变动的构成，如账户分析法、工程学法、高低点法和最小二乘回归法。在**账户分析法**（account analysis）中，根据分析者有关账户中成本性态的先验知识，一个账户会被归类为变动的或固定的。例如，按照这些成本的性质，直接材料会被归类为变动的，而房屋租赁成本会被归类为固定的。成本分析的**工程法**（engineering approach）根据工程师对于使用的生产方法、材料规格、劳动力需求、设备使用情况、生产效率、能源消耗等的计算，做出了有关成本性态是什么的详细分析。

高低点法和最小二乘回归法通过分析过去的成本和作业数据的记录，估计混合成本中变动和固定的成分。在下面的内容中，我们会对这两种成本估计方法进行定义，并使用一个来自伯恩林医院（Brentline Hospital）的例子来阐明这两种方法都是怎样获得各自估计出的固定成本和变动成本的。

6A.1 用散点图判断成本性态

假定伯恩林医院出于编制做预算的需要，对预计未来每月的维护成本很感兴趣。高级管理团队认为维护成本是一项混合成本，成本中变动的部分是为患者日的数量所影响的。一位患者在医院的 1 天就是 1 个患者日。医院的财务总监收集了最近 7 个月的数据。

月份	作业水平：患者日	引发的维护成本/美元
1 月	5 600	7 900
2 月	7 100	8 500
3 月	5 000	7 400
4 月	6 500	8 200
5 月	7 300	9 100

（续）

月份	作业水平：患者日	引发的维护成本 / 美元
6 月	8 000	9 800
7 月	6 200	7 800

使用高低点法或者最小二乘回归法的第一步是用散点图判断成本性态。与伯恩林医院患者日相对应的维护成本的散点图如图 6A-1 所示。关于散点图有以下两点需要注意。

（1）总维护成本 Y，在纵轴上绘制。由于在某一期间内，成本的数量是由当期作业的水平引发的，所以成本是**因变量**（dependent variable）。（就是说随着作业水平的增加，总成本通常也会增加。）

（2）作业量 X（在这个案例中是患者日），在横轴上绘制。由于作业量引起了成本的变动，所以是**自变量**（independent variabce）。

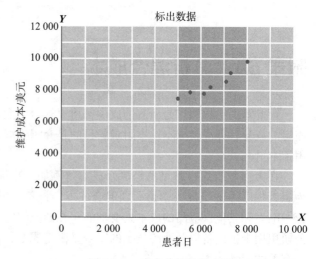

从散点图中我们可以看出，维护成本确实是随着患者日的增加，以一种近似线性的方式增长。换句话说，这些点都或多或少地沿着一条向右上方倾斜的直线分布。当成本与作业之间的关系合理地近似一条直线时，**线性成本性态**（linear cost behavior）是存在的。

在用高低点法和最小二乘回归法计算之前，在散点图上标出数据是一个必要的判断步骤。只有散点图显示出了线性成本性态，使用高低点法和最小二乘回归法分离混合成本中的变动成本和固定成本才是有意义的。如果散点图描绘不出线性成本性态，进行分析数据的任何一步都是没有意义的。

图 6A-1　成本分析的散点图

一旦我们判断自变量和因变量存在线性关系，高低点法和最小二乘回归法都依赖于以下的直线方程（第 2 章介绍的）来表述混合成本与作业水平之间的关系：

$$Y = a + bX$$

式中　Y——总混合成本；

a——总固定成本（直线在纵轴的截距）；

b——单位作业的变动成本（直线的斜率）；

X——作业水平。

6A.2　高低点法

高低点法是基于用高度除以跨度公式算出的直线斜率。假定成本和作业之间的关系能用一条直线表示，直线的斜率就是单位作业的变动成本。因此，计算单位变动成本可以使用以下公式：

$$单位变动成本 = 直线斜率 = 高度 \div 跨度 = (Y_2 - Y_1) / (X_2 - X_1)$$

用**高低点法**（high-low method）分析混合成本，是从判断作业水平最低和最高的时期开始的。作业水平最低的时期被选为上面公式中的第一个点，作业水平最高的时期被选为第二个点。因此，公式变为：

$$单位变动成本 = (Y_2 - Y_1) / (X_2 - X_1)$$
$$= (高作业水平成本 - 低作业水平成本) \div (高作业水平 - 低作业水平)$$

或者：

$$单位变动成本 = 成本变化量 \div 作业变化量$$

因此，在使用高低点法时，单位变动成本是通过用高水平和低水平作业成本之间的差额除以两点之间作业的差额算出的。

回到伯恩林医院的例子，使用高低点法，我们首先判断出最高和最低作业的时期。在本例中，是 6 月和 3 月。然后，我们使用这两个时期的作业和成本数据计算变动成本。

	患者日	引发的维护成本 / 美元
高作业水平（6 月）	8 000	9 800
低作业水平（3 月）	5 000	7 400
变化量	3 000	2 400

$$单位变动成本 = 成本变化量 \div 作业变化量 = 2\,400\,美元 \div 3\,000\,患者日 = 0.80\,美元 / 病人日$$

在计算出变动维护成本是 0.80 美元 / 患者日之后，我们可以计算固定成本的数量。这是通过用最高或者最低作业水平的总成本减去其中的变动成本算出的。在下面的计算中，我们使用高作业水平的总成本计算固定成本成分。

$$
\begin{aligned}
固定成本 &= 总成本 - 变动成本 \\
&= 9\,800\,美元 - 0.80\,美元 / 患者日 \times 8\,000\,患者日 \\
&= 3\,400\,美元
\end{aligned}
$$

我们已经计算出了变动成本和固定成本，现在维护成本就可以表示为 3 400 美元 / 月加上 80 美分 / 患者日，或者：

$$Y = 3\,400\,美元 + 0.80\,美元 / 患者日 \times X$$

总维护成本　　　　　　　　　　　　　总患者日

图 6A-2 显示了以上数据。注意，图中的直线穿过了高水平作业点和低水平作业点。本质上，这就是高低点法的操作原理——画一条穿过两点的直线。

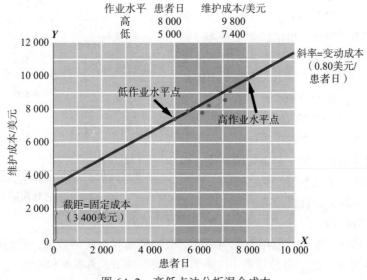

图 6A-2　高低点法分析混合成本

有时高水平和低水平的作业与高水平和低水平的成本并不一致。例如，最高水平作业时期也许并不是成本的最高点。虽然如此，在高低点法下，也总是使用在最高和最低水平的作业成本分析混合成本。原因是分析者想要使用作业变化最合理的数据。

高低点法在应用的时候非常简单，但它也有一个主要的（有时是决定性的）缺陷——它只利用了两个点。通常，两个数据点并不足以产生准确的计算。另外，最高和最低作业水平的时期往往是不寻常的。仅用这些不寻常时期的数据算出的成本构成也许并不能代表正常时期真实的成本性态。图 6A-2 中的失真就是证据。直线应该下降一点以便能接近更多的数据点。出于这些原因，使用最小二乘回归法比高低点法更为准确。

6A.3 最小二乘回归法

最小二乘回归法（least-squares regression method）与高低点法不同，在分离混合成本中的固定成本和变动成本时用到了所有的数据。回归线以 $Y = a + bX$ 的形式贴合数据，a（截距）代表了总固定成本，b（斜率）代表了每单位作业的变动成本。图 6A-3 中使用了假设的数据点，这表明了最小二乘回归法的基本思路。注意图中标出点与回归线间的偏差要用垂直距离测量，这个垂直的偏差叫作回归误差。最小二乘回归法没什么难解的，它只是简单地计算出能使这些平方误差之和最小化的回归线。

尽管最小二乘回归分析中所包含的基本思路十分简单，但计算 a（截距）和 b（斜率）的公式十分复杂：

$$b = \frac{[n(\sum XY) - (\sum X)(\sum Y)]}{[n(\sum X^2) - (\sum X)^2]}$$

$$a = \frac{[(\sum Y) - b(\sum X)]}{n}$$

式中　X——作业水平（自变量）；

　　　Y——总混合成本（因变量）；

　　　a——总固定成本（直线在纵轴的截距）；

　　　b——单位作业变动成本（直线的斜率）；

　　　n——观察数据点的数量；

　　　$\sum$——n 个观察数据点之和。

幸运的是，我们可以使用 Excel 来计算能使平方误差之和最小化的固定成本（截距）和单位变动成本（斜率）。Excel 也能提供一个叫作 R^2 的统计量，用来量度"拟合优度"。R^2 告诉我们因变量（成本）的变化中能被自变量（作业）的变化所解释的比例。R^2 的范围从 0% 到 100%，且比例越高，拟合得越好。

正如我们之前所提到的，你应该在散点图中标出数据，但当 R^2 很低时，检查数据也是十分重要的。快速浏览一下散点图，有时可以发现成本与作业之间的关系不大，或者这种关系并不是简单的直线关系。在这样的案例中，我们就需要做更多的分析了。

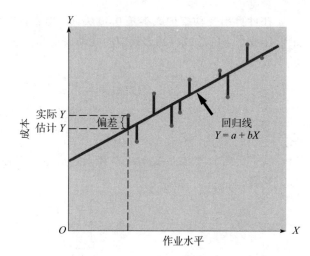

图 6A-3　最小二乘回归法的基本思路

		患者日	维护成本	
		A	B	C
1				
2		患者日	维护成本	
3	月份	X	Y	
4	1 月	5 600	7 900	
5	2 月	7 100	8 500	
6	3 月	5 000	7 400	
7	4 月	6 500	8 200	
8	5 月	7 300	9 100	
9	6 月	8 000	9 800	
10	7 月	6 200	7 800	
11				

图 6A-4　伯恩林医院最小二乘回归工作表
资料来源：Microsoft Excel。

图 6A-4 使用 Excel 描述了我们之前用于说明高低点法的伯恩林医院的数据，我们可以使用相同的数据集来说明如何使用 Excel 创建散点图，并使用最小二乘回归计算截距 a、斜率 b 和 R^2。⊖

如果要在 Excel 中绘制一个散点图，首先突出显示单元格 B4 ～ C10 中的数据（见图 6A-4）。这将产生一

⊖　作者要感谢美国国立大学会计学教授唐·施瓦茨（Don Schwartz）提供的建议，这些建议对创建本应用程序很有帮助。

个类似于图 6A-5 所示的散点图。注意，X 轴表示患者日，Y 轴表示维护成本，正如我们在前面的图 6A-1 中所验证的，数据是近似线性的，所以继续估计一个回归方程，使误差平方和最小是有意义的。

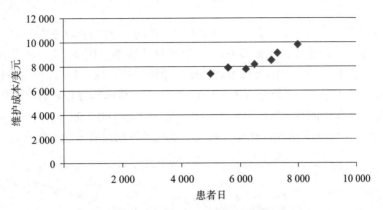

图 6A-5　伯恩林医院运用 Excel 绘制的散点图

要确定截距 a、斜率 b 和 R^2，首先在 Excel 中右击散点图中的任意数据点并选择"添加趋势线"，这将生成如图 6A-6 所示的画面。注意，在"趋势预测 / 回归分析类型"下，你应该选择"线性"。同样，在"趋势

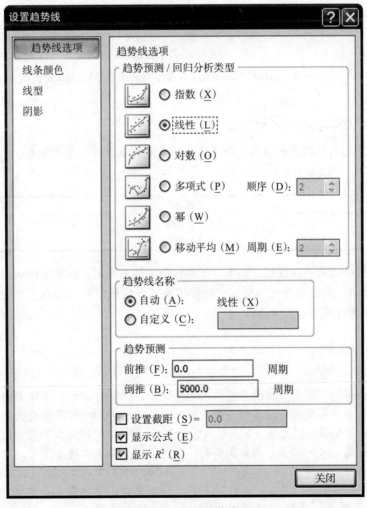

图 6A-6　Excel 的趋势线画法

资料来源：Microsoft Excel。

线名称"下，你应该选择"自动"。在"倒推"旁边，你应该输入自变量的最低值，在本例中是 5 000 个患者日。执行这个步骤将指示 Excel 扩展拟合直线，直到与 Y 轴相交。最后，应该勾选图 6A-6 底部的两个框，即"显示公式"和"显示 R^2"。

一旦你建立了这些设置，然后点击"关闭"。如图 6A-7 所示，这将自动在散点图中插入一条线使误差的平方和最小。它还将导致估计的最小二乘回归方程和 R^2 被插入到散点图中。Excel 没有使用 $Y = a + bX$ 的形式来描述结果，而是使用了 $Y = bX + a$ 的等价形式。换句话说，Excel 将显示在等号右边的两项颠倒过来。因此，在图 6A-7 中，Excel 给出了 $Y = 0.758\,9X + 3\,430.9$ 的最小二乘回归方程。方程中的斜率 b 为 0.758 9，表示估计的每个患者日的变动维护成本。这个等式中的截距 a 为 3 430.90（或约 3 431），是每月固定维护成本估计数。注意 R^2 约为 0.90，这个数值表明维护成本 90% 的变化可以用患者日的变化来解释。

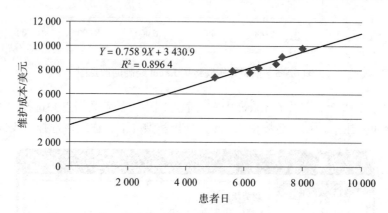

图 6A-7　伯恩林医院运用 Excel 绘制的最小二乘回归结果

6A.4　高低点法和最小二乘回归法的比较

下面的表格比较了使用高低点法和最小二乘回归法计算出的伯恩林医院的成本。

（单位：美元）

	高低点法	最小二乘回归法
变动成本 / 患者日	0.80	0.759
固定成本 / 月	3 400	3 431

当伯恩林医院使用最小二乘回归法建立使平方误差和最小的直线时，它算出的固定成本比高低点法算出的固定成本高 31 美元。其直线的斜率也比较低，比起使用高低点法算出的 0.80 美元 / 患者日，最小二乘回归法计算出的 0.759 美元 / 患者日的变动成本更低。

术语表

Account analysis 账户分析法　用来分析成本性态的一种方法，基于分析者有关账户中成本性态的先验知识，将成本归类为变动的或者固定的。

Dependent variable 因变量　受一些偶然因素影响的变量；总成本是因变量，在等式 $Y=a+bX$ 中，用字母 Y 表示。

Engineering approach 工程法　根据工程师对于实现特定作业量所需的投入以及这些投入的价格的

计算，对成本性态做出的详细分析。

High-low method 高低点法　一个通过分析高低作业水平之间的成本变化，把混合成本分成固定成本和变动成本的方法。

Independent variable 自变量　作为一个偶然因素的变量；作业量是自变量，在等式 $Y=a+bX$ 中，用字母 X 表示。

Least-squares regression method 最小二乘回归法

通过找到一条使平方误差和最小化的回归线，把混合成本中的固定成本和变动成本分离的方法。

Linear cost behavior 线性成本性态　当成本与作业之间的关系合理地近似一条直线时，成本性态是线性的。

R^2 **拟合优度**　在最小二乘回归分析中对拟合优度的量度。它是因变量的变化中能被自变量的变化所解释的比例。

练习题

1. 高低点法、散点图分析

阿彻公司（Archer Company）是一家专门为商业写字楼提供空调设备的公司。它收集了以下有关运输数量和运输费用的月度数据。

月份	运输数量	运输费用 / 美元
1 月	3	1 800
2 月	6	2 300
3 月	4	1 700
4 月	5	2 000
5 月	7	2 300
6 月	8	2 700
7 月	2	1 200

要求：

（1）用上面给出的数据绘制散点图。纵轴表示运输费用，横轴表示运输数量，运输费用和运输数量之间是否有近似的线性关系？

（2）使用高低点法，估计运输费用的成本公式。通过你在（1）中绘制的散点图中显示的最高和最低的数据点画一条直线，确保直线与 Y 轴相交。

（3）评价你用高低点法估计的准确性，假设最小二乘回归分析估计总固定成本为每月 910.71 美元，单位变动成本为 217.86 美元。你在（2）中画的直线和使误差平方和最小的直线有什么不同？

（4）除了运输数量之外，还有哪些因素会影响公司的运输费用？请解释原因。

2. 最小二乘回归

位于瑞士格伦兴的乔治卡洛婕珞芙（George Caloz & Frères）公司是一家小批量生产豪华定制手表的公司。该公司的产品之一是铂金潜水表，采用蚀刻工艺。该公司在过去 6 周的蚀刻成本记录如下。

周	次数	总蚀刻成本 / 美元
第 1 周	4	18
第 2 周	3	17
第 3 周	8	25
第 4 周	6	20
第 5 周	7	24
第 6 周	2	16
	30	120

为做好计划，管理层想知道单位变动蚀刻成本和每周总固定蚀刻成本。

要求：

（1）绘制一个散点图（将蚀刻成本标在纵轴上，次数标在横轴上）。

（2）利用最小二乘回归法，估算单位蚀刻成本和每周总固定蚀刻成本。用 $Y = a + bX$ 的形式表示估计结果。

（3）如果公司下周加工 5 次，预计总蚀刻成本是多少（答案四舍五入）？

问题

1. 最小二乘回归、散点图、活动基数比较

硬岩矿业公司（The Hard Rock Mining Company）正在为管理规划和决策目标开发一个成本公式。该公司的成本分析师得出的结论是，公共事业成本是一个混合成本，他正在试图找到一个影响该成本的因素。管理人员认为，开采吨数可能是制定成本公式的一个有关因素。生产负责人不同意，她认为直接人工工时是一个更好的因素。成本分析师决定分析这两种因素，并收集了以下信息。

时期	开采吨数	直接人工工时	公共事业成本 / 美元
第一年：			
第一季度	15 000	5 000	50 000
第二季度	11 000	3 000	45 000
第三季度	21 000	4 000	60 000
第四季度	12 000	6 000	75 000
第二年：			
第一季度	18 000	10 000	100 000

时期	开采吨数	直接人工工时	公共事业成本 / 美元
			（续）
第二季度	25 000	9 000	105 000
第三季度	30 000	8 000	85 000
第四季度	28 000	11 000	120 000

要求：

（1）采用开采吨数作为自变量，绘制一个散点图，将开采吨数标在横轴上，公共事业成本标在纵轴上。利用最小二乘回归法，估计单位变动公共事业成本和每季度的总固定公共事业成本。用 $Y = a + bX$ 的形式表示估计结果。

（2）采用直接人工工时作为自变量，绘制一个散点图，将直接人工工时标在横轴上，公共事业成本标在纵轴上。利用最小二乘回归法，估计单位直接人工工时的变动公共事业成本和每季度的总固定公共事业成本。用 $Y = a + bX$ 的形式表示估计结果。

（3）你会建议公司以开采吨数还是直接人工工时作为计算公共事业成本的因素？

2. 成本性态、高低点法、贡献式利润表

悉尼的莫里西布朗有限公司（Morrisey & Brown, Ltd.）是一家商品销售公司，是在澳大利亚消费者中越来越受欢迎的商品的唯一分销商。公司最近 3 个月的利润表如下。

莫里西布朗有限公司利润表
（截至 9 月 30 日的 3 个月内）

	7 月	8 月	9 月
销量	4 000	4 500	5 000
销售收入	400 000	450 000	500 000
营业成本	240 000	270 000	300 000
毛利	160 000	180 000	200 000
销售和管理费用：			
广告费用	21 000	21 000	21 000
航运费用	34 000	36 000	38 000
薪酬和佣金	78 000	84 000	90 000
保险费用	6 000	6 000	6 000
折旧费用	15 000	15 000	15 000
销售和管理费用总额	154 000	162 000	170 000
经营净利润	6 000	18 000	30 000

要求：

（1）通过分析该公司利润表的数据，将每一项成本（包括营业成本）分为变动、固定和混合成本三类。

（2）采用高低点法，将每一项混合成本分别划分为变动成本和固定成本。用 $Y = a + bX$ 的形式表示每种混合成本的变动部分和固定部分。

（3）使用贡献式利润表格式，在销量为 5 000 件的业务水平上重新编制公司利润表。

案例

定价决策中的混合成本分析

玛丽亚·查韦斯（Maria Chavez）拥有一家餐饮公司，为派对和商务活动提供食品和饮料。玛丽亚的生意是季节性的，她在夏季和假期的日程安排很紧，而在其他时间则比较轻松。

玛丽亚的客户需要的主要业务之一是鸡尾酒会。她提供了一个标准的鸡尾酒派对，并估算了每位客人的费用。

食物和饮料	15.00 美元
人工（0.5 小时 × 10.00 美元 / 小时）	5.00 美元
开销（0.5 小时 × 13.98 美元 / 小时）	6.99 美元
每位客人的总成本	26.99 美元

标准的鸡尾酒会持续 3 个小时，玛丽亚为每 6 位客人雇用 1 名工作人员为其服务，所以算下来每位客人需要半小时的服务。这些工作人员只在需要的时候被雇用，并且只按他们实际工作的时间支付工资。

在竞标鸡尾酒会时，玛丽亚会加价 15%，即每位客人的成本约为 31 美元。她对食品、饮料和劳动力成本的估计很有信心，但对管理费用的估计不太满意。每工时 13.98 美元的管理费用是用过去 12 个月的总管理费用除以同期的总工时计算得出的。有关管理费用和工时的月度数据如下。

月份	工时	管理费用 / 美元
1 月	2 500	55 000
2 月	2 800	59 000
3 月	3 000	60 000
4 月	4 200	64 000
5 月	4 500	67 000
6 月	5 500	71 000
7 月	6 500	74 000
8 月	7 500	77 000
9 月	7 000	75 000

月份	工时	管理费用 / 美元
		（续）
10 月	4 500	68 000
11 月	3 100	62 000
12 月	6 500	73 000
总计	57 600	805 000

玛丽亚收到了一份竞标邀请，邀请她竞标下个月由当地一家重要的慈善机构举办的 180 人的筹款鸡尾酒会（派对照常持续 3 个小时）。她很想中标这份合同，因为这次慈善活动的宾客名单上有许多她希望成为未来客户的知名人士。玛丽亚相信这些潜在客户会对她的公司在慈善活动中的服务有很好的印象。

要求：

（1）绘制一个散点图，X 轴表示工时，Y 轴表示管理费用。你能从散点图中发现什么？

（2）使用最小二乘回归法估计管理费用的固定和变动部分。用 $Y = a + bX$ 的形式表示估计结果。

（3）在这个 180 人的鸡尾酒会上，如果玛丽亚按日常的价格每人收取 31 美元的费用，那么她为这场鸡尾酒会提供服务能赚多少钱呢？

（4）玛丽亚可以接受慈善活动中每位客人多低的出价才能保本？

（5）组织该慈善筹款活动的负责人表示，他已经收到了另一家餐饮公司低于 30 美元的出价。你认为玛丽亚应该为该慈善活动出价低于她日常的 31 美元的价格吗？为什么可以或为什么不可以？

第 7 章

变动成本法与分部报告：管理工具

👁 **商业聚焦**

微软将业务重点转向云计算

  几十年来，微软公司与它标志性的特许经营产品 Windows 齐名。即使在今天，仍有超过 15 亿台的设备在使用某些版本的 Windows 软件。尽管如此，考虑到该行业"从个人计算机到移动设备和网络的不可逆转的发展"，该公司开始扩展 Windows 之外的产品。目前，微软公司更加重视其云计算业务 Azure 以及 Office 365 和 Dynamics 商业软件服务部门。

  虽然微软公司的个人计算机业务（包括 Windows）仍占公司总收入的 42%，但这一领域的收入增长率仅为 2%。相反，Azure 的收入增长了 98%，Office 365 的收入增长了 41%。

  资料来源：Jay Greene, "Microsoft Looks Beyond Windows," *The Wall Street Journal*, March 30, 2018, pp. B1-B2.

✍ **学习目标**

  1. 理解变动成本法与完全成本法的差异，计算每种方法下的单位生产成本。

  2. 分别使用变动成本法与完全成本法编制利润表。

  3. 协调变动成本法与完全成本法下的经营净利润，并解释这两个数额之间的差异。

  4. 编制区分可追溯固定成本与共同固定成本的分部利润表并用它做出决策。

  5. 使用可追溯固定成本分别计算一家公司在公司层面和分部层面的保本点。

  6. 使用超级变动成本法编制利润表，实现它与变动成本法之间的协调（附录 7A）。

  本章讨论了先前章节介绍的贡献式利润表的两种应用。首先，解释了出于内部决策的目的，制造业企业应如何编制变动成本法下的贡献式利润表。这种采用变动成本法编制的利润表将与用于外部报告而采用完全成本法编制的利润表形成对比。一般来讲，变动成本法与完全成本法会产生经营净利润的数额不同，且这种差异往往相当明显。本章除了解释这两种方法的不同之处，还将讨论变动成本法在实现内部报告目标中的优势，并分析成本方法的选择将会如何影响管理决策。

  其次，本章将阐明如何编制分部的贡献式利润表。除了公司层面的利润表，管理者还需要度量组织中各个分部的盈利能力。**分部**（segment）是一个组织中围绕成本、收入或利润数据划分的单个部分或作业。本章将讨论如何编制贡献式利润表，报告企业的部门、单个店面、地理区域、客户以及产品线等分部的利润数据。

7.1 变动成本法与完全成本法概述

  在讨论变动成本法下的利润表与完全成本法下的利润表之前，请关注以下 3 点。第一，虽然两种方法下的利润表对于成本类别的定义有所不同，但它们均包含了生产成本和期间费用。第二，变动成本法下的利润表是基于贡献式利润表编制的，它以成本性态为基础对成本进行分类，将变动成本与固定成本分别列报。完全成本法下的利润表则忽略了变动成本与固定成本的区别。第三，变动成本法与完全成本法下的经营净利润通常有所不同。产生这种差异的原因通常与两种方法下的利润表对于固定制造费用的核算方式不同有关，这也是本章需要重点关注的内容。

7.1.1　变动成本法

在**变动成本法**（variable costing）下，只有那些随产量变动而变动的生产成本才被算作生产成本，通常包括直接材料、直接人工和变动制造费用。在这种方法下，固定制造费用不计入生产成本，而是像销售和管理费用一样作为期间费用在利润表中列报。相应地，在变动成本法下，存货成本或销货成本均不包含任何固定制造费用。变动成本法有时也被称作直接成本法或边际成本法。

7.1.2　完全成本法

完全成本法（absorption costing）不对制造费用的固定或变动部分加以区分，而将它们全部算作生产成本。完全成本法下生产成本包括直接材料、直接人工以及变动与固定的制造费用。因此，完全成本法将固定制造费用同变动制造费用一起分配进每一单位产品。因为完全成本法在生产成本中包含了全部制造费用，所以它也经常被称为吸收成本法。

7.1.3　销售和管理费用

不管在何种成本法下，销售和管理费用都从未计入生产成本。因此，在完全成本法与变动成本法下，不论是变动的还是固定的销售和管理费用，均作为期间费用并在发生期间的利润表中作为费用列报。

差异总结

如图 7-1 所示，通常变动成本法和完全成本法所报告的经营净利润差异是因为两种成本法对于固定制造费用的核算方式不同。除此之外，两种成本法下其他所有成本对于经营净利润的影响均相同。在完全成本法下，固定制造费用包含在在产品存货之中。当生产完成时，这些成本转移进产成品，只有当销售实现时，这些成本才会作为销货成本的一部分在利润表中列示。在变动成本法下，固定制造费用同销售和管理费用一样被看作期间费用，并立即作为费用在利润表中列报。

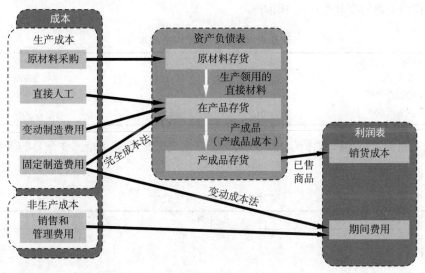

图 7-1　变动成本法与完全成本法的对比

7.2 变动成本法与完全成本法实例

在接下来的整个章节和实例中，我们将进行 4 个简化假设。第一，本章将使用实际成本法而不是在分批成本法中介绍的定额成本法进行核算。换言之，本章将实际的变动制造费用与固定制造费用分配进产品之中，而不是基于预计制造费用分配率将制造费用分配至产品中。第二，本章使用实际生产数量作为将实际固定制造费用分配进产品的基础。第三，本章假设每单位的变动制造费用与每期的固定制造费用总额保持不变。第四，本章中的所有实例、练习题和问题都假设在期初和期末均没有在产品存货。

在了解了上述假设之后，让我们以韦伯轻型飞机公司（Weber Light Aircraft）——一家生产轻型娱乐用飞机的公司作为分析对象，具体说明变动成本法与完全成本法的不同。该公司经营情况相关的数据列示如下。

	每架飞机 / 美元		每月 / 美元
售价	100 000		
直接材料	19 000		
直接人工	5 000		
变动制造费用	1 000		
固定制造费用			70 000
变动销售和管理费用	10 000		
固定销售和管理费用			20 000
	1 月	2 月	3 月
期初存货	0	0	1
产量	1	2	4
销量	1	1	5
期末存货	0	1	0

从上述数据中看到，1 月、2 月、3 月，每架飞机的售价、变动成本，以及每月固定费用总额是不变的。本例中发生变动的数据仅有产量（1 月 = 1；2 月 = 2；3 月 = 4）与销量（1 月 = 1；2 月 = 1；3 月 = 5）。

首先，我们将编制该公司 1 ～ 3 月的变动成本法下的利润表，然后在此基础上介绍如何用完全成本法计算该公司相同月份的经营净利润。

7.2.1 变动成本法下的贡献式利润表

为了编制该公司 1 ～ 3 月的变动成本法下的利润表，我们首先需要计算其单位生产成本。在变动成本法下，单位生产成本仅由下面的变动生产成本组成。

变动成本法下的单位生产成本	（单位：美元）
直接材料	19 000
直接人工	5 000
变动制造费用	1 000
单位生产成本	25 000

因为每月每架飞机的单位生产成本为 25 000 美元，那么变动成本法下全部 3 个月的销货成本可以通过以下方式计算。

变动成本法下的销货成本			
	1 月	2 月	3 月
单位生产成本（a）	25 000 美元	25 000 美元	25 000 美元
销量（b）	1	1	5
变动销货成本（a）×（b）	25 000 美元	25 000 美元	125 000 美元

该公司的销售和管理费用总额可以通过以下计算得出。

销售和管理费用			（单位：美元）
	1 月	2 月	3 月
变动销售和管理费用（10 000 美元/架）	10 000	10 000	50 000
固定销售和管理费用	20 000	20 000	20 000
销售和管理费用总额	30 000	30 000	70 000

将上述内容汇总得出变动成本法下的利润表如表 7-1 所示。值得注意的是，这张利润表以贡献式利润表为基础编制，并且每月的固定制造费用（70 000 美元）作为期间费用列报在发生的月度。

表 7-1　变动成本法下的贡献式利润表　　　　　　　（单位：美元）

	1 月	2 月	3 月
销售收入	100 000	100 000	500 000
变动费用：			
变动销货成本	25 000	25 000	125 000
变动销售和管理费用	10 000	10 000	50 000
变动费用总额	35 000	35 000	175 000
边际贡献	65 000	65 000	325 000
固定费用：			
固定制造费用	70 000	70 000	70 000
固定销售和管理费用	20 000	20 000	20 000
固定费用总额	90 000	90 000	90 000
经营净利润（损失）	（25 000）	（25 000）	235 000

通过下面简单的方法可以理解韦伯轻型飞机公司如何计算它每月变动成本法下的经营净利润，其重点是计算每架已售飞机的边际贡献。具体的计算如下。

每架已售飞机的边际贡献		（单位：美元）
每架飞机的售价		100 000
每架飞机的变动销货成本	25 000	
每架飞机的变动销售和管理费用	10 000	35 000
每架飞机的边际贡献		65 000

变动成本法下每期的经营净利润通常可以通过已售商品数量乘以单位产品边际贡献，再减去固定费用总额计算得出。韦伯轻型飞机公司的计算如下。

	1 月	2 月	3 月
销量/架	1	1	5
每架飞机的边际贡献/美元	65 000	65 000	65 000
边际贡献总额/美元	65 000	65 000	325 000
固定费用总额/美元	90 000	90 000	90 000
经营净利润（损失）/美元	（25 000）	（25 000）	235 000

请注意，1 月和 2 月经营净亏损相同。这是因为这两个月各售出一架飞机，而如前述，每架飞机的售价、变动成本，以及每月固定费用总额保持不变。

7.2.2　完全成本法下的利润表

在分析这部分实例之前，请记住完全成本法下的经营净利润与变动成本法不同的唯一原因是，二者对于固定制造费用的处理方式有所区别。在完全成本法下，固定制造费用计入生产成本，而在变动成本法下，固定制造费用则像销售和管理费用一样作为期间费用。

首先，在编制韦伯轻型飞机公司 1～3 月完全成本法下的利润表时，应确定公司每月的单位生产成本，列示如下。

完全成本法下的单位生产成本			（单位：美元）
	1 月	2 月	3 月
直接材料	19 000	19 000	19 000
直接人工	5 000	5 000	5 000
变动制造费用	1 000	1 000	1 000
固定制造费用	70 000	35 000	17 500
单位生产成本	95 000	60 000	42 500

每月韦伯轻型飞机公司单位产品的固定制造费用由固定制造费用总额 70 000 美元除以产量得出。

在给定以上单位生产成本的情况下，该公司完全成本法下每月的经营净利润如表 7-2 所示。

表 7-2　完全成本法下的利润表			（单位：美元）
	1 月	2 月	3 月
销售收入	100 000	100 000	500 000
销货成本	95 000	60 000	230 000
毛利	5 000	40 000	270 000
销售和管理费用	30 000	30 000	70 000
经营净利润（损失）	（25 000）	10 000	200 000

表 7-2 中 1～3 月的销售收入与变动成本法下的利润表中列示的相同。在完全成本法下，1 月的销货成本为 95 000 美元，是由 1 个单位的产品构成的。2 月的销货成本为 60 000 美元，是由 2 月生产的 1 个单位的产品构成的。3 月的销货成本为 230 000 美元，是由 2 月生产的成本为 60 000 美元的 1 个单位产品，以及 3 月生产的总成本 170 000 美元的 4 个单位产品构成的。销售和管理费用与变动成本法下的利润表中列示的数额相等，但它们用一个数字表示，而不是被分为变动与固定两部分。

即使 1 月和 2 月的销售收入与成本结构完全相同，在完全成本法下 2 月的经营净利润比 1 月高出 35 000 美元。这是因为 2 月生产的一架飞机直到 3 月才售出。这架飞机 35 000 美元的固定制造费用发生在 2 月，但在当月不会作为销货成本的一部分列报。

对比表 7-1 和表 7-2，我们可以发现，两者在 1 月的经营净利润是相同的，而在其他两个月却是不同的。稍后，我们将对此做进一步分析。另外，变动成本法下的利润表与完全成本法下的利润表的格式有所不同。完全成本法下的利润表根据功能将成本划分为生产成本、销售和管理费用。全部的生产成本都要计入销货成本，而所有的销售和管理费用则分别作为期间费用进行列报。与之相反，变动成本法下的贡献式利润表依据成本性态进行分类，将所有的变动费用与固定费用分别列报。变动费用包括生产成本（也就是变动销货成本）、销售和管理费用。固定费用同样包括生产成本、销售和管理费用。

| 商业实战 7-1 | 　　　　　　　强力胶：融合产品的变动间接成本

黏合剂正在逐渐替代汽车与飞机中的焊接、铆钉、螺丝钉与螺栓。对于制造结构型黏合剂的企业，如汉高公司（Henkel AG）、陶氏化学（Dow Chemical）和 3M 公司来说，在这个产值 20 亿美元的市场中每年 4%～5% 的增长率是一个好消息。汽车制造商正在用更轻的黏合剂替代重金属扣件，以达到更加严格的能耗标准。例如，福特汽车公司（Ford Motor Company）的 F-150 小型载货汽车使用的黏合剂比原先多了 3 倍。

在航空航天产业，相比普通飞机，波音 787 梦想客机
借助结构型黏合剂减少了 200 000 ～ 250 000 个金属扣
件的使用，这使得波音 787 梦想客机更加轻便与低耗。

资料来源：James R. Hagerty and Mike Ramsey, "Super Glue,
Not Bolts, Holds Cars Together," *The Wall Street Journal*, September
9, 2014, pp. B1 and B4.

7.3　变动成本法与完全成本法之间经营净利润的协调

如前所述，变动成本法与完全成本法下的经营净利润可能不同，在韦伯轻型飞机公司的实例中，在两种成本法下，1 月的经营净利润相同，其他两个月却不同。这种差异的产生是由于完全成本法下固定制造费用被资本化计入存货当中（计入了生产成本中）而不是立即在利润表中费用化。如果某一期间存货增加，在完全成本法下当期固定制造费用的一部分会被吸收到期末存货中去。比如，2 月生产了两架飞机，每架飞机应承担 35 000 美元的固定制造费用。因为只售出了 1 架飞机，这部分 35 000 美元的固定制造费用会在 2 月完全成本法下的利润表中作为销货成本列报，而未出售飞机应承担的 35 000 美元的固定制造费用会被包含在 2 月资产负债表的期末产成品存货当中。与之相反，变动成本法下 70 000 美元的固定制造费用在 2 月的利润表中全部作为期间费用列报。因此，2 月完全成本法下的经营净利润比变动成本法下的高出 35 000 美元。这种情况在 3 月生产 4 架飞机但售出 5 架时被倒转。3 月，完全成本法下 105 000 美元的固定制造费用被计入销货成本（2 月生产、3 月销售的 1 架飞机 35 000 美元，加上 3 月生产、3 月销售的 4 架飞机各 17 500 美元），但变动成本法下只有 70 000 美元被算作期间费用。所以，3 月完全成本法下的经营净利润比变动成本法下的低 35 000 美元。

总之，当产量大于销量、存货增加时，完全成本法下的经营净利润高于变动成本法下的经营净利润，这是由于完全成本法下当期固定制造费用的一部分会被吸收到存货中去。相反，当销量大于产量、存货减少时，完全成本法下的经营净利润比变动成本法下的低，这是因为完全成本法下一些以前期间的固定制造费用从存货中释放了出来。当产量与销量一致、存货不变时，两种方法下的经营净利润相等。[⊖]

变动成本法与完全成本法下的经营净利润可以通过计算当期固定制造费用被吸收到存货中或从存货中被释放的数额来实现协调，如下表所示。

完全成本法下被吸收到存货中或从存货中被释放的固定制造费用			（单位：美元）
	1 月	2 月	3 月
期末存货中的固定制造费用	0	35 000	0
减：期初存货中的固定制造费用	0	0	35 000
被吸收到存货中或从存货中被释放的固定制造费用	0	35 000	（35 000）

计算吸收到存货中或从存货中被释放的固定制造费用的公式如下：

$$\text{吸收到存货中或从存货中被释放的固定制造费用} = \text{期末存货中的固定制造费用} - \text{期初存货中的固定制造费用}$$

变动成本法与完全成本法下经营净利润的协调方式如表 7-3 所示。

表 7-3　协调变动成本法与完全成本法下的经营净利润　（单位：美元）

	1 月	2 月	3 月
变动成本法下的经营净利润（损失）	（25 000）	（25 000）	235 000
加（减）：完全成本法下被吸收到存货中（从存货中被释放）的固定制造费用	0	35 000	（35 000）
完全成本法下的经营净利润（损失）	（25 000）	10 000	200 000

⊖　以上变动成本法与完全成本法下经营净利润关系的综述假定后进先出法可以被用于存货计价。即使不允许使用后进先出法，以上陈述也是正确的。虽然一般公认会计原则允许采用后进先出和先进先出的存货流转假设，但国际财务报告准则不允许采用后进先出的存货流转假设。

需要再次明确，变动成本法与完全成本法下经营净利润的差异，完全来自完全成本法下当期被吸收到存货中或从存货中被释放的固定制造费用。假定单位产品的变动生产成本不变，存货的变动只影响完全成本法下的经营净利润，而不影响变动成本法下的经营净利润。

表 7-4 总结了变动成本法与完全成本法下经营净利润差异的原因。当产量与销量一致、存货不变时，如韦伯轻型飞机公司 1 月时的状况，完全成本法与变动成本法下的经营净利润相等。这是由于在产量与销量一致时，两种方法下当期全部的固定制造费用都计入利润表。对于采用精益生产方式的企业来说，产量与销量基本一致。因为产品根据客户订单生产，消除了产成品存货，并使在产品存货几乎减少至零。因此，变动成本法与完全成本法下经营净利润的差异在使用精益生产方式的企业中很少出现。

表 7-4 可比收益效应：完全成本法与变动成本法

当期产量与销量的关系	对存货的影响	完全成本法与变动成本法下经营净利润之间的关系
产量 = 销量	存货不变	完全成本法经营净利润 = 变动成本法经营净利润
产量 > 销量	存货增加	完全成本法经营净利润 > 变动成本法经营净利润①
产量 < 销量	存货减少	完全成本法经营净利润 < 变动成本法经营净利润②

①完全成本法下的经营净利润更高，这是因为在完全成本法下存货增加，固定制造费用被吸收到存货当中。
②完全成本法下的经营净利润更低，这是因为在完全成本法下存货减少，固定制造费用从存货中被释放出来。

当产量大于销量时，完全成本法下的经营净利润将会高于变动成本法下的经营净利润。这是因为存货增加了，完全成本法下当期固定制造费用的一部分被吸收到资产负债表的期末存货中，而变动成本法下当期全部的固定制造费用被计入利润表。与之相反，当产量小于销量时，完全成本法下的经营净利润将会低于变动成本法下的经营净利润。这是因为存货减少了，完全成本法下前期吸收到存货中的固定制造费用与当期全部的固定制造费用一起计入当期的利润表。而在变动成本法下，只有当期的固定制造费用计入利润表。

| 商业实战 7-2 |　　　　　　　　存货管理是一种微妙的平衡行为

制造商们不断地努力保持最优库存量。如果他们生产的产品过多就会占用营运资本，而如果产量不足则会导致冗长的客户交货时间与销售损失。同样的挑战也适用于商业企业，如西雅图的网络零售商组灵（Zulily）。这家公司在收到客户订单之后才向供应商订货。这种方式帮助组灵避免了存货的储存，但同时导致它的订单交付时间维持在 14 ~ 18 天，与亚马逊（Amazon.com）、QVC、欧时到（Overstock.com）

2 ~ 5 天的订单交付时间相比，这极大地削弱了公司的竞争力。

为了缩短交货时间，组灵决定在对终端客户进行销售之前向供应商订货并储存。尽管这些商品放置在组灵的仓库中，却不会被列报在公司的资产负债表上。在商品售出之前，组灵的供应商仍将保留商品的所有权。

资料来源：Serena Ng，"Zulily Nips Business Model in the Bud," *The Wall Street Journal*, March 24, 2015, p. B4.

7.4 变动成本法与边际贡献法的优点

变动成本法与边际贡献法有利于编制内部报告。下面是其 3 个优点。

7.4.1 有利于本量利分析

进行本量利分析的前提是将成本分为变动成本和固定成本。因为变动成本法下利润表中的成本按照变动与固定的标准分类，而完全成本法则不区分变动成本与固定成本，所以前者比后者更适于进行本量利分析。

此外，完全成本法下的经营净利润与本量利分析的结果不一定一致。比如，假设你对韦伯轻型飞机公司实现 235 000 美元的目标利润所需完成的销售收入感兴趣，基于表 7-1 变动成本法下的贡献式利润表中 1 月相关数据进行的本量利分析如下。

（金额单位：美元）

销售收入（a）	100 000
边际贡献（b）	65 000
边际贡献率（b）÷（a）	65%
固定费用总额	90 000

$$实现目标利润所需完成的销售收入 = （目标利润 + 固定费用）÷ 边际贡献率$$
$$= （235\,000\ 美元 + 90\,000\ 美元）÷ 65\%$$
$$= 500\,000\ 美元$$

因此，基于 1 月变动成本法下的利润表的本量利分析预测当销售收入达到 500 000 美元时，经营净利润为 235 000 美元。事实上，变动成本法下 3 月的销售收入为 500 000 美元时，经营净利润确实为 235 000 美元。但即使销售收入同样是 500 000 美元，完全成本法下 3 月的经营净利润却不是 235 000 美元。这是为什么呢？因为在完全成本法下，经营净利润会因存货的变动而波动。3 月存货减少，在 2 月被吸收到期末存货中的一部分固定制造费用在 3 月被释放并列报在利润表中，使得经营净利润比本量利分析预测的 235 000 美元少了 35 000 美元。如果 3 月存货增加，则会发生相反的情况，完全成本法下的经营净利润会比本量利分析预测的 235 000 美元高。

7.4.2　解释经营净利润的变化

表 7-1 的变动成本法下的贡献式利润表清晰且易于理解。在其他因素不变的情况下，当销售收入增长时，经营净利润增加；当销售收入下降时，经营净利润减少；当销售收入不变时，经营净利润不变。产品的产量并不影响经营净利润。

完全成本法下的利润表则可能令人疑惑或导致误解。回看表 7-2 的完全成本法下的利润表，管理者可能会疑惑为什么在 1 ～ 2 月销售收入相同的情况下，经营净利润会有所增加。是因为更低的销售成本、更有效的运营或者其他因素吗？事实上，仅仅是由于 2 月的产量大于销量，导致一部分当月的固定制造费用被吸收到了存货当中。这部分成本并没有消失，它们最终会在以后某个存货减少的期间被计入利润表。而完全成本法下的利润表却无法反映这些信息。

在采用完全成本法时，为了避免错误，财务报表的使用者应警惕存货水平的变动。在完全成本法下，如果存货增加，固定制造费用会被吸收到存货当中，导致经营净利润增加；如果存货减少，固定制造费用会从存货中被释放出来，导致经营净利润减少。因此，在采用完全成本法时，存货变动与销量变动都可能引起经营净利润的波动。

7.4.3　支持决策制定

变动成本法正确确认每多生产 1 单位产品所增加的变动成本，并同时强调了固定成本对经营净利润的影响。固定制造费用总额在利润表中清晰地列报，强调只有全部固定制造费用都被补偿的企业才是真正赢利的。在韦伯轻型飞机公司的实例中，变动成本法下的利润表正确地反映了每多生产 1 单位产品所增加的成本 25 000 美元，并明确确认必须补偿 70 000 美元的固定制造费用后才能获利。

在完全成本法下，固定制造费用看似是随着销量变动的，但实际上并不是。比如，1 月韦伯轻型飞机公司完全成本法下的单位生产成本是 95 000 美元，其中变动部分只占 25 000 美元。70 000 美元的固定成本与变动生产成本合并在一起，从而掩盖了固定成本对利润的影响。由于完全成本法下的单位生产成本以单位为基础列报，管理者可能会错误地认为每多生产 1 单位产品将再花费公司 95 000 美元，但这显然是不对的，再多生产 1 单位产品的成本只是 25 000 美元。错误地将完全成本法下的单位生产成本理解为变动的将会导致许多问题，包括不适当的定价决策、停产实际赢利的产品等。

7.5 分部利润表与边际贡献法

在本章的这部分内容中，我们将学习如何使用边际贡献法编制企业分部利润表。分部利润表有利于分析企业分部的盈利能力、做出决策以及衡量管理者绩效。

7.5.1 可追溯固定成本、共同固定成本与分部毛利

为了使用边际贡献法编制分部利润表，你需要理解 3 个新的术语：可追溯固定成本、共同固定成本和分部毛利。

一个分部的**可追溯固定成本**（traceable fixed cost）是指因这个分部的存在而产生的固定成本，如果这个分部不存在，固定成本也就不会发生，如果分部消失了，固定成本也会随之消失。

可追溯固定成本的举例如下。

- 百事公司（PepsiCo）旗下品牌菲乐多的产品经理的工资是百事公司菲乐多业务分部的可追溯固定成本。
- 波音 747 生产工厂的维护成本是波音公司 747 业务分部的可追溯固定成本。
- 迪士尼乐园的责任险是华特迪士尼公司迪士尼乐园业务分部的可追溯固定成本。

共同固定成本（common fixed cost）是一种支持多个分部运营，但不能全部或部分追溯至任何具体分部的固定成本。即使某一分部完全消失，共同固定成本也不会改变。例如：

- 通用汽车首席执行官的工资是通用汽车各部门的共同固定成本。
- 西夫韦（Safeway）或克罗格（Kroger）超市的加热成本是杂货、农产品、西点、肉类等各部门的共同固定成本。
- 一间由多名医生组成的办公室中前台接待员的工资是医生们的共同固定成本。这项成本对于办公室是可追溯的，但不能追溯至医生个人。

为了编制分部利润表，从销售收入中扣除变动费用从而得到分部的边际贡献。边际贡献反映了分部产能与固定成本不变时，销量变动对于利润的影响。边际贡献极大地有助于制定涉及产能临时占用的决策，如特别订货等。这类决策通常只涉及销售收入与变动成本这两个边际贡献的组成部分。

分部毛利（segment margin）等于分部边际贡献扣除可追溯固定成本的差额。它代表了分部在补偿了全部与自身相关的成本后可获得的毛利。分部毛利是分部长期盈利能力的最佳测量器，因为它只包含了那些由分部自身导致的成本。如果一个分部不能补偿与自身相关的成本，那么这个分部可能就应该被撤销（除非它对其他分部有辅助作用）。值得注意的是，共同固定成本不会被分配至各个分部。

从决策的角度来看，分部毛利最有助于做出影响产能的重大决策，如撤销一个分部。相反，如前所述，边际贡献则对于涉及销量短期变动的决策最为有益，如涉及现有产能临时占用的特别订货的定价决策。

| 商业实战 7-3 | 杰西潘尼：商品目录的回归

2010 年，杰西潘尼（J. C. Penney）停刊了自 1963 年首次出版和发行的商品目录。然而，2015 年，当公司意识到许多在线销售来自客户对印刷品浏览的反应时，他们重新引入了销售目录索引。换

言之，杰西潘尼意识到看商品目录的消费者与互联网消费者并不是独立的客户分部。如果像杰西潘尼这类的零售商将商品目录销售与互联网销售分别进行分析，他们可能会终止商品目录分部，而忽视了这个决定对于互联网部门边际贡献的负面影响。

资料来源：Suzanne Kapner, "Catalog Makes a Comeback at Penney," *The Wall Street Journal*, January 20, 2015, pp. B1 and B7.

7.5.2　识别可追溯固定成本

区分可追溯固定成本与共同固定成本的在分部报告中至关重要，因为可追溯固定成本由分部承担，而共同固定成本则不需要由分部承担。在实际情况中，有时会很难判断一项成本是可追溯固定成本还是共同固定成本。

识别可追溯固定成本的一般标准是当分部消失时，这些成本也将随之消失。比如，如果一家公司的一个部门被出售或撤销，公司将无须再支付该部门经理的工资。因此，部门经理的工资可划为该部门的可追溯固定成本。另外，即使一个部门被撤销，公司总裁的工资无疑还是会正常支付。事实上，如果撤销该部门是一个好主意，公司总裁的工资可能还会有所增长。因此，总裁的工资是公司所有部门的共同固定成本，而不应由分部承担。

当向分部分配成本时，其关键点是不要将明显的与分部是否存在无关的共同成本（例如公司设备的折旧）进行分配。任何将共同成本分配到分部中的行为都将降低分部毛利在衡量分部长期盈利能力与业绩表现中的价值。

7.5.3　可追溯固定成本转变为共同固定成本

一个部门的可追溯固定成本可能是另一个部门的共同固定成本。例如，美国联合航空公司需要在分部利润表中反映芝加哥飞往巴黎这条航线的分部毛利，并将其进一步分为头等舱、商务舱和经济舱的分部毛利。这条航线需要向巴黎的查尔斯戴高乐机场支付一笔大额的着陆费。这笔固定的着陆费是这条航线的可追溯固定成本，但同时也是头等舱、商务舱与经济舱分部的共同固定成本。即使头等舱是空载的，也必须支付同样的着陆费。因此，着陆费不是头等舱的可追溯固定成本，但支付着陆费是运送头等舱、商务舱与经济舱乘客所必需的，所以着陆费是这 3 个分部的共同固定成本。

|商业实战 7-4|　　　　　　　维拉尔表演艺术中心的分部报告

维拉尔表演艺术中心（Vilar Performing Arts Center）坐落于美国科罗拉多州的比弗克里克，是一家能够容纳 535 人的剧院。这里类型多样的表演被划分为 6 个业务分部，分别是家庭系列、百老汇系列、戏剧 / 喜剧系列、舞剧系列、经典系列和音乐会系列。剧院的执行董事克里斯·萨贝尔（Kris Sabel）必须确定哪些节目需要预订、向艺术家提供哪些财务条款、承销商（也就是捐助者）能够做出何种贡献以及收取何种票价。他使用分部利润表来评价分部的盈利能力，利润表中包含的项目有可追溯固定成本（例如，艺术家的交通、食宿成本），不包含共同固定成本（例如，他和员工的工资、剧院的折旧、一般营销费用）。

经典系列分部某一季度的数据列示如下。

节目数	4
预算座位数	863
售出座位数	655
每场节目平均售出座位数	164
门票销售收入	46 800 美元
承销收入（捐助者）	65 000 美元
总收入	111 800 美元
艺术家费用	78 870 美元
其他可追溯费用	11 231 美元
费用总额	90 101 美元
经典系列分部毛利	21 699 美元

尽管经典系列每个节目平均只售出 164 个座位，但加上来自捐助者的承销收入（65 000 美元），它整

体的分部毛利（21 699 美元）是较为乐观的。但如果将共同固定成本分配至经典系列，可能会使其看上去无利可图并被终止，这不仅会导致节目减少并且缺乏多样化，引发一小部分忠实影迷的失望情绪，而且维拉尔表演艺术中心的整体收益也会因经典系列分部毛利的损失而下降。

7.6 分部利润表实例

普拉迈公司（ProphetMax Inc.）是一家发展迅速的计算机软件公司。表 7-5 是最近一个月该公司变动成本法下的利润表。随着公司的不断壮大，高级经理们开始需要分部利润表来进行决策并评价管理绩效。对此，普拉迈公司的财务主管编制了公司各部门、产品线以及销售渠道的贡献式分部利润表。图 7-2 表明普拉迈公司的利润分至两个部门——企业产品部与消费产品部，消费产品部又进一步分为剪辑艺术产品线与计算机游戏产品线。最终，计算机游戏产品线的利润（在消费产品部中）被分至在线销售渠道与零售店销售渠道之中。

表 7-5 普拉迈公司变动成本法下的利润表

（单位：美元）

销售收入	500 000
变动成本：	
变动销货成本	180 000
其他变动成本	50 000
变动成本总额	230 000
边际贡献	270 000
固定成本	**256 500**
经营净利润	13 500

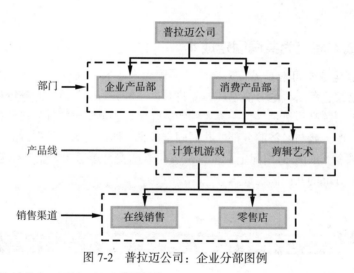

图 7-2 普拉迈公司：企业分部图例

分部利润表的层次

图 7-3 包含了图 7-2 中财务主管编制的分部利润表。整个公司的贡献式利润表在图中最上方的"公司总额"一栏中列示。值得注意的是，这一列的经营净利润（13 500 美元）与表 7-5 中计算的经营净利润相同。"公司总额"列右边的两列为两个部门的数据。我们可以看出，企业产品部的可追溯固定成本为 90 000 美元，消费产品部的可追溯固定成本为 81 000 美元，共计 171 000 美元的可追溯固定成本（如"公司总额"列所示）加上 85 500 美元的不可追溯到单个部门的共同固定成本等于表 7-5 中所示的普拉迈公司的固定费用总额（256 500 美元）。我们还可以看出企业产品部的分部毛利是 60 000 美元，消费产品部的分部毛利是 39 000 美元。分部毛利使部门经理们了解了各自部门对公司利润的贡献。

在图 7-3 的中部，将消费产品部进一步分为两条产品线——剪辑艺术与计算机游戏。一些固定成本的双重属性能够在这一部分得到反映。值得注意的是，在图 7-3 的上部，将分部定义为部门时，消费产品部的可追溯固定成本为 81 000 美元。然而，在图 7-3 的中部，进一步延伸至产品线层次时，81 000 美元可追溯至消费产品部的成本中只有 70 000 美元可追溯至产品线。其余的 11 000 美元成为消费产品部两条产品线的共同固定成本。

将分部定义为部门			(单位：美元)
	公司总额	部门	
		企业产品部	消费产品部
销售收入	500 000	300 000	200 000
变动费用：			
变动销货成本	180 000	120 000	60 000
其他变动费用	50 000	30 000	20 000
变动费用总额	230 000	150 000	80 000
边际贡献	270 000	150 000	120 000
可追溯固定成本	**171 000**	**90 000**	**81 000**
分部毛利	99 000	60 000	39 000
不可追溯到单个部门的共同固定成本	**85 500**		
经营净利润	13 500		

将分部定义为消费产品部的产品线			
	消费产品部	产品线	
		剪辑艺术	计算机游戏
销售收入	200 000	75 000	125 000
变动费用：			
变动销货成本	60 000	20 000	40 000
其他变动费用	20 000	5 000	15 000
变动费用总额	80 000	25 000	55 000
边际贡献	120 000	50 000	70 000
可追溯固定成本	**70 000**	30 000	**40 000**
产品线分部毛利	50 000	20 000	30 000
不可追溯到产品线的共同固定成本	**11 000**		
产品线分部毛利	39 000		

将分部定义为消费产品部计算机游戏产品线的销售渠道			
	计算机游戏	销售渠道	
		在线销售	零售店
销售收入	125 000	100 000	25 000
变动费用：			
变动销货成本	40 000	32 000	8 000
其他变动费用	15 000	5 000	10 000
变动费用总额	55 000	37 000	18 000
边际贡献	70 000	63 000	7 000
可追溯固定成本	**25 000**	15 000	10 000
销售渠道分部毛利	45 000	48 000	（3 000）
不可追溯到销售渠道的共同固定成本	**15 000**		
产品线分部毛利	30 000		

图 7-3　普拉迈公司：贡献式分部利润表

　　为什么当部门细分为产品线时，11 000 美元的可追溯固定成本会变为一项共同固定成本呢？这是因为
11 000 美元是一台机器设备的月度折旧费用，这台机器用于包装产品，以便投入消费市场。这笔折旧费用是消
费产品部整体的可追溯成本，但同时也是该部门两条产品线的共同固定成本。即使其中一条产品线终止运营，

这台设备还是会用于包装剩余产品。因此折旧费不能追溯至单个产品。相反，70 000 美元的可追溯固定成本由特定产品的广告费组成，因而能够追溯至单个产品线，其中有 30 000 美元用于宣传剪辑艺术，40 000 美元花费在计算机游戏的广告之中。

在图 7-3 的下部，将计算机游戏产品线进一步划分为两条销售渠道，分别是在线销售与零售店销售。一些固定成本的双重属性能够在这一部分得到反映。在图 7-3 的中部，将分部定义为产品线时，计算机游戏产品线的可追溯固定成本为 40 000 美元。然而，在图 7-3 下部的销售渠道中，我们会发现，40 000 美元可追溯至电脑游戏生产线的成本中只有 25 000 美元可追溯至销售渠道，其余的 15 000 美元成为计算机游戏生产线中两条销售渠道的共同固定成本。

7.7 分部利润表：决策制定与保本分析

贡献式分部利润表的编制可以帮助公司制定决策并进行保本分析。

7.7.1 制定决策

让我们再次回看图 7-3 的下部，这部分阐释了分部利润表是如何支持决策的制定的。在线销售渠道的分部毛利为 48 000 美元，零售店销售渠道的分部毛利为 −3 000 美元。假设普拉迈公司想要知道终止计算机游戏零售店销售渠道的销售对于利润的影响。公司认为如果终止零售店销售渠道，计算机游戏的在线销售收入将增长 10%。同时，它们认为这个决定不会对企业产品部与剪辑艺术产品线产生影响。该如何计算这个决定对于利润的影响呢？

第一步，计算终止零售店销售渠道对于利润的影响。我们假设如果这条销售渠道消失，与之相关的销售收入、变动费用与可追溯成本都将消失。总结出这一财务影响的最快方法就在于关注零售店的分部毛利。换言之，如果终止零售店销售渠道，该分部 3 000 美元的净损失也会随之消失。这将使普拉迈公司的经营净利润增加 3 000 美元。

第二步，计算计算机游戏在线销售收入增长 10% 对于利润的影响。为了计算，我们假设在线销售的可追溯固定成本总额（15 000 美元）保持不变，边际贡献率始终维持在 63%（= 63 000 美元 ÷ 100 000 美元）。如果在线销售收入增加 10 000 美元（= 100 000 美元 × 10%），在线销售渠道的边际贡献将增加 6 300 美元（= 10 000 美元 × 63%）。终止零售店销售渠道对于利润的整体影响总结如下。

可避免的零售店分部的损失	3 000 美元
在线销售边际贡献的增加	6 300 美元
普拉迈公司经营净利润的增加	9 300 美元

7.7.2 保本分析

在第 6 章中，我们学习了如何计算一家没有可追溯固定成本的多产品公司的公司水平保本点。现在，我们将使用图 7-3 中普拉迈公司的数据解释如何计算一家有可追溯固定成本的公司的公司水平的和分部的保本点。从公司水平来看，计算一家有可追溯固定成本的多产品公司保本点的公式如下：

$$公司保本点销售收入 = (可追溯固定成本 + 共同固定成本) ÷ 整体边际贡献率$$

以普拉迈公司为例，我们首先应该回顾一下图 7-3 上部"公司总额"一列的信息。这列数据表明普拉迈公司可追溯固定成本总额为 171 000 美元，共同固定成本总额为 85 500 美元。另外，公司 270 000 美元的整体边际贡献除以总销售收入 500 000 美元可以得出整体边际贡献率 0.54。基于给定信息，普拉迈公司的公司水平保本点计算如下：

$$公司保本点销售收入 = （可追溯固定成本 + 共同固定成本）\div 整体边际贡献率$$
$$= （171\,000\,美元 + 85\,500\,美元）\div 0.54$$
$$= 256\,500\,美元 \div 0.54$$
$$= 475\,000\,美元$$

需要着重强调的是这项计算假定销售构成保持不变。换言之，在普拉迈公司的案例中，我们假定总销售收入的 60%（=30\,000 美元 ÷ 50\,000 美元）来自企业产品部，40%（=20\,000 美元 ÷ 50\,000 美元）来自消费产品部。

计算企业分部保本点的公式列示如下：

$$分部保本点销售收入 = 分部可追溯固定成本 \div 分部边际贡献率$$

以普拉迈公司的企业产品部为例，我们首先应该回顾一下图 7-3 上部"企业产品部"一列的信息。这列数据表明企业产品部的可追溯固定成本为 90\,000 美元，分部的边际贡献率为 0.50（=150\,000 美元 ÷ 300\,000 美元）。基于给定信息，企业产品部的保本点计算如下：

$$分部保本点销售收入 = 分部可追溯固定成本 \div 分部边际贡献率$$
$$= 90\,000\,美元 \div 0.50$$
$$= 180\,000\,美元$$

类似地，使用图 7-3 上部"消费产品部"一列的数据，同样的计算也适用于消费产品部。考虑到消费产品部的可追溯固定成本为 81\,000 美元，且该分部的边际贡献率为 0.60（=120\,000 美元 ÷ 200\,000 美元），其保本点的计算如下：

$$分部保本点销售收入 = 分部可追溯固定成本 \div 分部边际贡献率$$
$$= 81\,000\,美元 \div 0.60$$
$$= 135\,000\,美元$$

值得注意的是，两个分部保本点销售收入总计为 315\,000 美元（=180\,000 美元 + 135\,000 美元），低于公司水平 475\,000 美元的保本点。这是由于分部保本点的计算没有包含公司的共同固定成本。

基于每个分部保本点销售收入编制的利润表能够证实公司共同固定成本在计算分部保本点时被排除在外这件事情。

	公司总额 / 美元	企业产品部 / 美元	消费产品部 / 美元
销售收入	315 000	180 000	135 000
变动费用	144 000	90 000	54 000
边际贡献	171 000	90 000	81 000
可追溯固定成本	171 000	90 000	81 000
分部毛利	0	0	0
共同固定成本	85 500		
经营净损失	（85 500）		

当每个分部实现它的保本点时，公司整体 85\,500 美元的经营净损失与它 85\,500 美元的共同固定成本相等。这时常使得管理者在制定决策时误入歧途。为了"补偿公司的共同固定成本"，管理者在进行保本计算或制定决策时，通常会将共同固定成本分配到企业分部中去。这是错误的！将共同固定成本分配到企业分部中人为地增大了每个分部的保本点。这可能会导致管理者认为增大后的保本点是不可能达到的，从而错误地终止了相应的企业分部。保留或撤销一个企业分部的决定应该基于那些随该分部的终止而消失的销售收入与费用做出。因为即使某一企业分部终止，共同固定成本仍将存续，在制定决策时不应将它们分配到企业分部中去。

7.8 分部利润表：常见错误

只有那些可归属于分部的成本才应该分配到分部之中。但是，公司通常会在分部的成本分配上犯错误，它们通常会遗漏一些成本，不恰当地分配可追溯固定成本并且随意地分配共同固定成本。

7.8.1 成本的遗漏

分配至分部的成本应该包括公司整个价值链中可归属于分部的全部成本。所有的职能部门，从研发到产品设计、制造、营销、分销、售后服务，都是将产品或服务销售给消费者从而取得收入的必要环节。

然而，在用于外部财务报告的完全成本法下，生产成本只包含制造成本。为了避免同时使用两种成本核算系统，保持内外部报告的一致性，许多公司也使用完全成本法编制内部报告，如分部利润表。尽管非生产成本在决定产品盈利能力方面与生产成本同样重要，但是运用完全成本法编制的分部利润表，会导致公司遗漏盈利能力分析或价值链中研发与产品设计环节包含的所有"上游"成本，以及营销、分销与售后服务中包含的所有"下游"成本。这些在完全成本法下包含在销售和管理费用之中的上、下游成本，通常会占到一家公司固定成本的一半甚至更多。如果在盈利能力分析中遗漏了上游或者下游的成本，使得产品的成本被低估，可能会导致管理者开发一种在长期亏损的产品。

7.8.2 在分部之间不恰当地分配可追溯成本

除了成本的遗漏，许多公司没能正确地处理分部利润表中的可追溯固定成本。首先，它们没有将可追溯固定成本分配到分部中；其次，它们在将可追溯固定成本分配至分部的过程中使用了不恰当的分配基准。

1. 追溯成本上的失误

可直接追溯到特定分部的成本应由该分部承担，而不应分配到其他分部。例如，保险公司某分支机构的租金应由该分支机构承担，而不是被包含在公司层面的间接费用中，从而在整个公司范围内分配。

2. 不恰当的分配基准

一些公司使用随意的分配基准来分配成本。例如，有些公司以销售收入作为分配销售和管理费用的基准。那么如果一个分部的收入占公司总收入的 20%，该分部就将承担公司 20% 的销售和管理费用。而如果以销货成本或者一些其他计量标准作为分配基准，分配的基本步骤相同。

只有当分配基准能真正地驱动被分配的成本（或者与真正的成本驱动因素高度相关）时，成本才应分配至分部中并用于内部决策的制定。例如，只有当销售收入增长 10% 会导致销售和管理费用同样增长 10% 时，销售收入才可以作为分配销售和管理费用的基准。因为销售和管理费用不受销量的影响，这些费用将会被错误地分配，导致过高比例的销售和管理费用被分配到产生收入最多的分部。

7.8.3 在分部之间随意地分配共同成本

第三个导致分部成本错误的企业行为是将不可追溯的成本分配至分部之中。例如，一些公司将总部建筑物的共同成本分配到分部报告的产品之中。然而，在一家多产品的公司中，没有任何一种产品应该为这一巨大数额的成本负责。即使某一产品完全消失，通常也不会对公司总部建筑物的成本产生任何重大影响。简言之，公司总部的建筑物与任一产品的存在都没有因果关系。因此，任何将公司总部建筑物成本分配至产品的行为都是随意和武断的。

毫无疑问，像公司总部建筑物一类的共同成本对于公司的运作是非常重要的。随意地将共同成本分配至分部的行为通常有这样一个理由：总要有人来承担共同成本。虽然一家公司必须弥补它的共同成本以获取利润是毋庸置疑的，但随意地将共同成本分配至分部中并不能确保公司的盈利。事实上，将一部分共同成本加入分部的实际成本之中会使赢利的分部看起来变为亏损。如果管理者撤销了看似亏损的分部，可以节约实际的可追溯成本，但同时也会损失该分部的销售收入。然而，分配至该分部的共同固定成本并不会消失，它们会被重新分配至公司其他分部，这使得其他分部的盈利能力看起来更少，并进一步导致其他分部的撤销。最终的后果是，公司的整体利润下降，弥补共同成本变得更加困难。

另外，共同固定成本对于随意分配它们的管理者来说是较难管理的，这是更高层管理者的责任。当共同固定成本被分配至管理者时，即使他们无法驾驭这些成本也需要对它负责。

7.9 利润表：外部报告的视角

7.9.1 公司层次利润表

事实上，美国一般公认会计原则（GAAP）要求采用完全成本法编制外部报告。⊖另外，国际财务报告准则（IFRS）明确要求企业采用完全成本法。可能由于成本或是在内外部报告时分别采用两种成本核算系统所带来的混乱，大多数公司选择在内外部报告中也使用完全成本法。

考虑到边际贡献法的优点，你也许会困惑为什么会使用完全成本法。部分原因是出于对传统的遵循，完全成本法对于许多会计师和管理者而言也确实具有吸引力，因为他们认为完全成本法能更好地配比收入与成本。完全成本法的拥护者表示，为了恰当地配比生产成本与销售收入，必须将所有生产成本分配到产品之中。折旧、税费、保险、管理层收入等固定成本与变动成本对于制造产品而言一样重要。

变动成本法的拥护者认为，固定生产成本不是任何特定产品的真实成本。这些成本的发生只是为了获取在特定期间的生产能力，即使这一期间没有生产活动，这些成本仍然存在。另外，无论一个产品完成与否，固定生产成本是完全相同的。因此，变动成本法的拥护者表示，固定生产成本不专属于任何特定产品的生产成本，所以按照配比原则，固定生产成本应该作为费用在当期确认。

7.9.2 分部财务信息

美国一般公认会计原则与国际财务报告准则要求公开交易的公司在其年报中披露分部财务信息以及其他数据。为外部信息使用者编制的分部报告必须与企业用于经营决策制定的内部分部报告采用一致的方法与定义。之所以提出这样的规定，是因为公司通常不会被要求向外部信息使用者披露与用于内部决策目的一致的数据。这项规定催生了公开交易的公司避免在内部分部报告中采用边际贡献法的动机。贡献式分部利润表包含了公司通常不愿意透露给公众和竞争者的重要信息。另外，这项规定在协调内外部报告方面会产生一些问题。

|商业实战 7-5| 亚马逊公司将云计算服务作为单独分部进行报告

多年来，亚马逊公司将其最重要的部门之一——亚马逊网络服务的收入集中在财务报表的"其他"栏内。现在公司决定在外部财务报告中单独披露该部门的销售额。尽管公司每年在服务器、软件、信息技术

服务上投资超过 3 000 亿美元，但是在这些市场上的增长仍表现平平。相反，亚马逊公司主导的基础设施市场的产值有望在一年内由 90 亿美元增长到 160 亿美元。为了实现公司在该市场的良好发展，亚马逊公

⊖ 财务会计准则委员会（FASB）提供了美国非官方权威性的一般公认会计原则（GAAP）的唯一来源，并将其命名为《FASB 会计准则法典》（简称《FASB 法典》）。尽管《FASB 法典》没有明确禁止使用变动成本法，但明确禁止公司将全部制造费用排除在生产成本之外，并且《FASB 法典》还提供了关于将固定制造费用分配至产品的深度讨论，暗示了完全成本法对于外部报告的必要性。尽管一些公司在其外部报告上花费了固定生产成本的重要成分，事实上，美国一般公认会计原则仍要求公司使用完全成本法进行外部报告。

司表示现在每天都在增加相当于 2004 年全部产能的计算能力。尽管亚马逊公司计划披露亚马逊网络服务的销售额，但它并未打算报告该分部的利润。

资料来源：Robert McMillan, "Amazon's AWS Aims to Be the Dominant Data Center for American Business," *The Wall Street Journal*, April 23, 2015, p. B5.

本章小结

变动成本法与完全成本法是在计算单位生产成本时可供选择的两种方法。在变动成本法下，只有那些随产量变动的生产成本才计入生产成本，包括直接材料、直接人工以及变动制造费用。固定制造费用作为期间费用在发生当期的利润表中列报。相反，完全成本法将固定制造费用同直接材料、直接人工和变动制造费用一起计入生产成本。在两种成本核算方法下，销售和管理费用都作为期间费用在发生当期的利润表中列报。

由于完全成本法将固定制造费用计入生产成本，所以该部分费用将被分配到所生产的每件产品上。如果产品在期末未售出，那么与之相关的固定制造费用会被计入资产负债表的期末存货中，而不是列入利润表的销货成本中。当这些产品在随后期间售出时，与之相关的固定制造费用会从存货账户中被释放出来，并计入销货成本。因此，在完全成本法下，通过存货账户可以将一部分固定制造费用从一个期间递延到未来某一期间。

然而，期间固定制造费用的转移会使经营净利润发生不稳定的波动，并导致混乱与不明智的决策。为避免对利润表数据的理解错误，管理者应警惕期间存货水平与单位生产成本的变动。

分部利润表提供了评价部门、生产线、销售区域以及公司其他分部盈利能力与绩效的信息。在边际贡献法下，变动成本与固定成本之间有着明显的区别，只有那些可追溯的成本会被分配到分部。可追溯至分部的成本是指那些由分部引起并随分部的撤销而消失的成本。共同固定成本不应被分配至分部。分部毛利等于销售收入减去变动费用与分部的可追溯固定成本。

分部的保本销售收入可以通过分部可追溯固定费用除以边际贡献率计算得出。在进行保本计算时，公司的共同固定成本不应分配至分部，因为它们不会因分部层次的决策而改变。

复习题 1：变动成本法与完全成本法的比较

德克斯特公司（Dexter Corporation）生产并销售一种木质手动织布机，用于编制围巾等小物件。近两年与产品相关的成本和经营数据列示如下。

（单位：美元）

单位售价	50
生产成本：	
单位变动生产成本：	
直接材料	11
直接人工	6
变动制造费用	3
每年固定制造费用	120 000
销售和管理费用：	
单位销售商品的变动销售和管理费用	4
每年固定销售和管理费用	70 000

	第 1 年	第 2 年
期初存货数量	0	2 000
本年产量	10 000	6 000
本年销量	8 000	8 000
期末存货数量	2 000	0

要求：

（1）假设该公司采用完全成本法。

a. 计算每年的单位生产成本。

b. 编制每年的利润表。

（2）假设该公司采用变动成本法。

a. 计算每年的单位生产成本。

b. 编制每年的利润表。

（3）协调变动成本法与完全成本法下的经营净利润。

复习题答案：

（1）a. 在完全成本法下，所有的生产成本，包括变动成本与固定成本，都计入单位生产成本。

（单位：美元）

	第 1 年	第 2 年
直接材料	11	11
直接人工	6	6
变动制造费用	3	3
固定制造费用		
（120 000 美元 ÷ 10 000 单位）	12	
（120 000 美元 ÷ 6 000 单位）		20
单位生产成本	32	40

b. 完全成本法利润表如下。

（单位：美元）

	第 1 年	第 2 年
销售收入（8 000 单位 ×50 美元 / 单位）	400 000	400 000
销货成本（8 000 单位 ×32 美元 / 单位）；（2 000 单位 ×32 美元 / 单位）+（6 000 单位 ×40 美元 / 单位）	256 000	304 000
毛利	144 000	96 000
销售和管理费用（8 000 单位 ×4 美元 / 单位 +70 000 美元）	102 000	102 000
经营净利润（损失）	42 000	（6 000）

（2）a. 在变动成本法下，只有变动生产成本包含在单位生产成本中。

（单位：美元）

	第 1 年	第 2 年
直接材料	11	11
直接人工	6	6
变动制造费用	3	3
单位生产成本	20	20

b. 变动成本法利润表如下。

（单位：美元）

	第 1 年		第 2 年	
销售收入（8 000 单位 ×50 美元 / 单位）		400 000		400 000
变动成本：				
变动销货成本（8 000 单位 ×20 美元 / 单位）	160 000		160 000	
变动销售和管理费用（8 000 单位 ×4 美元 / 单位）	32 000	192 000	32 000	192 000
边际贡献		208 000		208 000
固定成本：				
固定制造费用	120 000		120 000	
固定销售和管理费用	70 000	190 000	70 000	190 000
经营净利润		18 000		18 000

（3）变动成本法与完全成本法下经营净利润的协调方式如下。

（单位：美元）

	第 1 年	第 2 年
期末存货中的固定制造费用（2 000 单位 ×12 美元 / 单位；0 单位 ×20 美元 / 单位）	24 000	0
减：期初存货中的固定制造费用（0；2 000 单位 ×12 美元 / 单位）	0	24 000
吸收到存货中（从存货中被释放）的固定制造费用	24 000	（24 000）

（单位：美元）

	第 1 年	第 2 年
变动成本法经营净利润	18 000	18 000
加：完全成本法下吸收到存货中的固定制造费用（2 000 单位 ×12 美元 / 单位）	24 000	
减：完全成本法下从存货中被释放的固定制造费用（2 000 单位 ×12 美元 / 单位）		（24 000）
完全成本法下的经营净利润（损失）	42 000	（6 000）

复习题 2：分部利润表

弗兰普顿（Frampton）法律公司的企业员工戴维斯（Davis）与斯迈思（Smythe）将上个月公司的整体业绩划分为婚姻法与商法这两个业务分部，并编制了如下报告。

（单位：美元）

	公司	婚姻法分部	商法分部
来自客户的收入	1 000 000	400 000	600 000
变动成本	220 000	100 000	120 000

（续）

	公司	婚姻法分部	商法分部
边际贡献	780 000	300 000	480 000
可追溯固定成本	670 000	280 000	390 000
分部毛利	110 000	20 000	90 000
共同固定成本	60 000	24 000	36 000
经营净利润（损失）	50 000	（4 000）	54 000

然而，这份报告并非完全正确，管理合伙人的薪

水、一般管理费用、一般公司广告费等共同固定成本是以客户的收入为基准分配到了两个分部。

要求：

（1）在不对共同固定成本进行分配的情况下重新编制分部报告。如果撤销婚姻法分部，公司的财务状况会变得更好吗？（提示：公司向商法分部的许多客户提供满足他们婚姻法需求的业务，如起草遗嘱。）

（2）公司的广告代理商提议了一项旨在增加婚姻法分部收入的广告行动。这项广告行动将花费 20 000 美元，广告代理商宣称这将使婚姻法分部的收入增加 100 000 美元。弗兰普顿的管理合伙人戴维斯与斯迈思认为，这项业务增长不会带来固定费用的增加。请估算这项广告行动会对婚姻法分部毛利以及公司整体经营净利润产生的影响。

（3）分别计算公司层面以及每个业务分部的保本销售收入。

复习题答案：

（1）修改后的利润表列示如下。

（单位：美元）

	公司	婚姻法分部	商法分部
来自客户的收入	1 000 000	400 000	600 000
变动费用	220 000	100 000	120 000
边际贡献	780 000	300 000	480 000
可追溯固定成本	670 000	280 000	390 000
分部毛利	110 000	20 000	90 000
共同固定成本	60 000		
经营净利润	50 000		

如果撤销婚姻法分部，公司的财务状况不会变得更好。婚姻法分部补偿了自己的全部成本，同时每月可以贡献 20 000 美元的分部毛利用于补偿公司的共同固定成本。尽管婚姻法分部的分部毛利远远低于商法分部，但它仍有盈利能力。另外，公司可能需要向商法分部客户提供婚姻法服务以保持自己的竞争力。

（2）广告行动会使婚姻法分部毛利增长 55 000 美元，计算过程如下。

来自客户的收入增长额	100 000 美元
婚姻法分部边际贡献率（300 000 美元÷400 000 美元）	75%
边际贡献增长额	75 000 美元
减：广告行动成本	20 000 美元
分部毛利增长额	55 000 美元

因为固定费用（包括共同固定成本）没有增加，所以整体经营净利润的增长同样是 55 000 美元。

（3）公司层面的保本点计算如下：

$$\begin{array}{l}\text{公司保本点} \\ \text{销售收入}\end{array} = \left(\begin{array}{c}\text{可追溯} \\ \text{固定成本}\end{array} + \begin{array}{c}\text{共同固定} \\ \text{成本}\end{array}\right) \div \begin{array}{c}\text{整体边际} \\ \text{贡献率}\end{array}$$
$$= （670\ 000\ \text{美元} + 60\ 000\ \text{美元}）\div 0.78$$
$$= 730\ 000\ \text{美元} \div 0.78$$
$$= 935\ 897\ \text{美元}$$

婚姻法分部的保本点计算如下：

$$\begin{array}{l}\text{分部保本点} \\ \text{销售收入}\end{array} = \begin{array}{c}\text{分部可追溯} \\ \text{固定成本}\end{array} \div \begin{array}{c}\text{分部边际} \\ \text{贡献率}\end{array}$$
$$= 280\ 000\ \text{美元} \div 0.75$$
$$= 373\ 333\ \text{美元}$$

商法分部的保本点计算如下：

$$\begin{array}{l}\text{分部保本点} \\ \text{销售收入}\end{array} = \begin{array}{c}\text{分部可追溯} \\ \text{固定成本}\end{array} \div \begin{array}{c}\text{分部边际} \\ \text{贡献率}\end{array}$$
$$= 390\ 000\ \text{美元} \div 0.80$$
$$= 487\ 500\ \text{美元}$$

术语表

Absorption costing 完全成本法 在单位产品成本中包含所有生产成本（直接材料、直接人工、变动制造费用与固定制造费用）的成本核算方法。

Common fixed cost 共同固定成本 能支持多个分部运营，但不能全部或部分追溯到任何一个具体分部的固定成本。

Segment 分部 公司内部管理者寻求成本、收入或利润数据的任何部分或作业。

Segment margin 分部毛利 等于分部的边际贡献扣除可追溯固定成本的差额。分部毛利代表一个分部补偿了自身的可追溯成本之后的剩余毛利。

Traceable fixed cost 可追溯固定成本 由于特定业务分部的存在而产生并随分部的撤销而消失的固定成本。

Variable costing 变动成本法 是仅将随产量变动而变动的生产成本，包括直接材料、直接人工和变动制造费用分配到单位生产成本上的成本核算方法。

思考题

1. 完全成本法与变动成本法的区别是什么？
2. 在完全成本法下，销售和管理费用是作为生产成本还是期间费用？
3. 解释在完全成本法下，固定制造费用如何从一个期间转移到另一期间。
4. 主张将固定制造费用作为生产成本的理由有哪些？
5. 主张将固定制造费用作为期间费用的理由有哪些？
6. 如果产量等于销量，你预计完全成本法与变动成本法中哪一种方法下的经营净利润更高？为什么？
7. 如果产量大于销量，你预计完全成本法与变动成本法中哪一种方法下的经营净利润更高？为什么？
8. 如果在完全成本法下，固定制造费用从存货中被释放出来，你认为产量与销量之间是什么样的关系？
9. 在完全成本法、销售收入不变的情况下，如何增加经营净利润？
10. 精益生产方式是如何减少或消除完全成本法与变动成本法下的经营净利润之间的差异的？
11. 组织的分部指的是什么？举出几个分部的实例。
12. 在边际贡献法下，哪种成本会被分配至分部中？
13. 区分可追溯固定成本与共同固定成本，并分别列举几个例子。
14. 解释边际贡献与分部毛利的差异。
15. 共同固定成本为什么不按边际贡献法分配至分部中？
16. 当一个分部被进一步划分为多个分部时，可追溯至该分部的成本如何成为共同固定成本呢？
17. 在计算分部保本点时，公司是否应将共同固定成本分配至业务分部？为什么？

基础练习

迪亚哥公司（Diego Company）生产的一种产品售价为 80 美元，在东、西部两个地区销售。以下是该公司第 1 年生产 40 000 件、销售 35 000 件的情况。

（单位：美元）

单位变动成本：	
制造费用：	
直接材料	24
直接人工	14
变动制造费用	2
变动销售和管理费用	4
每年固定成本：	
固定制造费用	800 000
固定销售和管理费用	496 000

该公司在东部地区销售了 25 000 件，西部地区销售了 10 000 件。发现在固定销售和管理费用中，250 000 美元可以追溯到西部地区，150 000 美元可以追溯到东部地区，剩下的 96 000 万美元是共同固定成本。只要该公司继续生产其唯一产品，就将继续产生固定制造费用。

要求：

根据原始数据独立回答每个问题，除非另有说明。在第（13）问之前，你不需要编制分部利润表。

（1）在变动成本法下，单位生产成本是多少？
（2）在完全成本法下，单位生产成本是多少？
（3）在变动成本法下，公司的总边际贡献是多少？
（4）在变动成本法下，公司的经营净利润是多少？
（5）在完全成本法下，公司的总毛利是多少？
（6）在完全成本法下，公司的经营净利润是多少？
（7）变动成本法和完全成本法下经营净利润的差额是多少？造成这种差异的原因是什么？
（8）这家公司的保本点销量是多少？是高于还是低于实际销量？将保本销量与第（6）问的回答进行比较并做出评论。
（9）如果将东、西部地区的销量互换，公司的保本点销量会是多少？
（10）如果该公司生产并销售 35 000 件产品，该公司在变动成本法下经营净利润将是多少？回答这个问题不需要任何计算。
（11）如果该公司生产并销售 35 000 件产品，该公司在完全成本法下经营净利润将是多少？回答这个问题不需要任何计算。
（12）如果公司第 2 年的生产量比销量少 5 000 件，完全成本法下经营净利润在第 2 年是高于还是低于变动成本法下经营净利润？为什么？不需要计算。
（13）编制一份贡献式分部利润表，其中包括"总计"一栏和"东、西部地区"两栏。
（14）迪亚哥公司正在考虑放弃在西部地区的销售，因为一份内部报告显示，该地区第 1 年的总毛利比可追溯固定销售和管理费用低 50 000 美元。迪亚哥公司认为，如果西部地区的销售收入下降，东部地区的销售收入将在第二年增长 5%。使用边际贡献法分析分部利润，并假设所有其他因素在第 2 年保持不变，那么在第 2 年放弃西部地区的销售会对利润产生什么影响？

（15）假设西部地区在第 2 年投入 30 000 美元进行新的广告宣传，使其销量增加了 20%。如果所有其他因素都保持不变，那么进行广告宣传活动的会对利润产生什么影响？

练习题

1. 变动成本法与完全成本法下的单位生产成本

艾达公司（Ida Company）生产一种手工制作的乐器，被称为佳美兰，类似于木琴。这些佳美兰的单位售价为 850 美元。公司去年的经营数据如下。

（金额单位：美元）

期初存货	0
产量	250
销量	225
期末存货	25
单位变动成本：	
直接材料	100
直接人工	320
变动制造费用	40
变动销售和管理费用	20
固定成本：	
固定制造费用	60 000
固定销售和管理费用	20 000

要求：

（1）假设公司采用完全成本法，计算佳美兰的单位生产成本。

（2）假设公司采用变动成本法，计算佳美兰的单位生产成本。

2. 变动成本法下的利润表、解释经营净利润的差异

艾达公司的数据请参考练习题 1。公司财务人员编制的完全成本法下的利润表如下。

（单位：美元）

销售收入	191 250
销货成本	157 500
毛利	33 750
销售和管理费用	24 500
经营净利润	9 250

要求：

（1）在完全成本法下，去年年底有多少固定制造费用计入公司存货？

（2）使用变动成本法编制去年的利润表并解释两种成本计算方法下经营净利润为什么会有差异。

3. 完全成本法和变动成本法下的经营净利润的协调

乔根森照明公司（Jorgansen Lighting, Inc.）为市政当局提供大型路灯系统。公司采用变动成本法编制内部管理报告，采用完全成本法编制外部报告服务于外部股东、债权人和政府。公司提供了以下数据。

	第 1 年	第 2 年	第 3 年
期初存货	200	170	180
期末存货	170	180	220
变动成本法下的经营净利润 / 美元	1 080 400	1 032 400	996 400

3 年来，该公司的单位固定制造费用一直保持在 560 美元。

要求：

（1）计算每年完全成本法下的经营净利润。编制协调表给出你的答案。

（2）假设在第 4 年，公司在变动成本法下的经营净利润为 984 400 美元，完全成本法下经营净利润为 1 012 400 美元。

a. 第 4 年的存货是增加还是减少了？

b. 在第 4 年被吸收到存货中或从存货中被释放的固定制造费用是多少？

4. 简易分部利润表

皇家草坪护理公司（Royal Lawncare Company）生产并销售两种包装产品——野草禁和绿增长。与产品相关的收入和成本信息如下。

（单位：美元）

	产品	
	野草禁	绿增长
单位售价	6.00	7.50
单位变动成本	2.40	5.25
每年可追溯固定成本	45 000	21 000

公司去年生产并销售了 15 000 件野草禁和 28 000 件绿增长，每年的共同固定成本是 33 000 美元。

要求：

编制按产品线细分的贡献式利润表。

5. 全公司和分部保本分析

皮埃蒙特公司（Piedmont Company）将其业务划分为南、北两个地区。公司编制的贡献式分部利润表如下。

（单位：美元）

	公司总计	北部	南部
销售收入	600 000	400 000	200 000
变动成本	360 000	280 000	80 000
边际贡献	240 000	120 000	120 000
可追溯固定成本	120 000	60 000	60 000
分部毛利	120 000	60 000	60 000
共同固定成本	50 000		
经营净利润	70 000		

要求：

（1）计算全公司保本点销售收入。

（2）计算北部地区保本点销售收入。

（3）计算南部地区保本点销售收入。

6. 变动成本法下的利润表、协调表

惠特曼公司（Whitman Company）刚刚结束了第一年的经营。公司采用完全成本法编制的本年度利润表如下。

惠特曼公司利润表　（单位：美元）

销售收入（35 000 单位 ×25 美元/单位）	875 000
销货成本（35 000 单位 ×16 美元/单位）	560 000
毛利	315 000
销售和管理费用	280 000
经营净利润	35 000

公司的销售和管理费用包括每年 21 万美元的固定成本和每单位 2 美元的变动成本。上述单位生产成本 16 美元的计算方法如下。

（单位：美元）

直接材料	5
直接人工	6
变动制造费用	1
固定制造费用（16 万美元 ÷4 万件）	4
完全成本法下单位生产成本	16

要求：

（1）在变动成本法下重新编制公司的贡献式利润表。

（2）协调变动成本法下利润表上的经营净利润并计算与上述完全成本法下利润表上的经营净利润之间的差额。

问题

1. 变动成本法下的利润表、利润表的协调

丹顿公司（Denton Company）生产和销售单一产品。产品成本数据如下。

（单位：美元）

单位变动成本：	
直接材料	7
直接人工	10
变动制造费用	5
变动销售和管理费用	3
总单位变动成本	25
每月固定成本：	
固定制造费用	315 000
固定销售和管理费用	245 000
每月总固定成本	560 000

该产品的单位售价为 60 美元。7 月和 8 月（运营的前两个月）的生产和销售数据如下。

	产量	销量
7 月	17 500	15 000
8 月	17 500	20 000

公司会计部门编制了 7、8 月完全成本法下的利润表，如下所示。

（单位：美元）

	7 月	8 月
销售收入	900 000	1 200 000
销货成本	600 000	800 000
毛利	300 000	400 000
销售和管理费用	290 000	305 000
经营净利润	10 000	95 000

要求：

（1）分别确定在完全成本法和变动成本法下的单位生产成本。

（2）编制 7 月和 8 月变动成本法下的利润表。

（3）协调变动成本法下和完全成本法下的经营净利润。

（4）公司会计部门确定公司保本点销量为每月 16 000 单位，计算方法如下：

保本点销量 = 每月总固定成本 ÷ 单位边际贡献
= 560 000 ÷ 35 = 16 000

"我很困惑，"董事长说，"会计人员说我们的保本点销量是每月 16 000 件，但我们 7 月只卖出了 15 000 件，他们编制的利润表显示当月的利润为 10 000 美元。要么是利润表错了，要么是保本点错了。"请为董事长准备一份简短的备忘录，解释 7 月完全成本法下利润表上发生了什么。

2. 全公司与分部的保本分析、决策制定

塔克威公司（Toxaway Company）是一家按订单运营的公司，包括商业与住宅两个部门。公司的会计实习生被要求编制分部利润表，供部门经理用于计算保本点与制定决策。该实习生利用上个月全公司利润表，编制了如下所示的完全成本法下的分部利润表。

（单位：美元）

	全公司	商业部门	住宅部门
销售收入	750 000	250 000	500 000
销货成本	500 000	140 000	360 000
毛利	250 000	110 000	140 000
销售和管理费用	240 000	104 000	136 000
经营净利润	10 000	6 000	4 000

在这张利润表中，实习生所确定的塔克威公司唯一的变动销售和管理费用是全部销售收入 10% 的销售佣金。公司的固定成本总额包括 72 000 美元不会随着商业部门与住宅部门的撤销而消失的共同固定成本，以及 55 000 美元和 38 000 美元分别随着商业部门与住宅部门的撤销而被消失的固定成本。

要求：

（1）你赞成该实习生采用完全成本法编制分部利润表的决定吗？为什么？

（2）基于该实习生所编制的分部利润表：

a. 她将公司多少的共同固定成本分配到了商业部门和住宅部门？

b. 在将共同固定成本分配至商业部门与住宅部门时，她最有可能使用了以下 3 种分配基准中的哪一种：销售收入、销货成本或毛利？

（3）你赞成该实习生将共同固定成本分配至商业部门与住宅部门的决定吗？为什么？

（4）请编制贡献式利润表。

（5）计算公司层面保本点销售收入。

（6）计算商业部门与住宅部门的保本点销售收入。

（7）假定公司决定分别向商业部门与住宅部门的销售代表支付总额为 15 000 美元和 30 000 美元的月工资，并将公司层面的销售佣金比重由 10% 下调至 5%。计算商业部门与住宅部门新的保本点销售收入。

3. 编制和解释利润表、销售和生产的变化、精益生产方式

星传公司（Starfax, Inc.）生产的小部件广泛应用于各种电子产品，如家用计算机。前 3 年业务的情况如下（按完全成本法计算）。

（单位：美元）

	第 1 年	第 2 年	第 3 年
销售收入	800 000	640 000	800 000
销货成本	580 000	400 000	620 000
毛利	220 000	240 000	180 000
销售和管理费用	190 000	180000	190000
经营净利润（亏损）	30 000	60 000	(10 000)

在第 2 年的后期，一个竞争对手倒闭了并向市场倾销了大量产品，这导致第 2 年星传公司当年的产量增加了，但销售收入却下降了 20%。管理层原本预计销量将维持在 50 000 件，增加产量的目的是为公司提供缓冲，以应对意外的需求激增。到第 3 年期初，管理层发现库存过剩，需求激增的可能性不大。为了减少过多的库存，星传公司在第 3 年削减了产量，如下所示。

	第 1 年	第 2 年	第 3 年
产量	50 000	60 000	40 000
销量	50 000	40 000	50 000

关于公司的其他信息如下。

a. 这家公司的工厂是高度自动化的。单位变动制造费用（直接材料、直接人工和变动制造费用）总共只有 2 美元，而固定制造费用每年总计为 48 万美元。

b. 每年计算的新的固定制造费用分配率等于当年的实际固定制造费用除以实际生产的产品数量。

c. 每年的单位变动销售和管理费用为 1 美元，固定销售和管理费用每年总计为 14 万美元。

d. 公司使用先进先出存货流转假设。换句话说，它假设库存中最先进入的产品最先售出。星传公司的管理层不明白为什么在第 2 年销售收入下降了 20%，经营净利润却翻了一倍，而在第 3 年，销售收入又恢复到以前的水平却出现了亏损。

要求：

（1）编制年度变动成本法下的利润表。

（2）参照上述完全成本法下的利润表。

a. 计算在完全成本法下每年的单位生产成本。显示多少成本是变动的，多少是固定的。

b. 协调每年的变动成本法下和完全成本法下经营净利润。

（3）根据完全成本法下的利润表，解释为什么在完全成本法下，第 2 年的销售收入比第 1 年少，但是第 2 年的经营净利润却比第 1 年高？

（4）根据完全成本法下的利润表，解释为什么第 1 年和第 3 年的销售收入相同，但经营净利润在第 3 年亏损，在第一年却赢利。

（5）a. 解释如果公司一直使用精益生产方式，导致期末存货为零，那么第 2 年和第 3 年的经营会有什么不同。

b. 如果精益生产方式在第 2 年和第 3 年使用，在完全成本法下，公司每年的经营净利润（亏损）是多少？不需要计算。

案例

变动成本法与完全成本法下的单位生产成本与利润表

奥布莱恩公司（O'Brien Company）生产与销售一种产品，公司运营前 3 年的每年相关信息如下。

（单位：美元）

单位变动成本：	
生产成本：	
直接材料	32
直接人工	20
变动制造费用	4
变动销售和管理费用	3
每年固定成本：	
固定制造费用	660 000
固定销售和管理费用	120 000

奥布莱恩公司第 1 年生产了 100 000 件产品，销售了 80 000 件；第 2 年生产了 75 000 件产品，销售了 90 000 件；第 3 年生产了 80 000 件产品，销售了 75 000 件。该公司产品的售价是每件 75 美元。

要求：

（1）假定公司采用变动成本法与先进先出的存货流转假设（假设先生产的存货先售出）。

a. 分别计算第 1 年、第 2 年和第 3 年的单位生产成本。

b. 分别编制第 1 年、第 2 年和第 3 年的利润表。

（2）假定公司采用变动成本法与后进先出的存货流转假设（假设后生产的存货先售出）。

a. 分别计算第 1 年、第 2 年和第 3 年的单位生产成本。

b. 分别编制第 1 年、第 2 年和第 3 年的利润表。

（3）假定公司采用完全成本法与先进先出的存货流转假设（假设先生产的存货先售出）。

a. 分别计算第 1 年、第 2 年和第 3 年的单位生产成本。

b. 分别编制第 1 年、第 2 年和第 3 年的利润表。

（4）假定公司采用完全成本法与后进先出的存货流转假设（假设后生产的存货先售出）。

a. 分别计算第 1 年、第 2 年和第 3 年的单位生产成本。

b. 分别编制第 1 年、第 2 年和第 3 年的利润表。

附录 7A 超级变动成本法

在本章变动成本法的讨论中，我们假定直接人工和一部分制造费用是应该计入在产品的变动成本。然而，这些关于成本性态的假定可能并不准确。例如，由于这些成本中的变动部分是不重要的或难以估计的，因此，假定所有的制造费用都是固定成本可能更容易也更准确。此外，由于劳动法、劳动合同以及管理政策的存在，导致许多公司的人工成本（包括直接人工与间接人工）都是固定而非变动的。在法国、德国、西班牙以及日本等国家，管理者很少有根据经营作业变化调整劳动力的弹性，即使在美国与英国这样管理者通常拥有较大的自由度去调整劳动力规模的国家，许多管理者也选择将人工成本视为固定成本。他们选择这种做法是因为，在短期经济衰退期间解雇员工所节省的成本与员工士气遭受打击而招致的负面影响，以及日后招聘与培训新员工的成本相比显得微不足道。另外，将员工视为变动成本催生了一种微妙的态度，认为员工是像材料一样是可消耗与可替换的成本，而没有将其当作一种独一无二、难以替代的资产。

超级变动成本法是变动成本法的一种变化形式，该方法将直接人工和制造费用都看作固定的。**超级变动成本法**（super-variable costing）将所有的直接人工与制造费用划分为固定期间费用，而只有直接材料作为变动生产成本。为了简便计算，在附录中我们同样假定销售和管理费用全部是固定的。

7A.1 超级变动成本法与变动成本法实例

为了阐释将直接人工作为固定成本（如在超级变动成本法下）和将直接人工作为变动成本（如在变动成本法下）之间的差异，我们使用本章主体部分中韦伯轻型飞机公司的简化版案例。该公司经营情况的相关数据列示如下。

（单位：美元）

	每架飞机	每月
售价	100 000	
直接材料	19 000	
直接人工		20 000
固定制造费用		74 000
固定销售和管理费用		40 000

	1 月	2 月	3 月
期初存货	0	0	1
产量	2	2	2
销量	2	1	3
期末存货	0	1	0

这里需要注意的关键点是直接人工是每月 20 000 美元的固定成本，并且韦伯轻型飞机公司没有变动制造费用以及变动销售和管理费用。1 ～ 3 月公司每架飞机的售价与变动成本、月度产量以及月度固定费用总额保存不变。本例中唯一改变的是飞机的销量（1 月销售 2 架，2 月销售 1 架，3 月销售 3 架）。

首先，我们编制公司 1 ～ 3 月超级变动成本法下的利润表。其次，我们会分析如果在错误地假定直接人工为变动成本的情况下，变动成本法下该公司相同月份的经营净利润是如何计算的。注意，两份利润表均以贡献式为基础编制。

7A.2 超级变动成本法下的利润表

我们将分 4 个步骤来编制公司每月超级变动成本法下的利润表。

第 1 步：将销量与本例中 100 000 美元的单位售价相乘计算得出销售收入。

第 2 步：将销量与单位生产成本，即本例中 19 000 美元的单位产品直接材料成本相乘计算得出变动销货成本。

第 3 步：将变动销货成本从销售收入中扣减得出边际贡献。

第 4 步：将固定费用总额，即本例中每月的 134 000 美元（= 20 000 美元 + 74 000 美元 + 40 000 美元）从边际贡献中扣减得出经营净利润。

按照这 4 个步骤编制的韦伯轻型飞机公司每月超级变动成本法下的利润表如表 7A-1 所示。请注意，唯一的变动费用是变动销货成本，即每件已售商品 19 000 美元的直接材料。例如，3 月，将 19 000 美元的变动生产成本与已售的飞机数量 3 相乘计算得出 57 000 美元的变动销货成本。94 000 美元的月度固定制造费用总额包含 20 000 美元的直接人工与 74 000 美元的固定制造费用。

表 7A-1　超级变动成本法下的利润表　　　　　　　　　　　　（单位：美元）

	1 月	2 月	3 月
销售收入（100 000 美元 / 单位）	200 000	100 000	300 000
变动销货成本（19 000 美元 / 单位）	38 000	19 000	57 000
边际贡献	162 000	81 000	243 000
固定费用：			
固定制造费用	94 000	94 000	94 000
固定销售和管理费用	40 000	40 000	40 000
固定费用总额	134 000	134 000	134 000
经营净利润（损失）	28 000	（53 000）	109 000

7A.3　变动成本法下的利润表

本例中，变动成本法下的利润表与超级变动成本法下的利润表的主要差异是我们错误地假定直接人工是变动成本，并计入单位生产成本。因为月度直接人工成本是 20 000 美元，每月生产 2 架飞机，如果直接人工成本计入单位生产成本，韦伯轻型飞机公司将向其生产的每架飞机分配 10 000 美元的直接人工成本。所以，公司变动成本法下的单位生产成本的计算如下。

（单位：美元）

	1 月	2 月	3 月
直接材料	19 000	19 000	19 000
直接人工	10 000	10 000	10 000
单位生产成本	29 000	29 000	29 000

基于给定的单位生产成本的数据，公司变动成本法下的利润表如表 7A-2 所示。例如，3 月，将 29 000 美元的单位生产成本与已售的飞机数量 3 相乘计算得出 87 000 美元的变动销货成本。74 000 美元的固定制造费用总额与 40 000 美元的固定销售和管理费用总额均被作为期间费用列报。

表 7A-2　变动成本法下的利润表　　　　　　　　　　　　（单位：美元）

	1 月	2 月	3 月
销售收入（100 000 美元 / 单位）	200 000	100 000	300 000
变动销货成本（29 000 美元 / 单位）	58 000	29 000	87 000
边际贡献	142 000	71 000	213 000
固定费用：			
固定制造费用	74 000	74 000	74 000
固定销售和管理费用	40 000	40 000	40 000
固定费用总额	114 000	114 000	114 000
经营净利润（损失）	28 000	（43 000）	99 000

7A.4　超级变动成本法与变动成本法之间经营净利润的协调

1 月，超级变动成本法与变动成本法下的经营净利润均为 28 000 美元。2 月，超级变动成本法下的经营净利润比变动成本法下的低 10 000 美元。3 月的情况却相反，超级变动成本法下的经营净利润比变动成本法下的高 10 000 美元。

为什么两种成本核算方法会产生不同的经营净利润？答案就在于对直接人工成本的核算方式不同。超级变动成本法将直接人工作为固定期间费用而变动成本法将其视为变动生产成本。换言之，超级变动成本法将20 000美元的直接人工成本在每月的利润表中全部作为费用列报。相反，变动成本法将将10 000美元的直接人工成本分配至每件产品之中，在资产负债表的存货账户中列报，直至产品售出时才结转计入利润表的变动销货成本中。基于此背景，各月超级变动成本法与变动成本法之间经营净利润的协调如下。

（单位：美元）

	1月	2月	3月
期末存货中的直接人工成本（10 000美元/单位）	0	10 000	0
减：期初存货中的直接人工成本（10 000美元/单位）	0	0	10 000
被吸收到存货中（从存货中被释放）的直接人工成本	0	10 000	（10 000）

（单位：美元）

	1月	2月	3月
超级变动成本法下的经营净利润（损失）	28 000	（53 000）	109 000
被吸收到存货中（从存货中被释放）的直接人工	0	10 000	（10 000）
变动成本法下的经营净利润（损失）	28 000	（43 000）	99 000

1月，两种成本核算方法列报了相同的经营净利润（28 000美元）。这是由于1月的产量与销量相等，从而使得两种方法下20 000美元的直接人工均在利润表中实现了费用化。2月，生产的2架飞机只有1架售出，因此，超级变动成本法下的经营净利润比变动成本法下的低10 000美元。产生这种差异的原因是超级变动成本法将20 000美元的直接人工在利润表中作为费用列报，而变动成本法只将10 000美元的直接人工在利润表中费用化（10 000美元/单位×1单位已售商品），将剩余10 000美元的直接人工吸收到了存货之中（10 000美元/单位×1单位未售商品）。3月，生产了2架飞机却售出3架，因此，超级变动成本法下的经营净利润比变动成本法下的高10 000美元。这是由于超级变动成本法将20 000美元的直接人工在利润表中作为费用列报，而变动成本法却将30 000美元的直接人工在利润表中费用化（10 000美元/单位×3单位已售商品）。值得注意的是，3月售出的其中一架飞机实际生产于2月。在变动成本法下，2月附加于这件产品的10 000美元的直接人工从存货中被释放出来，并计入了3月的变动销货成本中。

总之，附录部分的关键问题是首先，一家公司如何看待直接人工成本。如果公司将直接人工作为变动成本，成本核算系统可能会促使管理者将销售收入下降时的人工成本压缩至最低水平，从而导致员工士气低落并在经济恢复时出现一系列难以解决的问题。其次，在实践中，管理者即使想要调整直接人工，他几乎也没有这样的能力，因此，可以说直接人工成本实际上是固定的。无论是上述哪种情况，将直接人工成本视为变动的都可能导致错误的决策。而超级变动成本法通过将人工成本视为固定成本较好地克服了这个问题。

术语表

Super-variable costing 超级变动成本法 一种将所有的直接人工与变动制造费用划分为固定期间费用，而只将直接材料当作变动生产成本的成本核算方法。

练习题

超级变动成本法和变动成本法下的单位生产成本和利润表

里昂公司（Lyons Company）生产和销售一种产品。与公司第1年的经营有关的信息如下。

	（单位：美元）
单位变动成本：	
直接材料	13
每年固定成本：	
直接人工	750 000
固定制造费用	420 000
固定销售和管理费用	110 000

公司无任何变动制造费用或变动销售和管理费用。在经营的第 1 年，里昂公司生产了 60 000 件产品，销售了 52 000 件产品。该公司产品的售价是每件 40 美元。

要求：

（1）假设公司采用超级变动成本法。

a. 计算当年的单位生产成本。

b. 编制年度利润表。

（2）假设公司使用变动成本法，将 12.50 美元的直接人工成本分配至每单位产品中。

a. 计算当年的单位生产成本。

b. 编制年度利润表。

（3）对第 1 年超级变动成本法与变动成本法之间经营净利润的差异进行协调。

第 8 章

作业成本法：帮助决策的工具

👁 **商业聚焦**

服装行业中批量规模的锐减

得出这样的结论似乎是合乎逻辑的：服装制造商希望大批量生产服装，以努力将与批量相关的成本分摊到更多的产品上。然而，大批量生产服装的缺点是，它延长了制造商的客户响应时间，限制了他们的定制能力。冯裕钧（Spencer Fung）管理着利丰有限公司，这是一家全球服装行业的供应链管理公司。他说："看看订单的平均规模吧，多年来一直在下降，从几十万变成了几万。它还会继续下降，直到接近 1。"之所以出现这种现象，是因为有了互联网，顾客可以 24 小时购物，而且还可以随时购买新的定制服装。

亚马逊等众多公司正在探索"点击、购买、制造"的从下订单到发货的平台，该平台将使制造商能够使用技术密集型的生产流程，批量生产一种尺码的服装。

资料来源：Khan, Natasha, "Tech Puts Fast Fashion on Steroids," *The Wall Street Journal*, April 10, 2018, p. B7.

🔧 **学习目标**

1. 理解作业成本法及它与传统成本核算系统的差异。
2. 进行第一阶段分配，将成本分配至各成本库。
3. 计算各成本库的作业成本分配率。
4. 进行第二阶段分配，将成本分配至特定的成本对象。
5. 使用作业成本法计算产品毛利与客户毛利。
6. 使用时间驱动作业成本法将成本分配至具体的成本对象（附录 8A）。
7. 使用时间驱动作业成本法对产能进行分析（附录 8A）。

本章介绍了作业成本法的概念。作业成本法已经广泛地应用于嘉信理财（Charles Schwab）、花旗集团（Citigroup）、劳氏公司（Lowe's）、可口可乐（Coca-cola）、J & B 批发公司、飞兆半导体公司（Fairchild Semiconductor）、阿尔舍铝业（Assan Aluminum）、西斯科食品（Sysco Foods）、飞世尔科技国际公司（Fisher Scientific International）、游隼户外用品（Peregrine Outfitters）等各种类型的组织。**作业成本法**（activity-based costing，ABC）是一种向管理者提供成本信息的成本核算方法，该方法可以用于制定战略性决策，以及对产能有潜在影响进而影响固定成本和变动成本的其他决策。作业成本法通常是企业常规成本核算系统的补充而非替代。大多数使用作业成本法的组织拥有两种成本核算系统——正式的成本核算系统用于编制外部财务报告，而作业成本法系统则用于内部决策的制定与作业的管理。

本章主要讨论作业成本法在制造业企业中的运用，并与前面章节所讲解的内容形成对比。具体来讲，第 4 章与第 5 章主要关注传统完全成本法在制造业企业中的运用，以计算单位生产成本，从而确定外部财务报告中的存货与销货成本。本章主要分析制造业企业如何使用作业成本法而非传统方法计算单位生产成本，以满足管理间接费用与制定决策的需要。出于相似的目的，第 7 章集中讨论了如何使用变动成本法来帮助制定不涉及固定成本的决策。本章将这种思想予以延伸，主要分析在决策可能同时影响固定成本与变动成本的情况下，应如何运用作业成本法以优化决策的制定。

8.1 作业成本法概述

如前所述，传统完全成本法用于为外部财务报告提供信息，而作业成本法则用于内部决策的制定。因此，作业成本法与传统完全成本法在 3 个方面有所差异。在作业成本法中：

（1）基于因果关系，非生产成本与生产成本一样可以被分配至产品中。

（2）某些生产成本可能不计入产品成本。

（3）将使用若干个间接成本库，每个成本库按其独特的作业计量分配间接费用至产品和其他成本对象。

与传统完全成本法之间的这些差异将在下面依次讨论。

8.1.1 非生产成本与作业成本法

在传统完全成本法下，生产成本会被分配至产品，而非生产成本则不会。相反，在作业成本法下，我们发现许多非生产成本与销售、配送以及特定产品的售后服务紧密相关。因此，作业成本法在计算产品的全部成本时将生产成本与非生产成本都包含在内，而不是仅包含产品的生产成本。

作业成本法系统将两种类型的非生产成本分配至产品。第一，作业成本法系统将所有的直接非生产成本追溯至产品。例如，销售员的佣金、运输费以及维修费用是可直接追溯至单个产品的非生产成本。第二，作业成本法系统将可能由产品导致的间接非生产成本分配其中。事实上，在本章中，我们将"间接费用"的定义扩展至包含所有的间接生产成本与间接非生产成本，以此来强调这一点。

总而言之，作业成本法下产品成本的计算包含可追溯至产品的全部直接成本以及由产品引起的全部间接成本。在作业成本法下，区分生产成本和非生产成本的需求消失了，这与前面仅着眼于确定产品生产成本的章节大不相同。

8.1.2 生产成本与作业成本法

在传统完全成本法系统下，所有的生产成本都被分配至产品，即使生产成本并不由该产品所引起。例如，在第 3、4 章中我们了解到，全厂预计制造费用分配率等于全部预计制造费用除以分配基数的预算数量。因此，在以预算直接人工工时为分配基础的公司中，该方法将根据每件产品占用的直接人工工时数，将公司的全部制造费用在产品中分配。而作业成本法系统则刻意地不将组织维系成本与未使用的产能成本（也称闲置产能成本）分配至产品。

组织维系成本包含工厂安保人员的工资、财务主管的薪酬以及总经理秘书使用办公用品的开销等成本。尽管这种类型的间接制造费用不受当期生产的产品影响，在传统完全成本法系统下，它们仍被分配到产品之中。与之相反，作业成本法系统将这种类型的组织维系成本作为期间费用，而不是将它们随意地分配至产品中。

另外，在传统完全成本法系统下，闲置产能成本也被分配到产品之中。如果预计的作业水平下降，制造费用分配率和单位生产成本就会上升，因为增加的闲置产能成本将会在萎缩的产量之间分配。相反，在作业成本法下，产品只需承担它们所使用的产能成本，而无须承担它们未使用部分的产能成本。这种做法提供了更加稳定的单位生产成本，并且与只向产品分配它们所使用资源的成本的目标相一致。[⊖]

⊖ 附录 3B 讨论了闲置产能成本在利润表中如何作为期间费用计量。这种做法强调了闲置产能成本而非将其分摊在存货与销货成本中。本章介绍的作业成本法系统具有相同的最终效果。

图 8-1 总结了到目前为止我们所讨论的作业成本法与传统完全成本法之间的两种差异。图 8-1 上部表明传统完全成本法将所有的生产成本计入产品成本，将所有的非生产成本作为期间费用。而图 8-1 下部则表明作业成本法将间接费用的定义扩大至包含所有的间接生产成本与间接非生产成本。由产品引发的间接费用被分配至产品之中，而不是将产品引发的所有间接费用均视作期间费用。图 8-1 还表明作业成本法将直接非生产成本作为产品成本而非期间费用。

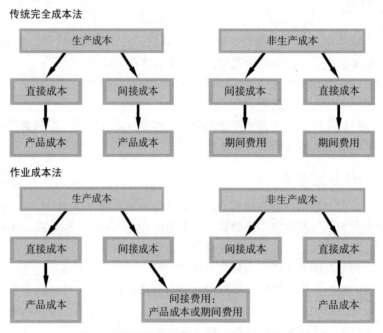

图 8-1　传统完全成本法与作业成本法的差异

现在我们将关注点转向传统完全成本法与作业成本法之间的最后两项差异。

8.1.3　成本库、分配基础与作业成本法

在整个 19 世纪与 20 世纪的大部分时间里，成本核算系统的设计是简单且令人满意的，通常情况下，使用一个全厂间接成本库或多个部门间接成本库就可以将间接费用分配至产品。全厂和部门分配率的一个共同点是，它们在将间接费用分配至产品时均以直接人工工时或机器工时作为分配基础。在多年前的劳动密集型生产过程中，直接人工工时是间接费用最常用的分配基础，因为直接人工工时可以直接追溯到成本，它代表了产品成本一个重要的组成部分，许多管理者认为直接人工工时、总产量和间接费用是高度相关的（当直接人工工时、总产量以及间接费用的变动趋于一致时，三者是高度相关的）。当时大多数公司生产的产品都需要相似的资源，且产品种类非常有限，因此直接人工工时甚至机器工时等分配基础都能起到很好的分配效果，实际上不同产品的间接费用实际差异可能极为微小。

随后情况发生了变化，在产品总成本的构成中，直接人工开始下降的同时间接费用开始增加。以前许多由直接人工完成的任务，开始由自动化设备执行，而设备的摊销则是间接费用的组成部分。公司开始以不断加快的速度创造新产品和新服务，这些产品与服务的数量、批量和复杂程度各不相同。管理与维护这种产品与服务的多样性需要投入更多的资源在间接费用上，例如增设生产调度员与产品设计工程师，而这与直接人工工时或机器工时并没有明显的相关关系。在这种新环境下，继续依赖于有限量的间接成本库和传统的分配基础将会增大单位生产成本被扭曲的风险，从而导致据此做出错误的决策。

由于技术的进步使更复杂的成本核算系统运用变得可行，作业成本法通过确认成本库和选择不同的分配基础为全厂和部门的成本分配提供了一个与传统方法不同的备选方案。这种基于作业的成本核算方法采用了多个

成本库和独特的作业计量，从而能够更好地理解在产品多样化时的管理与维护成本，使该方法在当今的商业环境下更具应用的吸引力。

在作业成本法中，**作业**（activity）是指任何引起间接费用被消耗的活动。**作业成本库**（activity cost pool）是一个将作业成本法系统下与单个作业计量相关的成本都集中在内的"池"。**作业计量**（activity measure）是作业成本核算系统的分配基础。成本动因指的也是作业计量，因为成本的分配应由作业计量驱动。最常见的两类作业计量是交易动因与持续时间动因。**交易动因**（transaction driver）是作业发生次数的简单计数，如向客户发送账单的次数。**持续时间动因**（duration driver）则度量了完成一项作业所耗费的时间，如为客户编制账单所花费的时间。总体上，持续时间动因对于资源消耗的度量相比交易动因更准确，但同时也需要在记录上花费更多的精力。因此，实践中常常采用的是交易动因。

传统的成本核算系统仅依赖于产量驱动的分配基础，而作业成本法将作业分为 5 个层次，分别是单位层次、批量层次、产品层次、客户层次与组织维系层次，这些大部分与产量并不相关。虽然单位层次作业的成本及相应的作业计量的确与产量相关，但剩余 4 类却不是这样。这 5 个层次的作业介绍如下。[○]

（1）**单位层次作业**（unit-level activities），是指生产每单位产品时所发生的作业。单位层次作业的成本应与产量成正比。例如，提供电力以运行加工设备是单位层次作业，因为消耗的电力与产量成正比关系。

（2）**批量层次作业**（batch-level activities），是指处理或加工每批产品时所发生的作业，而不考虑该批次中包含多少产品。例如，订购货物、装配设备、为客户安排运送等工作均属批量层次作业。它们在生产每批产品（或每份客户订单）时发生。批量层次成本由所加工的批次数决定而非取决于产品的产量、销量或其他数量。例如，无论一批中包含 1 件还是 1 000 件产品，批量加工所需的机器调试成本是相同的。

（3）**产品层次作业**（product-level activities）是指与特定产品有关，且一般情况下，无论批次数、产量、销量如何变化都必须发生的作业。例如，产品设计、产品广告、产品经理与员工的维护均属产品层次作业。

（4）**客户层次作业**（customer-level activities）是指与特定的客户有关的作业，包括销售电话、邮寄目录以及与任何特定产品均无关联的一般性技术支持等作业。

（5）**组织维系层次作业**（organization-sustaining activities）是指发生不受所服务的客户、所执行的批量与所生产产品的种类和数量影响的作业。这类作业包括车间取暖、行政办公室的保洁、计算机网络的提供、贷款筹措、为股东编制年度报告等。

全世界许多公司都将直接人工工时和机器工时作为间接费用的分配基础。在直接人工工时与间接费用高度相关或者间接费用分配的目的是编制外部财务报表的情况下，这种做法是可行的。然而，如果工厂间接费用与直接人工工时或机器工时的变动不一致，产品成本就会被扭曲，从而可能导致公司决策的扭曲。

｜商业实战 8-1｜　　　　　　　在峡谷中就餐

文睿探险公司（Western River Expeditions）在科罗拉多州经营漂流旅行项目。最受欢迎的项目是在大峡谷底部为期 6 天的旅游行程，该项目以瀑布急流和只有在大峡谷底部才能看到的美丽风景而颇负盛名。该旅游项目需要有 1～2 个竹筏，每个竹筏可以搭载两名导游和最多 18 名游客。公司提供旅行途中的全部餐食，并由导游制作。

就作业的层次而言，一名游客可以被视作一个单位，而一个竹筏就是一个批次。因此导游的工资就是批量层次成本，因为无论游客数量有多少，每个竹筏都需要两名导游。在旅途中每名游客会得到一个马克杯，并且可以在旅行结束后将它作为纪念品带回家中。马克杯的成本就是单位层次成本，因为送出的马克杯数量与旅行中的游客人数成正比。

那么提供给导游与游客的食物成本是单位层次成本、批量层次成本、产品层次成本还是组织维系

○　Robin Cooper, "Cost Classification in Unit-Based and Activity-Based Manufacturing Cost Systems," *Journal of Cost Management*, Fall 1990, pp. 4-14.

层次成本呢? 一开始你可能会认为食物成本是单位层次成本, 因为游客越多, 食物成本越高。然而这是不正确的, 因为每一天的菜单都有规定标准。例如, 第一天晚餐的菜单可能包括鸡尾冷虾、牛排、玉米面包、沙拉与芝士蛋糕。所需食物都需要在旅行开始的前一天从中心仓库中被取出, 并装进标准容器。要使食物量与实际游客数完美匹配是不现实的, 因为大部分食物都是预先包装好的。例如, 每个竹筏的鸡尾冷虾需要两大袋冻虾, 无论预期有多少游客, 这些东西都要事先准备好。因此, 食物成本不是随实际游客数变动的单位层次成本, 而是批量层次成本。

8.2 作业成本核算系统的设计

成功地实施作业成本法有 3 个必要因素。

第一, 作业成本法的实施必须得到高层管理者的有力支持, 因为他们的领导力有助于激励员工接纳变革。

第二, 高层管理者应保证作业成本法的数据同员工的评价与奖励挂钩。如果继续沿用传统成本方法 (非作业成本法) 的数据评价与奖励员工, 他们就会迅速得到作业成本法并不重要的信息, 从而放弃这种成本核算系统。

第三, 作业成本法系统的设计与执行应由跨职能的团队来完成。该团队应包含来自市场、生产、工程设计以及财务等各个部门的代表, 这些部门将使用作业成本法来获取数据信息。这些跨部门的成员对公司运作的各个部门有着深入的了解, 这是设计一个有效的作业成本法系统的必要条件。另外, 对于这些跨部门管理者知识的挖掘能够使他们融入作业成本法的实施过程, 从而减少他们对于应用这种成本系统的抵触。实践证明, 当会计人员试图在没有高层管理者支持和跨部门员工参与的情况下实施作业成本法系统时, 其结果都不理想。

管理会计实践 8-1

克拉布公司 (Classic Brass Inc.) 为豪华游艇生产两种主要的部件——标准支柱和定制罗盘外壳。公司董事长约翰·托尔 (John Towers) 最近参加了一个有关作业成本法的学术会议。会后, 他召集了公司的高层管理者来讨论他所学到的知识。与会的有生产部经理苏珊·里克特 (Susan Richter)、营销部经理汤姆·奥拉夫森 (Tom Olafson) 以及财务部经理玛丽·古德曼 (Mary Goodman)。在会议开始前, 约翰先分发了玛丽在几小时前编制的公司利润表 (见表 8-1)。

约翰: 好, 正式开始。我们公司历史上第一次陷入了困境, 亏损了 1 250 美元。

汤姆: 我不知道我们还能做什么! 鉴于我们在定制罗盘外壳销量上获得的极大成功, 我期待的是看到我们业绩的提升, 而不是净亏损。的确, 由于标准支柱的价格上涨, 导致我们失去了比以往更多的投标, 但是……

约翰: 你是否认为我们对于标准支柱的定价过高?

汤姆: 我不这样认为。我认为是我们的竞争对手定价过低。事实上, 我敢打赌他们的价格低于成本。

苏珊: 为什么我们竞争对手的定价会低于成本?

汤姆: 他们正在抢占市场份额。

表 8-1 克拉布公司利润表
(截至 2021 年 12 月 31 日)

(单位: 美元)

销售收入		3 200 000
销货成本:		
直接材料	975 000	
直接人工	351 250	
制造费用①	1 000 000	2 326 250
毛利		873 750
销售和管理费用:		
运输费用	65 000	
行政管理费用	510 000	
营销费用	300 000	875 000
经营净损失		(1 250)

① 公司传统的成本核算系统采用全厂制造费用分配率与机器工时作为分配基础将制造费用分配至产品。本年存货水平未发生变动。

苏珊：如果每件产品都亏损，那么，即使有更多的市场份额又有什么益处呢？

约翰：我认为苏珊一语中的。玛丽，对此你怎么想呢？

玛丽：如果我们的竞争对手对于标准支柱的定价低于成本，难道不应该是他们亏损而非我们吗？如果我们公司使用了准确的信息并做出了明智的决策，而我们的竞争对手是愚蠢的，那么为什么是我们亏损了呢？不幸的是，我认为我们可能才是成本数据扭曲的那一个，而不是我们的竞争对手。

约翰：基于我从刚参加的会议中所了解到的，我比较同意玛丽的观点。会议上的一个演讲主题是关于作业成本法，当发言者开始介绍作业成本核算系统所揭示的内在信息时，我在听众席上感觉坐立不安。

玛丽：实话实说，约翰，多年来我一直表示我们现有的成本核算系统对于外部报告来说是没问题的，但将它用于内部决策的制定则是十分危险的。现在听起来好像你也同意这种观点了，是吗？

约翰：是的。

玛丽：那么，如果你们大家愿意付出时间与精力帮助我建立一个极为简单的作业成本法系统，就可能解决我们目前所面临的问题，大家觉得如何呢？

约翰：就这么办。我希望你们每个人都能指派得力的人手进入这个特殊的"作业成本法团队"，以调查我们的产品成本核算情况。

与多数作业成本法的实施一样，克拉布公司的作业成本法团队决定将新的作业成本核算系统作为现有成本核算系统的补充，而非替代。现有成本系统将继续用于编制为外部信息使用者服务的财务报表，新的作业成本法系统将为诸如投标新项目等管理决策编制专项报告。

财务部经理绘制了图 8-2 以向其团队成员展示作业成本法模型的大致结构。如图 8-2 所示，产品等成本对象形成了作业。比如，一份定制罗盘外壳的客户订单需要制定生产订单。这项作业会消耗资源，因为生产订单耗费纸张并且需要时间填写。资源的耗费就导致了成本的发生。填写生产订单耗费的纸张越多、花费的时间越长，成本就越高。作业成本法试图通过对这种关系的追溯以探明产品和客户是如何影响成本的。

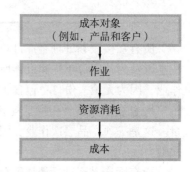

图 8-2　作业成本法模型

像其他大多数公司一样，克拉布公司的作业成本法团队感到公司传统的成本核算系统充分地衡量了产品的直接材料和直接人工成本，因为这些成本是直接追溯至产品的。因此，作业成本法的研究将关注公司的其他成本，如制造费用、销售和管理费用。

团队成员们认为周密地计划如何在克拉布公司实施新的作业成本法系统是十分重要的。因此，他们将实施过程划分成 5 个步骤。

8.2.1　作业成本法的实施步骤

第一步：确定作业、作业成本库以及作业计量。

第二步：将间接费用分配至作业成本库。

第三步：计算作业成本分配率。

第四步：将间接费用分配至成本对象。

第五步：编制管理报告。

8.2.2　第一步：确定作业、作业成本库以及作业计量

实施作业成本核算系统的首要步骤是识别构成该系统的基础——作业。这是一项困难、耗费时间并且涉及大量判断的工作。对于作业成本法实施团队的成员来说，一个共同的工作就是采访间接费用部门的人员，并要

求他们描述自己主要的作业，通常会列出一份很长的作业项目单。

这份作业项目单的长度表明了一个问题。一方面，作业成本核算系统中追踪的作业数越多，成本的核算就越准确。另一方面，设计、实施、维护和使用是一个涉及大量作业的复杂系统，其成本高昂。因此，通过合并相似的作业，可以使原本冗长的作业项目单减少至一个易于数据处理的数量较少的作业项目单。例如，在处理和搬运原材料时可能会涉及一些步骤，从在码头接收原材料到将原材料分拣至仓库中合适的箱子，所有的这些作业都可以合并成"材料处理"这项单一作业。

在作业成本法系统中，被合并作业的分组应基于某一特定的层次。批量层次作业不应与单位层次作业合并，产品层次作业也不应与批量层次作业合并，等等。通常，只将那些同一层次且彼此高度相关的作业予以合并是最佳的选择。例如，收到的客户订单量与已发货的完工客户订单量可能是高度相关的，所以这两个批量层次作业（订单的接收与发货）通常能在准确性损失极低的情况下予以合并。

在向高层管理者咨询后，克拉布公司的作业成本法团队挑选了如下的作业成本库和作业计量。

克拉布公司的作业成本库

作业成本库	作业计量
客户订单	客户订单数量
产品设计	产品设计数量
订单规模	机器工时
客户关系	活跃客户数量
其他	不适用

所有在接收和处理客户订单过程中所消耗资源的成本都将被分配至客户订单成本库，包括处理文书工作的成本以及为特定订单构建机器所涉及的全部成本。该成本库的作业计量是客户订单数量。这是一项批量层次的作业，因为无论一份订单包含 1 件还是 1 000 件产品，每份订单所引发的工作量是相同的。

所有在产品设计中所消耗资源的成本都将被分配至产品设计成本库。该成本库的作业计量是产品设计数量。这是一项产品层次作业，因为一种新产品的设计工作量并不取决于最终订购的产品数量或者最终执行的批次数。

所有因产量变动所消耗资源的成本都将被分配至订单规模成本库，包括各式的工厂供给、机器运行所需的电力以及一些设备折旧。这是一项单位层次作业，因为每件产品都将消耗其中的部分资源，该成本库的作业计量是机器工时。

所有与维持客户关系有关的成本都将被分配至客户关系成本库，包括销售电话与招待客户的成本。客户关系成本库是一项客户层次作业，该成本库的作业计量是公司客户列表中的客户数量。

所有与客户订单、产品设计、订单规模或者客户关系无关的间接费用都将被分配至其他成本库。这些成本主要由组织维系成本和闲置产能成本组成，而它们不是因产品所消耗的资源，因而不应分配至产品之中。

任何其他公司都不可能与克拉布公司采用完全一致的作业成本库和作业计量，因为涉及判断的问题，不同公司对于作业成本库和作业计量的数量与界定可能会相差甚远。

8.3 作业成本法的运行

8.3.1 第二步：将间接费用分配至作业成本库

表 8-2 展示了克拉布公司打算分配至作业成本库的年度间接费用（包括生产成本与非生产成本）。请注意表 8-2 中的数据是按照部门划分的（例如，生产部、行政管理部和营销部）。这是由于这些数据是从公司总账中摘录出来的，而总账对于成本的分类通常以成本发生的部门为依据。例如，营销部发生的薪金、日用品以及

租金等应由该部门承担。总账的职能导向反映在表 8-1 利润表中的成本列报上。实际上，你会观察到表 8-2 中生产部的总成本（1 000 000 美元）等于表 8-1 利润表中的制造费用。与之相似，表 8-2 中行政管理部和营销部的总成本（510 000 美元和 300 000 美元）等于表 8-1 中列示的行政管理费用和营销费用。

表 8-1 的利润表中包含的 3 项成本——直接材料、直接人工和运输费用被排除在了表 8-2 所列示的成本之外。作业成本法团队将这些成本排除在表 8-2 之外，是由于现有成本系统可以准确地将直接材料、直接人工和运输费用追溯至产品，因而没有必要在以作业为基础的间接成本分配中包含这些直接成本。

克拉布公司的作业成本法系统将表 8-2 中列示的 9 种间接费用在上述的 5 个作业成本库间分配的过程被称为第一阶段分配。作业成本法的**第一阶段分配**（first-stage allocation）是指将按职能划归的间接费用从公司总账分配至作业成本库的过程。

第一阶段分配通常基于对员工访谈的结果，因为他们拥有对于作业的第一手资料。例如，克拉布公司需要将 500 000 美元的间接工人工资分配到它的 5 个作业成本库之中。如果间接工人（例如，监管员、工程师、质检员）能按要求估计他们在处理客户订单、进行产品设计与产品加

表 8-2　克拉布公司的年度间接费用（包括生产成本与非生产成本）

（单位：美元）

生产部：		
间接工人工资	**500 000**	
工厂设备折旧	**300 000**	
工厂公共事业费	120 000	
工厂厂房租金	80 000	1 000 000
行政管理部：		
管理人员工资与薪金	400 000	
办公设备折旧	50 000	
管理用建筑物租金	60 000	510 000
营销部：		
营销人员工资与薪金	250 000	
销售费用	50 000	300 000
间接费用合计		1 810 000

工（也就是订单规模）以及维持客户关系上所花费时间的比例，这些分配将会更加准确。访谈是非常谨慎细致的工作，受访者必须完全了解作业的构成以及访谈的预期。另外，访谈通常会要求部门经理来决定非人工成本应该如何在作业成本库间进行分配。例如，会要求克拉布公司的生产部经理将 300 000 美元的工厂设备折旧（见表 8-2）分配至各个作业成本库。生产部经理需要回答的关键问题是："每项作业，例如客户订单数量或者加工产品的数量（也就是订单规模），所消耗的机器产能比例是多少？"

克拉布公司的访谈结果如图 8-3 所示。客户订单、订单规模以及其他成本库分别承担了工厂设备折旧的 20%、60% 和 20%。这个例子中消耗的资源是机器工时。根据生产部经理的估计，60% 的机器工时用于实际的订单产品加工，因此该比例会被列示在"订单规模"一栏。每份客户订单都需要使用机器，这同样占用机器工时。这项作业共耗费 20% 的机器工时，相应的比例在"客户订单"一栏中列示。剩余 20% 代表了机器的闲置时间，列示于"其他"一栏。

图 8-3 和本章其他许多图表一样以 Excel 电子表格的形式列报。虽然作业成本法所需的全部计算都可以手动进行，但在电子表格中设立作业成本法系统或者使用专门的作业成本法软件能节省大量工作，特别是在涉及多个作业成本库的情况下或者在定期更新作业成本法系统的企业中更是如此。

我们没有对图 8-3 中所有比例的确定进行详细的说明。但需要注意的是，工厂厂房租金全部被分配至其他成本库。克拉布公司只有一台生产设备，并且没有扩大或转租产能的计划。这台设备的成本应被视作组织维系成本，因为即使某一特定产品或客户关系被终止，也无法削减这部分成本（组织维系成本会被分配至其他成本库而非产品中）。相反，一些公司拥有独立设备，这些设备的成本就可以直接追溯至特定产品。

图 8-3 中的比例分配一旦完成，将成本分配至作业成本库就会非常轻松。图 8-4 列示了第一阶段分配的结果。每项成本与图 8-3 中的百分比相乘即可得出分配至各个作业成本库的份额。例如，500 000 美元的间接工人工资乘以图 8-3 中"客户订单"一栏所对应的间接工人工资比例 25% 即可得出图 8-4 中"客户订单"一栏所对应的间接工人工资 125 000 美元。依此类推，500 000 美元的间接工人工资乘以图 8-3 中"产品设计"一栏所对应的间接工人工资比例 40% 即可得出图 8-4 中"产品设计"一栏所对应的间接工人工资 200 000 美元。图 8-4 中的所有项目均可以相同的方式计算得出。

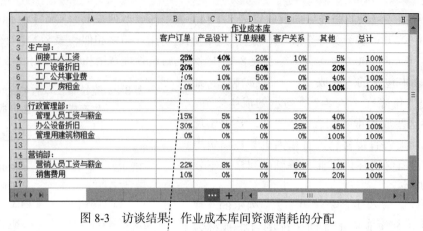

图 8-3　访谈结果：作业成本库间资源消耗的分配

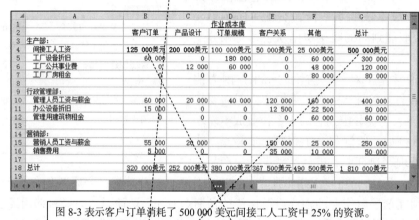

图 8-3 表示客户订单消耗了 500 000 美元间接工人工资中 25% 的资源。

$$25\% \times 500\ 000 = 125\ 000（美元）$$

表格中其他项目的计算方式与之相似。

图 8-4　作业成本库的第一阶段分配

到此为止，作业成本库的第一阶段分配全部完成，下一步骤是计算作业成本分配率。

| 商业实战 8-2 | 宜家重新设计产品以降低运输成本

宜家的产品设计是影响公司运输成本的一个成本驱动因素。例如，当宜家重新设计了爱克托（Ektorp）沙发，从一个固定的沙发变成可拆卸组合的沙发时，产品的包装尺寸减少了 50%。这种包装尺寸的减少可以让该公司每年减少 7 477 辆货运卡车运输产品，与此同时还能降低 14% 的沙发价格，与客户共享相关的节约成本。

该公司还将纹理（Textur）台灯的组件数量从 33 个减少到 9 个。更简约的设计减少了 28% 的产品包装重量，并且在一个托盘上可运输的数量从 80 个增加到了 128 个，宜家将台灯的价格降低了 34%，与顾客共享这些节约成本。

资料来源：Saabira Chaudhuri, " Ikea's Favorite Design Idea: Shrink the Box," *The Wall Street Journal*, June 18, 2015, p. B10.

8.3.2　第三步：计算作业成本分配率

作业成本分配率是指将间接费用分配至产品和客户中的比率，其计算如图 8-5 所示。该作业成本法团队为每一个成本库确定总的作业量，这些作业量用来生产现有的产品和服务现有的客户。具体数字列示在图 8-5 的

C 栏中。例如，该作业成本法团队发现每年需要 400 种新的产品设计来服务公司的现有客户。作业成本分配率则可通过每项作业的总成本除以总的作业量计算得出。例如，客户订单成本库全年的总成本 320 000 美元（由图 8-4 计算得出）除以每年 1 000 份的客户订单合计数，即可得出每份客户订单的作业成本分配率为 320 美元。类似地，产品设计成本库的总成本 252 000 美元除以设计总量（即 400 种产品设计）即可得出每种产品设计的作业成本分配率为 630 美元。注意，不需要计算"其他"成本栏的作业成本分配率，因为其他成本库由组织维系成本和闲置产能成本组成，而这些成本无须分配至产品和客户。

	A	B	C	D
1	作业成本库	(a)总成本①	(b)总作业量	(a)÷(b) 作业成本分配率
2	客户订单	320 000美元	1 000份订单	320美元/份
3	产品设计	252 000美元	400种设计	630美元/种
4	订单规模	380 000美元	20 000机器工时	19美元/机器工时
5	客户关系	367 500美元	250位客户	1 470美元/位
6	其他	490 500美元	不适用	不适用
7				
8	①摘自图8-4			
9				

图 8-5　作业成本分配率的计算

图 8-5 中的作业成本分配率表明，平均来看，一份客户订单所消耗资源的成本为 320 美元，一种产品设计所消耗资源的成本为 630 美元，每件产品所消耗资源的成本是每机器工时 19 美元，与每位客户维持关系所消耗资源的成本是 1 470 美元。需要注意的是这些都是平均数。然而，克拉布公司作业成本法团队中的一些成员认为，所有新产品均需承担 630 美元的产品设计成本是不公平的，这显然没有将每件产品实际所耗费的设计时间考虑在内。经过双方讨论，该团队最终达成一致意见，在现阶段对每件新产品的实际设计时间进行追踪并不符合成本效益原则。他们认为，准确性增加所带来的收益并不能够弥补因执行和维护这种细化的成本核算系统所带来的成本。与之相似，一些成员并不认同对于每位客户都承担相同的 1 470 美元成本，他们认为，一些客户预先订购了公司的标准产品，这些客户争取得比较容易，而另一些客户则是耗费了营销人员和管理人员大量的时间争取来的。有的客户倾向于定制产品，有的喜欢在最后一分钟下单，有的随时改变心意。虽然每位成员都承认这种现象，但目前尚不能获取到衡量每位客户所消耗资源的数据。为了不延误作业成本核算系统的实施，该团队决定暂缓这种细化的做法。

在进一步讨论之前，对于作业成本法系统下成本是如何被分配至产品和其他成本对象的全过程有一个了解是十分有帮助的。图 8-6 直观地展示了克拉布公司的作业成本法系统。建议你仔细阅读该图，并注意"其他"成本栏由组织维系成本和闲置产能成本组成，因此无须分配至产品和客户。

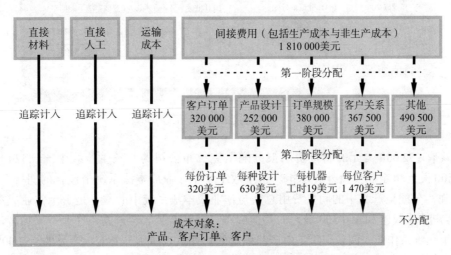

图 8-6　克拉布公司的作业成本法模式

8.3.3 第四步：将间接费用分配至成本对象

作业成本法实施的第四步被称作第二阶段分配。在**第二阶段分配**（second-stage allocation）中，我们会使用作业成本分配率将间接费用分配至产品和客户。我们将以案例的形式分别讨论如何将成本分配至产品和客户。

使用作业成本法将间接费用在克拉布公司的两种产品——标准支柱和定制罗盘外壳之间分配所需信息如下。

标准支柱
1. 该生产线无须任何新的产品设计
2. 本年共售出 30 000 件产品，包含 600 份独立订单
3. 每件产品耗费机器工时 35 分钟，共计 17 500 小时

定制罗盘外壳
1. 该定制产品耗用新的设计资源
2. 本年共收到 400 份定制罗盘外壳订单，该产品订单与标准支柱订单相互独立
3. 共完成 400 种定制设计，每种设计针对一份订单
4. 由于一些订单包含多件产品，因此本年共计生产 1 250 件定制罗盘外壳；每件产品平均耗费机器工时 2 小时，共计 2 500 小时

需要注意的是，克拉布公司共收到 600 份标准支柱的客户订单与 400 份定制罗盘外壳的客户订单，总计 1 000 份客户订单。全部 400 种产品设计均来自定制罗盘外壳，而与标准支柱无关。生产 30 000 件标准支柱共耗费 17 500 机器工时，生产 1 250 件定制罗盘外壳共耗费 2 500 机器工时，总计 20 000 小时。

图 8-7 反映了间接费用在标准支柱和定制罗盘外壳之间的分配情况。例如，图 8-7 表明客户订单成本库中有 192 000 美元（=320 美元/份 ×600 份）的间接费用分配至标准支柱，128 000 美元（=320 美元/份 ×400 份）的间接费用分配至定制罗盘外壳。客户订单成本库所包含的 320 000 美元（=192 000 美元 +128 000 美元）（见图 8-4 或图 8-5）全部分配至两种产品。

	A	B	C	D
1	**标准支柱的间接费用**			
2	作业成本库	(a)作业成本分配率①	(b)作业量	(a)×(b)作业成本法下的成本
3	客户订单	320美元/份	600份订单	192 000美元
4	产品设计	630美元/种	0种设计	0美元
5	订单规模	19美元/机器工时	17 500机器工时	332 500美元
6	总计			524 500美元
7				
8	**定制罗盘外壳的间接费用**			
9	作业成本库	(a)作业成本分配率①	(b)作业量	(a)×(b)作业成本法下的成本
10	客户订单	320美元/份	400份订单	128 000美元
11	产品设计	630美元/种	400种设计	252 000美元
12	订单规模	19美元/机器工时	2 500机器工时	47 500美元
13	总计			427 500美元
14				
15	①摘自图8-5			
16				

图 8-7 将间接费用分配至产品

图 8-7 表明共有 952 000 美元的间接费用被分配至克拉布公司的两条生产线中——524 500 美元由标准支柱承担，427 500 美元由定制罗盘外壳承担。这个数字小于作业成本法系统中包含的间接费用 1 810 000 美元，这是为什么呢？分配至产品中的间接费用总额与作业成本法系统中的差异是由于作业成本法团队没有将 367 500 美元的客户关系成本和 490 500 美元的其他成本分配至产品。客户关系作业是一项客户层次作业，而其他作业是一项组织维系作业，两者都不是由产品引起的。如下表所示，分配至产品的 952 000 美元间接费用加上客户关系成本与其他作业成本，总额即为 1 810 000 美元。

（单位：美元）

	标准支柱	定制罗盘外壳	总计
分配至产品的间接费用			
客户订单	192 000	128 000	320 000
产品设计	0	252 000	252 000
订单规模	332 500	47 500	380 000
小计（a）	524 500	427 500	952 000
无须分配至产品的间接费用			
客户关系			367 500
其他			490 500
小计（b）			858 000
间接费用合计（a）+（b）			1 810 000

下面我们将介绍第二阶段分配的另一个例子，将作业成本分配至客户。将克拉布公司的间接费用分配至其客户之一——迎风游艇公司所需信息如下。

迎风游艇公司

1. 该公司共有 3 份订单：
- 其中两份订单分别订购 150 件标准支柱
- 另一份订单订购了 1 件定制罗盘外壳
2. 完成 3 份订单需要耗费 177 机器工时：
- 300 件标准支柱需要耗费 175 机器工时
- 定制罗盘外壳需要耗费 2 机器工时
3. 迎风游艇公司是克拉布公司的 250 位客户之一

图 8-8 反映了作业成本核算系统如何将间接费用分配至这一客户。如图 8-8 所示，作业成本法团队应向迎风游艇公司分配间接费用 6 423 美元。其中，来自客户订单成本库的间接费用为 960 美元（=320 美元 / 份 ×3 份），来自产品设计成本库的部分为 630 美元（=630 美元 / 种 ×1 种），来自订单规模成本库的部分为 3 363 美元（=19 美元 / 机器工时 ×177 机器工时），来自客户关系成本库的部分为 1 470 美元（=1 470 美元 / 位 ×1 位）。

图 8-8　将间接费用分配至客户

随着第二阶段分配结束，作业成本法团队准备将注意力转向编制能够解释公司首次经营净损失的报告上。

8.3.4　第五步：编制管理报告

产品和客户盈利能力报告是使用作业成本法数据所编制的最为常见的管理报告，这些报告有助于公司将资源转移至最具有盈利增长的机会，同时重点突出那些消耗利润的产品与客户。我们将依次分析产品盈利能力报告与客户盈利能力报告。

　　克拉布公司的作业成本法团队意识到来自产品的利润，又称产品毛利，它是产品销售收入和由产品所引起的直接成本与间接成本的函数。如图 8-7 所示的作业成本法下的成本分配只总结了每种产品的间接成本。因此，为了计算某一种产品的利润（即产品毛利），除了之前计算得出的间接费用，作业成本法团队还需要收集产品的销售收入与直接成本。每种产品相关的销售收入和直接成本数据列示如下。值得注意的是，"总计"一栏的数字与表 8-1 利润表中的一致。

（单位：美元）

	标准支柱	定制罗盘外壳	总计
销售收入	2 660 000	540 000	3 200 000
直接成本：			
直接材料	905 500	69 500	975 000
直接人工	263 750	87 500	351 250
运输费用	60 000	5 000	65 000

　　利用上述数据，作业成本法团队编制了如图 8-9 所示的产品盈利能力报告。该报告表明，标准支柱是赢利的，其产品毛利为 906 250 美元，而定制罗盘外壳则处于亏损状态，共计损失 49 500 美元。需要注意的是，产品盈利能力报告不包含客户关系和其他作业成本库的成本，这些总计 858 000 美元的成本并非由产品所致，因此，不应计入报告。客户关系成本是由客户而非产品所引起的，其他成本则由组织维系成本和闲置产能成本组成，这些成本不随任一特定产品的生产而发生。

	A	B	C	D	E	F
1	**产品毛利：作业成本法**					
2			标准支柱		定制罗盘外壳	
3	销售收入		2 660 000美元			540 000美元
4	直接成本：					
5	直接材料	905 500美元			69 500美元	
6	直接人工	263 750美元			87 500美元	
7	运输费用	60 000美元			5 000美元	
8	客户订单（摘自图8-7）	192 000美元			128 000美元	
9	产品设计（摘自图8-7）				252 000美元	
10	订单规模（摘自图8-7）	332 500美元			47 500美元	
11	总成本		1 753 750美元			589 500美元
12	产品毛利		906 250美元			（49 500）美元
13						

图 8-9　产品毛利：作业成本法

　　产品毛利与公司经营净损失之间的调节列示如下。

（单位：美元）

	标准支柱	定制罗盘外壳	总计
销售收入（见图 8-9）	2 660 000	540 000	3 200 000
总成本（见图 8-9）	1 753 750	589 500	2 343 250
产品毛利（见图 8-9）	906 250	（49 500）	856 750
无须分配至产品的间接费用：			
客户关系			367 500
其他			490 500
总计			858 000
经营净利润（损失）			（1 250）

　　接下来，作业成本法团队编制了针对迎风游艇公司的客户盈利能力报告。与产品盈利能力报告类似，作业成本法团队需要收集与迎风游艇公司有关的销售收入数据，以及与该销售收入相关的直接材料、直接人工和运输费用。相关数据列示如下。

（单位：美元）

	迎风游艇公司
销售收入	11 350
直接成本：	
直接材料	2 123
直接人工	1 900
运输费用	205

利用这些以及图 8-8 中的数据，作业成本法团队编制了如图 8-10 所示的客户盈利能力报告。报告表明迎风游艇公司的客户毛利为 699 美元。克拉布公司针对其全部的 250 位客户均可编制类似报告，从而有助于公司增强与盈利客户之间的关系，并采取措施降低亏损客户的负面影响。

A	B	C
1　**客户毛利：作业成本法**		
2		迎风游艇公司
3　销售收入		11 350美元
4　成本：		
5　　直接材料	2 123美元	
6　　直接人工	1 900美元	
7　　运输费用	205美元	
8　　客户订单（摘自图8-8）	960美元	
9　　产品设计（摘自图8-8）	630美元	
10　　订单规模（摘自图8-8）	3 363美元	
11　　客户关系（摘自图8-8）	1 470美元	10 651美元
12　客户毛利		**699美元**
13		

图 8-10　客户毛利：作业成本法

| 商业实战 8-3 |　　作业成本法在政府组织中的应用

对于作业成本法的研究通常在盈利性企业的背景下进行，然而，作业成本法同样适用于政府组织。例如，马萨诸塞州的萨默维尔市就采用作业成本法来帮助政府进行交通部门的管理。交通部门的营运成本被分配到 6 种作业上：①事故调查；②管理拖车公司；③交通执法；④雇用和监管协管员；⑤数据处理；⑥组织特别事项。萨默维尔市还在公共工程部门的电力、水利、建筑和地面项目中采用了作业成本法。例如，水利项目的 5 种作业包括：①保持水质和水压；②维护闸阀；③维护和查阅水表；④跟踪和发放用水许可证；⑤维护消防栓。

资料来源：Linda J. Bilmes, "City of Somerville: Using Activity-Based Budgeting to Improve Performance in the Somerville Traffic Unit," *Harvard Business School Publishing*, August 2013, pp. 1-29.

8.4　传统成本核算系统与作业成本法下产品成本的比较

克拉布公司的作业成本法团队使用两个步骤程序对传统成本核算系统与作业成本法下的产品成本进行了比较。首先，该团队回顾了传统成本核算系统所报告的产品毛利，然后，比较了传统成本核算系统与作业成本法下产品毛利的差异。

8.4.1　用传统成本核算系统计算的产品毛利

克拉布公司的传统成本核算系统只将直接材料、直接人工、制造费用在内的生产成本分配至产品，并不对销售和管理费用进行分配。图 8-11 列示了克拉布公司传统的成本核算系统所报告的产品毛利。下面我们来解释这一利润的计算过程。

图 8-11　产品毛利：传统成本核算系统

第一，销售收入、直接材料和直接人工与作业成本法团队用来编制图 8-9 的数据一致。换言之，传统成本核算系统与作业成本法对于这 3 种收入和成本数据的处理是一致的。

第二，传统成本核算系统采用全厂制造费用分配率将制造费用分配至产品。全厂制造费用分配率的分子是表 8-1 所示的制造费用总额 1 000 000 美元。表 8-1 的表注表明传统成本核算系统将制造费用分配至产品的基础是机器工时。图 8-5 中的订单规模作业在其作业层次上耗费了 20 000 机器工时。同样的 20 000 机器工时将作为全厂制造费用分配率的分母，具体计算列示如下。

$$全厂制造费用分配率 = 预计制造费用总额 \div 预计机器工时$$
$$= 1\ 000\ 000\ 美元 \div 20\ 000\ 机器工时$$
$$= 50\ 美元 / 机器工时$$

因为标准支柱生产线耗费了 17 500 机器工时，所以该生产线需承担 875 000 美元（=17 500 机器工时 × 50 美元 / 机器工时）的制造费用。类似地，定制罗盘外壳生产线耗费了 2 500 机器工时，所以该生产线需承担 125 000 美元（=2 500 机器工时 × 50 美元 / 机器工时）的制造费用。用每种产品的销售收入减去销货成本，可计算得出标准支柱的产品毛利为 615 750 美元，定制罗盘外壳的产品毛利为 258 000 美元。

值得注意的是，图 8-11 所示的 1 250 美元经营净损失与表 8-1 以及图 8-9 下方表格所列报的损失一致。无论是在表 8-1 的完全成本法利润表中，还是在作业成本法下的产品盈利能力分析中，或是在图 8-11 中传统的产品盈利能力分析下，该公司的总销售收入、总成本以及由此计算而来的经营净损失均相同。虽然传统成本核算系统和作业成本法下 "蛋糕" 的大小保持不变，但 "蛋糕" 在两条生产线之间的分割方式是不同的。传统的产品毛利计算方式表明标准支柱所产生的利润为 615 750 美元，定制罗盘外壳所产生的利润为 258 000 美元。然而，这些产品毛利与图 8-9 所示的作业成本法下的产品毛利不同。实际上，在每种产品的盈利能力上，传统成本核算系统向克拉布公司的管理者发出了误导性的信号。下面我们来分析一下具体原因。

8.4.2　作业成本法与传统成本核算系统下的产品成本差异

由传统成本核算系统转为作业成本法系统所引起的产品毛利变动列示如下。

（单位：美元）

	标准支柱	定制罗盘外壳
产品毛利：传统成本核算系统	615 750	258 000
产品毛利：作业成本法	906 250	（49 500）
产品毛利变动	290 500	（307 500）

传统成本核算系统高估了标准支柱的成本，人为地造成了产品毛利的低报。而使用作业成本法分析产品盈利能力，标准支柱的产品毛利将增加 290 500 美元。相反，传统成本核算系统低估了定制罗盘外壳的成本，人为地造成了产品毛利的高报。而使用作业成本法，定制罗盘外壳的产品毛利将减少 307 500 美元。

图 8-12 分析了两种成本核算方法之间产品毛利变动的原因。图 8-12 上部所列报的每种产品的直接与间接成本分配情况与图 8-11 传统成本核算系统下所列报的一致。例如，图 8-12 中标准支柱包含了下列成本：直接材料 905 500 美元，直接人工 263 750 美元，制造费用 875 000 美元。每项成本均与图 8-11 中列报的一致。值得注意的是，在传统成本核算系统下，875 000 美元的销售和管理费用被视作期间费用，因而没有被分配至产品之中。类似地，图 8-12 下部所总结的直接成本与间接成本的分配情况与图 8-9 作业成本法系统下所列报的一致。图 8-12 中的新信息只有两栏百分比。C 栏百分比列报的是每项成本分配至标准支柱的比例。例如，追溯至标准支柱的 905 500 美元的直接材料成本占公司 975 000 美元直接材料成本总额的 92.9%。F 栏百分比列报的是定制罗盘外壳的相关情况。

	A	B	C	D	E	F	G	H
1		标准支柱			定制罗盘外壳			
2	传统成本核算系统	(a)金额	(a)÷(c)%		(b)金额	(b)÷(c)%		(c)总计
3	直接材料	905 500美元	92.9%		69 500美元	7.1%		975 000美元
4	直接人工	263 750美元	75.1%		87 500美元	24.9%		351 250美元
5	制造费用	875 000美元	87.5%		125 000美元	12.5%		1 000 000美元
6	分配至产品的总成本	2 044 250美元			282 000美元			2 326 250美元
7	销售和管理费用							875 000美元
8	总成本							3 201 250美元
9								
10	作业成本法							
11	直接成本：							
12	直接材料	905 500美元	92.9%		69 500美元	7.1%		975 000美元
13	直接人工	263 750美元	75.1%		87 500美元	24.9%		351 250美元
14	运输费用	60 000美元	92.3%		5 000美元	7.7%		65 000美元
15	间接成本：							
16	客户订单	192 000美元	60.0%		128 000美元	40.0%		320 000美元
17	产品设计		0.0%		252 000美元	100.0%		252 000美元
18	订单规模	332 500美元	87.5%		47 500美元	12.5%		380 000美元
19	分配至产品的总成本	1 753 750美元			589 500美元			2 343 250美元
20	无须分配至产品的成本：							
21	客户关系							367 500美元
22	其他							490 500美元
23	总成本							3 201 250美元
24								

图 8-12　传统成本核算系统与作业成本法分配方式的比较

作业成本法与传统成本核算系统所报告的产品毛利不同的原因主要有以下 3 点。

第一，克拉布公司的传统成本核算系统将全部制造费用分配至产品，这使得所有产品，无论它们是否实际消耗了分配至其中的成本，都要承担相应的制造费用。作业成本核算系统则不会将由客户关系作业所消耗的制造费用分配至产品，因为这些成本是由客户而非特定产品所引起的。类似地，其他作业所包含的制造费用也不会被分配至产品，因为这些组织维系成本与闲置产能成本同样不是由特定产品所引起的。从作业成本法的角度来看，将这些成本分配至产品体现了一种内在的随意性，只会适得其反。

第二，克拉布公司传统的成本核算系统对所有制造费用的分配采用了与数量相关的分配基础——机器工时，这可能不能反映出引发成本的实际动因。换言之，在传统成本核算系统下，87.5% 的制造费用分配给了标准支柱，仅有 12.5% 的制造费用分配给了定制罗盘外壳。例如，传统成本核算系统将 87.5% 的客户订单作业（一项批量层次作业）成本不恰当地分配到了标准支柱之中，而作业成本法核算系统表明，标准支柱仅引发了这些成本的 60%；传统成本核算系统却仅将这些成本的 12.5% 分配至定制罗盘外壳，而这种产品实际消耗了客户订单作业成本的 40%。类似地，传统成本核算系统将 87.5% 的产品设计作业（一项产品层次作业）成本分配到了标准支柱之中，而标准支柱并未引发这些成本。产品设计作业的所有成本均应被分配至定制罗盘外壳，而不仅仅是 12.5% 的部分。因此，传统成本核算系统使用与数量相关的分配基础来分配批量层次和产品层次成本的做法，使得高产量产品（例如标准支柱）的成本被高估，而低产量产品（例如定制罗盘外壳）的成本被低估。

第三，作业成本法基于因果关系将由产品所引起的非生产成本分配至相应的产品之中，而传统成本核算系统则忽视了这些被视作期间费用的成本。作业成本法系统将运输成本直接追溯至产品,并将由产品所引起的非生产成本计入向产品进行分配的作业成本库。

▦ 管理会计实践 8-2

克拉布公司的作业成本法团队在一次全公司高管参加的会议上展示了他们的工作成果,与会的有董事长约翰、生产部经理苏珊、营销部经理汤姆以及财务部经理玛丽。作业成本法团队向每人分发了作业成本法模式的设计图(图8-6)和传统成本核算系统与作业成本法下成本分配情况的比较(图8-12)。在作业成本法团队介绍后,发生了下列讨论。

约翰:感谢作业成本法团队所做的所有工作以及极为精彩的展示。我现在开始对我们过去使用的成本会计系统所制定的许多决策感到疑惑了。根据作业成本法的分析,我们把所有决策都弄反了。我们的定制罗盘外壳产品是亏损的,反而标准支柱产品却是赢利的。

玛丽:我必须承认我没想到定制罗盘外壳的产品设计如此昂贵!我知道将这些成本包含在全厂制造费用分配率中对标准支柱是不利的,但我没预料到问题如此严重。

苏珊:我从不认为我们在定制业务上获利巨大,你应该去看看他们在生产中为我们制造的问题。

汤姆:我不想承认,但定制罗盘外壳业务也经常使我们对营销感到头痛。

约翰:如果定制罗盘外壳正在亏损,为什么不建议我们的客户去别的地方定制呢?

汤姆:等一下,那样我们会损失大量销售收入。

苏珊:那又怎样,我们能节约更多的成本。

玛丽:有可能可以,也有可能不可以。如果我们终止定制业务,一些成本也不会消失。

汤姆:比如?

玛丽:好吧,汤姆。我相信你所说的自己有10%的时间都花费在了新产品之上。因此,你工资的10%会被分配至产品设计成本库,如果我们撤销掉所有需要设计的产品,你是否愿意减薪10%呢?

汤姆:我相信你只是在开玩笑。

玛丽:你看出问题了吗?只是因为你有10%的时间花费在了定制产品之上,并不意味着如果撤销定制产品,公司就能节约你工资的10%。在我们采取诸如撤销定制罗盘外壳产品这样的大动作之前,我们应该识别出哪些成本是真正相关的。

约翰:我明白你的意思了。我们不会希望撤销掉大量产品,结果却发现成本并没有怎么变化。撤销产品的确能够释放像汤姆的时间这一类的资源,但我们最好在采取这样的行动前先确定好这些资源的更好用途。

正如克拉布公司高管们所讨论的那样,在采取如图8-9和图8-10这样的作业成本法分析之前,应当谨慎行动。这类图中计算的产品毛利和客户毛利是进一步分析的起点,但管理者在采取诸如撤销产品或客户、改变产品或服务价格等行动之前,需要了解清楚哪些成本是会真正受到影响的。例如,如果作业成本核算系统将一些无法避免的固定成本分配至产品或客户,那么在制定与这些成本对象有关的决策时就应该忽略这些成本。

| 商业实战 8-4 |　　　　　　　　猴王 47:企业家的梦想成真了

亚历山大·斯坦(Alexander Stein)在诺基亚工作了10年,在35岁时他决定离开公司,创办自己的杜松子酒酒厂。经过18个多月和120多个测试周期

后,亚历山大最终确定了一种名为猴王47的干杜松子酒配方。他选择数字47是为了强调他的配方包含47种不同的植物成分,比如杜松子和香菜,而大多

数杜松子酒只使用大约 12 种植物成分。

　　亚历山大没有使用标准的每批能处理 1 000 公升的蒸馏炉，而是用每批只能处理 100 升的蒸馏器处理他的杜松子酒，他欣赏小批量规模就像他相信"为 1 000 人烹饪不如为 4 个人烹饪效果好"。这种对手

工制作的欣赏可能也解释了为什么猴王 47 的员工会在现场处理所有的原料，比如给水果削皮和准备薰衣草。

　　资料来源：John Kell, "Next Gin," *Fortune*, February 1, 2017, p. 28.

8.5　确定流程改进的目标

　　作业成本法还可以用于识别能够在流程改进中受益的作业。用于这种目的的作业成本法通常被称为作业管理。**作业管理**（activity-based management）主要关注如何在作业中消除浪费、缩短流程时间以及减少次品。作业管理已广泛地用于各种组织，如制造业企业、医院和美国海军陆战队。

　　任何改进程序的第一步都是确定改进对象。作业成本法中计算的作业成本分配率对于寻找存在浪费和改进机会的作业提供了宝贵的线索。例如，通过图 8-5 中的作业成本分配率的计算，克拉布公司的管理者可能会发现，耗费 320 美元来处理一份客户订单对于一项不增加产品价值的作业而言过于昂贵，因此，他们可能将目标瞄准客户订单作业来进行流程的改进。⊖

　　在作业成本分配率中撬动信息的另一种方式是基准比较，用这种方法可以识别有最大改进空间的作业。将公司业绩和其他与之条件相似且业绩突出的公司相比较，如果公司特定部门的业绩表现远低于标准水平，管理者就可能将该领域作为改进对象。

8.6　作业成本法与外部报告

　　虽然相比于传统成本核算方法，作业成本法能够提供更加准确的产品成本，但出于下列原因却不将它用于外部报告。

　　第一，外部报告与内部报告相比，要求信息的详细程度较低。外部报告中并不会列报每种产品的成本，销货成本与存货估价的披露也不会具体到产品层次。产品成本的高估与低估在产品成本加总的过程中相互抵销。

　　第二，改变一家公司的会计系统是极为困难的。大多数大公司正式的成本会计系统通常嵌入在经过多年反复修改的复杂计算机程序中，很难保证改变这样的计算机程序而不引起大量的错误。

　　第三，本章中所介绍的作业成本法系统不符合美国一般公认会计原则（GAAP）的要求。正如在以前章节讨论的那样，外部报告中的产品成本仅包含所有的生产成本；但在本章的作业成本法系统中，产品成本的计算剔除了某些生产成本，而包含了一些非生产成本。虽然在期末将作业成本法数据调整到符合一般公认会计原则的要求是能够实现的，但这需要更多的工作。

　　第四，审计人员可能会对基于公司员工访谈的分配情况感到不适。这样的主观数据很容易被管理层操纵，使收益和其他关键事项看起来更加有利。

　　基于所有的这些原因，大多数公司将作业成本法专门用于管理决策分析，他们并不准备将作业成本法整合到正式的成本会计系统中。

8.7　作业成本法的局限

　　作业成本法系统的实施需要大量资源，一旦开始实行，其维护成本将远高于传统成本核算系统。大量与作

　　⊖　第 14 章讨论了另一种改进流程和增加销售的方法，该方法侧重于有效管理组织约束。

业计量相关的数据需要定期地收集、检查以及录入系统之中，准确性提高所带来的收益可能难以弥补这些成本的产生。

作业成本法计算出的数据，如产品毛利等，往往与传统成本核算系统下的不一致，但管理者通常已经习惯于使用传统成本核算系统来进行经营管理与业绩评价。从本质上说，作业成本法改变了游戏规则，而人类的本性决定了企业中的变化，特别是游戏规则的改变，都将不可避免地遭到抵制。任何企业在作业成本法推行之初，都应强调高管的支持以及会计人员和产品经理全面参与的重要性。如若不能获得高管的全力支持，作业成本法将难逃失败的命运。

在实务中，大多数管理者坚持将包括组织维系成本和闲置产能成本在内的全部成本分配至产品、客户以及作业成本法系统中的其他成本对象，这就导致了高估成本、低估利润，造成了定价以及其他关键决策的失误。

作业成本法数据易被错误理解，所以在制定决策时应谨慎使用。产品、客户和其他成本对象与分配至其中的成本只存在潜在关联，在使用作业成本法数据制定重大决策前，管理者必须识别出与当前决策真正相关的成本。例如，如果作业成本法系统将一些无法避免的固定成本分配至成本对象，在制定决策时就应该忽略这些成本。

如前所述，作业成本法系统生成的报告不符合外部报告要求。因此，实施作业成本法的公司应有两套分别用于内部决策和外部报告编制的成本核算系统。这不仅需要更高的维护成本，可能还会使管理者感到困惑，无法辨别出更值得信赖的成本系统。

本章小结

传统成本会计方法的局限性必然会扭曲用以制定决策的成本信息。所有生产成本，甚至那些不由任何特定产品所引发的部分都被分配至产品之中，而由产品所引起的非生产成本则未被计入产品成本。最终，传统方法对于例如直接人工和机器工时之类的产品层次分配基础过度依赖，造成了高产量产品成本的高估和低产量产品成本的低估，并可能导致决策制定的失误。

作业成本法对产品和客户等成本对象所消耗资源的成本进行了估计。这种方法假定成本对象发生的作业将反过来消耗资源，即以作业作为联结成本和成本对象的桥梁。作业成本法重点关注包括制造费用、销售和管理费用在内的间接费用。通常情况下，传统成本法和作业成本法对于直接人工和直接材料的核算方式相同。

为建立作业成本法系统，企业通常会选择一小部分作业来代表间接费用部门所执行的大部分工作。与作业相关联的是作业成本库，间接费用将被尽可能地直接追溯至这些作业成本库，剩余不能直接追溯的部分则会在第一阶段分配中被分配至各个作业成本库。通常，基于对员工的访谈形成作业的分配基础。

各成本库的作业成本分配率由分配至成本库的成本总额除以各成本库的作业计量计算得出。作业成本分配率向管理者提供了关于作业运行成本的有效信息。若一项作业成本畸高，员工就会尽力改进企业中该项作业的执行方式。

第二阶段分配按照作业成本分配率将成本分配至成本对象（如产品、客户）。作业成本法下计算的成本通常与公司传统成本会计系统的差异较大。尽管作业成本法更为准确，管理者在基于作业成本法数据进行决策时还是应谨慎，因为一些无法避免的成本与决策并无关系。

复习题：作业成本法

菲利斯公司（Ferris Corporation）生产单一产品——防火商用档案柜，并销售给办公家具分销商。公司拥有一套用于内部决策制定的简化作业成本法系统。该公司有两个间接费用部门，其成本列示如下。

	（单位：美元）
制造费用	500 000
销售和管理费用	300 000
间接费用合计	800 000

该公司作业成本法系统的作业成本库和作业计量

列示如下。

作业成本库	作业计量
产品组装	产品数量
订单处理	订单数量
客户支持	客户数量
其他	不适用

分配至"其他"作业成本库的成本不适用于作业计量，它们由组织维系成本和闲置产能成本组成，这两者均不分配至订单、客户或者产品。

基于员工访谈的结果，菲利斯公司将制造费用、销售和管理费用在作业成本库间分配的情况列示如下。

作业成本库间资源消耗的分配情况

	产品组装	订单处理	客户支持	其他	总计
制造费用	50%	35%	5%	10%	100%
销售和管理费用	10%	45%	25%	20%	100%
总作业量	1 000 件产品	250 份订单	100 位客户		

要求：

（1）参照图 8-4，执行第一阶段分配，将间接费用分配至各作业成本库。

（2）参照图 8-5，计算各作业成本库的作业成本分配率。

（3）马尔特公司（OfficeMart）是菲利斯公司的一位客户。去年，马尔特公司先后 4 次订购共计 80 件防火商用档案柜。请编制如图 8-8 所示的 Excel 表格，计算得出可归因于马尔特公司的间接费用。

（4）防火商用档案柜的单价为 595 美元，单位产品直接材料为 180 美元，单位产品直接人工为 50 美元。请计算马尔特公司的客户毛利，并参照图 8-10，编制相应的报告。

复习题答案：

（1）各作业成本库的第一阶段成本分配列示如下。

作业成本库 （单位：美元）

	产品组装	订单处理	客户支持	其他	总计
制造费用	250 000	175 000	25 000	50 000	500 000
销售和管理费用	30 000	135 000	75 000	60 000	300 000
总成本	280 000	310 000	100 000	110 000	800 000

（2）各作业成本库的作业成本分配率如下。

作业成本库	总成本（a）	总作业量（b）	作业成本分配率（a）÷（b）
产品组装	280 000 美元	1 000 件产品	每件产品 280 美元
订单处理	310 000 美元	250 份订单	每份订单 1 240 美元
客户支持	100 000 美元	100 位客户	每位客户 1 000 美元

（3）可归因于马尔特公司的间接费用计算如下。

作业成本库	作业成本分配率（a）	作业量（b）	作业成本法下的成本（a）×（b）
产品组装	280 美元 / 件	80 件产品	22 400 美元
订单处理	1 240 美元 / 份	4 份订单	4 960 美元
客户支持	1 000 美元 / 位	1 位客户	1 000 美元

（4）客户毛利计算如下。

（单位：美元）

销售收入		47 600
成本：		
直接材料（180 美元 / 件 × 80 件）	14 400	
直接人工（50 美元 / 件 × 80 件）	4 000	

（续）

产品组装（同上）	22 400	
订单处理（同上）	4 960	
客户支持（同上）	1 000	46 760
客户毛利		840

术语表

Activity 作业 企业中任何引起间接费用被消耗的活动。

Activity-based costing（ABC）作业成本法 一种以作业为基础的成本核算方法，旨在向管理者提供有用的成本信息，并用以制定战略性决策，以及对产能有潜在影响进而影响固定成本和变动成本的其他决策。

Activity-based management（ABM）作业管理 一种重点关注如何通过作业管理实现消除浪费、减少延误和次品的管理方式。

Activity cost pool 作业成本库 一个将作业成本法系统下与单个作业计量相关的成本都集中在内的"池"。

Activity measure 作业计量 作业成本法核算系统的分配基础；在理想状态下，衡量的是作业成本库中驱动成本发生的作业数量。

Batch-level Activities 批量层次作业 处理或加工每批产品时所发生的作业，而不考虑该批次中包含多少产品。批量层次成本由所加工的批次数决定而非取决于批次中的产品数量。

Benchmarking 基准比较 一种用以识别有最大改进空间作业的系统方法。

Customer-level activities 客户层次作业 为支持客户而发生的、与任何特定产品均无关的作业。

Duration driver 持续时间动因 完成一项作业所需时间的计量。

First-stage allocation 第一阶段分配 在作业成本法系统中将按职能划归的间接费用从公司总账分配至各作业成本库的过程。

Organization-sustaining activities 组织维系层次作业 发生与否不受所服务的客户、所执行的批量与所生产产品的种类和数量影响的作业。

Product-level activities 产品层次作业 与特定产品有关，且一般情况下，无论批次数、产量、销量如何变化都必须发生的作业。

Second-stage allocation 第二阶段分配 在作业成本法系统中，将成本按照作业成本分配率分配至产品与客户的过程。

Transaction driver 交易动因 作业发生次数的简单计数。

Unit-level activities 单位层次作业 生产每单位产品时所发生的作业。

思考题

1. 作业成本法与第 3、4 章中所介绍的分批成本法等传统成本核算方法有什么根本区别？

2. 为什么对于许多公司而言，直接人工不是间接费用分配基础的较好选择？

3. 为什么高管的支持和跨部门参与对于作业成本法系统的推行至关重要？

4. 什么是单位层次作业、批量层次作业、产品层次作业、客户层次作业和组织维系层次作业？

5. 在作业成本法系统中，哪种成本不应分配至产品？

6. 作业成本法中两阶段分配分别指什么？

7. 为什么作业成本法的第一阶段分配通常以访谈为基础？

8. 为什么在采用作业成本法时，制造费用通常会从高产量产品转移至低产量产品？

9. 如何采用各种作业的作业成本分配率（也就是每项作业的成本）来确定流程改进的目标？

10. 为什么本章所介绍的作业成本法不能运用于外部财务报告？

基础练习

希科里公司（Hickory Company）生产了 14 000 件 Y 产品和 6 000 件 Z 产品。公司以直接人工工时作为分配基础将间接费用分配至产品。公司正在考虑实施作业成本法（ABC）系统，将 684 000 美元的制造费用分配到 4 个成本库。以下是公司整体以及 Y 产品和 Z 产品的附加信息。

作业成本库	作业计量	估计制造费用	预计作业量
机器	机器工时	200 000 美元	10 000 机器工时
机器设置	设置数量	100 000 美元	200 件
产品设计	产品数量	84 000 美元	2 种
全厂	直接人工工时	300 000 美元	12 000 小时

作业计量	Y 产品	Z 产品
机器工时 / 小时	7 000	3 000
设置数量 / 件	50	150
产品数量 / 种	1	1
直接人工工时 / 小时	8 000	4 000

要求：

（1）公司的全厂制造费用分配率是多少？

（2）使用全厂制造费用分配率，有多少制造费用分配给 Y 产品？有多少分配给 Z 产品？

（3）机器作业成本库的作业成本分配率是多少？

（4）机器设置作业成本库的作业成本分配率是多少？

（5）产品设计作业成本库的作业成本分配率是多少？

（6）全厂作业成本库的作业成本分配率是多少？

（7）4 个作业中的哪个是批量层次作业？为什么？

（8）4 个作业中哪个是产品层次作业？为什么？

（9）如果使用作业成本法，将有多少制造费用分配给 Y 产品？

（10）如果使用作业成本法，将有多少制造费用分配给 Z 产品？

（11）使用全厂制造费用分配率，分配给 Y 产品的总制造费用占多少比例？分配给 Z 产品的比例是多少？

（12）使用作业成本法，机器成本中有多少比例分配给 Y 产品？有多少比例分配给 Z 产品？这些比例是否与（11）中所述的比例相似？为什么？

（13）使用作业成本法，机器设置成本有多少比例分配给 Y 产品？有多少比例分配给 Z 产品？这些比例是否与（11）中所述的比例相似？为什么？

（14）使用作业成本法，产品设计成本中有多少比例分配给 Y 产品？有多少比例分配给 Z 产品？这些比例是否与（11）中所述的比例相似？为什么？

（15）使用作业成本法，全厂成本中有多少比例分配给 Y 产品？有多少比例分配给 Z 产品？这些比例是否与（11）中所述的比例相似？为什么？

练习题

1. 成本层次

闪电达（Flash Express）公司从供应商那里购买 U 盘，然后为客户在这些 U 盘的外部贴上客户公司的标志。公司对每一种加工产品都配备了专门的设备，如"大礼帽"U 盘、信用卡 U 盘、悬挂 U 盘和腕带 U 盘，公司根据客户订单决定批次。例如，如果一个客户下了 1 000 个信用卡 U 盘的订单，那么该订单将作为一批处理并发货。如果另一个客户订购了 100 个"大礼帽"U 盘、100 个悬挂 U 盘和 100 个腕带 U 盘，那么该订单将被分批处理并分批发货。

以下是闪电达公司开展的一些业务活动。

a. 销售代表定期拜访客户，使客户了解公司现有产品并介绍新产品。

b. 与公司信用卡 U 盘供应商进行价格谈判。

c. 编程和校准"大礼帽"标志的应用设备，使它适用于生产特定客户的标志。

d. 检查已生产的每个 U 盘，以确保标志无缺陷。

e. 为客户订单准备运输文件和包装。

f. 对用于加工腕带 U 盘的设备进行定期维护。

g. 对公司的生产设备进行照明和供暖。

h. 编制公司季度财务报告。

要求：

将上面的每个活动分类为单位层级、批量层级、产品层级、客户层级或组织维系层级作业。

2. 客户毛利分析

沃利公司（Worley Company）从各制造商处购买医疗用品，然后转售并将这些用品运送到数百家医院。沃利公司为所有医院制定价格，即将销售给这些医院的医疗用品成本加价 5%。例如，如果一家医院从沃利公司购买的医疗用品需要沃利公司花 100 美元从制造商那里购买，沃利公司将向医院收取 105 美元的费用。

多年来，沃利公司一直认为 5% 的加价足以弥补销售和管理费用，并产生合理的利润。然而，面对利润的下降，沃利公司决定实施作业成本法，以帮助提高公司对客户毛利的理解。公司将销售和管理费用分成 5 个作业成本库，如下所示。

作业成本库（作业计量）	总成本	总作业量
客户发货（发货数量）	500 000 美元	5 000 次送货
手动订单处理（手动订单数量）	248 000 美元	4 000 个
电子订单处理（电子订单数量）	200 000	12 500 个
选取项目数量	450 000 美元	150 000 行项目数
其他的组织维系成本（无）	602 000 美元	
销售和管理费用总额	2 000 000 美元	

沃利公司在它服务的多家医院中选择了两家——大学医院和纪念医院，收集了以下数据（每家医院都花费了沃利公司 30 000 美元从制造商那里购买医疗用品）。

作业计量	作业	
	大学医院	纪念医院
发货数量	10	25
手动订单数量	0	30
电子订单数量	15	0
选取项目数量	120	250

要求：

（1）计算沃利公司从大学医院和纪念医院获得的总收入。

（2）计算每个作业成本库的作业成本分配率。

（3）计算分配给大学医院和纪念医院的总作业成本。

（4）计算大学医院和纪念医院的客户毛利（提示：不要忽视沃利公司为每家医院提供服务所产生的 30 000 美元的销售成本）。

（5）描述沃利公司最不赚钱的客户的购买行为。

3. 计算和解释作业成本法下的成本数据

希兰湖边（Hiram's Lakeside）是一家位于西雅图华盛顿湖的较受欢迎的餐厅。这家餐厅的老板一直在试图更好地理解餐厅的成本，并聘请了一名实习生进行作业成本法的研究。实习生与老板协商，确定了 3 个主要的作业成本库，然后完成了将成本分配至作业成本库的第一阶段分配。结果如下所示。

作业成本库	作业计量	总成本	总作业量
提供晚宴聚会服务	聚会人数	33 000 美元	6 000 人
提供晚餐	用餐人数	138 000 美元	15 000 人
提供饮品	饮品数量	24 000 美元	10 000 杯

上述成本包括了餐厅的所有成本，除了诸如租金、财产税和高层管理人员工资等组织维系成本。有些费用，比如清洗铺在餐厅桌子上桌布的费用，根据接待的人数而有所不同。其他费用，如洗盘子和杯子，取决于所招待的用餐人数或提供的饮品数量。

在采用作业成本法之前，老板对餐厅的成本了解很少。她知道，这个月的总成本（包括组织维持系成本）是 240 000 美元，共接待了 15 000 名用餐者。因此，每位用餐者的平均成本是 16 美元。

要求：

（1）下列每一种情况下，根据作业成本法为用餐者提供服务的总成本是多少？

a. 4 人用餐，点了 3 杯饮料。

b. 2 人用餐，不点任何饮料。

c. 1 人用餐，点了 2 杯饮料。

（2）将上面（1）中计算的总成本换算为每名用餐者的成本。换句话说，以下每一种情况为每位用餐者提供服务的平均成本是多少？

a. 4 人用餐，点了 3 杯饮料。

b. 2 人用餐，不点任何饮料。

c. 1 人用餐，点了 2 杯饮料。

（3）为什么 3 种不同情况下每位用餐者的成本彼此不同，也不同于每名用餐者的平均成本 16 美元？

4. 综合作业成本法练习

先进产品公司（Advanced Products Corp）从其作业成本法系统中提供了以下数据。

（单位：美元）

	间接费用
工资与薪金	300 000
其他间接费用	100 000
间接费用合计	400 000

作业成本库	作业计量	本年总作业量
辅助直接人工	直接人工工时数	20 000 直接人工工时
订单处理	客户订单数量	400 份订单
客户支持	客户数量	200 位客户
其他	这是一项组织维系作业	不适用

作业间资源消耗的分配情况如下所示。

	辅助直接人工	订单处理	客户支持	其他	总计
工资与薪金	40%	30%	20%	10%	100%
其他间接费用	30%	10%	20%	40%	100%

本年，先进产品公司完成了一家新客户——深圳公司的一份订单，除此之外，这一年内该客户未再订购其他产品。与这份订单相关的数据列示如下。

订购数量	10 件
直接人工工时	2 直接人工工时 / 件
售价	300 美元 / 件
直接材料	180 美元 / 件
直接人工	50 美元 / 件

要求：

（1）参照图 8-4，编制一份间接费用在作业成本库间进行第一阶段分配的报告。

（2）参照图 8-5，计算各作业成本库的作业成本分配率。

（3）计算深圳公司订单所消耗的包括客户支持成本在内的间接费用总额。

（4）参照图 8-10，计算深圳公司的客户毛利。

问题

1. 比较传统成本法和作业成本法产品毛利

高泰克（Hi-Tek）制造公司制造两种类型的工业部件，分别是 B300 和 T500。最近期间的完全成本法下的利润表如下。

高泰克制造公司利润表

	（单位：美元）
销售收入	2 100 000
销货成本	1 600 000
毛利	500 000
销售和管理费用	550 000
经营净利润（亏损）	(50 000)

高泰克制造公司以每台 20 美元的价格生产销售了 70 000 台 B300，以每台 40 美元的价格生产销售了 17 500 台 T500。该公司在传统完全成本法下使用全厂间接制造费用分配率和直接人工工时作为分配基础分配间接费用，有关公司两条产品线的其他信息如下。

	（单位：美元）		
	B300	T500	总计
直接材料	436 300	251 700	688 000
直接人工	200 000	104 000	304 000
制造费用			608 000
销货成本			1 600 000

该公司创建了作业成本法系统来评估其产品的盈利能力，高泰克制造公司的作业成本法执行团队得出的结论是，该公司的广告费用中有 50 000 美元和 100 000 美元可以分别直接追溯到 B300 和 T500。其余的销售和管理费用在性质上属于组织维系成本。作业成本法执行团队还将公司的制造费用分配给以下 4 个作业成本库。

作业成本库（作业计量）	制造费用 / 美元	作业		
		B300	T500	总计
机器（机器工时）	213 500	90 000	62 500	152 500
设置（设置小时）	157 500	75	300	375
产品维护（产品数量）	120 000	1	1	2
其他（组织维持成本）	11 7000	—	—	—
制造费用总额	608 000			

要求：

（1）参照图 8-11，计算 B300 和 T500 在传统完全成本法核算系统下的产品毛利。

（2）参照图 8-9，计算 B300 和 T500 在作业成本法核算系统下的产品毛利。

（3）参照图 8-12，对传统完全成本法和作业成本法下的成本分配进行量化比较并分析两者存在差异的原因。

2. 作业成本法和工作评估

美世石棉清除公司（Mercer Asbestos Removal Company）从建筑物中清除潜在的有毒石棉绝缘材料和相关产品。长期以来，公司的评估人员和工作主管之间一直有争论。现场监督人员声称，评估人员没有充分区分常规工作（如拆除老房子供暖管道周围的石棉绝缘材料）和非常规工作（如拆除工业建筑中被石棉污染的天花板石膏）。工作主管认为，非常规工作的成本远远高于常规工作，应该承担更高的客户费用。评估人员这样总结他的立场："我的工作是测量要清除石棉的区域。按照高层管理者的指示，我只需将面积乘以 2.50 美元就可以确定投标价格。由于我们的平均成本仅为每平方英尺 2.175 美元，这就有足够的费用来支付非常规工作产生的额外成本。此外，在你真正开始把事情搞得一团糟之前，很难知道什么是常规工作，什么是非常规工作。"

为了解决这一争议，该公司发起了在作业成本法下研究所有成本。作业成本法的数据如下。

作业成本库	作业计量	作业总量
清除石棉	平方英尺	80 万平方英尺
评估和工作设置	工作数量	500 个工作
从事非常规工作	非常规工作数量	100 个非常规工作
其他（组织维系成本和闲置产能成本）	没有	

注：这 100 个非常规工作包含在 500 个工作中。非常规工作和常规工作都需要评估和设置。

年度成本	（单位：美元）
工资薪金	300 000
处理费用	700 000
设备折旧	90 000
现场物资	50 000
办公费用	200 000
授权和保险	400 000
总成本	1 740 000

跨作业的资源消耗分布如下所示。

	清除石棉	评估和工作设置	从事非常规工作	其他	总计
工资薪金	50%	10%	30%	10%	100%
处理费用	60%	0%	40%	0%	100%
设备折旧	40%	5%	20%	35%	100%
现场物资	60%	30%	10%	0%	100%
办公费用	10%	35%	25%	30%	100%
授权和保险	30%	0%	50%	20%	100%

要求：

（1）参照图 8-4，将第一阶段的成本分配至作业成本库。

（2）参照图 8-5，计算作业成本库的作业成本分配率。

（3）用你已经计算的作业成本分配率，在作业成本法下确定以下每项作业的总成本和每千平方英尺的平均成本。

a. 一项 1 000 平方英尺的常规石棉清除工作。

b. 一项 2 000 平方英尺的常规石棉清除工作。

c. 一项 2 000 平方英尺的非常规石棉清除工作。

（4）根据你在（3）中得到的结果，你是否同意评估人员认为公司目前的投标政策是充分的？

附录 8A 时间驱动作业成本法：基于微软 Excel 的方式

这个附录的目的是介绍**时间驱动作业成本法**（time-driven activity-based costing，TDABC），该方法克服了本章作业成本法（ABC）的两大局限。第一，时间驱动作业成本法的第一阶段分配无须以大量的员工访谈（见图 8-3）为基础。对于一家有上千员工的公司而言，这种访谈会耗费大量时间，从而限制了公司对其成本系统的即时更新。第二，图 8-3 和图 8-4 中所介绍的作业成本法假定员工能够自我披露他们的空闲时间，以计入"其他"成本库。但实际中，大多数员工极不愿意报告自己的空闲时间，因为这意味着管理层可能会削减人力规模。

本附录将介绍如何使用时间驱动作业成本法将间接成本分配至例如产品和客户之类的成本对象之中，还会讲解如何将时间驱动作业成本法用于产能分析。为简单起见，我们将本附录的范围仅限于关注人工成本。尽管时间驱动作业成本法系统能够包含其他类型的间接成本，如设备成本和公共事业成本等，但出于简化产能分析的目的，我们对这些成本予以忽略。

8A.1 雷德利公司案例

雷德利公司希望提高公司对客户盈利能力和产能利用率方面的理解水平。该公司决定从使用时间驱动作业成本法入手，对客户服务部门的人工成本进行分析。项目的目标是更好地理解每个客户对于客户服务人工成本的使用情况，为该部门的人事决策提供更详尽的信息基础。过去，公司的人事决策依赖于"经验推断"，往往会造成在册员工人数与客户服务所需员工数量之间的不平衡。雷德利公司希望通过时间驱动作业成本法的使用，能使公司对客户需求和劳动力产能之间匹配度提升所带来的财务影响进行估计。

8A.2　数据输入

图 8A-1 总结了雷德利公司为其时间驱动作业成本法模型所录入的 3 种数据：资源数据、作业数据和成本对象数据。资源数据包括客户服务部门的员工人数（30 人）、每位员工的平均工资（29 952 美元）、一年中的星期数（52 个星期）、每星期可工作分钟数（2 400 分钟）以及实际产能比例（80%）。该实际产能比例意味着员工没有为客户服务付出他们全部的可工作分钟数，而是将部分的工作时间花费在了度假、休息、培训和私人事务上。因此，雷德利公司估计员工 80% 的可工作时间是实际用于客户服务的。

	A	B	C	D	E
1		雷德利公司			
2		客户服务部门			
3		数据输入			
4					
5	资源数据：				
6	员工人数	30			
7	员工的平均工资 / 美元	29 952			
8					
9	一年星期数	52			
10	每星期可工作分钟数（40小时×60分钟）	2 400			
11	实际产能比例	80%			
12					
13	作业数据：	订单处理	疑问解答	信用复核	
14	每单位作业耗时 / 分钟	10	30	40	
15					
16	成本对象数据：	客户A	客户B	客户C	全部客户
17	订单处理量	30	18	7	200 000
18	客户疑问量	17	10	8	4 500
19	信用复核量	1	1	1	8 900
20					

图 8A-1　雷德利公司：数据输入

图 8A-1 所包含的作业数据将客户服务部门的作业分为 3 类，分别是订单处理（单元格 B13）、疑问解答（单元格 C13）和信用复核（单元格 D13），并列示了完成每单位作业所耗费的平均时间。例如，处理一份订单平均需要 10 分钟，解决客户的一个疑问平均需要 30 分钟，复核一位客户的信贷可靠性平均需要 40 分钟。[⊖]

图 8A-1 中的成本对象数据提供了本年有关客户 A、客户 B、客户 C 以及客户服务部门所有客户的作业数据。例如，客户 A、客户 B 和客户 C 分别提交了 30、18 和 7 份订单，雷德利公司的全部客户在本年中提交的订单共计 200 000 份。

8A.3　客户成本分析

图 8A-2 总结了雷德利公司使用时间驱动作业成本法将客户服务部门的客户成本分配至客户 A、B、C 的 3 个步骤。

第一步，通过单元格 B10 所提供资源的总成本（898 560 美元）除以单元格 B14 所提供资源的实际产能（2 995 200 分钟）计算得出单元格 B16 所提供资源的每分钟成本（0.30 美元）。值得注意的是，单元格 B12 所列示的每名员工的实际产能为 99 840 分钟，是由图 8A-1 中 3 个单元格——单元格 B9（52 个星期）、单元格 B10（2 400 分钟 / 星期）以及单元格 B11（80%）的数据相乘计算得出的。

⊖　为简单起见，我们假定作业中所有的订单处理、疑问解答和信用复核耗费的时间相同。

	A	B	C	D
1	雷德利公司			
2	客户服务部门			
3	客户成本分析			
4				
5	**第一步：计算所提供资源的每分钟成本**			
6				
7	客户服务部门：			
8	员工人数（a）	30		
9	员工平均工资（b）	29 952 美元		
10	所提供资源的总成本（a）×（b）	898 560 美元		
11				
12	每名员工的实际产能（分钟）(a)	99 840		
13	员工人数（b）	30		
14	所提供资源的实际产能（分钟）(a)×（b）	2 995 200		
15				
16	所提供资源的每分钟成本	0.30 美元		
17				
18	**第二步：计算时间驱动作业成本分配率**	订单处理	疑问解答	信用复核
19	每单位作业耗时（分钟）(a)	10	30	40
20	所提供资源的每分钟成本（b）	0.30 美元	0.30 美元	0.30 美元
21	时间驱动作业成本分配率（a）×（b）	3.00 美元	9.00 美元	12.00 美元
22				
23	**第三步：将成本分配至成本对象**	客户 A	客户 B	客户 C
24	订单处理量（a）	30	18	7
25	时间驱动作业成本分配率（b）	3.00 美元	3.00 美元	3.00 美元
26	订单处理成本的分配额（a）×（b）	90.00 美元	54.00 美元	21.00 美元
27				
28	客户疑问量（a）	17	10	8
29	时间驱动作业成本分配率（b）	9.00 美元	9.00 美元	9.00 美元
30	疑问解答成本的分配额（a）×（b）	153.00 美元	90.00 美元	72.00 美元
31				
32	信用复核量（a）	1	1	1
33	时间驱动作业成本分配率（b）	12.00 美元	12.00 美元	12.00 美元
34	信用复核成本的分配额（a）×（b）	12.00 美元	12.00 美元	12.00 美元
35				
36	客户服务总成本的分配额	255.00 美元	156.00 美元	105.00 美元
37				

图 8A-2 雷德利公司：客户成本分析

第二步，计算每种作业的时间驱动作业成本分配率。例如，订单处理作业的时间驱动作业成本分配率为 3.00 美元 / 订单（单元格 B21），由每单位作业耗时 10 分钟（单元格 B19）与所提供资源的每分钟成本 0.30 美元（单元格 B20）相乘计算得出。类似地，疑问解答作业的时间驱动作业成本分配率为 9.00 美元 / 疑问（单元格 C21），同样由每单位作业耗时 30 分钟（单元格 C19）与所提供资源的每分钟成本 0.30 美元（单元格 C20）相乘计算得出。

第三步，将客户服务的客户成本分配至客户 A、B、C 之中。例如，分配至客户 A 的客户服务总成本为 255.00 美元（单元格 B36）是订单处理成本 90 美元（单元格 B26）、疑问解答成本 153.00 美元（单元格 B30）以及信用复核成本 12 美元（单元格 B34）的合计数。需要注意，单元格 B24 的订单处理量（30）、单元格 B28 的客户疑问量（17）以及单元格 B32 的信用复核量（1）与图 8A-1 中单元格 B17 ～ B19 的数据相互对应。

图 8A-2 所总结的成本分配类型提升了雷德利公司的主动权，使该公司能够对客户盈利能力进行评估，并以此为基础管理公司的客户组合。另外，图 8A-2 所进行的成本分配无须以客户服务部门 30 名员工的访谈为基础，雷德利公司仅需对实际产能比例（80%）和每单位作业耗时进行合理估计并计算出相应的时间驱动作业

成本分配率。

　　然而，图 8A-2 的数据并不能帮助雷德利公司对其在用产能和闲置产能成本进行量化和管理，也不能使公司对满足未来客户需求的客户服务部门员工数做出合理估计。为从雷德利公司的时间驱动作业成本法系统中收集到这类信息，我们将关注点转向产能分析。

8A.4　产能分析

　　产能分析关注于雷德利公司的全部客户，而不仅仅是客户 A、B、C。图 8A-3 列示了雷德利公司为实现产能管理目标而采取的 4 个步骤。

	A	B	C	D	E
1		雷德利公司			
2		客户服务部门			
3		产能分析			
4					
5	第一步：计算在用产能（分钟）	订单处理	疑问解答	信用复核	总计
6	每种作业的客户需求量(a)	200 000	4 500	8 900	
7	每单位作业所需客户服务时间（分钟）(b)	10	30	40	
8	用以满足需求的客户服务时间（分钟）(a)×(b)	2 000 000	135 000	356 000	2 491 000
9					
10	第二步：计算闲置产能（分钟）				
11	可供满足需求的客户服务时间总数（分钟）(a)	2 995 200			
12	用以满足需求的客户服务时间总数（分钟）(b)	2 491 000			
13	闲置产能（分钟）(a)-(b)	504 200			
14					
15	第三步：计算闲置员工人数				
16	闲置产能（分钟）(a)	504 200			
17	每名员工的实际产能（分钟）(b)	99 840			
18	闲置员工人数(a)÷(b)	5.05			
19					
20	第四步：计算产能与需求匹配的财务影响				
21	潜在的员工调整数（取整）(a)	(5.00)			
22	员工平均工资(b)	29 952美元			
23	产能与需求匹配对费用的影响(a)×(b)	(149 760) 美元			
24					
25	注：单元格B21使用了公式=If{B18>0, rounddown (-B18, 0), roundup (-B18, 0)}				
26					

图 8A-3　雷德利公司：产能分析

　　第一步，计算出以分钟为单位的在用产能总数 2 491 000 分钟（= 2 000 000 分钟 + 135 000 分钟 + 356 000 分钟）。

　　第二步，在图 8A-3 中用单元格 B11 的可供满足需求的客户服务时间总数 2 995 200 分钟（与图 8A-2 中单元格 B14 的计算方法一致）减去单元格 B12 的用以满足需求的客户服务时间总数 2 491 000 分钟，计算得出单元格 B13 中列示的闲置产能 504 200 分钟。

　　第三步，将以分钟为单位的闲置产能转换为闲置员工人数。进行这项计算的原因是客户服务人员是一项阶梯式固定成本而非变动成本。换言之，雷德利公司对于客户服务产能的购买并非以分钟为单位，它所雇用的每名员工每年可以提供 99 840 分钟的实际产能。因为闲置产能为 504 200 分钟，而每名员工的实际产能为 99 840 分钟，所以，闲置产能总量可以转换为 5.05（= 504 200 ÷ 99 840）名闲置员工。

　　第四步，计算产能与需求匹配的财务影响。这一步骤的关键是将图 8A-3 中单元格 B18 的数值运用公式进行取整，得出单元格 B21 中的数字。之所以运用取整函数是因为雷德利公司只能增减整数名员工，而不能增减一名员工的一部分。例如，尽管单元格 B18 显示闲置员工为 5.05 人，但雷德利公司并不能减少 0.05 名员工，它只能选择解雇 5 名或 6 名员工，而不能是两者之间的任何数量。但减少 6 名员工会造成客户服务部门轻微的人手短缺，因此我们将舍下 0.05，选择 5 名员工。已知员工平均工资为 29 952 美元，那么产能与需求的匹配能够使公司节约费用 149 760 美元 (= 5.00 名 × 29 952 美元 / 名)。

8A.5 假设推断分析

图 8A-1 中录入的数据还能帮助雷德利公司回答一些有趣的关于"如果……那么……"的问题。例如,如果公司能够将信用复核时间从 40 分钟降至 30 分钟,那么这会对分配至客户 A、B、C 的成本产生何种影响呢?为了回答这个问题,我们将图 8A-1 中单元格 D14 的 40 分钟改为 30 分钟。图 8A-4 列报了即时生成的修改后的客户成本分析。

	A	B	C	D
1	雷德利公司			
2	客户服务部门			
3	客户成本分析			
4				
5	第一步:计算所提供资源的每分钟成本			
6				
7	客户服务部门:			
8	员工人数 (a)	30		
9	员工平均工资 (b)	29 952 美元		
10	所提供资源的总成本 (a) × (b)	898 560 美元		
11				
12	每名员工的实际产能 (分钟)(a)	99 840		
13	员工人数 (b)	30		
14	所提供资源的实际产能 (分钟)(a) × (b)	2 995 200		
15				
16	所提供资源的每分钟成本	0.30 美元		
17				
18	第二步:计算时间驱动作业成本分配率	订单处理	疑问解答	信用复核
19	每单位作业耗时 (分钟)(a)	10	30	30
20	所提供资源的每分钟成本 (b)	0.30 美元	0.30 美元	0.30 美元
21	时间驱动作业成本分配率 (a) × (b)	3.00 美元	9.00 美元	9.00 美元
22				
23	第三步:将成本分配至成本对象	客户 A	客户 B	客户 C
24	订单处理量 (a)	30	18	7
25	时间驱动作业成本分配率 (b)	3.00 美元	3.00 美元	3.00 美元
26	订单处理成本的分配额 (a) × (b)	90.00 美元	54.00 美元	21.00 美元
27				
28	客户疑问量 (a)	17	10	8
29	时间驱动作业成本分配率 (b)	9.00 美元	9.00 美元	9.00 美元
30	疑问解答成本的分配额 (a) × (b)	153.00 美元	90.00 美元	72.00 美元
31				
32	信用复核量 (a)	1	1	1
33	时间驱动作业成本分配率 (b)	9.00 美元	9.00 美元	9.00 美元
34	信用复核成本的分配额 (a) × (b)	9.00 美元	9.00 美元	9.00 美元
35				
36	客户服务总成本的分配额	252.00 美元	153.00 美元	102.00 美元
37				

图 8A-4 雷德利公司客户成本分析:一项假设性分析

可以看到在单元格 D19 中,每次信用复核所需时间变为了 30 分钟,替代了图 8A-2 中相同单元格所列示的 40 分钟。与之对应,每次信用复核的成本减少至 9.00 美元 (如单元格 D21 所示),而不再是图 8A-2 中相同单元格所列示的 12.00 美元。因此单元格 B33 ~ D33 分别记录了 9.00 美元这个相对较低的时间驱动作业成本分配率,从而使得每位客户所承担的客户服务总成本相应减少了 3.00 美元。例如,在图 8A-4 的单元格 B36 中客户 A 所承担的客户服务总成本为 252.00 美元,而与之对应的图 8A-2 中 B36 单元格所列示的数值则为

255.00 美元。

让我们进一步假设雷德利公司希望回答这个问题：如果我们将订单处理量从 200 000 份（见图 8A-1 的单元格 E17）增加至 265 000 份会对客户服务部门的员工需求产生何种影响呢？在对图 8A-1 的单元格 E17 进行适当调整后，图 8A-5 回答了这个问题——雷德利公司需要再多雇用一名员工，并承担大约 29 952 美元的成本。

图 8A-5　雷德利公司产能分析：一项假设性分析

为了弄清楚这个答案的由来，让我们从图 8A-5 的第一步开始分析。在这一步骤中，单元格 B6 中的订单处理量增加至 265 000 份，使之相应的用以满足需求的客户服务时间增加至 3 052 000 分钟（单元格 E8）。这就导致在第二步中，2 995 200 分钟的可供满足需求的客户服务时间总数（单元格 B11）低于用以满足需求的客户服务时间总数 3 052 000 分钟（单元格 B12），从而使得单元格 B13 中的闲置产能变为了 -56 800 分钟。闲置产能为负数就意味着雷德利公司的现有产能不足以满足预期的客户需求。图 8A-5 的第三步将以分钟为单位的短缺产能转换成了 B18 单元格中的人员短缺数（0.57）。考虑到雷德利公司并不能只雇用 0.57 名员工，单元格 B21 将这个数值四舍五入到 1，并在单元格 B23 中计算得出了额外雇用一名员工所耗费的大致成本 29 952 美元。

从上述对时间驱动作业成本法的介绍中，可以看出这种方法的优点。

（1）无须进行员工访谈，便于及时更新系统。

（2）采用客观方式对闲置产能的成本进行量化，不依赖于员工自己报告其空闲时间。

（3）帮助公司估计与需求一致时产能的财务影响，特别是在雷德利公司的客户服务人员等阶梯式资源方面。

练习题

时间驱动作业成本法

雅典公司（Athens Company）的工程部正在进行一项时间驱动作业成本法的研究。为满足研究的需要，公司提供了与工程部门和该部门客户相关的如下数据。

	员工人数	10
	平均员工工资 / 美元	90 000
	每年工作周数	52
	每周工作小时数	40
	实际产能比例	85%

	新产品设计	工程变更订单	产品测试
每项工作时长 / 小时	40	20	8

	客户 A	客户 B	客户 C	所有客户
新产品设计数量	3	2	4	180
工程变更订单数量	5	2	2	250
产品测试数量	8	4	6	160

要求:

（1）参照图 8A-2 的客户成本分析，计算下列问题：

a. 工程部门所提供资源的每小时成本。

b. 雅典公司 3 项作业的时间驱动作业成本分配率。

c. 客户 A、客户 B 和客户 C 所消耗的工程成本总数。

（2）参照图 8A-3 的产能分析，计算下列问题：

a. 以小时为单位的在用产能。

b. 以小时为单位的闲置产能。

c. 闲置员工人数（无须对答案进行取整）。

d. 产能与需求匹配对费用的影响（务必对潜在的员工调整数进行取整）。

（3）假设雅典公司正在考虑扩大其业务，预计新产品设计的数量将增加到 250 个，工程变更订单的数量将提高至 320 件，产品测试的数量将增至 240 件。利用这些新数字，计算下列问题：

a. 以小时为单位的在用产能。

b. 以小时为单位的闲置产能。

c. 闲置员工人数（无须对答案进行取整）。

d. 产能与需求匹配对费用的影响（务必对潜在的员工调整数进行取整）。

全面预算

危机管理规划：美国内战信托基金

美国内战信托基金（Civil War Trust，CWT）是一个私有制的非营利组织，共有 70 000 名成员，他们致力于保护美国内战的战场遗址，这些遗址很多都因商业化发展而被建成了购物中心、住宅、工业园区和娱乐场。为阻止这种情况的蔓延，CWT 一般购买土地或土地开发权。CWT 已经保护了超过 25 000 英亩⊖的遗址免遭开发，例如包括占地 698 英亩的葛斯底堡（Gettysburg）战场遗址。

CWT 的收入全部来源于其成员的捐献。当经济停滞不前时，它很难对未来的捐献数额进行预测。CWT 制定了一个年度预算来应对这种不确定性，基于经济逐渐不景气的假设，该预算包含了 3 种变动情况：较为悲观的预算称为或有预算。若由于经济衰退，成员捐献水平下降，CWT 可以转换为第一级的或有预算。过去，这种或有预算需要采取一系列措施来降低成本，包括限制招聘和薪金，同时对购买土地和开发权来保护战争遗址等措施仍维持原有的积极态度。在经济最不景气的情况下，CWT 可以转变为最消极的预算，这将包括裁员和其他特殊的成本控制措施。

CWT 利用预算程序提前为一系列或有事件做好计划，以防做出不利于长远发展的行为。

资料来源：Communications with James Lighthizer, president, and David Duncan, director of membership and development, Civil War Trust; and the CWT website, www.civilwar.org.

✏ 学习目标

1. 理解企业预算的目的以及制定预算所采用的程序。
2. 编制销售预算，包括预计经营现金收入表。
3. 编制生产预算。
4. 编制直接材料预算，包括预计材料采购现金支出表。
5. 编制直接人工预算。
6. 编制制造费用预算。
7. 编制销售和管理费用预算。
8. 编制现金预算。
9. 编制预计利润表。
10. 编制预计资产负债表。

⊖ 1 英亩 =4 046.856 米²。

在这一章中我们将向大家介绍企业如何通过编制预算来实现其财务目标。**预算**（budget）是以规范的定量模式对未来的详细规划。企业预算一般涵盖与其会计年度相对应的一年时间，通常分为季度预算和月度预算。也有一些企业使用**连续预算**（continuous budget）或**永续预算**（perpetual budget），这是一种 12 个月的预算，在当前月份（或季度）结束时，每次持续向前滚动一个月（或季度）。这种方法可以让管理者们持续关注未来一年的情况。

9.1 企业为何以及如何编制预算

预算有两个不同的目的——计划和控制。**计划**（planning）包括建立目标并为实现这些目标而编制的各种预算。**控制**（control）包括收集反馈以确保计划被正确执行或随着环境的变化得以修正。为了有效运行，一个良好的预算系统必须同时满足计划和控制两个目的的要求。缺少有效的控制，再好的计划都是浪费时间和精力。

9.1.1 企业为何编制预算

从计划的角度来看，企业编制预算用于：
（1）激励管理者考虑并计划未来。
（2）使财务目标在整个企业内得以有效沟通。
（3）在企业内部分配资源时，使资源得到最有效的利用。
（4）协调部门经理的计划和活动。
（5）发现潜在的问题。
从控制的角度来看，企业对比预算和实际结果来：
（1）提高运营的有效性和效率。
（2）评估和奖励员工。

| 商业实战 9-1 | 企业如何运用预算的关键点

几乎所有的企业都在动态环境中运营，而唯一不变的就是变化。这些企业中的绝大多数也依赖于年度预算来实现自我管理。那么问题来了：在商业环境变化中，什么时候年度预算会变得过时？就此问题我们询问了 152 位商业专家，有 13% 的人说他们企业的年度预算在新预算年度开始前就已经过时。另有 46% 的受访者表示，预算在第二季度结束前就已经过时了，而 25% 的受访者表示，预算永远不会过时。

考虑到约有 60% 的受访者对预算过时的问题表示担忧，我们又向 152 名受访者提出了一个相关问题：为了应对不断变化的市场环境，你的企业会做出多少"如果"式的假设推断预测？约 20% 的受访者表示，他们的企业没有进行任何"如果"式情况的评估，另有 60% 的受访者表示，公司管理者对"如果"式情况的评估不超过 6 个。

资料来源：Kenneth A. Merchant, "Companies Get Budgets All Wrong," *The Wall Street Journal*，July 22,2013,p.R5.

9.1.2 企业如何编制预算

企业通常采用将自上而下的预算与自编式预算二者结合的方式来编制预算。**自编式预算**（self-imposed budget）或**参与式预算**（participative budget）是指在各级管理人员的全面合作和参与下所编制的预算。

采用自上而下的预算方法，高层管理者通过发布利润目标来启动预算编制程序，基层管理者则被要求编制预算以满足利润目标。由于这种方法忽视了基层管理者的知识和意见，常常会打击基层管理者的士气。此外，拥有战略眼光但缺乏运营知识的高层管理者所设定的目标可能不切实际地过高或过低。如果目标过高，高层管理者会因为基层管理者未能达到预算目标而惩罚他们，这将使他们产生怨恨情绪而不是采取合作和尽职的态度。

由于这些难题，许多公司选择让基层管理者参与预算过程，因为：

（1）这显示了对基层管理者意见的尊重。

（2）基层管理者编制的预算比高层管理者编制的预算更为准确，这是因为高层管理者对市场情况和日常运营缺乏深入的了解。

（3）这增加了基层管理者实现自编式预算目标的动力。

（4）这使基层管理者拥有了编制预算的所有权，并对偏离预算的情况负责。

虽然我们很容易得出这样的结论——公司应该完全依赖于自编式预算，但这种方法有两个重要的局限性。首先，如果基层管理者缺乏高层管理者所拥有的全局性战略视野，那么基层管理者可能会做出次优的预算建议。其次，如果预算是用来奖励员工的，那么基层管理者可能会编制过于宽松的预算，以确保他们的实际结果超过预算。由于这些原因，大多数公司在编制预算时，会结合高层管理者和基层管理者的建议。由基层管理者编制的预算通常要经过高层管理者的审查。如若缺少这一审查程序，自编式预算可能无法支持企业的战略，或者可能过于松弛，从而导致次优业绩。

当企业的管理者编制预算时，他们通常致力于创建具有挑战性但"高度可实现"的目标。"高度可实现"的预算可能有助于基层管理者树立信心，并促使他们对预算更加尽职尽责，同时还会降低基层管理者为获得奖金补偿而发生不良行为的可能性。最后，高层管理者不应该强迫基层管理者采取极端措施来"满足预算"。创建这种预算环境会滋生敌对情绪、造成上下级关系紧张和不信任，而不是团结合作和提高生产率。

9.2　全面预算概述

本章余下的部分，我们将介绍一种被称为全面预算的综合性业务计划。**全面预算**（master budget）由若干个独立但又相互依赖的预算组成，具体包括公司的销售、生产和财务目标，以现金预算、预计利润表和预计资产负债表为终点的预算体系。全面预算的各个部分及相互关系如图 9-1 所示。

预算编制程序的第一步是编制**销售预算**（sales budget），即反映预算期内预计销售情况的明细表，精确的销售预算是整个预算编制程序的关键。如图 9-1 所示，全面预算的所有其他部分都依赖于销售预算，如果销售预算不够准确，其他预算也会不准确。销售预算基于公司的销售进行预测，可能需要运用复杂的数学模型和统计工具，这部分内容本书不做探讨。

销售预算会影响销售和管理费用预算的变动部分，并为生产预算提供信息，进而决定预算期间的生产量。随后，根据生产预算可确定直接材料预算、直接人工预算和制造费用预算，进而编制期末产成品存货预算。

全面预算以现金预算、预计利润表和预计资产负债表为终点。**现金预算**（cash budget）是反映现金筹

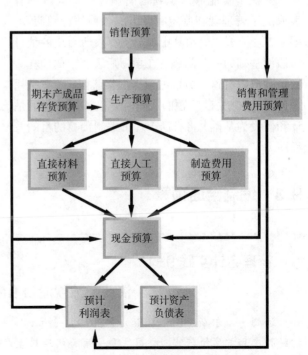

图 9-1　全面预算的各个部分及相互关系

集与运用的详细计划，其编制过程受到销售预算、销售和管理费用预算以及生产成本预算的影响。预计利润表反映企业在预算期间的净利润计划水平，该预算需要在销售预算、期末产成品存货预算、销售和管理费用预算以及现金预算的基础上编制。作为全面预算的最终环节，预计资产负债表将反映企业在预算期末的资产、负债和所有者权益状况。

预算蓝图

由于全面预算包含了 10 个预算表，因此，掌握以下两方面的预算框架蓝图是非常重要的。

首先，设计制造业企业的全面预算要能够回答以下 10 个关键问题。

（1）企业的销售收入能达到多少？

（2）企业能够从客户那里收到多少现金？

（3）企业需要购买多少原材料？

（4）企业将会发生多少生产成本（包括直接材料、直接人工和制造费用）？

（5）企业将向供应商和直接人工支付多少现金，又会为制造费用项目耗用多少现金？

（6）有多少产成品存货会转入销货成本？

（7）企业将会发生多少销售和管理费用，又会产生多少现金支出？

（8）企业将借用或偿还多少债务（包括利息）？

（9）企业能实现多少经营净利润？

（10）预算期末，企业的资产负债表会是什么样子？

其次，要能够认识到全面预算中的大多预算表取决于管理者在制定时做出的各种估计和假设。图 9-2 总结了全面预算中 7 个预算表所对应的估计与假设基础的一些问题。在学习后续章节的预算表时，脑海中有这两方面的预算框架蓝图（预算是用来回答 10 个关键问题的，同时它以各种各样的估计和假设为基础）将有助于理解编制预算的目的及程序。

销售预算：
1. 预计销量是多少？
2. 预计销售单价是多少？
3. 预计当期及以后期间应收账款的现金回收比例分别为多少？

生产预算：
1. 预计期末产成品存货占下一期销量的百分比为多少？

直接材料预算：
1. 单位产品耗用的原材料是多少？
2. 原材料的预计单位成本是多少？
3. 预计期末原材料存货占下一期需用量的百分比为多少？
4. 预计当期及以后期间原材料采购额的现金支付比例分别为多少？

直接人工预算：
1. 单位产品耗用的工时是多少？
2. 直接人工的预计单位工时工资率是多少？

制造费用预算：
1. 预计变动制造费用分配率是多少？
2. 期间内的预计固定制造费用是多少？
3. 期间内生产性资产的预计折旧费用是多少？

销售和管理费用预算：
1. 预计变动销售和管理费用分配率是多少？
2. 期间内的预计固定销售和管理费用是多少？
3. 期间内非生产性资产的预计折旧费用是多少？

现金预算：
1. 要求的最低现金余额是多少？
2. 购置非流动资产和分配股利的预计支出是多少？
3. 借入资金的预计利率是多少？

图 9-2　全面预算的估计与假设

9.3　编制全面预算

管理会计实践 9-1

汉普顿冰饮股份有限公司：全面预算（一）

汤姆·威尔斯（Tom Wills）于 2019 年创立汉普顿冰饮股份有限公司（Hampton Freeze，Inc.），他是公司的控股股东和首席执行官。公司主要使用天然原料生产优质冰棒，具有特色的异国口味，如香甜的柑橘味和薄荷香的杧果味。公司的业务具有高度季节性，大部分的销售都发生在春季和夏季。

2020 年是公司运营的第 2 年，从现金流和净利润来看，公司在这一年的运营还是成功的。但该年第一、二季度发生的大额现金短缺使公司几近破产。由于这个惨痛的经历，汤姆决定在 2020 年年底聘请一位专业的财务经理。在面试了几位优秀的候选人后，汤姆最终选定了拉里·贾诺（Larry Giano），他在食品加工行业具有很丰富的经验。在面试中，汤姆就如何采取措施防止 2020 年的现金危机再次发生提出问题。

汤姆：正如之前提到的，我们公司在 2020 年实现的利润是很可观的。但你可能不知道，公司在这一年发生了严重的财务问题。

拉里：让我猜猜。公司在第一或第二季度的某个时候就用光了现金。

汤姆：你是怎么知道的？

拉里：公司的大部分销售发生在第二季度和第三季度，对吗？

汤姆：当然，所有人都是在春天和夏天想要冰棒，当天气变冷时就没人想买。

拉里：所以公司在第一季度的销售收入不多？

汤姆：是的。

拉里：在第二季度，也就是春季，公司会为供应订货而大量生产吗？

汤姆：当然了。

拉里：公司的客户，也就是杂货店，它们是在收货当天就付款吗？

汤姆：你在开玩笑吧？当然不是。

拉里：那么在第一季度，公司销量不多。在第二季度，公司大量生产，需要大量的现金支出，而公司却是在支付职工工资和供应商货款很久之后，才会收到客户的货款。因此，公司存在现金问题也就不奇怪了。由于业务的季节性，我经常在食品加工业看到这种情况。

汤姆：那我们该怎么办呢？

拉里：第一步是事先预测问题的重要程度。如果我们能提前预测到将会发生现金短缺，我们就可以在问题发生前去银行筹措贷款。但是银行家们总是对那些申请紧急贷款、惊慌失措的借款人心存警惕。如果看起来你能够控制局势，他们才很有可能提供贷款。

汤姆：那怎样能预测现金短缺呢？

拉里：公司可以编制一个现金预算，确切地说，最好还是编制一个全面预算。你会发现它很值得一试，因为我们能够运用全面预算来估计众多"如果"式问题对财务报表的影响。例如，通过点击鼠标进行运算，我们就可以回答以下问题：如果销量比最初估计的销量少 10%，那将会对利润产生什么影响？或者，如果我们把售价提高 15%，同时销量下降 5%，对利润又会有什么影响呢？

汤姆：听起来好极了，拉里！我们不仅需要现金预算，而且很希望有一个全面预算，能够快速地回答你刚刚描述的"如果"式问题。依我看，越早开始越好。

在汤姆的全力支持下，拉里着手为公司制定 2021 年的全面预算。在计划预算程序时，拉里起草了以下文件清单，这些文件将成为全面预算的一部分。

（1）销售预算，包括现金收入预算表。

（2）生产预算（商业企业适用商品采购预算）。

（3）直接材料预算，包括材料采购现金支出预算表。

（4）直接人工预算。

（5）制造费用预算。

（6）期末产成品存货预算。

（7）销售和管理费用预算。

（8）现金预算。

（9）预计利润表。

（10）预计资产负债表。

拉里觉得在预算编制过程中所有人通力合作是很重要的，所以，他要求汤姆召开公司全体会议来解释预算编制程序。在会议上，起初有些人抱怨，但汤姆讲解了编制计划和更好地控制支出的必要性，几乎说服了所有人，让 2020 年早些时候发生的现金危机印在所有人的脑海里。尽管有些人不喜欢预算，但他们更喜欢自己的工作。

在接下来的几个月里，拉里和所有与全面预算相关的管理者密切合作，收集相关的数据资料，确保他们理解并全力支持会对其产生影响的那部分预算。

拉里为汉普顿冰饮股份有限公司编制的相互关联的文件，就是企业全面预算所包含的 10 个预算表。本节我们将研究这些预算表、期初资产负债表和拉里在全面预算中做出的预算假设，进而解答拉里与汤姆所讨论的"如果"式问题。

9.3.1 期初资产负债表

图 9-3 是拉里的全面预算文件清单中的第一个，即汉普顿冰饮股份有限公司截至 2020 年 12 月 31 日的期初资产负债表。拉里将期初资产负债表纳入全面预算文件中，这样就可以把这些数据与后续的预算表联系起来。例如，正如图 9-3 所示，拉里将期初应收账款的余额 90 000 美元录入现金收入预算表中，同时将期初现金余额 42 500 美元录入现金预算表中。

9.3.2 预算假设

图 9-4 是拉里的全面预算文件清单中的第二个，即针对图 9-2 总结的所有问题所做出的预算假设。图 9-4 中各项估计和假设的具体数据，是汉普顿冰饮股份有限公司编制全面预算的基础，因此，从现在就需要熟悉这些信息。从销售预算的估计开始，图 9-4 表明汉普顿冰饮股份有限公司的季度预计销量依次为 10 000 箱、30 000 箱、40 000 箱、20 000 箱，其预计销售单价是 20 美元 / 箱。该公司有望在销售当季回收 70% 的赊销额，其余 30% 将在以后期间收回，公司的坏账可以忽略不计。

汉普顿冰饮股份有限公司		
资产负债表		
2020 年 12 月 31 日		
资产		
流动资产：		
现金	42 500	
应收账款	90 000	
原材料存货（21 000 磅）	4 200	
产成品存货（2 000 箱）	26 000	
流动资产合计		162 700
厂房及设备		
土地	80 000	
建筑物及设备	700 000	
累计折旧	（292 000）	
厂房及设备净额		488 000
资产总计		650 700
负债和所有者权益		
流动负债：		
应付账款		25 800
所有者权益：		
普通股股本	175 000	
留存收益	449 900	
所有者权益合计		624 900
负债和所有者权益总计		650 700

期初资产负债表

图 9-3　汉普顿冰饮股份有限公司：期初资产负债表

图 9-4 还表明，生产预算的假设前提是汉普顿冰饮股份有限公司期末产成品存货占下一期销量的比例为 20%。公司唯一的原材料是一种高甜度的食糖，每箱冰棒预计需要 15.00 磅食糖，而食糖的单位成本为 0.20 美元 / 磅。[⊖]公司的期末原材料存货预计占下一期需用量的 10%，此外，公司预计在采购当期付现采购额的 50%，其余 50% 将在以后期间支付。

继续看图 9-4，直接人工预算的两个关键假设：每箱冰棒需要耗用的工时为 0.40 小时，而单位工时工资率是 15.00 美元。制造费用预算有 3 个基本假设：单位工时的变动制造费用为 4.00 美元，每季度的固定制造费用为 60 600 美元，生产性资产的季度折旧费用为 15 000 美元。图 9-4 还表明，每箱冰棒的预计变动销售和管理费用为 1.80 美元，每季度的固定销售和管理费用则具体包括广告费（20 000 美元）、管理人员工资（55 000 美元）、保险费（10 000 美元）、财产税（4 000 美元）和折旧费用（10 000 美元）。图中其余预算假设均与现金预算相关，该公司要求每季度维持 30 000 美元的最低现金余额，计划每季度购置设备支出依次为 50 000 美元、

⊖　尽管冰棒制造业很可能涉及其他原材料，如冰棒棍和包装材料，但为简化问题，我们只考虑高甜度食糖。

40 000 美元、20 000 美元和 20 000 美元；[⊖]并支付 8 000 美元的季度股利，而且公司预计借入资金的每季度单利为 3%。

	A	全年	一	二	三	四
1		汉普顿冰饮股份有限公司				
2		预算假设				
3		截至 2021 年 12 月 31 日				
4						（金额单位：美元）
5		全年			季度	
			一	二	三	四
6	销售预算					
7	预计销量（箱）		10 000	30 000	40 000	20 000
8	销售单价（美元／箱）	20.00				
9	销售当期收现率	70%				
10	销售以后期间收现率	30%				
11						
12	生产预算					
13	期末产成品存货占下一期销量百分比	20%				
14						
15	直接材料预算					
16	每箱产品对原材料的耗用量（磅）	15.00				
17	原材料的单位成本（美元／磅）	0.20				
18	期末原材料存货占下一期需用量百分比	10%				
19	采购当期付现率	50%				
20	采购以后期间付现率	50%				
21						
22	直接人工预算					
23	每箱产品需要的直接人工工时	0.40				
24	单位工时工资率	15.00				
25						
26	制造费用预算					
27	单位工时的变动制造费用	4.00				
28	每季度的固定制造费用	60 600				
29	每季度的折旧费用	15 000				
30						
31						
32	销售和管理费用预算					
33	单位产品的变动销售和管理费用	1.80				
34	每季度的固定销售和管理费用：					
35	广告费	20 000				
36	管理人员工资	55 000				
37	保险费	10 000				
38	财产税	4 000				
39	折旧费用	10 000				
40						
41	现金预算					
42	最低现金余额	30 000				
43	购置设备		50 000	40 000	20 000	20 000
44	股利	8 000				
45	季度单利	3%				
46						

期初资产负债表　　　预算假设

图 9-4　汉普顿冰饮股份有限公司：预算假设

在进一步学习之前，很重要的一点就是理解拉里创建如图 9-4 所示的预算假设就是简化使用全面预算来回答"如果"式问题的过程。例如，假设拉里想要回答如下问题：若公司将销售单价提高 2 美元，而每季度的预计销量减少 1 000 箱，对利润会有什么影响呢？在合理构建的预算假设下，拉里只需要对这个预算假设表内数据做出一些调整，每个预算表中嵌入的公式将自动更新财务结果，这要比试图在每个全面预算表中调整数据输入简单得多。

9.3.3　销售预算

汉普顿冰饮股份有限公司的 2021 年度销售预算如预算表 1 所示。在学习这个预算表时，要记住表中所有数字都是来自预算假设表的各项数据并进行公式运算得到的，预算表中的数字没有一个是实际填入的。此外，还需强调的一点是，全面预算中的其他所有预算表都是以相同的方式进行编制的，即它们几乎完全依赖于单元格数据引用和公式运算。

⊖　为了简单起见，我们假定这些新购置设备的折旧已经包括在预算假设中的季度折旧估计值内。

预算表 1
汉普顿冰饮股份有限公司
销售预算
截至 2021 年 12 月 31 日

（金额单位：美元）

	季度				年度
	一	二	三	四	
预计销量 / 箱	10 000	30 000	40 000	20 000	100 000
销售单价	20.00	20.00	20.00	20.00	20.00
总销售收入	200 000	600 000	800 000	400 000	2 000 000

70%　　　　30%

现金收入预算表

	一	二	三	四	年度
期初应收账款①	90 000				90 000
第一季度销售收入②	140 000	60 000			200 000
第二季度销售收入③		420 000	180 000		600 000
第三季度销售收入④			560 000	240 000	800 000
第四季度销售收入⑤	—	—	—	280 000	280 000
现金收入总额⑥	230 000	480 000	740 000	520 000	1 970 000

① 来自 2020 年第四季度销售的现金收入，具体可见图 9-3 所示的期初资产负债表。
② 200 000×70%=140 000 美元；200 000×30%=60 000 美元。
③ 600 000×70%=420 000 美元；600 000×30%=180 000 美元。
④ 800 000×70%=560 000 美元；800 000×30%=240 000 美元。
⑤ 400 000×70%=280 000 美元。
⑥ 第四季度未收到的销售收入（120 000 美元 =400 000 美元 ×30%），将作为应收账款显示在公司年末的预计资产负债表中。

　　2021 年汉普顿冰饮股份有限公司预计销售 100 000 箱冰棒，每箱售价为 20 美元，则预计总销售收入为 2 000 000 美元。每个季度的预计销量（10 000 箱、30 000 箱、40 000 箱和 20 000 箱）及每箱售价均来自图 9-4 所示的预算假设，企业预计 2021 年能实现 1 970 000 美元的现金收入来自预算表 1，第一季度回收的 90 000 美元应收账款余额来自图 9-3 的期初资产负债表，所有其他的现金收入额都依赖于预算假设表中对销售当期及以后期间现金回收比例的估计。例如，预算表 1 显示，汉普顿冰饮股份有限公司第一季度的预计销售收入为 200 000 美元，而预计当期收到 70% 的现金收入，即 140 000 美元；在第二季度，该公司预计将收到余下的 30%，即 60 000 美元。

| 商业实战 9-2 |　　　　　编制销售退回预算

　　除了销售预算，企业还需要编制用于管理销售退回的费用预算。在节假日期间，物流服务供应商奥普托罗（Optoro）预计会处理 600 亿美元的客户退货。在圣诞节后的两周内，美国邮政服务（U.S. Postal Service）和联合包裹服务（United Parcel Service）会分别运输价值 320 万美元和 400 万美元的退货。百思买（Best Buy）估计，本企业每年的退货、受损货物及更换商品的成本为 4 亿美元，相当于其收入的 10%。

　　在互联网电子商务方面，82% 的购物者表示，如果企业通过预付邮费或店内免费退货提供免费退货服务，他们更有可能在网上购买。对于一些高端的服装零售商来说，网上购物的退货率可以达到交易量的 50%。

　　资料来源：Laura Stevens," For retailers, It's Many Unhappy Returns," *The Wall Street Journal*, December 27-28, 2014, p.B3.

9.3.4　生产预算

生产预算是在销售预算之后编制的。**生产预算**（production budget）列示了企业必须生产的产品数量以满足销售需求，并提供所需的期末产成品存货。生产需求量可按如下公式计算：

预计销量	×××
加：预计期末产成品存货	×××
总需求量	×××
减：期初产成品存货	×××
生产需求量	×××

注意，生产需求量受到预计期末产成品存货的影响。公司应对存货进行仔细规划，因为过多的存货会占用资金并产生仓储问题，而存货不足又会导致销售损失或在临近销售合同截止期的高成本生产。

预算表 2 为汉普顿冰饮股份有限公司的生产预算。预计销量数据来自销售预算，第一季度的预计期末产成品存货为 6 000 箱，是由第二季度的预计销量（30 000 箱）与预算假设中的期末产成品存货占下一期销量百分比（20%）相乘得到的。第一季度的总需求量（16 000 箱）是当期预计销量（10 000 箱）与预计期末产成品存货（6 000 箱）的加总结果。正如前面所讨论的，期末产成品存货旨在提供一定储备，以防生产过程可能出现问题或满足非预期的销售增长需要。由于公司在期初已经有 2 000 箱的产成品存货（参见图 9-3 的期初资产负债表），所以第一季度的生产需求量仅为 14 000 箱。

需要特别注意是预算表 2 生产预算中最右边的年度列。表中某些项目（如预计销量和生产需求量）的年度数为该项目各季度数的加总；其他项目（如预计期末产成品存货、期初产成品存货）的年度数则并非其季度数的简单加总。从全年的角度来看，拉里假设公司的期末产成品存货为 3 000 箱，这与第四季度的期末产成品存货相同，而并不是 4 个季度的期末产成品存货的总和。同样，期初产成品存货（2 000 箱）与第一季度的期初产成品存货相同，也不是 4 个季度的期初产成品存货的总和。在接下来的所有预算表中，应注意区别这些项目及数据。

预算表 2
汉普顿冰饮股份有限公司
生产预算
截至 2021 年 12 月 31 日

（数量单位：箱）

	一	二	三	四	年度（假设）
			季度		
预计销量（预算表 1）	10 000	30 000	40 000	20 000	100 000
加：预计期末产成品存货①	6 000　20%	8 000　20%	4 000　20%	3 000	3 000
总需求量	16 000	38 000	44 000	23 000	103 000
减：期初产成品存货②	2 000	6 000	8 000	4 000	2 000
生产需求量	14 000	32 000	36 000	19 000	101 000

① 期末产成品存货占下一季度销量的百分比为 20%。例如，第二季度的预计销量为 30 000 箱，则第一季度的预计期末产成品存货为 6 000 箱（=30 000 箱 ×20%）。

② 每季度的期初产成品存货与上一季度的期末产成品存货相等。

9.3.5　存货采购：商业企业

汉普顿冰饮股份有限公司是一家制造业企业，所以编制了生产预算，如果它是一家商业企业，那么就应编制**商品采购预算**（merchandise purchases budget），来反映预算期内从供应商那里采购的商品数量。

商品采购预算的格式如下：

预计销货成本	×××
加：预计期末商品存货	×××
总需求量	×××
减：期初商品存货	×××
采购需求量	×××

商业企业按照如上格式编制商品采购预算，每种商品都有相应存货。商品采购预算可以用以美元为单位的金额表示（使用上面的标题），也可以用数量单位来表示。但基于数量单位的商品采购预算，第一行应为预计销量而非预计销货成本。

商品采购预算通常也包括商品采购现金支出预算表，该表格式与预算表 3 所示的材料采购现金支出预算表的底部说明是一致的。

9.3.6 直接材料预算

在计算出企业的生产需求量后，应编制直接材料预算。**直接材料预算**（direct materials budget）详细列示了为满足生产预算并提供充足存货而必须采购的原材料。原材料的采购需求量计算如下：

产品生产需求量	×××
单位产品的原材料耗用量	×××
生产需用原材料量	×××
加：预计期末原材料存货	×××
原材料总需求量	×××
减：期初原材料存货	×××
原材料的采购需求量	×××
原材料的单位成本	×××
原材料的采购成本	×××

预算表 3 为汉普顿冰饮股份有限公司的直接材料预算。预算表中第 1 行为各季度的预计生产需求量，可直接引自生产预算（预算表 2），第 2 行为每箱冰棒需耗用 15 磅食糖（参见图 9-4 预算假设表）。第 3 行则列出了为满足生产所需用的原材料，例如在第一季度，生产需求量为 14 000 箱，每箱耗用 15 磅食糖，因此，生产需用食糖量为 210 000 磅（=14 000 箱 × 15 磅 / 箱），第 4 行数据对应预计期末原材料存货。第二季度的生产需用原材料为 480 000 磅，由预算假设表可知期末原材料存货占下一期需用量的百分比为 10%，因此，第一季度的预计期末原材料存货为 48 000 磅（=480 000 磅 × 10%），根据以上生产需用原材料和预计期末原材料存货数据，可得原材料的总需求量为 258 000 磅（=210 000 磅 +48 000 磅）。但是，由于公司期初已有食糖存货 21 000 磅（参见图 9-3 的期初资产负债表），因此，第一季度的实际采购需求量仅为 237 000 磅。公司采购原材料的单位成本为 0.20 美元 / 磅（参见图 9-4），因此，第一季度的原材料采购成本为 47 400 美元。全年来看，公司预计采购 303 300 美元的原材料。

预算表 3 还显示，公司 2021 年采购原材料的预计现金支出为 301 200 美元。根据期初资产负债表（参见图 9-3）可知，第一季度需支付的应付账款余额为 25 800 美元。所有其他现金支出的计算都依赖于预算假设中所估计的采购当期付现率和采购以后期间应付账款支付率（二者均为 50%）。例如，预算表 3 显示第一季度的原材料采购成本为 47 400 美元，公司预计在当期支付 50%，即 23 700 美元；在第二季度，公司预计将支付剩下的 50%，即 23 700 美元。

预算表 3
汉普顿冰饮股份有限公司
直接材料预算
截至 2021 年 12 月 31 日

（金额单位：美元）

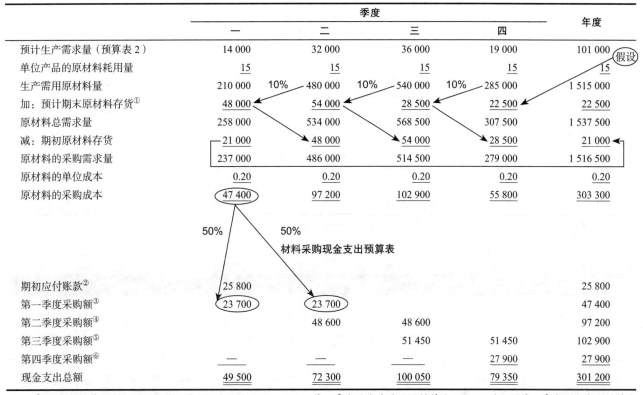

	季度				年度
	一	二	三	四	
预计生产需求量（预算表 2）	14 000	32 000	36 000	19 000	101 000
单位产品的原材料耗用量	15	15	15	15	15
生产需用原材料量	210 000	480 000	540 000	285 000	1 515 000
加：预计期末原材料存货①	48 000	54 000	28 500	22 500	22 500
原材料总需求量	258 000	534 000	568 500	307 500	1 537 500
减：期初原材料存货	21 000	48 000	54 000	28 500	21 000
原材料的采购需求量	237 000	486 000	514 500	279 000	1 516 500
原材料的单位成本	0.20	0.20	0.20	0.20	0.20
原材料的采购成本	47 400	97 200	102 900	55 800	303 300

材料采购现金支出预算表

期初应付账款②	25 800				25 800
第一季度采购额③	23 700	23 700			47 400
第二季度采购额④		48 600	48 600		97 200
第三季度采购额⑤			51 450	51 450	102 900
第四季度采购额⑥	—	—	—	27 900	27 900
现金支出总额	49 500	72 300	100 050	79 350	301 200

① 期末原材料存货占下一期需用量的百分比为 10%。例如，第二季度的生产需用原材料为 480 000 磅，则第一季度的期末原材料存货为 10%×480 000 磅 = 48 000 磅；假定 2022 年第一季度的生产需用原材料为 225 000 磅，则 2021 年第四季度的期末原材料存货为 22 500（=10%×225 000 磅）磅。

② 2020 年第四季度采购原材料的应付账款余额，详见图 9-3 的期初资产负债表。

③ 47 400 美元 ×50%=23 700 美元；47 400 美元 ×50%=23 700 美元。

④ 97 200 美元 ×50%=48 600 美元；97 200 美元 ×50%=48 600 美元。

⑤ 102 900 美元 ×50%=51 450 美元；102 900 美元 ×50%=51 450 美元。

⑥ 55 800 美元 ×50%=27 900 美元。第四季度未支付的采购额（27 900 美元），将作为应付账款显示在公司年末的预计资产负债表中（预算表 10）。

9.3.7　直接人工预算

直接人工预算（direct labor budget）列示了为满足生产预算所需的直接人工工时。通过提前了解整个预算年度所需要的工时数，公司可以根据具体情况来制订计划调整劳动力。如果公司忽视了预算编制程序，则会面临劳动力短缺的风险，或者必须在不恰当的时点雇用和解雇员工。不稳定的劳工政策会导致员工产生不安全感、士气低落和效率低下。

预算表 4 为汉普顿冰饮股份有限公司的直接人工预算。表中的第 1 行数据为各个季度的预计生产需求量，其直接引自生产预算（预算表 2）。每季度的直接人工工时总需求量是通过各季度的预计生产需求量与每箱直接人工工时相乘计算的。例如，公司在第一季度预计生产 14 000 箱产品，每箱产品需要的直接人工工时为 0.40 小时（参见图 9-4），因此，第一季度需要的直接人工工时总需求量总计 5 600 小时（=14 000 箱 ×0.40 小时 / 箱）。接下来，将直接人工工时总需求量转化为直接人工总成本（具体怎样转换取决于公司的劳工政策），且假定公司在发生当期就会支付。在预算表 4 中，汉普顿冰饮股份有限公司假定直接人工总成本将随各季度之间的直接人工工时总需求量的变化而做出相应的调整。该假设下，直接人工总成本可由直接人工工时总需求量与单位工时工资率 15 美元 / 小时（参见图 9-4）简单相乘来确定。例如，第一季度的直接人工总成本为 84 000 美元（=5 600 小时 × 15 美元 / 小时）。[⊖]

预算表 4

汉普顿冰饮股份有限公司

直接人工预算

截至 2021 年 12 月 31 日

（金额单位：美元）

	季度				年度
	一	二	三	四	
预计生产需求量（预算表 2）	14 000	32 000	36 000	19 000	101 000
每箱直接人工工时 / 小时	0.40	0.40	0.40	0.40	0.40
直接人工工时总需求量 / 小时	5 600	12 800	14 400	7 600	40 400
单位工时工资率	15.00	15.00	15.00	15.00	15.00
直接人工总成本	84 000	192 000	216 000	114 000	606 000

注：该预算表假设直接人工可完全随每季度的直接人工工时总需求量进行调整。

| 商业实战 9-3 |　　　　　　　　　　　　收银台会过时吗

大多数零售商仍然严重依赖收银员来清点顾客的应付金额，并处理相应款项。然而，亚马逊（Amazon.com）新开的无人零售商店在华盛顿州的西雅图使用计算机技术取代收银员，取消了任何形式的条形码扫描结账流程。该公司的新店依靠"计算机视觉和机器学习算法来跟踪购物者，并根据他们选择的商品向他们收费，从而取消了收银台……

对于进入商店的顾客，系统会扫描他的手机，然后将其呈现为一个 3D 物体"。亚马逊的无人销售模式在未来有很大的发展前景，但该公司目前还没有在全食超市（Whole Foods Market）中使用这项技术的计划。

资料来源：Laura Stevens, "Amazon's Cashierless 'Go' Convenience Store Set to Open," *The Wall Street Journal*, January 20, 2018.

9.3.8　制造费用预算

制造费用预算（manufacturing overhead budget）列示了除直接材料和直接人工以外的所有生产成本。预算表 5 为汉普顿冰饮股份有限公司的制造费用预算。该公司的制造费用具体分为变动制造费用和固定制造费用。如图 9-4 所示，单位工时的变动制造费用为 4.00 美元，每季度的固定制造费用为 60 600 美元。由于变动制造费用取决于直接人工，因此，制造费用预算表中的第 1 行数据即为直接人工预算（预算表 4）中的直接人工工时总需求量。每季度的预计直接人工工时与单位工时的变动制造费用相乘，即可计算出制造费用中的变动部分。例如，公司在第一季度的变动制造费用为 22 400 美元（=5 600 小时 ×4.00 美元 / 小时）。再将结果与当季的固定制造费用求和，即可得到第一季度的制造费用总额为 83 000 美元（=22 400 美元 + 60 600 美元）。

预算表 5 的第 7 行列示了公司的制造费用现金支出。由于某些间接成本并未导致现金流出，因此需调整制造费用总额以确定制造费用现金支出。在汉普顿冰饮股份有限公司，唯一重要的非付现制造费用为折旧，每季度对应 15 000 美元（参见图 9-4）。从预计的制造费用总额中扣除当季非付现折旧费用，即可确定各季度的

⊖　许多公司都有雇用政策或合同要求它们支付加班费，并阻止它们根据需求而随意解雇或再雇用员工。由这些政策导致的闲置时间和加班时间而带来的相关成本通常被视为制造费用的一部分。在本章中，为简化问题，我们忽略这些因素，总是假设直接人工根据需要进行调整，以满足预算生产需求。

预计现金支出，而汉普顿冰饮股份有限公司会在发生当季支付所有的付现费用。请注意，公司的预计制造费用年度分配率为 10 美元／小时，这是由年度的预计制造费用总额（404 000 美元）除以直接人工工时总需求量（40 400 小时）计算出的。

预算表 5

汉普顿冰饮股份有限公司

制造费用预算

截至 2021 年 12 月 31 日

（金额单位：美元）

	季度				年度
	一	二	三	四	
预计直接人工工时（预算表 4）	5 600	12 800	14 400	7 600	40 400
单位工时的变动制造费用	4.00	4.00	4.00	4.00	4.00
变动制造费用	22 400	51 200	57 600	30 400	161 600
固定制造费用	60 600	60 600	60 600	60 600	242 400
制造费用总额	83 000	111 800	118 200	91 000	404 000
减：折旧	15 000	15 000	15 000	15 000	60 000
制造费用现金支出	68 000	96 800	103 200	76 000	344 000
制造费用总额（a）					404 000
预计直接人工工时（b）					40 400
预计制造费用年度分配率（a）÷（b）					10.00

9.3.9　期末产成品存货预算

完成预算表 1～5 后，拉里·贾诺就掌握了以完全成本法为基础计算预算年度内单位生产成本所需要的全部数据。进行该计算主要原因有以下两点：首先，帮助确定预计利润表中的销货成本；其次，帮助确定预计资产负债表中的期末存货价值。未售出的产品成本是在**期末产成品存货预算**（ending finished goods inventory budget）中进行计算的。[○]预算表 6 为汉普顿股份有限公司的期末产成品存货预算。

预算表 6

汉普顿冰饮股份有限公司

期末产成品存货预算

（以完全成本法为基础）

截至 2021 年 12 月 31 日

（金额单位：美元）

项目	数量	成本	总计
每箱产品成本：			
直接材料	15.00 磅	0.20 美元／磅	3.00
直接人工	0.40 小时	15.00 美元／小时	6.00
制造费用	0.40 小时	10.00 美元／小时	4.00
单位生产成本			13.00
预计产成品存货：			
期末产成品存货（预算表 2）			3 000
单位生产成本（见上面）			13.00
期末产成品存货成本			39 000

○ 为简化问题，期初资产负债表与期末产成品存货预算对应的单位生产成本都为 13 美元。为回答"如果"式问题，该预算表应假设公司的存货成本流转采用先进先出法计价，换句话说，即期末存货只包含预算年度内生产的产品。

预算表 6 显示，在完全成本法下，汉普顿冰饮股份有限公司每箱冰棒的生产成本为 13 美元，其中包含直接材料 3 美元、直接人工 6 美元以及制造费用 4 美元。注意，制造费用预算中已计算出制造费用分配率为 10 美元 / 小时，将其与生产所需工时数相乘，即可求得制造费用。同时，预计出公司期末产成品存货成本为 39 000 美元。

9.3.10 销售和管理费用预算

销售和管理费用预算（selling and administrative expense budget）列示了生产范畴外的其他费用支出。在大型企业，由部门主管和其他负责销售和管理费用的人员提交预算，再将这些较小的预算整合汇编即可得到公司整体的销售和管理费用预算。例如，市场营销部经理将提交一份预算，详细说明每个预算期间的广告费用。预算表 7 为汉普顿冰饮股份有限公司的销售和管理费用预算。

预算表 7
汉普顿冰饮股份有限公司
销售和管理费用预算
截至 2021 年 12 月 31 日

（金额单位：美元）

	季度				年度
	一	二	三	四	
预计销量（预算表 1）	10 000	30 000	40 000	20 000	100 000
每箱变动销售和管理费用	1.80	1.80	1.80	1.80	1.80
变动销售和管理费用	18 000	54 000	72 000	36 000	180 000
固定销售和管理费用：					
广告费	20 000	20 000	20 000	20 000	80 000
管理人员工资	55 000	55 000	55 000	55 000	220 000
保险费	10 000	10 000	10 000	10 000	40 000
财产税	4 000	4 000	4 000	4 000	16 000
折旧费用	10 000	10 000	10 000	10 000	40 000
固定销售和管理费用总额	99 000	99 000	99 000	99 000	396 000
销售和管理费用总额	117 000	153 000	171 000	135 000	576 000
减：折旧	10 000	10 000	10 000	10 000	40 000
销售和管理费用现金支出	107 000	143 000	161 000	125 000	536 000

预算表 7 显示，与制造费用预算相同的是，销售和管理费用预算也分为变动成本和固定成本两部分。因此，每个季度的预计销量需列在预算表顶部，而这些数据都来自销售预算（预算表 1）。预计变动销售和管理费用是通过将预计销量与每箱产品的变动销售和管理费用 1.80 美元 / 箱（参见图 9-4）相乘来确定的。例如，第一季度的预计变动销售和管理费用为 18 000 美元（=10 000 箱 ×1.80 美元 / 箱）。由预算假设可知，每季度的固定销售和管理费用为 99 000 美元，因此将它与变动销售和管理费用相加即得预计销售和管理费用总额。最后，为了确定销售和管理费用现金支出，需在总额中扣除所有非付现的销售和管理费用以进行调整（本案例中只有折旧）。[⊖]

⊖ 现金流与收入和费用的差异可能还需要做其他调整。例如，若财产税是以分期付款方式每年支付两次，即每笔支付 8 000 美元，则财产税的费用将必须"退出"预计销售和管理费用总额，同时需将分期付款额增加到适当季度，进而确定现金支出。制造费用预算可能也需要做出类似调整，但本章通常不考虑这些复杂的问题。

| 商业实战 9-4 | 宝洁公司应对汰渍洗衣凝珠的相关风险负责

宝洁公司（Proctor & Gamble，P&G）更愿意把营销预算花在激励消费者使用其产品的广告活动上而不是花钱请发言人告诫消费者不要滥用其产品。然而，当青少年开始服用该公司的洗衣凝珠，即"汰渍洗衣凝珠挑战"，并在网上发布他们的体验时，公司就需进行损害防控。宝洁公司聘请了已退役的职业橄榄球运动员罗布·格隆科夫斯基（Rob Gronkowski）录制了一段视频："不！不！不！到底是怎么回事？伙计们，汰渍洗衣凝珠是用来洗衣服的，而不是用来吃的。"该公司随后将该视频发布在多个社交平台上。在两年的时间里，有超过 130 名青少年因故意吞下洗衣凝珠而中毒。

资料来源：Imani Moise and Sharon Terlep，"P&G Wrestles with Tide Pods Challenge," *The Wall Street Journal*,January 22, 2018, pp. B1-B2.

9.3.11　现金预算

现金预算由以下 4 个主要部分组成。

（1）现金收入部分。

（2）现金支出部分。

（3）现金余缺部分。

（4）融资部分。

现金收入部分列出了预算期间所有的预计现金流入，但融资除外。一般来说，现金收入主要来源于销售。现金支出部分汇总了预算期间所有的预计现金支出，主要包括原材料采购、直接人工支出、制造费用等，而这些支出项目均包含在各自的预算中。此外，现金预算还列出了其他的现金支出项目，如设备采购和股利支付。

现金余缺部分的计算如下：

期初现金余额	×××
加：现金收入	×××
可运用现金合计	×××
减：现金支出	×××
现金收支差额	×××

如果在某个预算期间发生现金短缺，或者某个预算期间的现金收支差额低于所要求的最低现金余额，公司将需要借入资金。相反，如果某个预算期间的现金收支差额高于所要求的最低现金余额，公司可以进行投资或者偿还贷款本金和利息。

| 商业实战 9-5 | 匹配的现金流：爬山

华盛顿步道协会（Washington Trails Association，WTA）是一个私有的非营利组织，主要致力于保养和维护华盛顿的徒步旅行路线。大约 2 000 名的协会志愿工作者每年会花费超过 8 万小时的时间，用来维护位于联邦、州或私人土地上的丘陵景观。该组织由会费、自愿捐款、拨款及一些政府工作合同来提供资助。

尽管协会的收入和费用在某种程度上是可预测的，但具有不稳定性，过去一年的收入与费用如图 9-5 所示。在春、夏两季，由于需要对大部分道路进行维护，费用往往达到最高值。但是，在费用支出的很长一段时间后的 12 月，其收入会大幅增加。当年大部分时间的现金流出都超过了现金流入，因此，WTA 需要仔细编制其现金预算，从而维持足够的现金储备来支付费用。

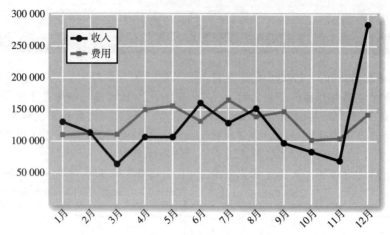

图 9-5　华盛顿步道协会过去一年的收入与费用

注：全年来看，总收入与总费用大体相等。

资料来源：Conversation with Elizabeth Lunney, President of the Washington Trails Association; WTA documents; and the WTA website www.wta.org.

　　现金预算的融资部分详细反映了公司在预算期间的预计借款及预计还款的本金和利息。在本章中，除非有明确说明，否则我们始终假设所有的借款都发生在借款期的第一天，所有的还款都发生在现金预算最后期间的最后一天。为了计算借款和利息支付，需要注意公司所要求的最低现金余额及公司与银行的贷款协议条款。例如，汉普顿冰饮股份有限公司所要求的最低现金余额为 30 000 美元（参见图 9-4）。此外，假定公司的贷款协议规定，其借款额必须以 10 000 美元的倍数来增加，而且必须每季度支付 3% 的单利（参见图 9-4）。⊖

　　即使在一年中的某些时候发生了严重的现金赤字，但期初和期末的现金余额都可能是充足的。因此，现金预算应被细分为足够短的期间以便能发现并揭示重大的现金余额波动。最常见的现金预算是以月度为周期编制的，部分企业按周编制，甚至还有按天来编制的。拉里·贾诺为汉普顿冰饮股份有限公司编制了一份季度现金预算，并可在必要时进一步细化。具体预算如预算表 8 所示。⊖

　　第一季度的期初现金余额为 42 500 美元，来自图 9-3 的期初资产负债表。各季度从客户那里收到的现金收入来自预算表 1 中的现金收入总额。将各季度的期初现金余额与现金收入相加即为可运用现金总额。例如，在第一季度，期初现金余额为 42 500 美元，当期来自客户的现金收入为 230 000 美元，二者相加即为可运用现金总额 272 500 美元。

　　现金预算中的支出部分共包括 6 种支出类型。各季度的直接材料现金支出来自直接材料预算（预算表 3）中现金支出总额；各季度的直接人工现金支出来自直接人工预算（预算表 4）中计算的直接人工总成本；而各季度的制造费用现金支出来自制造费用预算（预算表 5）中制造费用现金支出；各季度的销售和管理费用现金支出则来自销售和管理费用预算（预算表 7）中销售和管理费用现金支出。因此，将以上支出汇总，即加总第一季度的直接材料支出 49 500 美元、直接人工支出 84 000 美元、制造费用支出 68 000 美元、销售和管理费用支出 107 000 美元、设备采购支出 50 000 美元以及股利支付支出 8 000 美元（参见图 9-4）得到现金支出总额为 366 500 美元。

　　各季度的可运用现金总额减去现金支出总额即为现金收支差额。例如，在第一季度中，可运用现金总额 272 500 美元，现金支出总额为 366 500 美元，因此二者相减可知短缺现金 94 000 美元。现金的多余或短缺将直接影响汉普顿冰饮股份有限公司是否需要借款，而这部分内容体现在现金预算的融资部分。

⊖　为简单起见，本章计算分析时采用单利而非复利。

⊖　现金流量表的格式会在后面的章节中讨论，其格式也可用于现金预算。

预算表 8

汉普顿冰饮股份有限公司

现金预算

截至 2021 年 12 月 31 日

（金额单位：美元）

	预算表	季度				年度
		一	二	三	四	
期初现金余额		42 500	36 000	33 900	165 650	42 500
加：现金收入：						
来自客户的收入	1	230 000	480 000	740 000	520 000	1 970 000
可运用现金总额		272 500	516 000	773 900	685 650	2 012 500
减：现金支出：						
直接材料	3	49 500	72 300	100 050	79 350	301 200
直接人工	4	84 000	192 000	216 000	114 000	606 000
制造费用	5	68 000	96 800	103 200	76 000	344 000
销售和管理费用	7	107 000	143 000	161 000	125 000	536 000
设备采购		50 000	40 000	20 000	20 000	130 000
股利支付		8 000	8 000	8 000	8 000	32 000
现金支出总额		366 500	552 100	608 250	422 350	1 949 200
现金收支差额		(94 000)	(36 100)	165 650	263 300	63 300
融资：						
借款（季初）		130 000	70 000	—	—	200 000
还款（年末）		—	—	—	(200 000)	(200 000)
利息		—	—	—	(21 900)	(21 900)
融资总额		130 000	70 000	—	(221 900)	(21 900)
期末现金余额		36 000	33 900	165 650	41 400	41 400

　　现金预算融资部分的第 1 行与预计的借款相关。在任何一段时间内，如果公司多余的现金超过了所要求的最低现金余额，那么在此期间就不需要借款。对于汉普顿冰饮股份有限公司来说，想维持 30 000 美元的最低现金余额，只要在季度内的多余现金超过了 30 000 美元，公司就不必借款。然而，公司预计在 2021 年第一季度发生现金短缺 94 000 美元，因此，公司在第一季度期初所需要的最低借款额计算如下：

第一季度初需要的借款：

最低现金余额	30 000 美元
加：现金短缺	94 000 美元
需要的最低借款额	124 000 美元

　　如前所述，银行要求借款额应以 10 000 美元的倍数增加。由于汉普顿冰饮股份有限公司需要至少 124 000 美元的借款，因此，该公司必须借 130 000 美元。

　　在 2021 年第二季度，汉普顿冰饮股份有限公司估计将会再次发生现金短缺 36 100 美元，因此，公司在第二季度期初所需要的最低借款额计算如下：

第二季度初需要的借款：

最低现金余额	30 000 美元
加：现金短缺	36 100 美元
需要的最低借款额	66 100 美元

再次重申，银行要求借款额应以 10 000 美元的倍数增加。由于汉普顿冰饮股份有限公司在第二季度初需要至少 66 100 美元的借款，该公司将不得不从银行借款 70 000 美元。

在第三季度和第四季度，汉普顿冰饮股份有限公司的多余现金超过了 30 000 美元，不再需要借款。需要注意的是，公司在第三季度的多余现金为 165 650 美元，但其并不包括现金预算中当期的还本付息额。除非有明确说明，否则我们始终假设公司会在预算末期的最后一天支付借款本金及累计利息。公司在第四季度的多余现金为 263 300 美元，所以它能够在当期的最后一天偿还借款本金 200 000 美元以及累计利息 21 900 美元，具体计算如下：

第一季度初借款 130 000 美元的利息：	
130 000 美元 ×0.03/ 季度 ×4 个季度⊖	15 600 美元
第二季度初借款 70 000 美元的利息：	
70 000 美元 ×0.03/ 季度 ×3 个季度⊖	6 300 美元
第四季度末的应计利息合计	21 900 美元

各期间的期末现金余额是通过多余（短缺）现金加上融资总额计算得出的。例如在第一季度，公司的短缺现金 −94 000 美元加上融资总额 130 000 美元即为期末现金余额 36 000 美元。每个季度的期末现金余额将成为下一个季度的期初现金余额。还要注意的是，现金预算中年度列的金额并不总是 4 个季度对应金额的总和。具体来说，年初的现金余额与第一季度的期初现金余额相同，而年末的现金余额与第四季度的期末现金余额相同。

9.3.12 预计利润表

预算表 9 为汉普顿冰饮股份有限公司的预计利润表。预计利润表中的所有销售收入和成本费用项目都是根据期初资产负债表和预算表 1 ～ 8 的数据确定的。根据销售预算（预算表 1）可知预计销售收入为 2 000 000 美元；假定期初存货与本期生产产品的单位生产成本都是 13 美元 / 箱，结合预算表 1 中的预计销量即可求得销货成本为 1 300 000 美元（=100 000 箱 ×13 美元 / 箱）⊖；576 000 美元的销售和管理费用来自销售和管理费用预算（预算表 7）；最后，由现金预算（预算表 8）可知利息费用为 21 900 美元。

预计利润表是预算程序中的关键预算表之一，它反映了公司的计划利润水平，并为衡量公司后续业绩提供基准。如图 9-4 所示，拉里·贾诺做出了一系列预算假设，并在各预算表之间建立了数学逻辑关系，因此，在基础性的预算假设发生改变时，能够迅速得到所有预算表和净收益的变动情况。例如，当第四季度的预计销量从 20 000 箱变为 18 000 箱时，拉里只需在预算假设表中做出相应更改，就能立刻计算出净收益为 87 045 美元。

9.3.13 预计资产负债表

预计资产负债表是在期初资产负债表（参见图 9-3）和各预算表的数据基础上编制的，汉普顿冰饮股份有限公司的预计资产负债表及表中各项数字的来源说明详见预算表 10。

预算表 9

汉普顿冰饮股份有限公司
预计利润表
截至 2021 年 12 月 31 日

（金额单位：美元）

	预算表	
销售收入	1	2 000 000
销货成本	1, 6	1 300 000
毛利率		700 000
销售和管理费用	7	576 000
经营净利润		124 000
利息费用	8	21 900
净收益		102 100

⊖ 简单起见，假设采用单利而非复利。

⊖ 销货成本也可以用前面章节介绍的公式计算。制造业企业可用如下公式计算：销货成本 = 期初产成品存货 + 产成品成本 − 期末产成品存货。商业企业可用如下公式计算：销货成本 = 期初商品存货 + 购货成本 − 期末商品存货。

预算表 10

汉普顿冰饮股份有限公司
预计资产负债表
2021 年 12 月 31 日

（金额单位：美元）

资产		
流动资产：		
现金	41 400①	
应收账款	120 000②	
原材料存货	4 500③	
产成品存货	39 000④	
流动资产合计		204 900
厂房及设备：		
土地	80 000⑤	
建筑物及设备	830 000⑥	
累计折旧	（392 000）⑦	
厂房及设备净额		518 000
资产总计		722 900
负债和所有者权益		
流动负债：		
应付账款（原材料）		27 900⑧
所有者权益：		
普通股股本	175 000⑨	
留存收益	520 000⑩	
所有者权益合计		695 000
负债和所有者权益总计		722 900

2021 年 12 月 31 日预计资产负债表中各项数字的解释说明：

① 现金预算中的期末现金余额（参见预算表 8）。

② 预算表 1 中第四季度销售收入的 30%（400 000 美元 ×30% = 120 000 美元）。

③ 直接材料预算（参见预算表 3）中的预计期末原材料存货与原材料单位成本相乘，即 22 500 磅 ×0.20 美元 / 磅 =4 500 美元。

④ 期末产成品存货预算中的期末产成品存货成本（参见预算表 6）。

⑤ 期初资产负债表（参见图 9-3）。

⑥ 期初资产负债表（参见图 9-3）的建筑物及设备余额与现金预算（参见预算表 8）中的设备采购支出相加，即 700 000 美元 + 130 000 美元 = 830 000 美元。

⑦ 期初资产负债表中累计折旧余额 292 000 美元（参见图 9-3），加上制造费用预算（参见预算表 5）中的折旧费用 60 000 美元及销售和管理费用预算（参见预算表 7）中的折旧费用 40 000 美元，即 292 000 美元 + 60 000 美元 + 40 000 美元 = 392 000 美元。

⑧ 预算表 3 中第四季度原材料采购成本的 50%（55 800 美元 ×50% = 27 900 美元）。

⑨ 期初资产负债表（参见图 9-3）。

⑩ 2020 年 12 月 31 日余额（参见图 9-3）　　449 900 美元

　加：净收益（参见预算表 9）　　102 100 美元

　　　　　　　　　　　　　　　552 000 美元

　减：股利支付（参见预算表 8）　　32 000 美元

　2021 年 12 月 31 日余额　　520 000 美元

在完成全面预算的编制后，拉里·贾诺将这些文件交给汉普顿冰饮股份有限公司的首席执行官汤姆·威尔斯，以供他审阅。

管理会计实践 9-2

汉普顿冰饮股份有限公司：全面预算（二）

拉里：这是预算，总体来说，公司收益很好，而且全年的净现金流为正。

汤姆：是的，但我从这个现金预算中发现，我们跟 2020 年一样会存在第一季度和第二季度的现金流为负的问题。

拉里：确实，我想不到有什么办法解决这个问题。但我确信的是，如果今天把这个预算交给银行，它们会批准一定的信贷额度，这样公司就可以借到足够的钱来度过前两个季度，而不会有任何问题。

汤姆：你确定吗？2020 年我申请紧急贷款时，它们似乎不太愿意见到我。

拉里：你按时还贷了吗？

汤姆：当然。

拉里：我看不出有什么问题。这次你不需要紧急贷款，如果是紧急贷款，银行会有很多预警提示。但是，以这个预算去贷款，你就有了一个可靠的计划来表明公司将会何时以何种方式偿还贷款。相信我，银行会支持的。另外，你需记住，全面预算中包含各种嵌入的公式，能够用来回答我们之前讨论过的"如果"式问题。如果你想计算在全面预算的基础性估计或假设发生改变时对应的财务影响结果，动动鼠标就可以了。

汤姆：听起来不错，拉里。谢谢你为这个项目做的所有工作。

本章小结

本章介绍了预算编制程序，以及各种经营预算间的相互关系。销售预算是全面预算的基础，一旦完成了销售预算，就可以编制生产预算及销售和管理费用预算，因为这两个预算都依赖于预计销量；生产预算决定了需要生产的数量，所以之后就可以编制各种生产成本预算；所有这些预算最终都会影响现金预算、预计利润表和预计资产负债表。全面预算的各个部分在很多方面都有联系。例如，与销售预算密切相关的现金收入预算表，会为现金预算和预计资产负债表提供数据。

本章只是对全面预算编制进行了介绍，在后面章节中，我们将学习如何运用预算来控制日常经营以及评价业绩。

复习题：预算表

麦诺公司（Manor）生产并销售一种季节性产品，且第三季度的销售会达到高峰。公司在第 2 年和第 3 年前两个季度的经营信息如下。

a. 该公司产品的销售单价为每单位 8 美元。接下来 6 个季度的预计销量如下（所有销售均为赊账）：

	第 2 年 季度				第 3 年 季度	
	一	二	三	四	一	二
预计销量	40 000	60 000	100 000	50 000	70 000	80 000

b. 销售的收款方式如下：销售当期收回 75% 的销售收入，其余 25% 在下一季度收回。第 2 年的 1 月 1 日，公司资产负债表内应收账款余额为 65 000 美元，都将在第一季度收回。坏账可以忽略不计。

c. 公司预计每季度的期末产成品存货占下一季度预计销量的 30%。在第 1 年的 12 月 31 日，公司留有 12 000 单位的产成品存货。

d. 每单位产品需耗用 5 磅原材料。公司要求每季度的期末原材料存货占下一季度生产需求量的 10%。在第 1 年的 12 月 31 日，公司留有 23 000 磅的原材料存货。

e. 原材料单位成本为 0.80 美元／磅。原材料采购的付款方式如下：采购当期支付 60% 的采购额，其余 40% 在下一季度支付。在第 2 年的 1 月 1 日，公司资产负债表内材料采购对应的应付账款余额为 81 500 美元，都将在第一季度支付。

要求：

编制以下年度预算，在预算表中按季度和年度总计列示。

（1）销售预算和现金收入预算表。

（2）生产预算。

（3）直接材料预算和材料采购现金支出预算表。

复习题答案：

（1）销售预算编制如下。

（金额单位：美元）

	第 2 年　季度				年度
	一	二	三	四	
预计销量	40 000	60 000	100 000	50 000	250 000
销售单价	×8	×8	×8	×8	×8
总销售收入	320 000	480 000	800 000	400 000	2 000 000

基于以上销售预算，现金收入预算表编制如下。

（单位：美元）

	第 2 年　季度				年度
	一	二	三	四	
期初应收账款	65 000				65 000
第一季度销售收入（320 000×75%，25%）	240 000	80 000			320 000
第二季度销售收入（480 000×75%，25%）		360 000	120 000		480 000
第三季度销售收入（800 000×75%，25%）			600 000	200 000	800 000
第四季度销售收入（400 000×75%，25%）				300 000	300 000
现金收入总额	305 000	440 000	720 000	500 000	1 965 000

（2）基于销售预算中的预计销量，生产预算编制如下。

	第 2 年　季度				年度	第 3 年　季度	
	一	二	三	四		一	二
预计销量	40 000	60 000	100 000	50 000	250 000	70 000	80 000
加：预计期末产成品存货①	18 000	30 000	15 000	21 000②	21 000	24 000	
总需求量	58 000	90 000	115 000	71 000	271 000	94 000	
减：期初产成品存货	12 000	18 000	30 000	15 000	12 000	21 000	
生产需求量	46 000	72 000	85 000	56 000	259 000	73 000	

①期末产成品存货占下一季度预计销量的百分比为 30%。

②第 2 年第四季度的期末产成品存货占第 3 年第一季度销量的 30%。

（3）基于生产预算，年度内需采购的直接材料预算编制如下。

	第 2 年　季度				年度	第 3 年　季度
	一	二	三	四		一
预计生产需求量	46 000	72 000	85 000	56 000	259 000	73 000
单位产品的原材料耗用量	×5	×5	×5	×5	×5	×5
生产需用原材料量	230 000	360 000	425 000	280 000	1 295 000	365 000
加：预计期末原材料存货①	36 000	42 500	28 000	36 500②	36 500	
原材料总需求量	266 000	402 500	453 000	316 500	1 331 500	
减：期初原材料存货	23 000	36 000	42 500	28 000	23 000	
原材料的采购需求量	243 000	366 500	410 500	288 500	1 308 500	
原材料的单位成本	×0.80	×0.80	×0.80	×0.80	×0.80	
原材料的采购成本	194 400	293 200	328 400	230 800	1 046 800	

①期末原材料存货占下一期下一季度生产用原材料的 10%。

②第 2 年第四季度期末原材料存货占第 3 年第一季度生产用原材料的 10%。

基于直接材料预算，材料采购现金支出预算表编制如下。

	第 2 年 季度				年度
	一	二	三	四	
期初应付账款	81 500				81 500
第一季度采购额（194 400×60%，40%）	116 640	77 760			194 400
第二季度采购额（194 400×60%，40%）		175 920	117 280		293 200
第三季度采购额（194 400×60%，40%）			197 040	131 360	328 400
第四季度采购额（194 400×60%，40%）				138 480	138 480
现金支出总额	198 140	253 680	314 320	269 840	1 035 980

术语表

Budget 预算 以规范的定量模式对未来的详细规划。

Cash budget 现金预算 反映企业在某特定期间如何筹集并运用现金资源的详细计划。

Continuous budget 连续预算 预算期为 12 个月，在当前月份结束时会再增加一个月，逐期向前滚动的预算。

Control 控制 收集反馈信息以确保计划的正确执行或能够随环境变化得以修正的过程。

Direct labor budget 直接人工预算 反映企业为满足生产预算所需的直接人工工时的详细计划。

Direct materials budget 直接材料预算 反映企业为满足生产预算并提供充足存货而必须采购的原材料数量的详细计划。

Ending finished goods inventory budget 期末产成品存货预算 反映企业在期末资产负债表中需列示的未售出产品成本的预算。

Manufacturing overhead budget 制造费用预算 反映企业在某个特定期间内除直接材料和直接人工以外的所有生产成本的详细计划。

Master budget 全面预算 企业为实现销售、生产和财务目标而编制的若干个独立但又相互依赖的预算，并最终生成现金预算、预计利润表和预计资产负债表。

Merchandise purchases budget 商品采购预算 商业企业用来反映预算期间需从供应商处采购的商品数量的详细计划。

Participative budget 参与式预算 参见自编式预算。

Perpetual budget 永续预算 参见连续预算。

Planning 计划 建立目标并详细说明如何实现这些目标的过程。

Production budget 生产预算 反映企业在某段期间为满足销售和存货需求而必须生产的产品数量的详细计划。

Responsibility accounting 责任会计 一种由管理者对收入和成本项目负责的问责制度，但管理者应该只负责那些其能够施加重大控制的项目。管理者应对预算目标和实际结果的偏差负责。

Sales budget 销售预算 反映企业在预算期内预计实现的销量和金额的详细计划。

Self-imposed budget 自编式预算 一种由管理者自行编制它所需预算的预算编制方法。编好后，由上级管理者审查这些预算，并通过共同协商来解决所有问题。

Selling and administrative expense budget 销售和管理费用预算 反映企业在某段期间预计发生的生产范畴以外的其他费用的详细计划。

思考题

1. 什么是预算？什么是预算控制？

2. 从预算编制中可获得的主要好处有哪些？

3. 什么是永续预算？

4. 什么是全面预算？简要描述其内容。

5. 为什么销售预算是预算的起点？

6. "作为一种实际方法，计划和控制是完全相同的事情。"你同意吗？请解释。

7. 编制全面预算时，为什么要先在 Excel 中创建一个"预算假设"呢？

8. 什么是自编式预算？自编式预算的主要优点是什么？在使用时应注意哪些问题？

9. 预算是如何帮助公司规划劳动力人员编制的？

10. "现金预算的主要目的是了解公司在年末会有多少银行存款。"你同意吗？请解释。

基础练习

摩根顿公司（Morganton Company）生产并销售一种产品，提供了以下信息来帮助编制全面预算。

a. 预计单位售价是每件 70 美元。6～9 月的预计销量分别为 8 400、10 000、12 000 和 13 000 件，所有销售都是赊销。

b. 40% 的赊销款项在销售当月收回，60% 在次月收回。

c. 期末产成品库存占下个月销量的 20%。

d. 期末原材料库存占下个月生产所需原材料的 10%，每单位产成品需要 5 磅原材料。这些原材料每磅 2 美元。

e. 原材料采购费用的 30% 在采购当月支付，70% 在次月支付。

f. 直接人工工资是每小时 15 美元，每单位产成品需要直接人工工时 2 小时。

g. 单位变动销售和管理费用为 1.80 美元，每月固定的销售和管理费用是 60 000 美元。

要求：

（1）7 月的预计销售收入是多少？

（2）预计 7 月的现金收入额是多少？

（3）7 月末的应收账款余额是多少？

（4）按照生产预算，7 月的产量应是多少？

（5）如果 8 月生产需要 61 000 磅原材料，那么 7 月需要采购的原材料是多少？

（6）预计 7 月的原材料采购成本是多少？

（7）7 月的预计原材料采购现金支出总额是多少？假设 6 月的原材料采购成本为 88 880 美元。

（8）预计 7 月末的应付账款余额是多少？

（9）预计 7 月末的原料库存余额是多少？

（10）7 月预计的直接人工成本总额是多少？

（11）假设不存在固定制造费用，而单位变动制造费用为 10 美元，那么预计的单位生产成本是多少？

（12）预计 7 月末产成品库存余额是多少？

（13）预计 7 月的销货成本和毛利是多少？

（14）预计 7 月的销售和管理费用总额是多少？

（15）预计 7 月的经营净利润是多少？

练习题

1. 制造费用预算

尤维尔公司（Yuvwell Corporation）下一年的直接人工预算包含的直接人工工时预算如下。

	第一季度	第二季度	第三季度	第四季度
直接人工工时 / 小时	8 000	8 200	8 500	7 800

该公司使用直接人工工时作为制造费用分配基础。预计变动制造费用分配率为 3.25 美元 / 小时，固定制造费用总额为每季度 48 000 美元。固定制造费用中唯一的非现金项目是折旧，每季度为 16 000 美元。

要求：

（1）参考预算表 5，编制公司下一年度的制造费用预算。

（2）计算公司下一年度的预计制造费用分配率（包括变动和固定制造费用）。四舍五入到最近的整数位。

2. 销售和管理费用预算

美国威乐公司（Weller Company）在下一年度的预计销量如下表所示。

	第一季度	第二季度	第三季度	第四季度
预计销量	15 000	16 000	14 000	13 000

公司每单位产品的变动销售和管理费用为 2.50 美元，各季度内的固定销售和管理费用（包括广告费）为 8 000 美元，管理人员工资为 35 000 美元以及折旧费用为 20 000 美元。此外，公司在第一季度和第三季度会各支付 5 000 美元的保险费，8 000 美元的财产税将在第二季度支付。

要求：

参考预算表 7，编制公司下一年度的销售和管理费用预算。

3. 现金预算

花园仓库（Garden Depot）是一家零售商店，正在为下一年度编制预算。管理层编制了以下现金预算。

（单位：美元）

	第一季度	第二季度	第三季度	第四季度
现金收入总额	180 000	330 000	210 000	230 000
现金支出总额	260 000	230 000	220 000	240 000

该公司下一年的期初现金余额为 20 000 美元。该公司要求最低现金余额为 10 000 美元，并可向当地银行贷款，每季度利率为 3%。公司可在任何季度开始时借入任何数额的贷款，并可在任何季度结束

时偿还其贷款或其贷款的任何部分。任何本金在偿还时都要支付利息。为了简单起见，假设利息不是复利。

要求：

参考预算表 8，编制公司下一年度的现金预算。

4. 销售和生产预算

杰西公司（Jessi Corporation）市场部提交了下一年的销售预测（所有销售均为赊销）。

	第一季度	第二季度	第三季度	第四季度
预计销量 / 件	11 000	12 000	14 000	13 000

该公司产品的售价是每件 18.00 美元。管理层预计，本季度可收回 65% 的销售收入，下季度将收回 30%，5% 的销售收入将无法收回。预计第一季度应收账款的期初余额为 70 200 美元。

该公司预计第一季度的期末产成品存货为 1 650 件，管理层希望每个季度的期末产成品库存占下季度预计销量的 15%，第四季度预计期末产成品存货是 1 850 件。

要求：

（1）计算本年每个季度和全年的预计销售收入（提示：参考预算表 1）。

（2）计算本年每个季度和全年的预计现金收入（提示：参考预算表 1）。

（3）计算本年每个季度和全年的预计生产需求量（提示：参考预算表 2）。

5. 直接材料和直接人工预算

赞公司（Zan Corporation）生产部门提交了下一年的季度生产量预测，具体信息如下。

	第一季度	第二季度	第三季度	第四季度
预计生产量	5 000	8 000	7 000	6 000

此外，在第一季度初，有 6 000 克原材料库存，期初应付账款为 2 880 美元。

每个产品需要 8 克原材料，每克成本为 1.2 美元。管理层希望每个季度末的原材料库存占下一季度生产需求量的 25%。第四季度的预计期末存货是 8 000 克。管理层计划在本季度支付 60% 的原材料采购费用，在下个季度支付 40%。每个产品需要直接人工工时 0.20 小时，单位工时工资率为 15 美元。

要求：

（1）计算每季度和全年的预计原材料采购量（提示：参考预算表 3）。

（2）计算每季度和全年的原材料采购成本（提示：参考预算表 3）。

（3）计算每季度和全年的预计原材料采购现金支出（提示：参考预算表 3）

（4）计算每季度和全年的预计直接人工成本（提示：参考预算表 4）。

6. 现金流、预计利润表及预计资产负债表

惠灵公司（Wheeling Company）是一家商业公司，提供了截至 9 月 30 日的资产负债表，如下所示。

惠灵公司资产负债表（截至 9 月 30 日）

（单位：美元）

资产	
现金	59 000
应收账款	90 000
存货	32 400
厂房及设备净额（扣除折旧）	214 000
资产总计	395 400
负债和所有者权益	
应付账款	73 000
普通股股本	216 000
留存收益	106 400
负债和所有者权益总计	395 400

公司正在编制 10 月的预算，并汇总了以下数据。

（1）10 月的预计销售收入为 240 000 美元，11 月为 250 000 美元。在这些销售中，35% 的货款以现金方式收到，剩下的都是赊销。每月赊销的 40% 在销售当月收回，剩下的 60% 在次月收回。9 月 30 日的所有应收账款将在 10 月收回。

（2）预计销货成本等于销售收入的 45%，期末存货总是下个月销货成本的 30%。

（3）所有商品都是赊购的，30% 的货款在当月支付，70% 的货款在次月支付。9 月 30 日的所有应付账款将在 10 月支付。

（4）10 月的预计销售和管理费用为 78 000 美元，不包括折旧，这些费用将以现金支付。这个月的预计折旧费用为 2 000 美元。

要求：

（1）利用所提供的信息，计算或准备以下内容。

a. 10 月的预计现金收入。

b. 10 月的预计商品采购成本。

c. 10 月的预计商品采购现金支出。

d. 10 月的预计经营净利润。

e. 10 月 31 日的预计资产负债表。

（2）假设预算发生以下变化：① 每月赊销的 50%

在销售当月收回，剩下的 50% 在次月收回；②期末存货总是次月销货成本的 10%；③所有购买货款的 20% 在购买当月支付，80% 在次月支付。利用这些新的假设，计算或准备以下内容。

a. 10 月的预计现金收入。

b. 10 月的预计商品采购成本。

c. 10 月的预计商品采购现金支出。

d. 10 月的经营净利润。

e. 10 月 31 日的预计资产负债表。

（3）将（1）中的答案与（2）中的答案进行比较。如果惠灵公司能够实现（2）中的预算，相对于你在（1）中的预算，它会改善公司的财务业绩吗？

问题

1. 现金预算、预计利润表和预计资产负债表

明登公司（Minden Company）是一家欧洲优质巧克力的批发分销商。该公司截至 4 月 30 日的资产负债表如下表所示。

明登公司资产负债表（截至 4 月 30 日）

（单位：美元）

资产	
现金	9 000
应收账款	54 000
存货	30 000
厂房及设备净额（扣除折旧）	207 000
资产总计	300 000
负债和所有者权益	
应付账款	63 000
应付票据	14 500
普通股股本	180 000
留存收益	42 500
负债和所有者权益总计	300 000

该公司正在编制 5 月的预算，并收集了以下数据。

a. 5 月的预计销售收入为 200 000 美元，其中 60 000 美元是现金支付，剩下的为赊销。每月赊销金额的 50% 在当月收回，其余款项在次月收回。4 月 30 日的所有应收账款将在 5 月收回。

b. 5 月预计采购总额为 120 000 美元，所有购买都是赊购，其中 40% 的赊购在购买当月支付，其余的在次月支付。4 月 30 日的所有应付账款将在 5 月支付。

c. 5 月 31 日的预计存货余额为 40 000 美元。

d. 5 月的预计销售和管理费用为 72 000 美元，不包括折旧，这些费用将以现金支付。这个月的预计折旧费用为 2 000 美元。

e. 4 月 30 日资产负债表上的应付票据将在 5 月支付，其中包括 100 美元的利息。（所有利息均在 4 月产生。）

f. 5 月将以现金方式购买新的制冷设备，费用为 6 500 美元。

g. 5 月，该公司将通过给银行一张新的应付票据向银行借款 20 000 美元。新的票据将在一年后到期。

要求：

（1）计算 5 月的预计现金收入。

（2）计算 5 月的预计商品采购现金支出。

（3）编制 5 月的现金预算。

（4）参考预算表 9，编制 5 月的预计利润表。

（5）编制一份截至 5 月 31 日的预计资产负债表。

2. 预算编制的行为层面；道德与管理者

生产婴儿家具和婴儿车的诺顿公司（Norton Company）目前正处于编制明年年度预算的初期阶段。斯科特·福特（Scott Ford）最近加入了诺顿的会计团队，他希望尽可能多地了解公司的预算流程。在最近一次与销售经理玛吉·阿特金斯（Marge Atkins）和生产经理皮特·格兰杰（Pete Granger）共进午餐时，福特发起了以下对话。

福特：我是新来的，而且也将参与编制年度预算，我很想知道你们两位是如何估计销量和生产量的。

阿特金斯：我们非常有条理地从最近的时期开始，讨论我们所知道的往来账户、潜在客户和消费者支出的总体状况，然后再加上直觉得出我们所能得出的最佳预测。

格兰杰：我通常把销售预测作为我预测的基础。当然，我们必须对今年的期末存货做一个估计，这有时是困难的。

福特：这有什么问题吗？在本年度的预算中必须有对期末存货的估计。

格兰杰：这些数字并不总是可靠的，因为玛吉在把销售数字传递给我之前会做一些调整。

福特：什么样的调整？

阿特金斯：我们不想达不到销售预期，所以我们通常会把最初的销售预期降低 5% ～ 10%，给自己一点缓冲的空间。

格兰杰：所以，你可以看到为什么今年的预算不

是一个稳定的起点。随着时间的推移，我们总是调整预计生产速度，当然，这会改变预计期末存货。顺便说一下，我们对费用做了类似的调整，至少在预估中增加了10%；我觉得这里的每个人都是这么做的。

要求：

（1）玛吉·阿特金斯和皮特·格兰杰描述了"松弛预算"的用法。

a. 解释阿特金斯和格兰杰为什么会以这种方式行事，并描述他们期望从"松弛预算"中实现的利益。

b. 解释"松弛预算"的使用如何对阿特金斯和格兰杰产生不利影响。

（2）作为一名管理会计师，斯科特·福特认为玛吉·阿特金斯和皮特·格兰杰有些不道德。参照美国管理会计师协会声明中的职业道德守则，解释为什么使用"松弛预算"可能是不道德的。

（改编自CMA）

3. 完成全面预算

以下数据与希洛公司（Shilow）的经营有关，希洛公司是一家消费品批发分销商。

（单位：美元）

截至3月31日流动资产：	
现金	8 000
应收账款	20 000
存货	36 000
厂房及设备净额	120 000
应付账款	21 750
普通股股本	150 000
留存收益	12 250

a. 毛利率是销售收入的25%。

b. 实际销售和预计销售数据如下表所示。

（单位：美元）

3月（实际）	50 000
4月	60 000
5月	72 000
6月	90 000
7月	48 000

c. 销售收入的60%是现金支付，40%是赊销。赊销在销售的次月收回。3月31日的应收账款是3月赊销的结果。

d. 每个月的期末存货应等于下个月预计销货成本的80%。

e. 每月存货采购的一半在采购当月支付，另一半在下个月付清。3月31日的应付账款是3月购买存货的结果。

f. 每月费用如下：手续费，销售收入的12%；租金，每月2 500美元；其他费用（不包括折旧），销售收入的6%。假设这些费用按月支付。每月折旧费用为900美元（包括新资产的折旧）。

g. 4月将以现金购买设备，费用为1 500美元。

h. 管理部门希望在每个月末保持至少4 000美元的现金余额。该公司与当地一家银行有协议，允许其在每月月初以1 000美元的倍数来增加借款，总贷款余额为20 000美元。这些贷款的利率是每月1%，为了简单起见，假设利息不是复利。该公司将在季度末偿还贷款和累计利息。

要求：

使用上述数据：

（1）完成现金收入预算表。

现金收入预算表

（单位：美元）

	4月	5月	6月	季度
现销收入	36 000			
赊销收入	20 000			
现金收入总额	56 000			

（2）完成商品采购预算、商品采购现金支出预算表。

商品采购预算

（单位：美元）

	4月	5月	6月	季度
预计销货成本	45 000①	54 000		
加：预计期末存货	43 200②			
总需求量	88 200			
减：期初存货	36 000			
采购需求量	52 200			

① 60 000美元销售收入×75%的成本率=45 000美元

② 54 000美元×80%=43 200美元

商品采购现金支出预算表

（单位：美元）

	4月	5月	6月	季度
3月购买额	21 750			21 750
4月购买额	26 100	26 100		52 200
5月购买额				
6月购买额				
现金支出总额	47 850			

（3）完成以下现金预算。

现金预算

（单位：美元）

	4 月	5 月	6 月	季度
期初现金余额	8 000			
加：现金收入	56 000	___	___	___
可运用现金总额	64 000	___	___	___
减：现金支出				
存货	47 850			
费用	13 300			
设备	1 500	___	___	___
现金支出合计	62 650	___	___	___
现金收支差额	1 350			
融资：				
……				

（4）参考预算表 9，以完全成本法为基础编制截至 6 月 30 日的季度利润表。

（5）编制截至 6 月 30 日的资产负债表。

4. 整合销售、生产和直接材料预算

麦洛公司（Milo Company）生产沙滩伞。公司正在编制第三季度预算，汇总了以下资料以协助编制预算。

a. 市场部门对今年剩余时间的销售情况进行了如下预估。

（单位：把）

7 月	30 000
8 月	70 000
9 月	50 000
10 月	20 000
11 月	10 000
12 月	10 000

这款沙滩伞的售价是每把 12 美元。

b. 所有的销售都是赊销。根据以往的经验，销售的收回方式如下。

30% 销售当月收回
65% 销售次月收回
5% 无法收回

6 月的销售收入总额为 300 000 美元。

c. 每月产成品库存等于下个月销售收入的 15%，这个要求从 6 月末开始。

d. 每把沙滩伞都需要 4 英尺长的镀金材料，这种材料有时很难获得。因此公司要求镀金材料的期末库存等于下个月生产需求的 50%，季初和季末镀金材料库存如下所示。

6 月 30 日	72 000 英尺
9 月 30 日	? 英尺

e. 镀金材料每英尺售价 0.80 美元。每月购买材料的一半款项在购买当月支付，剩下的钱在下个月付清。7 月 1 日，6 月的采购材料应付账款为 76 000 美元。

要求：

（1）计算第三季度每月和全季的预计销售收入（参考预算表 1）。

（2）计算第三季度每月和全季的预计现金收入（参考预算表 1）。

（3）计算 7、8、9 和 10 月的预计需要生产的沙滩伞数量（参考预算表 2）。

（4）计算第三季度每月和全季的需要购买的镀金材料数量（参考预算表 3）。

（5）计算第三季度每月和全季的原材料（镀金材料）采购成本（参考预算表 3）。

（6）计算第三季度每月和全季的预计原材料（镀金材料）采购的现金支出（参考预算表 3）。

案例

全面预算与各支持性预算表

耳灵无限公司（Earrings Unlimited）是一家分销商，主要将耳饰分销到全美各地购物中心的零售店，而你刚刚被聘为公司的管理实习生。过去，公司几乎没有进行预算管理，曾在某些时点发生了现金短缺。由于你在预算方面受过良好的训练，你决定为接下来的第二季度编制一个全面预算。为此，

你与会计及其他部门合作，收集到下面所列示的信息。

公司销售的耳环款式多样，但其销售价格相同，每副耳环 10 美元。公司在过去 3 个月的实际销量以及未来 6 个月的预计销量具体如下（耳环的计量单位为副）：

1 月（实际）	20 000
2 月（实际）	26 000
3 月（实际）	40 000
4 月（预计）	65 000
5 月（预计）	100 000
6 月（预计）	50 000
7 月（预计）	30 000
8 月（预计）	28 000
9 月（预计）	25 000

由于母亲节的原因，5 月及之前的销量比较大。公司在每个月末都应有充足存货，具体约占下个月销量的 40%。

供应商每副耳环定价为 4 美元，在采购当期支付采购价款的一半，另外一半价款在采购后的下个月支付。所有销售都是赊销的，在销售当月仅能收回当月赊销额的 20%，另有 70% 在下个月收回，其余 10% 是在销售后的第二个月收回。坏账可忽略不计。

公司每月经营费用如下，其中保险费在每年 11 月支付。

变动成本：	
销售佣金	销售收入的 4%
固定成本：	
广告	200 000
租金	18 000
工资	106 000
公共事业费	7 000
保险费	3 000
折旧费	14 000

公司计划在 5、6 月分别购买价值 16 000 美元和 40 000 美元的新设备，且这两笔交易都以现金支付。该公司宣布每季度发放股利 15 000 美元，并在下季度的第一个月支付。

截至 3 月 31 日，公司的资产负债表如下。

资产	
现金	74 000
应收账款（2 月销售收入为 26 000 美元；3 月销售收入为 320 000 美元）	346 000
存货	104 000
预付保险费	21 000
厂房及设备（净额）	950 000
资产总计	1 495 000
负债和所有者权益	
应付账款	100 000
应付股利	15 000
普通股股本	800 000
留存收益	580 000
负债和所有者权益总计	1 495 000

公司需维持的最低现金余额为 50 000 美元。全部借款都发生在月初，而所有还款都发生在最后一个月。

该公司与银行签订协议，允许该公司每月初以 1 000 美元的倍数来增加借款。这些贷款的利率为每月 1%，为简单起见，我们假设利息并不是复利。在季度末，公司将向银行支付所有累计的贷款利息和尽可能多的贷款本金（1 000 美元的增量），同时仍保留至少 50 000 美元的现金。

要求：

编制截至 6 月 30 日的 3 个月期全面预算，具体内容如下。

（1）a. 销售预算，以月度和总计列示。

b. 现金收入预算表，以月度和总计列示。

c. 包括数量和金额的商品采购预算，以月度和总计列示。

d. 商品采购现金支出预算，以月度和总计列示。

（2）现金预算，以月度和总计列示。同时确定为维持 50 000 美元的最低现金余额所需的借款。

（3）编制截至 6 月 30 日的 3 个月期预计利润表（贡献式利润表）。

（4）编制截至 6 月 30 日的预计资产负债表。

第 10 章

弹性预算和业绩分析

商业聚焦

公司为什么需要弹性预算呢

通过阅读任何一家上市公司的年度报告，我们可以很容易地理解准确预测未来财务业绩的难度。例如，纽柯钢铁公司（Nucor Corporation）是一家总部位于北卡罗来纳州（North Carolina）夏洛特市（Charlotte）的钢铁制造商，该公司年报列举了众多导致实际结果与预期产生差异的可能原因，其中包括：①原材料供应及成本的变化；②电力和天然气的可获得性及成本的变化；③市场对钢材产品需求的变化；④货币汇率的波动；⑤法律、政府监管的重大变化；⑥钢铁行业的周期性。

资料来源：Nucor Corporation 2017 Annual Report.

学习目标

1. 编制基于一个成本动因的规划预算和弹性预算。
2. 计算并解释作业量差异。
3. 计算并解释收入差异和支出差异。
4. 编制基于一个成本动因的业绩报告以反映作业量差异及收入和支出差异。
5. 编制基于多个成本动因的规划预算和弹性预算。
6. 编制基于多个成本动因的业绩报告以反映作业量差异及收入和支出差异。

在上一章中我们探讨了如何在期初编制预算。在本章中我们将解释如何调整预算，以帮助指导实际经营并影响业绩评价过程。例如，一家企业的实际费用很少会等于期初估计的预算费用，原因是实际的作业量水平（如销量）很少与预计的作业量相同，因此，很多实际费用和收入自然与预算数不一致。如果销量比预算高出10%，但某项变动费用，如直接材料，却比预计的支出多了10%，管理者是否应该被处罚呢？当然不。学习本章后，你就会知道如何调整预算，以便与实际结果进行有意义的比较。

10.1 差异分析循环

公司运用差异分析循环（variance analysis cycle）进行评价和改善业绩。如图 10-1 所示，差异分析循环以会计部门编制的业绩报告为起点，这些报告强调了差异，也就是实际结

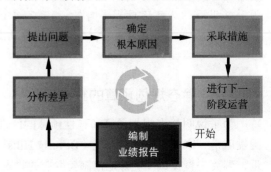

图 10-1　差异分析循环

果与根据预算应实现结果之间不同。通过差异分析可以发现问题：为什么会发生这样的差异？为什么差异会比前期的大？通过对显著性差异的调查分析，可以发现产生这些差异的根本原因。然后，再次以编制最新的业绩报告为起点来开始下一期的差异分析循环。差异分析的重点应该是强调那些良好和不良的业绩结果，找出这些结果的根源，然后维持良好业绩的来源，消除不良业绩的来源。不应该用差异分析循环为不良业绩分配责任。

管理者经常将例外管理与差异分析循环结合起来运用。**例外管理**（management by exception）是一种管理系统，它将实际结果与预算进行比较，进而将显著性差异标记为例外并做进一步研究。这种方法使得管理者能够专注于最重要的差异，而不必理会预算和实际结果之间的细微差异。例如，5 美元的差异可能不够大，不值得关注，而 5 000 美元的差异可能就值得调查分析。另一个线索是相对于支出数额的差异大小，例如，某支出项目产生仅仅 0.1% 的差异，这可能是由随机因素造成的。但是，10% 的支出差异则更可能发出一种某些事情存在问题的信号。除了留意不寻常的巨大差异外，还应该监测差异的模式。例如，应该对持续增加的差异进行研究，尽管这些差异都不够大而不值得研究。

接下来，我们将阐明企业是如何运用弹性预算比较实际结果和根据预算应实现结果的。

10.2 编制基于一个成本动因的规划预算和弹性预算

10.2.1 弹性预算的特点

我们在上一章讨论的预算是规划预算。**规划预算**（planning budget）在预算期期初编制，并且只对事先计划的作业量水平有效。静态规划预算适合用于计划，但不适用于评估成本控制的好坏程度。如果实际的作业量水平与计划的不同，那么将实际成本与静态的、不变的规划预算进行比较会造成误导。若作业量高于预期，变动成本应高于预计成本；若作业量低于预期，变动成本也应低于预计成本。

弹性预算考虑了作业量变化对成本的影响。**弹性预算**（flexible budget）是根据预算期的实际作业量水平，对收入和成本做出的估计。将弹性预算用于业绩评价时，实际成本要与当期实际作业量水平对应的计划成本进行比较，而不是与静态规划预算进行比较。这是一个非常重要的区别。如果没有对作业量水平进行调整，就很难解释预计成本与实际成本之间的差异。

| 商业实战 10-1 | 梅西百货的销售收入降幅超过预期

当梅西百货（Macy's）第四季度的销售收入下降了 4.7% 而不是预计的下降 2%～3% 时，梅西百货解释说，这是因为大衣、毛衣、帽子、手套、靴子和围巾等寒冷天气服装的销售"在东北部大部分地区因异常温暖的天气而受到影响"。梅西百货还表示："由于美元升值，国际游客在其门店的消费减少。"

随着梅西百货继续在不断扩大的在线市场和以更低价格出售类似商品的折扣连锁店中挣扎，一些激进投资者鼓励梅西百货剥离其价值 210 亿美元的房地产资产，因为这一金额远远超过了梅西百货股票的市场价值。

资料来源：Kapner, Suzanne. "Macy's to Cut Costs, Thousands of Jobs," *The Wall Street Journal*, January 26, 2016.

10.2.2 静态规划预算的缺点

为了说明静态规划预算和弹性预算的区别，现在以瑞克美发店（Rick's Hairstyling）为例进行分析。瑞克美发店是一家位于比弗利山庄（Beverly Hills）的高档发型沙龙，由瑞克·曼兹（Rick Manzi）开设并经营。最近，瑞克一直在试图更好地控制美发店的收入和成本，在其会计及商业顾问维多利亚·科霍（Victoria Kho）的敦促下，他已经开始编制月度预算。

2 月末，瑞克编制了 3 月的规划预算，如表 10-1 所示。瑞克认为，每月所服务的顾客数量（也称为顾客到访次数）是衡量美发店全部作业量水平的最佳指标。一名顾客走进美发店并做了发型，就称之为一次顾客到访。

注意，规划预算中使用收入这个词而非销售额。本章都将采用"收入"一词，因为有些组织除了销售之外还有其他收入来源。例如，对非营利组织来说，捐赠和销售都被计入收入。

瑞克已确定 8 种主要的成本类别：工资薪金、美发用品、顾客赠品、电费、租金、责任保险费、员工医疗保险及其他费用。其中，顾客赠品是指瑞克赠送给美发店内顾客的鲜花、糖果和香槟。

瑞克与维多利亚合作估计出了每类成本的成本公式。例如，电费的成本公式是 $1\,500 + 0.10q$，q 为顾客到访次数。换句话说，电费为混合成本，其包括 1 500 美元的固定成本部分和 0.1 美元 / 顾客到访次数的变动成本部分。一旦将预计的作业量水平设定为 1 000 次顾客到访，瑞克就可以计算出各个项目的预算额。例如，运用成本公式，他可以得到电费为 1 600 美元（= 1 500 美元 + 0.10 美元 / 次 × 1 000 次）。瑞克计算出 3 月的预计经营净利润为 16 800 美元，进而完成预算的编制。

3 月末，瑞克编制了如表 10-2 所示的利润表，表明 3 月的实际顾客到访次数为 1 100 次，且当月实际的经营净利润为 21 230 美元。重要的是应明白，实际结果并不是通过将实际的顾客到访次数代入收入和成本公式中来确定的。公式只是对既定作业量水平下收入和成本的简单估计。实际发生的情况与应该发生的情况是不同的。

在比较表 10-1 和表 10-2 时（见表 10-3），瑞克首先注意到实际经营净利润 21 230 美元（见表 10-2）要远远高于预计经营净利润 16 800 美元（见表 10-1）。当然，这是个好消息，但瑞克想要有更多的了解。业务量增长了 10%——美发店的顾客到访次数为 1 100 次而非预计的 1 000 次。仅这一点就能解释更高的经营净利润吗？答案是否定的。经营净利润增长 10% 只能到达 18 480 美元（= 1.1 × 16 800 美元），而不是当月的实际数额 21 230 美元。那么是什么原因使得收益更好了呢？是价格提高了、成本降低了，还是其他什么原因呢？不管原因是什么，瑞克都想知道答案，并希望下个月还能有同样的业绩。

表 10-1　瑞克美发店规划预算（截至 3 月 31 日）

（金额单位：美元）

预计顾客到访次数（q）	**1 000**
收入（180.00q）	180 000
费用：	
工资薪金（65 000 + 37.00q）	102 000
美发用品（1.50q）	1 500
顾客赠品（4.10q）	4 100
电费（1 500 + 0.10q）	1 600
租金（28 500）	28 500
责任保险费（2 800）	2 800
员工医疗保险（21 300）	21 300
其他费用（1 200 + 0.20q）	1 400
费用总计	163 200
经营净利润	**16 800**

表 10-2　瑞克美发店利润表（截至 3 月 31 日）

（金额单位：美元）

实际顾客到访次数	**1 100**
收入	194 200
费用：	
工资薪金	106 900
美发用品	1 620
顾客赠品	6 870
电费	1 550
租金	28 500
责任保险费	2 800
员工医疗保险	22 600
其他费用	2 130
费用总计	172 970
经营净利润	**21 230**

表 10-3　瑞克美发店实际结果与规划预算的比较（截至 3 月 31 日）

（金额单位：美元）

	实际结果	规划预算	差异[①]	
顾客到访次数	**1 100**	**1 000**		
收入	194 200	180 000	14 200	有利
费用：				
工资薪金	106 900	102 000	4 900	不利
美发用品	1 620	1 500	120	不利
顾客赠品	6 870	4 100	2 770	不利

（续）

	实际结果	规划预算	差异[1]	
电费	1 550	1 600	50	有利
租金	28 500	28 500	0	
责任保险费	2 800	2 800	0	
员工医疗保险	22 600	21 300	1 300	不利
其他费用	2 130	1 400	730	不利
费用总计	172 970	163 200	9 770	不利
经营净利润	21 230	16 800	4 430	有利

① 实际收入高于或低于规划预算时，收入差异被标为有利（favorable，常简化表示为 F）或不利（unfavorable，常简化表示为 U）。当实际费用低于或高于规划预算时，费用差异被标为有利或不利。

为了分析 3 月发生的事情，瑞克编制了一份比较报告，将实际成本与预算成本进行比较，如表 10-3 所示。请注意，该报告中的大多数差异被标记为不利而不是有利，即使经营净利润实际上高于预期。例如，工资薪金有 4 900 美元的不利差异，因为实际工资薪金 106 900 美元，而预算的工资薪金为 102 000 美元。正如瑞克意识到的那样，该报告的问题在于，它比较的是某一作业量水平（1 000 次顾客到访）的收入和成本与另一作业量水平（1 100 次顾客到访）的收入和成本。这就像拿苹果和橘子做比较。因为瑞克美发店比预期多服务了100 个客户，所以它的一些实际成本应该高于预算。根据瑞克的观点，作业增加是好事，然而它似乎对表中的大多数成本产生了负面影响。瑞克知道必须做些事情才能让这份报告更有意义，但他不确定该怎么做。所以他约了维多利亚讨论下一步该怎么做。

• • • • • • • • • • • • • • • •

管理会计实践 10-1

瑞克美发店：弹性预算和业绩分析（一）

维多利亚：预算进展如何？

瑞克：非常好，我已经轻松地编制出了 3 月的预算。我还编制了一份报告将 3 月的实际结果与预算进行比较，但这份报告并没有反映出我真正想知道的信息。

维多利亚：是因为实际作业量水平与预计作业量不一致吗？

瑞克：是的。我知道，作业量水平不会影响固定成本，但顾客到访次数相对预期的增加影响了其他成本。

维多利亚：所以你想知道在更高的作业量水平下，更高的实际成本是否合理？

瑞克：正是。

维多利亚：如果你把报告和数据给我，我今天晚些时候可以处理，到明天就可以给你一份报告。

• • • • • • • • • • • •

10.2.3 弹性预算是如何运作的

弹性预算，即进行调整以反映实际作业量水平下应该发生的成本。为说明弹性预算是如何运作的，维多利亚编制了如表 10-4 所示的报告，列示了 3 月实际作业量水平对应的收入和成本应该是多少。报告的编制简洁明了，运用各个成本项目的对应公式来估算 1 100 次顾客到访的对应成本，即 3 月实际作业量水平下应发生多少成本。例如，根据成本公式 $1\,500+0.10q$，3 月的电费应为 1 610 美元（=1 500 美元 +0.10 美元 / 次 × 1 100次）。此外需注意，弹性预算中的租金（28 500 美元）、责任保险费（2 800 美元）和员工医疗保险（21 300 美元）与规划预算中相应的金额相同（见表 10-1）。这是因为固定成本不受作业量水平的影响。

从弹性预算中可以看出，3 月的经营净利润应为 30 510 美元，但回顾表 10-2，经营净利润实际上只有

21 230 美元。结果并不像我们想的那么好。这是为什么呢？稍后我们就会得到答案。

　　总结为一点，瑞克预计的经营净利润是 16 800 美元，而实际经营净利润偏高，是 21 230 美元。但是，维多利亚的分析表明，基于 3 月的实际顾客到访次数，经营净利润甚至应该再高一些，应该是 30 510 美元。产生这些差异的原因是什么呢？瑞克当然希望巩固积极因素，并努力减少消极因素。但具体又该怎么做呢？

表 10-4　瑞克美发店弹性预算（截至 3 月 31 日）

（金额单位：美元）

实际顾客到访次数（q）	**1 100**
收入（180.00q）	198 000
费用：	
工资薪金（65 000+37.00q）	105 700
美发用品（1.50q）	1 650
顾客赠品（4.10q）	4 510
电费（1 500+0.10q）	**1 610**
租金（28 500）	28 500
责任保险费（2 800）	2 800
员工医疗保险（21 300）	21 300
其他费用（1 200+0.20q）	1 420
费用总计	167 490
经营净利润	**30 510**

10.3　弹性预算差异

　　为回答瑞克关于预算成本和实际成本之间差异的问题，维多利亚将表 10-3 所示差异分解为两类差异：作业量差异及收入和支出差异。在接下来的两部分中我们就来说明她是如何做的。

10.3.1　作业量差异

　　预计经营净利润与实际经营净利润的差异中，有一部分是由于 3 月的实际作业量水平高于预算，那么有多少差异是由这个单一因素造成的？维多利亚编制了如表 10-5 所示的报告来回答这个问题。在该报告中，将基于当期实际作业量的弹性预算与期初的规划预算进行比较。弹性预算反映的是在实际作业量水平下应发生的情况，而规划预算则反映了在预算作业量水平下应发生的情况。因此，弹性预算与规划预算之间的差异就完全是由实际作业量与预算作业量的不同而导致的。

表 10-5　瑞克美发店作业量差异：基于实际作业量的弹性预算与规划预算的比较（截至 3 月 31 日）

（金额单位：美元）

	弹性预算	规划预算	作业量差异[①]	
顾客到访次数	1 100	1 000		
收入（180.00q）	**198 000**	**180 000**	**18 000**	有利
费用：				
工资薪金（65 000+37.00q）	105 700	102 000	3 700	不利
美发用品（1.50q）	1 650	1 500	150	不利
顾客赠品（4.10q）	4 510	4 100	410	不利
电费（1 500+0.10q）	**1 610**	**1 600**	**10**	不利
租金（28 500）	28 500	28 500	0	
责任保险费（2 800）	2 800	2 800	0	
员工医疗保险（21 300）	21 300	21 300	0	
其他费用（1 200+0.20q）	1 420	1 400	20	不利
费用总计	167 490	163 200	4 290	不利
经营净利润	**30 510**	**16 800**	**13 710**	有利

①当弹性预算中的收入高于（低于）规划预算时，收入差异被标为有利（不利）。当弹性预算中的费用低于（高于）规划预算时，费用差异被标为有利（不利）。

　　例如，基于 1 100 次顾客到访的弹性预算显示，收入为 198 000 美元（=180 美元 / 次 × 1 100 次）。而基于 1 000 次顾客访问的规划预算显示，收入为 180 000 美元（=180 美元 / 次 × 1 000 次）。因为美发店的顾客到访次数比规划预算中的预期多了 100 次，实际收入应该比规划收入高出 18 000 美元（=198 000 美元 −180 000 美元）。该作业量差异在报告中列示为 18 000 美元（有利）。类似地，基于 1 100 次顾客到访的弹性预算显示，电费为 1 610 美元（=1 500 美元 +0.10 美元 / 次 ×1 100 次）。而基于 1 000 次顾客到访的规划预算显示，电费成本为 1 600 美元（=1 500 美元 + 0.10 美元 / 次 ×1 000 次）。因为美发店的顾客到访次数比预期多 100 次，实际电费成本应比规划成本高出 10 美元（=1 610 美元 −1 600 美元）。该电费项目的作业量差异在报告中列示为 10 美元（不利）。注意，在这种情况下，"不利"的标签可能具有误导性。由于作业量增加了 100 次顾客到访，电费成本应高出 10 美元，因此，鉴于电费是服务更多顾客的必要成本，将这种差异标记为不利是错误的。出于这样的原因，有必要提醒读者的一点是，不要认定不利差异总是意味着糟糕的业绩，而有利差异总代表着良好的业绩。

因为该报告中的所有差异完全是由实际作业量水平与期初规划预算中的作业量水平不同而导致的，所以被称为**作业量差异**（activity variance）。例如，收入的作业量差异为 18 000 美元（有利），电费的作业量差异为 10 美元（不利），以此类推。最重要的作业量差异列示在报告底部，即 13 710 美元（有利）的经营净利润差异。这项差异表明，由于实际作业量比规划预算的预期要高，经营净利润本应也要高出 13 710 美元。在此提醒，不要过分看重该报告中其他的任何单一差异。如上所述，由于更多的作业量，对成本的预计也将会更高。如果将这些不利差异看作是业绩不佳的信号，就是具有误导性的。

另外，对于经营净利润项目来说，有利的作业量差异是很重要的。让我们进一步研究这项差异。正如前面所提出的，作业量增长了 10%，根据弹性预算，经营净利润本应增长 10% 以上。在规划预算中，16 800 美元的经营净利润增长 10% 后，应为 18 480 美元（=1.1×16 800 美元）；弹性预算表明的经营净利润是 30 510 美元。为什么会更高呢？简短的回答是：因为存在固定成本。将预计的经营净利润增加 10%，来估计较高作业量水平下的收益时，运用了收入和所有费用都增加 10% 的隐含假设。但并非如此。注意，当作业量水平增加 10% 时，有 3 种费用根本不会增加，如租金、责任保险费和员工医疗保险，因为这些都是固定成本。因此，虽然收入确实增长了 10%，但这些成本并没有增加。这导致经营净利润的增幅超过了 10%。工资薪金、电费和其他费用中含有固定成本要素，这些混合成本也会有类似的效果。虽然收入增长了 10%，但这些混合成本的增长幅度不到 10%，进而导致经营净利润的总体增长超过 10%。由于固定成本的存在，经营净利润并不会随作业量水平同比例变动。这就是杠杆效应。经营净利润的变动比例通常大于作业量水平的增长比例。

10.3.2 收入和支出差异

在上一小节，我们回答了"作业量的变动对收入、费用和利润有什么影响"的问题。在本小节我们将回答"对于收入、费用和利润的控制程度如何？"的问题

回顾表 10-4 基于实际作业量水平的弹性预算，反映了在实际作业量水平下应发生的情况。因此，维多利亚的下一步操作是比较实际结果与弹性预算，从本质上说，就是将实际发生的情况与应该发生的情况进行比较。具体内容如表 10-6 所示。

表 10-6　瑞克美发店收入和支出差异：实际结果与弹性预算的比较（截至 3 月 31 日）

（金额单位：美元）

	实际结果	弹性预算	收入和支出差异[①]	
顾客到访次数	1 100	1 100		
收入（180.00q）	**194 200**	**198 000**	**3 800**	不利
费用：				
工资薪金（65 000+37.00q）	106 900	105 700	1 200	不利
美发用品（1.50q）	1 620	1 650	30	有利
顾客赠品（4.10q）	6 870	4 510	**2 360**	不利
电费（1 500+0.10q）	**1 550**	**1 610**	**60**	有利
租金（28 500）	28 500	28 500	0	
责任保险费（2 800）	2 800	2 800	0	
员工医疗保险（21 300）	22 600	21 300	**1 300**	不利
其他费用（1 200+0.20q）	2 130	1 420	710	不利

（续）

	实际结果	弹性预算	收入和支出差异①	
费用总计	172 970	167 490	5 480	不利
经营净利润	21 230	30 510	9 280	不利

① 当实际收入高于（低于）弹性预算时，收入差异被标为有利（不利）。当实际费用低于（高于）弹性预算时，费用差异被标为有利（不利）。

首先关注收入，实际的收入总额为 194 200 美元。然而弹性预算显示，基于实际作业量的收入应为 198 000 美元。因此，实际收入比当月实际顾客到访次数对应的预算少了 3 800 美元。该项差异被标记为 3 800 美元的（不利）差异，又被称为收入差异。**收入差异**（revenue variance）是指实际收入与当期实际作业量水平下应实现收入的差额。若实际收入高于应实现的收入，差异就是有利的。若实际收入低于应实现的收入，差异就是不利的。为什么实际收入会低于或高于实际作业量水平下应实现的收入呢？一般来说，如果平均售价高于预期，收入差异就是有利的；如果平均售价低于预期，就是不利的。发生这种情况的原因很多，包括销售价格的变动、销售产品的不同组合、折扣数额的改变、会计控制薄弱等。

| 商业实战 10-2 |　　　　　　　　特斯拉的预测没有达到目标

在第二季度开始的两个月前，特斯拉（Tesla）预计在未来三个月能够生产 1 500 辆 Model 3 轿车。然而，由于生产瓶颈，该公司只生产了 260 辆。与预计产量相比有近 83% 的缺口，一些投资者担心该公司将难以实现每年生产 70 多万辆电动汽车的长期目标。对特斯拉来说，更复杂的是，一些"资金更充裕的竞争对手正重新表现出开发自己的电动汽车的兴趣"。

资料来源：Charley Grant，"Tesla Has a Forecasting Problem," *The Wall Street Journal*, October 4, 2017, p. B16.

其次我们关注费用，实际的电费为 1 550 美元，然而弹性预算显示，3 月顾客实际到访 1 100 次所对应的电费应为 1 610 美元。由于实际成本比当月实际作业量水平对应的预算少了 60 美元，记为 60 美元的有利差异。这是支出差异的一个例子。**支出差异**（spending variance）是指实际成本与当期实际作业量水平下应发生成本的差额。若实际成本高于应发生的成本，差异就是不利的。若实际成本低于应发生的成本，差异就是有利的。为什么成本存在有利或不利的差异？有许多可能的解释，其中包括支付更高的投入要素的价格，在实际作业量水平下消耗过多的投入要素、技术的变化等。在下面的小节中，我们将更详细地探讨这些类型的解释。

从表 10-6 中可以看到，经营净利润的整体差异为 9 280 美元的不利差异。这意味着，经营净利润比当期实际作业量水平下应实现经营净利润少了 9 280 美元。造成这种情况的原因有很多，最突出的是不利的收入差异 3 800 美元，其次是不利的顾客赠品差异 2 360 美元。从另一个角度来看，顾客赠品比弹性预算中的预期高出 50% 以上。几乎可以肯定，这是一项瑞克想要进一步调查的差异。他可能会发现，这种不利差异并不一定是坏事。例如，可能是更慷慨地发放赠品才使得顾客到访次数增加了 10%。

表 10-6 还包括与员工医疗保险有关的 1 300 美元的不利差异，从而突出显示了一项固定成本是如何产生支出差异的。尽管固定成本并不取决于作业量水平，但固定成本的实际数额也可能与弹性预算中的估计数不同。例如，或许瑞克美发店的员工医疗保险在 3 月意外增加了 1 300 美元。

总之，表 10-6 中的收入和支出差异分析，将有助于瑞克更好地理解实际经营净利润与实际作业量下应实现经营净利润存在差异的原因。

10.3.3　基于作业量、收入和支出差异的业绩报告

表 10-7 是维多利亚编制的结合作业量差异（来自表 10-5）及收入和支出差异（来自表 10-6）的业绩报告。

该报告将这两个之前表中的信息结合在一起，从而更容易解释当期发生了什么。这份报告的格式与之前报告有些不同，即差异列示在被比较的数值之间，而非之后。例如，作业量差异列示在弹性预算数值与规划预算数值之间。而在表 10-5 中，作业量差异是列示在弹性预算和规划预算之后的。

表 10-7　瑞克美发店弹性预算业绩报告（截至 3 月 31 日）

（金额单位：美元）

	实际结果 （1）	收入和支出差异 （1）-（2）	弹性预算 （2）	作业量差异 （2）-（3）	规划预算 （3）
顾客到访次数	1 100		1 100		1 000
收入（180.00q）	194 200	3 800 不利	198 000	18 000 有利	180 000
费用：					
工资薪金（65 000+37.00q）	106 900	1 200 不利	105 700	3 700 不利	102 000
美发用品（1.50q）	**1 620**	**30 有利**	1 650	**150 不利**	**1 500**
顾客赠品（4.10q）	6 870	2 360 不利	4 510	410 不利	4 100
电费（1 500+0.10q）	1 550	60 有利	1 610	10 不利	1 600
租金（28 500）	28 500	0	28 500	0	28 500
责任保险费（2 800）	2 800	0	2 800	0	2 800
员工医疗保险（21 300）	22 600	1 300 不利	21 300	0	21 300
其他费用（1 200+0.20q）	2 130	710 不利	1 420	20 不利	1 400
费用总计	172 970	5 480 不利	167 490	4 290 不利	163 200
经营净利润	21 230	**9 280 不利**	30 510	**13 710 有利**	16 800

需特别注意业绩报告中的两个数字：经营净利润项目的作业量差异为 13 710 美元的有利差异，经营净利润项目的收入和支出整体差异为 9 280 美元的不利差异。再次重申这两个数字的意义是值得的。有利的作业量差异为 13 710 美元，这是因为实际作业量（1 100 次顾客到访）高于预计的作业量水平（1 000 次顾客到访）；而不利的收入和支出整体差异为 9 280 美元，这是因为实际收益未达到在当期实际作业量水平下应实现的收益。这两种不同的差异具有不同意义，也就需要采取不同的措施。为产生经营净利润的有利作业量差异，管理者必须采取措施来增加顾客到访次数。为创造有利的收入和支出整体差异，管理者必须采取行动来确保销售价格、提高运营效率，并降低投入要素的价格。

相对于表 10-3 将规划预算与实际结果进行简单比较而言，表 10-7 所示的业绩报告能为管理者提供更多有用的信息。在表 10-3 中，作业量变动产生的影响与价格控制、经营管理所产生的影响混为一体。而表 10-7 所示的业绩报告则清楚地区分了这些影响，使得管理者能够采取更加具有针对性的方法来评估经营活动。

为了更好地了解业绩报告是如何发挥作用的，下面我们来看看弹性预算业绩报告中的美发用品项目。该期间内，美发用品的实际成本为 1 620 美元，而规划预算中的对应成本为 1 500 美元。表 10-3 将该项目的实际结果与规划预算进行比较，结果显示其差额为 120 美元的不利差异。表 10-3 运用了静态规划预算方法，也就是将某个作业量水平的预计成本与另一个不同作业量水平所对应的成本进行比较。如前所述，这就好像将苹果与橘子进行比较。实际上，这项差异是两种不同影响的混合结果。表 10-7 所示的业绩报告对此做出了清晰列示。实际结果和规划预算金额之间 120 美元的差异由两种不同差异组成，有利的支出差异 30 美元和不利的作业量差异 150 美元。由于当期实际作业量水平下的美发用品支出低于预期，发生了有利的支出差异。而作业量比规划预算中的预期高，自然导致该项变动成本增加，进而发生不利的作业量差异。

相对于单纯比较实际成本与静态规划预算成本，表 10-7 所示的弹性预算业绩报告提供了更为有效的业绩评估结果，因为它是将实际成本与实际作业量水平下应发生成本进行比较的。换句话说，就是将苹果与苹果进行比较。在此操作下，可以发现美发用品的支出差异是 30 美元（有利），而不是最初静态规划预算业绩报告

（见表 10-3）中所列示的 120 美元（不利）。在某些情况下，适当地考虑作业量的增加，可能会将不利的静态规划预算差异转化为有利的收入或支出差异，就比如瑞克美发店业绩报告中的美发用品。第二天维多利亚就与瑞克在美发店内进行了以下讨论。

管理会计实践 10-2

瑞克美发店：弹性预算和业绩分析（二）

维多利亚：给你看一下我的成果。（维多利亚将表 10-7 所示的弹性预算业绩报告拿给瑞克看。）我只是用成本公式更新了预算，以反映 3 月顾客到访次数的增加。这样，我就有了一个更好的基准来衡量成本。

瑞克：就是你所标注的"基于 1 100 次顾客到访的弹性预算"吗？

维多利亚：是的。你原来的预算是基于 1 000 次顾客到访的，所以它低估了当实际服务顾客 1 100 次时应该发生的某些成本的数额。

瑞克：足够清晰了。这些支出差异并不像我第一份报告中的那么令人震惊。

维多利亚：是的，但是在顾客赠品项目上仍然存在 2 360 美元的不利差异。

瑞克：我知道这是怎么回事。3 月，有一场大型的政治筹款晚宴，但我在编制 3 月预算时忘记了。为了给所有常客都做发型，我们必须以非常快的速度完成服务。虽然每个人都得到了高质量的服务，但我因未能花较多时间服务每位顾客而深感抱歉。我想给顾客一些额外的礼物来补偿他们所受到的较少的私人服务，所以我订购了很多花，并成束地送给他们。

维多利亚：瑞克，以你所收取的价格，我相信这个姿态会得到赞赏的。

瑞克：关于这个报告，有件事我不理解。我们之前讨论成本时，你说租金、责任保险费和员工医疗保险为固定成本。那为什么会存在固定成本差异呢？固定不是意味着它不会改变吗？

维多利亚：之所以说这些是固定成本，是因为它们不会受到作业量水平变动的影响。但是，这并不意味着它们不会因其他原因而变动。还有，使用"固定"一词会暗示人们无法控制这些成本，但事实并非如此。固定成本往往比变动成本更容易控制。例如，通过调整投保金额，你可以很容易地改变保险费用。而让你显著降低美发用品的支出就难得多了，因为该项变动成本是服务顾客的一项必要支出。

瑞克：我认为我懂了，但还是有困惑。

维多利亚：只要记住，如果一项成本与作业量同比例变化，就称之为变动成本；如果一项成本并不取决于作业量水平，就称之为固定成本。但是，固定成本也可能会因与作业量水平变动无关的原因而发生变化。可控制性与成本是变动的还是固定的没有关系。固定成本通常比变动成本更可控。

|商业实战 10-3| 城市服装（Urban Outfitters）公司销售增长率下降

城市服装公司向渴望接触 20 世纪八九十年代文化的"千禧一代和青少年"出售唱机、黑胶唱片和老式胶卷相机。当该公司在假日季的销售增长率从 3.6% 下降到 1% 时，公司的首席财务官弗兰克·孔福尔蒂（Frank Conforti）承认，下降幅度"比我们预期的还要糟糕"。

2015 年，该公司的黑胶唱片销量以 38% 的速度增长，但 2018 已经放缓至 2%，因此，在变化无常、追求时尚的青少年市场预测销量面临极大的挑战。该公司声称自己是世界上最大的黑胶唱片销售商，提供从披头士（Beatles）到肯德里克·拉马尔（Kendrick Lamar）的最新专辑等大量经典作品。

资料来源：Dulaney, Chelsey. "Record Players and Polaroids Are So Over," *The Wall Street Journal*, January 10, 2018.

10.3.4 非营利组织的业绩报告

非营利组织的业绩报告与我们目前所考虑的业绩报告基本一致，但有一个显著的区别。非营利组织通常从销售以外的渠道获得大量资金。例如，大学获得资金的渠道包括销售（即向学生收取学费）、捐赠收入和捐款以及针对公立大学的国家拨款。这意味着，与成本一样，政府和非营利组织的收入可能包括固定和变动两部分。例如，西雅图歌剧院公司（Seattle Opera Company）最近一年的收入包括拨款和捐款 12 719 000 美元以及门票销售收入 8 125 000 美元（约合每张门票售价 75.35 美元）。因此，歌剧院的收入公式可以写成：

$$收入（美元）= 12\ 719\ 000\ 美元 + 75.35\ 美元／张 \times q$$

其中，q 为售出门票的数量。在其他方面，西雅图歌剧院公司和其他非营利组织的业绩报告与表 10-7 所示的业绩报告相类似。

10.3.5 成本中心的业绩报告

成本中心的业绩报告通常是为没有任何外部收入来源的组织编制的。尤其是在大型组织中，可能每个部门都会编制一份业绩报告，包括并不对外销售的部门。例如，制造业公司的生产部门往往会编制一份业绩报告。这种报告应该采用我们之前讨论过的相同原则来编制，并且应该与表 10-7 所示的业绩报告非常类似，除了收入及最终的经营净利润不会出现在报告中。因为这些部门的管理者要对成本负责，而不是对收入负责，这样的部门通常被称为成本中心（cost centers）。

10.4 编制基于多成本动因的规划预算和弹性预算

在瑞克美发店的案例中，我们到目前为止一直假设仅存在一个成本动因——顾客到访次数。但是，在作业成本法章节中，我们发现可能需要不止一个成本动因来充分解释组织中的所有成本。例如，瑞克美发店的某些成本可能更多地取决于美发店的营业时间长短，而不是顾客到访次数。具体来说，美发店大部分员工的工资薪金都是月薪，但有些是按小时支付的。没有一个员工的工资薪金是根据实际顾客到访次数来支付的。因此，如果基于营业时间而不是顾客到访次数来计算工资薪金，那么成本公式将更加准确。电费则较为复杂：有些成本是固定的，即使美发店晚上关门，其温度也必须维持在某个最低水平；有些成本取决于顾客到访次数，如吹风机所耗电费就取决于顾客到访次数；还有些成本取决于美发店的营业时间，如照明费用和供热至适宜温度的成本。因此，如果根据顾客到访次数和营业时间，而不是仅按顾客到访次数来计算，电费的成本公式将更加准确。

表 10-8 列示的规划预算已经做出相应变化。其中有两个成本动因——顾客到访次数和营业时间，其中 q_1 指顾客到访次数，q_2 指营业时间。预计顾客到访次数是 1 000 次，预计营业时间是 190 小时。

正如预期的那样，基于两个成本动因的规划预算与基于一个成本动因的规划预算不同，如表 10-1 所示。例如，工资薪金的成本公式为 $65\ 000 + 220q_2$，现在取决于营业时间，而不是顾客到访次数。由于美发店预计营业 190 小时，工资薪金的规划预算额为 106 800 美元（$=65\ 000\ 美元 + 220\ 美元／小时 \times 190\ 小$

表 10-8　瑞克美发店基于不止一个成本动因的规划预算
（截至 3 月 31 日）　（金额单位：美元）

预计顾客到访次数（q_1）	**1 000**
预计营业时间（q_2）	**190**
收入（180.00q_1）	180 000
费用：	
工资薪金（65 000+220q_2）	**106 800**
美发用品（1.50q_1）	1 500
顾客赠品（4.10q_1）	4 100
电费（390+0.10q_1+6.00q_2）	**1 630**
租金（28 500）	28 500
责任保险费（2 800）	2 800
员工医疗保险（21 300）	21 300
其他费用（1 200+0.20q_1）	1 400
费用总计	168 030
经营净利润	**11 970**

时）。电费取决于顾客到访次数和营业时间，其成本公式为 $390 + 0.10q_1 + 6.00q_2$。因为预计顾客到访次数是 1 000 次，美发店预计营业时间为 190 小时，电费的规划预算额为 1 630 美元（$=390$ 美元 $+ 0.10$ 美元 / 小时 $\times$ 1 000 小时 $+ 6.00$ 美元 / 小时 $\times$ 190 小时）。注意，基于两个成本动因的规划预算中，经营净利润为 11 970 美元，而基于一个成本动因的规划预算（见表 10-1）中，经营净利润为 16 800 美元。这两个数额并不相同，是因为基于两个成本动因的规划预算要比基于一个成本动因的规划预算更准确。

如果我们假设瑞克美发店在这个月实际上有 1 100 次顾客到访，并且实际的营业时间是预计的 190 小时，如表 10-8 所示的成本公式也可以用来创建如表 10-9 所示的弹性预算。如表 10-4 所示，基于两个成本动因的弹性预算与基于一个成本动因的弹性预算不同。例如，在表 10-9 中显示的工资薪金是 106 800 美元，而在表 10-4 中显示的工资薪金是 105 700 美元。产生差异的原因是该费用的变动部分是由表 10-9 中的营业时间决定的，然而在表 10-4 中，认为只存在顾客到访次数一个成本动因。这两种弹性预算也得出了不同的经营净利润。表 10-4 基于一个成本动因的弹性预算中，经营净利润为 30 510 美元。表 10-9 基于两个成本动因的弹性预算中，经营净利润为 29 380 美元。

按顾客到访次数和营业时间对弹性预算进行修改后，可用于创建如表 10-10 所示的业绩报告。这份业绩报告与表 10-7 所示的不同之处在于，基于多个成本

表 10-9 瑞克美发店基于不止一个成本动因的弹性预算（截至 3 月 31 日） （金额单位：美元）

实际顾客到访次数（q_1）	1 100
实际营业时间（q_2）	190
收入（$180.00q_1$）	198 000
费用：	
工资薪金（$65\ 000+220q_2$）	106 800
美发用品（$1.50q_1$）	1 650
顾客赠品（$4.10q_1$）	4 510
电费（$390+0.10q_1+6.00q_2$）	1 640
租金（28 500）	28 500
责任保险费（2 800）	2 800
员工医疗保险（21 300）	21 300
其他费用（$1\ 200+0.20q_1$）	1 420
费用总计	168 620
经营净利润	29 380

动因的成本公式比仅基于一个成本动因的成本公式更准确，因此差异也会更准确。例如，基于一个成本动因的弹性预算（见表 10-7），电费的支出差异是 60 美元（有利），但当基于两个成本动因（见表 10-10）时，电费的支出差异是 90 美元（有利）。

表 10-10 瑞克美发店基于不止一个成本动因的弹性预算业绩报告（截至 3 月 31 日）

（金额单位：美元）

	实际结果	收入和支出差异	弹性预算	作业量差异	规划预算
顾客到访次数（q_1）	1 100		1 100		1 000
营业时间（q_2）	190		190		190
收入（$180.00q_1$）	194 200	3 800 不利	198 000	18 000 有利	180 000
费用：					
工资薪金（$65\ 000+220q_2$）	106 900	100 不利	106 800	0	106 800
美发用品（$1.50q_1$）	1 620	30 有利	1 650	150 不利	1 500
顾客赠品（$4.10q_1$）	6 870	2 360 不利	4 510	410 不利	4 100
电费（$390+0.10q_1+6.00q_2$）	1 550	90 有利	1 640	10 不利	1 630
租金（28 500）	28 500	0	28 500	0	28 500
责任保险费（2 800）	2 800	0	2 800	0	2 800
员工医疗保险（21 300）	22 600	1 300 不利	21 300	0	21 300
其他费用（$1\ 200+0.20q_1$）	2 130	710 不利	1 420	20 不利	1 400
费用总计	172 970	4 350 不利	168 620	590 不利	168 030
经营净利润	21 230	8 150 不利	29 380	17 410 不利	11 970

| 商业实战 10-4 |　　　随时待命安排引起了纽约州司法部长的注意

纽约州司法部长已经警告了塔吉特（Target）、盖璞（Gap）和其他 11 家公司，称它们那种随叫随到的员工调度安排可能违反了法律。这些公司正在运用软件程序，基于实时销售情况和客流信息来预测即时员工需求。如果商店很忙，它就调度随时待命的员工来上班；而如果商店不忙，员工不会上班，也就没有工资。换句话说，员工需要做好计划随叫随到，即使他不一定能够工作或得到报酬。

从弹性预算的角度来看，公司试图使其劳动力成本随销量和客流量变动。但从法律的角度来看，司法部长指出，该补偿计划使得员工"几乎没有时间为家庭需求做出安排，更不用说找到另外的收入来源以弥补失去的工资"。

资料来源：Weber Lauren. "Retailers Are Under Fire for Work Schedules," *The Wall Street Journal*, April 12, 2015.

本章小结

将实际收入和成本直接与静态规划预算中的收入和成本进行比较，很容易导致误导性结论。实际收入和成本与预算收入和成本存在差异的原因有很多，但其中最重要的一个就是作业量水平的变动。随着作业量水平的增加或减少，对实际收入和成本的预期也会增加或减少。弹性预算使得管理者能够明晰预算和实际成本之间存在差异的原因。

弹性预算是根据实际作业量水平来进行调整的预算。它是基于当期实际作业量水平而对收入和成本应发生额的最优估计。弹性预算可以与期初预算或实际结果进行比较。

当弹性预算与规划预算相比较时，对应结果就是作业量差异。作业量差异反映了实际与规划作业量之间的差异所导致的收入或成本变动。

当实际结果与弹性预算相比较时，对应结果就是收入和支出差异。有利的收入差异表明，收入比实际作业量水平下的预期要多。而不利的收入差异表明，收入比实际作业量水平下的预期要少。有利的支出差异表明，成本比实际作业量水平下的预期要低。而不利的支出差异表明，成本比实际作业量水平下的预期要高。

弹性预算业绩报告将作业量差异与收入和支出差异结合在一份报告上。

规划预算、弹性预算和弹性预算业绩报告可以基于多个成本动因编制。当一家公司基于多个成本动因来比较它的实际结果和预算的差异时，应该比基于一个成本动因计算的差异更准确。

复习题：运用弹性预算进行差异分析

海罗德鱼屋酒店（Harrald's Fish House）是一家专门经营斯堪的纳维亚式海鲜的家族式餐厅。餐厅的月度收入和成本数据列示如下（q 为供餐数单位：份）。

（金额单位：美元）

	成本公式
收入	16.50q
原料成本	6.25q
工资薪金	10 400
公共事业费	800 + 0.20q
租金	2 200
其他费用	600 + 0.80q

要求：

（1）假设餐厅的供餐数为 1 800 份，编制 4 月的规划预算。

（2）假设餐厅在 4 月实际供餐 1 700 份，编制该作业量水平下的弹性预算。

（3）基于如下表所示 4 月的实际结果，为餐厅编制一份 4 月的弹性预算业绩报告。

（单位：美元）

收入	27 920
原料成本	11 110
工资薪金	10 130
公共事业费	1 080
租金	2 200
其他费用	2 240

复习题答案:

（1）4月的规划预算如下。

海罗德鱼屋酒店规划预算（截至 4 月 30 日）

（金额单位：美元）

预计供餐数（q）	1 800
收入（16.50q）	29 700
费用：	
原料成本（6.25q）	11 250
工资薪金（10 400）	10 400
公共事业费（800+0.20q）	1 160
租金（2 200）	2 200
其他费用（600+0.80q）	2 040
费用总计	27 050
经营净利润	2 650

（2）4月的弹性预算如下。

海罗德鱼屋酒店弹性预算（截至 4 月 30 日）

（金额单位：美元）

实际供餐数（q）	1 700
收入（16.50q）	28 050
费用：	
原料成本（6.25q）	10 625
工资薪金（10 400）	10 400
公共事业费（800+0.20q）	1 140
租金（2 200）	2 200
其他费用（600+0.80q）	1 960
费用总计	26 325
经营净利润	1 725

（3）4月的弹性预算业绩报告如下。

海罗德鱼屋酒店弹性预算业绩报告（截至 4 月 30 日）

（金额单位：美元）

	实际结果 （1）	收入和支出差异 （1）－（2）	弹性预算 （2）	作业量差异 （2）－（3）	规划预算 （3）
供餐数	1 700		1 700		1 800
收入（16.50q）	27 920	130 不利	28 050	1 650 不利	29 700
费用：					
原料成本（6.25q）	11 110	485 不利	10 625	625 有利	11 250
工资薪金（10 400）	10 130	270 有利	10 400	0	10 400
公共事业费（800 + 0.20q）	1 080	60 有利	1 140	20 有利	1 160
租金（2 200）	2 200	0	2 200	0	2 200
其他费用（600 + 0.80q）	2 240	280 不利	1 960	80 有利	2 040
费用总计	26 760	435 不利	26 325	725 有利	27 050
经营净利润	1 160	565 不利	1 725	925 不利	2 650

术语表

Activity variance 作业量差异 弹性预算中的收入或成本项目与静态规划预算中同一项目之间的差异。作业量差异完全是由弹性预算中的实际作业量水平与规划预算中假定的作业量水平不同而引起的。

Flexible budget 弹性预算 根据预算期实际作业量水平，对应发生的收入和成本做出估计的报告。

Management by exception 例外管理 一种将实际结果与预算进行比较的管理系统。相对于预算的显著性差异会被标记为例外并做进一步研究。

Planning budget 规划预算 在预算期期初编制的、仅对计划的作业量水平有效的预算。

Revenue variance 收入差异 实际收入与当期实际作业量水平下应实现收入的差额。由于实际收入高于（低于）基于当期实际作业量的预期收入，就产生了有利（不利）差异。

Spending variance 支出差异 实际成本与当期实际作业量水平下应发生成本的差额。由于实际成本低于（高于）基于当期实际作业量的预期成本，就产生了有利（不利）差异。

思考题

1. 什么是规划预算？
2. 什么是弹性预算？它与规划预算的区别是什么？
3. 对于实际结果与期初预算存在的差异，有哪些可能的原因？
4. 为什么很难解释预算费用与实际费用之间的差异？
5. 什么是作业量差异？其差异分析的意义是什么？
6. 如果实际作业量大于规划作业量，你认为变动成本的作业量差异是有利的、不利的，还是两者的组合？
7. 什么是收入差异？其差异分析的意义是什么？
8. 什么是支出差异？其差异分析的意义是什么？
9. 什么是弹性预算业绩报告可以做到，而将预算与实际结果进行简单比较却做不到的功能？
10. 基于两个成本动因与基于一个成本动因的弹性预算主要区别是什么？

基础练习

阿德格公司（Adger Corporation）是一家服务型公司，根据服务的客户数量衡量其产出。公司提供了以下用于预算目的的固定和变动成本估算，5月的实际结果如下。

（单位：美元）

	每月的固定成本	每服务一位客户的变动成本	5月实际总计
收入		5 000	160 000
员工工资薪金	50 000	1 100	88 000
差旅费用		600	19 000
其他费用	36 000		34 500

公司在编制规划预算时，估计每月服务30位客户。然而，在5月，该公司实际服务了35位客户。

要求（所有计算均以5月为准）：

（1）阿德格公司的弹性预算中包含的收入是多少？

（2）阿德格公司的弹性预算中包含的员工工资薪金是多少？

（3）阿德格公司的弹性预算中包含的差旅费用是多少？

（4）阿德格公司的弹性预算中包含的其他费用是多少？

（5）在阿德格公司的弹性预算中，经营净利润是多少？

（6）阿德格公司的收入差异是多少？

（7）阿德格公司的员工工资薪金支出差异是多少？

（8）阿德格公司的差旅费用支出差异是多少？

（9）阿德格公司的其他费用支出差异是多少？

（10）阿德格公司的规划预算中包含的收入是多少？

（11）阿德格公司的规划预算中包含的员工工资薪金是多少？

（12）阿德格公司的规划预算中包含的差旅费用是多少？

（13）阿德格公司的规划预算中包含的其他费用是多少？

（14）阿德格公司报告的与收入相关的作业量差异有哪些？

（15）阿德格公司报告的与每一项支出相关的作业量差异有哪些？

练习题

1. 编制弹性预算

普吉特湾潜水公司（Puget Sound Divers）是一家为普吉特湾地区的客户提供潜水服务的公司，如水下船只维修。公司5月的规划预算如下（q 为潜水时间，单位：小时）。

普吉特湾潜水公司规划预算（截至5月31日）

（金额单位：美元）

预计潜水时间	100
收入（365.00q）	36 500

（续）

费用：	
工资薪金（8 000+125.00q）	20 500
日常用品（3.00q）	300
设备租用（1 800+32.00q）	5 000
保险费（3 400）	3 400
其他费用（630+1.80q）	810
费用总计	30 010
经营净利润	6 490

5月，该公司实际潜水时间为 105 小时。

要求：

参考表 10-4，编制该公司 5 月的弹性预算。

2. 作业量差异

飞行咖啡馆（Flight Café）在机场附近的厨房为航空公司准备机上餐点。公司 7 月的规划预算如下（q 为餐点数量，单位：份）。

飞行咖啡馆规划预算（截至 7 月 31 日）

（金额单位：美元）

预计餐点数量	18 000
收入（4.50q）	81 000
费用：	
原材料（2.40q）	43 200
工资薪金（5 200+0.30q）	10 600
公共事业费（2 400+0.05q）	3 300
设备租用（4 300）	4 300
保险费（2 300）	2 300
其他费用（680+0.10q）	2 480
费用总计	66 180
经营净利润	14 820

在 7 月，飞行咖啡馆实际供应了 17 800 份餐点。公司对这一作业量的弹性预算如下。

飞行咖啡馆弹性预算（截至 7 月 31 日）

（金额单位：美元）

预计餐点数量	17 800
收入（4.50q）	80 100
费用：	
原材料（2.40q）	42 720
工资薪金（5 200+0.30q）	10 540
公共事业费（2 400+0.05q）	3 290
设备租用（4 300）	4 300
保险费（2 300）	2 300
其他费用（680+0.10q）	2 460
费用总计	65 610
经营净利润	14 490

要求：

（1）计算公司 7 月的作业量差异（提示：参考表 10-5）。

（2）哪些作业量差异应该引起管理层的关注？请解释。

3. 收入和支出差异

奎尔新斯·奥伊斯特里亚（Quilcene Oysteria）在太平洋西北部养殖和销售牡蛎。8 月，该公司收获并销售了 8 000 磅牡蛎。公司 8 月的弹性预算如下（q 为牡蛎销量，单位：磅）。

奎尔新斯·奥伊斯特里亚弹性预算（截至 8 月 31 日）

（金额单位：美元）

实际牡蛎销量	8 000
收入（4.00q）	32 000
费用：	
包装用品（0.50q）	4 000
牡蛎箱维修（3 200）	3 200
工资薪金（2 900+0.30q）	5 300
运费（0.80q）	6 400
公共事业费（830）	830
其他费用（450+0.05q）	850
费用总计	20 580
经营净利润	11 420

8 月的实际结果如下。

奎尔新斯·奥伊斯特里亚利润表（截至 8 月 31 日）

（金额单位：美元）

牡蛎销量	8 000
收入	35 200
费用：	
包装用品	4 200
牡蛎箱维修	3 100
工资薪金	5 640
运费	6 950
公共事业费	810
其他费用	980
费用总计	21 680
经营净利润	13 520

要求：

计算公司 8 月的收入和支出差异（提示：参考表 10-6）。

4. 基于不止一个成本动因的业绩报告

美食烹饪学校（Gourmand Cooking School）是一家开设短期烹饪课程的小型学校。管理层已经确定其预算与业绩报告中采用的两个成本动因——课程数量和学生总数。例如，学校可能在一个月内开设两门课程，且总共有 50 名学生学习这两门课程。有关公司成本公式的数据如下。

（金额单位：美元）

	每月固定成本	每门课程的成本	每名学生的成本
讲师工资		3 080	
教室用品			260
公共事业费	870	130	
校园租金	4 200		
保险费	1 890		
管理费用	3 270	15	4

例如，管理费用应为每月 3 270 美元加上每门课程成本 15 美元，再加上每名学生成本 4 美元。学校预计其平均销售收入应为每名学生 800 美元。

学校计划开设 3 门课程，共招收 45 名学生。然而，实际开设的 3 门课程仅有 42 名学生。9 月的实际经营结果如下。

（单位：美元）

	实际
收入	32 400
讲师工资	9 080
教室用品	8 540
公共事业费	1 530
校园租金	4 200
保险费	1 890
管理费用	3 790

要求：

参考表 10-10，编制弹性预算业绩报告，同时列示 9 月的收入和支出差异及作业量差异。

5. 成本中心的弹性预算业绩报告

派克思公司（Packaging Solutions Corporation）生产并销售各种包装产品。各个部门都要编制月度的业绩报告。生产部门的规划预算和弹性预算是基于以下公式确定的，其中 q 为一个月内的工时数。

（金额单位：美元）

	成本公式
直接人工	$15.80q$
间接人工	$8\,200+1.60q$
公共事业费	$6\,400+0.80q$
日常用品	$1\,100+0.40q$
设备折旧	$23\,000+3.70q$
工厂租金	8 400
财产税	2 100
工厂管理费用	$11\,700+1.90q$

生产部门计划在 3 月工作 8 000 小时。然而，当月实际工作工时为 8 400 小时。公司 3 月的实际成本如下。

（金额单位：美元）

	3 月发生的实际成本
直接人工	134 730
间接人工	19 860
公共事业费	14 570
日常用品	4 980
设备折旧	54 080
工厂租金	8 700
财产税	2 100
工厂管理费用	26 470

要求：

（1）参考表 10-1，编制生产部门 3 月的规划预算。

（2）参考表 10-4，编制生产部门 3 月的弹性预算。

（3）参考表 10-7，编制生产部门 3 月的弹性预算业绩报告，同时列示支出差异和作业量差异。

（4）弹性预算业绩报告中的哪些方面应引起管理层的注意？请做出解释。

问题

1. 弹性预算业绩报告；反推法

光线公司（Ray Company）提供了以下生产部门弹性预算业绩报告的节选。

光线公司生产部门弹性预算业绩报告节选（截至 8 月 31 日）（金额单位：美元）

	实际结果	支出差异	弹性预算	作业量差异	规划预算
劳动工时（q）	9 480		?		9 000
直接人工（$?q$）	134 730	?	132 720	?	?
间接人工（$?+1.50q$）	?	1 780 有利	21 640	?	?
公共事业费（$6\,500+?q$）	?	1 450 不利	?	336 不利	12 800
日常用品（$?+?q$）	4 940	?	4 444	?	4 300
设备折旧（78 400）	?	0	?	?	?
工厂管理费用（$18\,700+1.90q$）	?	?	?	?	?
费用总计	288 088	?	?	?	?

要求：

在所有的问号处，完成该生产部门的弹性预算业绩报告。

2. 评估差异报告并编制业绩报告

顶级飞行学校（TipTop Flight School）在一个小型城市机场提供飞行课程。学校的所有者和管理者一直在尝试用一份差异报告来评估业绩和控制成本，该报告将规划预算与实际结果进行比较。最近的差异报告如下。

顶级飞行学校差异报告（截至 7 月 31 日）

（金额单位：美元）

	实际结果	规划预算	差异
课程数量	155	150	
收入	33 900	33 000	900 有利
费用：			
教师工资	9 870	9 750	120 不利
飞机折旧	5 890	5 700	190 不利
燃料	2 750	2 250	500 不利
维修费	2 450	2 330	120 不利
地面设施费用	1 540	1 550	10 有利
管理费用	3 320	3 390	70 有利
费用总计	25 820	24 970	850 不利
经营净利润	8 080	8 030	50 有利

在使用这份报告几个月后，所有者很沮丧。例如，她很确信 7 月的教师工资受到了严格的控制，但报告显示出了不利的差异。

规划预算使用下列公式，其中 q 为售出的课程数量。

（金额单位：美元）

	成本公式
收入	$220q$
教师工资	$65q$
飞机折旧	$38q$
燃料	$15q$
维修费	$530+12q$
地面设施费用	$1\,250+2q$
管理费用	$3\,240+q$

要求：

（1）所有者应该对差异报告感到沮丧吗？请解释。

（2）参考表 10-7，编制该学校 7 月的弹性预算业绩报告。

（3）评估该学校 7 月的业绩。

3. 评估成本控制报告并编制业绩报告

弗兰克·韦斯顿（Frank Weston）是弗里蒙特公司（Freemont Corporation）机械加工部门的主管，他在因他的部门上个月业绩不佳而受到训斥后，感到非常沮丧。该部门的成本控制报告如下。

**弗里蒙特公司 – 机械加工部门成本控制报告
（截至 6 月 30 日）**

（金额单位：美元）

	实际结果	规划预算	差异
机器工作工时	38 000	35 000	
直接人工工资	86 100	80 500	5 600 不利
日常用品	23 100	21 000	2 100 不利
维修费	137 300	134 000	3 300 不利
公共事业费	15 700	15 200	500 不利
管理费用	38 000	38 000	0
折旧费	80 000	80 000	0
总计	380 200	368 700	11 500 不利

"我就是无法理解这些不利的差异，"韦斯顿向另一个部门的主管抱怨，"当老板叫我进来时，我以为他会拍拍我的背，因为我知道我的部门上个月的工作效率比以往任何时候都高。相反，他把我批评得体无完肤。我想这可能是因为上个月我们仓库的物资被盗。但是，它们仅价值几百美元，看看这份报告，一切都是不利的。"

直接人工工资和日常用品是变动成本；管理费用和折旧费是固定成本；维修费和公用事业费是混合成本。预计维修费的固定部分为 92 000 美元；预计公共事业费的固定部分为 11 700 美元。

要求：

（1）评估公司的成本控制报告，并解释为什么所有差异都是不利的。

（2）参考表 10-7，编制业绩报告，帮助韦斯顿先生的上司评估机械加工部门的成本控制情况。

案例

不止一个成本动因的业绩报告

小剧院（The Little Theatre）是一个致力于为孩子们表演戏剧的非营利组织。剧院的全职性专业管理人员很少。通过与演员工会的特殊安排，演员和导演无偿进行排练，只在实际表演时获得报酬。

小剧院暂时计划制作 6 部不同的作品，总共表演 108 场。例如，其中的一个作品《彼得兔》（Peter Rabbit）会连续 6 周每周末表演 3 场。

本年度的规划预算成本列示如下。

小剧院规划预算成本（截至 12 月 31 日）

（金额单位：美元）

预计作品数量	6
预计演出场次	108
演员及导演工资	216 000
舞台工作人员工资	32 400
售票员和引座员工资	16 200
舞台布景、服装和道具费	108 000
剧院礼堂租金	54 000
节目单印刷费	27 000
宣传费	12 000
管理费用	43 200
总计	508 800

有些成本会随作品数量变动，有些会随演出场次变动，还有些是固定的，并不取决于作品数量和演出场次。舞台布景、服装和道具费以及宣传费的成本随着作品的数量而变化。布景成本是相同的，《彼得兔》的表演次数并不会使其产生差异。类似地，无论是表演了 10 场、20 场还是 30 场，海报和商业电台的宣传费都是一样的。另外，演员、导演、舞台工作人员、售票员和引座员的工资会随演出场次而变动。演出场次越多，工资成本就越高。同样，租用礼堂和印刷节目单的成本也随演出场次而变动。管理费用较难分析，但对其最佳的估计就是约 75% 的预计成本是固定的，15% 取决于作品数量，其余 10% 取决于演出场次。

年初过后，剧院的董事会授权扩大其项目规模到 7 部作品、168 场表演。毫无意外，实际成本会远远高于规划预算的成本（从捐赠者处获得的赠款以及门票销售收入也相应地更高，但此处并没有显示出来）。实际成本的相关数据如下。

小剧院实际成本（截至 12 月 31 日）

（金额单位：美元）

实际作品数量	7
实际演出场次	168
演员及导演工资	341 800
舞台工作人员工资	49 700
售票员和引座员工资	25 900
舞台布景、服装和道具费	130 600
剧院礼堂租金	78 000
节目单印刷费	38 300
宣传费	15 100
管理费用	47 500
总计	726 900

要求：

（1）参考表 10-7，编制年度的弹性预算业绩报告，同时列示支出差异及作业量差异。

（2）如果你是剧院的董事会成员，你会对年度内成本控制的程度感到满意吗？为什么会？或者为什么不会？

（3）成本公式为每部作品的平均成本和每场演出的平均成本提供了数字。你认为用这些数字来预测新作品的成本或某一特定作品的额外表演成本，准确性如何？

标准成本和差异

商业聚焦

管理材料和人工

施耐德电气（Schneider Electric）位于俄亥俄州牛津市的工厂生产母线槽，可以将电力从任何一个入口传输到相距遥远的整幢建筑的每一个角落。该工厂管理者非常关注直接材料成本，因为它占工厂制造费用总额的一半以上。为了帮助控制铜、铁和铝等直接材料的报废率，会计部门编制了直接材料用量差异。该差异用于比较生产产品直接材料的实际用量与标准用量。了解该差异有助于发现和处理报废过多的原因，如操作员工培训不足、原材料质量不合格以及机器故障。

由于直接人工也是工厂制造费用的重要组成部分，因此管理者每天都要监督直接人工效率差异。该差异用于比较实际工时和允许标准工时。当员工闲置导致不利的人工效率差异时，管理者会将这些员工调至较为忙碌的部门。

资料来源：Author's conversation with Doug Taylor, plant controller, Schneider Electric's Oxford, Ohio, plant.

学习目标

1. 计算直接材料价格差异、直接材料用量差异，并说明其重要性。
2. 计算直接人工工资率差异、直接人工效率差异，并说明其重要性。
3. 计算变动制造费用分配率差异、变动制造费用效率差异，并说明其重要性。
4. 计算并解释固定制造费用预算差异、固定制造费用产量差异（附录11A）。
5. 运用标准成本系统编制利润表（附录11B）。

在上一章中我们介绍了弹性预算差异，为组织预算执行情况提供了反馈信息。作业量水平变化的影响反映在经营净利润作业差异中，收入和支出差异反映了在既定作业下收入和成本是如何被控制的。然而，对于支出差异，我们总是想了解更多有关如何进行成本控制的细节。例如，瑞克美发店（Rick's Hairstyling）在美发用品方面有不利支出差异，可能是美发用品太多或对美发用品支出太多，也可能是两种皆有。在这一章中我们将学习使用标准成本，从而将支出差异分解为两个部分：一部分衡量如何控制资源价格，另一部分衡量如何有效使用这些资源。

11.1 标准成本的制定

标准是衡量业绩的尺度。标准无处不在。像风驰通（Firestone）和塞萨尔（Sear）这样的汽车服务中心，经常为特定作业制定具体的人工工时耗用量标准，然后对比上述标准衡量实际人工工时耗用量。

像麦当劳（McDonald's）和赛百味（Subway）这样的快餐店为三明治中肉的用量和肉的成本制定了标准。你的医生用年龄、身高和性别来评价你的体重。我们居住的房屋需符合建筑规范中制定的标准。

在管理会计中也广泛使用各种标准，它与生产商品或提供劳务的投入用量和价格有关。用量标准是确定生产单位商品或提供单位劳务应当耗用量。价格标准是确定单位耗用量应当支付的价格。如果耗用量或价格与标准产生差异，管理者需调查差异以找到产生差异的原因并消除差异。

下面我们将会说明一家公司如何为直接材料、直接人工和变动制造费用制定标准，同时我们也会讨论如何计算差异和管理经营活动。

管理会计实践 11-1

克罗尼尔锡器公司：标准成本系统（一）

克罗尼尔锡器公司（Colonial Pewter Company）仅生产一种产品——18世纪锡雕像的复制品。锡雕像由传统工具手工制作，所以，制造过程劳动密集且需要较高的技巧。

最近，为了满足将锡雕像作为礼物的意外需求，克罗尼尔锡器公司一直在增加员工。公司起初有一些经验丰富的员工，但是不得不聘用一些经验不足的员工。公司董事长瑞斯顿（J.D. Wriston）召集了一场生产问题讨论会，参会的有生产经理汤姆（Tom）、采购经理珍妮特（Janet）和财务主管特里（Terry）。

瑞斯顿：我感觉我们好像没有从新员工处得到该有的产出。

汤姆：给我们一个机会，他们中的一些人在公司工作还没有超过一个月。

珍妮特：现在生产中存在大量的材料浪费，特别是锡，这种材料是很贵的。

汤姆：导致我们浪费的主要原因是你与你采购的那些含有铁杂质的劣质锡。

珍妮特：我怎么知道它们是劣质的，而且那是一笔很大的买卖。

瑞斯顿：各位冷静一下，让我们在指责彼此之前先了解一下事实。

汤姆：我同意。事实越多越好。

瑞斯顿：特里，你来说，事实真相应该由财务部门提供。

特里：可能我不能提供答案，但是，给我一周的时间我可以建立一个系统，该系统可以回答员工产出、材料浪费和投入价格的问题。

瑞斯顿：好，让我们拭目以待。

11.1.1 直接材料标准成本的制定

特里的首要任务是为公司唯一的重要原材料锡锭制定用量和价格标准。**每单位直接材料标准用量**（standard quantity per unit）是指生产单位产品应当耗用的直接材料数量，包括生产中发生的废品等损失消耗。⊖ 与生产经理汤姆商议后，特里将每单位直接材料标准用量制定为3磅/件。

每单位标准价格（standard price per unit）是指每单位直接材料应当支付的价格，反映最终交付成本。与采购经理珍妮特商议后，特里将每单位标准价格制定为4.00美元/磅。

每单位直接材料标准用量和每单位标准价格确定后，每件产品直接材料的标准成本为：

$$3 磅/件 \times 4.00 美元/磅 = 12.00 美元/件$$

⊖ 公司在制定材料用量标准时，会考虑到生产中正常发生的废品、残料和次品等损失消耗，相对摆脱了"理想主义"而具有"现实意义"，但这种做法也时常遭到质疑，因为它与众多过程改进计划的基础——零缺陷的目标相矛盾。如果将这些损失消耗纳入材料用量标准，应定期进行审查并逐期缩减，从而体现出工艺的改进、培训的加强以及设备的更新。

| 商业实战 11-1 |　　　眼光敏锐的顾客希望更多地了解他们所吃的食物

我们很容易得出这样的结论：制造商永远都在追求降低单位产品的原材料标准成本。然而，在食品行业情况并非如此，许多消费者要求更多地了解他们的食物中含有什么、是如何生产的以及来自于哪里。事实上，消费者通常愿意为有机和可持续种植的食物支付额外的费用，这实际上可能会使制造商的生产成本更高。

为了更好地向有健康意识和环保意识的消费者宣传，好时公司（Hershey Company）采用了新的"智能标签"，增加了其产品的营养信息。现在，家乐氏公司（Kellogg Co.）和通用磨坊公司（General Mills Inc.）的网站上都有种植小麦和燕麦的农民的名字和简介。

资料来源：Brat, Ilan and Annie Gasparro. "Companies Step Up Efforts to Reveal More Details on Food You Eat," *The Wall Street Journal*, March 13, 2016.

11.1.2　直接人工标准成本的制定

直接人工标准用量和标准价格通常以人工工时耗用量和工资率表示。**每单位标准工时**（standard hours per unit）是指生产单位产品应当耗用的工作时间。制定该标准的一种方法是工业工程师对时间和操作进行调查研究，确定流程中每项作业的实际耗时。本章我们将假定使用的是努力可实现的人工标准而不是理想标准，理想标准是以最熟练和有效的生产工人在百分之百努力工作状态下耗用的工时。所以，通过与生产经理商议并考虑间歇、生产工人个人需要、清理和机器停工等时间，特里将每单位标准工时制定为 0.50 小时 / 件。

每单位标准工资率（standard rate per hour）是指公司预期工资率，包括为员工支付的税费和额外福利等。通过使用工资记录和与生产经理商议后，特里将每单位标准工资率制定为 22.00 美元 / 小时。该标准反映了公司期望的综合性结果，无论实际工资率是否因生产工人不同的技术或级别而发生变动。

一旦特里确定了每单位标准工时和每单位标准工资率，他就可以计算每件产品的直接人工标准成本：

$$0.50 \text{ 小时 / 件} \times 22.00 \text{ 美元 / 小时} = 11.00 \text{ 美元 / 件}$$

11.1.3　变动制造费用标准成本的制定

和直接人工类似，变动制造费用的标准用量和标准价格通常以用量和分配率来表示。变动制造费用标准用量用基于公司预计制造费用分配率计算的单位产品生产工时表示。在克罗尼尔锡器公司中，假定使用直接人工工时作为预计制造费用分配率。所以，变动制造费用标准用量与每单位标准工时相同，仍为 0.50 小时 / 件。

分配率标准等于预计制造费用分配率的变动部分，是公司期望的对变动制造费用的预期支出。在克罗尼尔锡器公司，预计制造费用分配率的变动部分为 6.00 美元 / 小时。所以，产品变动制造费用的标准成本为：

$$0.50 \text{ 小时 / 件} \times 6.00 \text{ 美元 / 小时} = 3.00 \text{ 美元 / 件}$$

上述标准成本如表 11-1 标准成本卡所示。**标准成本卡**（standard cost card）是指生产单位产品需投入的用量（或工时）标准和价格（或工资率）标准。以上 3 种变动制造费用**每单位标准成本**（standard cost per unit）的计算方式相同，即用量（或工时）标准乘以价格（或工资率）标准。

表 11-1　标准成本卡

投入	（1）用量或工时标准	（2）价格或工资率标准	标准成本（1）×（2）
直接材料	3.0 磅 / 件	4.00 美元 / 磅	12.00 美元 / 件
直接人工	0.50 小时 / 件	22.00 美元 / 小时	11.00 美元 / 件
变动制造费用	0.50 小时 / 件	6.00 美元 / 小时	3.00 美元 / 件
单位产品总标准成本			26.00 美元 / 件

11.1.4　弹性预算中标准的使用

特里编制标准成本卡后，打算使用上述信息计算直接材料、直接人工和变动制造费用成本差异。所以，收集的 6 月数据如下所示。

6 月计划产量	2 100 件
6 月实际产量	2 000 件
6 月实际直接材料成本①	24 700 美元
6 月实际直接人工成本	22 680 美元
6 月实际变动制造费用	7 140 美元

①6 月没有期初或期末原材料；所有已购材料均被耗用。

根据上述数据及表 11-1 中的标准成本数据，特里计算出支出差异和作业量差异，并列示于表 11-2 中。其中的实际结果和弹性预算均以实际产量 2 000 件为基础。

规划预算以计划产量 2 100 件为基础编制的。每件产品直接材料的标准成本为 12.00 美元 / 件、每件产品直接人工的标准成本为 11.00 美元 / 件、每件产品变动制造费用的标准成本为 3.00 美元 / 件，分别与实际产量 2 000 件相乘为弹性预算数额。

表 11-2 中支出差异由实际结果减去弹性预算而得。因为生产 2 000 件产品发生的实际成本大于标准成本，所以，3 种变动制造费用支出差异计算结果都为正值。实际成本大于标准成本记为不利差异（U），反之记为有利差异（F）。

表 11-2　克罗尼尔锡器公司 6 月弹性预算报告：变动制造费用　　　　　　　　（单位：美元）

	实际结果	支出差异	弹性预算	作业量差异	规划预算
产量（件）	**2 000**		**2 000**		**2 100**
直接材料（12.00 美元 / 件）	24 700	**700** 不利	24 000	1 200 有利	25 200
直接人工（**11.00 美元 / 件**）	22 680	680 不利	**22 000**	1 100 有利	**23 100**
变动制造费用（3.00 美元 / 件）	7 140	1 140 不利	6 000	300 有利	6 300

表 11-2 中作业量差异由弹性预算数减去规划预算数得出。3 种变动制造费用计算结果均为负值，故记为有利差异（F）。实际产量的标准成本小于计划产量的标准成本记为有利差异（F），反之记为不利差异（U）。

虽然表 11-2 是有用的，但是若将支出差异分解为价格差异和用量差异将会更加有用。例如，表中直接材料支出差异为 700 美元不利差异，这意味着在当期实际生产水平下，相对于标准成本下的直接材料成本高出 700 美元。上述结果是由高于材料预期价格还是耗用过多材料引起的？下文标准成本差异将会给出答案。

11.2　标准成本差异分析的通用模型

标准成本差异分析将弹性预算中的支出差异分解为两个部分：一部分是支付投入的价格，另一部分是用于投入的数量。**价格差异**（price variance）是指实际价格与标准价格之差乘以实际产量下的投入用量而产生的差异。**用量差异**（quantity variance）是指实际产量下的实际用量与实际产量下的标准用量的差乘以标准价格而产生的差异。

为什么将标准成本差异分解为两个部分——价格差异和用量差异？因为价格差异和用量差异通常有不同的成因。此外，不同的管理者需要对其职责范围各负其责。以原材料为例，采购经理需对价格负责，生产经理需对用量负责。所以，将两种差异进行区分是极其重要的。

图 11-1 是将弹性预算中支出差异分解为价格差异和用量差异的通用模型。[○]第（1）列与表 11-2 中实际结果一致。第（3）列与表 11-2 中弹性预算一致。图 11-1 中的第（2）列可以将弹性预算中支出差异分解为价格差异和用量差异。

在图 11-1 中需注意以下 3 个方面。

首先，通过图 11-1 可以计算 3 种变动成本的价格差异和用量差异，但是名称不同。价格差异，对于直接材料，称为材料价格差异；对于直接人工，称为工资率差异；对于变动制造费用，称为变动制造费用分配率差异。用量差异，对于直接材料，称为材料用量差异；对于直接人工，称为人工效率差异；对于变动制造费用，称为变动制造费用效率差异。

其次，图中的 3 列均以当期实际产出为基础。弹性预算列［第（3）列］描述了当期实际产出下的标准成本。在图 11-1 中理解弹性预算列的关键是领会**允许标准用量**（SQ）。**允许标准用量**（standard quantity allowed）或**允许标准工时**（standard hours allowed），是指完成实际产量应当投入的用量或工时，它可以通过实际产量乘以单位标准用量（或工时）计算而得。前者用于计算直接材料差异，后者用于计算直接人工和变动制造费用差异。例如，如果一家公司当期实际产出 100 单位产品，产品的直接材料标准用量为 5 磅 / 单位，则当期实际产出下的标准用量为 500 磅（=100 单位 ×5 磅 / 单位）。如果该公司直接材料的标准成本为 2.00 美元 / 磅，弹性预算中总直接材料成本为 1 000 美元（=500 磅 ×2.00 美元 / 磅）。

最后，不管支出差异、价格差异和用量差异以何种方式命名，其计算方式相同。支出差异，即第（1）列的总成本减去第（3）列的总成本。价格差异，即第（1）列的总成本减去第（2）列的总成本。用量差异，即第（2）列的总成本减去第（3）列的总成本。在以上 3 种差异的计算中，正数记为不利差异，负数记为有利差异。不利价格差异表示投入的单位实际价格（AP）大于单位标准价格（SP）；有利价格差异表示投入的单位实际价格（AP）小于单位标准价格（SP）。其他同理。

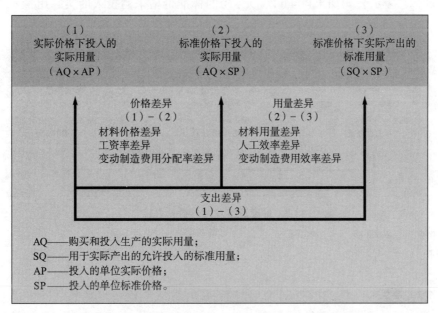

图 11-1　标准成本差异分析的通用模型：变动制造费用

以该通用模型为基础，我们可以计算克罗尼尔锡器公司的价格差异和用量差异。

○ 这个通用模型适用于计算直接人工差异和变动制造费用差异。但是对于直接材料差异，只有当实际采购的材料数量等于生产中实际使用的材料数量时才可以用该模型来计算。在后续章节中，我们将说明当二者不等时如何计算直接材料差异。

11.3 标准成本的应用：直接材料差异

确定了克罗尼尔锡器公司的直接材料、直接人工和变动制造费用后，特里下一步是计算公司6月的成本差异。如前文所述，成本差异就是实际成本与标准成本之差。表11-1中12.00美元的直接材料标准成本计算如下：

$$3.0\ 磅/件 \times 4.00\ 美元/磅 = 12.00\ 美元/件$$

克罗尼尔锡器公司6月记录显示采购6 500磅锡的实际价格是3.80美元/磅，总成本为24 700美元。其全部用于生产2 000件产品。⊖ 使用以上数据和表11-1中的标准成本，特里计算了材料价格差异和材料用量差异并列示于图11-2中。

注意，图11-2中差异以3个不同的总成本为基础：24 700美元、26 000美元和24 000美元。第一个成本数据24 700美元是采购锡的实际支付成本，第三个成本数据24 000美元是实际产出2 000件产品应该支付多少。标准成本为每件雕塑产品需要3磅锡，生产2 000件，则应该耗用6 000磅锡。如本章前文所述，即当期允许标准用量（SQ），计算如下：

$$允许标准用量 = 实际产出 \times 每单位标准用量$$

如果6 000磅锡以标准价格4.00美元/磅进行采购，那么公司需花费24 000美元。该花费会出现在公司6月的弹性预算中。24 700美元和24 000美元的差异即支出差异，为700美元不利差异。

不利差异是实际支出超过标准支出导致的，而且该支出差异与表11-2中直接材料支出差异一致。

图11-2中第二个总成本数据26 000美元是一个关键性数据，它使我们可以将支出差异分解为两个部分——价格和用量。它表示公司如果以4.00美元/磅的标准价格采购投入的实际用量6 500磅应该支付的价格。

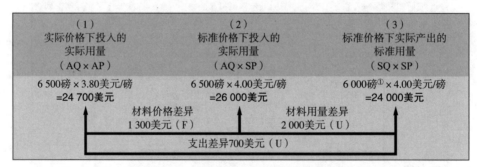

图 11-2　标准成本差异分析：直接材料

① 2 000 件 × 3.0 磅/件 = 6 000 磅。

注：F 为有利差异；U 为不利差异。

11.3.1 材料价格差异

使用图11-2中第（2）列的总成本26 000美元，可以进行两个对比：一个是与第（1）列的总成本24 700美元进行对比，另一个是与第（3）列的总成本24 000美元进行对比。24 700美元和26 000美元的差异是1 300美元的材料价格差异，为有利差异。**材料价格差异**（materials price variance）等于直接材料实际价格和标准价格之差与实际用量的乘积。

⊖ 在本章节中，我们假设期初与期末的原材料存货均为零，即原材料在采购当期就会被消耗。更普遍的情况是存在期初与期末的材料存货，也就是材料不一定会在采购当期就被使用，这种情况会在后续章节进行考虑。

为理解材料价格差异，需要注意，实际价格 3.80 美元比标准价格 4.00 美元低 0.20 美元，购买和投入生产的锡的用量是 6 500 磅，总差异为 1 300 美元（= 0.20 美元 / 磅 × 6 500 磅）。由于实际价格低于标准价格，所以是有利差异。反之同理。

通常，采购经理控制材料价格的支出并对材料价格差异负责。许多因素影响材料采购价格，包括采购材料的数量和质量、订单顺序、如何运抵、加急订单等。其中任一因素与制定的标准不同，都会产生材料价格差异。例如，由于二等材料成本低于一等材料成本，采购二等材料而不是一等材料会产生有利差异。但是，二等材料可能会引起生产上的问题。这再次强调了采购经理对材料价格差异的责任。再如，由于生产问题超出采购经理的控制，采购经理可能不得不采用快递送货。在这种情况下，生产经理应对材料价格差异负责。

| 商业实战 11-2 | 标准成本也适用于服务型公司

许多制造商使用标准成本系统，然而，服务型公司也可以使用价格和用量标准进行管理控制。例如，在美国餐馆里，一个汉堡的平均价格是 1.86 美元，其中牛肉饼 1.05 美元，小面包 0.52 美元，生菜 0.12 美元，西红柿 0.07 美元，洋葱、蛋黄酱、番茄酱和芥末酱 0.10 美元。

在麦当劳（McDonald's）、汉堡王（Burger King）、Five Guys 和 Steak'n Shake 等餐厅，经理可以使用价格和用量标准来控制原料成本。如果每个汉堡中平均使用的牛肉量超过了标准数量，从而减少了每个汉堡的利润，经理可以通过减少肉饼中的牛肉量来解决问题。相反，如果每个汉堡中使用的肉的平均量低于标准数量，从而导致顾客不满和销售损失，经理可以通过"增加"汉堡的尺寸来解决这个问题。

资料来源：Julie Jargon, "Diners Lose Taste for Pricey Burgers," *The Wall Street Journal*, June 1, 2017, pp. B1-B2.

11.3.2 材料用量差异

回顾图 11-2，第（2）列中 26 000 美元和第（3）列中 24 000 美元的差异是 2 000 美元的材料用量差异，是不利差异。**材料用量差异**（materials quantity variance）等于材料实际用量和材料标准用量之差与标准价格的乘积。材料实际用量大于（小于）材料标准数量时为不利（有利）差异。

为理解材料用量差异，需要注意，生产中锡的实际用量为 6 500 磅，但实际产出的标准用量为 6 000 磅。所以，实际生产中超量使用的锡是 500 磅。将它以金额项表示，即 500 磅乘以标准价格 4.00 美元 / 磅，得到不利材料用量差异 2 000 美元。为什么在计算过程中使用的是标准价格而不是实际价格？因为生产经理通常要对材料用量差异负责，如果使用实际价格，生产经理的业绩评估会受到采购经理的有效或无效行为的影响，这是不公平的。

有许多原因导致过量的材料使用，包括机器故障、材料质量差、未接受培训的员工和不良的监督等。通常，生产经理的责任是监督材料使用与标准一致。然而，可能有时需要采购经理对不利的材料用量差异负责。例如，如果采购经理以较低的价格购买劣等材料，材料可能不适用和产生浪费。所以，应该是采购经理而不是生产经理对材料用量差异负责。

图 11-2 中展示了使用通用模型计算的直接材料差异；直接材料差异也可以通过基本的数学等式来计算。表 11-3 描述了该种方法。

表 11-3 直接材料成本差异

材料价格差异
材料价格差异 =（AQ × AP）-（AQ × SP）
材料价格差异 = AQ（AP-SP）
材料价格差异 = 6 500 磅 ×（3.8 美元 / 磅 -4.00 美元 / 磅）
材料价格差异 = 1 300 美元 有利差异

材料用量差异
材料用量差异 =（AQ × SP）-（SQ × SP）
材料用量差异 = SP（AQ-SQ）
材料用量差异 = 4.00 美元 / 磅 ×（6 500 磅 -6 000 磅）
材料用量差异 = 2 000 美元 不利差异

式中　AQ——购买和投入生产的实际用量；

　　　SQ——用于实际产出的允许投入的标准用量；

　　　AP——投入的单位实际价格；

　　　SP——投入的单位标准价格。

11.4 标准成本的应用：直接人工差异

特里的下一步是计算 6 月克罗尼尔锡器公司的直接人工差异。回顾表 11-1 中每件产品直接人工标准成本 11.00 美元的计算如下：

$$0.5 \text{ 小时 / 件} \times 22.00 \text{ 美元 / 小时} = 11.00 \text{ 美元 / 件}$$

另外，克罗尼尔锡器公司 6 月记录显示实际直接人工工时为 1 050 小时。已知公司直接人工的总成本为 22 680 美元（包括税收和福利等），所以，平均实际工资率为 21.60 美元 / 小时（=22 680 美元 /1 050 小时）。使用以上数据和表 11-1 中的标准成本，特里计算的直接人工工资率和效率差异如图 11-3 所示。

除了图 11-3 中用人工工资率和人工效率代替价格和用量，图 11-3 的列标题与图 11-1 和图 11-2 中相同。

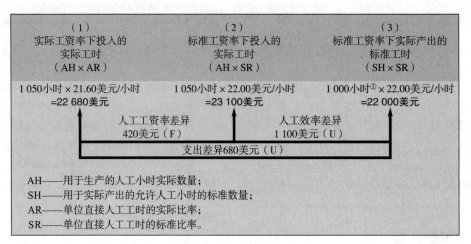

图 11-3 标准成本差异分析：直接人工

① 2 000 件 ×0.5 小时 / 件 =1 000 小时。

注：F 为有利差异；U 为不利差异。

11.4.1 人工工资率差异

使用图 11-3 中第（2）列的总成本数据 23 100 美元，可以进行两个对比：一个是与第（1）列中总成本 22 680 美元进行对比，另一个是与第（3）列总成本 22 000 美元进行对比。第（1）列 22 680 美元与第（2）列 23 100 美元的差异是 420 美元的人工工资率差异，为有利差异。**人工工资率差异**（labor rate variance）衡量实际工资率和标准工资率之差与当期人工工时的乘积。

为理解人工工资率差异，需要注意，实际工资率 21.60 美元比标准工资率 22.00 美元低 0.40 美元。由于实际工时为 1 050 小时，所以总差异是 420 美元（=0.40 美元 / 小时 ×1 050 工时）。因为实际工资率大于标准工资率，所以为有利差异。反之同理。

在大多数公司，工资率是可预测的。尽管如此，鉴于生产部门的不同经理使用不同的人工，工资率差异必然会产生，对熟练生产工人需要支付较高的工资率，而对没有什么技能的工人只需要支付较低的工资率。如果实际工资率超出标准工资率，会导致不利工资率差异。反之同理。但是，工资较低的生产工人工作可能是没有效率的，如果加班费被计入直接人工中，会产生不利人工工资率差异。

11.4.2 人工效率差异

回顾图 11-3，第（2）列 23 100 美元和第（3）列 22 000 美元的差异是人工效率差异，为 1 000 美元的不利差异。**人工效率差异**（labor efficiency variance）等于实际工时和标准工时之差与标准工资率的乘积。

为理解克罗尼尔锡器公司的人工效率差异，需要注意，用于生产的实际工时是 1 050 小时。但是，生产 2 000 件产品的标准工时是 1 000 小时，两者的差异为 50 小时。将它以金额项表示，50 小时乘标准工资率 22.00 美元 / 小时，得到人工效率差异为 1 100 美元的不利差异。

产生不利人工效率差异的原因，包括生产工人未受到较好培训或激励、劣等材料、超负荷的工作时间、设备故障、工作中断以及不良监督等。生产经理要对人工效率差异负责。但是，如果采购劣等材料导致超额工时，需要采购经理对其负责。

产生不利人工效率差异的另一个重要原因是公司产品的需求不足。一些公司的经理认为根据生产需要的用工数量不断调整聘用人工数量是困难的和不明智的。在一些公司，直接人工在短期运营活动中从本质上看是固定的。如果需求不足以使生产工人忙碌，生产工人又不会被解雇，反过来将会产生不利的人工效率差异。

| 商业实战 11-3 |　　　　　　　中国的劳动力成本优势正在缩小

多年来，联业集团（TAL Apparel）、蔻驰（Coach Inc.）和三星电子（Samsung Electronics）等制造商都将业务转移到中国，以降低单位劳动力成本。然而，随着中国每小时 3.27 美元平均劳动力成本的持续上升，许多制造商正在将业务迁往到越南和马来西亚等平均劳动力成本更低的国家。中国的珠江三角洲地区曾经是一个繁荣的制造业中心，现在在其中一个工业园区的废弃工厂和工人宿舍出现了出租的标志。

资料来源：Kathy Chu, "China Loses Edge on Labor Costs," *The Wall Street Journal*, December 3, 2015, pp. B1 and B4.

如果需求不足以使生产工人忙碌，工作中心经理有两个选择，或者接受不利的人工效率差异或者持有存货。精益生产的一个核心内容是，持有没有立即销售前景的存货是一个较差的策略。超额存货，尤其是在产品存货会导致高废品率、货物积压和无效运营，所以，当在短期内劳动力是固定的情况下，经理会谨慎处理人工效率差异。一些专家提倡在一些情况下消除人工效率差异，至少可以达到在车间里激励和管控生产工人的目的。

在图 11-3 中，直接人工成本差异也可以通过数学等式来取代通用模型计算。计算过程如表 11-4 所示。

表 11-4　直接人工成本差异

人工工资率差异
人工工资率差异 =（AH × AR）–（AH × SR）
工资率差异 = AH（AR–SR）
人工工资率差异 = 1 050 小时 ×（21.60 美元 / 小时 –22 美元 / 小时）
工资率差异 = 420 美元有利差异
人工效率差异
人工效率差异 =（AH × SR）–（SH × SR）
人工效率差异 = SR（AH–SH）
人工效率差异 = 22.00 美元 / 小时 ×（1 050 小时 –1 000 小时）
人工效率差异 = 1 100 美元不利差异

式中　AH——用于生产的人工小时实际数量；

　　　SH——用于实际产出的允许人工小时的标准数量；

　　　AR——单位直接人工工时的实际比率；

　　　SR——单位直接人工工时的标准比率。

11.5 标准成本的应用：变动制造费用成本差异

特里分析克罗尼尔锡器公司 6 月成本差异的最后一步是计算变动制造费用成本差异。变动制造费用成本差异可以使用与直接材料和直接人工相同的公式来分析。回顾表 11-1，变动制造费用标准为 3.00 美元 / 件，计算如下：

$$0.50 \text{ 小时 / 件} \times 6.00 \text{ 美元 / 小时} = 3.00 \text{ 美元 / 件}$$

同时回顾克罗尼尔锡器公司的成本记录，其中 6 月变动制造费用总额为 7 140 美元，直接人工工时为 1 050 小时。变动制造费用分析如图 11-4 所示。

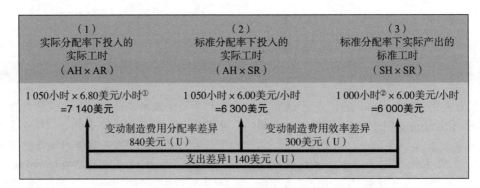

图 11-4 标准成本差异分析：变动制造费用

① 7 140 美元 ÷ 1 050 小时 = 6.80 美元 / 小时。
② 2 000 件 × 0.5 小时 / 件 = 1 000 小时。
注：F 为有利差异；U 为不利差异。

请注意，图 11-3 与图 11-4 有相似之处。直接人工工时耗用量是分配制造费用的基础；所以，在图 11-3 和图 11-4 中出现相同的直接人工工时数据。两图的区别在于工资率和分配率，与直接人工工资率相比，变动制造费用的分配率要低得多。

变动制造费用分配率和效率差异

使用图 11-4 中第（2）列的总成本数据 6 300 美元，可以进行两个对比：一个是与第（1）列中总成本 7 140 美元进行对比，另一个是与第（3）列总成本 6 000 美元进行对比。7 140 美元和 6 300 美元的差异是 840 美元的变动制造费用分配率差异，为不利差异。**变动制造费用分配率差异**（variable overhead rate variance）是当期发生的实际变动制造费用与标准变动制造费用的差异。6 300 美元和 6 000 美元的差异是 300 美元的变动制造费用效率差异，为不利差异。**变动制造费用效率差异**（variable overhead efficiency variance）是实际作业水平和标准作业水平之差与预计制造费用分配率的变动部分的乘积。

为理解克罗尼尔锡器公司变动制造费用效率差异，需要注意，人工工时的实际耗用量为 1 050 小时。但是人工工时的标准耗用量为 1 000 小时。所以，该公司超额使用工时 50 小时。将其以金额项表示，50 小时乘以预计制造费用分配率的变动部分 6.00 美元 / 小时得出不利变动制造费用效率差异 300 美元。

变动制造费用差异的解释不像直接材料和直接人工成本差异那样清晰。除了分配率将变动制造费用成本差异化为金额项外，变动制造费用效率差异与直接人工效率差异相同。在以上两个案例中，成本差异都是实际工时与允许标准工时的差额。在直接人工效率差异案例中，该成本差异需再乘以标准工资率。在变动制造费用效率差异案例中，该差异需再乘以预计制造费用分配率的变动部分。所以，当直接人工工时耗用量被用于分配制造费用时，无论直接人工效率差异是否有利，变动制造费用效率差异都将是有利的。并且，无论直接人工效率差异是否不利，变动制造费用效率差异都将是不利的。变动制造费用效率差异无法告诉我们制造费用资源是否有效，因为它仅仅取决于直接人工是否有效。

变动制造费用成本差异也可以使用数学等式取代如图 11-4 所示的通用模型来计算。表 11-5 列示了克罗尼尔锡器公司使用这种方法计算变动制造费用成本差异的过程。

表 11-5　变动制造费用成本差异

变动制造费用分配率差异
变动制造费用分配率差异 =（AH×AR）-（AH×SR）
变动制造费用分配率差异 = AH（AR-SR）
变动制造费用分配率差异 = 1 050 小时 ×（6.80 美元 / 小时 -6.00 美元 / 小时）
变动制造费用分配率差异 = 840 美元（不利）

变动制造费用效率差异
变动制造费用效率差异 =（AH×SR）-（SH×SR）
变动制造费用效率差异 = SR（AH-SH）
变动制造费用效率差异 = 6.00 美元 / 小时 ×（1 050 小时 -1 000 小时）
变动制造费用效率差异 = 300 美元（不利）

式中　AH——用于生产的人工小时实际数量；
　　　SH——用于实际产出的允许人工小时的标准数量；
　　　AR——单位人工工时的实际比率；
　　　SR——单位人工工时的标准比率（预计制造费用分配率的变动部分）。

特里为准备克罗尼尔锡器公司标准成本和差异的预定会议，将制造费用成本差异总结如下。

材料价格差异	1 300 美元有利
材料用量差异	2 000 美元不利
人工工资率差异	420 美元有利
人工效率差异	1 100 美元不利
变动制造费用分配率差异	840 美元不利
变动制造费用效率差异	300 美元不利
差异总额	2 520 美元不利

· · · · · · · · · · · · · · · · · · · ·

管理会计实践 11-2

克罗尼尔锡器公司：标准成本系统（二）

特里把这些结果分发给克罗尼尔锡器公司的管理层，包括公司董事长瑞斯顿、生产经理汤姆和采购经理珍妮特。瑞斯顿在会议上提出如下问题。

瑞斯顿：特里，我认为我理解你做的，但是为了确定，你可以总结一下你发现的重点问题吗？

特里：最大的问题是 2 000 美元的不利材料用量差异和 1 100 美元的不利人工效率差异。

瑞斯顿：汤姆，作为生产经理，你认为是什么导致了不利的人工效率差异？

汤姆：因为有新的员工。我们经验丰富的员工满足标准应该没有太大的问题。我们都知道新员工的效率暂时较低。对于这个问题我的解决方案是让新员工与老员工一起工作，虽然可能会降低老员工的工作效率，但是我相信不利差异将会消除，同时我们的新员工将会学到很多东西。

瑞斯顿：听起来不错。那么 2 000 美元的不利材料用量差异呢？

特里：汤姆，是新员工会产生大量的废料吧？

汤姆：是的，我猜是这样的。

瑞斯顿：我认为这可能是问题的一部分，你可以做些什么吗？

汤姆：我可以密切关注废料，看废料在哪里产生。如果是新员工产生的，我可以让老员工和他们一起解决问题。

瑞斯顿：珍妮特，如果材料价格 1 300 美元的有利差异是由于材料用量的不利差异和人工效率的不利差异所做出的贡献，那么这 1 300 美元的有利材料价格差异对我们没有意义。我们应该确保我们采购的原材料符合我们的质量标准。

珍妮特：好的。

瑞斯顿：在几周内我们将再开会，看看发生了什么。我希望能使不利差异得到控制。

11.6 材料差异中一个重要的细节

大多数公司使用已购材料数量计算材料价格差异，用投入生产的材料用量计算材料用量差异。这样计算的原因有二：一是将价格差异计算推迟至材料使用，这将导致差异报告的不及时；二是购买材料时计算价格差异使材料以其标准成本计入存货账户中，这将极大地简化记账工作。

当我们计算图 11-2 中克罗尼尔锡器公司的材料价格差异和用量差异时，假定购买和投入生产的材料为 6 500 磅。但是，对一个公司来说，材料的购买数量和投入数量通常是不同的。当出现上述情况时，使用已购买材料数量计算材料价格差异，使用投入生产的材料用量计算材料用量差异。

为阐述上述情况，先假定 6 月克罗尼尔锡器公司以 3.80 美元 / 磅的价格购买 7 000 磅材料，代替前文所述 6 500 磅。同时，假定公司投入生产的材料仍为 6 500 磅，标准价格为 4.00 美元 / 磅。

给定上述假设，图 11-5 为材料价格差异和材料用量差异的计算过程。注意，使用已购材料数量计算材料价格差异，使用投入生产的材料用量计算材料用量差异。由于这个原因，图 11-5 第（2）列包含两个不同的总成本。当计算材料价格差异时，总成本为第（2）列的 28 000 美元，是以标准价格评估的采购成本。当计算材料用量差异时，总成本为第（2）列的 26 000 美元是以标准价格评估的实际使用成本。

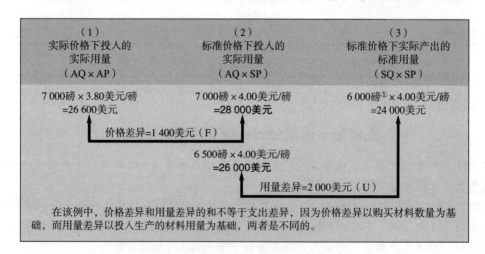

图 11-5　标准成本差异分析：直接材料

① 2 000 件 × 3.0 磅 / 件 = 6 000 磅。

注：F 为有利差异；U 为不利差异。

图 11-5 表明价格差异以购买材料数量 7 000 磅计算，用量差异以投入生产材料数量 6 500 磅计算。那么，当期采购了但是没有投入生产的 500 磅材料如何处理呢？如果这些材料用在未来期间，将用于计算用量差异；

如果这些材料最终投入生产，则不能用于计算价格差异，因为价格差异是在材料购买时才计算的。

因为材料价格差异是依据使用已购买材料数量计算，材料用量差异是依据投入生产的材料用量计算，这两种差异不能简单加总计入弹性预算的支出差异中。同样，图 11-5 中的成本差异也可以通过数学等式来计算，见表 11-6。图 11-5 和表 11-6 中的方法通常也常用于计算直接材料差异。但是，图 11-2 和表 11-3 只能用于计算材料购买数量等于投入生产用量的特殊情况。

表 11-6　直接材料差异

材料价格差异
材料价格差异 =（AQ×AP）-（AQ×SP）
材料价格差异 = AQ（AP-SP）
材料价格差异 = 7 000 磅 ×（3.80 美元 / 磅 -4.00 美元 / 磅）
材料价格差异 = 1 400 美元（有利）

式中　AQ——投入采购的实际数量；
　　　AP——投入的单位实际价格；
　　　SP——投入的单位标准价格。

材料用量差异
材料用量差异 =（AQ×SP）-（SQ×SP）
材料用量差异 = SP（AQ-SQ）
材料用量差异 = 4.00 美元 / 磅 ×（6 500 磅 -6 000 磅）
材料用量差异 = 2 000 美元（不利）

式中　AQ——用于生产投入的实际数量；
　　　SQ——用于实际产出的允许投入的标准数量；
　　　SP——投入的单位标准价格。

11.7　标准成本：管理的含义

11.7.1　标准成本的优点

标准成本具有以下优点。

（1）标准成本是例外管理的一个关键要素（例外管理的定义已在前面章节中介绍）。如果成本符合标准，管理者可以专注于其他问题。当成本大大超出标准的时候，管理者就应对需要注意的现存问题加以警惕，该例外管理方法帮助管理者专注于重要的问题。

（2）员工认为合理的标准可以促进经济和效率。每名员工可以用该标准作为标杆来衡量自己的业绩情况。

（3）标准成本大大简化了记账工作，用于直接材料、直接人工和制造费用的标准成本可以取代每批的实际成本记录。

（4）标准成本与责任会计系统相适应，标准成本帮助我们明确了应该怎样建立成本、谁应该对它负责以及实际成本是否可控等问题。

11.7.2　标准成本的潜在问题

标准成本使用不当可能会产生如下潜在问题。

（1）标准成本差异报告通常是按月编制的，通常在月末后几天或几周内公布。相应地，报告中的信息可能会因为过时而导致几乎无用。及时的、近似准确的报告要好于精确的但过时的报告。所以，现在一些公司每天或者更频繁地报告差异情况和其他重要运营数据。

（2）如果管理者只根据差异情况来指责和惩罚下属，下属的工作士气可能会受挫。此外，下属可能会试图掩盖不利的成本差异或采取不符合公司最佳利益的行为，以确保差异是有利的。

（3）人工工时标准和效率差异有两个重要的假定：一是假定生产过程与人工速度一致，如果人工的速度快，产出就会上升。但是，许多公司的产出并不是由员工工作有多快决定的，而是由机器运转速度决定的。二是假定人工是变动成本。但是，直接人工可能通常是固定成本。如果劳动力是固定的，那么过分强调劳动效率差异会产生压力从而带来超额存货。

（4）在一些情况下，有利差异可能会比不利差异更糟。例如，哈迪斯（Hardee's）的巨无霸汉堡中肉的用量标准，有利差异意味着使用比标准较少的肉，结果会是不合格的巨无霸汉堡和可能使顾客不满意。

（5）过于重视标准可能会掩盖其他重要目标。例如，维持和改善质量、及时交付和客户满意度，可以通过关注其他目标的补充绩效来降低过于重视标准的倾向。

（6）仅仅满足标准是不够的，因为公司需要持续改善来保持竞争力。所以，一些公司在它们的成本差异中关注的目标是持续改善而不是满足标准。在其他公司，工程标准将会由实际成本的滚动平均或者由非常具有挑战性的目标成本所取代。

总之，管理者使用标准成本系统时应全面考量。重要的是，管理者要跳出自己的思维模式，专注于积极的，而不是消极的方面，并意识到可能产生的意想不到的后果。

| 商业实战 11-4 |　　　　标准成本系统在土耳其汽车行业的应用

土耳其汽车行业的调研结果表明，在所调研的公司中有 74% 的公司使用标准成本，其中 55% 以历史平均业绩作为标准成本的基础，24% 以最高效业绩作为标准成本的基础，21% 的公司设定了可实现但难以实现的标准。70% 的公司仅对超过 1 美元或百分比最小的差异进行调查分析，27% 的公司依赖于统计控制图表，以确定哪些差异需要进一步关注。

资料来源：A. Cemkut Badem, Emre Ergin, and Colin Drury, "Is Standard Costing Still Used? Evidence from Turkish Automotive Industry," *International Business Research*, Vol. 6, No. 7, 2013, pp. 79-90.

本章小结

标准是一种衡量业绩的基准。它是为生产商品和提供劳务需要投入的用量和成本所制定的。标准用量表示在生产商品和提供劳务时耗用的人工时间、原材料等投入应该是多少。标准成本表示单位投入应当耗用的成本是多少。

实际与标准之差，即差异。差异以标准格式计算和报告，向管理者反映直接材料、直接人工和变动制造费用的用量差异和价格差异情况。价格差异是实际价格和标准价格之差与投入用量的乘积。用量差异是实际用量和标准用量之差与标准价格的乘积。

标准成本系统有很多优点，如支持管理、简化记账、提供员工绩效基准等。但是，它也存在缺点。例如，使员工为迎合有利差异做出错误决定，不能充分接受持续改进中的思维方式等。

传统的标准成本差异报告通常补充其他绩效，以确保过分强调标准成本差异时不会导致其他关键领域的问题，如产品质量、库存水平和准时交付。

复习题：标准成本

泽维尔公司（Xavier Company）仅生产一种产品。以直接人工工时为基础分配变动制造费用。单位产品标准成本卡如下所示。

投入	用量或工时标准	价格或工资率标准	标准成本
直接材料	6 盎司	0.50 美元 / 盎司	3.00 美元
直接人工	0.6 小时	30.00 美元 / 小时	18.00 美元
变动制造费用	0.6 小时	10.00 美元 / 小时	6.00 美元
单位产品总标准成本			27.00 美元

6 月，泽维尔公司生产 2 000 单位产品，相关数据如下所示。

材料采购：以 0.60 美元 / 盎司的价格采购 18 000 盎司	10 800 美元
投入生产的材料：14 000 盎司	—
直接人工：30.50 美元 / 小时，耗用 1 100 小时	33 550 美元
变动制造费用	12 980 美元

要求：

分别计算直接材料、直接人工和变动制造费用的差异。

复习题答案：

使用公式，差异计算如下所示：

材料价格差异 $= (AQ \times AP) - (AQ \times SP)$
$= AQ \times (AP-SP)$
$= 18\,000$ 盎司 $\times (0.60$ 美元 / 盎司 -0.50 美元 / 盎司$)$
$= 1\,800$ 美元（U）

材料用量差异 $= (AQ \times SP) - (SQ \times SP)$
$= SP \times (AQ-SQ)$
$= 0.50$ 美元 / 盎司 $\times (14\,000$ 盎司 $-12\,000$ 盎司$)$
$= 1\,000$ 美元（U）

直接材料差异

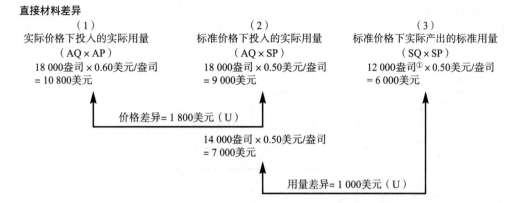

|（1）
实际价格下投入的实际用量
（AQ×AP）
18 000盎司×0.60美元/盎司
=10 800美元 | （2）
标准价格下投入的实际用量
（AQ×SP）
18 000盎司×0.50美元/盎司
=9 000美元 | （3）
标准价格下实际产出的标准用量
（SQ×SP）
12 000盎司①×0.50美元/盎司
=6 000美元 |

价格差异=1 800美元（U）

14 000盎司×0.50美元/盎司
=7 000美元

用量差异=1 000美元（U）

① 2 000单位×6盎司/单位=12 000盎司。
注：F为有利差异；U为不利差异。

使用公式，差异计算如下所示：

$$人工工资率差异=(AH×AR)-(AH×SR)$$
$$=AH(AR-SR)$$
$$=1\ 100\ 小时×(30.50\ 美元/小时-30.00\ 美元/小时)$$
$$=550\ 美元（U）$$

$$人工效率差异=(AH×SR)-(SH×SR)$$
$$=SR(AH-SH)$$
$$=30.00\ 美元/小时×(1\ 100\ 小时-1\ 200\ 小时)$$
$$=3\ 000\ 美元（F）$$

直接人工差异

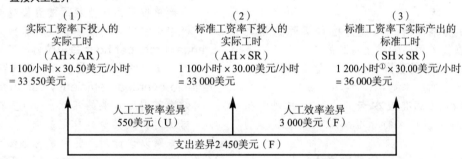

|（1）
实际工资率下投入的
实际工时
（AH×AR）
1 100小时×30.50美元/小时
=33 550美元 | （2）
标准工资率下投入的
实际工时
（AH×SR）
1 100小时×30.00美元/小时
=33 000美元 | （3）
标准工资率下实际产出的
标准工时
（SH×SR）
1 200小时①×30.00美元/小时
=36 000美元 |

人工工资率差异
550美元（U）　　　　人工效率差异
3 000美元（F）

支出差异2 450美元（F）

① 2 000单位×0.6小时/单位=1 200小时。
注：F为有利差异；U为不利差异。

使用公式计算下列差异：

$$变动制造费用分配率差异=(AH×AR)-(AH×SR)$$
$$=AH(AR-SR)$$
$$=1\ 100\ 小时×(11.80\ 美元/小时-10.00\ 美元/小时)$$
$$=1\ 980\ 美元（U）$$

$$变动制造费用效率差异=(AH×SR)-(SH×SR)$$
$$=SR(AH-SH)$$
$$=10.00\ 美元/小时×(1\ 100\ 小时-1\ 200\ 小时)$$
$$=1\ 000\ 美元（F）$$

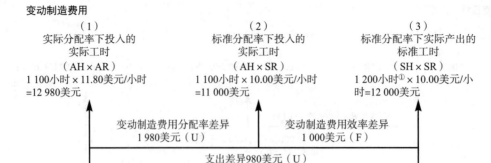

变动制造费用

（1）	（2）	（3）
实际分配率下投入的 实际工时	标准分配率下投入的 实际工时	标准分配率下实际产出的 标准工时
（AH×AR）	（AH×SR）	（SH×SR）
1 100小时×11.80美元/小时 =12 980美元	1 100小时×10.00美元/小时 =11 000美元	1 200小时①×10.00美元/小 时=12 000美元

变动制造费用分配率差异　　　变动制造费用效率差异
　　1 980美元（U）　　　　　　　1 000美元（F）

支出差异980美元（U）

① 2 000单位×0.6小时/单位=1 200小时。

注：F为有利差异；U为不利差异。

术语表

Labor efficiency variance 人工效率差异　实际直接人工工时与标准直接人工标准工时之差，再乘以标准工资率得到的值。

Labor rate variance 人工工资率差异　实际直接人工工资率与标准直接人工工资率之差，再乘以实际工时得到的值。

Materials price variance 材料价格差异　实际材料单价与标准材料单价之差，再乘以实际购买的材料数量得出的值。

Materials quantity variance 材料用量差异　实际材料用量和标准材料用量之差，再乘以标准价格得出的值。

Price variance 价格差异　标准价格和实际价格之差，再乘以投入的实际用量得到的值。

Quantity variance 用量差异　实际用量与标准用量不一致而产生的成本差异。

Standard cost card 标准成本卡　一张详细列示生产一个产品应该投入的标准成本和标准数量的卡片。

Standard cost per unit 每单位标准成本　每单位特定产品投入的允许标准数量，再乘以该投入的标准价格。

Standard hours allowed 允许标准工时　完成该期间实际产出所应该耗用的时间，等于生产的实际数量乘以标准单位人工工时。

Standard hours per unit 每单位标准工时　生产单位产品应该耗用的直接人工时间，包括休息时间、机器停机、清理以及其他正常的无效时间。

Standard price per unit 每单位标准价格　每单位直接材料应当支付的价格，反映最终交付成本。

Standard quantity allowed 允许标准用量　完成期间实际产出应该使用的直接材料数量，等于生产的实际数量乘以标准单位材料数量。

Standard quantity per unit 每单位直接材料标准用量　生产单位产品应当耗用的直接材料数量，包括生产中正常发生的废品、残料等损失消耗。

Standard rate per hour 每单位标准工资率　每小时人工应发生的人工工资率，包括税费和额外福利。

Variable overhead efficiency variance 变动制造费用效率差异　作业的实际水平（直接人工工时、机器工时，或其他的分配基础）与允许的标准作业之差乘以预计制造费用率的变动部分。

Variable overhead rate variance 变动制造费用分配率差异　在一个期间发生的实际变动制造费用和基于该期间实际作业应该发生的标准变动制造费用之间的差异。

思考题

1. 什么是用量标准？什么是价格标准？

2. 为什么要分别计算价格差异和用量差异？

3. 通常情况下，谁需要对材料价格差异、材料用量差异、人工效率差异负责？

4. 材料价格差异可以在哪两个不同的时间点计算，哪个更好，为什么？

5. 如果材料价格差异是有利的，材料用量差异是不利的，可能说明了什么？

6. 标准是用于判断应将问题归咎于谁吗？

7. "我们员工都是签有劳动合同的，所以，人工工资率差异为零。"讨论这种说法是否正确。

8. 劣等材料对直接人工差异会有什么影响？

9. 如果以直接人工工时为基础,将变动制造费用分配到产品,并且直接人工效率差异是不利,变动制造费用效率差异是有利差异还是不利差异?请说明理由。

10. 为什么过分强调人工效率差异导致了过量的在产品存货?

基础练习

普雷布公司(Preble Company)生产一种产品,其变动制造费用基于直接工时进行分配,其单位标准成本卡如下。

投入	用量或工时标准	价格或工资率标准	标准成本
直接材料	5 磅	8.00 美元 / 磅	40.00 美元
直接人工	2 小时	14 美元 / 小时	28.00 美元
变动制造费用	2 小时	5 美元 / 小时	10.00 美元
单位产品总标准成本			78.00 美元

3 月的规划预算为生产和销售 25 000 件产品。然而,在 3 月,公司实际生产和销售了 30 000 件产品,产生了以下成本:

a. 以每磅 7.5 美元的价格购买了 160 000 磅原材料,所有材料都用于生产。

b. 直接劳动者以每小时 15 美元的人工工资率工作了 55 000 小时。

c. 当月的变动制造费用总额为 280 500 美元。

要求:

(1)公司 3 月的规划预算中原材料成本是多少?

(2)公司 3 月的弹性预算中原材料成本是多少?

(3)3 月的材料价格差异是多少?

(4)3 月的材料用量差异是多少?

(5)如果普雷布公司以 7.50 美元 / 磅的价格购买了 170 000 磅的材料,并在生产中使用了 160 000 磅,那么 3 月的材料价格差异是多少?

(6)如果普雷布公司以 7.50 美元 / 磅的价格购买了 170 000 磅的材料,并在生产中使用了 160 000 磅,那么 3 月的材料用量差异是多少?

(7)公司 3 月的规划预算中直接人工成本是多少?

(8)公司 3 月的弹性预算中直接人工成本是多少?

(9)3 月的人工工资率差异是多少?

(10)3 月的人工效率差异是多少?

(11)3 月的人工支出差异是多少?

(12)公司 3 月的规划预算中变动制造费用是多少?

(13)公司 3 月的弹性预算中变动制造费用是多少?

(14)3 月的变动制造费用分配率差异是多少?

(15)3 月的变动制造费用效率差异是多少?

练习题

1. 变动制造费用差异

物流方案公司(Logistics Solutions)为网络商家提供订单履行服务。该公司拥有仓库,储存网络商家的物品。当商家收到来自客户的订单时,该订单被转发给物流方案公司,后者从仓库中取出商品,打包并将商品运送给客户。公司预计变动制造费用分配率基于直接人工工时分配。

在最近的一个月里,120 000 件商品通过 2 300 个直接人工工时运送给客户。该公司变动制造费用总额为 7 360 美元。

根据该公司的标准,完成一个项目的订单需要 0.02 个直接人工工时,变动制造费用分配率为 3.25 美元 / 直接人工工时。

要求:

(1)运送 120 000 件商品给客户的允许标准工时(SH)是多少?

(2)向客户运送 120 000 件商品的标准变动制造费用(SH × SR)是多少?

(3)变动制造费用支出差异是多少?

(4)变动制造费用分配率差异和变动制造费用效率差异分别是多少?

2. 直接材料和直接人工成本差异

道森玩具有限公司(Dawson Toys, Ltd.)生产一种名为迷宫的玩具。该公司最近建立了一个标准成本系统,以帮助控制成本,并为迷宫玩具建立了以下标准。

直接材料:每件玩具 6 微米,每微米 1.5 美元。

直接人工:每件玩具 1.3 小时,每小时 21 美元。

7 月,该公司生产了 3 000 件迷宫玩具。当月玩具生产数据如下。

直接材料:25 000 微米以每微米 1.48 美元的价格购买。到 7 月底,还有 5 000 微米的库存。

直接人工:直接人工工时为 4 000 小时,成本为

88 000 美元。

要求：

（1）计算以下 7 月的差异：

a. 材料价格差异和用量差异。

b. 人工工资率差异和人工效率差异。

（2）编制一份关于每个差异可能原因的简要说明。

问题

1. 基本差异分析；差异对单位成本的影响

孔茨公司（Koontz Company）生产多种产品。以下是其中一款产品的相关标准以及 5 月的实际成本数据。

（金额单位：美元）

	单位 标准成本	单位 实际成本
直接材料：		
标准：1.80 英尺，每英尺 3.00 美元	5.40	
实际：1.80 英尺，每英尺 3.30 美元		5.94
直接人工：		
标准：0.90 小时，每小时 18.00 元	16.20	
实际：0.92 小时，每小时 17.50 元		16.10
变动制造费用：		
标准：0.90 小时，每小时 5.00 美元	4.50	
实际：0.92 小时，每小时 4.50 美元		4.14
单位产品费用总计	26.10	26.18
每件产品的实际成本超过标准成本	0.08	

生产主管看到这份报告后很高兴，并说道："这 0.08 美元的额外成本完全在管理层设定的 2% 差异限度内，很明显，这款产品没什么可担心的。"

5 月的实际产量是 12 000 件，变动制造费用基于直接人工工时分配给产品，材料没有的期初、期末存货。

要求：

（1）计算 5 月的以下差异：

a. 材料价格差异和用量差异。

b. 人工工资率差异和人工效率差异。

c. 变动制造费用分配率和变动制造费用效率差异。

（2）在 0.08 美元的额外单位成本中，有多少可追溯到（1）中计算的每个差异。

（3）在 0.08 美元的额外单位成本中，有多少可追溯至人工工时低效使用？

（4）你同意不必考虑多余的单位成本吗？

2. 全面差异分析

米勒玩具公司（Miller Toy Company）在韦斯特伍德工厂（Westwood Plant）生产塑胶游泳池。该工厂一直存在问题，其 6 月的贡献式利润表如下所示。

（金额单位：美元）

	弹性预算	实际结果
销售收入（15 000 个游泳池）	675 000	675 000
变动成本：		
销货变动成本①	435 000	461 890
变动销售费用	20 000	20 000
变动成本总计	455 000	481 890
边际贡献	220 000	193 110
固定成本：		
制造费用	130 000	130 000
销售和管理费用	84 000	84 000
固定成本总计	214 000	214 000
经营净利润（亏损）	6 000	20 890

①包括直接材料、直接人工和变动制造费用。

珍妮特·邓恩（Janet Dunn）刚刚被任命为韦斯特伍德工厂的总经理，并接到了"把问题限定在可控制范围内"的指示。在查看工厂的利润表后，邓恩女士得出结论，主要问题在于所售商品的变动成本。每个游泳池的标准费用如下。

	用量或 工时标准	价格或 工资率标准	标准成本
直接材料	3.0 磅	5.00 美元 / 磅	15.00 美元
直接人工	0.8 小时	16.00 美元 / 小时	12.80 美元
变动制造费用	0.4 小时①	3.00 美元 / 小时	1.20 美元
单位标准成本总计			29.00 美元

①基于机器工时。

6 月工厂生产了 15 000 个游泳池，产生了以下费用：

a. 以每磅 4.95 美元的价格购买了 60 000 磅材料。

b. 在生产中使用了 49 200 磅的材料（产成品和在产品库存是微不足道的，可以忽略）。

c. 以每小时 17.00 美元的成本工作了 11 800 个直接工时。

d. 当月发生的变动制造费用总额为 18 290 美元，总记录的机器工时为 5 900 小时。

公司的政策是每月清除销售货物成本的所有差异。

要求：

（1）计算以下 6 月的差异：

a. 材料价格差异和用量差异。
b. 人工工资率差异和效率差异。
c. 变动制造费用分配率和变动制造费用效率差异。
（2）通过显示当月的有利差异或不利差异，总结

你在（1）中计算的方差。这个数字对公司的利润表有什么影响？列示计算过程。
（3）选出你在（1）中计算的两个最显著的差异。向邓恩女士解释造成这些差异的可能原因。

案例

回溯成本差异数据

维德斯公司（Vitex, Inc.）生产一种受客户欢迎的产品，它提供了来自于标准成本系统中如下的数据。

	用量或 工时标准	价格或 工资率标准	标准成本
直接材料	6 磅	3 美元 / 磅	18.00 美元
直接人工	0.8 小时	15 美元 / 小时	12.00 美元
变动制造费用	0.8 小时	3 美元 / 小时	2.40 美元
单位产品总标准成本			32.40 美元

	总标准成本① / 美元	成本差异 / 美元	
		价格或工资率	用量或效率
直接材料	405 000	6 900 F	9 000 U
直接人工	270 000	14 500 U	21 000 U
变动制造费用	54 000	1 300 F	? U

① 该会计期间内分配至在产品。

制造费用以直接人工工时为基础分配至生产成本。该会计期间内采购的所有材料均用于生产。在产品金额不重大，可忽略不计。

要求：
（1）上个会计期间生产了多少单位的产品？
（2）采购并耗用了多少直接材料？
（3）实际单位材料成本是多少？
（4）该会计期间生产耗用了多少实际直接人工工时？
（5）实际单位人工工资率是多少？
（6）该会计期间实际变动制造费用是多少？

附录 11A　标准成本系统中预计制造费用分配率和制造费用分析

在附录中，我们将说明在一个标准成本系统中如何使用预计制造费用分配率。我们已在分批成本法章节中讨论过预计制造费用分配率的使用，在该附录中，我们假设计入产品成本的所有制造费用（包括变动和固定）均使用完全成本法。

11A.1　微驱动公司：一个例子

微驱动公司（MicroDrive Corporation）生产微型电机，表 11A-1 为其相关数据。该表中的数据分为 3 个部分。

第一部分是公司规划预算中的预算制造费用和预算机器工时。请注意，公司的规划预算以生产 25 000 台电机为基础编制的。已知每台电机允许 2 机器工时，则规划预算允许 50 000 机器工时。在该作业量水平下，预算变动制造费用是 75 000 美元，预算固定制造费用是 300 000 美元。

表 11A-1　微驱动公司数据

预算（计划的）制造费用	
预算变动制造费用	75 000 美元
预算固定制造费用	300 000 美元
预算制造费用总额	375 000 美元
预算产出	25 000 台电机
每台机器的标准工时	2 机器工时 / 台
预算机器工时	50 000 机器工时
制造费用的分配	
实际产出	20 000 台电机
每台机器的标准工时	2 机器工时 / 台
实际产量下的允许标准工时	40 000 机器工时
实际制造费用和机器工时	
实际变动制造费用	71 400 美元
实际固定制造费用	308 000 美元
实际总制造费用	379 400 美元
实际机器工时	42 000 机器工时

第二部分是微驱动公司分配制造费用的信息。请注意，公司实际生产了 20 000 台电机，而不是预算中的 25 000 台。给定每台电机允许 2 机器工时，实际生产允许标准工时为 40 000 机器工时。公司使用机器工时数量将变动和固定制造费用分配到产品中。

第三部分总结了当期公司实际的变动、固定制造费用和实际机器工时。下面我们会更详细地叙述在标准成本系统中理解实际机器工时（42 000 机器工时）不用于分配制造费用，而是用实际生产的允许标准工时（40 000 机器工时）分配变动和固定制造费用的重要性。

11A.2 预计制造费用分配率

回顾前面章节的内容，用于确定期初预计制造费用分配率的公式如下：

$$预计制造费用分配率 = 预计制造费用总额 / 预计分配基础总量$$

在预计制造费用分配率公式中，预计分配基础总量被称为**除数作业**（denominator activity）。预计制造费用分配率一旦被确定，它在整个期间保持不变，即使作业的实际水平与计划不同。所以，不论生产期间如何，分配到单位产品的制造费用是相同的。

如表 11A-1 所示，微驱动公司将预算机器工时 50 000 作为预计制造费用分配率中的除数作业。其预计制造费用分配率计算如下：

$$预计制造费用分配率 = 375\,000 \text{ 美元} / 50\,000 \text{ 机器工时}$$
$$= 7.50 \text{ 美元} / \text{机器工时}$$

预计制造费用分配率可以分解为变动和固定部分：

$$变动预计制造费用分配率 = 75\,000 \text{ 美元} / 50\,000 \text{ 机器工时}$$
$$= 1.50 \text{ 美元} / \text{机器工时}$$
$$固定预计制造费用分配率 = 300\,000 \text{ 美元} / 50\,000 \text{ 机器工时}$$
$$= 6.00 \text{ 美元} / \text{机器工时}$$

对于记录的每一个标准工时，在产品承担 7.50 美元制造费用，其中 1.50 美元是变动制造费用，6.00 美元是固定制造费用。总之，微驱动公司将分配 300 000 美元制造费用到在产品中，计算如下：

$$分配的制造费用 = 预计制造费用分配率 \times 实际产量下的允许标准工时$$
$$= 7.50 \text{ 美元} / \text{机器工时} \times 40\,000 \text{ 机器工时}$$
$$= 300\,000 \text{ 美元}$$

11A.3 在标准成本系统中制造费用的分配

为理解固定制造费用成本差异，首先我们需要知道在标准成本系统中制造费用是如何分配至在产品中的。回顾分批成本法章节的内容，我们以实际作业水平（如实际工作的直接人工工时或者实际使用的机器工时）为基础分配制造费用至在产品。使用当时我们正在学习的正常成本系统，这个计算过程是正确的。[注] 但是，我们现在使用的是标准成本系统。在标准成本系统中，制造费用以允许标准工时为基础而不是实际工时为基础进行分配，图 11A-1 说明了这一点。在标准成本系统中，不论在生产过程中实际生产需要多长时间，单位产出承担着相同数额的制造费用。

⊖ 正常成本系统的定义参见第 3 章和第 4 章的术语表。

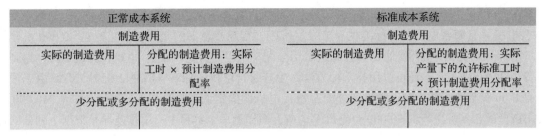

图 11A-1 分配制造费用：正常成本系统与标准成本系统

11A.4 预算差异

在标准成本系统中，计算两个固定制造费用差异——预算差异和用量差异。差异的计算如图 11A-2 所示。**预算差异**（budget variance）是当期实际固定制造费用和预算固定制造费用之差，计算公式如下：

$$预算差异 = 实际固定制造费用 - 预算固定制造费用$$

如果实际固定制造费用大于预算固定制造费用，即不利预算差异。反之同理。

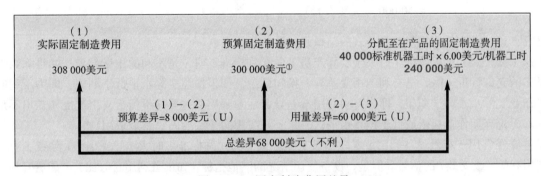

图 11A-2 固定制造费用差异

① 如表 11A-1 所示，这个数量也可以表示为：50 000 预算机器工时 × 6 美元 / 机器工时 = 300 000 美元。

注：F 为有利差异；U 为不利差异。

根据微驱动公司数据，预算差异计算如下：

$$预算差异 = 308\,000 美元 - 300\,000 美元 = 8\,000 美元（不利）$$

预算固定制造费用应该是 300 000 美元，但是实际发生的固定制造费用是 308 000 美元。因为实际固定制造费用大于预算固定制造费用，所以，8 000 美元被标注为不利差异；但是，这并不是表明管理绩效不佳的信号。例如，成本差异可能是浪费和无效率的结果，也可能是由于在固定制造费用资源上的一种不可预见的谨慎投资，从而提高了产品质量或制造循环效率。

11A.5 用量差异

用量差异（volume variance）可由下列公式定义：

$$用量差异 = 预算固定制造费用 - 分配至在产品的固定制造费用$$

当预算固定制造费用大于分配至在产品的固定制造费用时，用量差异即为不利差异。当预算固定制造费用小于分配至在产品的固定制造费用时，用量差异即为有利差异。正如我们将要看到的，在解释这种差异时要保持谨慎。

为理解用量差异，我们需要理解在标准成本系统中固定制造费用是如何分配至在产品中的。在前文讨论中，分配至在产品的固定制造费用以当期实际产量下的允许标准工时为基础。在微驱动公司案例中，该公司生产 20 000 台电机并且每台电机是 2 标准机器工时。所以，实际产量下的允许标准工时是 40 000 机器工时。如图 11A-2 所示，6.00 美元 / 机器工时的预计制造费用分配率乘以允许标准工时 40 000 机器工时，得到在产品的固定制造费用 240 000 美元。还可以用另一种方法，生产每台电机的标准工时是 2 机器工时，由于预计制造费用分配率是 6.00 美元 / 机器工时，所以，分配至每台电机的固定制造费用是 12 美元，总额 240 000 美元的固定制造费用被分配至实际生产的 20 000 台电机中。在上面任意一个解释中，用量差异是根据下列公式计算的：

$$用量差异 = 300\,000\,美元 - 240\,000\,美元 = 60\,000\,美元（不利）$$

解释用量差异的关键是理解它取决于计算预计制造费用分配率中作为除数的工时与该期实际产量下允许标准工时之差。换句话说，用量差异也可以通过如下公式计算：

$$用量差异 = 预计制造费用分配率固定部分 \times（分母的工时数 - 实际产量下的允许标准工时）$$

在微驱动公司案例中，按上述公式计算如下：

$$用量差异 = 6.00\,美元 / 机器工时 \times（50\,000\,机器工时 - 40\,000\,机器工时）$$
$$= 60\,000\,美元（不利）$$

请注意，这与前文计算用量差异公式的结果是一致的。

关注这个新公式，如果除数工时大于实际产量下的允许标准工时，是不利的用量差异；如果除数工时小于实际产量下的允许标准工时，是有利的用量差异。换句话说，如果作业实际水平低于期望，即为不利的用量差异；如果作业实际水平高于期望，即为有利的用量差异。注意到用量差异并不衡量支出过度和支出不足的情况是重要的。无论当期作业高于或低于预算水平，一家公司有相同金额的固定制造费用。

用量差异经常用于衡量设备利用情况。如果实际产量下的允许标准工时大于（或小于）除数工时，可以作为设备利用有效（或无效）的信号。但是，设备使用情况的其他指标（如设备利用百分比）可能更容易计算和理解。也许对用量差异更好的解释是，当作业水平被不恰当地估计而且成本核算系统假定固定成本为变动成本时，将会发生用量差异的错误。在下一部分用图分析固定制造费用差异时，这个解释可能会更清晰。

11A.6 固定制造费用差异的图形分析

图 11A-3 展示的是固定制造费用预算差异和用量差异的图形分析。如图 11A-3 所示，按照预计以 6.00 美元 / 标准工时将固定制造费用分配至在产品（图中成本分配线是向上倾斜的线）。因为在计算 6.00 美元的分配率中使用除数 50 000 机器工时，所以在横轴 50 000 机器工时这一点上，成本分配线穿过预算成本线。如果除数工时与允许标准工时相同，就不会有用量差异。仅仅当标准工时与除数工时不同时，才会出现用量差异。

在微驱动公司案例中，允许标准工时（40 000）小于除数工时（50 000）。因为用于生产的成本比原先预算的要少，所以出现不利用量差异。如果情况相反，即允许标准工时大于除数工时，那么会出现有利用量差异。

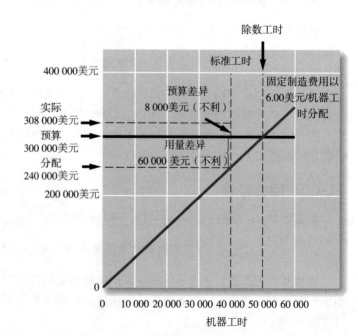

图 11A-3 固定制造费用差异的图形分析

11A.7　固定制造费用分析中注意事项

当分配成本到在产品时，出现了固定制造费用的用量差异，好像固定费用是可变的。图 11A-3 中可说明这点。请注意，从图 11A-2 中可见，固定制造费用以 6.00 美元 / 机器工时的分配率分配至在产品，好像它们是可变的。在以产品成本计算为目的时，将这些成本视为变动成本是必要的，但在这里隐含着一些真正的危险，可能管理者很容易被误导，认为固定费用是真的可变的。

应该明确的是，通常固定制造费用的数额很大，在单位或每小时的基础上表示固定成本，是为了计算产品成本满足编制外部报告的需要，但是单位固定成本是人为的数据，实际上，在一定范围内增加或减少作业量对固定成本总额是没有影响的。虽然固定成本以单位或每小时为基础表示，但是它们不随作业量成比例变动。在某种意义上，在成本系统中通过将固定成本作为变动成本会导致用量差异错误。

11A.8　协调制造费用差异和制造费用分配过度或分配不足

在标准成本系统中，一个期间内分配过度或分配不足等于制造费用差异总和。为看到这个结果，我们回到微驱动公司的例子中。

在标准成本系统中，以当期实际产量下允许标准工时为基础将制造费用分配至在产品中。下表是微驱动公司制造费用分配过度或分配不足的计算。

预计制造费用分配率	7.50 美元 / 机器工时
实际产量下的允许标准工时	40 000 机器工时
（见表 11A-1 ）	
分配的制造费用	300 000 美元
实际总制造费用	379 400 美元
（见表 11A-1 ）	
制造费用分配过度或分配不足	79 400 美元不足

我们已经计算出该公司预算差异和用量差异。我们也需要计算变动制造费用差异。

$$变动制造费用分配率差异 = (AH \times AR) - (AH \times SR)$$
$$= AH (AR - SR)$$
$$= 42\,000 \text{ 机器工时} \times (1.7 \text{ 美元 / 机器工时}^{\ominus} - 1.5 \text{ 美元 / 机器工时})$$
$$= 8\,400 \text{ 美元（不利）}$$
$$变动制造费用效率差异 = (AH \times SR) - (SH \times SR)$$
$$= SR (AH - SH)$$
$$= 1.5 \text{ 美元 / 机器工时} \times (42\,000 \text{ 机器工时} - 40\,000 \text{ 机器工时})$$
$$= 3\,000 \text{ 美元（不利）}$$

制造费用差异总和的计算如下：

	（单位：美元）
变动制造费用分配率差异	8 400 （不利）
变动制造费用效率差异	3 000 （不利）
固定制造费用预算差异	8 000 （不利）
固定制造费用用量差异	60 000 （不利）
制造费用差异总和	79 400 （不利）

⊖　AR = 71 400 美元 ÷ 42 000 机器工时 = 1.7 美元 / 机器工时。

请注意，制造费用差异总和为 79 400 美元，等于制造费用分配不足 79 400 美元。一般来说，如果制造费用是分配不足，标准制造费用差异总和是不利的；如果制造费用是分配过度，标准制造费用差异总和是有利的。

术语表

Budget variance 预算差异 当期实际固定制造费用和预算固定制造费用的差异。

Denominator activity 除数作业 用于计算预计制造费用分配率的作业水平。

Volume variance 用量差异 每当某一期间实际产量下的允许标准工时与用于计算预计制造费用分配率的除数作业不同时引起的差异。它通过预计制造费用分配率的固定部分乘以除数工时与实际产量下的允许标准工时的差值计算得出。

练习题

1. 预计制造费用分配率；制造费用差异

诺沃公司（Norwall Company）预计变动制造费用为每机器工时 3 美元，预计固定制造费用为每月 300 000 美元。

最近一个月的资料如下：

a. 用 60 000 机器工时计算预计制造费用分配率。

b. 在 60 000 机器工时下，公司应生产 40 000 件产品。

c. 公司实际经营成果为如下所示。

生产数量	42 000 件
实际机器工时	64 000
实际变动制造费用	185 600 美元
实际固定制造费用	302 400 美元

要求：

（1）计算预计制造费用分配率，并将其分为变动和固定两个部分。

（2）计算实际产量下的允许标准工时。

（3）计算变动制造费用分配率差异和效率差异以及固定制造费用预算差异和用量差异。

2. 固定制造费用差异之间的关系

约斯特公司（Yost Company）最近一年的经营情况如下。

作业：	
除数作业（机器工时）	45 000 机器工时
单位允许的标准机器工时	3 机器工时 / 件
实际生产数量	14 000 件
费用：	
实际发生的固定制造费用	267 000 美元
固定制造费用预算差异	3 000 美元（有利）

产品的制造费用基于标准机器工时分配。

要求：

（1）按实际生产数量计算，标准机器工时是多少？

（2）本期的预计固定制造费用总额是多少？

（3）预计制造费用分配率的固定部分是多少？

（4）固定制造费用用量差异是多少？

问题

1. 制造费用和制造费用差异的应用

贝尔德公司（Baird Company）生产经典的波兰香肠。公司使用标准成本系统来帮助控制成本。制造费用基于标准直接人工工时分配给产品。根据公司的规划预算，以下制造费用发生在 35 000 直接人工工时（除数作业水平）的作业水平。

变动制造费用	87 500 美元
固定制造费用	210 000 美元
制造费用总额	297 500 美元

在最近一年，公司经营结果如下。

作业：	
实际直接人工工时	30 000 小时
实际产量下的允许标准工时	32 000 小时
费用：	
实际发生的变动制造费用	78 000 美元
实际发生的固定制造费用	209 400 美元

年末，该公司的制造费用账户包含以下数据（单位：美元）：

制造费用

实际	287 400	分配	272 000
	15 400		

管理层希望确定未分配制造费用为 15 400 美元的原因。

要求：

（1）计算预计制造费用分配率，并将其分成变动和固定两部分。

（2）请说明制造费用账户中的分配金额 272 000 美元是如何计算的。

（3）将 15 400 美元的未分配制造费用分解为四个部分：①变动制造费用分配率差异；②变动制造费用效率差异；③固定制造费用预算差异；④固定制造费用用量差异。

（4）解释你在（3）中计算的每个差异的含义。

2. 理解标准成本差异

"太好了！我们的销售人员不仅很好地完成了今年的销售预算，也很好地控制了成本。"马泰尔公司（Martell Company）的总裁金·克拉克（Kim Clark）说，"我们 18 300 美元的总制造费用差异仅占全年产品标准成本 1 536 000 美元的 1.2%。这完全在可接受差异 3% 的参数范围内。看来今年每个人都要发奖金了。"

该公司生产和销售单一产品。产品的标准成本卡如下。

投入	（1）用量 或工时标准	（2）价格或 工资率标准	标准成本 （1）×（2）
直接材料	2 英尺	8.45 美元 / 英尺	16.90 美元
直接人工	1.4 小时	16 美元 / 小时	22.40 美元
变动制造费用	1.4 小时	2.50 美元 / 小时	3.50 美元
固定制造费用	1.4 小时	6 美元 / 小时	8.40 美元
单位产品总标准成本			51.20 美元

本年度新增资料如下。

a. 该公司一年生产了 30 000 件产品。

b. 本年度共购买了 64 000 英尺的材料，每英尺费用为 8.55 美元。所有这些材料都被用于生产 30 000 件产品。本年没有期初、期末存货。

c. 该公司全年的直接人工工时为 43 500 小时，每小时的直接人工成本为 15.80 美元。

d. 制造费用基于标准直接人工工时分配。有关制造费用的数据如下。

除数作业水平（直接人工工时）	35 000 小时
预计固定制造费用	210 000 美元
实际固定制造费用	108 000 美元
实际固定制造费用	211 800 美元

要求：

（1）计算本年材料价格差异和用量差异。

（2）计算本年人工工资率差异和人工效率差异。

（3）对于制造费用：

a. 计算本年变动制造费用分配率差异和变动制造费用效率差异。

b. 计算本年固定制造费用预算差异和用量差异。

（4）合计已计算的差异，将该差异与总裁提到的 18 300 美元进行比较。你是否同意为控制好成本而给每个人发奖金？请解释。

附录 11B　标准成本系统：用 Excel 编制财务报告

第 11 章的大部分内容和附录 11A 主要介绍了出于管理控制目的如何进行标准成本差异的计算。下面介绍出于财务报告目的如何使用标准成本系统编制资产负债表和利润表。我们将使用 Excel 编制这两种财务报告，这可以让你学会一种有用的管理技能，去评估一项交易对资产负债表的影响。

现在我们需要回顾两个会计等式和 4 个关键假设。

11B.1　会计等式

资产负债表以下列会计等式为基础，该会计等式是复式记账法的基石。

$$资产 = 负债 + 所有者权益$$

该附录中，在我们将要使用的 Excel 电子表格中，一列总是以等号填充。等号左侧是资产，等号右侧是负债和所有者权益。我们登记每一项交易后，左侧账户金额必须等于右侧账户金额。

资产负债表中的第二个等式与留存收益有关。期末留存收益计算如下：

$$期末留存收益 = 期初留存收益 + 经营净利润 - 股息$$

该等式强调了资产负债表和利润表的联系。它明确地反映出利润表中的经营净利润与资产负债表上的留存收益有关。在该附录中，我们不考虑任何股息，所以留存收益中的交易将会影响经营净利润。任何涉及销售或费用确认的交易都将记录在资产负债表的留存收益列中。这种方法强调了一个非常重要的观点，即公司的利润表被嵌入资产负债表的留存收益中。

11B.2 4 个关键假设

该附录中我们使用的第一个假设是原材料、在产品和产成品总是以标准成本计量。换句话说，对于投入支付的标准价格和对于实际产出水平下允许投入的标准数量将通过存货账户进行流转成本。投入的实际价格和实际数量不影响存货账户的成本。

标准成本法极大地简化了记账工作。我们总是将所有的标准成本差异结转到销货成本账户中，而不是计入存货差异账户中。当结转账户的销货成本增加时，留存收益减少。这样做是因为增加的销货成本将减少经营净利润，并减少留存收益。反之同理。

第二个假设与记录标准成本差异的结算账户有关。结算账户总是以零余额开始和结束每个会计期间。在 Excel 电子表格中，每项成本差异有其单独的结算账户，其位置在等号右侧。将这些结算账户放在等号的右侧（而不是左侧），使我们能够记录随着各自结算账户增加的全部有利差异和随着各自结算账户减少的全部不利差异。一旦全部差异记录完毕后，当期交易结转至销货成本账户，同时导致留存收益中经营净利润改变。

第三个假设与涉及限制本附录中使用的总分类账户的数量有关。资产类的术语中，我们总是限定使用一定数量的账户，包括库存现金，原材料，在产品，产成品，固定资产、厂房和设备，累计折旧。在负债和所有者权益类，我们总是只使用一个账户——留存收益。[○]

第四个假设是在 Excel 电子表格中，正数表示增加，负数表示减少，而不是使用借和贷，这与借贷记账法不同。

11B.3 标准成本系统：一个例子

迪伦公司（Dylan Corporation）只生产一种产品，出于内部管理和财务报告的目的使用标准成本系统。它使用以直接人工工时作为分配基数的全厂预计制造费用分配率。公司所有的制造费用都是固定的，没有发生任何变动的制造费用。预计固定制造费用为 1 875 000 美元，预计的分配基础是 75 000 机器工时，基于成本公式计算预计制造费用分配率。

迪伦公司想要编制期末资产负债表和当期利润表。图 11B-1 是期初资产负债表，在产品没有期初余额。公司唯一产品的标准成本卡如图 11B-2 所示。

	A	B
1	迪伦公司	
2	资产负债表	
3	××-01-01	
4	千美元	
5		
6	资产	
7	库存现金	1 100
8	原材料①	400
9	库存商品②	714
10	固定资产、厂房和设备净值	5 200
11	资产总额	7 414
12		
13	负债和所有者权益	
14	留存收益	7 414
15	负债和所有者权益总额	7 414
16		
17	①80 000磅×5美元/磅=400 000美元	
18	②14 000件×51.00美元/件=714 000美元	
19		
20		

图 11B-1 迪伦公司期初资产负债表

图 11B-2 迪伦公司：标准成本卡

11B.4 交易汇总

这一年迪伦公司完成的交易如下。

a. 使用现金以 4.75 美元 / 磅的价格采购 380 000 磅原材料。

b. 为生产 88 000 件产品，在产品耗用 365 000 磅原材料。

c. 分配直接人工成本。直接人工（以现金支付）工作了 72 000 小时，以每小时 14.50 美元的平均成本分配到 88 000 件产品中。

d. 使用预计制造费用分配率乘以生产 88 000 件产品的允许人工工时，将固定制造费用分配至在产品。该年发生的实际固定制造费用为 1 750 000 美元，其中，900 000 美元与保险和薪酬等有关，该部分以现金支付，850 000 美元与设备折旧等有关。

e. 由在产品转为产成品 88 000 件。

f. 以 62.00 美元 / 件的价格出售给客户 85 000 件（收到现金）。

g. 将出售 85 000 件产品有关的标准成本从产成品账户结转到销货成本账户。

h. 支付销售和管理费用 450 000 美元。

i. 结转全部标准成本差异至销货成本账户。

我们将用图 11B-3 展示迪伦公司的交易情况。A7 是当期的期初余额，A17 是期末余额。在期初与期末之间，第 8 ～ 16 行记录了交易 a ～ i 的情况。第 7 行对应图 11B-1。第 H ～ M 列是我们要计算的 6 种差异，每个差异账户期初余额是零，它们记录当期差异并结转至销货成本账户，所以期末余额也是零。这 6 个差异账户记录了该期相应的差异，然后在该期末将差异结转到销货成本账户，结清该账户余额。

图 11B-3 迪伦公司：交易模板

现在我们演示 3 个步骤准备编制该公司的利润表。首先，计算计算公司 6 种成本差异。其次，记录 a ～ i

的交易。最后，编制该年的利润表。

11B.5　计算差异

对迪伦公司而言，材料采购数量（380 000 磅）不等于材料用于生产的数量（365 000 磅），所以，以材料采购数量为基础确定材料价格差异，以材料用于生产的数量为基础确定材料用量差异。差异计算如下。

材料价格差异

材料价格差异 = (AQ × AP) − (AQ × SP)

材料价格差异 = AQ (AP−SP)

材料价格差异 = 380 000 磅 ×（4.75 美元 / 磅 −5.00 美元 / 磅）

材料价格差异 = 95 000 美元（有利）

材料用量差异

材料用量差异 = (AQ × SP) − (SQ × SP)

材料用量差异 = SP (AQ−SQ)

材料用量差异 = 5.00 美元 / 磅 ×（365 000 磅 −369 600 磅[①]）

材料用量差异 = 23 000 美元（有利）

---

① SQ = 88 000 件 ×4.2 磅 / 件 = 369 600 磅。

材料价格差异是有利的，因为每磅实际价格（4.75 美元）低于每磅标准价格（5.00 美元）。材料用量差异也是有利的，因为用于生产的 365 000 磅低于允许标准用量 369 600 磅。

直接人工工资率和人工效率差异计算如下：

人工工资率差异

人工工资率差异 = (AH × AR) − (AH × SR)

人工工资率差异 = AH (AR−SR)

人工工资率差异 = 72 000 小时 ×（14.50 美元 / 小时 −15.00 美元 / 小时）

人工工资率差异 = 36 000 美元（有利）

人工效率差异

人工效率差异 = (AH × SR) − (SH × SR)

人工效率差异 = SR (AH−SH)

人工效率差异 = 15.00 美元 / 小时 ×（72 000 小时 −66 000 小时[①]）

人工效率差异 = 90 000 美元（不利）

---

① SQ = 88 000 件 ×0.75 小时 / 件 = 66 000 小时。

人工工资率差异是有利的，因为实际人工工资率（14.50 美元）小于标准人工工资率（15.00 美元）。人工效率差异是不利的，因为实际工作 72 000 小时大于允许标准工时 66 000 小时（88 000 件 ×0.75 小时 / 件）。

固定制造费用预算差异和用量差异计算如下。

预算差异

预算差异 = 实际固定制造费用 − 预算固定制造费用

预算差异 = 1 750 000 美元 −1 875 000 美元

预算差异 = 125 000 美元（有利）

用量差异

用量差异 = 预算固定制造费用 − 分配至在产品的固定制造费用

用量差异 = 1 875 000 美元 −1 650 000 美元[①]

用量差异 = 225 000 美元（不利）

---

① 分配至在产品的固定制造费用 = 允许标准工时 66 000 小时 ×25 美元 / 小时 = 1 650 000 美元。

固定制造费用预算差异 125 000 美元是有利的，因为实际固定制造费用（1 750 000 美元）小于预算固定制造费用（1 875 000 美元）。但是，固定制造费用用量差异 225 000 美元是不利的，因为预算固定制造费用（1 875 000 美元）大于分配至在产品的固定制造费用（1 650 000 美元）。分配至在产品的固定制造费用由预计制造费用分配率乘以允许标准工时得到。

11B.6　记录交易事项

图 11B-4 展示了如何正确地记录迪伦公司所有交易事项。你可能注意到在第 H～M 列中，有利差异无须括号，而不利差异需使用括号。有利差异增加经营净利润，而不利差异减少经营净利润。例如，材料价格差异为 95 000 美元的有利差异，在 H8 中列示，无须括号。为结清该差异，我们在 H16 中以 −95 000 美元列示，使材料价格差异账户为零。H16 中的 −95 000 美元被额外增加 95 000 美元的留存收益所抵销。当 6 种差异都结转到销货成本账户，6 种差异的综合影响是减少了经营净利润和留存收益（36 000 美元），如图 11B-4 中单元格 N16 所示。

一旦记录好所有交易事项，Excel 表格可以快速计算资产负债表中的期末账户余额，如图 11B-4 中的第 17 行。请注意，所有差异账户（H～M 列）的期末均为零，因为它们都是过渡账户。还需要注意，存货账户期末使用标准成本估值。例如，原材料的期末余额（475 000 美元）是持有材料存货 95 000 磅，以 5.00 美元/磅的标准成本进行估价的数额。产成品期末余额（867 000 美元）是持有产成品 17 000 件，以 51.00 美元/件的标准成本进行估价的数额。

	库存现金	原材料	在产品	产成品	固定资产、厂房和设备净值		材料价格差异	材料用量差异	人工工资率差异	人工效率差异	固定制造费用预算差异	固定制造费用用量差异	留存收益
1月1日	1 100	400		714	5 200	=							7 414
a	(1 805)	1 900				=	95						
b		(1 825)	1 848			=		23					
c	(1 044)		990			=			36	(90)			
d	(900)		1 650		(850)	=					125	(225)	
e			(4 488)	4 488		=							
f	5 270					=							5 270
g				(4 355)		=							(4 335)
h	(450)					=							(450)
i						=	(95)	(23)	(36)	90	(125)	225	(36)
12月31日	2 171	475		867	4 350								7 863

图 11B-4　迪伦公司：交易分析

注：图 11B-4 中 a～i 解释说明如下。

a. 采购原材料的实际成本导致库存现金减少，即 AQ×AP（=380 000×4.75= 1 805 000）。采购原材料的标准成本导致原材料增加，即 AQ×SP（=380 000×5 = 1 900 000）。材料价格差异是 95 000 美元（有利）。

b. 用于生产的原材料的标准成本导致原材料减少，即 AQ×SP（=365 000×5.00= 1 825 000）。用于实际产出的原材料允许标准用量的标准成本导致在产品增加，即 SQ×SP（=369 600×5.00=1 848 000）。材料用量差异是 23 000 美元（有利）。

c. 支付直接人工的实际金额导致库存现金减少，即 AH×AR（=72 000×14.50=1 044 000）。实际产量下允许标准工时的标准成本导致在产品增加，即 SH×SR（=66 000×15.00=990 000）。人工工资率差异是 36 000 美元（有利），人工效率差异是 90 000 美元（不利）。

d. 支付固定制造费用导致库存现金减少，即 900 000 美元。实际产量下允许人工标准工时与预计制造费用分配率的乘积导致在产品增加，即 66 000 小时 ×25 美元/小时=1 650 000 美元。当期折旧导致固定资产、厂房和设备净值减少，即 850 000 美元。固定制造费用预算差异是 125 000 美元（有利），固定制造费用用量差异是 225 000 美元（不利）。

e. 转移到产成品的数量与单位标准成本的乘积是在产品的减少额，即 88 000 件 ×51.00 美元/件 =4 488 000 美元。产成品增加相同的数额 4 488 000 美元。

f. 销量与销售价格的乘积是库存现金增加额，即 85 000 件 ×62.00 美元/件 = 5 270 000 美元。未分配利润增加 5 270 000 美元。

g. 销量与单位标准成本的乘积是产成品减少额，即 85 000 件 ×51.00 美元/件 =4 335 000 美元。留存收益减少相同的 4 335 000 美元。

h. 销售和管理费用导致库存现金和留存收益减少 450 000 美元。

i. 期末差异账户余额为零，因为它们都要结转到销货成本账户。各种差异账户的综合影响是增加销货成本 36 000 美元，即 −95 000+（−23 000）+（−36 000）+ 90 000+（−125 000）+225 000=36 000（美元）。因为销售成本增加 36 000 美元，使得经营净利润和留存收益减少相同的 36 000 美元。

11B.7 编制利润表

图 11B-5 中迪伦公司利润表来自图 11B-4 留存收益列。利润表中销售收入的 5 270 000 美元来自图 11B-4 中 N13 单元格，标准销货成本（4 335 000 美元）来自图 11B-4 中 N14 单元格，差异调整之和（36 000 美元）、销售和管理费用（450 000 美元）来自 N16 和 N15 单元格。虽然图 11B-5 中都为正数，但是标准销货成本（4 335 000 美元）、销售和管理费用（450 000 美元）和差异调整（36 000 美元）在图 11B-4 的 N 列中均为负数，它们分别减少了留存收益。

	A	B	C
1		迪伦公司	
2		利润表	
3		XX-12-31	
4		千美元	
5			
6	销售收入		5 270
7	标准销货成本	4 335	
8	差异调整	36	
9	销货成本		4 371
10	毛利率		889
11	销售和管理费用		450
12	经营净利润		449
13			

图 11B-5　迪伦公司：利润表

练习题

标准成本

哈特韦尔（Hartwell）公司生产一种产品，期初和期末均没有存货，该公司使用标准成本系统。预计制造费用分配率包括分子为 1 760 000 美元的固定制造费用，分母为 44 000 直接人工工时。本期实际固定制造费用为 178 000 美元。

该公司以每码$^{\ominus}$11.00 美元的价格（以现金支付）购买并使用了 60 000 码的原材料。公司直接工人人工时为 40 000 小时，总工资为 600 000 美元。在此期间，公司开始生产并完成了 28 000 件产成品。哈特韦尔公司唯一产品的标准成本卡如下。

	（1）用量 或工时标准	（2）价格或 工资率标准	标准成本 （1）×（2）
直接材料	2 码	12.00 美元 / 码	24.00 美元
直接人工	1.5 小时	15.00 美元 / 小时	22.50 美元
固定制造费用	1.5 小时	40.00 美元 / 小时	60.00 美元
单位总标准成本			106.50 美元

要求：

（1）在记录原材料采购时：

a. 原材料存货将增加（减少）多少？

b. 库存现金将增加（减少）多少？

c. 材料价格差异是有利还是不利，是多少？

（2）在记录生产使用的原材料时：

a. 原材料存货将增加（减少）多少？

b. 在产品存货将增加（减少）多少？

c. 材料用量差异是有利还是不利，是多少？

（3）在记录计入生产的直接人工成本时：

a. 在产品存货将增加（减少）多少？

b. 库存现金将增加（减少）多少？

c. 人工工资率差异和人工效率差异是有利还是不利，是多少？

（4）将固定制造费用应用于生产时：

a. 在产品存货将增加（减少）多少？

b. 固定制造费用预算差异和用量差异是有利还是不利，是多少？

（5）当制造费用从在产品转移到产成品时，产成品存货将增加（减少）多少？

$\ominus$　1 码 =0.914 4 米。

问题

交易分析、编制利润表

凤凰公司（Phoenix Company）生产单一产品，且采用标准成本系统。公司以直接人工工时作为分配基础确定全厂预计制造费用分配率。预计制造费用分配率根据成本公式计算得出，其中估计固定制造费用为 2 880 000 美元，分配基础为 288 000 直接人工工时。公司无期初和期末存货。

公司期初资产负债表如下表所示。

凤凰公司资产负债表 ××-01-01

（金额单位：千美元）

资产	
库存现金	1 200
原材料	300
产成品	540
其他所有资产	12 000
资产合计	14 040
负债和所有者权益	
留存收益	14 040
负债和所有者权益合计	14 040

公司生产的单一产品的标准成本卡如下。

生产投入	（1）用量或工时标准	（2）价格或工资率标准	标准成本 (1)×(2)
直接材料	3 磅	25 美元 / 磅	75.00 美元
直接人工	2.00 小时	16 美元 / 小时	32.00 美元
变动制造费用	2.00 小时	2 美元 / 小时	4.00 美元
固定制造费用	2.00 小时	10 美元 / 小时	20.00 美元
单位总标准成本			131.00 美元

当年凤凰公司完成了如下交易：

a. 以 26.5 美元 / 磅的价格采购（以现金支付）460 000 磅原材料。

b. 向在产品投入 430 000 磅原材料生产 125 000 单位产品。

c. 分配直接人工成本至在产品，直接人工工资率为 15 美元 / 小时（以现金支付），总工时为 265 000 小时，产出 125 000 单位产品。

d. 利用预计制造费用分配率的变动部分乘以生产 125 000 单位产品的直接人工工时，将变动制造费用分配至在产品。当年的实际变动制造费用（全部以现金支付）为 480 000 美元。

e. 利用预计制造费用分配率的固定部分乘以生产 125 000 单位产品的直接人工工时，将固定制造费用分配至在产品。当年实际固定制造费用为 2 450 000 美元，其中，如保险、公共事业费、间接员工工资为 1 300 000 美元，且均以现金支付，设备折旧费为 1 150 000 美元。

f. 将 125 000 单位在产品加工形成产成品。

g. 以单位售价 175 美元将 123 000 单位产品销售（现金）至客户。

h. 将 12 300 单位产品相关的标准成本由产成品结转至销货成本。

i. 支付销售和管理费用 3 300 000 美元。

j. 所有标准成本差异计入销货成本。

要求：

（1）计算当年所有直接材料、直接人工、变动制造费用、固定制造费用差异。

（2）根据图 11B-3 记录凤凰公司的交易 a ～ j。

（3）计算凤凰公司资产负债表的期末存货。

（4）根据图 11B-5，编制凤凰公司当年的利润表。

第 12 章

责任会计制度

👁 商业聚焦

福特公司的 SUV 和卡车可以带来更高的投资回报

福特公司计划投资 70 亿美元来研发更多型号的卡车和运动型多用途汽车（SUV）。较之于轿车，消费者更愿意选择拥有更大空间和更高实用性的汽车。为了应对消费者选择上的快速转变，福特公司的 CEO 吉姆·哈克特（Jim Hackett）正在进行更大规模的投资。他也支持这种现金支出，因为卡车和 SUV 的利润率要高于轿车。

在学习本章时，你会了解到投资报酬率是毛利率和资产周转率的乘积。毛利率计算为经营净利润除以销售收入，而资产周转率计算为销售收入除以平均经营资产。在福特的例子中，该公司的卡车和 SUV 提供了诱人的毛利率和资产周转率。哈克特还计划在 5 年内将公司所有车型的材料和工程成本降低 140 亿美元。

资料来源：Mike Colias, "Ford Shifts $7 Billion to Trucks and SUVs," *The Wall Street Journal*, October 4, 2017, p.B1.

🔧 学习目标

1. 计算投资报酬率并说明销售收入、成本费用和资产如何对投资报酬率产生影响。
2. 计算剩余收益并说明其优缺点。
3. 确定协商转让价格范围。
4. 服务部门成本向经营部门的分配。

除小规模组织外，公司所有者及高级管理人员应下放其决策权。公司所有者（如股东）将决策权委托给高级管理人员，实施公司治理制度以指导并控制这些管理者的行为。如果公司治理制度得以恰当实施，将能够提供激励和反馈机制，以确保公司董事会及高级管理人员追求的目标与公司所有者利益相一致。[注]类似地，公司高级管理人员将决策权下放至下属人员时，实行管理控制制度可以指导并控制下属的行为。如果管理控制制度得以恰当执行，则可提供激励和反馈机制，以确保公司员工追求与公司利益相一致的目标。

本章解释了多种绩效和管理控制指标，帮助公司根据其整体利益调整对员工的激励以及员工的行为。首先，本章探讨了分权化的优势及劣势；然后简要概述了责任会计制度，并介绍了该制度中广泛应用的两种绩效指标——投资报酬率（ROI）和剩余收益（RI）。本章最后对转让定价和服务部门成本进行了概述。

12.1 组织中的分权

在**分权制组织**（decentralized organization）中，决策权分布于整个组织，而不是局限于少数高层管理者。

[注] 公司治理的相关评论改编自 2004 年的题为《经合组织公司治理原则》的报告，由经济合作与发展组织发行。

如上所述，所有大型组织在某种程度上都实行分权制，但是，分权制程度不同。在高度集权制组织中，较低级别的管理者几乎没有决策权。相反，在高度分权制组织中，即使是最低级别的管理者也有权做出很多决策。大多数组织介于两者之间。

1. 分权制的优点

分权制的优点主要包括：

（1）把日常问题的解决下放至较低级别的管理者，高层管理者可以把精力集中于更重要的决策上，如总体战略。

（2）授予较低级别的管理者决策权，将决策权交到那些拥有最详细和最新的日常运营信息的人手中。

（3）消除决策和批准的层次，使组织在瞬息万变的市场中迅速做出应变决策。

（4）授予决策权有助于培训较低级别的管理者担任更高级别的职位。

（5）让较低级别的管理者进行决策，可以增加他们工作的积极性和对工作的满足感。

2. 分权制的缺点

分权制的缺点主要包括：

（1）较低级别的管理者可能在不完全理解总体战略的情况下做出决策。

（2）如果较低级别的管理者之间独自做出决策，可能较低级别的管理者之间会缺乏协调合作。

（3）较低级别管理者的目标可能与组织的总体目标不同。⊖例如，管理者可能对扩大自己部门的规模、权力和声望更感兴趣，而不是提高部门的效率。

（4）在分权制组织中，传递创新思想可能会比较困难。组织中某个部门的某个人可能有让其他部门受益的极好的想法，但是如果没有高层管理者的强有力的集中指导，再好的想法和建议可能也不会与其他部门分享并被接受。

12.2 责任会计

许多分权制组织需要责任会计系统将较低级别管理者的决策权与这些决策结果的责任联系起来。责任会计的基本理念是管理者应该对并且只对那些管理者能够实际上很大程度施加控制的项目负责。预算中的各个项目（即收入或成本）都由一名管理者负责，该管理者负责解释预算金额与实际金额之间的重大偏差，并对此做出有效回应。实际上，责任会计通过让个人对收入和成本负责，使会计信息个性化。**责任中心**（responsibility center）是适用于组织的任何部门，其管理者对成本、利润和投资能够进行控制并承担经济责任的中心。责任中心主要有成本中心、利润中心和投资中心 3 种类型。

成本中心、利润中心和投资中心

1. 成本中心

成本中心（cost center）的管理者只对成本承担责任，不对收入和投资负责。会计、财务、管理、法律和人事等服务部门通常被分类为成本中心。另外，生产部门通常被认为是成本中心。人们总是期望成本中心的管理者在为其他部门提供必要的产品和劳务的情况下使其成本最小。例如，生产部门的管理者至少应通过当期实际成本和应当耗用成本的比较来进行评价。上一章节中介绍的标准成本差异和弹性预算差异通常用于评价成本中心业绩。

⊖ 高层管理者也存在类似的问题。公司股东将决策权委托给高层管理者。遗憾的是，高层管理者可能会滥用这种信任，给自己和朋友支付过高的薪酬，花费大量资金用于办公室装修，等等。如何确保高层管理者的行为与所有者的最大利益保持一致，对专家们来说仍然是个挑战。在很大程度上，所有者依靠投资报酬率和剩余收益衡量指标来进行绩效评估，这会在后续章节进行讨论，同时还有奖金和股票期权。股票市场也是一个重要的约束机制。如果高层管理者滥用公司资源，公司的股票价格就会下跌，进一步可能导致其名誉、奖金和工作岗位的损失。当然，过分严重的自利交易可能会使 CEO 面临诉讼。

2. 利润中心

利润中心（profit center）的管理者对成本和收入承担责任，不对投资负责。例如，六面旗（Six Flags）曾是世界上最大的主题公园，负责游乐部分的管理者只对成本和收入承担责任，因此必然要对利润承担责任，但是，他不对游乐园的投资负责。通常是通过实际利润和预算利润的比较来评价利润中心的管理者。

3. 投资中心

投资中心（investment center）的管理者对成本、收入和经营资产的投资承担责任。例如，通用汽车（General Motor）北美制造业的副总裁对制造业的投资有很大的决定权，如决定是否投资于生产更节能的发动机的设备。一旦高层管理者和董事会批准副总裁的投资建议，他就有责任让他们获得回报。接下来讨论以投资报酬率和剩余收益对投资中心的管理者进行评价。

| 商业实战 12-1 | 苹果（Apple）不断发展的服务业务

尽管许多人一直密切关注苹果公司的 iPhone，但该公司还有一个责任中心——服务部门，并且该部门一直在稳步发展。该公司的服务部门已经超越 Mac 成为苹果的第二大业务部门，主要的服务范围包括苹果应用商店、苹果音乐、iTunes 和苹果支付等。

苹果服务部门的年收入为 240 亿美元，虽然仅占苹果公司总销售额的 11%，但这一数字超过了星巴克、万事达和 Visa 等公司的总销售额。

麦夸里研究公司（Macquarie Research）的分析师本·沙克特（Ben Schachter）估计，苹果公司服务部门的毛利率为 78%，与公司 38% 的整体毛利率相比具有较大优势，预计在几年内，服务部门的收入占比将增长到苹果总销售额的 19%。

资料来源：Steven Russolillo, "Apple's Secret Profit Center," *The Wall Street Journal*, January 31, 2017, p. B11.

12.3 评价投资中心业绩：投资报酬率

投资报酬率（return on investment，ROI）是一种常用于投资中心业绩评价的财务指标。投资报酬率是经营净利润与平均经营资产的比率。计算公式为：

$$ROI = 经营净利润 / 平均经营资产$$

业务部门的目标是提高投资报酬率，因为这代表着投资于经营资产的每一美元都能获得更多的利润。

12.3.1 经营净利润和经营资产的定义

请注意，ROI 公式中使用的是经营净利润，而非净收益。**经营净利润**（net operating income）是息税前收益，有时也称为 EBIT（earnings before interest and taxes）。公式中使用经营净利润的原因是基数（分母）使用经营资产。为保持一致，分子使用经营净利润。

经营资产（operating assets）包括现金、应收账款、存货、厂房和设备以及用于经营目的的所有其他资产。未来使用的土地、对其他公司的投资和已出租的建筑物不是用于经营目的，这类资产不包括在经营资产中。公式中经营资产以期初、期末的平均数为基础计算。

大多数公司使用资产的账面净值（购买成本减去累计折旧）计算平均经营资产。该方法的不足是：随着累计折旧的增加，资产的账面净值减少，计算 ROI 分母减少，从而使 ROI 增加。因此，随着时间的推移，ROI 呈现出机械性增加的情况。而且，如果是新设备取代旧设备，资产的账面净值会增加，进而减少 ROI。所以，使用账面净值在计算平均经营资产时，可以形成人为的 ROI 预测模式，即随着累计折旧的增加来提高 ROI 和不采用新设备更新代替旧设备使得 ROI 提高。另外一种计算 ROI 的方法是用资产的总成本代替账面净值，因为忽略累计折旧，资产总成本保持不变。所以，ROI 不会随着时间的延长而自动增加，也不会因为新设备而受到影响。

但是，大多数公司仍然使用账面净值计算平均经营资产。因为这样做和财务报告惯例一致，折旧作为利润表上的经营费用，资产负债表上的资产是以账面净值表示的。因此，我们始终使用账面净值计算。

12.3.2　理解 ROI

ROI 是经营净利润与平均经营资产的比率，也可以用**毛利率**（margin）和**资产周转率**（turnover）来表示：

$$ROI = 毛利率 \times 资产周转率$$

式中　毛利率＝经营净利润 / 销售收入；

　　　资产周转率＝销售收入 / 平均经营资产。

请注意，毛利率和资产周转率相乘时，销售收入被抵消，变为经营净利润除以平均经营资产（ROI 原始公式）。所以，以上两个公式会给出相同的答案。

然而，毛利率和资产周转率公式为管理者提供了更深入的信息，从而帮助他们更好地了解如何提高 ROI。在其他条件相同的情况下，提高销售价格、减少经营费用或增加销量可以增加毛利率；提高销售价格、减少经营费用都能提高经营净利润，从而增加毛利率。因为经营杠杆，增加销量会增加毛利率。如前文章节所述，因为经营杠杆的存在，给定销量增加百分比会带来经营净利润百分比更大的增加。所以，增加销量一般会增加毛利率。有些管理者习惯于过于关注毛利率而忽略资产周转率。然而，资产周转率体现了管理者责任中重要的一部分——经营资产的投资效果。经营资产占用过量资金会降低资产周转率和 ROI。事实上，过量经营资产可能会对 ROI 造成很大的影响，因为经营费用过高，就压低了毛利率。

| 商业实战 12-2 |　服装零售商希望通过加大码衣服的供应来实现销售收入的提升

新泽西州大学招生顾问阿曼达·吉列姆（Amanda Gilliam）对服装零售商做出了犀利的评论，她说："加大码的衣服通常放在商店的后面，各部门库存不足，而且这种营销很难吸引顾客……品牌方不生产加大码的衣服是一种非常短视的行为，他们会错过许多准备为此花钱的消费者。"加之数据显示美国 70% 的成年人超重或肥胖，像阿曼达这样的关注也开始引起众多零售商的注意。

诺德斯特龙（Nordstrom）正在让 100 个品牌增加加大码衣服，塔吉特（Target）门店计划在 300 家商店中供应加大码衣服，REI 门店将加大码衣服增加了 50%。此外，这些服装零售商开始将加大码衣服与常规码衣服放在一起售卖，而不是将加大码衣服单独陈列在其他的部门。比如塔吉特会将泳衣、运动装备以及内衣的常规码和加大码放在一起销售。虽然许多零售商最初专注于女装，但它们很快指出，男装也存在同样的问题和机遇。

资料来源：Kapner, Suzanne. "Once Shunned, Plus Sizes Embraced by Stores," *The Wall Street Journal*, May 8, 2018.

管理者可以通过采取各种改变销售收入、经营费用和经营资产的措施来提高 ROI。例如，管理者可能投资经营资产以减少经营费用或增加销售收入。不论其影响结果好坏都会体现在 ROI 上。

例如，蒙特尔公司（Montvale Burger Grill）预期下月经营成果如下：

（单位：美元）

销售收入	100 000
经营费用	90 000
经营净利润	10 000
平均经营资产	50 000

ROI 计算如下:

$$ROI = 毛利率 \times 资产周转率$$

$$ROI = \frac{经营净利润}{销售收入} \times \frac{销售收入}{平均经营资产}$$

$$= \frac{10\,000\text{ 美元}}{100\,000\text{ 美元}} \times \frac{100\,000\text{ 美元}}{50\,000\text{ 美元}}$$

$$= 10\% \times 2 = 20\%$$

现在我们假定蒙特尔公司的管理者考虑投资 2 000 美元购买可以提供多种不同口味的冰淇淋机。预计该机器将增加销售收入 4 000 美元、增加经营费用 1 000 美元。所以,经营净利润将会增加 3 000 美元至 13 000 美元,新的 ROI 将会是:

$$ROI = 毛利率 \times 资产周转率$$

$$ROI = \frac{经营净利润}{销售收入} \times \frac{销售收入}{平均经营资产}$$

$$= \frac{13\,000\text{ 美元}}{104\,000\text{ 美元}} \times \frac{104\,000\text{ 美元}}{52\,000\text{ 美元}}$$

$$= 12.5\% \times 2 = 25\%$$

在该例子中,是通过投资增加了 ROI,但是这种情况并不会经常出现。

让我们再看一个例子,知名的杜邦公司率先使用 ROI,并且认识到毛利率和资产周转率在评价管理者业绩方面的重要性。ROI 通过单一指标反映管理者责任的多个方面,ROI 可与组织内其他投资中心、行业内公司和自身历史投资报酬率对比。杜邦公司创建了 ROI 分析体系,如图 12-1 所示,它帮助管理者理解如何改善 ROI。

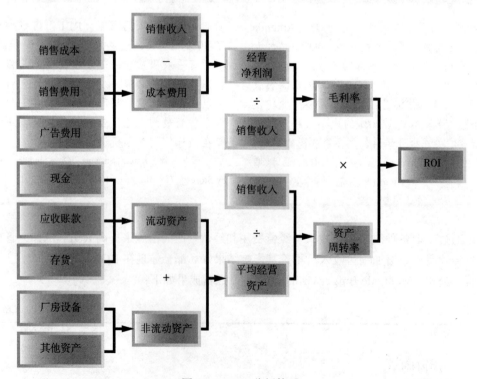

图 12-1　ROI 分析体系

| 商业实战 12-3 | 星巴克毛利率增加的同时客流量却在下降

在某个季度，由于同店销售收入增长了 4%，星巴克的股价上涨了 9%，而这超出了分析师预期的 2% ~ 3%。星巴克将产品标价上调了 5%，导致毛利率增加，从而得到了这样可喜的结果，但客流量却下降了 1%。星巴克的首席运营官罗莎琳德·布鲁尔（Rosalind Brewer）认为毛利率的增加是公司最

大的机遇，然而，来自低价位竞争对手［如唐肯品牌（Dunkin Brands）］以及来自高价位特色咖啡店日益激烈的竞争，使得星巴克客流量的增加面临着一些挑战。

资料来源：Julie Jargon, "Starbucks Gets Jolt from Higher Prices," *The Wall Street Journal*, November 2, 2018, p. B1.

12.3.3　ROI 的局限

尽管 ROI 广泛应用于评估投资中心绩效，但它也存在如下局限。

（1）只告诉管理者要增加 ROI 是不够的，因为管理者可能不知道如何增加 ROI。他们增加 ROI 的方式可能与公司战略不一致；或是短期内增加了 ROI，但是从长期来看可能有损公司价值。这也是为什么要将 ROI 作为平衡计分卡的一部分，这将在下一章中进行讨论。

（2）当管理者接管一个投资中心时，同时也继承了他们无法控制的约束性成本。而这些约束性成本在计算投资中心的 ROI 时是相关的，它们会使得仅根据可控结果来公正评估管理者的绩效变得困难。

（3）如果以 ROI 评价管理者，经理可能会放弃对投资中心 ROI 有不利影响的投资机会，即便从公司的角度来看这些投资是可取的。这将在本章后续章节进行讨论。

12.4　剩余收益

剩余收益是另一种评价投资中心业绩的方法。**剩余收益**（residual income，RI）是投资中心获得高于经营资产的最低必要报酬的经营净利润。公式如下：[⊖]

$$剩余收益 = 经营净利润 - （平均经营资产 \times 最低必要报酬率）$$

当使用 RI 评价业绩时，需使 RI 的总额最大，而不是 ROI 最大。这是一个重要的区别。如果一个公司目标是使 ROI 最大，那么每一个公司都可能会只需生产 ROI 最大的产品，而放弃其他所有产品。

为便于说明，我们分析右表中阿拉斯加海运服务公司的凯旗部门（Ketchikan Division of Alaskan Marine Services Corporation）作为投资中心的数据。

阿拉斯加海运服务公司的凯旗部门 用于业绩评价的基本数据	
平均经营资产	100 000 美元
经营净利润	20 000 美元
最低必要报酬率	15%

阿拉斯加海运服务公司凯旗部门使用 ROI 评价投资中心管理者业绩，目前在考虑变更为 RI。赞同该变更的财务主管给出下表，展示在两种方法下如何评价部门业绩。

⊖　经济附加值（economic value added，EVA）是对剩余收益的调整。思腾思特咨询公司（Stern, Stewart & Co.）对经济附加值进行了注册并推广。根据经济附加值，公司经常以各种方式修改会计原则。例如，用于研究和开发的资金通常被视为投资而不是费用。在本书中，我们不区分经济附加值和剩余收益。

阿拉斯加海运服务公司的凯旗部门		（金额单位：美元）
	业绩评价的两种方法	
	ROI	RI
平均经营资产（a）	100 000	100 000
经营净利润（b）	20 000	20 000
ROI（b）÷（a）	20%	
最低必要报酬（15%×100 000）		15 000
RI		5 000

RI 计算的原理很直观易懂。公司在其投资上能够获得至少 15% 的必要报酬率，因为该公司已经以经营资产的形式投资凯旗部门 100 000 美元，那么，需在该投资中获得 15 000 美元（=15%×100 000 美元）的报酬。因为凯旗部门的经营净利润为 20 000 美元，那么 RI 为 5 000 美元。如果使用 RI 代替 ROI 衡量业绩，凯旗部门将以 RI 每年的增加为基础来评价凯旗部门的管理者的业绩。

剩余收益在企业激励中的应用

阿拉斯加海运服务公司的财务主管想要使用 RI 代替 ROI 的主要原因之一是，在两种方法下管理者对新投资的考虑不同。RI 鼓励管理者做出对公司整体有益的投资，而使用 ROI 时该投资可能被管理者拒绝。

为说明该问题，假定凯旗部门的管理者考虑采购一台计算机诊断机器用于船用柴油机。该机器 25 000 美元，预期每年经营净利润为 4 500 美元。从公司角度来看，这将会是一个好的投资，因为其预期报酬率为 18%（=4 500 美元 /25 000 美元）大于公司最低必要报酬率 15%。

如果以 RI 为基础评价凯旗部门的管理者，将会接受该投资，计算结果如下。

阿拉斯加海运服务公司的凯旗部门使用 RI 评价业绩			（单位：美元）
	现有项目	新项目	总额
平均经营资产	100 000	25 000	125 000
经营净利润	20 000	4 500	24 500
最低必要报酬	15 000	3 750①	18 750
剩余收益	5 000	750	5 750

① 25 000 美元 ×15%=3 750 美元。

因为该项目使凯旗部门的剩余收益增加 750 美元，管理者将会接受该投资。

现假定以 ROI 为基础评价凯旗部门的管理者，计算结果如下。

阿拉斯加海运服务公司的凯旗部门使用 ROI 评价业绩			（金额单位：美元）
	现有项目	新项目	总额
平均经营资产（a）	100 000	25 000	125 000
经营净利润（b）	20 000	4 500	24 500
ROI（b）/（a）	20%	18%	19.6%

新项目使该部门的 ROI 由 20% 降至 19.6%。这是因为该机器报酬率为 18%，大于公司最低必要报酬率 15%，小于公司现有的 20% 的投资报酬率。虽然从公司角度来看它是一个好的投资，却减少了部门的 ROI。如果以 ROI 为基础评价部门管理者，那么他们甚至不愿意提出这样的投资。

通常，以 ROI 为基础评价的管理者，他们可能会拒绝任何投资报酬率低于部门当前 ROI 的项目，即使该投资项目的报酬率高于公司最低必要报酬率。相反，以 RI 为基础评价的管理者，他们会接受任何高于公司最低必要报酬率的投资，因为增加了他们部门的剩余收益。对公司来说，接受大于公司最低必要报酬率的投资都是有利的，所以，使用 RI 评价部门的管理者有助于他们做出比使用 ROI 评价时更优的决策。

|商业实战 12-4| 　　　　　高田（TAKATA）付出了巨大的代价

当公司为了提高投资报酬率（ROI）和剩余收益（RI）等利润指标而牺牲道德标准时，恶果就会到来！高田（TAKATA）承认，该公司向汽车制造商提供了有关其安全气囊安全性的虚假测试报告，这些安全气囊"在碰撞过程中有爆炸的风险，因为化学推进剂在高温高湿环境下会随着时间的推移而失去稳定性"。该公司的安全气囊爆炸已导致全球 22 人死亡，180 多人受伤。该公司在美国和日本申请破产保护，并且同意向汽车制造商支付 8.5 亿美元的赔偿以及缴纳 6.5 亿美元的民事罚款，同时对因产品缺陷受到伤害的消费者赔偿 1.25 亿美元。

资料来源：Mike Spector, " Takata Settles with States over Air Bags," *The Wall Street Journal*, February 22, 2018, p. B2.

12.5 转让价格

公司的利润中心和投资中心通常向同一公司内的其他责任中心提供商品和服务。例如，丰田卡车部为其他部门提供卡车满足经营需要。基于利润、ROI 或 RI 对这些责任中心进行评价时，需要建立一种价格满足产品在公司内部转让的需要，否则，卡车部将不允许确认与转让相关的任何财务利益，其他部门也不需要承担与转让相关的任何成本。这种情况下使用的价格即转让价格。**转让价格**（transfer price）是将商品从一个分部转让给另一个分部时产生的成本。例如，石油行业的大多数公司，如壳牌等都有石油炼制部门和零售部门，其业绩评价依赖于 ROI 和 RI。石油炼制部门将原油加工为汽油、柴油、润滑油和其他产品，再通过公司连锁加油站等零售部门销售这些产品。为每种产品制定转让价格，使石油炼制部门能够确认转让收入，同时也要求零售部门确认相应的费用。例如，我们假设汽油转让价格为每加仑 0.80 美元，那么石炼油制部门借记 0.80 美元的收入，零售部门贷记 0.80 美元的费用。毫无疑问，石油炼制部门希望转让价格尽可能高，以便使利润最大化，但是零售部门出于同样的原因也希望转让价格尽可能低。该交易对公司整体收益没有直接影响，只是将钱从一个部门转移另一个部门。

对于利润中心和投资中心的管理者来说，他们的经济补偿金和他们所在的责任中心实现的利润直接相关，因此他们对转让价格的制定非常感兴趣。同样，诸如首席执行官（CEO）和首席财务官（CFO）等公司的高层领导也对转让价格的制定有着浓厚的兴趣，因为他们有着实现公司利润最大化的强烈意愿。然而公司高层领导和责任中心管理者的目标并不总是一致的，责任中心管理者的转让价格决策实际上会降低整个公司的利润。我们将这种适得其反的情况称为**次优化**（Suboptimization）。当责任中心管理者做出的决策不符合公司整体的最佳利益，甚至不符合其自身责任中心的最佳利益时，就会出现次优化。

制定转让价格有 3 种常用方法。

（1）部门管理者协商确定。

（2）以变动成本或完全成本确定。

（3）以市场价格确定。

这些方法虽然各有优缺点，但没有一种能完全消除次优化的风险。

12.5.1 协商转让价格

协商转让价格（negotiated transfer price）顾名思义，就是涉及两个责任中心管理者之间的谈判——就如同一个是潜在买家和一个是卖家。如果谈判成功，则会产生买卖双方商定的转让价格。如果谈判失败，就意味着他们未能就转让价格达成一致，双方将不会交换产品或服务。当一家公司允许其责任中心管理者协商转让价格时，就会形成两种利好：一是保留双方的自主权，与分权相一致；二是这些部门的管理者可能较之于公司的其他人有更多关于潜在成本和收益的信息。

然而，协商转让价格也有两个重要的缺陷，即并非所有管理者都了解自己的业务，也并非所有管理者都是合作的谈判者。因此，即使达成的协议符合管理者自身的最佳利益（以及公司的最佳利益），谈判也往往会破裂。有些时候，谈判的失败源于管理者的评估和奖励的方式。如果管理者只是相互竞争，而不是对过去的业绩或合理的基准进行自我比较，那么一个相互合作的谈判氛围几乎是不可能形成的。

一般来说，只有当转让价格在可接受的范围内，同时该价格可以增加买方和卖方的利润时，转让双方的责任中心管理者才会同意转让产品或服务。该可接受转让价格范围的下限由卖方的情况决定，而该范围的上限由买方的情况决定。下面，我们将介绍一个示例，说明如何计算可接受转让价格的范围。

12.5.2 协商转让价格：案例

哈瑞路得公司（Harris&Louder Ltd.）在英国有快餐店、小吃店和饮料工厂等部门。旗下一家名为马文比萨的快餐店提供比萨饼和各种饮料，其中的一款为姜味啤酒，极为畅销。哈瑞路得公司刚刚收购了一家新的公司——帝国饮料厂。帝国饮料厂也生产姜味啤酒。帝国饮料厂的经理向马文比萨店的经理提出购买帝国饮料厂的姜味啤酒在马文比萨店销售而不是用其他的一般品牌的姜味啤酒。马文比萨店的经理认为它们生产的姜味啤酒与以往销售的姜味啤酒质量不相上下，因此他们的决策在很大程度上取决于他们必须向帝国饮料厂支付的转让价格。如下所述，这两个责任中心（以下统一为部门）的管理者只有在能够增加双方利润的情况下才有可能同意转让价格。计算能够增加双方利润的可接受转让价格范围的公式将使用以下信息推导出来：

帝国饮料厂：	
每月姜味啤酒产量	10 000 桶
每桶姜味啤酒的变动成本	8 美元 / 桶
每月固定成本	70 000 美元
帝国饮料厂市场价格	20 美元 / 桶
马文比萨店：	
以往姜味啤酒的采购价格	18 美元 / 桶
每月姜味啤酒消费量	2 000 桶

1. 销售部门最低可接受的转让价格

作为销售部门的帝国饮料厂只有其收益增加才会同意转让价格。毫无疑问，转让价格不能低于单位变动成本 8 美元 / 桶。同时，由于经常为顾客提供比萨饼会牺牲边际贡献，转让价格也必须再加上这一笔金额。总之，如果转让价格对固定成本没有影响，从销售部门的角度来看，转让价格须弥补变动成本和机会成本（如果有的话）。这可以用以下等式来表示。

卖方视角：

转让价格 ≥ 单位变动成本 + 放弃常规销售所损失的边际贡献 / 转让数量

2. 采购部门最高可接受的转让价格

作为采购部门的马文比萨店只有其收益增加才会同意转让价格。该例中当采购部门有外部供应商时，其决策比较简单——只要价格低于外部供应商的报价，采购部门就会向公司内的部门采购。

买方视角：

转让价格 ≤ 从外部供应商处采购时的成本

如果外部供应商不存在：

$$转让价格 \leqslant 销售单位产品获得的收益$$

接下来，我们使用这些公式计算三种情况下的可接受转让价格的范围：①销售部门有闲置生产能力；②销售部门没有闲置生产能力；③销售部门有一部分闲置生产能力。

3. 销售部门有闲置生产能力

假设帝国饮料厂有足够的生产能力满足马文比萨店对姜味啤酒的需求。更具体地说，假设帝国饮料厂在外部市场每月销售 7 000 桶姜味啤酒，其闲置生产能力 3 000 桶足够满足马文比萨店每月 2 000 桶的需求。什么范围的转让价格可以使双方达成每月 2 000 桶的内部交易？

（1）作为销售部门的帝国饮料厂将会对转让感兴趣的条件：

$$转让价格 \geqslant 单位变动成本 + 放弃常规销售所损失的边际贡献 / 转让数量$$

帝国饮料厂有足够的生产能力，并不需要牺牲向老客户供给的产能。因此，每桶 8 美元的变动成本成为可接受的最低转让价格：

$$转让价格 \geqslant 8\ 美元 / 桶 + 0\ 美元 / 2\ 000\ 桶 = 8\ 美元 / 桶$$

（2）作为采购部门的马文比萨店可以以 18 美元 / 桶的价格从外部供应商处购买类似的姜味啤酒。因此，该购买价格成为最高可接受转让价格：

$$转让价格 \leqslant 从外部供应商处采购时的成本 = 18\ 美元 / 桶$$

（3）综合考虑销售部门和采购部门的要求，可接受转让价格范围：

$$8\ 美元 / 桶 \leqslant 转让价格 \leqslant 18\ 美元 / 桶$$

假设管理者了解其自身经营并团结合作，他们应在上述价格范围内进行转让。

4. 销售部门没有闲置生产能力

假设帝国饮料厂每月在外部市场以 20 美元 / 桶的价格销售 10 000 桶姜味啤酒。这种情况下，帝国饮料厂没有足够的产能，为完成马文比萨店订单，需要减少对常规客户的销量。什么范围的转让价格可以使双方达成每月 2 000 桶的内部交易？

（1）作为销售部门的帝国饮料厂将会对转让感兴趣的条件：

$$转让价格 \geqslant 单位变动成本 + 放弃常规销售所损失的边际贡献 / 转让数量$$

因为帝国饮料厂没有足够的闲置生产能力，所以会放弃一部分的外部销售。考虑到外部销售边际贡献为 12 美元 / 桶，最低可接受转让价格 20 美元 / 桶的计算为：

$$转让价格 \geqslant 8\ 美元 / 桶 + （20\ 美元 / 桶 - 8\ 美元 / 桶）\times 2\ 000\ 桶 / 2\ 000\ 桶$$
$$= 8\ 美元 + （20\ 美元 / 桶 - 8\ 美元 / 桶）= 20\ 美元 / 桶$$

从销售部门的角度来看，转让价格必须至少应补偿放弃常规销售所损失的边际贡献，即 20 美元 / 桶，因为无论销售给内部市场或外部市场，生产 2 000 桶的成本都是一样的。唯一的区别是如果销售给马文比萨店，帝国饮料厂会损失 20 美元 / 桶的收入。

（2）如前文所述，采购部门马文比萨店可以从外部供应商那里以 18 美元 / 桶的价格买到类似的姜味啤酒。那么该购买价格成为最高可接受转让价格：

$$转让价格 \leq 从外部供应商处采购时的成本 = 18 美元 / 桶$$

（3）所以，销售部门会坚持至少 20 美元 / 桶的转让价格，但是采购部门会拒绝超过 18 美元 / 桶的转让价格。因为转让价格无法达成一致，导致谈判破裂，转让也不会发生。这样好吗？当然是不应该进行内部转让。从公司整体出发，转让没有意义。为什么要放弃 18 美元 / 桶的采购价，而用 20 美元 / 桶的价格采购呢？

转让价格是一种将公司整体的利润通过转让价格在部门之间分配的机制。如果公司在内部转让中遭受损失，将没有利润在部门之间分配，达成转让协议也是不可能的。相反，如果公司在内部转让中获利，将会有利润在部门之间分配，有可能使买卖双方达成一致的转让价格并增加双方的利润。

5. 销售部门有一部分闲置生产能力

假设帝国饮料厂每月在外部市场销售 9 000 桶姜味啤酒。马文比萨店只销售一种姜味啤酒。马文比萨店不能从帝国饮料厂采购 1 000 桶，同时从其他供应商处采购 1 000 桶，它只能从同一个供应商处采购全部姜味啤酒。

帝国饮料厂为完成马文比萨店的 2 000 桶姜味啤酒的订单，不得不放弃 1 000 桶外部市场的销售，其价格为 20 美元 / 桶。另外 1 000 桶是利用闲置生产能力来生产的。什么范围的转让价格范围可以使双方达成每月 2 000 桶的内部交易？

（1）如前文所述，作为销售部门的帝国饮料厂将会坚持的转让价格是至少可以弥补变动成本和机会成本：

$$转让价格 \geq 单位变动成本 + 放弃常规销售所损失的边际贡献 / 转让数量$$

因为帝国饮料厂没有足够的生产能力完成 2 000 桶的订单，放弃了部分外部市场上的销售。考虑到这些外部销售的边际贡献为 12（=20-8）美元 / 桶，最低可接受转让价格为 14 美元 / 桶：

$$转让价格 \geq 8 美元 / 桶 +（20 美元 / 桶 -8 美元 / 桶）\times 1 000 桶 /2 000 桶$$
$$=8 美元 / 桶 +6 美元 / 桶 =14 美元 / 桶$$

所以，销售部门转让价格为 8 美元 / 桶的变动成本加上 6 美元 / 桶的机会成本。

（2）如前文所述，采购部门马文比萨店可以从外部供应商那里花 18 美元 / 桶买到类似的姜味啤酒。因此，该购买价格成为最高可接受转让价格：

$$转让价格 \leq 从外部供应商处采购时的成本 =18 美元 / 桶$$

（3）综合考虑销售部门和采购部门的要求，可接受转让价格范围：

$$14 美元 / 桶 \leq 转让价格 \leq 18 美元 / 桶$$

同样，假设管理者了解其自身经营并团结合作，他们应在上述价格范围内进行内部转让。

6. 没有外部供应商

如果马文比萨店没有姜味啤酒的外部供应商，采购部门愿意支付的最高价格取决于采购部门希望在转让中获得的收益——不考虑转让价格的因素。例如，马文比萨店在支付自己经营的相关费用后希望获得 30 美元 / 桶的收益，那么它愿意以 30 美元 / 桶的价格支付给帝国饮料厂。但是，此时的假设是马文比萨店不能从其他供应商那里采购姜味啤酒。

7. 协商转让价格的评价

如前所述，如果公司内部转让能够为公司整体带来更大的收益，那么，总会在买卖双方间存在转让价格范围，使销售部门和采购部门能够各自获得更高的利润。

考虑到经常伴随谈判过程的争端，许多公司采取其他方法确定转让价格，如基于成本和基于市场的转让价格。

12.5.3　以销售部门成本确定转让价格

许多公司以销售部门变动成本或完全成本确定转让价格。尽管用成本法设定转让价格相对简单，但是其主要的缺点如下所示。

首先，作为转让价格的成本，特别是完全成本，可以导致次优化决策。回顾姜味啤酒的例子，姜味啤酒的完全成本永远不会低于 15 美元 / 桶，其中包括 8 美元 / 桶的变动成本和 7 美元 / 桶的固定成本。如果姜味啤酒的外部市场价格低于 15 美元 / 桶，如 14 美元 / 桶时怎么办？如果转让价格以完全成本法制定，马文比萨店将不会从帝国饮料厂采购姜味啤酒，因为外部市场价格更低。但是，从公司整体来看，只要帝国饮料厂有闲置的生产能力，就应该达成内部转让的协议。为什么？因为帝国饮料厂有闲置的生产能力，其生产每桶姜味啤酒只有 8 美元的变动成本，从外部市场购买的价格是 14 美元 / 桶。

其次，如果用成本确定转让价格，销售部门永远无法在内部转让中获利，公司内唯一获利的部门只能是负责最终向外部销售的部门。

最后，以成本为基础的转让价格无法激励管理者去控制成本。如果一个部门的实际成本简单地转移到下一个部门，几乎不会激励任何人去考虑降低成本。但是如果不使用实际成本而使用标准成本确定转让价格就可以解决这个问题。

虽然基于成本的转让价格有诸多不足，但在实际中仍被广泛应用。支持者认为它易于理解和便于使用。

12.5.4　以市场价格确定转让价格

在有外部市场的客户经常购买转移的产品或服务的情况下，可以使用产品或服务的**市场价格**（market price），即商品在公开市场上的价格，作为转让价格。

如果销售部门没有闲置生产能力，以市场价格作为转让价格是一种正确的选择。这是因为从公司角度来看，转让的真实成本是放弃外部销售的机会成本。不论产品用于内部转让或外部销售，产品成本是相同的。如果采用市场价格作为转让价格，销售部门管理者在这个转让中不会有任何损失，采购部门管理者也可以获得公司在发生这笔转让业务时真实成本的正确信息。

如果销售部门没有闲置生产能力，基于市场的转让价格同样也适用，但是，当销售部门存在闲置生产能力时，用市场价格作为转让价格可能会出现问题。再次回到姜味啤酒的例子，帝国饮料厂生产姜味啤酒的外部市场价格为 20 美元 / 桶。但是，马文比萨店可以 18 美元 / 桶的价格从外部市场任意采购。因此，如果马文比萨店能够以 18 美元 / 桶的价格从自己的供应商那里购买姜味啤酒，它就永远不会愿意接受帝国饮料厂 20 美元 / 桶的转让价格，并且以市场为基础的 20 美元 / 桶的转让价格也将导致次优化决策。从全公司的角度来说，最佳选择就是马文比萨店选择以 8 美元 / 桶的可变制造成本从帝国饮料厂获得额外的姜味啤酒（假设帝国饮料厂有闲置产能），但基于市场的转让价格会促使马文比萨店选择向外部供应商支付 18 美元 / 桶的价格。

在市场价格法下，转让价格或外部市场价格低于 18 美元 / 桶。马文比萨店将会直接以 18 美元 / 桶的价格从帝国饮料厂采购，只要帝国饮料厂愿意销售。该方法就可以很好地发挥作用，但是缺点是马文比萨店的管理者认为姜味啤酒成本是 18 美元 / 桶，而不是 8 美元 / 桶，8 美元 / 桶是销售部门有闲置生产能力时公司的真实成本。所以，马文比萨店的管理者将会以错误的成本确定转让价格和决策。

不幸的是，没有一种确定转让价格的方法是完美的，市场价格法也有缺点。接下来，我们讨论服务部门成本，它可以被视为服务部门向经营部门提供服务所收取的转让价格。

12.6　服务部门成本

大多数大型组织都设有经营部门和服务部门，组织的主要目标由**经营部门**（operating department）完成，而**服务部门**（service department）不直接从事经营活动，它们为经营部门提供服务或协助。服务部门包括自助餐厅、内部审计、人力资源、成本会计和采购部门等。

服务部门成本应计入经营部门的主要理由如下。

（1）鼓励经营部门充分使用服务部门资源。如果这些服务是免费的，经营部门管理者可能会浪费这些资源。

（2）为经营部门提供完整成本数据以制定决策。经营部门的行为会对服务部门成本产生影响。例如，雇用新员工增加的人力资源成本，服务部门成本应计入经营部门，否则经营部门在制定决策时会忽略该类成本。

（3）有助于衡量经营部门的盈利能力。将服务部门成本计入经营部门，提供了经营部门相关业务的完整的会计成本。

（4）为服务部门有效经营创造出一种激励机制。将服务部门成本计入经营部门，提高了经营部门对成本的制约和平衡意识，有助于保持服务部门的低成本。

12.7　服务部门成本：关键概念

计算服务部门成本时有两个关键概念。首先，变动成本和固定成本应尽可能地分别分配，以便为经营部门的预算和控制提供更有用的数据。其次，经营部门承担的是服务部门的预算成本，而不是实际成本。这样就避免了服务部门将超额支出转嫁给经营部门。下面我们将对这些概念进行详细阐述。

12.7.1　变动成本

变动成本随着服务的变动而成比例地变动。例如，自助餐厅食物的成本是一项变动成本，它随着用餐人数和就餐次数成比例变动。

变动成本应根据引发成本的作业动因计入经营部门。例如，维修部的变动成本是由经营部门使用机器的工时数引起的，应以机器工时为基础分配给经营部门。向经营部门收取服务部门变动成本的公式如下：

$$向经营部门收取的变动成本 = 预算变动成本率 \times 实际作业水平$$

注意，上述公式中使用的是服务部门每单位的预算变动成本率，而不是实际变动成本率。这确保了服务部门仍然全权负责解释实际和预算变动成本率之间的任何差异。如果服务部门可以根据实际变动成本率收取费用，那么经营部门将因服务部门的成本效率低下而受到不公平的指控并承担责任。

还要注意的是，在上述公式中使用了经营部门的实际作业水平（而不是预算作业水平）。这确保了向经营部门收取的总费用与该部门实际使用的服务部门资源成正比。相反，如果在上述公式中使用经营部门的预算作业水平，那么经营部门将会免费使用超出服务部门预算的资源，这显然是不公平的。

12.7.2　固定成本

向经营部门收取服务部门的固定成本时分为三个步骤。第一，经营部门和服务部门的管理者应该就经营部门对服务部门固定成本资源的未来使用情况达成一致。在本章中，预计的未来使用量将始终根据经营部门高峰期的服务需求或长期平均需求进行量化。第二，服务部门管理者需要做出固定成本承诺，以满足经营部门指定的预计高峰期服务需求或长期平均需求。第三，服务部门使用以下公式向经营部门收取预先确定的固定成本总额：

$$向经营部门收取的固定成本 = 预算固定成本总额 \times 高峰期需求量$$

请注意，此公式中使用的是服务部门的预算固定成本总额，而不是实际固定成本总额。这确保了服务部门仍然全权负责解释实际固定成本和预算固定成本之间的任何差异。

还要注意的是，向经营部门收取服务部门的预算固定成本时，其依据是高峰期需求量而不是可变的分配基数。这确保了服务部门的固定成本由经营部门按照每个经营部门所需的服务能力比例承担。经营部门不需要每个期间都达到最高的服务水平，但是服务部门必须具备提供该水平服务的能力，并且相应地向经营部门收取提供该服务能力的预算成本。

12.8 服务部门成本：案例

海洋航空（Seaboard Airlines）有两个经营部门，货运部门和客运部门，以及为这两个部门提供维修的服务部门。服务部门变动成本预算为 10 美元 / 飞行小时，固定成本预算为每年 750 000 美元。服务部门的固定成本以高峰期需求量为基础进行预算，该期间大约 40% 的维修用于货运部门，60% 用于客运部门。年底，货运部门和客运部门分别记录了 8 000 和 17 000 飞行小时。该年服务部门实际变动成本和固定成本分别为 260 000 美元和 780 000 美元。根据这一信息，每年向各部门收取的服务部门成本金额计算如下。

服务部门成本分配如下：

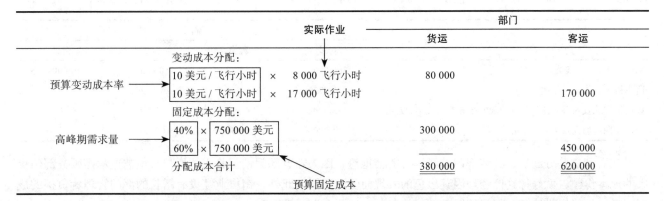

	实际作业	部门	
		货运	客运
变动成本分配：			
预算变动成本率 → 10 美元 / 飞行小时 × 8 000 飞行小时		80 000	
10 美元 / 飞行小时 × 17 000 飞行小时			170 000
固定成本分配：			
高峰期需求量 → 40% × 750 000 美元		300 000	
60% × 750 000 美元			450 000
分配成本合计 （预算固定成本）		380 000	620 000

需要注意，分配至经营部门的变动成本以预算变动成本率（10 美元 / 飞行小时）和当年实际作业水平为基础。而固定成本完全以预算为基础。同时应注意这两个经营部门并不承担服务部门的实际成本。服务部门对未分配至其他部门的实际成本负责，相关信息如下。

（单位：美元）

	变动成本	固定成本
实际总成本	260 000	780 000
已分配经营部门的成本	250 000 [1]	750 000 [2]
服务部门负责的开支差异	10 000	30 000

[1] 80 000+170 000=250 000
[2] 300 000+450 000=750 000

12.9 分配服务部门成本时应注意的问题

一些公司使用在不同期间波动的变动性为分配基础，而不是以预算总额向接受服务的部门分配固定成本。这种方法会歪曲决策并导致严重的部门间不公平。这种不公平来自一个部门分配到的固定成本会受到其他部门所发生的活动的严重影响。

销售收入经常作为将服务部门的固定成本分配到经营部门所采用的分配基础。使用销售收入基础比较简单、直观、易于操作。而且，人们倾向于把销售收入看作是有支付能力的计量指标，因而销售收入也用于衡量该组织的其他部门决定要承担成本的指标。

但是，销售收入常是一个很差的分配成本的基础，因为它在不同时期会发生变动，但被分配的成本额往往都是固定的。因此，一个不努力销售的部门就会将该部门应当分配的成本转嫁给其他更为成功的部门。其后果是尽最大努力进行销售的部门受到惩罚，即分配到了更多的成本，这会使得业绩更好的部门管理者感到苦恼和郁闷。

例如，假设一个大型男士服装商场有 1 个服务部门和 3 个销售部门，即套装、鞋类和配饰。服务部门的总成本为每期 60 000 美元，并按销售收入分配给 3 个销售部门。近期进行了以下成本分配。

	部门			
	套装	鞋类	配饰	合计
部门销售收入 / 美元	260 000	40 000	100 000	400 000
所占销售总收入百分比	65%	10%	25%	100%
以占销售总收入百分比为基础分配的服务部门成本 / 美元	39 000	6 000	15 000	60 000

在下一个期间，假设套装部门管理者推出一个非常成功的促销活动，将该部门的销售收入增加了 100 000 美元。另外，假设其他两个部门的销售没有变化，服务部门总成本保持不变，而且销售部门预期使用服务部门资源的情况也保持不变。在这些假设下，服务部门成本分配给销售部门发生了变化，具体情况如下所示。

	部门			
	套装	鞋类	配饰	合计
部门销售收入 / 美元	360 000	40 000	100 000	500 000
所占销售总收入百分比	72%	8%	20%	100%
以占销售总收入百分比为基础分配的服务部门成本 / 美元	43 200	4 800	12 000	60 000
相比前期增加或减少额 / 美元	4 200	(1 200)	(3 000)	0

在看到这些分配后，套装部门的经理可能会抱怨，因为随着部门销售收入的增长，他被迫承担服务部门更大的成本份额，就好像这位经理因其出色的表现而受到惩罚。此外，销售业绩没有增长的部门管理者负担的成本减少，虽然提供给各个部门的服务部门的资源在这两个期间没有变化。

这个例子说明了为什么以销售收入作为成本分配的基础只适用于由销售驱动的服务部门成本。在那些服务部门成本是固定的情况下，他们应按本章前文所述方法进行分配。

本章小结

许多公司使用责任会计系统将业务部门划分为成本中心、利润中心和投资中心。责任会计系统通过让这些责任中心的管理者负责他们的收入和成本，使会计信息个性化。

ROI 和 RI 被广泛用于评价投资中心的绩效。ROI 可以表示为毛利率和资产周转率的函数。使用 ROI 会出现投资不足的问题，即管理者不愿意投资超过公司最低必要报酬率但是却降低本部门 ROI 的项目。RI 通过使管理者充分考虑超过公司最低必要报酬率的项目而解决了上述问题。

转让价格是公司内的一个责任中心向同一公司内的另一个责任中心提供产品或服务时收取的价格。转让价格的使用让这些产品和服务的卖方能够确认与交易相关的财务利益，同时也要求买方为其收到的产品和服务付款。

服务部门成本可视为服务部门向经营部门提供的服务的转移价格。服务部门的变动成本和固定成本应分别向经营部门收取。服务部门的预算成本，而不是实际成本，应计入经营部门。经营部门应根据其实际作业水平而非预算作业水平收取变动成本费用。此外，还应根据其高峰期需求量收取固定成本。

复习题 1：ROI 和 RI

医疗诊断公司的磁成像部门去年相关数据如下所示。

	（单位：美元）
销售收入	25 000 000
经营净利润	3 000 000
平均经营资产	10 000 000

要求：

（1）计算该部门毛利率、资产周转率和 ROI。

（2）医疗诊断公司的高层管理者确定了最低必要报酬率为 25%，磁成像部门的 RI 应是多少？

复习题 1 的答案：

（1）相关计算如下：

毛利率 = 经营净利润 / 销售收入

　　 = 3 000 000 美元 /25 000 000 美元

　　 = 12%

资产周转率 = 销售收入 / 平均经营资产

　　 = 25 000 000 美元 /10 000 000 美元

　　 = 2.5

ROI = 毛利率 × 资产周转率

　　 = 12%×2.5

　　 = 30%

（2）剩余收益计算如下。

（单位：美元）

平均经营资产	10 000 000
经营净利润	3 000 000
最低必要报酬（25%×10 000 000）	2 500 000
剩余收益	500 000

复习题 2：转让价格

情形 A

科里耶（Collyer）公司有一个生产和销售标准阀门的阀门部门，该部门相关信息如下。

生产能力（产量）	100 000 个
外部市场销售价格	30 美元 / 个
单位变动成本	16 美元
单位固定成本（以产量为基础）	9 美元

该公司还有一个生产泵的水泵部门，该部门可以使用这个阀门。该部门每年从外部市场以 29 美元 / 个的价格采购 10 000 个阀门。

要求：

（1）假设阀门部门有足够的闲置生产能力满足水泵部门的需求，那么两个部门之间可接受转让价格的范围是多少？

（2）假设阀门部门将其生产的全部阀门销售给外部市场客户，那么两个部门之间可接受转让价格的范围是多少？

（3）假设阀门部门将其生产的全部阀门销售给外部市场客户，此外，公司内部转让时由于降低了销售成本，可以避免发生 3 美元 / 个的变动成本，那么两个部门之间可接受转让价格的范围是多少？

复习题 2 情形 A 的答案：

（1）因为阀门部门有足够的闲置生产能力，不用放弃外部市场销售。运用销售部门最低可接受转让价格公式，得到：

转让价格 ≥ 单位变动成本 +
　　　放弃常规销售所损失的边际贡献 /
　　　转让数量

转让价格 ≥ 16 美元 / 个 +0 美元 /10 000 个
　　　 = 16 美元 / 个

水泵部门不愿意支付超过 29 美元 / 个的价格，因为该价格是外部供应商报价。所以，其转让价格范围是：

16 美元 / 个 ≤ 转让价格 ≤ 29 美元 / 个

（2）阀门部门将其生产的全部阀门销售给外部市场客户，需要放弃外部市场销售以满足水泵部门，所以阀门部门有机会成本，其可接受转让价格如下：

转让价格 ≥ 单位变动成本 +
　　　放弃常规销售所损失的边际贡献 /
　　　转让数量

转让价格 ≥ 16 美元 / 个 +
　　　（30 美元 / 个 -16 美元 / 个）×
　　　10 000 个 /10 000 个
　　　 = 16 美元 / 个 +14 美元 / 个
　　　 = 30 美元 / 个

因为水泵部门可以以 29 美元 / 个从外部市场采购，所以转让不会发生。

（3）运用销售部门最低可接受转让价格公式，得到：

转让价格 ≥ 单位变动成本 +
　　　放弃常规销售所损失的边际贡献 /
　　　转让数量

转让价格 ≥（16 美元 / 个 -3 美元 / 个）+
　　　（30 美元 / 个 -16 美元 / 个）×
　　　10 000 个 /10 000 个
　　　 = 13 美元 / 个 +14 美元 / 个
　　　 = 27 美元 / 个

转让价格范围是：

27 美元 / 个 ≤ 转让价格 ≤ 29 美元 / 个

情形 B：

仍使用上述情形 A 的数据。假设水泵部门每年需要 20 000 个高压阀门，阀门部门生产该产品的变动成本是 20 美元 / 个，为生产该产品，需要每年将常规产品生产量由 100 000 个缩减至 70 000 个。

要求：

就阀门部门而言，最低可接受转让价格是多少？

复习题 2 情形 B 的答案：

为生产 20 000 个高压阀门，阀门部门必须放弃 30 000 个常规产品生产。运用销售部门最低可接受转

让价格公式，得到：

转让价格 ≥ 单位变动成本 +
    放弃常规销售所损失的边际贡献 /
    转让数量

转让价格 ≥ 20 美元 / 个 +
    （30 美元 / 个 −16 美元 / 个）×
    30 000 个 /20 000 个
    = 20 美元 / 个 +21 美元 / 个
    = 41 美元 / 个

术语表

Cost center 成本中心　管理者能控制成本，而无法对经营资产的收入或投资的内部部门负责。

Decentralized organization 分权制组织　决策权不集中于少数高层管理者而是遍布组织的一种组织。

Investment center 投资中心　以投资报酬为基础评价绩效的一个公司分部。管理者能够控制其经营资产的成本、收入和投资的内部部门。

Margin 毛利率　经营净利润与销售收入的比率。

Negotiated transfer price 协商转让价格　买卖双方商议的转让价格。

Net operating income 经营净利润　利息和所得税扣除之前的收益。

Operating department 经营部门　执行组织的核心目标的部门。

Operating assets 经营资产　出于经营目的持有的资产，包括现金、应收账款、存货、厂房和设备等。

Profit center 利润中心　以经营活动收入或利润为基础评价绩效的一个公司分部。经营者能够控制其成本和收入，但是无法控制它经营资产投资的内部单位。

Range of acceptable transfer prices 可接受的转让价格范围　在这样的转让价格范围内，销售部门和采购部门的利润都将因转让而增加。

Residual income 剩余收益　经营净利润与公司平均经营资产和最低必要报酬率乘积之间的差额。它是投资中心获得的超过其经营资产的最低必要报酬的经营净利润。

Responsibility center 责任中心　管理者能够对经营资产的成本、利润和投资进行控制并承担经济责任的内部部门。

Return on investment（ROI）投资报酬率　用经营净利润除以平均经营资产得出的比率，也等于毛利率乘以资产周转率。

Service department 服务部门　不直接参与经营活动，为其他经营部门提供服务或协助等的部门。

Suboptimization 次优化　总体利润水平低于某个细分市场或某家公司的盈利能力。

Transfer price 转让价格　将商品从一个分部转让给另一个分部时产生的成本。

Turnover 资产周转率　用销售收入除以平均经营资产计算得出。

思考题

1. 什么是分权制？
2. 分权制有哪些优点？
3. 简述成本中心、利润中心和投资中心的区别。
4. 计算 ROI 时的毛利率和资产周转率的含义是什么？
5. 什么是剩余收益？
6. 使用 ROI 作为投资中心业绩衡量指标，在什么情况下会导致不当决策？
7. 什么是转让价格？
8. 什么是次优化？
9. 为什么服务部门的预算成本计入经营部门，而实际成本却不计入？
10. 为什么说在以销售收入为分配基础的情况下，不应该将固定成本分配给经营部门？

基础练习

威斯特维尔（Westerville）公司报告去年的经营结果如下。

	（单位：美元）
销售收入	1 000 000
变动成本	300 000
边际贡献	700 000
固定成本	500 000
经营净利润	200 000
平均经营资产	625 000

今年年初，该公司拥有 120 000 美元的投资机会，成本和收入具有以下特征。

	（金额单位：美元）
销售收入	200 000
边际贡献率①	60%
固定成本	90 000

①边际贡献率＝边际贡献 / 销售收入 ×100%。

公司要求的最低必要报酬率为 15%。

要求：

（1）计算去年的毛利率。

（2）计算去年的资产周转率。

（3）计算去年的 ROI。

（4）计算与去年的投资机会相关的毛利率。

（5）计算与去年的投资机会相关的资产周转率。

（6）计算与去年的投资机会相关的 ROI。

（7）如果该公司追求该投资机会，并且在其他方面表现与去年相同，那么今年的毛利率是多少？

（8）如果该公司追求该投资机会，并且在其他方面表现与去年相同，那么今年的资产周转率额将是多少？

（9）如果该公司追求该投资机会，并且在其他方面表现与去年相同，那么今年投资的 ROI 将是多少？

（10）如果威斯特维尔的首席执行官只有在其今年的 ROI 超过去年时才能获得奖金，那么她会追求该投资机会吗？公司所有者是否希望她寻求投资机会？

（11）计算去年的 RI。

（12）今年投资机会的 RI 是多少？

（13）如果该公司追求投资机会，并且在其他方面表现与去年相同，那么该公司今年的 RI 是多少？

（14）如果威斯特维尔的首席执行官只有在其今年的 RI 超过去年时才能获得奖金，那么她会寻求投资机会吗？

（15）假设投资机会的边际贡献率为 50%，而不是 60%。如果威斯特维尔的首席执行官只有在其今年的 RI 超过去年时才能获得奖金，那么她会寻求投资机会吗？公司的所有者是否希望她寻求投资机会呢？

练习题

1. 对比 ROI 和 RI

日本 Tan 公司在两个地区有分公司，总部分别位于大阪和横滨。两个部门的选定数据如下所示。

	（单位：美元）

	部门	
	大阪	横滨
销售收入	3 000 000	9 000 000
经营净利润	210 000	720 000
平均经营资产	1 000 000	4 000 000

要求：

（1）计算每个部门毛利率、资产周转率和投资报酬率（ROI）。必要时，将计算结果保留到小数点后两位。

（2）假设公司使用剩余收益评估绩效，任何部门要求的最低必要报酬率为 15%。计算每个部门的剩余收益。

2. 全公司视角下的转让价格

某公司 A 部门生产电路板，该电路板可以销售给 B 部门或外部市场的其他客户。去年，A 部门发生的作业如下所示。

单位电路板销售价格	125 美元 / 个
单位电路板变动成本	90 美元 / 个
电路板数量：	
该年的产量	20 000 个
销售给外部市场	16 000 个
销售给 B 部门	4 000 个

A 部门对 B 部门和外部市场销售价格相同。B 部门将电路板用于生产电子仪器（一个电子仪器需耗用一个电路板）。B 部门生产每个电子仪器发生追加的变动成本 100 美元，每个电子仪器的销售价格为 300 美元。

要求：

（1）编制 A 部门、B 部门和公司的利润表。

（2）假设 A 部门的生产能力为 20 000 个电路板。下一年，B 部门想要从 A 部门采购 5 000 个电路板而不是 4 000 个（该种类型的电路板不能从外部市场获得）。从公司整体来看，A 部门是应该再额外销售给 B 部门 1 000 个电路板还是继续销售给外部市场？请解释原因。

3. 转让价格

在以下每种情况下，假设某公司 X 部门的产品既可以销售给外部客户也可以销售给同一公司的 Y 部门，以便在其生产过程中使用。各部门的经理根据部门利润进行评估。

（金额单位：美元）

	案例	
	A	B
X 部门：		
生产能力	200 000	200 000
对外出售的数量	200 000	200 000
对外提供的单位售价	90	75
单位变动成本	70	60
单位固定成本（基于产能）	13	8
Y 部门：		
生产所需的装置数量	40 000	40 000
现在对外支付的每单位采购价格	86	74

要求：

（1）参考上述案例 A 中的数据。假设在这种情况下，公司内部销售可以避免每单位 3 美元的变动销售成本。

a. 从销售部门的角度来看，可接受的最低转让价格是多少？

b. 从采购部门的角度来看，可接受的最高转让价格是多少？

c. 两个部门之间可接受的转让价格（如有）的范围是多少？如果经理们可以自由谈判并自行做出决定，那么是否可能会进行转让？请解释。

（2）参考上述案例 B 中的数据。假设在这种情况下，公司内部销售的变动销售成本将不会节约。

a. 从销售部门的角度来看，可接受的最低转让价格是多少？

b. 从购买部门的角度来看，可接受的最高转让价格是多少？

c. 两个部门之间可接受的转让价格（如有）的范围是多少？如果经理们可以自由谈判并自行做出决定，那么是否可能会进行转让？请解释。

4. 服务部门成本

Korvanis 公司为其员工设立了一个医疗服务部门。该医疗服务部门的变动成本向公司经营部门收取的费用基于每个部门的实际员工人数，医疗服务部门的固定成本是根据每个经营部门的长期平均员工人数计算的。

医疗服务部门的变动成本预算为每位员工 80 美元。医疗服务部门的固定成本预算为每年 400 000 美元。医疗服务部门最近一年的实际成本包括 41 000 美元的变动成本和 408 000 美元的固定成本。有关三个经营部门员工的数据如下。

	切割部门	研磨部门	装配部门
预计员工人数	170	100	280
最近一年的实际雇用人数	150	80	270
长期平均雇用人数	180	120	300

要求：

（1）确定医疗服务部门每年向每个经营部门收取的切割、研磨和装配费用。

（2）本年度医疗服务部门的实际成本中有多少（如有）应视为支出差异而不计入经营部门？

问题

1. ROI 和 RI

Joel de Paris 股份有限公司去年的财务数据如下。

Joel de Paris 股份有限公司

资产负债表　　（单位：美元）

	期初余额	期末余额
资产		
现金	140 000	120 000
应收账款	450 000	530 000
存货	320 000	380 000
固定资产	680 000	620 000

（续）

	期初余额	期末余额
长期股权投资（Buisson, S.A.）	250 000	280 000
土地使用权（未使用）	180 000	170 000
资产总计	2 020 000	2 100 000
负债和所有者权益		
应付账款	360 000	310 000
长期借款	1 500 000	1 500 000
所有者权益合计	160 000	290 000
负债和所有者权益总计	2 020 000	2 100 000

Joel de Paris 股份有限公司

利润表 （单位：美元）

营业收入		4 050 000
营业成本		3 645 000
经营净利润		405 000
利息和税费：		
利息费用	150 000	
所得税费用	110 000	260 000
净利润		145 000

该公司去年支付了 15 000 美元的股息。资产负债表上的"对 Buisson，S.A. 的投资"代表对另一家公司长期股权投资。公司的最低必要报酬率为 15%。

要求：

（1）计算公司去年的平均经营资产。

（2）计算公司去年的毛利率、资产周转率和 ROI。（提示：你应该在计算中使用净利润还是经营净利润？）

（3）公司去年的剩余收益是多少？

2. 服务部门成本

澳大利亚塔斯曼产品有限公司（Tasman Products，Ltd.）拥有一个服务部门，为公司成型部门和装配部门的设备提供维修服务。此项维修的费用由经营部门根据机器工时收取。最近一年与服务部门和其他两个部门相关的成本及其他数据如下所示。

维护部门的数据如下：

（单位：美元）

	预算	实际发生额
润滑油的变动成本	96 000①	110 000
工资和其他费用的固定成本	150 000	153 000

①预算为每机器工时 0.40 美元。

成型部门和装配部门的数据如下：

	高峰时段所需生产力的百分比	机器工时	
		预算	实际发生额
成型部门	70%	160 000	190 000
装配部门	30%	80 000	70 000
总计	100%	240 000	260 000

服务部门的固定成本水平由高峰期需求量决定。

要求：

（1）应向成型部门和装配部门收取多少服务部门费用？

（2）该年度服务部门的实际成本中有多少（如有）应视为支出差异，而不计入成型部门和装配部门？解释并说明理由。

3. 基本转让价格

A 部门和 B 部门是同一公司内的两个部门。根据各自部门的 ROI 对两个部门的管理者进行评估。假设以下为两个部门的有关信息：

（数量单位：台）

	案例			
	1	2	3	4
A 部门：				
生产能力	80 000	400 000	150 000	300 000
现在出售给外部客户的数量	80 000	400 000	100 000	300 000
向外部客户提供的单位售价 /（美元 / 台）	30	90	75	50
单位变动成本 /（美元 / 台）	18	65	40	26
单位固定成本（基于生产能力）/（美元 / 台）	6	15	20	9
B 部门：				
每年需要的数量	5 000	30 000	20 000	120 000
现在支付给外部供应商的采购价格 /（美元 / 台）	27	89	75①	

①在任何购买折扣之前。

要求：

（1）请参阅上表所示的案例 1。A 部门可以避免向 B 部门销售任何产品时收取每单位 2 美元的佣金。

a. A 部门可接受的最低转让价格是多少？

b. B 部门可接受的最高转让价格是多少？

c. 两个部门之间可接受的转让价格（如有）的范围是多少？管理者们可能会同意转让吗？请解释。

（2）请参阅上表所示的案例 2。一项研究表明，A 部门可以避免向 B 部门销售任何产品时收取每单位 5 美元的运输成本。

a. A 部门可接受的最低转让价格是多少？

b. B 部门可接受的最高转让价格是多少？

c. 两个部门之间可接受的转让价格（如有）的范围是多少？你认为两个部门管理者在具体的转让价格

上会有分歧吗？请解释。

d. 假设 A 部门以每台 88 美元的价格向 B 部门出售 30 000 台产品，而 B 部门拒绝该价格。作为一个整体，公司潜在的利润损失是多少？

（3）请参阅上表所示的案例 3。假设 B 部门现在从外部供应商处获得 8% 的价格折扣。

a. A 部门可接受的最低转让价格是多少？

b. B 部门可接受的最高转让价格是多少？

c. 两个部门之间可接受的转让价格（如有）的范围是多少？管理者们可能会同意转让吗？请解释。

d. 假设 B 部门以每台 60 美元的价格从 A 部门购买 20 000 台产品。如果 A 部门接受这个价格，你会期望其 ROI 增加、减少或保持不变吗？为什么？

（4）请参阅上表所示的案例 4。假设 B 部门希望 A 部门为其提供 120 000 台不同于 A 部门目前生产的产品，新产品的变动成本为每台 21 美元，并要求 A 部门每年将现有产品的产量削减 45 000 台。A 部门可接受的最低转让价格是多少？

案例

转让价格、部门业绩

威勒工业（Weller Industries）是一家有 6 个部门的分权化组织。公司电气部门生产多种电气配件，包括 X52 电气配件。电气部门（现在是满负荷生产）以 7.5 美元 / 个销售给常规顾客某配件。该配件的单位变动成本为 4.25 美元。

公司制动部门要求电气部门以 5 美元 / 个的价格为它提供大量 X52 配件。制动部门生产能力的利用率为 50%。制动部门将该配件用于生产制动装置并销售给商业航空公司制造商。制动装置成本如下所示。

采购部件（外部供应商）	22.50 美元 / 个
电气配件 X52	5.00 美元 / 个
其他变动成本	14.00 美元 / 个
固定制造费用和管理费用	8.00 美元 / 个
单位制动装置总成本	49.50 美元

虽然 X52 配件 5 美元的价格低于 7.5 美元的价格，但是制动部门的管理者认为，如果他的部门获得了航空公司制动装置的合同，必然会进行价格让步，因为他得到小道消息说，如果报价高于 50 美元 / 个，航空公司将拒绝该交易。所以，如果制动部门须为每个 X52 支付 7.5 美元，那么会失去该项交易并产生损失。制动部门管理者认为价格让步对于他的部门和整个公司都是必要的。

威勒工业采用 ROI 衡量部门业绩。

要求：

（1）电气部门最低可接受的转让价格是多少？如果你是电气部门的管理者，是否会以 5 美元 / 个的价格为制动部门提供 X52？请说明原因。

（2）假设该制动装置可以 50 美元 / 个的价格销售，从公司整体来看电气部门为制动部门提供配件的财务优势或劣势是什么？请说明原因。

（3）制动部门最高可接受转让的价格是多少？在该情况下，两个部门的管理者是否会同意以这个价格转让？

（4）讨论这种情况下的组织行为问题，如果有的话给出你的建议。

第 13 章

战略绩效管理

商业聚焦

协助减少食物浪费

致力于减少食物浪费的非营利组织 ReFed 估计，美国农场、超市和餐馆每年浪费 2 500 万吨食物。许多初创公司都在努力解决这个问题，以增加客户的利润和慈善捐款。例如 LeanPath 公司在美国、英国、西班牙和澳大利亚均设有办事处，自 2014 年以来，这家公司已经防止了 2 500 万磅的食物被浪费。该公司为索迪斯（Sodexo SA）、宜家（IKEA）和爱玛客（Aramark）等客户提供"一个完整的食品浪费预防平台，包括数据收集工具、基于云计算的分析和专家指导"。

本章说明了公司如何使用平衡计分卡的绩效衡量系统来跟踪非财务指标，如浪费的食物量，并将这些指标的改进与利益相关者所重视的结果联系起来，如更高的利润和更多的慈善捐赠。

资料来源：Heather Haddon, "Startups Serve Leftover Food to Market," *The Wall Street Journal*, November 10, 2017, p.B4, and www.leanpath.com/about/.

学习目标

1. 确定适用于平衡计分卡四种类别的绩效衡量指标示例。
2. 确定四种类型的质量成本，并依据它们做质量成本报告。
3. 学习如何计算经营循环时间（制造周期）、交货循环时间、制造循环效率（MCE）和总体设备效率（OEE）。
4. 了解如何构建和使用平衡计分卡。

公司出于各种原因使用绩效衡量指标，比如提供信息，使员工能够执行战略，并且影响他们的薪酬。本章的中心内容是一种特殊类型的绩效衡量系统，即平衡计分卡。**平衡计分卡**（balanced scorecard）由一套完整的绩效指标组成，这些指标源自并支持公司的战略。

13.1 平衡计分卡：概述

图 13-1 展示了与平衡计分卡相关的四个关键概念。

图 13-1 中的第一个关键点是，公司的平衡计分卡必须源自其在市场上取得成功的愿景和战略。**战略**（strategy）是一种"行动方案"，使公司能够通过区别于竞争对手的方式来吸引客户。这些显著特征更加正式的名称叫作客户价值主张，它是战略的本质。

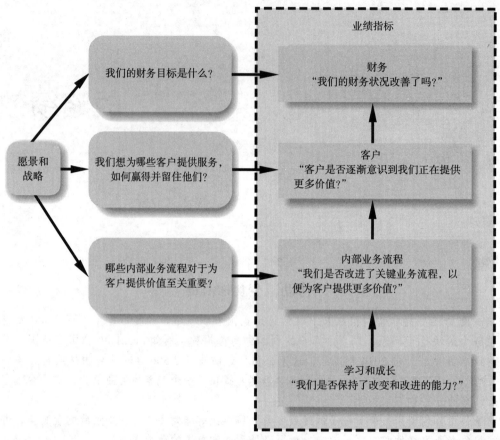

图 13-1 平衡计分卡概述

如第 1 章所述，客户价值主张通常分为三大类：客户亲密关系、卓越经营和产品领先。追求客户亲密关系的公司本质上是在对其客户说："您应该选择我们，而不是我们的竞争对手，因为我们可以提供定制的产品和服务，以更好地满足您的个人需求。"追求卓越经营的公司对它们的目标客户说："您应该选择我们，因为我们能比竞争对手的更快地交付更方便、价格更低的产品和服务。"追求产品领先的公司对它们的目标客户说："您应该选择我们，因为我们提供比竞争对手更具创新性和更高质量的产品。"

图 13-1 中的第二个关键点是，平衡计分卡中的衡量标准通常分为四类：学习和成长、内部业务流程、客户以及财务。内部业务流程是公司为满足客户的需求而采取的行动。例如，在制造公司中，装配产品是一个内部业务流程。在航空公司，处理行李是一个内部业务流程。这些类别中的指标可能是财务指标，可能是非财务指标。

图 13-1 中的第三个关键点是，公司战略对平衡计分卡的四个类别中所包含的措施具有重要影响。例如，一家专注于产品领先的公司可能会制定与其工程培训计划相关的学习和成长措施、与其研发过程相关的内部业务流程措施、与其产品创新感知相关的客户措施，以及与新产品销售增长相关的财务指标。所有这些措施都共同强调新产品开发，这对于追求产品领先客户价值主张的公司来说非常重要。

如图 13-1 中的垂直箭头所示，与平衡计分卡相关的第四个关键点是，四类措施以因果关系的方式相互关联：公司员工需要不断学习和成长，以改进内部业务流程；提高客户满意度必须改进内部业务流程；而提高客户满意度又是提高财务业绩的必要条件。

本章后续内容分为三个主要部分。第一部分介绍了平衡计分卡四个类别中的每一个类别的各种绩效衡量标准：学习和成长、内部业务流程、客户以及财务。第二部分说明了公司如何构建一个完整的平衡计分卡，包括在因果基础上联系在一起的绩效指标，以支持其战略目标。第三部分总结了社会和环境绩效指标，因为许多公司在其平衡计分卡中包含了这些类型的指标。

13.1.1　学习和成长维度

商业领袖和顾问经常说，公司的员工是公司最重要的资产。这条公理基于这样一种信念：如果一家公司有一个可行的战略，使其员工能够不断学习和扩展他们的能力，那么该战略最终会改善财务业绩。学习和成长维度衡量指标示例如表 13-1 所示

表 13-1　学习和成长维度衡量指标示例

| 招聘：
• 接受我们工作邀请的"优秀"面试候选人的百分比（+）
• 每位雇用员工的招聘支出（−）
技能发展：
• 强烈同意"我一直得到工作所需的资源"这一说法的员工百分比（+）
• 每位员工的平均辅导时间（+）
• 每位员工的平均培训时间（+）
薪酬和晋升：
• 由内部候选人担任领导职位的百分比（+）
• 过去三年内晋升的劳动力百分比（+）
• 每位员工的平均加薪百分比（+） | 健康 / 安全：
• 缺勤率（−）
• 每位员工的平均工作场所事故次数（−）
工作满意度：
• 强烈同意"这是一个很好的工作场所"这一说法的员工百分比（+）
• 强烈同意"我对公司的贡献得到同事的认可和尊重"这一说法的员工百分比（+）
• 每位员工的流程改进建议数量（+）
留任：
• 员工离职率（−）
• 每位员工的平均任期（+） |

表 13-1 包含了 15 个学习和成长维度衡量指标的示例，组织可能会将这些指标纳入平衡计分卡。这些衡量指标归纳为六个标题，影响员工的学习和成长——招聘、技能发展、薪酬和晋升、健康 / 安全、工作满意度和留任。每个衡量指标都包含一个或多个附加的"+"或"−"以指示目标是增加还是减少得分。例如，接受我们工作邀请的"优秀"面试候选人的百分比后有（+）符号，因为它会随着时间的推移而增加。

平衡计分卡的学习和成长维度中包含的每个衡量指标都应该影响计分卡中的其他指标。例如，一家公司可能会假设，增加每位员工的平均培训时间将促使内部业务流程改进，减少错误。或者，它可能会假设，降低员工离职率将提高喜欢与"熟悉面孔"一起工作的客户的忠诚度。

| 商业实战 13-1 |　　　　　　　员工健康提高生产率

当公司员工生病或遭遇精神压力时，可能会影响他们的缺勤率和生产率。财务健康集团（Financial Fitness Group）的调研结果表明，美国和波多黎各 80% 的员工处于一定的财务压力下。为减轻压力，一些公司正在实施财务健康计划，包括财务课程、咨询课程，甚至是电子游戏，旨在帮助员工偿还债务、遵守预算、为退休投资。

梅瑞狄斯（Meredith Corporation）公司鼓励员工完成财务健康调查问卷或上一门关于再融资的课程，以使他们了解如何享受较低医疗保险费。该公司估计财务压力较小的员工中有 88% 在前一年没有病假，而压力较大的员工中，只有 78% 没有病假。

资料来源：Rachel Feintzeig," Can Companies Solve Workers' Money Woes," *The Wall Street Journal*, April 8, 2015, pp. B1 and B6.

13.1.2　内部业务流程维度

有效的管理者懂得业务流程不是职能部门，而是服务于公司最重要的利益相关者——客户的需求。**业务流程**（business process）是为了在业务中执行某些任务而遵循的一系列步骤。这些步骤通常跨越部门界限，因此要求管理者合作改进内部业务流程绩效衡量指标。内部业务流程衡量指标示例如表 13-2 所示。

表 13-2　内部业务流程衡量指标示例

创新：	成本：
• 设计的新产品数量（+）	• 质量成本（−）
• 批准的专利数量（+）	• 非增值作业成本（−）
• 新产品中使用的先前设计零件的百分比（+）	• 因商品缺货造成的销售损失（−）
产品和服务质量：	**时间：**
• 保修索赔数量（−）	• 交货循环时间（−）
• 无缺陷部件占完工部件的百分比（+）	• 经营循环（制造周期）时间（−）
• 第一次联系就解决客户投诉的百分比（+）	• 制造循环效率（MCE）（+）
敏捷性：	**精益资源管理：**
• 模块化产品设计的数量（+）	• 总体设备效率（OEE）（+）
• 签订长期合同的供应商百分比（+）	• 在产品库存占销售收入的百分比（+）
• 平均批量（−）	• 工作站清洁度（+）

表 13-2 包含了 18 个内部业务流程维度衡量指标的示例，组织可能会将这些指标包括在平衡计分卡中。这些指标归纳为六个标题：创新、产品和服务质量、敏捷性（指公司快速适应或改变的能力）、成本、时间和精益资源管理（如第 1 章所述）。每个衡量指标都包含一个或多个附加的"+"或"−"以指示目标是增加还是减少得分。

如前所述，每家公司的内部业务流程措施将根据其战略而有所不同，专注于产品领先的公司可能会选择与创新和产品质量相关的内部业务流程措施；基于卓越经营而使自己在竞争中脱颖而出的公司可以选择与成本和时间相关的内部业务流程措施；拥有客户亲密关系的公司可能会关注服务质量和敏捷性措施。

|商业实战 13-2|　　　　丰田通过共享零部件简化制造流程

丰田汽车公司（Toyota Motor Corporation）正在重新设计其制造流程，以便在其所有车型和尺寸上共享更多零部件。除了通过批量购买通用零件实现成本节约外，丰田还预计其重新设计的模块化装配线将更小，从而使初始工厂投资成本比前几年降低 40%。

该公司承认，在实施模块化制造流程方面落后于大众。丰田希望最终使用模块化装配线生产其一半的汽车。你能想出一个内部业务流程措施来帮助丰田实现其目标吗？

资料来源：Yoko Kubota, "Toyota Adopts More Modular Design," *The Wall Street Journal*, March 27, 2015, p. B3.

13.1.3　客户维度

有关客户维度衡量指标示例如表 13-3 所示。

表 13-3　客户维度衡量指标示例

客户满意度：	客户忠诚度：
• 强烈同意"我很乐意向其他人推荐您的公司"这一声明的客户百分比（+）	• 客户向我们公司承诺的总支出的百分比（也被称为"钱包份额"）（+）
• 客户推荐数量（+）	• 合作客户驱动的产品更新次数（+）
客户获取/保留：	**客户服务：**
• 市场份额百分比（+）	• 强烈同意"我的订单按时交付"声明的客户百分比（+）
• 客户流失率（−）	• 强烈同意"我的问题很快得到解决"这一说法的客户百分比（+）
• 平均客户获取成本（−）	• 强烈同意"您的网站易于使用"这一说法的客户百分比（+）
• 产生销售的客户线索百分比（+）	• 强烈同意"您的员工对我很有礼貌"这一说法的客户百分比（+）
客户终身价值：	**客户价值主张：**
• 每份订单的平均收入（+）	• 客户对我们产品领先地位的看法（+）
• 每份订单的平均毛利率（+）	• 客户对我们卓越经营的看法（+）
• 平均购买间隔时间（−）	• 客户对我们客户亲密关系的感知（+）

表 13-3 包含了组织可能纳入其平衡计分卡中的客户维度衡量指标的 18 个示例。这些指标分为六个标题：客户满意度、客户获取 / 保留、客户终身价值、客户忠诚度、客户服务和客户价值主张。

如果一家公司改进其学习和成长以及内部业务流程措施，这些改进最终必须对其客户措施产生积极影响。如果这种因果关系没有实现，则表明该公司对塑造客户、感知和行为的绩效属性没有完全了解。

13.1.4　财务维度

有关财务维度衡量指标示例如表 13-4 所示。

表 13-4　财务维度衡量指标示例

销售收入： • 新客户的销售收入（+） • 三年以下产品的销售收入（+） • 受专利保护的销售（+） **盈利能力比率：** • 毛利率百分比（+） • 净利润率（+） • 资产报酬率（ROA）（+） • 权益报酬率（ROE）（+） **现金流：** • 经营活动产生的净现金流（+） • 经营活动产生的净现金流 ÷ 平均经营资产（+） • 经营活动产生的净现金流 ÷ 销售收入（+）	**利润：** • 边际贡献（+） • 经营净利润（+） • 剩余收益（+） **趋势表现：** • 销售增长率（+） • 贡献利润增长率（+） • 经营净利润增长率（+） • 经营活动产生的净现金流增长率（+） **市场表现：** • 股票价格（+） • 每股收益（EPS）（+） • 市盈率（+）

表 13-4 包括了 20 个财务维度衡量指标示例，这些财务指标分为六个标题：销售收入、利润、盈利能力比率、趋势表现、现金流和市场表现。虽然我们不打算在本章中解释如何计算这些指标，但需要强调的是，第 17 章中讨论了盈利能力比率、趋势表现和市场表现，第 16 章专门讨论了现金流，在前面的章节中我们介绍了如何使用传统（吸收成本）法和边际贡献法计算利润。

平衡计分卡框架拒绝了改进面向内部业务流程的措施自动导致财务成功的概念。相反，平衡计分卡包含了一个财务视角，其明确目的是让公司负责将非财务绩效的改进转化为"底线"结果。如果公司的学习和成长、内部业务流程和客户衡量方面的有利趋势不能转化为财务结果，那么平衡计分卡的设计将迫使公司重新审视其战略，以使自己与竞争对手区别开来。

13.2　质量成本：详细阐述

本节将更深入地研究表 13-2 中包含的一项内部业务流程衡量指标——质量成本。它定义了四种类型的质量成本，并解释了如何计算质量成本。

13.2.1　质量成本

一个产品符合或超过其设计规范，并且没有损坏其外观或降低其性能的缺陷，则称为具有高**质量合格程度**（quality of conformance）。预防、检测和处理降低合格质量的缺陷会导致四种类型的**质量成本**（cost of quality）：预防成本、评估成本、内部故障成本和外部故障成本。**预防成本**（prevention costs）支持旨在防止缺陷产品的活动。**评估成本**（appraisal costs），有时称为检验成本，用于在将缺陷产品运送给客户之前识别缺陷产品。**内部故障成本**（internal failure costs）源于在缺陷交付给客户之前识别缺陷。当缺陷产品交付给客户时，会产生**外部故障成本**（external failure costs）。表 13-5 包含了这四个类别中每一个类别的成本示例。

表 13-5 质量成本示例

预防成本：	内部故障成本：
系统开发	废料净成本
质量工程	净损耗成本
质量培训	返工劳动和间接费用
品质圈	返工产品的再检验
统计过程控制活动	返工产品的再测试
监督预防活动	因质量缺陷导致的停工期
质量数据收集、分析和报告	缺陷产品的处置
质量改进项目	生产中产生缺陷的原因分析
向供应商提供技术支持	由于键入错误而重新输入数据
质量体系有效性的审核	调试软件错误
评估成本：	**外部故障成本：**
来料的测试和检验	现场服务和处理投诉的成本
在产品的测试和检验	保修维修和更换
产成品测试和检验	超过保修期的维修和更换
用于测试和检验的供应品	产品召回
测试和检验活动的监督	缺陷产品引起的责任
检测设备的折旧	因质量问题而产生的退货和津贴
测试设备的维护	因质量差而造成的销售损失
检查区域内的工厂公用设施	
在客户现场进行现场测试和评估	

这四种成本的总和称为质量成本。公司的目标是随着时间的推移降低质量成本。实现这一目标的关键是要认识到以下区别：预防成本和评估成本是为了防止缺陷产品落入客户手中而产生的，而内部故障成本和外部故障成本则是因为尽管采取了预防措施，但缺陷仍然存在。因此，有效的质量管理计划的目标是在预防和评估方面进行额外的投资，这些投资被内部故障成本和外部故障成本的降低所抵消。防止缺陷发生比在缺陷发生后进行检测更可取。

公司可以编制质量成本报告，以帮助监控该公司在降低总体质量成本方面的进展。**质量成本报告**（quality cost report）详细说明了预防成本、评估成本以及公司当前质量管理工作产生的内部故障成本和外部故障成本。表 13-6 包含了文图拉公司（Ventura Company）的质量成本报告示例。

表 13-6 质量成本报告

		文图拉公司质量成本报告		
	第 1 年		第 2 年	
	金额	百分比①	金额	百分比
预防成本：				
系统开发	270 000	0.54%	400 000	0.80%
质量培训	130 000	0.26%	210 000	0.42%
监督预防活动	40 000	0.08%	70 000	0.14%
质量改进项目	210 000	0.42%	320 000	0.64%
总预防成本	650 000	1.30%	1 000 000	2.00%
评估成本：				
检验	560 000	1.12%	600 000	1.20%
可靠性测试	420 000	0.84%	580 000	1.16%
测试和检验活动的监督	80 000	0.16%	120 000	0.24%

（续）

	第 1 年		第 2 年	
文图拉公司质量成本报告	金额	百分比^①	金额	百分比
检测设备的折旧	140 000	0.28%	200 000	0.40%
总评估成本	1 200 000	2.40%	1 500 000	3.00%
内部故障成本：				
废料净成本	750 000	1.50%	900 000	1.80%
返工劳动和间接费用	810 000	1.62%	1 430 000	2.86%
因质量缺陷导致的停工期	100 000	0.20%	170 000	0.34%
缺陷产品的处置	340 000	0.68%	500 000	1.00%
总内部故障成本	2 000 000	4.00%	3 000 000	6.00%
外部故障成本：				
保修维修	900 000	1.80%	400 000	0.80%
保修更换	2 300 000	4.60%	870 000	1.74%
津贴	630 000	1.26%	130 000	0.26%
现场服务成本	1 320 000	2.64%	600 000	1.20%
总外部故障成本	5 150 000	10.30%	2 000 000	4.00%
总质量成本	9 000 000	18.00%	7 500 000	15.00%

①占总销售收入的百分比。每年的销售收入总计为 5 000 万美元。

从表 13-6 的数据中应注意几点。首先，文图拉公司的质量成本在这两年中分布不均，大部分成本是由内部故障或外部故障造成的。与其他成本相比，第 1 年的外部故障成本特别高。

其次，请注意，该公司在第 2 年增加了预防和评估活动的支出。结果，该年的内部故障成本上升（从第 1 年的 200 万美元上升到第 2 年的 300 万美元），但外部故障成本急剧下降（从第 1 年的 515 万美元下降到第 2 年的 200 万美元）。由于第 2 年评估活动的增加，更多的缺陷产品在交付给客户之前在公司内部被发现。这导致了更多的报废、返工等成本，但节省了大量保修维修、保修更换和其他外部故障成本。

最后，请注意，由于更加重视预防成本和评估成本，第 2 年的总质量成本有所下降。由于未来几年该公司继续强调预防和评估，总质量成本应继续降低。也就是说，未来预防成本和评估成本的增加应该被故障成本的减少所抵消。此外，随着更多的努力投入到预防工作中，评估成本也应该随着时间的推移而降低。

13.2.2　质量成本报告：优势和局限性

质量成本报告有多种用途。首先，质量成本信息有助于管理者了解缺陷的财务意义。管理者通常不知道他们的质量成本的大小，因为这些成本跨越了部门界限，通常不被成本系统跟踪和累积。因此，当第一次看到质量成本报告时，管理者通常会对质量差导致的成本金额感到惊讶。

其次，质量成本信息有助于管理者识别公司面临的质量问题的相对重要性。例如，质量成本报告可能显示报废是一个主要的质量问题，或者公司正在承担巨大的保修成本。有了这些信息，管理者可以更好地了解他们的工作重点。

最后，质量成本信息有助于管理者了解其质量成本是否分配不均。一般来说，质量成本应该更多地分配给预防和评估活动，而不是分配给故障。

与这些用途相反，质量成本信息有三个局限性：①仅仅测量和报告质量成本并不能解决质量问题，只有采取行动才能解决问题。②结果通常落后于质量改进计划。最初，随着质量控制系统的设计和安装，总质量成本甚至可能增加。在质量改进计划实施一段时间之后，质量成本可能才开始下降。③最重要的质量成本，即因客户恶意而导致的销售损失，由于难以估计，因此通常会在质量成本报告中被忽略。

13.3 经营绩效衡量：详细阐述

本节将详细介绍表 13-2 中包括的四项内部业务流程指标——经营循环时间、交货循环时间、制造循环效率和总体设备效率。

13.3.1 经营循环时间

从开始生产到产成品被运送到客户的时间称为**经营循环时间**（throughput time），或制造周期。我们的目标是持续降低该指标，该指标计算公式如下：

$$经营循环时间 = 加工时间 + 检查时间 + 搬运时间 + 排队时间$$

加工时间是实际用于生产产品的工作时间；检查时间是确保产品没有缺陷的时间；搬运时间是搬运原材料或在产品的时间；排队时间是等候加工、搬运、检查和装运的时间。其中只有加工时间能增加产品价值，即增值时间，其他时间都是非增值时间，应该尽可能地消除。

13.3.2 交货循环时间

从接受客户订单到产成品运送至客户的时间称为**交货循环时间**（delivery cycle time）。我们的目标是降低该指标，该指标计算公式如下：

$$交货循环时间 = 等候时间 + 经营循环时间$$

等候时间是接受客户订单到开始订单生产的时间。这是一个非增值时间，应该减少或消除。当公司成功地减少或消除等候时间和经营循环时间中的非增值作业，就可以增加利润和提高客户满意度。经营循环时间和交货循环时间的关系如图 13-2 所示。

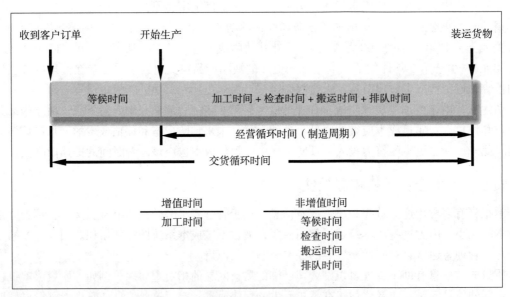

图 13-2　经营循环时间和交货循环时间的关系

| 商业实战 13-3 | 帕尼罗缩短了等待时间

帕尼罗（Panera）的客户过去常常排 8 分钟的队才能下订单，然后他们不得不站在公司首席执行官称之为"狂舞坑"（moshpit）的地方来接收他们的订单，而这些订单有 10% 的时间是错误的。在 6 年的时间里，该公司将等候时间缩短到了一分钟，并通过实施自助订餐亭、将食品送到顾客桌上、数字订购和场外

食品配送等措施，消除了"狂舞坑"。在帕尼罗旗下900家公司所有的销售点中，数字订单目前占总销售收入的 26%。该公司还计划在现有 4 000 名送货司机

的基础上再增加 10 000 名送货司机。

资料来源：Julie Jargon, "Panera Slices Lines With Mobile," *The Wall Street Journal*, June 3-4, 2017, pp. B1-B2.

13.3.3　制造循环效率

很多公司都在努力地消除检查、搬运和排队等非增值时间，使得经营循环时间比以前大大减少，同时将交货循环时间从数月减少至数周或数小时。经营循环时间是衡量交货业绩的重要指标，它可以作为计算**制造循环效率**（manufacturing cycle efficiency，MCE）的分母。我们的目标是提高 MCE 指标，计算公式如下：

$$MCE = 增值时间（加工时间）/ 经营循环时间（制造周期）$$

任何非增值时间都会导致 MCE 小于 1。例如，MCE 为 0.5，意味着总生产时间的一半用于检查、搬运等类似非增值作业。许多制造业企业，MCE 小于 0.1（10%）意味着 90% 的时间用于非增值作业。监控 MCE 可以帮助企业减少非增值活动，使产品以更低的成本到达客户手中。

为了说明这些指标的计算方法，下面以诺维克斯公司（Novex Company）数据为例。

诺维克斯公司对完成订单的时间进行了仔细的跟踪。在最近的一个季度中，每个订单记录下的平均时间如下所示。

时间类型	天数
等候时间	17.0
检查时间	0.4
加工时间	2.0
搬运时间	0.6
排队时间	5.0

产品完成立即装运。

要求：

（1）计算经营循环时间。

（2）计算 MCE。

（3）计算非增值作业时间占比。

（4）计算交货循环时间。

答案：

（1）经营循环时间 = 加工时间 + 检查时间 + 搬运时间 + 排队时间

$$= 2.0 天 + 0.4 天 + 0.6 天 + 5.0 天$$

$$= 8.0 天$$

（2）只有加工时间是增值作业时间，所以 MCE 的计算过程如下。

$$MCE = 增值时间 / 经营循环时间$$

$$= 2.0 天 / 8.0 天$$

$$= 0.25$$

（3）因为 MCE 为 0.25，所以非增值作业时间占比 75%（=100%-25%）。

（4）交货循环时间 = 等候时间 + 经营循环时间

$$= 17.0 天 + 8.0 天$$

$$= 25.0 天$$

| 商业实战 13-4 | 　　联合包裹服务公司希望缩短交货时间并节约资金

联合包裹服务公司（The United Parcel Service, UPS）耗用数十年、数百万美元开发了一项计算机平台，称为猎户座平台（Orion），它可以为司机们确定最优的运输路线。对于每天递送 120 件包裹的司机来说，是难以用人的大脑来评估和选择最有效路线的，所以联合包裹服务公司聘请了 50 名工程师在猎户座平台开发了计算机化的算法和嵌入的启发式算法。

猎户座平台每天为联合包裹服务公司的司机完成 55 000 条线路规划，如果每条线路缩短 1 英里，每年就能省下 5 000 万美元。司机使用猎户座平台每天实际缩短 7～8 英里，联合包裹服务公司估计猎户座平台每年可以为公司节省 2 亿～4 亿美元。

资料来源：Steven Rosenbush and Laura Stevens, "At UPS, the Algorithm is the Driver" *The Wall Street Journal*, February 17, 2015, pp.B1 and B4.

13.3.4 总体设备效率

总体设备效率（overall equipment effectiveness，OEE）是许多精益制造商使用的一种性能指标。总体设备效率从三个方面衡量设备的生产率：利用率、效率和合格率。OEE 的计算公式如下：

$$总体设备效率 = 利用率 \times 效率 \times 合格率$$

其中：

$$利用率 = 实际运行时间 / 可用机器工时$$
$$效率 = 实际运行率 / 理想运行率$$
$$合格率 = 合格产品 / 总产量$$

提高利用率的关键包括避免机器故障和最小化平均设置时间。通过避免轻微的工作中断，保留并适当培训操作员运行和定期维护机器，可最大限度地提高效率。通过减少不合格产品（占总产量的百分比），可提高合格率。

杰森公司（Jayson Company）对其唯一产品的需求超过了其生产能力。该公司提供了该机器的以下信息，该机器的有限产能使得该公司不能有额外的生产量和销量。

本周实际运行时间	4 550 分钟
每周可用机器工时	6 500 分钟
本周实际运行率	3.8 个 / 分钟
理想运行率	4.0 个 / 分钟
本周合格产品	16 000 个
本周总产量（包含不合格产品）	17 290 个

计算该机器的 OEE：

$$利用率 = 实际运行时间 / 可用机器工时 = 4\ 550\ 分钟 / 6\ 500\ 分钟 = 0.7$$

$$效率 = 实际运行率 / 理想运行率 = \frac{3.8\ 个 / 分钟}{4.0\ 个 / 分钟} = 0.95$$

$$合格率 = 合格产品 / 总产量 = 16\ 000\ 个 / 17\ 290\ 个 = 0.925$$

$$OEE = 利用率 \times 效率 \times 合格率 = 0.7 \times 0.95 \times 0.925 = 0.615$$

还可以根据生产的单位分析总体设备效率，如下表所示。

最大可能产量（a）（6 500×4.0）		26 000
利用率损失 [（6 500 − 4 550）×4.0]	7 800	
效率损失 [（4.0 − 3.8）×4 550]	910	
合格率损失（17 290 − 16 000）	1 290	10 000
合格产品量（b）		16 000
OEE（b）/（a）		0.615

这项分析表明，杰森公司牺牲了 10 000 单位（由于利用率、效率和合格率损失）的产量，这些生产单位可能已经被出售给客户。

13.4　构建平衡计分卡

在本章的前面部分，我们介绍了纳入平衡计分卡的 70 多个衡量指标示例。现在，我们正将重点转移到将这些指标整合成一个完整的平衡计分卡。我们的讨论将分两步进行。第一，我们将展示公司如何选择战略驱动的措施，然后在一系列可测试的假设陈述中将它们联系在一起。第二，我们将讨论一些与使用平衡计分卡评估和奖励员工相关的重要问题。

13.4.1　选择平衡计分卡指标

在本章的开头，我们提到了平衡计分卡的四个维度是相互关联的。图 13-1 中的垂直箭头描述了它们的相互关系——公司员工需要不断学习和成长，以改进内部业务流程；改进业务流程是提高客户满意度的必要条件；提高客户满意度是提高财务业绩的必要条件。

为了说明这些相互关系，我们假设捷豹公司（Jaguar Company）的战略是为追求手工制作、个性化的富人提供独特、奢华的汽车。为向目标客户提供该价值主张，捷豹公司可能提供很多选择，如真皮坐垫、内外饰颜色搭配和木质仪表盘，以使每辆车都独一无二。例如，除了传统意义上的黄褐色和蓝色真皮坐垫，捷豹公司还提供其他各种颜色的选择。为使该战略有效，捷豹公司需在合理的时间内完成客户要求的汽车，同时使成本在客户愿意支付的范围内。

图 13-3 显示了捷豹公司如何在其平衡计分卡中反映这一战略。每个衡量指标都包含一个或多个附加的"＋"或"－"以指示目标是增加还是减少得分。该图中的箭头在因果关系的基础上将这些衡量指标联系在一起。每一个链接都可以理解为一种假设，即"如果我们改进了这个衡量指标，那么另一项绩效衡量指标也应该改进"。从图 13-3 的底部开始，我们可以阅读绩效衡量指标之间的如下联系。

如果我们提高员工留任率和每位员工的平均培训时间，那么将增加可用选项的数量，同时减少每辆车的平均错误数量和正确安装选项的平均时间。如果我们增加了可用选项的数量，减少了每辆车的平均错误数量，并减少了正确安装选项的平均时间，那么将提高客户对可用选项数量的满意度，进而提高我们在豪华车市场的市场占有率。

继续看图 13-3，如果我们提高客户对可用选项数量的满意度并缩短正确安装选项的平均时间，这将增加我们每售出一辆车的边际贡献。最后，如果我们提高我们在豪华车市场的市场占有率和每辆车的边际贡献，这将增加我们的剩余收益。

本质上，平衡计分卡奠定了一种理论基础，即公司为达到理想结果应如何行动。图 13-3 中的战略似乎是合理的，但这仅仅是一种理论。例如，如果公司成功地增加可用选项数量、减少正确安装选项的平均时间，但是客户满意度并没有提高，销量、边际贡献或剩余收益并没有增加，那么公司需重新考虑该战略。平衡计分卡的优势之一是持续检验支持管理者战略的基本理论。如果战略无效，则为某些理论预测没有出现的效果提供了证据。如果没有理论应用的反馈，公司可能会无限期地使用一种基于错误假设的无效战略。

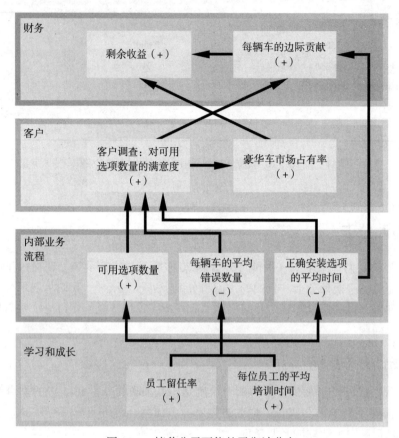

图 13-3　捷豹公司可能的平衡计分卡

13.4.2　奖励与平衡计分卡挂钩

对员工的激励性奖励如奖金等应与平衡计分卡绩效指标挂钩。但是只有在组织成功运用了平衡计分卡一段时间后才应这样做，所谓的"一段时间"可能是一年或更长。管理者须确认，绩效指标可靠、敏感、容易理解和不容易被操纵。

为平衡计分卡选择衡量指标，然后使用这些衡量指标来奖励员工看起来很简单，但组织经常因使用绩效衡量指标来奖励员工，从而导致次优化结果。为了说明这一点，我们假设冲浪设备（Pipeline Unlimited）生产商正以其 75% 的产能进行运营。该公司已决定将销售增长作为绩效衡量指标纳入平衡计分卡的财务维度。此外，该公司决定将销售收入的 10% 作为佣金以补偿销售人员。在这一点上，假设冲浪设备公司似乎做出了一些非常明智的选择，将对销售人员的激励与平衡计分卡中的销售增长指标相结合。

然而，为了进一步探讨这一问题，我们假设该公司的两款冲浪板 XR7 和 Turbo 型号的数据如下表所示。

（单位：美元）

	型号	
	XR7	Turbo
售价	695	749
变动成本	344	410
边际贡献	351	339

如果销售人员获得销售收入 10% 的佣金，他们会最努力推广哪种型号的冲浪板？答案是 Turbo 型号，因为它的售价最高，因此佣金更高。此外，从公司的角度来看，如果销售人员引导客户转向 XR7 型号，利润将

更大，因为它具有更高的边际贡献。因此，将员工激励与销售增长联系起来这一看似明智的做法，可能会导致次优化结果。

为了更好地使员工激励与公司目标保持一致，佣金可以基于边际贡献而不是售价。如果做到了这一点，销售人员将希望销售的产品组合能够最大化边际贡献。如果固定成本不受销售组合的影响，最大化边际贡献也将使公司利润最大化。事实上，销售人员通过最大化他们自己的补偿，也将使公司利润最大化。一个结构良好的平衡计分卡应该达到类似的一致性。它应该激励员工选择符合公司总体战略目标的行动，并且应该适当地奖励他们这样做。

13.5 企业社会责任绩效指标

如第 1 章所述，公司有责任制定战略，以产生令股东满意的财务结果。然而，它们也有企业社会责任，为其他利益相关者服务，如客户、员工、供应商、社区、环境和人权倡导者，他们的利益与公司的业绩息息相关。**企业社会责任**（corporate social responsibility，CSR）是指组织在做出决策时考虑所有利益相关者的需要的概念。企业社会责任超出了法律合规范围，包括满足利益相关者期望的自愿行动。

世界上许多大型公司都编制了企业社会责任绩效报告（也称为可持续发展报告），并与其外部利益相关者共享。此外，越来越多的公司正在聘请公共会计师事务所提供担保服务，为这些报告中披露的信息增加可信度。毫无疑问，尽管这些公司中的许多公司都认为为不同的利益相关者服务是一种道德义务，但这些公司也明白，社会和环境问题为它们提供了巨大的机会和风险。

从机会管理的角度来看，一些公司通过对产品、服务和流程创新进行战略投资来应对社会和环境挑战，从而提高利益相关者的满意度和利润。例如，丰田（Toyota）开发了混合动力发动机普锐斯，以应对社会对汽车尾气排放的担忧，并增加股东财富。添柏岚（Timberland）在其 Earthkeepers® 鞋类生产线的制造过程中使用了从数百万个水瓶中回收的塑料。反过来，Earthkeepers® 系列已成为添柏岚发展最快、利润最高的产品线之一。宝洁公司（Procter & Gamble）决定整合其配送中心，从而降低运输成本，同时降低燃料消耗和相关排放。

从风险管理的角度来看，大多数公司都明白，如果它们忽视自己的社会和环境责任，就会损害自己的声誉。例如，如果一家公司向环境排放致命污染物，或从雇用童工的海外供应商处购买产品，或系统地歧视其员工群体，这些行为的不良后果将导致负面宣传。这反过来会引发不良的后遗症，如客户抵制或流失、顶尖职位的求职人数减少、员工流动率增加、投资者不再抱有幻想，甚至可能引发诉讼和政府罚款。

无论一家公司对企业社会责任的兴趣是基于道德、机会管理、风险管理还是这三者的结合，它都需要伴随着这一动机，并提供管理者可以跟踪并与外部利益相关者共享的计量指标和报告。

13.5.1 全球报告倡议组织

全球报告倡议组织（global reporting initiative，GRI）是社会和环境绩效衡量领域的领先组织。它创建了一个被广泛采用的可持续发展的报告框架，其中包括三个通用标准以及三套与经济、环境和社会绩效相关的特定主题标准。

通用标准要求公司提供与战略和分析、利益相关者参与和治理等主题相关的信息披露。更具体地说，它们要求公司最高级的决策者（如首席执行官）描述公司在企业社会绩效方面的战略重点、计划和成就。它们还要求公司确定其利益相关者，并总结与他们沟通的方式和频率。最后，通用标准要求公司描述其最高管理机构（如董事会）在管理风险，评估社会、环境和经济绩效以及向外部利益相关者报告结果方面的作用。

三个特定主题的标准与"三重底线"和"人、地球和利润"这两个常用于概括公司扩大的企业社会责任的短语类似。经济标准涉及的主题包括为员工退休福利提供资金、从当地社区采购物资和聘请高级管理人员、按

⊖ 你可以通过访问 www.globalreporting.org. 来了解更多关于全球报告倡议组织的信息。

性别分析入门级工资以及评估气候变化的财务影响。环境标准涉及用水、废物管理、能源消耗、生物多样性保护和排放控制等问题。最后，社会标准侧重于一系列主题，包括职业健康和安全、人权、培训和教育、多样性和平等机会、客户健康和安全以及营销和贴牌管理。

13.5.2　企业社会责任与平衡计分卡

平衡计分卡提供了一个有用的框架，用于组织和管理公司通常在其可持续发展报告中包含的社会和环境绩效指标。表 13-7 提供了平衡计分卡四种类别的社会和环境绩效指标的示例。

表 13-7　平衡计分卡的社会和环境绩效指标示例

学习和成长：	内部业务流程：
• 职业伤害 / 事故的数量（−）	• 单位产量的平均耗水量（−）
• 女性员工的平均薪酬 ÷ 男性员工的平均薪酬（+）	• 已回收的原材料投入百分比（+）
• 代表人数不足群体的求职者人数（+）	• 单位产量的平均碳排放量（−）
• 每位员工的平均社区服务时间（+）	• 产生的废物量（−）
客户：	**财务：**
• 强烈同意"贵公司关心其运营所在社区"这一说法的客户百分比（+）	• 环保产品收入的百分比（+）
• 强烈同意"贵公司在产品安全方面具有卓越承诺"的客户百分比（+）	• 每销售一美元的平均燃料成本（−）
• 强烈同意"贵公司致力于环境管理"声明的客户百分比（+）	• 工人赔偿总成本
• 强烈同意"贵公司向我提供了评估其社会和环境绩效所需的信息"这一说法的客户百分比（+）	• 关于"绿色"产品和工艺的资本支出

一些企业将社会和环境绩效指标纳入现有的平衡计分卡，而另一些企业则实施了各种调整。例如，一些企业在其平衡计分卡中增加了第五类，目的是将重点放在扩大的利益相关者上。其他企业为其自身或其供应商的社会和环境绩效建立单独的计分卡。不管这些不同的格式选择的是什么，企业都应该始终使用"如果……那么"的假设语句连接其计分卡的衡量指标。单一指标的价值有限，除非它们最终推动实现更大的战略目标。此外，公司的计分卡指标需要与高级领导和经理的评估及奖励方式挂钩，否则，企业宣布的履行其社会和环境责任的承诺可能不会产生相应的行动和结果。

| 商业实战 13-5 |　　　　　　　　高盛致力于缩小性别薪酬差距

高盛（Goldman Sachs）在英国的女性员工的收入比男性员工低 36%，这是根据来自 5 000 名员工（占高盛全球员工总数的 13%）的数据得出的。高盛的合伙人中只有 15% 是女性，而女性在人力资源、合规和法律等后台岗位中所占比例要高得多。"在高盛管理委员会的 4 位女性成员中，只有一位经营着为公司赚钱的业务。该委员会中有 27 位男性成员。"该公司收入最高的四分之一员工中，83% 是男性。

高盛意识到了这些基于性别的差异，并正在采取措施加以补救。该公司希望，在不久的将来，女性将占其新入职分析师的 50%。该公司还开始跟踪暑期实习生，他们占新入职分析师的 75% 左右，公司的目标是留住可能落后的非传统候选人。

资料来源：Liz Hoffman and Margot Patrick, "Goldman's Gender Pay Gap Reflects Wider Issue," *The Wall Street Journal*, March 17-18, 2018, p. B10.

本章小结

本章的核心内容是平衡计分卡，它是一套完整的绩效指标，源自并支持公司的战略。平衡计分卡中使用的绩效指标通常分为四个维度：学习和成长、内部业务流程、客户和财务。

公司的内部业务流程维度包括质量成本，质量成本量化了预防成本、评估成本、内部故障成本和外部故障成本的总和。一般来说，管理层应将注意力集中在预防成本上，因为在预防方面的少量投资可以大幅降低评估成本、内部故障成本和外部故障成本。质量成本通常汇总在质量成本报告中，该报告有助于管理者了解质量成本的重要性，发现问题，并评估质量成本的分配方式。

内部业务流程衡量指标还可以包括基于时间的度量，如经营循环时间、交货循环时间和制造循环效率，以及考虑机器利用率、效率和合格率的总体设备效率。目标是减少经营循环时间和交货循环时间，同时提高制造循环效率（MCE）和总体设备效率（OEE）。

构建平衡计分卡的过程应从组织定义其战略开始。然后，组织将此战略转化为相应的绩效指标，以跟踪其执行战略的进度。这些绩效指标应以因果关系的方式联系在一起。平衡计分卡的优点之一是它不断地测试管理战略的理论基础。如果一个策略不起作用，当一些预测的"如果……那么"关系没有发生时，它应该变得明显。平衡计分卡中包含的措施还应与员工的评估和奖励方式挂钩，否则，这些措施很可能被忽视。

许多组织编制企业社会责任绩效报告，并与其外部利益相关者共享。全球报告倡议组织（GRI）创建了一个广泛采用的可持续发展的报告框架，其中包括三个通用标准以及三套与经济、环境和社会绩效相关的标准。平衡计分卡提供了一个有用的框架，用于组织和管理公司通常在其可持续发展报告中包含的社会和环境绩效指标。

复习题：经营业绩衡量

Codington 公司记录完成客户订单所需的时间。它记录了特定订单的以下数据。

	（单位：小时）
等候时间	20.8
加工时间	2.2
检查时间	0.2
搬运时间	4.8
排队时间	18.6

要求：
（1）计算经营循环时间。
（2）计算 MCE。
（3）计算交货循环时间。

答案：
（1）经营循环时间计算如下：

经营循环时间 = 加工时间 + 检查时间 + 搬运时间 + 排队时间
= 2.2 小时 +0.2 小时 +4.8 小时 +18.6 小时
= 25.8 小时

（2）MCE 计算如下：

MCE = 加工时间 / 经营循环时间
= 2.2 小时 /25.8 小时
= 0.09（四舍五入）

（3）交货循环时间计算如下：

交货循环时间 = 等候时间 + 经营循环时间
= 20.8 小时 +25.8 小时
= 46.6 小时

术语表

Appraisal costs 评估成本 在产品交付给客户之前识别不合格产品所产生的成本。

Balanced scorecard 平衡计分卡 由驱动和支持组织战略的绩效衡量指标形成的一体化系统。

Business process 业务流程 为在业务中执行某些任务而遵循的一系列步骤。

Corporate social responsibility 企业社会责任 组织在决策时考虑所有利益相关者的需要的概念。

Cost of quality 质量成本 预防成本、评估成本、内部故障成本和外部故障成本之和。

Delivery cycle time 交货循环时间 从接受客户订单到产品发货的时间。

External failure costs 外部故障成本 将有缺陷的产品或服务交付给客户时产生的成本。

Internal failure costs 内部故障成本 在将有缺陷的产品装运给客户之前，由于识别这些产品而产生的成本。

Manufacturing cycle efficiency 制造循环效率 用加工时间（增值时间）除以经营循环时间计算得到。这一结果能够给出经营循环时间中真正用于实际生产的时间占比。

Overall equipment effectiveness 总体设备效率 衡

量设备生产率的比率。

Prevention costs 预防成本　防止不合格产品发生的成本。

Quality cost report 质量成本报告　详细说明预防成本、评估成本、内部故障成本和外部故障成本的报告。

Quality of conformance 质量合格程度　产品或服务满足或超过其设计规范的程度，并且没有损坏其外观或降低其性能的缺陷或其他问题。

Strategy 战略　公司通过区别于竞争对手来吸引客户的"行动方案"。

Throughput time 经营循环时间　开始生产到产成品运送给客户的时间。

思考题

1. 平衡计分卡中的四类指标是什么？

2. 质量成本报告中总结的四种成本是什么？公司通常如何寻求降低质量成本？

3. 交货循环时间和经营循环时间的差异是什么？构成经营循环时间的四要素是什么？经营循环时间中哪些是增值要素？哪些是非增值要素？

4. 制造循环效率（MCE）小于 1 的含义是什么？如果 MCE 为 0.4，应如何解释？

5. 为什么不同的公司在其平衡计分卡中采用的指标不同？

6. 为什么平衡计分卡中的衡量指标应该以"如果……那么"陈述的形式联系在一起？

7. 为什么平衡计分卡既要包括财务指标也要包括内部业务流程指标？

8. 公司为什么要将平衡计分卡措施与员工奖励系统联系起来？

9. 为什么企业要衡量其企业社会责任绩效？

10. 什么是全球报告倡议组织？

练习题

1. 平衡计分卡绩效指标示例

里德公司希望实施平衡计分卡绩效衡量体系。其高级管理团队已收集了以下所示的衡量指标，以便可能纳入其平衡计分卡。

项目	学习和成长	内部业务流程	客户	财务
例：员工缺勤率	X			
1. 新客户创造的销售收入				
2. 客户流失率				
3. 每销售一美元的平均燃油成本				
4. 每位员工的平均工作场所事故数				
5. 交货循环时间				
6. 每位员工的平均培训时间				
7. 代表人数不足群体的求职者人数				
8. 强烈同意"您的员工对我很有礼貌"这一说法的客户百分比				
9. 资产报酬率				
10. 强烈同意"贵公司对产品安全有着卓越承诺"这一说法的客户百分比				
11. 模块化产品设计的数量				
12. 因缺货而造成的销售损失				
13. 产生的浪费数量				
14. 客户推荐的数量				
15. 剩余收益				
16. 每位员工的平均辅导时间				

要求：

对于每一项衡量指标，在适当的栏中放一个 X，表明它是否最有可能被归入公司平衡计分卡的学习和成长、内部业务流程、客户或财务类别。

2. 质量成本分类

以下列出了公司质量控制体系中的一些活动。

a. 产品测试

b. 产品召回

c. 返工劳动和间接费用

d. 质量管理小组

e. 因质量缺陷导致的停工期

f. 外勤服务费用

g. 货物检验

h. 质量工程

i. 保修维修

j. 统计过程控制

k. 废料净成本

l. 测试设备折旧

m. 因质量问题而产生的退货和补偿

n. 缺陷产品的处置

o. 对供应商的技术支持

p. 系统开发

q. 保修更换

r. 在客户现场进行现场测试

s. 产品设计

要求:

(1)将与这些活动相关的成本分别归入以下类别:预防成本、评估成本、内部故障成本和外部故障成本。

(2)上述四种成本中,哪一种成本是为了防止出现质量不合格的产品而产生的?上述四种成本中,哪一种成本是因为发生了质量不合格的产品而产生的?

3. 内部业务流程绩效衡量

Mittel 公司的管理者想要减少客户发出订单和订单发货之间的时间。第一季度相关数据如下。

	(单位:天)
检查时间	0.3
等候时间	14.0
加工时间	2.7
搬运时间	1.0
排队时间	5.0

要求:

(1)计算经营循环时间。

(2)计算制造循环效率(MCE)。

(3)计算经营循环时间中非增值作业的比例。

(4)计算交货循环时间。

(5)如果使用精益生产,生产过程中所有的排队时间都将被消除,计算新的 MCE。

4. 建立平衡计分卡

Lost Peak 滑雪场多年来一直是一个小型家庭经营的滑雪场,为附近城镇的日间滑雪者提供服务。Lost Peak 滑雪场最近被一家大型滑雪场运营商西部度假村(Western Resorts)收购。新业主计划将度假村升级为度假者的目的地。作为该计划的一部分,新业主希望对位于山上的 8 号粉屋餐厅进行重大改造。该餐厅的菜单选项非常有限,有汉堡、热狗、辣椒、金枪鱼三明治、比萨、薯条和袋装小吃。由于几乎没有竞争,度假村的前业主并没有感到需要迫切升级餐饮服务。如果滑雪者想在山上吃午饭,唯一的选择就是 8 号粉屋餐厅或吃些从家里带来的午餐。

作为收购 Lost Peak 滑雪场的交易的一部分,西部度假村同意保留 Lost Peak 滑雪场的所有现有员工。餐厅的经理虽然工作努力、热情,但在餐饮业方面经验很少。经理负责选择菜单,招聘和培训员工,并监督日常运营。厨房工作人员准备食物和洗碗。餐厅工作人员负责点餐,充当出纳员,并清洁餐厅区域。

接管 Lost Peak 滑雪场后不久,西部度假村的管理层与 8 号粉屋餐厅的所有员工举行了为期一天的会议,讨论度假村的未来以及新管理层对餐厅的计划。在本次会议结束时,管理层和 8 号粉屋餐厅员工选择了以下绩效指标,用于创建平衡计分卡。

a. 8 号粉屋餐厅每周销量

b. 8 号粉屋餐厅每周利润

c. 菜单选项数

d. 西部度假村管理层代表评定的餐饮区清洁度

e. 通过客户调查衡量的客户对菜单选项的满意度

f. 通过客户调查衡量的客户对服务的满意度

g. 点餐的平均时间

h. 准备订单的平均时间

i. 在当地社区学院完成有偿烹饪课程的厨房员工百分比

j. 在当地社区学院完成可报销的招待课程的餐厅员工百分比

要求:

(1)使用上述绩效指标,为 8 号粉屋餐厅构建一个平衡计分卡。以图 13-3 作为指导,用箭头显示因果关系,并用"+"或"-"表示绩效指标的得分是增加还是减少。

(2)8 号粉屋餐厅的平衡计分卡中有哪些假设?你认为这些假设中哪一个最值得怀疑?为什么?

(3)管理层如何知道平衡计分卡背后的假设之一是否错误?

5. 定义平衡计分卡衡量指标

Askew 公司对采用平衡计分卡感兴趣。作为第一步,该公司刚刚完成了一次头脑风暴会议,以确定在学习和成长、内部业务流程、客户和财务方面需要改进的指标。头脑风暴会议的结果总结如下。

学习和成长维度：

"太多的客户服务员工离开我们公司为其他雇主工作。"

"我们没有为员工提供足够的培训。"

"我们的员工没有产生足够的想法来帮助改进我们的工作。"

内部业务流程维度：

"客户退回了太多有缺陷的产品。"

"生产产品并运送给客户的时间太长。"

"客户必须反复给我们打电话才能解决问题。"

客户维度：

"我们服务的客户数量似乎在减少。"

"客户抱怨在收到他们订购的产品方面出现了过度延误。"

"我们从现有客户的口碑中获得的新客户越来越少。"

财务维度：

"华尔街正变得非常关注我们的未来。"

"销售收入在下降，而不是上升。"

"将客户订单转换为现金的时间太长。"

要求：

（1）第一步，解释如何将来自公司头脑风暴会议的意见转化为可跟踪和管理的绩效衡量指标。为了说明这一点，请为公司头脑风暴会议期间提出的每个意见提供一个看似合理的绩效衡量指标示例。

（2）第二步，强调定义战略的重要性，使用"如果……那么"假设语句以反映所选战略的方式将绩效衡量指标联系在一起。为了说明这一点，根据公司的头脑风暴会议目标（产品领先、卓越经营或客户亲密关系）为公司选择一个战略，并使用（1）中的一些衡量指标定义三个"如果……那么"假设陈述。使用"+"或"-"指示每个绩效指标的得分是增加还是减少。

6. 平衡计分卡绩效衡量指标

下表列出了四家不同公司的四类绩效指标。每一套绩效指标都包含平衡计分卡四个维度的一个指标。

A 公司：

每位员工的平均任期

三年以下产品的销售收入

市场占有率

设计的新产品数量

B 公司：

客户对我们产品领导地位的看法

接受我们工作邀请的"优秀"面试候选人的百分比

批准的专利数量

专利保护销售

C 公司：

产生的大量废物

环保产品收入的百分比

每位员工的流程改进建议数量

强烈同意"贵公司致力于环境管理"这一说法的客户百分比

D 公司：

经营净利润增长率

制造循环效率

强烈同意"我的订单按时交付"声明的客户百分比

每位员工的平均培训时间

要求：

（1）对 A、B、C 和 D 每一家公司：

a. 将指标分别标注为学习和成长、内部业务流程、客户和财务相关的四个维度，指出每个指标预计是增加还是减少。

b. 创建三个假设陈述，分别将学习和成长指标与内部业务流程指标相联系；将内部业务流程指标与客户指标相联系；将客户指标与财务指标相联系。

（2）对于 A、B、C 和 D 公司中的每一家，描述其四类指标集是否反映了卓越经营、客户亲密关系、产品领先和客户价值主张。为什么？

问题

1. 总体设备效率

Kilmer 公司对其唯一产品的需求超过了其生产能力。该公司提供了以下关于该机器的信息，该机器的有限产能使得该公司无法额外增加生产量和销量。

本周实际运行时间	6 600 分钟
每周可用机器工时	11 000 分钟
本周实际运行率	5.1 个／分钟
理想运行率	6.0 个／分钟
本周合格产品	23 562 个
本周总产量（包括不合格产品）	33 660 个

要求：

（1）关于公司的整体设备有效性，计算以下各项。

a. 利用率。

b. 效率。

c. 合格率。

d. 总体设备效率。

（2）关于公司的总体设备效率，计算以下各项

a. 以生产单位表示的利用率损失。

b. 以生产单位表示的效率损失。

c. 以生产单位表示的合格率损失。

2. 创建支持不同战略的平衡计分卡

中西部咨询集团公司（MCG）帮助企业创建平衡计分卡。作为其营销工作的一部分，MCG 每年为潜在客户举办一次平衡计分卡研讨会。作为 MCG 的最新员工，你的上司要求你参加今年的研讨会，向与会者说明如何根据公司战略确定适合其平衡计分卡的衡量指标。你的上司向你提供了以下 MCG 当前两位客户年度报告的摘录。她要求你在研讨会中使用这些摘录。

摘自应用制药公司年度报告：

我们业务的关键在于始终如一、及时地介绍新产品及其完整的制造过程。方程式中的新产品介绍部分是研发（R&D）产量的函数（例如，相对于潜在化合物的总数，产生的适销药物化合物的数量）。我们通过投资于最先进的技术，尽可能多地雇用"最优秀、最聪明"的工程师，并为这些工程师提供世界一流的培训，力求优化我们的研发产量和率先进入市场的能力。制造过程的完整性就是建立世界级的质量规范，然后坚持不懈地参与预防和评估活动，以最大限度地降低缺陷率。我们的客户必须意识到并尊重我们"市场第一、质量第一"的品牌形象。如果我们向客户兑现这一承诺，那么我们提高股东权益报酬率的财务目标就应该实现。

摘自目的地度假村公司年度报告：

我们的业务成败取决于一线员工为客户提供的服务质量。因此，我们必须努力保持员工高昂的士气，尽量减少员工流失。此外，我们还必须培训员工使用技术为我们的回头客创造无缝的全球体验。一旦员工将客户偏好输入我们的数据库（例如，在房间内提供两个额外的枕头，在上午 8:00 将新鲜煮好的咖啡送到房间，等等），我们全球的员工将努力确保客户不再需要在我们的任何目的地度假村重复输入他们的信息。如果我们适当地培训并保留一支积极的员工队伍，我们应该看到我们的无差错重复客户登记的百分比、解决客户投诉所需的时间以及我们独立评估的房间清洁度方面的持续进步。这反过来会推动客户保留率的提高，这是实现收入增长目标的关键。

要求：

（1）基于以上摘录，比较应用制药公司和目的地度假村公司的战略。

（2）为每家公司选择平衡计分卡衡量指标，并使用图 13-3 中的框架链接计分卡衡量指标，使用箭头显示绩效指标之间的因果关系，并显示绩效指标是否应随时间增加或减少。请自由制定本章中可能未具体提及的指标，但考虑到每家公司的战略目标，这些指标是有意义的。

（3）每个平衡计分卡都有哪些假设？为什么这两家公司的假设不同？

3. 某些绩效指标的功能失调效应

通常有不止一种方法可以改进绩效衡量。不幸的是，管理者为提高绩效而采取的一些行动实际上可能会损害组织。例如，假设营销部门只负责增加绩效指标"总收入"，总收入的增加可以通过更加努力和聪明的工作来实现，但通常也可以通过简单的降价来实现。降价带来的销量增长几乎总是带来更高的总收入；然而，它并不总是带来更高的总利润。那些设计绩效衡量指标体系的人需要记住，在执行压力下的管理者可能会采取行动改进绩效衡量指标，这在其他地方会产生负面影响。

要求：

对于以下每种情况，请描述管理者可能采取的行动，以显示绩效指标的改进，但实际上不会导致组织整体绩效的改进。

（1）考虑到新产品上市的速度缓慢，一家消费电子公司的高层管理人员引入了一种新的绩效指标"上市速度"。研发部门负责此绩效指标衡量，它用来衡量产品在投放市场销售之前的平均开发时间。

（2）一家航空公司的首席执行官对机场地勤人员从飞机上卸行李的时间感到不满。为了解决这个问题，她决定测量从飞机停在登机口到所有行李从飞机上卸下的平均运行时间。机场地勤人员每个月如果可以降低相对于上个月的"平均运行时间"，那么首席执行官将支付一次性奖金，平均分配给地勤人员。

（3）一家制造公司长期未能在承诺的日期前向客户发送订单产品，这一直困扰着该公司。为了解决这个问题，生产经理被赋予了"增加订单按时发货百分比"的责任。当客户打电话订购时，生产经理和客户敲定交货日期。如果订单未在该日期完成，则视为延迟装运。

（4）考虑到员工的生产力，一家大型跨国公司的董事会规定，各子公司的经理将负责增加子公司每位员工的收入。

4. 内部业务流程绩效衡量

汤姆布罗工业公司（Tombro Industries）正在对其一家工厂进行自动化改造，并开发了一套灵活的制造系统。该公司发现有必要对操作程序进行许多修改，但进展一直很缓慢，特别是在为工厂制定新的绩效指标方面。

为了评估绩效并确定可以改进的地方，管理层收集了过去四个月内与作业相关的数据如下。

	月份			
	1	2	3	4
质量控制指标:				
缺陷数量	185	163	124	91
保修索赔数量	46	39	30	27
顾客投诉数目	102	96	79	58
材料控制指标:				
采购订单交付周期/天	8	7	5	4
不合格品占总成本的百分比	1%	1%	2%	3%
机器性能指标:				
机器停机时间占可用性的百分比	3%	4%	4%	6%
按可用性的百分比使用	95%	92%	89%	85%
设置时间/小时	8	10	11	12
交付绩效衡量指标:				
经营循环时间	?	?	?	?
制造循环效率	?	?	?	?
交货循环时间	?	?	?	?
按时交货的百分比	96%	95%	92%	89%

董事长在行业杂志上读到，经营循环时间、制造循环效率和交付循环时间是衡量绩效的重要指标，但没有人知道它们是如何计算的。董事长要求你协助公司计算这些指标。你已收集了与这些指标的相关数据如下。

	每月平均值/天			
	1	2	3	4
开始生产前每个订单的等候时间	9.0	11.5	12.0	14.0
单位检查时间	0.8	0.7	0.7	0.7
单位加工时间	2.1	2.0	1.9	1.8
单位排队时间	2.8	4.4	6.0	7.0
单位搬运时间	0.3	0.4	0.4	0.5

要求:

（1）每月计算以下绩效指标:

a. 经营循环时间。

b. 制造循环效率（MCE）。

c. 交付循环时间。

（2）使用问题主体中给出的绩效衡量和（1）中计算的绩效衡量，执行以下操作:

a. 确定公司似乎正在改进的领域。

b. 确定公司似乎正在恶化的领域。

（3）参考第 4 个月的检查时间、加工时间等:

a. 假设第 5 个月的检查时间、加工时间等与第 4 个月相同，只是公司能够在使用精益生产的过程中完全消除排队时间。计算新的经营循环时间和 MCE。

b. 假设第 6 个月的检查时间、加工时间等与第 4 个月相同，只是公司能够利用精益生产消除生产期间的排队时间和检查时间。计算新的经营循环时间和 MCE。

5. 创建平衡计分卡

梅森造纸公司（MPC）生产用于计算机打印机和复印机的各等级商品纸张。由于来自更大竞争对手的巨大价格压力，MPC 报告了过去两年的经营净亏损。包括克里斯汀·汤森（首席执行官）、迈克·马丁内斯（制造部副总裁）、汤姆·安德鲁斯（营销部副总裁）和温迪·陈（首席财务官）在内的 MPC 管理团队正在考虑改变战略，以挽救即将破产的公司。最近的管理团队会议摘录如下。

汤森:我们都知道，商品纸制造业是规模经济，最大的竞争对手以最低的单位成本获胜。我们旧机器的容量有限，使我们无法在大批量商品纸等级上竞争。此外，考虑到高昂的价格，通过购买一台新的造纸机来扩大我们的产能是不可能的。因此，我建议我们放弃将降低成本作为战略目标，转而将制造灵活性作为我们未来成功的关键。

陈:制造灵活性？这是什么意思？

马丁内斯:这意味着我们必须放弃"尽可能多地制造纸张"的心态。相反，我们需要追求存在于非标准、专业纸张等级中的小批量商业机会。为了在这个市场取得成功，我们需要从三个方面提高灵活性。第一，我们必须提高在纸张等级之间转换的能力。现在，我们平均需要四个小时才能转到另一个纸张等级，及时的客户交付是衡量转换能力的一个指标。第二，我们需要扩大我们可以生产的纸张等级范围。目前，我们只能生产三种等级的纸张。我们必须让我们的客户认识到，我们是一家"一站式商店"，能够满足他们对所有等级纸张的需求。第三，我们需要提高非标准纸张等级的产量（例如，可接受产量吨数相对于加工总吨数）。除非我们采取措施改进我们的工艺，否则这些等级内的浪费百分比将高得令人无法接受。如果我们不能提高产量，我们的变动成本将达到顶点！

陈:等一下！这些变化将破坏我们的设备利用率！

安德鲁斯:你说得对，温迪。然而，就灵活性而言，设备利用率并不是这个方案的主题。我们的客户不关心我们的设备利用率。相反，正如迈克刚才提到的，他们希望及时交付少量的全系列等级纸张。如果我们能够缩短从下订单到交付订单的时间，并扩大我们的产品范围，那么将增加现有客户的销售收入，并获得新客户。此外，我们将能够收取溢价的价格，因为在这一市场中，注重成本的大型竞争对手的竞争有限。我们每吨的边际贡献应该会大幅提高！

马丁内斯：当然，执行战略的改变并不容易，我们需要在培训方面进行大量投资，因为最终是我们的员工创造了我们灵活的制造能力。

陈：如果我们采用这种新战略，它肯定会影响我们衡量绩效的方式。我们需要制定措施，激励员工做出支持灵活性目标的决策。

汤森：温迪，你一针见血。在下一次会议上，你能总结一些支持我们新战略的潜在措施吗？

要求：

（1）对比 MPC 以前的制造战略和新的制造战略。

（2）一般来说，为什么一个改变战略目标的公司也需要改变其绩效衡量体系？在 MPC 改变战略之前，哪些指标适用于 MPC？为什么这些措施不能支持 MPC 的新战略？

（3）构建平衡计分卡，以支持 MPC 的新制造战略。用箭头显示绩效指标之间的因果关系，并显示绩效指标是否应随时间增加或减少。尽管本章可能没有具体提及，但考虑到公司的战略目标，可以随意制定一些指标。

（4）MPC 的平衡计分卡中包含哪些假设？你认为这些假设中哪一个最值得怀疑？为什么？

6. 内部业务流程绩效的衡量

数据跨度有限公司（DataSpan, Inc.）在今年年初实现了工厂自动化，并安装了灵活制造系统。该公司还在评估其供应商，向精益生产迈进中，在这个过程中发生了许多调整问题，包括与绩效衡量指标有关的问题。经过大量研究，公司决定采用以下绩效指标，并收集了运营前 4 个月与这些指标相关的数据。

	月份			
	1	2	3	4
经营循环时间 / 天	?	?	?	?
交货循环时间 / 天	?	?	?	?
制造循环效率（MCE）	?	?	?	?
按时交货的百分比	91%	86%	83%	79%
总销量 / 个	3 210	3 072	2 915	2 806

管理层要求你帮助计算经营循环时间、交货循环时间和 MCE。过去 4 个月内记录的平均值如下：

	每月平均值 / 天			
	1	2	3	4
单位搬运时间	0.4	0.3	0.4	0.4
单位加工时间	2.1	2.0	1.9	1.8
开始生产前每个订单的等候时间	16.0	17.5	19.0	20.5
单位排队时间	4.3	5.0	5.8	6.7
单位检查时间	0.6	0.7	0.7	0.6

要求：

（1）对于每个月，计算以下各项：

a. 经营循环时间。

b. 交货循环时间。

c. 制造循环效率（MCE）。

（2）评估公司过去 4 个月的业绩。

（3）请参考上述第 4 个月的搬运时间、加工时间等：

a. 假设第 5 个月的搬运时间、加工时间等与第 4 个月相同，但通过精益生产，公司能够完全消除生产过程中的排队时间。计算新的经营循环时间和 MCE。

b. 假设第 6 个月的搬运时间、加工时间等与第 4 个月相同，只是公司能够完全消除生产期间的排队时间和检查时间。计算新的经营循环时间和 MCE。

案例

平衡计分卡

哈格伦德百货商店（Haglund Department Store）位于一个小城市的中心区。尽管该商店多年来一直盈利，但它正面临着来自大型连锁商店日益激烈的竞争，这些大型连锁商店已在郊区开设了门店。最近，市中心已经恢复了活力，该商店的管理者对盈利能力的恢复有些乐观。

为加快恢复盈利能力，该百货商店管理者正在设计平衡计分卡。管理者认为百货商店应关注两个重要问题。第一，消费者支付商店信用卡账单越来越晚，商店的坏账远远超过了行业的正常水平。如果该问题得到解决，商店将会有更多的现金用于必要的革新。调查显示，很多逾期付款和未付账单的问题源于消费者对账单上不正确的收费产生争议，这些不正确的收费通常是由于售货员错误地输入费用账单数据。第二，百货商店在未售出的季节性服装上发生大量损失，这些物品通常会低价出售给专门销售它们的折扣店。

这次讨论平衡计分卡方法的会议有些混乱，可能因为除了一位副经理，没有人读过任何关于如何建立平衡计分卡的资料或文献。不过，不同的与会者提出了很多不同的业绩指标。这些业绩指标如下：

a. 有错误的信用账单比例。

b. 在信用账单中经过培训的售货员正确输入数据的比例。

c. 应收账款平均账龄。

d. 每名员工创造的利润。

e. 消费者对账单准确性的满意度（通过每月客户调查获得）。

f. 总销售收入。

g. 每名员工创造的销售收入。

h. 采购人员去看时装秀的差旅费。

i. 销售成本中季节末未售出存货的比例。

j. 初级员工对高级员工表现的礼貌程度（通过对高级员工调查获得）。

k. 供应商及时交货的比例。

l. 每平方英尺楼面面积的销售收入。

m. 核销的应收账款占销售收入的比例。

n. 员工餐厅食物的质量（通过对员工调查获得）。

o. 参加过城市文化多样性研讨会的员工比例。

p. 利润总额。

要求：

（1）假定在该百货商店，你对平衡计分卡了解最多，管理者要求你负责设计平衡计分卡。在你的平衡计分卡中，仅能使用上述业绩指标。你无须使用上面列示的所有指标，但是你构建的平衡计分卡要能够揭示应收账款和未售出存货的问题。可以参考图 13-3 的平衡计分卡，但无须拘泥于该图中的具体业绩指标，应能说明业绩指标之间的联系以及业绩指标增减情况。

（2）假设该百货商店采用你设计的平衡计分卡，经营 1 年以后，一些业绩指标没有改善，管理者接下来应该怎么做？

（3）a. 假设消费者对信用卡账单满意度提升，但是应收账款平均账龄、坏账并没有改善，请解释该情况发生的原因。

b. 假设应收账款平均账龄、坏账和未售出存货得到改善，但是利润总额并没有增加，解释该情况发生的原因。假设你的解释是从公司内部业务流程角度进行的。

第 14 章

差量分析：决策的关键

商业聚焦

理解决策的质量

SAS 是一家价值 32 亿美元的私营公司，位于北卡罗来纳州卡里市的一个 200 英亩的校园内。公司设有现场工作和生活中心，所有员工均可免费使用。该中心工作团队由硕士级别的专业人士组成，他们帮助员工处理各种问题，如育儿、压力管理、人际关系管理、青少年入学准备以及老龄化和老年护理。它还拥有一个图书馆，藏有 2 500 多种有关管理工作与生活平衡的图书，以及一个护理壁橱，让员工免费短期使用轮椅、助行器和淋浴椅等医疗设备。

尽管量化这些投资的效益可能有些困难，SAS 仍坚信聘用愉快和健康的员工对公司的成功至关重要。为了进一步强化这一点，该公司还为其员工提供了一个现场医疗中心（由医生、执业护士、护士、物理治疗师、注册营养师和医学实验室技术人员组成）以及一个现场全方位服务的药房。

资料来源：SAS 2016 Full-Time Employee Benefits Summary.

学习目标

1. 确定决策中的相关成本、无关成本和收入。
2. 编制一张说明是应当增加还是关闭一条生产线或者其他业务分部的分析表。
3. 编制一张说明是自制还是外购决策的分析表。
4. 编制一张说明是否应当接受一项特殊订单决策的分析表。
5. 确定在约束性资源下获利最大的应用。
6. 确定获取更多约束性资源的价值。
7. 编制一张说明联产品是在分离点出售还是深加工后出售的分析表。
8. 用成本加成定价法计算完全成本法下产品的销售价格（附录 14A）。
9. 了解顾客对于价格变动的敏感性是如何影响定价决策的（附录 14A）。
10. 用价值定价法分析定价决策（附录 14A）。
11. 计算一种新产品或服务的目标成本（附录 14A）。

这一章将讨论管理者最重要的职责——决策。决策的内容包括销售何种产品，零部件自制还是外购，该如何定价，使用什么样的分销渠道，以及是否接受特定价格下的特殊订货。制定决策通常是一项很艰难的任务，因为它涉及许多备选方案和大量庞杂的数据。在本章中，你会学习如何将注意力聚焦于那些重要的信息。

14.1 决策：6 个关键概念

为了做出明智的决策，你需要知道 6 个关键概念。这一部分将会逐一讨论这些概念和新增加的术语，掌握它们有助于你解答本章最后的练习题和问题。

14.1.1 关键概念 1

每一项决策都涉及至少从两个以上的备选方案中做出选择。因此，决策的第一步就是要确定予以考虑的备选方案。例如，一家公司正在决定是自制零部件还是从外部供应商购买零部件，备选方案就是自制还是外购零部件。类似地，如果一家公司正在考虑停产某一特定产品，备选方案就是继续生产还是停止生产该产品。

14.1.2 关键概念 2

一旦你已经确定了备选方案，需要做的就是确定在它们中做出选择的标准。在备选方案中抉择的关键就是区别相关成本和相关收益以及无关成本和无关收益。**相关成本**（relevant cost）和**相关收益**（relevant benefit）应当在决策时予以考虑，而无关成本和无关收益在决策时则不予考虑。这是一组重要的概念，主要基于以下两点原因：首先，忽略无关的数据使决策者节省了大量的时间和精力；其次，不当决策常常源于在分析备选方案时错误地包括了无关成本和无关收益。

14.1.3 关键概念 3

有效决策的关键是差异分析，即着眼于备选方案之间不同的未来成本和收益，其他一切都是无关的、应当忽略的。任何两个备选方案之间未来成本的差别被称为**差量成本**（differential cost），差量成本常常是相关成本。任何两个备选方案之间未来收入的差别被称为**差量收入**（differential revenue），差量收入就是相关收益的一个例子。

增量成本和可避免成本通常被用于描述差量成本。**增量成本**（incremental cost）是指两个备选方案之间成本的增加额。例如，如果你在最喜欢的汽车的两种型号——标准型和豪华型的购买过程中做出选择，豪华型汽车价格中升高的部分就是增量成本。**可避免成本**（avoidable cost）是可以通过选择一个方案而不选择另一个方案时可以避免其发生的成本。比如，假设你决定今晚去看一场电影，可是，你正在尝试在两种备选方案中做出选择，去电影院或者租一盘录像带。电影院的入场门票费就是一项可避免成本，你可以通过租一盘录像带来避免这项成本。类似地，录像带的租赁费用也是一项可避免成本，因为你可以通过去电影院来避免它。可避免成本（和增量成本）通常都是相关成本。

差量成本和差量收入在本质上是可以定性或者定量的。备选方案之间定性的差异对决策有重要影响，因此，这种差异不应当被忽略。这一章我们的目标是训练你的定量分析能力，因此，我们主要会关注定量分析差量成本和差量收入，它们对于未来现金流量的衡量具有一定的影响。

14.1.4 关键概念 4

在备选方案中做出选择时，沉没成本通常是无关的。**沉没成本**（sunk cost）是指已经发生的并且管理者无论如何决策都无法改变的成本。沉没成本对未来现金流量没有影响，并且无论考虑哪种备选方案都保持不变，因此，在制定决策时它们是无关的并且不应予以考虑。

例如，假定一家公司以 12 000 美元购买了一辆已使用 5 年的卡车。为这辆卡车的支出是一项沉没成本，因为它已经发生了并且这项交易不能改变。在这辆卡车是留用、出售还是更新等决策中，已经支付的 12 000 美元是无关的，并且，任何与这辆卡车相关的折旧费用在决策时也是无关的。这是因为会计折旧是对未来现金流量没有影响的非付现支出，仅仅是将卡车的沉没成本在它的使用期内进行摊销。⊖

⊖ 参见附录 15C 中关于在考虑税费的情况下折旧费用如何影响决策的讨论。

14.1.5　关键概念 5

在不同的备选方案之间无差别的未来成本和未来收入在决策过程中是无关的。我们再继续讨论看电影的例子，假定在看完电影之后你计划购买一份达美乐比萨（Domino's）。假设无论你在哪里看电影都准备买相同的比萨，当你在去电影院和租录像带之间选择时，买比萨的费用就是无关的。比萨的费用不是沉没成本，因为它还没有发生。但是，买比萨的费用对于看电影地点的选择是无关的，因为这是一项在备选方案之间没有差别的未来成本。

14.1.6　关键概念 6

在做决策时机会成本同样需要予以考虑。**机会成本**（opportunity cost）是指在多方案的择一决策中，所放弃的方案中（最高）的潜在收益。例如，如果你正在考虑放弃一个高薪的暑假工作去国外旅行，放弃的薪资就会成为出国旅行的机会成本。机会成本通常并不会在会计记录中找到，但是它们是管理者在做每一个决策时必须特别考虑的一种差量成本。

这一章包括了各种不同环境下的决策，涉及保留或关闭生产线决策、自制或外购决策、特殊订单决策以及直接出售或深加工决策。尽管解决这些不同环境下的决策问题似乎有点令人不知所措，但是它们都有一个统一的主题，即基于差量成本和差量收入在备选方案中做出选择。为了强调这一共同的主题，这一章的练习题和问题覆盖了本章的学习目标，要求你用相同的术语——财务优势或劣势分析，从备选方案中做出抉择。例如，许多练习题和问题这样提问：

（1）关闭商店的财务优势或劣势是什么？
（2）外购而不是自制零部件的财务优势或劣势是什么？
（3）接受特殊订单的财务优势或劣势是什么？
（4）半成品深加工的财务优势或劣势是什么？

在所有这些不同的环境下，如果追求一种选择，如关闭一家商店或者接受一份特殊订单，通过了成本/收入测试，其财务优势就一定存在。换句话说，如果备选方案的差量收入（例如未来现金流入量）超过了它的差量成本，财务优势就是存在的。相反地，当一个备选方案没有通过成本/收入测试，财务劣势就存在了，因为它的差量收入小于差量成本。[⊖]

14.2　确定相关成本和相关收益：一个案例

辛西娅（Cynthia）是波士顿 MBA 项目的一名在读学生，她想在周末拜访一位身处纽约的朋友。她正在决定是驱车去还是乘火车去。由于预算紧张，因此她要仔细地考虑这两种备选方案的成本。如果有一种备选方案明显比另一种的成本更少，那会在她的决策中起到关键性作用。如果开车去，从她在波士顿的公寓到她的朋友在纽约的公寓距离是 230 英里。辛西娅编制了如下的项目表来辅助决策。

汽车成本

项目	每年的固定项目成本	每英里成本（基于每年 10 000 英里）
（a）汽车在直线法下的年折旧费 [（24 000 美元的初始成本 − 5 年后 10 000 美元的再售价值）/ 5 年]	2 800 美元	0.280 美元
（b）汽油成本（每加仑 2.4 美元 ÷24 英里每加仑）		0.100 美元
（c）汽车保险和许可证的年成本	1 380 美元	0.138 美元
（d）维护和修理成本		0.065 美元
（e）在校停车费（每月 45 美元 ×8 个月）	360 美元	0.036 美元
（f）每英里总平均成本		0.619 美元

⊖ 在一家公司的存续期，累计的净现金流量等于累计的净利润。因此，如果一项决策使未来净现金流量最大，就会使未来累计净利润最大。可是，在权责发生制下，任何特定期间的净利润通常会与净现金流量不同。基于未来现金流量最大的决策可能在短期减少净利润，但是从长期来看，累计净利润会高于其他决策方式下的净利润。

（续）

其他数据	
项目	
（g）由于磨损引起的汽车再售价值的减少	0.080 美元 / 英里
（h）从波士顿到纽约的往返票价	114 美元
（i）乘火车而不是开车所带来的沿途能够放松和学习的好处	?
（j）离开后寄养小狗的成本	80 美元
（k）在纽约拥有一辆汽车的好处	?
（l）在纽约停车的困难	?
（m）在纽约停车的成本	25 美元 / 天

在这项决策中哪些成本和收入是相关的？请记住，只有差量成本和差量收入才是相关的——其他的一切都与决策无关，是无须考虑的。

从表格的最上端项目（a）开始分析，汽车的初始成本是一项沉没成本。这项成本已经发生，因此不会在不同的备选方案之间发生改变。所以，这项成本是无关的而且应当被忽略。同样的情况也适用于每年 2 800 美元的会计折旧，它只是把沉没成本在 5 年之间进行分摊。

对于项目（b），驱车至纽约所消耗的汽油成本是一项相关成本。如果辛西娅坐火车，她就会避免这项费用的开支。因此，成本在备选方案之间发生了改变，它就是相关的。

对于项目（c），汽车保险和许可证的年成本，与决策不相关。在这一次旅途中，无论辛西娅是坐火车还是开车，她的汽车保险和许可证的年成本都是一样的。[⊖]

对于项目（d），维护和修理成本与决策相关。尽管维护和修理成本有很大一部分随机成分，但是从长远来看或多或少与汽车的行驶里程成正比。因此平均每英里 0.065 美元的成本是一个可使用的合理估计。

对于项目（e），辛西娅在读期间每月支付的在校停车费与决策不相关。不管她选择了哪种方案，开车或坐火车，她在纽约开自己的车或租车都需要支付在校停车的费用。

对于项目（f），0.619 美元是每英里的总平均成本。如前所述，这当中的一部分是相关的，而另一部分是不相关的。因为总平均成本中包含了一些无关成本，所以仅仅用 0.619 美元乘以 460 英里（= 单程 230 英里 × 2）来估计驱车至纽约的往返成本是不正确的。这种错误的方法会导致开车的成本是 284.74 美元。不幸的是，这种错误在个人生活和商业决策中都常常发生。因为总成本是基于单位英里而确定的，所以人们很容易被误导。人们通常认为如果每英里的成本是 0.619 美元，那么行驶 100 英里的成本就是 61.90 美元。但实际情况并不是这样的。每英里 0.619 美元中包括的许多成本是沉没成本并且（或者）是固定的，这些成本并不会增加，即使汽车再行驶 100 英里。0.619 美元是一项平均成本，而不是差量成本。小心这些单位化的成本（例如以每单位、每英里、每直接人工小时、每机器小时等单位金额表示的成本），它们通常是具有误导性的。

对于项目（g），由于行驶更多的里程导致汽车再售价值的下降与决策相关。辛西娅使用了汽车，因此汽车再售价值的下降是她在使用汽车时应当予以考虑的一项真实的成本。辛西娅通过登录凯利蓝皮书（Kelly Blue Book）的网站 www.kbb.com 来估计这项成本。这种由于使用或者随着时间的推移而使得再售价值减少通常被称为真实折旧或经济折旧。这同会计折旧不同，会计折旧是尝试将一项资产的沉没成本和它的受益期间匹配。

对于项目（h），114 美元的火车往返票价与决策相关。如果开车，她就可以避免火车票的成本。

项目（i）与决策相关，尽管难以确定在火车上获得的放松休息和能够学习的货币价值，它仍然是相关的，因为这是在一种方案下可以获得而在另一种方案下无法获得的好处。

对于项目（j），当辛西娅离开时将小狗寄养的成本在决策中是无关的。无论她是乘火车还是驱车去纽约，她都需要寄养小狗。

类似于项目（i）、项目（k）和项目（l）都与决策相关，尽管难以量化它们的货币影响。

⊖ 如果辛西娅在驱车至纽约或返程途中发生了车祸，当保险政策更新时可能会影响她的保险费用。保险费用的增加对于这次旅途可能是一项相关成本，但是正常数额的保险费用在任何情形下都是不相关的。

对于项目（m），在纽约停车的成本与决策相关。

把所有相关的数据放到一起，辛西娅估计的驱车和乘火车去纽约的相关成本如下表所示

驱车至纽约的相关成本	
汽油（460 英里 ×0.100 美元 / 英里）	46.00 美元
维护和修理（460 英里 ×0.065 美元 / 英里）	29.90 美元
由于磨损而减少的汽车再售价值（460 英里 ×0.080 美元 / 英里）	36.80 美元
在纽约停车的成本（2 天 ×25 美元 / 天）	50.00 美元
合计	162.70 美元
乘火车去纽约的相关成本	
从波士顿到纽约的往返车票成本	114 美元

辛西娅应当怎么做出选择？单纯地从财务角度来看，乘火车会比驱车至纽约便宜 48.70 美元（=162.70 美元 − 114.00 美元）。辛西娅需要权衡一下：在纽约有一辆车的便利是否超过了额外的成本、无法充分休息和在火车上学习的不足以及在纽约寻找停车场的麻烦。

| 商业实战 14-1|　　　　一场公司与网络安全的成本和效益的较量

对于公司而言，量化不同的网络安全投资战略的成本与效益是一件很困难的事情。一方面，在目前相关成本支付开销不足的方面存在着潜在的巨大支出，比如，哈特兰支付系统（Heartland Payment System）在黑客盗取了超过 1 亿个信用卡账号之后支付了 1.5 亿美元的罚金和诉讼费。另一方面，在网络安全上的无限支出并不能完全消除安全漏洞的风险。火眼公司（FireEye Inc）的首席安全战略官理查德·贝特利希（Richard Bejtlich）强调了这种现实困境，他声称只需 100 万美元就足以使他组建一支可以入侵任何目标的黑客队伍。

那么，公司应当如何管理网络攻击的风险？可能高德纳公司（Gartner Inc）分析师阿维亚·利坦（Avivah Litan）的建议是有价值的，阿维亚·利坦估计，在出现漏洞之后每花费 5.62 美元，人们都可以通过事前在加密技术和网络保护上花费 1 美元来阻止入侵并将伤害降到最小。

资料来源：Yadron, Danny. "Companies Wrestle with the Cost of Cybers Security," *The Wall Street Journal*, February 25, 2014.

14.3　决策分析：总量成本法和差量成本法

在辛西娅的例子中，我们关注于在乘火车和驱车两种方案的对比中确定相关成本和相关收益，其他的一切都被忽略了。这种决策分析的方法称为差量成本法，因为它仅仅关注相关成本和相关收益。另一种决策分析的方法叫作总量成本法，这种方法包括了所有的成本和收入，无论是相关的还是无关的。当这两种方法被正确地使用时，通常它们会给出相同的正确回答。

为了比较和对比这两种方法，让我们来思考这样一个案例。欧克·哈伯公司（Oak Harbor）正在考虑以 3 000 美元租入一台全新的节省人力的机器。这台机器将会用于公司的在砧板生产线。该生产线是否使用新机器的销售收入和成本的有关数据列示如下。

	当前情况	租赁新机器后的情况
产量和销量	5 000 件	5 000 件
单价	40 美元 / 件	40 美元 / 件
单位直接材料成本	14 美元 / 件	14 美元 / 件
单位直接人工成本	8 美元 / 件	5 美元 / 件
单位变动制造费用	2 美元 / 件	2 美元 / 件

（续）

	当前情况	租赁新机器后的情况
固定成本及其他	62 000 美元	62 000 美元
固定成本——新机器租金	—	3 000 美元

基于以上数据，两种备选方案下产品的经营净利润可以通过运用总量成本法计算，如表 14-1 第 2 列和第 3 列所示。经营净利润在当前情况下是 18 000 美元，在租赁新机器的情况下是 30 000 美元。这两列中经营净利润的差异表明与租赁新机器相关的 12 000 美元（=30 000 美元 -18 000 美元）的财务优势。无关的项目（包括销售收入、直接材料成本、变动制造费用和固定成本及其他）在两列中都有出现，所以在分离出 12 000 美元的差异用以支持租赁机器的决策时，这些项目会相互抵消。

表 14-1 的第 4 列运用了差量成本法同样得到了与租赁新机器相关的 12 000 美元（=15 000 美元 -3 000 美元）的财务优势。在"差量成本和差量收入"列中一个正的数值表明在备选方案中的差异支持租赁新机器的决策；反之，一个负的数值表明差异支持目前的状况。第 4 列的零值仅仅表明两种方案下项目的合计数恰好相等。

表 14-1 总量成本法和差量成本法 （单位：美元）

	当前情况	租赁新机器后的情况	差量成本和差量收入
销售收入（5 000 件 ×40 美元 / 件）	200 000	200 000	0
变动成本：			
直接材料（5 000 件 ×14 美元 / 件）	70 000	70 000	0
直接人工（5 000 件 ×8 美元 / 件，5 000 件 ×5 美元 / 件）	40 000	25 000	**15 000**
变动制造费用（5 000 件 ×2 美元 / 件）	10 000	10 000	0
变动成本合计	120 000	105 000	
边际贡献	80 000	95 000	
固定成本：			
其他	62 000	62 000	0
新机器的租金	0	3 000	（3 000）
固定成本合计	62 000	65 000	
经营净利润	**18 000**	**30 000**	**12 000**

如果我们合理地考虑到在不同的备选方案之间不发生改变的成本和收入，当我们比较这些方案时它们会相互抵消，因此，它们可以被忽略。

不通过编制比较利润表，我们也可以通过完全忽略无关成本和无关收益的方式更快地得出相同的解决方案。

- 两种方案下单价和销量都没有区别。因此，正如表 14-1 所示，两种方案下总销售收入完全相同。因为销售收入完全相同，它们对于两种方案下经营净利润的差异没有任何影响。正如表 14-1 所示，差量收入为零。
- 单位直接材料、单位变动制造费用和产销量在两种方案下没有差异。所以，直接材料总额和变动制造费用总额在两种方案下相同并且可以忽略。
- "其他"固定成本在两种方案下没有差别，所以它们同样可以忽略。

事实上，两种方案下唯一不同的是直接人工成本和新机器的固定租金成本。因此，这两种方案可以仅仅基于如下相关成本进行比较：

租赁新机器的财务优势	（单位：美元）
直接人工成本的减少（5 000 件，每件节省 3 美元）	15 000
固定成本的增加	（3 000）
租赁新机器的财务优势	12 000

如果我们仅仅关注相关成本和相关收益，我们可以获得相同的答案（12 000 美元的财务优势来支持租入

新机器），正如我们在表 14-1 中列示了所有的成本和收入，包括了那些不随着方案而变化的部分。我们得出相同答案的原因是在最终的比较中起作用的只是在两个方案中有差别的成本和收入项目，因此，在表 14-1 的最后一列这些项目不为零。

为什么分离出相关成本

在前述的例子中，我们运用了总量成本法和差量成本法得到了完全相同的答案。由此引出这样的一个疑问："既然总量成本法可以起到同样的作用，为什么还要不怕麻烦地将相关成本分离出来呢？"分离相关成本至少有以下两个原因。

其一，只有在极少数情况下才有足够可获得的信息为两种备选方案编制详细的利润表。例如，假定要求你在一家多部门、多产品的企业中为单一经营过程的一部分做出决策。在这种情况下，你根本不可能编制出任何一种形式的利润表。为了收集决策所必需的数据，你必须依靠你的能力去识别哪些成本是相关的，哪些成本是不相关的。

其二，将无关成本和相关成本混杂在一起，会对决策造成困扰并且会分散我们对于那些相当重要的信息的注意力。并且，对于无关成本的不当运用导致不当决策的风险一直都存在，规避决策风险的最好方法是忽略无关数据，并基于全部的相关数据进行决策。

14.4　增加还是关闭生产线或其他分部

在管理者做出的决策中，最难的是与关闭生产线或其他分部、新增生产线或其他分部相关的决策。在这些决策中，许多定性和定量的因素都需要考虑。但是，任何关闭一个经营分部或者新增一个经营分部的决策都主要基于它的财务影响。为了评估这些影响，必须仔细分析成本。

14.4.1　成本分析的例证

表 14-2 提供了迪斯康特制药公司（Discount Drug Company）上个月的主要产品生产线——药品、化妆品和家居用品的销售收入和成本信息。快速浏览这张表后，你就会建议关闭家居用品生产线，从而使公司整体经营净利润增加 8 000 美元。可是，这个结论是有缺陷的，因为表 14-2 的数据并没有区分如果关闭生产线可以避免的固定成本和无法通过关闭任何特定生产线而避免的共同固定成本。

表 14-2　迪斯康特制药公司产品生产线信息　　　　　　　　　　　　　　（单位：美元）

	合计	生产线		
		药品	化妆品	家居用品
销售收入	250 000	125 000	75 000	50 000
变动成本	105 000	50 000	25 000	30 000
边际贡献	145 000	75 000	50 000	20 000
固定成本：				
工资	50 000	29 500	12 500	8 000
广告费	15 000	1 000	7 500	6 500
公用事业费	2 000	500	500	1 000
折旧——设备	5 000	1 000	2 000	2 000
租金	20 000	10 000	6 000	4 000
保险费	3 000	2 000	500	500
行政管理费	30 000	15 000	9 000	6 000
固定成本总额	125 000	59 000	38 000	28 000
经营净利润（损失）	20 000	16 000	12 000	（8 000）

在本例中，需要考虑的两种备选方案是保留还是关闭家居用品生产线。如果关闭家居用品生产线，公司每个月就会失去 20 000 美元的边际贡献，因为所有该分部的销售收入和成本都不复存在。但是，通过关闭家居用品生产线可能会避免一些诸如薪酬和广告费用的固定费用。如果关闭家居用品生产线使得公司可以避免的固定成本超过了损失的边际贡献，关闭生产线就是具有财务优势的。反之，如果公司可以避免的固定成本没有超过损失的边际贡献，家居用品生产线应当予以保留。因此，公司的管理者需要将注意力集中在识别那些在两个方案中不同的成本（比如那些可以通过关闭家居用品生产线而避免的成本）。管理者应该这样问自己："如果关闭这条生产线，我们可以避免哪些成本？"同时，有意识地忽略那些在两个方案之间没有差别的成本。

正如我们在之前的讨论中看到的那样，并不是所有的成本都是可以避免的。例如，一些和生产线相关的成本可能是沉没成本。其他的成本可能是分摊的固定成本，这些成本不论生产线是关闭还是保留在总量上都没有区别。

为了说明如何进行产品生产线分析，假定迪斯康特制药公司分析了 3 条生产线共同固定成本，并且确定了如下事项。

（1）工资费用反映了支付给产品生产工人的工资。如果家居用品生产线被关闭，所有在这条生产线上工作的员工都会被解雇。

（2）广告费用反映了针对特定产品生产线发生的广告费用，如果该生产线被关闭，这些费用是可以避免的。

（3）公用事业费反映了公司整体的公用事业成本。每一条生产线所分摊的部分是以该生产线所占据的面积为基础确定的金额，即使该生产线被关闭，这些成本也无法避免。

（4）折旧费用反映了对于过去购买的设备的折旧费，这些设备用于不同的生产线。尽管这些设备几乎是新的，但它们都是定制的，如果家居用品生产线被关闭，它们将不会有任何再售价值。

（5）租金费用反映了公司全部建筑物的租金，并根据销售收入分配至产品生产线。20 000 美元的月租金就是在长期租赁协议下的一项固定成本。

（6）保险费用是为每一条生产线上生产出的存货所支付的。如果家居用品生产线被关闭，相关的存货就会被清理，并且保险费用也会按比例减少。

（7）行政管理费反映了会计核算、采购和一般行政管理所发生的成本，这些成本是以销售额为基础分配至生产线的。关闭家居用品生产线不会使得这些成本发生改变。

有了这些信息，管理者可以确定与家居用品生产线相关的固定成本中有 15 000 美元是可以避免的，有 13 000 美元是无法避免的，具体信息如下。

（单位：美元）

固定成本	分配至家居用品生产线的成本	不可避免成本[①]	可避免成本
工资	8 000		8 000
广告费	6 500		6 500
公用事业费	1 000	1 000	
折旧——设备	2 000	2 000	
租金	4 000	4 000	
保险费	500		500
行政管理费	6 000	6 000	
合计	28 000	13 000	**15 000**

①这些固定成本反映了沉没成本或者无论是保留还是关闭家居用品生产线都不会改变的未来成本。

如前所述，如果关闭家居用品生产线，公司会失去 20 000 美元的产品边际贡献，但是会节省相关的可避免固定成本。我们现在知道那些可避免的固定成本总额为 15 000 美元。因此，关闭家居用品生产线所带来的 5 000 美元的财务劣势如下。

（单位：美元）

关闭家居用品生产线所减少的边际贡献	
（见表 14-2）	（20 000）
关闭家居用品生产线可以避免的成本	
（见上表）	15 000
关闭家居用品生产线的财务优势	（5 000）

在本例中，通过关闭家居用品生产线可以避免的 15 000 美元的固定成本小于将会损失的边际贡献 20 000 美元。因此，基于给定的数据，家居用品生产线不应当被关闭，除非能为其占用的地板和柜台空间找到更加有利可图的用途。

14.4.2　比较格式

这类决策同样可以通过编制显示保留或者关闭生产线的财务后果的比较利润表来做出。表 14-3 包含了对于迪斯康特制药公司的这类决策分析。正如表 14-3 中最后一列所示，如果关闭家居用品生产线，那么每一期公司整体的经营净利润就会减少 5 000 美元。当然，这一结果与我们只关注损失的边际贡献和可避免的固定成本时得出的结论一致。

表 14-3　产品生产线分析的比较格式　　　　　　　（单位：美元）

	保留家居用品生产线	关闭家居用品生产线	差异：经营净利润增加（减少）
销售收入	50 000	0	（50 000）
变动成本	30 000	0	30 000
边际贡献	20 000	0	（20 000）
固定成本：			
工资	8 000	0	8 000
广告费	6 500	0	6 500
公用事业费	1 000	1 000	0
折旧——设备	2 000	2 000	0
租金	4 000	4 000	0
保险费	500	0	500
行政管理费	6 000	6 000	0
固定成本总额	28 000	13 000	15 000
经营净利润	（8 000）	（13 000）	（5 000）

14.4.3　对分配的固定成本保持警觉

回顾表 14-2，这张表是否表明家居用品生产线应当被保留？正如我们上面所得出的结论那样，答案是否定的。表 14-2 表明家居用品生产线正在亏损。既然如此，为什么还要保留一个亏损的生产线呢？这种明显的结论不一致，可以部分地归因于被分配至生产线的共同固定成本。分配固定成本最大的危险之一就是这种分配可以使一条生产线（或者其他经营分部）的获利能力看起来低于真实水平。在本例中，在所有生产线之间分配共同固定成本使得家居用品生产线似乎不那么具有获利性。可是，正如我们上面看到的那样，关闭生产线会带来 5 000 美元的财务劣势。如果我们把共同固定成本的分配去掉，重新编制表 14-2，可以很清晰地看到这一点。表 14-4 运用第 7 章的分部报告法估计产品生产线的获利能力。

表 14-4 给出了相比于表 14-2 完全不同的视角来分析家居用品生产线。如表 14-4 所示，家居用品生产线补偿了所有其可追溯成本，并且产生了 3 000 美元的分部毛利以补偿公司的共同固定成本。除非可以找到另一条生产线能够产生多于 3 000 美元的分部毛利，否则保留居用品生产线对于公司是更有利的。

表 14-4　迪斯康特制药公司产品生产线：贡献式利润表（根据表 14-2）　　　　（单位：美元）

	合计	生产线		
		药品	化妆品	家居用品
销售收入	250 000	125 000	75 000	50 000
变动成本	105 000	50 000	25 000	30 000
边际贡献	145 000	75 000	50 000	20 000
可追溯的固定成本：				
工资	50 000	29 500	12 500	8 000
广告费	15 000	1 000	7 500	6 500
折旧——设备	5 000	1 000	2 000	2 000
保险费	3 000	2 000	500	500
可追溯固定成本总额	73 000	33 500	22 500	17 000
生产线分部毛利	72 000	41 500	27 500	3 000①
共同固定成本：				
公用事业费	2 000			
租金	20 000			
行政管理费	30 000			
共同固定成本总额	52 000			
经营净利润	20 000			

① 如果关闭家居用品生产线，公司会损失由此产生的 3 000 美元分部毛利。另外，我们可以看到 2 000 美元的设备折旧费是一项不可避免的沉没成本。这两项数值的合计等于关闭家居用品生产线所带来的 5 000 美元（=3 000 美元 +2 000 美元）的财务劣势。当然，如果情况发生了变化公司稍后可能会选择关闭生产线，如正在考虑更换设备。

另外，如果一条生产线对于销售其他产品是有帮助的，或者它能够像磁铁一样吸引顾客，管理者可能就会选择保留这条不具获利性的生产线。例如，面包在一些商店可能不具有获利性，但是顾客期待去购买它。毫无疑问，如果商店决定停止销售面包，许多顾客会转至其他商店购买。

| 商业实战 14-2|　　　　　　　　《华尔街日报》削减了印刷版

随着客户继续转向数字订阅，《华尔街日报》停止了欧洲和亚洲印刷版，印刷广告收入大幅下降。在欧洲，印刷版有 9 000 名订户，每日发行量为 49 000 份。在亚洲，印刷版有 8 000 名订户，每日发行量为 45 000 份。相比之下，欧洲版和亚洲版的数字订阅用户分别为 83 000 人次和 122 000 人次。"在该报的

印刷业务减少之际，该报对编辑结构进行了大规模重组，将其拥有 128 年历史的报纸业务转向移动数字新闻业务。"

资料来源：Alpert, Lukas I. " The Wall Street Journal to Stop Publishing Europe, Asia Print Editions," *The Wall Street Journal*, September 28, 2017.

14.5　自制还是外购决策

向顾客提供一种产品或服务涉及许多步骤。例如，为开发和销售像乐活（Fitbit）健康手表这样的产品，应考虑所需要的所有步骤。第一，工程师需要开发一个内置的电子装置，以为顾客提供实时 GPS 追踪、心率监测和运动监测服务。另外，他们需要设计一款手表除了包括电子装置，还能满足顾客对审美、耐用性以及功能性的需求。第二，需要对手表进行组装、测试和个性化包装，然后大批量地装入包装箱中以满足运输的要求。第三，产成品需要被运往零售地并最终销售给消费者。第四，公司需要提供类似基于网络和电话的求助热线、

保证期索赔、产品退回等服务。所有这些作业，从产品开发到生产再到售后服务被称为价值链。

独立的公司可能实施价值链中的每一项作业，或者实施价值链中的几项作业。如果一家公司实施整个价值链中的多项作业，它就是**纵向一体化**（vertically integrated）。一些公司控制了价值链中从生产基本原材料直至产成品的最终分销以及售后服务提供的所有作业。一些公司则满足在较小规模上的整合，通过购买组成产成品的零部件和原材料来实现。是内部实施价值链上的一项作业还是从外部供应商购买的决策称为**自制或外购决策**（make or buy decision）。通常，这类决策涉及外购还是自制零部件。自制或外购决策还涉及是否将各种组织活动外包的决策，如售后客户服务、信息技术支持、财务管理、人力资源管理、公共关系、市场营销等。

14.5.1　自制或外购决策的战略视角

纵向一体化具有特定的优势。一体化的公司较少地依赖供应商，并且相对于非一体化的公司能够确保零部件和原材料得到平稳、连续的供应。例如，主要零部件供应商的罢工足以使非一体化公司的经营中断几个月，但是，一家自制零部件的一体化公司就能够不受影响地继续经营。一些公司认为自制零部件和原材料可以更好地控制生产质量，而不是依赖外部供应商的质量控制标准。另外，在正常经营活动产生的利润之外，一家纵向一体化的公司还可以通过"生产"而不是"购买"零部件和原材料来实现利润。

纵向一体化的优势可以被使用外部供应商的优势所抵消。通过积聚大量公司的需求，任意一家供应商都可能得到规模经济所带来的好处，其结果是相比于那些尝试自制零部件或者自己提供服务的公司而言，具有更高的质量和更低的成本。但是，公司必须保持对维持公司竞争地位的那些重要经营活动予以控制。比如，惠普公司（Hewlett-Packard）控制了激光打印机软件的生产使得它能够与日本的佳能公司（Canon Inc.）合作。现有的趋势似乎向着减弱纵向一体化程度的方向发展，像美国甲骨文软件公司（Oracle）和惠普都专注于硬件和软件的开发并且在价值链中几乎所有的事情都依赖外部的供应商。

14.5.2　自制或外购决策的案例

为了说明自制或外购决策，现在我们考虑一下蒙田高特自行车公司（Mountain Gout Cycles）的现状。该公司目前正在生产重型变速杆，该变速杆可以安装在所有最受欢迎的山地自行车上。公司的会计部门报告了每年生产 8 000 根变速杆的成本，如下表所示。

（单位：美元）

	每根	8 000 根
直接材料	6	48 000
直接人工	4	32 000
变动制造费用	1	8 000
监管人员工资	3	24 000
特殊设备折旧	2	16 000
分配的一般制造费用	5	40 000
总成本	21	168 000

一个外部供应商对蒙田高特自行车公司的报价是每年提供 8 000 根变速杆，每根价格为 19 美元，总价为 152 000 美元（=8 000 根变速杆 × 19 美元 / 根）。公司是否应该停止自制变速杆并从外部供应商购买呢？正如通常的做法那样，决策应该基于相关成本，即考虑那些在不同的备选方案之间不同的成本。在不同的备选方案之间，不同的成本包括了向外部供应商购买变速杆而可以避免的成本。如果通过向外部供应商购买变速杆而避免的成本总额小于 152 000 美元，那么公司应当继续自制变速杆并拒绝供应商的供货。而如果通过从外部供应商购买变速杆而避免的成本总额大于 152 000 美元，应当接受外部供应商的供货。

| 商业实战 14-3 | 爱室丽家具公司管理自有的卡车运输车队

许多制造商都以节约成本的名义外包其卡车运输业务。但是，位于威斯康星州阿卡狄亚的爱室丽家具公司（Ashley Furniture Industries）采取了不同的方法。秉承着将家具从自己的仓库运输到销售其产品的零售商手中能够增强客户关系和服务的理念，爱室丽家具公司拥有 800 辆运输卡车并在仓储和运输环节雇用了 3 000 人。爱室丽家具公司每年平均为每位司机支付 70 000 美元的工资，并努力为他们提供可预计的运输时刻表以便他们能够经常回家。爱室丽家具公司负责运输的副总裁拉里·科里（Larry Corey）说，他需要审查 100 位申请者的资料以找出一位优秀的卡车司机。在南佛罗里达州拥有一家家居商店的基思·肯宁（Keith Koenig）说，爱室丽家具公司的运输时机和运输可靠性简直无懈可击。

资料来源：James R. Hagerty, "A Radical Idea: Own Your Supply Chain," *The Wall Street Journal*, April 30, 2015, pp.B1-B2.

表 14-5 列示了变速杆自制或外购决策的相关成本分析。支付给供应商的总额为 152 000 美元，这是"外购"一栏中显示的唯一相关现金流。"自制"列包括直接材料（48 000 美元）、直接人工（32 000 美元）和变动制造费用（8 000 美元）。所有这些成本都与决策相关，因为从外部供应商处购买变速杆可以避免这些成本。另外，我们可以假定生产变速杆过程中的那些监管人员在公司停止自制变速杆后将会被辞退，因此，如果公司决定从外部供应商处购买变速杆，监管人员的工资 24 000 美元是可以避免的。⊖

表 14-5　蒙田高特自行车公司自制或外购决策分析　　　　　　　　　　　（单位：美元）

	相关成本总额（8 000 根）	
	自制	外购
直接材料（8 000 根 ×6 美元 / 根）	48 000	
直接人工（8 000 根 ×4 美元 / 根）	32 000	
变动制造费用（8 000 根 ×1 美元 / 根）	8 000	
监管人员工资	24 000	
特殊设备折旧（无关成本）		
分配的一般制造费用（无关成本）		
外购价格		152 000
总成本	112 000	152 000
自制变速杆的财务优势	40 000	

特殊设备的折旧费 16 000 美元（如原始数据所示）是一项无关成本，因为设备已经采购了。因此，购买设备已经发生的成本是一项沉没成本。16 000 美元的折旧费仅仅是将这项沉没成本在设备的使用年限中进行分摊。如果设备可以出售，它的残值就是相关的。或者，如果设备可以用于生产其他产品，残值同样也是相关的。但是，我们假定设备没有残值并且除了用于生产重型齿轮变速杆之外别无他用，所以，它是无关成本。

分配的一般制造费用 40 000 美元（如原始数据所示）在此决策环境下同样是一项无关成本。得出该结论的原因在于我们假定这些分配的成本是所有生产的产品共同负担，即使变速杆从外部供应商取得，这些成本仍然不变。除非本章明确说明，由始至终你都可以假定这类分配的共同成本对于决策是无关的。如果明确说明有一部分共同成本可以通过选择一种方案却不选择另一种方案而避免，那么，无论如何都要将这部分已经明确识别出的可

⊖ 许多公司坚持不解雇政策是因为相信这样会提高员工的道德水平、组织学习能力、顾客满意度和财务结果。并且，在一些国家，如法国、德国和日本，劳动法规和文化习俗会限制管理层减少劳动力规模的能力。在这种环境下，假定直接人工和监管人员工资在自制和外购决策中是可避免的成本就是不恰当的。但是为了保持一致性，在本章中除非明确说明，你可以假定在自制和外购决策中直接人工和监管人员工资是可避免成本。

避免成本视为相关成本。否则，当在不同的备选方案中选择时，就会因为忽视分配的共同成本而发生错误。

因为与自制变速杆相关的可避免成本比从外部供应商处购买少 40 000 美元，该自行车公司应当拒绝外部供应商的供给。但是，在做出最终决策时，公司可能还希望考虑另外一个因素——目前生产变速杆所占用空间的机会成本。

14.5.3 机会成本

如果那些空间不生产变速杆将会被闲置，那么蒙田高特自行车公司应当继续自制变速杆，并且如前所述拒绝向供应商采购。如果该闲置空间没有其他用途就不存在机会成本。

但是，如果生产变速杆的空间现在有其他目的的用途会怎么样呢？在这种情况下，生产空间的机会成本就等于将空间做出最好利用的情况下所能得到的分部毛利。

为了便于说明，假定生产变速杆的空间可以用于生产一款新型的越野自行车，每年可以产生分部毛利 60 000 美元。在这些条件下，蒙田高特自行车公司通过从外部供应商处购买变速杆（而不是自制这些变速杆），并且将该空间用于生产越野自行车，能够获得 20 000 美元的财务优势。

（单位：美元）

	自制		外购
年总成本（参见表 14-5）	112 000		152 000
机会成本——放弃潜在新产品生产线的分部毛利	60 000		
总成本	172 000		152 000
从外部供应商处购买变速杆的财务优势		20 000	

机会成本并不记录在企业的会计账中，因为它们不是实际的货币支出。但是，它们却代表了由于采取一系列行为所放弃的经济利益。在本例中，蒙田高特自行车公司的机会成本大到足以改变决策。

| 商业实战 14-4 | 外包公司继续增长

标准普尔全球市场情报公司进行的研究表明，全球前 20 家雇主中有 5 家是外包和"劳动力解决方案"公司。埃森哲（Accenture）是这 5 家公司之一，截至 2017 年拥有 435 000 名员工，而 2010 年只有 200 000 名员工。这家位于爱尔兰都柏林的公司为《财富》全球 100 强企业中的 95 家企业提供咨询和外包服务。埃森哲告诉企业，它"可以更好、更便宜地完成工作，促使

高管们将劳动力视为一种随需应变的资源，他们可以根据需要租用"。随着外包行业的年收入超过 370 亿美元，一些经济学家表示担忧，因为他们的研究表明"外包是过去 10 年中加剧收入不平等的一个重要因素"。

资料来源：Weber, Lauren. "Some of the World's Largest Employers No Longer Sell Things, They Rent Workers," *The Wall Street Journal*, December 28, 2017.

14.6 特殊订单决策

管理者必须经常评估是否应当接受一项特殊订单，并且如果接受了订单，定价应该是多少。**特殊订单**（special order）是一次性订单，通常是在公司正常持续经营时没有考虑的那部分订单。为了便于说明，假定蒙田高特自行车公司刚刚接受了来自西雅图警察局的请购，以每辆 558 美元的价格订购 100 辆特别改制的山地自行车，用于在城市的部分人口密集区进行巡逻。蒙田高特自行车公司可以很容易地将山地自行车进行改装，以满足西雅图警察局的定制需求。山地自行车的正常售价是 698 美元/辆，单位生产成本是 564 美元，具体如下所示。

（单位：美元）

直接材料	372
直接人工	90
制造费用	102
单位生产成本	564

上述制造费用中单位变动制造费用为 12 美元。该订单对公司固定制造费用总额没有任何影响。

西雅图警察局的改装要求包括焊接支架，用于固定收音机、警棍以及其他装置。这些改装需要 34 美元的增量改装成本。另外，公司需要支付 2 400 美元的平面设计费，用于设计和刻印喷绘于山地自行车上的西雅图警局标语和其他标志性图案。公司的管理者认为，这项订单不会影响公司其他产品的销售，并且该订单的生产不会打乱公司日常的生产计划。

为了量化接受西雅图警察局订单是具有财务优势还是财务劣势，蒙田高特自行车公司应当将注意力集中于该订单相关的增量成本和增量收入。因为现存的固定制造费用不会受到订单的影响，因此它们是不相关的。特殊订单的财务优势或劣势计算如下。

（单位：美元）

	每辆	总 100 辆
增量收入（a）	558	55 800
减：增量成本		
变动成本：		
直接材料	372	37 200
直接人工	90	9 000
变动制造费用	12	1 200
特别改造费	34	3 400
总变动成本	508	50 800
固定成本：		
模版采购费		2 400
总增量成本（b）		53 200
接受订单的财务优势（a）-（b）		2 600

因此，即使特殊订单的报价 558 美元低于正常情况下产品的单位生产成本 564 美元，并且会产生额外的成本，公司接受订单仍然是有利的。总体上，当订单的增量收入超过增量成本时，就应当接受订单。但是，确定有闲置的生产能力并且特殊订单不会削减正常的销量或者降低正常的售价是很重要的。如果公司的生产能力已经满负荷，则不得不考虑机会成本以及之前具体分析的增量成本。

14.7 业务量权衡决策

当公司产能不足以生产所有产品以及不能满足顾客所需的销量时，公司会被迫做出业务量的权衡决策。在这些情况下，公司必须权衡或者以牺牲某些产品的生产来支持其他产品的生产，以努力实现利润最大化。关键的问题就是：公司应当如何做出这些权衡？应当生产并销售哪些产品？应当有意识地避开哪些销售机会？

为了回答这些问题，我们对于业务量权衡决策的讨论将用 3 个步骤推进：首先，我们会定义约束的含义；其次，我们会说明如何确定一项约束资源最具获利性的用途；最后，我们会讨论当存在多项约束资源时如何确定其价值以及如何应对约束以增加利润。

14.7.1 什么是约束

约束（constraint）就是阻止你获得更多你想要的一切限制。每一个人和每一个组织都至少要面对一项约束资源，因此，找到与约束相关的例子并不困难。[⊖] 你可能没有足够的时间完整地学习每一门课程并在周末和你的朋友一起外出，所以，时间就是你的约束资源。美联航（United Airlines）在繁忙的芝加哥国际机场只有有限数量的登机口可供使用，所以登机口是它的约束资源。范尔度假村在滑雪区只有有限的土地可以发展为住宅基地和商业区，所以土地是它的约束资源。

例如，国民医疗保健服务（NHS）是英国政府资助提供的一项医疗保健服务，但是较长的手术等待期一直是国民医疗保健服务中存在的问题。图 14-1 说明了一名手术患者应遵循的流程的简化版。每天在每个流程中可以接待的病人数量如图 14-1 所示。一天当中从全科医生转诊至门诊预约的患者可达到 100 名。

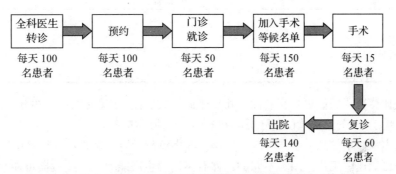

图 14-1 手术患者在国民医疗保健服务中应遵循的流程（简化版）

注：这张图最早出现于 1999 年 2 月在英国发行的《健康管理》杂志上。

该系统中的约束，或者瓶颈是由限制产出量的环节决定的，因为该环节的生产能力最小，在本例中是手术环节。在手术环节每天可以接待的来自整个系统中的患者不超过 15 名，这是能够在手术中得到治疗的患者人数的上限。无论管理者、医生、护士多么努力试图在系统中的其他环节提高效率，但是，在手术的能力提高之前他们也不可能减少等待的患者名单。事实上，系统中其他环节的改进，特别是在约束之前的环节，都可能导致更长的等待期，让患者和医疗保健的提供者更加沮丧。因此，为了更有效率，改进的努力必须集中在约束的环节。一个业务流程，如接待手术患者的流程，就像一条链，如果你想要增加一条链的强度，最有效的方式是什么呢？你应当将努力的重心放在哪个环节？是增强最坚固的环节、所有环节还是最薄弱的环节？很显然，将你的努力放在最薄弱的环节会带来最大的效益。

增加这条链的强度的程序很清晰。第一，识别最薄弱的环节，也就是约束。在国民医疗保健服务的案例中，约束就是手术环节。第二，不要对最薄弱的环节施加超过其可承受的压力，如果你这样做了，这条链就会断开。在国民医疗保健服务的案例中，转诊环节比手术环节可容纳更多不可接受漫长等待的患者。第三，将改进的努力集中于增加最薄弱环节的强度。在国民医疗保健服务的案例中，这意味着寻找能够增加一天当中实施手术数量的方式。第四，如果改进的努力是成功的，最薄弱的环节将不再是最薄弱的环节。到那时，一定又会确认新的最薄弱的环节（比如，新的约束），并且改进的努力一定会转移至那个环节。这种简单的序列过程为最优化业务流程提供了有力的战略指导。

14.7.2 利用约束资源实现利润最大化

管理者在日常工作中面临着以何种方式管理约束资源从而实现利润最大化的挑战。例如，一家百货公司的占地面积是有限的，因此无法存储可获得的每一种产品。一个制造商可支配的机器小时数和直接人工小时数都是有限的。当公司面临这些不同种类的约束时，管理者必须决定哪种产品或服务利用这些约束资源能创造最大化的利润。因为无论一项约束资源如何使用，固定成本都保持不变，管理者应当在做出业务量权衡决策时忽略它们，并将关注的重心放在识别能够使总边际贡献最大化的产品组合上。

⊖ 在本章中，我们通常假定公司只有一种约束。当公司面临多种约束时，最优生产组合可以通过被认为是定量方法的线性规划来求出。这种方法将在更高级的课程中介绍。

考虑到当存在约束时一些产品的生产必须削减，总边际贡献最大化的关键就变得显而易见，应该支持单位边际贡献最高的产品生产。可惜的是，这并不是完全正确的。确切地说，正确的解决办法是支持那些在单位约束资源下能够提供最高边际贡献的产品生产。为了说明这一点，假定除了其他产品，蒙田高特自行车公司为自行车生产一种像挂包一样的肩筐，该肩筐有两种模式：一种是旅行模式；另一种是登山模式。两种模式下肩筐的成本和收入数据如下表所示。

（金额单位：美元）

	登山式肩筐	旅行式肩筐
单位售价	25	30
单位变动成本	10	18
单位边际贡献	15	12
边际贡献率	60%	40%

登山式肩筐似乎比旅行式肩筐更具获利性。相比于旅行式肩筐 12 美元的单位边际贡献以及 40% 的边际贡献率，登山式肩筐产生了 15 美元的单位边际贡献和 60% 的边际贡献率。

但是现在让我们多加一条信息，生产肩筐的厂房正在满负荷运转。这并不意味着厂房中的每一台机器和每一个人都在以最大的可能速率工作。因为不同的机器有不同的生产能力，一些机器可能会在低于 100% 的生产能力下工作。可是，如果厂房作为一个整体不能生产更多的产品，一些机器或者流程一定是满负荷运转的。限制了整体产出的机器或者流程就叫作**瓶颈**（bottleneck），也就是约束。

在蒙田高特自行车公司案例中，瓶颈（或者约束）就是缝纫机。每个登山式肩筐需消耗 2 分钟的缝纫时间，每个旅行式肩筐需消耗 1 分钟的缝纫时间。缝纫机每月可用的时间是 12 000 分钟，并且公司每月可售出 4 000 件登山式肩筐和 7 000 件旅行式肩筐。若以对两种产品的需求确定生产，将需要消耗 15 000 分钟，如下表所示。

	登山式肩筐	旅行式肩筐	合计
月需求量（a）	4 000 件	7 000 件	
单位产品消耗的缝纫机时间（b）	2 分钟	1 分钟	
消耗的缝纫机时间总额（a）×（b）	8 000 分钟	7 000 分钟	15 000 分钟

以需定产将需要 15 000 分钟，但是，只有 12 000 分钟是可用的。这仅仅证实了缝纫机是瓶颈。根据定义，因为缝纫机是一项瓶颈，它并没有足够的生产能力去满足对于登山式肩筐和旅行式肩筐的现有需求，因此，不得不拒绝一些产品的订单。当然，管理者也想知道哪种产品的盈利能力较低。为了回答这个问题，他们应当关注单位约束资源所产生的边际贡献。这一数值可以通过单位产品的边际贡献除以单位产品所需的约束资源的数量计算得出。登山式肩筐和旅行式肩筐的这些计算如下表所示。

	登山式肩筐	旅行式肩筐
单位产品边际贡献（a）	15 美元	12 美元
单位产品所耗缝纫机时间（b）	2 分钟	1 分钟
单位约束资源的边际贡献（a）÷（b）	7.5 美元/分钟	12 美元/分钟

现在很容易确定哪种产品盈利能力较低并且应当决定减少哪种产品生产了。当缝纫机用于旅行式肩筐的生产时，每分钟将增加 12 美元的边际贡献和利润，而对于登山式肩筐，每分钟只有 7.5 美元。因此，应当增产旅行式肩筐。尽管登山式肩筐有更高的单位边际贡献和更高的边际贡献率，但是，旅行式肩筐能够提供更大的与约束资源相关的边际贡献。

为了证实旅行式肩筐确实是更具获利性的产品，假定有额外 1 小时的缝纫时间以及存在两种产品的未完成订单。缝纫机额外 1 小时的工作时间可以生产 30 件登山式肩筐（=60 分钟÷2 分钟/件）或者 60 件旅行式肩筐（=60 分钟 ÷1 分钟 / 件），对利润的影响如下表所示。

	登山式肩筐	旅行式肩筐
单位产品边际贡献（a）	15 美元	12 美元
1 小时内增加的产量	30 件	60 件
增加的边际贡献	450 美元	720 美元

因为生产旅行式肩筐增加的边际贡献为 720 美元，而生产登山式肩筐所增加的边际贡献只有 450 美元，所以生产旅行式肩筐是公司对缝纫机这项约束资源更具获利性的应用。

缝纫机每月可供使用的时间为 12 000 分钟，并且生产旅行式肩筐是缝纫机最具获利性的用途。因此，为了使利润最大化，公司应生产市场需要的所有旅行式肩筐（7 000 件）并用剩余的生产能力生产登山式肩筐。可以生产的登山式肩筐的数量计算如下表所示。

旅行式肩筐的月需求量（a）	7 000 件
生产 1 件旅行式肩筐所需缝纫机时间（b）	1 分钟
生产旅行式肩筐所需缝纫机时间总额（a）×（b）	7 000 分钟
剩余可用的缝纫机时间（12 000 分钟 –7 000 分钟）(c)	5 000 分钟
生产 1 件登山式肩筐所需缝纫机时间（d）	2 分钟
登山式肩筐的产量	2 500 件

因此，生产 7 000 件旅行式肩筐后，利用剩余生产能力生产 2 500 件登山式肩筐，可以使得公司利润最大化。在这样的产品组合下，公司可以赚取的边际贡献总额为 121 500 美元，计算如下表所示。

	登山式肩筐	旅行式肩筐	合计
单位产品边际贡献（a）	15 美元	12 美元	
产量（b）	2 500 件	7 000 件	
边际贡献总额（a）×（b）	37 500 美元	84 000 美元	121 500 美元

这个例子清楚地表明单独看每单位产品边际贡献是不够的，边际贡献的数额必须结合每一种产品所需的约束资源的数量来考虑。

| 商业实战 14-5 |　随着结账队伍的增加，越来越多的顾客在网上购物

你是否曾经走进一家大型零售店，发现几十条结账通道中只有三四条是开放的？更糟糕的是，每一条开放的结账通道都有许多顾客排队等待付款。本质上，这些结账通道代表了一种约束，而亚马逊等在线零售商不存在这种约束。

艾登（Ayden）开展的一项调查估计，在过去 12 个月里，86% 的购物者由于结账队伍过长而离开了零售店，从而使实体零售商损失 377 亿美元的销售额。梅西百货（Macy's）、杰西潘尼（J.C.Penny）、科尔百货（Kohl's）、塔吉特百货（Target）和诺德斯特龙百货（Nordstrom）等零售商试图通过减少员工数量来降低成本，因此他们的销售额正在流失给那些宁愿待在家里、节省时间、避免麻烦和在线购物的顾客。

资料来源：Suzanne Kapner, "Stores Slash Staffs And Watch Lines Grow," *The Wall Street Journal*, May 1, 2018, pp. B1 and B2.

14.7.3　约束资源的管理

有效管理一个组织的约束资源是增加利润的关键。如前所述，当生产过程中出现约束时，管理者可以通过

生产单位约束资源下边际贡献最高的产品来增加利润，也可以通过提高瓶颈资源的生产能力来增加利润。

当管理者提高了瓶颈资源的生产能力时，就叫作**放松或提高约束**（relaxing or elevating the constraint）。在蒙田高特自行车公司的案例中，现在公司实行的是 8 小时轮换工作制。为了放松该约束，可以在其他人无须加班的情况下，只要求缝纫机操作工人加班。因为生产肩筐的其他工序都有剩余的产能，在一定程度上，缝纫机超时工作生产的肩筐可以在其他工序的正常工作时间内完成。

放松约束所产生的效益是巨大的，并且很容易量化，核心的量化指标就是我们已经计算过的单位约束资源下所产生的边际贡献。这个数值，最初在蒙田高特自行车公司的案例中是以分钟表示的。为了便于解释，下面以小时为单位计算如下表所示。

（单位：美元）

	登山式肩筐	旅行式肩筐
每分钟单位约束资源产生的边际贡献	7.5	12
每小时单位约束资源产生的边际贡献	450	720

管理者可能先会问，放松该约束（缝纫机的工作时间）的价值是什么？"如果可以增加瓶颈资源的生产能力，我应该如何运用这些增加的生产能力？"如果该时间用于生产更多的登山式肩筐，那么每小时的价值是 450 美元。如果该时间用于生产更多的旅行式肩筐，那么每小时的价值是 720 美元。在后面的情况下，公司愿意为加班的缝纫机操作工人支付的加班津贴最多可达到每小时 720 美元！例如，假设缝纫机操作工人在正常工作时间每小时的工资是 20 美元，加班时的工资是正常工作时的 1.5 倍，即每小时 30 美元。在这种情况下，加班的额外补贴每小时只有 10 美元，一般来说，公司将会愿意支付高达每小时 720 美元的加班费。公司愿意支付的高达每小时 720 美元的加班津贴，与实际支付的每小时 10 美元加班费之间的差额，是每小时 710 美元的纯利润。

为了强化这一概念，假定未接受订单全部为登山式肩筐。在这种情况下，增加缝纫机工作时间会给公司带来多大价值？因为增加的生产能力会用于生产登山式肩筐，增加的生产能力的价值会降至每分钟 7.5 美元或者每小时 450 美元。但是，放松该约束所带来的价值仍然很高，并且公司愿意支付的加班津贴高达每小时 450 美元。

这些计算表明，管理者应当高度重视经营中的薄弱环节。如果一台瓶颈机器出现了故障或者低效运行，会对公司造成极大的损失。在我们的例子中，缝纫机故障或者重新调试导致的损失在每分钟 7.5 ~ 12 美元之间。⊖以小时计算的损失会在 450 ~ 720 美元之间。相反，如果该时间损失发生在非瓶颈机器上，则不会有这么多边际贡献的损失，因为这些机器的生产能力已经是过剩状态了。

上述分析的含义已经很清楚了。管理者应当将大部分的精力集中于管理瓶颈资源上。正如我们所讨论的那样，管理者应当重视那些约束资源的使用，应将它们用于最具获利性的产品上。由于机器会因机器故障和调试造成时间损失，所以，管理者还应当确保产品顺利地通过瓶颈机器。并且，管理者还应当努力去寻找提高瓶颈资源生产能力的方法。

可以通过很多方式有效提高瓶颈资源的生产能力，主要包括以下几点。

- 在瓶颈机器上加班工作。
- 转包一些原来由瓶颈机器加工的任务。
- 在薄弱环节上投资增加机器。
- 将工人从非薄弱环节调至薄弱环节。
- 专注于薄弱环节上业务流程的改进。
- 减少残次品数量。因为每一个流经薄弱环节及随后报废的残次品占用了可销售的合格品的资源。

⊖ 当生产过程从一个产品转移至另一个产品时，就需要进行生产调整。例如，试想在一个生产汽车侧板的公司中，侧板在运输到汽车制造商做最后的组装之前需要喷好漆。顾客可能需要 100 个蓝色的侧板，50 个黑色的侧板和 20 个黄色的侧板。每一次改变颜色，必须用溶剂清洗掉喷漆装置上旧的颜色，然后填充新的颜色。这需要时间。事实上，一些设备可能需要这样长时间和频繁地调整，并且在生产的调整期间通常不能进行正常的生产。

上述最后 3 种提高瓶颈资源生产能力的方法是格外有吸引力的，因为它们不仅基本上没有成本甚至还可能节约成本。

14.8 联产品成本和出售或深加工决策

在一些行业，投入一种原材料可以生产出一种以上的产品，这些产品被称为**联产品**（joint products）。例如，在石油加工行业，有多种联产品是从原油中提炼出来的，包括汽油、航空煤油、家庭采暖用油、润滑油、沥青以及各种有机化学品。在生产过程中，当联产品（例如汽油和航空煤油）被视为单独的产品时，该时点就被称为**分离点**（split-off point）。

通常，联产品可以在分离点时出售或者可以对它们进行深加工以销售更高的价格。关于联产品在分离点出售还是深加工后再出售的决策就是**出售或深加工决策**（sell or process further decision）。为了做出这类决策，管理者需要遵循 3 个步骤。

第一步，通常应当忽略所有的**联合成本**（joint costs），这些联合成本包括所有到分离点已经发生的成本。因为无论管理者选择在分离点出售联产品还是深加工，在这两种选择下这些成本都保持不变，所以，不必考虑这些成本。

第二步，确定深加工联产品所带来的增量收入，通过计算深加工联产品得到的收入减去在分离点出售联产品得到的收入即可得出。

第三步，用在第二步得到的增量收入减去分离点之后深加工联产品所产生的增量成本。如果差额是正数，那么应当对联产品深加工并以更高的价格出售。如果差额是负数，那么联产品应当在分离点时直接出售。

圣玛利亚羊毛加工合作社：一个案例

圣玛利亚（Santa Maria）羊毛加工合作社从当地的牧羊人手中买来生羊毛，把生羊毛分成 3 种等级——粗羊毛、中粗羊毛和精细羊毛，然后用取自当地原材料的颜料，运用传统的方法给羊毛染色。该羊毛加工合作社的生产过程如图 14-2 所示。

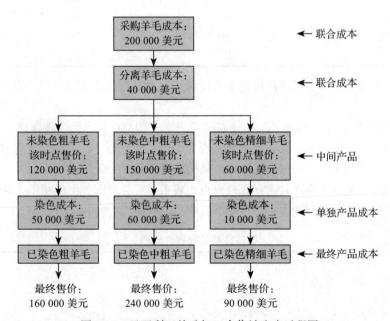

图 14-2　圣玛利亚羊毛加工合作社生产过程图

该羊毛加工合作社的联合成本包括 200 000 美元的采购成本和 40 000 美元的将生羊毛分离成 3 种中间产

品的分离成本。3 种未染色的羊毛被称为中间产品，因为在该时点尚未完工。但是，未染色的羊毛确实存在市场，尽管其价格明显低于染色的羊毛产品。正如图 14-2 所示，具体地说，未染色的粗羊毛、中粗羊毛、精细羊毛在分离点的售价分别为 120 000 美元、150 000 美元和 60 000 美元。

图 14-2 同样表明深加工未染色的粗羊毛、中粗羊毛、精细羊毛的成本分别为 50 000 美元、60 000 美元和 10 000 美元，并且已染色的粗羊毛、中粗羊毛、精细羊毛的售价分别为 160 000 美元、240 000 美元和 90 000 美元。

如果圣玛利亚羊毛加工合作社选择深加工 3 种中间产品，将会得到 130 000 美元的利润，如下表所示。

整体经营的盈利性分析		（单位：美元）
组合的最终售价（160 000 +240 000 + 90 000）：		490 000
减：加工成最终产品的成本		
采购羊毛成本	200 000	
分离羊毛成本	40 000	
染色成本合计（50 000 + 60 000 + 10 000）	120 000	360 000
利润		130 000

请注意，采购羊毛成本（200 000 美元）和分离羊毛成本（40 000 美元）的联合成本，在考虑整体经营的盈利能力时是相关的，因为如果停止整体经营，这些联合成本是可以避免的。

当圣玛利亚羊毛加工合作社深加工这 3 种产品时，它可以从中获得 130 000 美元的利润。我们想进一步探究的问题是：该羊毛加工合作社是否应该全部深加工这 3 种产品？公司在分离点出售这 3 种产品中的一种或者多种是否在财务上更有利？

回答这些出售还是深加工问题的一个合适的方式就是比较每一个联产品的增量收入和增量成本，计算如下表所示。

出售或深加工的分析			（单位：美元）
	粗羊毛	中粗羊毛	精细羊毛
深加工后的最终售价	160 000	240 000	90 000
减：在分离点的售价	120 000	150 000	60 000
来自深加工的增量收入	40 000	90 000	30 000
减：深加工成本（染色）	50 000	60 000	10 000
深加工的财务优势（劣势）	（10 000）	30 000	20 000

如上表分析所示，该合作社在分离点出售粗羊毛比深加工更有利。另外两种产品应当深加工并且染色后再出售。

请注意，采购羊毛成本（200 000 美元）和分离羊毛成本（40 000 美元）的联合成本对是否出售或深加工中间产品的决策中没有任何影响。这些联合成本与是否采购羊毛和是否进行羊毛的分离加工相关，但是，一旦中间产品分离出来了，这些成本就与如何处置中间产品的决策不相关了。

最后，如果圣玛利亚羊毛加工合作社选择在分离点出售粗羊毛并且深加工中粗羊毛和精细羊毛，我们可以重新计算圣玛利亚合作社整体的获利能力，计算如下表所示。

整体经营的获利性分析		（单位：美元）
组合的售价（120 000 + 240 000 + 90 000）		450 000
减：生产最终产品的成本：		
采购羊毛成本	200 000	
分离羊毛成本	40 000	
染色成本合计（60 000 + 10 000）	70 000	310 000
利润		140 000

请注意，修正后的利润 140 000 美元比之前深加工所有的 3 种产品所产生的利润 130 000 美元高出 10 000 美元。这增加的 10 000 美元利润与之前计算的深加工粗羊毛的财务劣势相等。

| 商业实战 14-6 | **完全做错了**

坐落于墨西哥湾的一家公司生产肥皂产品。其生产的 6 种主要产品的投入物料相同。到分离点时，联产品的成本构成了 6 种产品成本中的大部分。联产品成本的分配是基于分离点时每种产品的售价。

一件废品源于这 6 种主要产品的生产过程。因为废品被认为是没有商业价值的，公司会将废品装在货船上并倒入墨西哥湾。但是，当公司的研究部门发现，对废品进行一定的深加工后可以将它们作为肥料出售时，公司停止了向墨西哥湾倾倒废品的行为。每年的深加工成本为 175 000 美元，经深加工后的废品以 300 000 美元的价格卖给肥料制造商。

负责制造成本分配的会计人员在分离点分配联产品成本时，将废品的售价与 6 种主要产品的售价组合在一起作为分配的依据。这次分配导致废品承担了 150 000 美元的联产品成本，分配来的 150 000 美元的联合成本加上废品深加工的成本 175 000 美元，使得废品的加工似乎不具有获利性，如下表所示。面对该分析结论，公司的管理层决定停止深加工废品。公司又将废品倒入墨西哥湾。

（单位：美元）

深加工后废品的售价	300 000
减：废品分配的成本	325 000
净损失	(25 000)

14.9 作业成本法和相关成本

如之前的章节所讨论的，作业成本法有助于识别基于决策目的的潜在相关成本。作业成本法通过关注由产品或其他分部引起的作业来提高成本的可追溯性。但是，管理者应当对超过"可追溯性"本身的过度解读情况保持谨慎。人们有这样的一种倾向，如果一项成本对于某一个分部是可追溯的，那么这项成本就一定是可避免的，这是不正确的。因为由设计良好的作业成本系统所提供的成本仅仅是潜在的相关成本，在决策之前，管理者仍须决定哪些潜在的相关成本实际上是可以避免的。只有那些可避免的成本才是相关的，其他成本应当被忽略。

为了说明，再参考表 14-4 中与家居产品生产线相关的数据。2 000 美元的固定设备折旧费是家居产品生产线的一项可追溯成本，因为它与该部门的作业直接相关。但是，我们发现如果关闭家居用品生产线，这 2 000 美元是不可避免的。这里的关键问题是将一项成本分配至产品或其他分部所采用的方法并没有改变成本的性态。一项沉没成本，例如旧设备的折旧费，仍然是一项沉没成本，不论它是否能够在作业的基础上直接追溯到分部，还是按照人工工时分配到所有的分部，或者在成本计算的过程中采用其他的方法处理。不管分配成本至产品或分部所采用的方法如何，本章所讨论的原则必须用于确定在每一种情况下成本都是可以避免的。

本章小结

本章的所有内容是由一个简单却强有力观点的运用构成的：只有那些随着备选方案的不同而不同的成本和收益在决策中才是相关的。所有其他的成本和收益都是无关的并且应当被忽略。特别是，沉没成本是无关成本，因为未来的成本在不同的备选方案之间不会发生变化。

这一简单的观点适用于多种情况，包括增加或者关闭一条生产线相关的决策、自制或外购零部件的决策、拒绝或接受特殊订单的决策、使用约束资源的决策和深加工联产品的决策等。这些决策只是差量成本概念运用的一小部分。的确，任何与成本相关的决策都取决于对差量成本的恰当识别和分析。在下一章考虑长期投资决策时，我们会继续关注差量成本的概念。

复习题：差量分析

查特体育用品生产厂（Charter Sports Equipment）生产圆形的、矩形和八角形的蹦床。上个月的收入和成本数据如下。

（单位：美元）

	合计	蹦床		
		圆形	矩形	八角形
销售收入	1 000 000	140 000	500 000	360 000
变动成本	410 000	60 000	200 000	150 000
边际贡献	590 000	80 000	300 000	210 000
固定成本：				
广告费——可追溯的	216 000	41 000	110 000	65 000
特殊设备折旧费	95 000	20 000	40 000	35 000
生产线监管人员工资	19 000	6 000	7 000	6 000
一般间接费用①	200 000	28 000	100 000	72 000
总固定成本	530 000	95 000	257 000	178 000
经营净利润（损失）	60 000	（15 000）	43 000	32 000

①以销售收入为基础分配的共同固定成本。

管理层正在为圆形蹦床的持续亏损而担忧，并且希望得到关于该生产线是否应当停产的建议。用于生产蹦床的特殊设备没有再售价值。如果圆形蹦床生产线被关闭，该生产线的两名监管人员将会被解雇。

要求：

（1）圆形蹦床停产的财务优势（劣势）是什么？公司现在用于生产圆形蹦床的生产能力没有其他用途。请列示支持你答案的计算过程。

（2）用上表的数据重新编制一张利润表，以更有助于管理层评估不同产品生产线的获利性。

复习题答案：

（1）圆形蹦床的生产和销售不应当中止。支持该结论的计算如右表所示。

（单位：美元）

如果停产圆形蹦床损失的边际贡献		（80 000）
减：可避免的固定成本：		
广告费——可追溯的	41 000	
生产线监管人员工资	6 000	47 000
停产圆形蹦床的财务优势（劣势）		（33 000）

特殊设备的折旧是一项沉没成本，因此，对于决策而言是不相关的。一般的工厂间接费用已经分配了，并且不论圆形蹦床是否停产预计都会持续发生，因此，这也是不相关的。

（2）如果管理层希望获得关于分部获利能力的清晰认识，那么一般的工厂间接费用就不应当分配，因为它是共同成本，而是应当从总的生产线分部毛利中扣减。一张更加有助于决策的利润表格式如下所示。

（单位：美元）

	合计	蹦床		
		圆形	矩形	八角形
销售收入	1 000 000	140 000	500 000	360 000
变动成本	410 000	60 000	200 000	150 000
边际贡献	590 000	80 000	300 000	210 000
可追溯固定成本：				
广告费——可追溯的	216 000	41 000	110 000	65 000
特殊设备折旧费	95 000	20 000	40 000	35 000
生产线监管人员工资	19 000	6 000	7 000	6 000
总的可追溯固定成本	330 000	67 000	157 000	106 000
产品生产线分部毛利	260 000	13 000	143 000	104 000
共同固定成本	200 000			
经营净利润（损失）	60 000			

术语表

Avoidable cost 可避免成本 在决策中通过选择一种方案而不选另一种方案可以消除的一种成本。这一术语同差量成本和相关成本是同义词。

Bottleneck 瓶颈 制约整个系统总产出的一台机器或者生产过程中的其他零部件。

Constraint 约束 公司必须在其限制下经营。比如，有限的可用机器工时或原材料，这种限制制约了公司满足需求的能力。

Differential cost 差量成本 一项在任意两个备选方案之间都不同的未来成本。

Differential revenue 差量收入 一项在任意两个备选方案之间都不同的未来收入。

Incremental cost 增量成本 两个备选方案之间成本的增加额。

Joint cost 联合成本 从生产联产品直到达到分离点止所发生的成本。

Joint products 联产品 由一种原料投入和生产过程产出的两种或两种以上的产品。

Make or buy decision 自制或外购决策 关于零部件应当由内部生产还是从外部供应商采购的决策。

Opportunity cost 机会成本 当选择了一种方案而放弃了另外一种方案时，所放弃的潜在利益。

Relaxing or elevating the constraint 放松或提高约束 增加约束资源使用量的一项行动，等价于增加瓶颈容量的一项行动。

Relevant benefit 相关收益 在决策时应当予以考虑的一项收益。

Relevant cost 相关成本 在决策时应当予以考虑的一项成本。

Sell or process further decision 出售或深加工决策 关于联产品在分离点出售还是深加工的决策。

Special order 特殊订单 不属于公司正常经营活动的一次性订单。

Split-off point 分离点 在生产过程中部分或者全部联产品可以成为单独产品的时点。

Sunk cost 沉没成本 已经发生的、不能由现在或者未来的任何决策加以改变的成本。

Vertical integration 纵向一体化 一家公司的业务涉及完整价值链，从生产、分发、销售到售后服务的多项作业活动。

思考题

1. 什么是相关成本？

2. 定义以下术语：增量成本、机会成本和沉没成本。

3. 变动成本都是相关成本吗？请解释。

4. "沉没成本很容易辨认，它是与一项决策相关的固定成本。"你同意吗？请解释。

5. "变动成本和差量成本是同一回事。"你同意吗？请解释。

6. "所有的未来成本在决策中都是相关的。"你同意吗？为什么？

7. 普伦蒂斯公司（Prentice Company）正在考虑关闭其中一条生产线。生产线的哪些成本在决策中是相关的？哪些成本是无关的？

8. "如果一种产品正在亏损，那么就应当中止生产。"你同意吗？请解释。

9. 在一个组织中将共同固定成本在产品和其他分部中进行分配有何危险？

10. 机会成本是如何影响自制或外购决策的？

11. 举出至少4个可能的资源性约束的例子。

12. 将产品的边际贡献与消耗的约束资源的数量联系起来会如何帮助一家公司实现利润最大化？

13. 定义以下术语：联产品、联合成本和分离点。

14. 从决策的角度来看，联合成本是否应当在联产品之间分配？

15. 在确定联产品在分离点应当出售还是深加工时应遵循什么样的原则？

16. 航空公司在一周的某段时间会为陪同商务人士出行的家属提供折扣机票。相关成本的概念是如何影响航空公司做出诸如提供折扣机票的决策的？

基础练习

Cane 公司生产 A 和 B 两种产品，单位售价分别为 120 美元和 80 美元。每种产品只使用一种原材料，原材料每磅 6 美元。该公司每年生产每种产品 10 万件。该作业水平下每种产品的平均单位成本如下。

（单位：美元）

	A 产品	B 产品
直接材料	30	12
直接人工	20	15
变动制造费用	7	5
可追溯的固定制造费用	16	18
变动销售费用	12	8
共同固定成本	15	10
单位总成本	100	68

该公司认为可追溯的固定制造费用是可以避免的，而共同固定成本是不可避免的，并且已根据销售收入分配给产品。

要求：

（除非另有指示，否则请独立回答每个问题。）

（1）这两种产品的可追溯固定制造费用总额是多少？

（2）公司的共同固定成本总额是多少？

（3）假设 Cane 公司预计在本年度生产和销售 80 000 件 A 产品。Cane 公司的一位销售代表找到了一位新客户，该客户愿意以每件 80 美元的价格额外购买 10 000 件 A 产品。接受新客户订单的财务优势（劣势）是什么？

（4）假设 Cane 公司预计在本年度生产和销售 90 000 件 B 产品。Cane 公司的一位销售代表找到了一位新客户，该客户愿意以每件 39 美元的价格额外购买 5 000 件 B 产品。接受新客户订单的财务优势（劣势）是什么？

（5）假设 Cane 公司预计在本年度生产和销售 95 000 件 A 产品。Cane 公司的一位销售代表找到了一位新客户，该客户愿意以每件 80 美元的价格额外购买 10 000 件 A 产品；然而，寻求这一机会将使 A 产品对普通客户的销量减少 5 000 件。接受新客户订单的财务优势（劣势）是什么？

（6）假设 Cane 公司每年正常生产和销售 90 000 件 B 产品。停止 B 产品线的财务优势（劣势）是什么？

（7）假设 Cane 公司每年正常生产和销售 40 000 件 B 产品。停止 B 产品线的财务优势（劣势）是什么？

（8）假设 Cane 公司每年正常生产和销售 60 000 件 B 产品和 80 000 件 A 产品。如果 Cane 公司停止 B 产品线，其销售代表可以将 A 产品的销量增加 15 000 件。停止 B 产品线的财务优势（劣势）是什么？

（9）假设 Cane 公司预计在本年度生产和销售 80 000 件 A 产品。一家供应商已提出以每件 80 美元的价格向 Cane 公司生产并交付 80 000 件 A 产品。从供应商处购买 80 000 件 A 产品而不是生产 A 产品的财务优势（劣势）是什么？

（10）假设 Cane 公司预计在本年度生产和销售 50 000 件 A 产品。一家供应商已提出以每件 80 美元的价格向 Cane 公司生产并交付 50 000 件 A 产品。从供应商处购买 50 000 件 A 产品而不是生产 A 产品的财务优势（劣势）是什么？

（11）两种产品各生产一个单位需要多少磅的原材料？

（12）两种产品每磅原材料的边际贡献是多少？

（13）假设 Cane 公司的客户最多购买 80 000 件 A 产品和 60 000 件 B 产品。同时假设可用于生产的原材料限制为 160 000 磅。为了使利润最大化，公司应该生产多少件 A 产品和多少件 B 产品？

（14）如果 Cane 公司遵循你在（13）中的建议，它将获得多少边际贡献？

（15）如果 Cane 公司按照你在（13）中的建议使用 160 000 磅原材料，那么对于额外的原材料，每磅应支付多少？

练习题

1. 特殊订单决策

帝国珠宝商制造并销售一款金手镯，售价为 189.95 美元。该公司的会计系统显示，这款金手镯的单位生产成本为 149.00 美元，如下所示。

（单位：美元）

直接材料	84.00
直接人工	45.00
制造费用	20.00
单位生产成本	149.00

一场婚礼派对的成员们已经与帝国珠宝商洽谈，准备以每只 169.95 美元的折扣价购买 20 只这样的金手镯。婚礼派对的成员们希望在金手镯上使用特殊的花丝，这将使每只金手镯的直接材料成本增加 2.00 美元。这就导致帝国珠宝商必须以 250 美元的价格购买一种特殊工具，以便在金手镯上使用花丝。一旦完成这笔特殊订单，专用工具将不再有其他用途。

为了分析这一特殊订单机会，帝国珠宝商确定其大部分制造费用是固定的，不受任何给定时期内金手镯产量变化的影响。然而，4.00 美元的管理费用因生产的金手镯数量而异。帝国珠宝商还认为，接受这笔订单不会影响向其他客户生产和销售金手镯的能力。此外，帝国珠宝商可以利用其现有的生产能力完成婚礼派对的订单。

要求：

（1）接受婚礼派对的特殊订单在有什么财务优势（劣势）？

（2）帝国珠宝商是否应该接受这笔特殊订单？

2. 管理约束资源

朴茨茅斯公司（Portsmouth Company）生产软垫家具，其唯一的变动成本是直接材料。该公司对产品的需求远远超过其生产能力，生产过程中的瓶颈（或约束）是室内装潢工时。关于朴茨茅斯公司三种产品的信息如下。

	躺椅	沙发	情侣座椅
单位售价/美元	1 400	800	1 500
单位变动成本/美元	800	200	1 000
单位室内装潢工时/小时	8	10	5

要求：

（1）朴茨茅斯公司正在考虑除了他们正常的工资之外向室内装潢工人支付加班费。假设加班生产沙发，公司在正常工作时间后愿意向室内装潢工人支付多少加班费？

（2）附近的一家小型装潢公司已提出以每小时 45 美元的价格为朴茨茅斯公司装潢家具。朴茨茅斯公司的管理层相信，这家装潢公司的工作质量很高，他们的工人可以像朴茨茅斯公司自己的工人一样快速地从事更简单的装潢工作，如情侣座椅。如果朴茨茅斯公司雇用附近的装潢公司生产情侣座椅，每小时能额外获得多少边际贡献？

（3）朴茨茅斯公司应该雇用附近的装潢公司吗？请解释。

3. 自制或外购决策

Futura 公司以每台 8.40 美元的价格从供应商处购买了 40 000 台安装在标准农用拖拉机系列中的起动器。由于产量下降，该公司现在拥有闲置产能，可用于生产起动器，而不是从外部供应商处购买。然而，该公司的总工程师反对生产起动器，因为起动器的单位生产成本为 9.20 美元，相关信息如下所示。

	单量	总量
直接材料	3.10	
直接人工	2.70	
监督	1.50	60 000
折旧	1.00	40 000
变动制造费用	0.60	
租金	0.30	12 000
产品总成本	9.20	

如果 Futura 公司决定先自制起动器，就必须雇用一名主管（年薪 6 万美元）来监督生产。而且该公司有足够的闲置工具和机械，因此无须购买新设备。上述租金是根据工厂的使用面积计算的。工厂的总租金为每期 80 000 美元。折旧是陈旧而不是磨损造成的。

要求：

生产 40 000 台起动器而不是从外部供应商处购买它们的财务优势（劣势）是什么？

4. 产量权衡决策

Benoit 公司生产三种产品——产品 A、产品 B 和产品 C。关于这三种产品的数据如下（每单位）。

（单位：美元）

	产品		
	A	B	C
售价	80	56	70
变动成本：			
直接材料	24	15	9
其他变动成本	24	27	40
总变动成本	48	42	49
边际贡献	32	14	21
边际贡献率	40%	25%	30%

该公司估计每个月可以销售 800 件产品，每种产品使用相同的原材料。这种原材料每磅 3 美元，每月最多耗用 5 000 磅原材料。

要求：

（1）计算单位约束资源下每种产品的边际贡献。

（2）你建议公司先接受哪种产品订单？其次接受哪种产品订单？最后呢？

（3）如果公司充分利用 5 000 磅的原材料，每月可获得的最大边际贡献是多少？

5. 确定相关费用

克里斯汀·卢（Kristen Lu）在去年年初以 8 000 美元购买了一辆二手车，并产生了以下经营成本。

折旧（8 000/5 年）	1 600 美元
保险	1 200 美元
车库租金	360 美元
汽车税和执照	40 美元
变动经营成本	0.14 美元/英里

变动经营成本包括汽油、机油、轮胎、维护和维修。克里斯汀估计，按照她目前的使用率，这辆车在 5 年内的转售价值将为零，因此每年的折旧费为 1 600 美元。这辆汽车按月收取租金并停在车库里。

要求：

（1）克里斯汀去年开了 10 000 英里，计算拥有和经营汽车每英里的平均成本。

（2）克里斯汀不确定是否应该在春假期间使用自己的汽车或租车进行为期两周的长途越野旅行。上述哪些成本与本决策相关？请解释。

（3）克里斯汀正在考虑买一辆昂贵的跑车来取代她去年买的那辆二手车。不管她拥有哪辆车，她都会开相同的英里数，并租用相同的停车位。跑车的变动经营成本与她的二手车的变动经营成本大致相同。然而，她的保险费、汽车税和执照费将会上涨。在估算拥有更昂贵的跑车的增量成本时，哪些成本是相关的？请解释。

6. 关闭或保留分部

希腊的 Thalassines Kataskeves 公司生产船舶设备，该公司的舱底泵生产线多年来一直处于亏损状态，舱底泵生产线最新季度的贡献式利润表如下。

Thalassines Kataskeves 公司截至 3 月 31 日的舱底泵季度利润表

销售收入		850 000
变动成本：		
变动制造费用	330 000	
销售佣金	42 000	
装运	18 000	
变动费用总额		390 000
边际贡献		460 000
固定成本：		
广告（用于舱底泵生产线）	270 000	
设备折旧（无转售价值）	80 000	
一般制造费用	105 000 [①]	
生产线经理的工资	32 000	
存货保险	8 000	
采购部门成本	45 000 [②]	
固定成本总额		540 000
经营净损失		(80 000)

[①]根据机器工时分配的一般成本。
[②]根据销售收入分配的一般成本。

关闭舱底泵生产线不会影响其他产品线的销售，也不会影响公司的一般制造费用总额或采购部门总成本。

要求：

关闭舱底泵生产线的财务优势（劣势）是什么？

问题

1. 多种情况下的相关成本分析

安卓蒂（Andretti）公司生产一种叫达克的单一产品。公司通常每年生产 6 000 件，每件售价为 32 美元。公司在此作业水平下的单位生产成本如下。

（单位：美元）

直接材料	10.00
直接人工	4.50
变动制造费用	2.30
固定制造费用	5.00（总额为 30 000 美元）
变动销售费用	1.20
固定销售费用	3.50（总额为 21 000 美元）
单位成本总额	26.50

与生产和销售达克产品相关的问题如下，每一个问题都是独立的。

要求：

（1）假定安卓蒂公司在无须增加固定制造费用的情况下，每年有充足的生产能力去生产 9 000 件达克产品。如果公司愿意将固定销售费用提高到 80 000 美元，那么在现有的每年产销量 6 000 件的基础上，单位产品的售价可以提高 25%。当增加投资 80 000 美元在固定销售费用时，它所带来的财务优势（劣势）是什么？该增加投资有正当理由吗？

（2）假定安卓蒂公司每年都有充足的生产能力去生产 9 000 件达克产品。一位海外市场的顾客希望购买 20 000 件。如果安卓蒂公司接受了这笔订单，它需要为每件产品支付 1.7 美元的进口关税以及额外 9 000 美元的许可费。与该订单相关的销售费用只有每件 3.2 美元的运输成本。该订单中每件产品的保本价格是多少？

（3）公司有 1 000 件达克产品由于存在一些瑕疵

而被确定为"次级品"，不能通过日常的分销渠道将这些产品以正常的价格出售。哪些单位生产成本数据对于确定这批产品的最低售价是相关的？请解释。

（4）由于供应商的工厂发生了一起罢工事件，安卓蒂公司无法购买生产达克产品所需的更多原材料，这场罢工预期会持续两个月。安卓蒂公司现有的原材料在接下来的两个月只够生产正常规模的 30%。作为替代方案，安卓蒂公司可以关闭工厂两个月。如果关闭工厂，在这两个月期间，发生的固定制造费用为正常作业水平下的 60%，销售费用会减少 20%。

a. 如果安卓蒂公司关闭工厂两个月，一共会损失多少边际贡献？

b. 如果公司关闭工厂两个月，一共会节省多少固定成本？

c. 关闭工厂两个月的财务优势（劣势）是多少？

d. 安卓蒂公司应当关闭工厂两个月吗？

（5）一个外部制造商愿意生产 6 000 件达克产品，并且将它们直接运送给安卓蒂公司的顾客。如果安卓蒂公司接受了这个提议，那么公司生产达克产品的设备就会闲置；但是，固定制造费用也会减少 75%。由于外部制造商愿意支付所有的运输成本，变动销售费用将会只有目前的 2/3。相比于外部制造商的报价，安卓蒂公司单位产品的可避免成本是多少？

2. 出售或深加工决策

来清洁（Come Clean）公司生产各种工业和家用清洁剂及清洁工具。虽然其大部分产品是独立加工的，但也有一些是相关的，如该公司的沙砾 337 和闪烁银光剂。

沙砾 337 是一种粗清洁粉，有许多工业用途，它的制造成本为每磅 1.60 美元，售价为每磅 2 美元。每年生产的沙砾 337 一小部分保留在工厂进行深加工，与其他几种成分结合形成一种糊状物，在市场上被称为闪烁银光剂。这种银光剂每罐售价为 4 美元。

深加工成银光剂每罐需要 0.25 磅沙砾 337。深加工成一罐银光剂所涉及的额外直接变动成本如下。

	（单位：美元）
其他成本	0.65
直接人工	1.48
总直接成本	2.13

与闪烁银光剂相关的间接成本如下所示。

	（单位：美元）
变动间接制造成本	直接人工成本的 25%
固定间接制造成本（每月）：	
生产主管工资	3 000
搅拌设备折旧	1 400

生产主管的职责是监督银光剂的生产。搅拌设备是专门为生产银光剂而购置的专用设备。该公司每月可生产 15 000 罐银光剂。它的转售价值可以忽略不计，而且不会因使用而磨损。

银光剂的广告费用每月共计 4 000 美元，与银光剂相关的变动销售成本占销售收入的 7.5%。

由于近期对银光剂的需求下降，该公司想知道继续生产是否可行。销售经理认为，将所有的沙砾 337 作为清洁粉销售会更有利可图。

要求：

（1）通过深加工沙砾 337 而不是将它作为清洁粉出售，每罐银光剂能获得多少增量收入？

（2）该公司通过深加工沙砾 337 而不是将它作为清洁粉出售，每罐银光剂能获得多少增量边际贡献？

（3）每月必须销售多少罐银光剂才能准确抵消生产和销售银光剂所产生的可避免的固定成本？请解释。

（4）如果该公司销售 9 000 罐银光剂，那么选择深加工沙砾 337 而不是将它作为清洁粉销售的财务优势（劣势）是什么？

（5）如果该公司销售 11 500 罐银光剂，那么选择深加工沙砾 337 而不是将它作为清洁粉销售的财务优势（劣势）是什么？

案例

综合案例：相关成本；定价

韦斯科（Wesco）公司生产一种名为 GrowNWeed 的除草剂。该产品销往全美各地的苗圃和园艺商店。

茨温格（Zwinger）苗圃计划通过其自有品牌的区域苗圃连锁店销售类似的除草剂。茨温格苗圃没有自己的生产设施，因此它要求韦斯科公司（和其他几家公司）提交一份生产投标书，并向茨温格苗圃交付一份价值为 2 万英镑的自有品牌除草剂订单。虽然茨温格苗圃除草剂的化学成分与 GrowNWeed 除草剂不同，但其生产工艺非常相似。

茨温格苗圃除草剂将以 1 000 磅为单位批量生

产，每批需要 25 个直接工时和以下化学制品。

化学制品	数量 / 磅
AG-5	300
KL-2	200
CW-7	150
DF-6	175

前三种化学品（AG-5、KL-2 和 CW-7）都用于生产 GrowNWeed 除草剂。DF-6 用于韦斯科公司几个月前停止生产的另一种化合物。当这种化合物停止供应时，韦斯科公司手头上的 DF-6 没有被丢弃，而是按现行市场价格减去每磅 0.10 美元的销售和处理费用出售 DF-6。

韦斯科公司手头还有一种名为 BH-3 的化学制品，它是为生产另一种不再生产的产品而生产的。BH-3 不能用于 GrowNWeed 除草剂，但可以在不影响茨温格苗圃除草剂质量的情况下以一对一的方式替代 AG-5 化学制品。库存中的 BH-3 化学制品的残值为 600 美元。

可用于生产茨温格苗圃除草剂的化学制品的库存和成本数据如下所示。

化学制品	库存 / 磅	购买时每磅的实际价格 / 美元	每磅当前市场价格 / 美元
AG-5	18 000	1.15	1.20
KL-2	6 000	1.10	1.05
CW-7	7 000	1.35	1.35
DF-6	3 000	0.80	0.70
BH-3	3 500	0.90	（残值）

目前的直接人工工资率是每小时 14 美元。预计间接费用分配率基于直接工时（DLH）分配。根据不加班的两班制产能，本年度的预计间接费用分配率如下。

（单位：美元）

变动制造费用	3.00/DLH
固定制造费用	10.50/DLH
组合预计间接费用分配率	13.50/DLH

韦斯科公司的生产经理报告说，目前的设备和设施足以生产茨温格苗圃需要的除草剂。因此，该订单不会对固定间接制造费用总额产生影响。然而，韦斯科公司本月的两班制产能还不到 400 小时。超过 400 小时的任何额外工作时间必须算加班。如果需要的话，茨温格苗圃需要的除草剂可以通过将一部分 GrowNWeed 除草剂生产转移到加班时间来生产。韦斯科公司的加班直接人工工资率为每小时 21 美元。在预计间接费用费分配率中，没有加班津贴。

要求：

（1）韦斯科公司已决定提交 2 万磅的订单投标购买茨温格苗圃，该订单必须在本月底前交付。茨温格苗圃是一个一次性订单，不会重复。计算韦斯科公司可以为该订单出的最低价格，同时能补偿其增量生产成本。

（2）参考原始数据。假设茨温格苗圃计划定期订购价值为 2 万磅的新化合物。韦斯科公司预计对 GrowNWeed 除草剂的需求将保持强劲。因此，茨温格苗圃的经常性订单将使韦斯科公司超过其两班制产能。但是，生产可以安排，即在正常时间内完成茨温格苗圃订单的 90%。作为另一种选择，一些 GrowNWeed 除草剂的生产可以暂时改为加班生产，以便茨温格苗圃订单可以按时生产。当前市场价格是对未来市场价格的最佳估计。韦斯科公司对新产品的标准加价政策是全部生产成本的 40%，包括固定制造费用。计算韦斯科公司对每 2 万磅新化合物的茨温格苗圃报价，假设该化合物被视为新产品，并遵循该定价政策。

附录 14A　定价决策

一些产品已经有既定的市场价格，顾客不会支付更高的价格，并且供应商没有理由收取更低的价格，因此供应商可以以当前的市场价格出售生产的所有产品。在这些情况下，供应商只会收取产品通行的市场价格。主要的原材料市场，如农产品市场和矿产品市场，都遵循这种定价模式。

在本附录中，我们关注在交易中需要自定价格的情形，这也是一种较为普遍的模式。例如，达美航空公司（Delta Airlines）需要为所有航班确定机票价格。当埃森哲咨询公司（Accenture）回应预期的咨询客户的询问时，需要建立投标价格。宝洁公司（Procter & Gamble）需要为帮庭、汰渍、帮宝适、佳洁士以及许多其他产品制定价格。如果这些公司制定的价格太高或者太低，就会大幅降低公司的利润。

14A.1 影响定价决策的因素

许多因素会影响公司如何确定其销售价格。在这一节中，我们会讨论这些因素中的 3 种：顾客、竞争者和成本。

14A.1.1 顾客

顾客通常掌握两样东西——自主权和私有信息，这使得决策过程变得复杂。就自主权而言，顾客可以选择购买你的产品，或者竞争者的产品，或者什么都不买。顾客同样拥有关于对产品和服务感兴趣程度以及他们愿意支付价格的私有信息。

例如，考虑这样一种情况：当预期的顾客怀着赢得一个合同的希望而邀请大量的供应商公开招标时，顾客就可以利用私有信息，因为他可以在每一个供应商递交的标价之间进行比较并做出选择。如果一名特定的供应商给出的标价太高，顾客就会和竞争者签订合同。相反，同样的供应商由于出价远低于竞争者而获得合同，那么放弃的收入是顾客本来愿意支付的部分。

许多公司不会为个人合同提供持续的报价，而是会把产品和服务销售给大量多元化的顾客，这些顾客对于一种特定的产品并没有一种共同的意愿去支付一个特定的价格。在这些情形下，公司对于量化顾客的需求价格弹性具有强烈的兴趣。**需求的价格弹性**（price elasticity of demand）衡量价格的变动对需求的影响。如果价格的变动对于销量的影响是很微小的，我们就认为对于一种产品或者服务的需求是缺乏弹性的。而如果价格的变动对于销量具有重大的影响，那么我们就认为对于一种产品或者服务的需求是具有弹性的。一般来讲，当需求缺乏弹性时，管理者应当设定较高的价格，而当需求具有弹性时，管理者应当设定较低的价格。

14A.1.2 竞争者

竞争者对于公司的定价决策具有重要影响，因为他们提供影响需求价格弹性的参考价格。例如，汽油的购买者在购买这些燃料时通常能够得到现成的参考价格。如果加油站将价格提高，并且超过了街对面竞争者的参考价格，那么需求可能就会大幅下降。在本例中，需求是具有弹性的，由于汽油是一种日用品，因此顾客不愿意支付比竞争者的参考价格更高的价格。如果同样的加油站降低价格，以期利用需求弹性扩大市场份额，街对面的竞争者可能会通过降价与之竞争，以保持每一个加油站的市场份额保持不变，但都降低了双方的利润。

如果一家公司想要收取比竞争者更高的价格，那么公司必须通过采用一种可以激励顾客接受更高价格的方式在竞争性的选择中区别其产品和服务。比如，像普拉达（Prada）、劳力士（Rolex）和劳斯莱斯（Rolls Royce）通过打造产品的质量和一种精英的社会状态使其产品区别于竞争者，并且在有意愿支付高昂价格的富有顾客之间产生了缺乏弹性的需求。

14A.1.3 成本

顾客和竞争者在确定一家公司的产品和服务的价格上限方面扮演着重要的角色。价格的上限代表了顾客愿意支付的最高价格。价格下限由一家公司的增量成本决定，代表了公司能够收取的最低价格，并且公司仍然可以在销售交易中获得增量利润。

如果公司所有产品的定价都在价格下限以上，那并不能保证公司会盈利，意识到这一点是非常重要的。因为所有的销售收入减去增量成本可能无法弥补公司的固定成本。如果能够基于顾客的需求数据确定最佳价格，而不是不顾顾客的反馈武断地计算价格，公司会增加其弥补所有成本和实现利润最大化的概率。

14A.2 成本加成定价法

公司通常会采用在成本之上加成定价的方法。[⊖] 一件产品的**加成额**（markup）是售价和成本之间的差额，

⊖ 在定价上会有一些法律的限制。《反托拉斯法》反对"掠夺性"的价格。这些价格被法律解释为一种低于平均变动成本的价格。"价格歧视"——在相同的市场上对于相同的产品或服务在不同的顾客之间收取不同的价格，这同样也是法律所禁止的。

并且通常由成本百分比来表示。

$$售价 = （1+ 成本加成率）\times 成本$$

例如，一家公司选用的成本加成率为50%，就会把成本的50%加到产品的定价中，以确定最终的售价。如果某种产品的成本是10美元，那么这家公司就会加成5美元，得到最终产品的售价为15美元。这种方法就叫作**成本加成定价法**（cost-plus pricing），因为这种方法将一个事先确定的加成率用到一个成本基础上来确定售价。

公司可以通过多种方法确定运用成本加成定价法的成本基础。例如，一些公司可能运用完全成本法（包括直接材料、直接人工、变动制造费用、固定制造费用）确定成本基础，而另一些公司可能会将产品的变动成本作为成本基础。公司在量化成本基础时，可能会运用各种各样的成本系统，如正常成本或标准成本。如果一家公司在完全成本法下运用正常成本核算，它会用实际的直接材料、直接人工加上已分配的间接费用计算单位产品成本。当一家公司在完全成本法下运用标准成本核算时，会在标准直接材料、标准直接人工加上单位产品分配的制造费用定额的基础上得出单位生产成本。

在下一节，我们会讨论在完全成本法下的成本加成定价法。顾名思义，当计算加成率时，完全成本法运用了一种基于完全意义上的单位生产成本作为成本基础。

14A.3 完全成本法下的成本加成定价法

调查结果表明，许多管理者运用完全成本法下的成本加成定价法。这种方法可以分三步处理。

首先，公司需要计算单位生产成本（包括直接材料、直接人工、变动制造费用和固定制造费用）；其次，需要确定在完全成本下的成本加成率；最后，需要将产品的单位成本乘以（1+成本加成率）确定产品的售价。

14A.3.1 里特公司：一个案例

假定里特公司（Ritter Company）想要为一个刚刚进行过设计修改的产品设定售价。公司在经营性资产上投入了100 000美元以实现估计10 000件的销量。经营性资产的投资报酬率（ROI）为20%。财务部门提供了该重新设计产品的如下成本估计数据。

（单位：美元）

	每件	合计
直接材料	6	
直接人工	4	
变动制造费用	3	
固定制造费用		70 000
变动销售和管理费用	2	
固定销售和管理费用		60 000

在完全成本加成法的第一步的过程中，里特公司计算的重新设计产品的单位成本如下。

（单位：美元）

直接材料	6
直接人工	4
变动制造费用	3
固定制造费用（70 000美元÷10 000件）	7
单位生产成本	20

里特公司的第二步就是确定与单位生产成本（20 美元 / 件）相乘得出售价的加成率。用于确定成本加成率的公式如下：

$$完全成本法下的成本加成率 = \frac{（必要的投资报酬率 \times 投资额）+ 销售和管理费用}{单位生产成本 \times 销量}$$

根据里特公司的背景信息，完全成本法下的成本加成率计算如下：

$$完全成本法下的成本加成率 = \frac{（20\% \times 100\,000\,美元）+（2\,美元/件 \times 10\,000\,件 + 60\,000\,美元）}{20\,美元/件 \times 10\,000\,件}$$

$$= \frac{20\,000\,美元 + 80\,000\,美元}{200\,000\,美元}$$

$$= 50\%$$

请注意，这 50% 的加成率是为了提供公司必要的投资报酬（20% × 100 000 美元 =20 000 美元）和弥补产品的销售和管理费用（2 美元 / 件 × 10 000 件 + 60 000 美元 = 80 000 美元）。

第三步是运用之前介绍过的成本加成定价法的等式确定售价：

$$售价 =（1+ 成本加成率）\times 成本$$
$$=（1+50\%）\times 20\,美元$$
$$= 30\,美元$$

30 美元的售价包括了 20 美元的单位生产成本和额外的 10 美元去弥补销售和管理费用，以及提供必要的投资报酬。

如表 14A-1 所示，如果里特公司实际实现了其预测的销量 10 000 件，该产品就会带来经营净利润 20 000 美元和 20% 的投资报酬率。只有在预测的销量实现时才能达到必要的报酬率。

表 14A-1 利润表和投资报酬率分析（里特公司实际销量为 10 000 件，售价为 30 美元）

（单位：美元）

直接材料	6
直接人工	4
变动制造费用	3
固定制造费用（70 000 美元 ÷ 10 000 件）	7
单位生产成本	20
完全成本法下的利润表	
销售收入（30 美元 / 件 × 10 000 件）	300 000
销货成本（20 美元 / 件 × 10 000 件）	200 000
毛利	100 000
销售和管理费用（2 美元 / 件 × 10 000 件 +60 000 美元）	80 000
经营净利润	20 000
ROI	

$$ROI = \frac{经营净利润}{平均经营资产}$$
$$= \frac{20\,000\,美元}{100\,000\,美元}$$
$$= 20\%$$

14A.3.2 完全成本加成法带来的问题

完全成本加成法使得定价看起来很简单，一家公司需要做的仅仅是计算单位生产成本，决定希望实现多少利润，然后确定价格。似乎一家公司能够忽视顾客的需求，并且可以达成一个无论需要多少利润都可以保证实现的价格。考虑到完全成本加成法在确定售价之前就预测销量，似乎公司的经营是建立在顾客没有自主权的假设之上，要求顾客以卖方认为合理的任何价格购买产品，这是一个错误的假定！顾客拥有选择权，如果价格太高，他们可以从竞争者手中购买或者他们可以选择什么都不买。

例如，假设里特公司的产品定价为 30 美元，但它只销售了 7 000 件，而不是预测的 10 000 件。如表 14A-2 所示，这种更低的销量会导致单位生产成本从 20 美元上升至 23 美元。如表 14A-2 所示，里特公司在该产品上会产生 25 000 美元的亏损，而不是 20 000 美元的利润。

表 14A-2　利润表和投资报酬率分析（里特公司实际销量为 7 000 件，售价为 30 美元）

	（单位：美元）
直接材料	6
直接人工	4
变动制造费用	3
固定制造费用（70 000 美元 ÷7 000 件）	10
单位生产成本	23
完全成本法下的利润表	
销售收入（30 美元 / 件 ×7 000 件）	210 000
销货成本（23 美元 / 件 ×7 000 件）	161 000
毛利	49 000
销售和管理费用（2 美元 / 件 ×7 000 件 +60 000 美元）	74 000
经营净利润	（25 000）
ROI	

$$ROI = \frac{经营净利润}{平均经营资产}$$

$$= \frac{-25\,000\ 美元}{100\,000\ 美元}$$

$$= -25\%$$

如果里特公司在销量为 7 000 件时，通过提高价格以努力保持盈利能力来应对这种情况，在完全成本法下重新计算成本加成率的结果如下：

$$完全成本法下的成本加成率 = \frac{(20\% \times 100\,000\ 美元)+(2\ 美元 / 件 \times 7\,000\ 件 +60\,000\ 美元)}{23\ 美元 / 件 \times 7\,000\ 件}$$

$$= \frac{20\,000\ 美元 +74\,000\ 美元}{161\,000\ 美元}$$

$$= 58.4\%$$

这种更高的成本加成率会反过来将重新设计产品的单位售价从 30 美元提高至 36.43 美元，计算如下：

$$售价 =(1+ 成本加成率)\times 成本$$

$$=(1+58.4\%)\times 23\ 美元$$

$$= 36.43\ 美元$$

尽管里特公司希望 6.43 美元（=36.43 美元 –30 美元）的价格提升会恢复盈利能力，但是，极有可能的是价格的上升会导致更多顾客的流失和更低的利润，这是因为里特公司的顾客并没有被要求去支付对于实现公司财务目标的必要价格。顾客有拒绝里特公司的定价并将钱花在其他地方的自主权。

14A.4　定价和顾客自主权

正如前一节讨论的那样，顾客在购买决策中拥有自主权，他们可以购买竞争者的产品或者将他们的支出预算都分配在其他的产品上。在定价时，公司应当予以考虑这种自主权。为了便于说明，下面以自然花园公司为例，这是一家销售多种产品的公司，包括苹果味洗发水等。这家公司提供了与该产品相关的如下数据。

（金额单位：美元）

	苹果味洗发水
销量 / 瓶（a）	200 000
单价	5
单位变动成本	2
单位边际贡献（b）	3
边际贡献总额（a）×（b）	600 000
可追溯的固定成本	570 000
经营净利润	30 000

管理层正在考虑将苹果味洗发水的价格从 5 美元 / 瓶提高至 5.5 美元 / 瓶，但是，他们充分意识到，如果价格提升 10%［=（5.5 美元 / 瓶 −5 美元 / 瓶）÷ 5 美元 / 瓶］会因为顾客在购买决策中具有自主权而导致销量下降。如果销量下降太多，收益（例如，经营净利润）实际上也会下降，即使售价上升。市场部经理估计价格的上升会使得销量减少 15%，从 200 000 瓶降低至 170 000 瓶。

公司希望回答的问题是，在哪种价格水平下（5 美元 / 瓶还是 5.5 美元 / 瓶）会产生更多的利润？为了回答这个问题，公司可能会运用如下的公式来计算苹果味洗发水在每种价格下的利润：

$$利润 = (P - V) \times Q - 固定成本$$

式中　P——单价；

　　　V——单位变动成本；

　　　Q——销量。

在单价为 5 美元 / 瓶、销量为 200 000 瓶的情况下，苹果味洗发水的利润为 30 000 美元，计算如下：

$$
\begin{aligned}
利润 &= (P - V) \times Q - 固定成本 \\
&= (5 \text{ 美元 / 瓶} - 2 \text{ 美元 / 瓶}) \times 200\,000 \text{ 瓶} - 570\,000 \text{ 美元} \\
&= 3 \text{ 美元 / 瓶} \times 200\,000 \text{ 瓶} - 570\,000 \text{ 美元} \\
&= 600\,000 \text{ 美元} - 570\,000 \text{ 美元} \\
&= 30\,000 \text{ 美元}
\end{aligned}
$$

在单价为 5.5 美元 / 瓶、销量为 170 000 瓶的情况下，假定固定成本不受销量下降的影响，苹果味洗发水的利润为 25 000 美元，计算如下：

$$
\begin{aligned}
利润 &= (P - V) \times Q - 固定成本 \\
&= (5.5 \text{ 美元 / 瓶} - 2 \text{ 美元 / 瓶}) \times 170\,000 \text{ 瓶} - 570\,000 \text{ 美元} \\
&= 3.5 \text{ 美元 / 瓶} \times 170\,000 \text{ 瓶} - 570\,000 \text{ 美元} \\
&= 595\,000 \text{ 美元} - 570\,000 \text{ 美元} \\
&= 25\,000 \text{ 美元}
\end{aligned}
$$

考虑到这些结果，自然花园公司不应当将产品的价格提高至 5.5 美元 / 瓶，在更低的单价 5 美元 / 瓶下利润会高出 5 000 美元（=30 000 美元 −25 000 美元）。

14A.4.1　顾客自主权：更进一步的研究

到现在为止，我们的案例中假定管理层只有两种选择：保持苹果味洗发水在 5 美元 / 瓶的价格水平，或将价格提高至 5.5 美元 / 瓶并由此导致销量减少 15%。但是，请记住 15% 只是一个估计值，并不是一个确定值。基于我们之前的计算，我们知道将价格从 5 美元 / 瓶提高到 5.5 美元 / 瓶时，如果销量减少 15%，会导致利润减少。如果实际的销量减少低于 15%，那么会引发什么样的财务问题呢？

管理层可以通过计算在较高的价格点（5.5 美元 / 瓶）为了实现与在较低的价格点（5 美元 / 瓶）相同的利润（30 000 美元）所需的销量（Q）来探讨这种可能性。假定固定成本保持不变，销量的临界值求解如下：

$$利润 = (P-V) \times Q - 固定成本$$
$$30\ 000\ 美元 = (5.5\ 美元/瓶 - 2\ 美元/瓶) \times Q - 570\ 000\ 美元$$
$$600\ 000\ 美元 = 3.5\ 美元/瓶 \times Q$$
$$Q = 171\ 429\ 瓶（取整数）$$

计算结果表明，如果公司以 5.5 美元 / 瓶的价格销售 171 429 瓶产品，公司就会获得与在更低的价格 5 美元 / 瓶处相同的利润。但是如果公司销售超过 171 429 瓶产品，那么将售价提高 10% 就会增加利润。但是，如果公司销售少于 171 429 瓶产品，那么将售价提高 10% 就会减少利润。临界值 171 429 瓶是在这种情况下的盈亏平衡点。

171 429 瓶的销量反映了销量变动的比例 −14.3%［=（171 429−200 000）÷200 000］。因此，如果管理层认为销量的下降小于 14.3%，就会选择 5.5 美元 / 瓶的价格。我们假定管理层认为销量的下降小于 14.3%，并且因此将售价提高为 5.5 美元 / 瓶。进一步假定管理层是正确的，提高价格之后，销量只下降了 13%，即从 200 000 瓶下降至 174 000 瓶。那么，苹果味洗发水会获得 39 000 美元的利润，计算如下：

$$利润 = (P-V) \times Q - 固定成本$$
$$= (5.5\ 美元/瓶 - 2\ 美元/瓶) \times 174\ 000\ 瓶 - 570\ 000\ 美元$$
$$= 3.5\ 美元/瓶 \times 174\ 000\ 瓶 - 570\ 000\ 美元$$
$$= 39\ 000\ 美元$$

在本案例中，由于销量只下降了 13%，更高的价格 5.5 美元 / 瓶导致利润增加了 9 000 美元（=39 000 美元 −30 000 美元）。

14A.4.2　选择最优销售价格：顾客自主权的影响

如果我们假定苹果味洗发水的价格增加 10%，导致销量降低 13%，那么 5.5 美元 / 瓶的售价会产生相比于 5 美元 / 瓶的售价额外的 9 000 美元（=39 000 美元 −30 000 美元）的利润。可是，由此得出结论说 5.5 美元 / 瓶是苹果味洗发水的最优销售价格是不正确的！换句话说，5.5 美元 / 瓶的价格能够使利润最大化是不正确的。

5.5 美元 / 瓶的价格不一定是最优销售价格，因为自然花园公司并不是仅在 5 美元 / 瓶和 5.5 美元 / 瓶之间选择一个价格。可能公司考虑选择 8% 或 12% 的价格增幅，而不只是 10% 的价格增幅。就此而言，公司可以为苹果味洗发水确立任何希望的价格，它可以确定一个非常低的价格，比如 2 美元 / 瓶或者一个非常高的价格，比如 50 美元 / 瓶，或者在此之间的任何价格。2 美元 / 瓶的低价格可能不是一个好主意，因为它等于产品的单位变动成本，并且会导致 57 000 美元的损失，但是，50 美元 / 瓶的高价格可能也不是一个好主意，因为很少有顾客（如果有的话）愿意为一瓶洗发水支付 50 美元。因此，管理层面对的挑战是如何利用顾客对价格变化的反应去确定实现利润最大化的销售价格，请记住，最优销售价格可能会高于也可能会低于现在的价格 5

美元 / 瓶。

图 14A-1 运用 Excel 表格说明一旦价格变化的百分比和销量变化的百分比确定，一种可以计算出任何产品或服务的最优销售价格模型。⊖

图 14A-1 中列示了与自然花园公司苹果味洗发水相关的计算，假定价格上升 10% 会导致销量下降 13%。

	A	B	C	D	E	F
1		最优价格模型				
2	苹果味洗发水：					
3	现在的销量 / 瓶	200 000				
4	现在的售价 / 美元	5.00				
5	单位变动成本 / 美元	2.00				
6	可追溯的固定成本 / 美元	570 000				
7						
8	售价变动百分比	10%				
9	销量变动百分比	−13%				
10						
11		每瓶		销量		合计
12	销售收入	6.34 ×		141 467 =		896 481
13	变动成本	2.00 ×		141 467 =		282 934
14	边际贡献	4.34 ×		141 467 =		613 547
15	可追溯的固定成本					570 000
16	经营净利润					43 547

图 14A-1　自然花园公司苹果味洗发水：一个最优销售价格模型

注：单元格 B12 中的价格四舍五入到最接近的一美分，但是没有运用四舍五入的价格（大约是 6.337 美元）去计算得出单元格 F12 中的总销售收入。

在图 14A-1 中最优销售价格计算的输出信息中，最先注意到的是最优销售价格既不是 5 美元 / 瓶也不是 5.5 美元 / 瓶，而是单元格 B12 中所示的 6.34 美元 / 瓶。在这个价格水平下的利润是 43 547 美元（单元格 F16），这个利润水平比之前计算的在 5.5 美元 / 瓶的价格下获得的利润高出 4 547 美元（=43 547 美元 −39 000 美元）。尽管在价格模型下隐含的数学思想超出了这门课程的范围，但如果你选择下载并熟知这个模型，我们希望你明白如何将数据输入模型中以及如何解读模型的结果。⊜

为了将数据输入模型中，你应当遵循 4 步流程。第一，输入产品现在的销量（单元格 B3）、现在的售价（单元格 B4）、单位变动成本（单元格 B5）以及可追溯的固定成本（单元格 B6）。第二，输入售价变动百分比（单元格 B8）以及销量变动百分比（单元格 B9）。第三，输入在 B12 中的现在的售价。第四，单击 Excel 表格上的数据选项卡并选择功能区右侧的"规划求解"选项。⊜当打开"规划求解参数"对话框时，单击"求解"按钮然后最优销售价格会被计算出来并自动插入单元格 B12 中。另外，最优经营净利润会自动计算在单元格 F16 中。

14A.4.3　最优销售价格模型的直观角度

图 14A-2 描绘了当我们假定价格升高 10%，销量下降 13% 时以苹果味洗发水的经营净利润作为售价函数的图像。⊗这张图提供了一种直观的视角去理解最优销售价格模型的作用。Excel "规划求解"能够有效率地沿着图像寻找使得利润最大化的价格，在本例中该价格就是 6.34 美元，并产生了 43 547 美元的经营净利润。

⊖　这种价格模型假定存在一条不变的弹性需求曲线和不受销量变化影响的固定成本，也可以假定其他的需求曲线，如线性的需求曲线。但是一些实证论文支持运用不变的弹性需求曲线，应该承认"最优"价格依靠假定的需求曲线。鉴于此，连同顾客对价格变化的反应的估计所通常存在的不确定性，由此模型产生的"最优"价格应当被视为一种估计而不要过分地依赖它。

⊜　为获取这个基于表格的定价模型副本，请访问 www.mhhe.com/garrison_opm。

⊜　"规划求解"加载项是微软电子表格内置的一个插件。如果你没有在"数据"选项卡下看到它，为了激活它，可以单击"文件"选项卡并选择"选项"。在屏幕上出现的"选项"对话框中，单击"加载项"，在"加载宏"对话框中勾选"规划求解加载项"复选框，然后单击"确定"按钮。

⊗　正如"规划求解"的方法解决了最优销售价格的问题，这张图假定了一条恒定的弹性需求曲线和由于不同的价格而导致的整个销量的变化过程中恒定不变的固定成本。

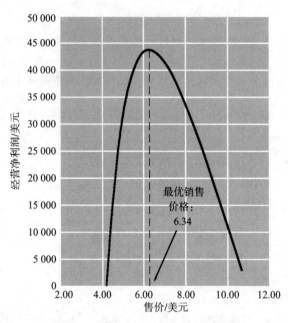

图 14A-2 自然花园公司苹果味洗发水：以经营净利润作为售价的函数

　　由于各种原因，我们不应当过分地依赖最优销售价格。一位产品经理可能会将价格朝着最优销售价格的方向做出细微的调整，然后观察对销量和经营净利润的影响。然而，电子表格软件中的工作表能够提供给我们有关价格的更重要的见解。如果我们想要调整销量或售价变动百分比，我们可以重新运行"规划求解"功能以自动计算修正后的最优销售价格。⊖例如，下表总结了 3 种情形下的结果，说明了不同的顾客对苹果味洗发水价格上升 10% 的敏感性：

售价变动百分比	+10%	+10%	+10%
销量变动百分比	−12%	−13%	−15%
最优销售价格 / 美元	7.86	6.34	4.84
销量 / 件	109 009	141 467	211 685
经营净利润 / 美元	68 908	43 547	30 390

　　总的来说，顾客对价格越敏感，最优销售价格就越低，顾客对价格越不敏感，最优销售价格就越高。例如，当顾客对价格增加 10% 的反应使得销量降低了 12%，此时最优销售价格为 7.86 美元 / 瓶，比现在的价格 5 美元 / 瓶高出 2.86 美元 / 瓶。相反地，当顾客对价格增加 10% 的反应使得销量降低了 15%，此时最优销售价格为 4.84 美元 / 瓶，比现在的价格 5 美元 / 瓶低了 0.16 美元 / 瓶。这种（最优）价格的大幅摇摆说明了顾客对于价格变动敏感性的微小变化是如何对最优销售价格产生巨大影响的。

14A.5 价值定价法

　　成本加成定价法的一个替代方法就是价值定价法。运用**价值定价法**（value-based pricing）的公司将售价建立在其产品和服务为顾客带来利益的经济价值上。

　　以价值为基础定价的一种方法是基于一个众所周知的概念——对顾客的经济价值。一件产品**对顾客的经济价值**（economic value to the customer，EVC）是指顾客可获得的最好替代品的价格加上该产品区别于替代品的

⊖ 如果"规划求解"无法求出最优解，最有可能的原因是你输入的售价和销量变动的组合导致了一个无穷大的最优销售价格。例如，某产品价格提高 10% 通常会导致销量下降 5% 并且固定成本不变，那么当价格上升时，利润通常会上升。在实际中，这很显然不会发生。在某一时刻，顾客会完全停止购买该产品。

价值。可获得的最好替代品的价格被认为是参考价值，而一件产品区别于可获得的最好替代品的价值被认为是差异价值。[⊖]

一件产品的差异价值产生于两种方式。首先，一种产品的差异价值可以通过吸引顾客从而产生更多的收入和边际贡献，以使其区别于可获得的最好替代品。其次，一件产品的差异价值可能通过使顾客意识到它有更多的成本节约，以使其区别于可获得的最好的替代品。

通过等式的形式，EVC 的计算公式如下：

$$对顾客的经济价值 = 参考价值 + 差异价值$$

一旦卖方计算出了 EVC，就会试图和顾客协商一个落在如下区间内的基于价值的售价：

$$参考价值 \leq 基于价值的售价 \leq EVC$$

对于顾客的经济价值：一个案例

《环游美国》杂志的管理者想要为杂志中连续一个月的整版广告确定价格。尽管主要的竞争者——《远行之路》杂志，每个月为整版的广告收取了 5 000 美元，《环游美国》杂志的管理者认为，他们可以通过量化杂志中整版广告的 EVC 来确定一个更高的价格。为了便于分析，管理者收集了与两家杂志社相关的如下数据。

	《环游美国》	《远行之路》
读者数量	200 000 人	300 000 人
每月购买广告产品的读者比重	0.2%	0.1%
购买广告产品的读者月支出	100 美元	80 美元
广告商的边际贡献率	25%	25%

尽管《环游美国》相比于《远行之路》的读者少（200 000 人与 300 000 人），但是，《环游美国》每月拥有更高比重的"核心"用户购买其刊登的广告产品（0.2% 与 0.1%），并且每个人在广告产品上的花费更多（100 美元与 80 美元）。考虑到假定广告商通过两家杂志社在所有已售商品中实现的边际贡献率都是 25%，《环游美国》的管理者计算了在其杂志上刊登广告的差异价值如下。

	《环游美国》	《远行之路》
读者数量（a）	200 000 人	300 000 人
每月购买广告产品的读者比重（b）	0.2%	0.1%
购买广告产品的读者人数（a×b）	400 人	300 人
购买广告产品的读者月支出（c）	100 美元	80 美元
广告商的边际贡献率（d）	25%	25%
每位购买广告产品读者 提供的月边际贡献（c）×（d）	25 美元	20 美元
购买广告产品的读者人数（e）	400 人	300 人
每位购买广告产品读者 提供的月边际贡献（f）	25 美元	20 美元
整版广告提供的月边际贡献 额（e）×（f）	10 000 美元	6 000 美元
差异价值	4 000 美元	

考虑到《环游美国》的参考价值为 5 000 美元，即《远行之路》为整版广告收取的价格，EVC 计算如下：

⊖ 术语参考价值和差异价值以及接下来发生在杂志出版业的例子都改编自 *The Strategy and Tactics of Pricing: A Guide to Profitable Decision Making* by Thomas T.Nagle and Reed K.Holden,2002,Pearson Education,Upper Saddle River, New Jersey.

$$对顾客的经济价值 = 参考价值 + 差异价值$$
$$= 5\,000\, 美元 + 4\,000\, 美元$$
$$= 9\,000\, 美元$$

《环游美国》将会试图与顾客协商一个落在如下区间内的基于价值的整版广告售价：

$$5\,000\, 美元 \leqslant 基于价值的售价 \leqslant 9\,000\, 美元$$

值得强调的是，9 000 美元的 EVC 并不一定代表了《环游美国》应当向顾客收取的整版广告费。相反，它为杂志社的管理者提供了一个起点去理解杂志中的整版广告可以为潜在顾客提供的经济利益（以额外的边际贡献的形式存在）。事实上，下表所示的数据表明《环游美国》杂志可能需要将价格确定在 9 000 美元以下。

	《环游美国》		《远行之路》
	价格 9 000 美元	价格 8 000 美元	
广告带来的边际贡献	10 000 美元	10 000 美元	6 000 美元
广告费投资（a）	9 000 美元	8 000 美元	5 000 美元
广告带来的增量利润（b）	1 000 美元	2 000 美元	1 000 美元
投资报酬率（b）/（a）	11%	25%	20%

请注意，最后一列数据表明《远行之路》杂志为它的顾客在整版广告投资上提供了 20% 的投资报酬率。第二列数据表明《环游美国》的顾客只能获得 11% 的投资报酬率。因此，如果《环游美国》确定的价格为 9 000 美元，相比于广告商将整版广告刊登在《远行之路》杂志上，它只能提供更低的投资报酬率。但是，《环游美国》可能考虑用更低的价格，如 8 000 美元，招徕潜在的顾客。正如第三列的数据所示，更低的价格会为潜在的广告商带来 25% 的投资报酬率，相比于《远行之路》20% 的投资报酬率更加有利。

14A.6　目标成本法

迄今为止，我们的讨论均假定产品已经开发，并且经过了成本核算，价格一经确定就可以投放市场。但是，在很多情况下，事件发生的顺序恰好相反。事实上，公司已经知道应该收取的价格，问题就是如何开发一款产品在希望的价格水平下可以获利。即使在这种正常的经营顺序发生倒转的情形下，成本仍然是一个重要的因素。公司可以运用的一种叫作目标成本法的方法。**目标成本法**（target costing）确定一种新产品可容许的最高成本，并且开发一件在最高目标成本下可以获利的产品原型的过程。很多公司已经运用了目标成本法，包括康柏电脑公司（Compaq）、卓饰集团（Culp）、康明斯发动机公司（Cummins Engine）、大发汽车公司（Daihatsu Motor）、克莱斯勒汽车公司（Chrysler）、福特汽车公司（Ford）、铃木汽车（Isuzu Motors）、ITT 汽车公司（ITT Automotive）、小松公司（Komatsu）、松下电器（Matsushita Electric）、日本电气公司（NEC）、日本电装（Nippodenso）、日产汽车（Nissan）、奥林巴斯（Olympus）、夏普公司（Sharp）、德州仪器（Texas Instruments）和日本丰田汽车（Toyota）。

一件产品的目标成本是从计算产品的期望售价开始，然后减去期望利润，如下式：

$$目标成本 = 期望售价 - 期望利润$$

产品的研发团队具有责任设计产品使其成本不超过目标成本。

14A.6.1　运用目标成本法的原因

目标成本法的发展源于对于市场和成本的两个重要特点的认知。

首先，许多公司对于价格的控制能力弱于它们的预期。市场（供给和需求）决定价格，如果公司忽视这一点，其后果不堪设想。因此，预期的市场价格在目标成本法下是给定的。

其次，大多数产品的成本在开发阶段就已经确定了，一旦产品通过设计并投入生产，没有什么做法能显著地降低成本。大多数降低产品成本的机会来自产品的设计阶段，所以产品容易制造、运用更少的零部件、更加耐用可靠。如果公司对于市场价格几乎无法控制，并且一旦产品进入生产阶段，公司对于成本也几乎无法控制。公司应遵循影响利润的主要机会来自产品的设计阶段这一原则。集中投入努力的地方是生产和开发性价比高的产品，这些产品拥有顾客看重的品质。

目标成本法和产品开发过程中的其他方法存在很大的差别，不同于先设计产品再找出它的成本。目标成本是先确定的，然后再设计产品，因而可以确保目标成本的实现。

14A.6.2 目标成本的一个实例

为了提供一个简单的目标成本的例子，假定如下情形：汉迪公司（Handy Company）希望投资 2 000 000 美元用于设计、开发和生产一款新型的搅拌机。公司的市场部调查了竞争产品的特点和价格，并确定了 30 美元的价格可以使公司每年大约销售 40 000 台搅拌机。因为公司希望实现的投资报酬率为 15%，将一台搅拌机的生产、销售、分销以及售后服务的目标成本定为 22.5 美元，相关计算如下。

	（单位：美元）
预计销售收入（40 000 台 × 30 美元 / 台）	1 200 000
减：期望利润（15% × 2 000 000 美元）	300 000
40 000 台搅拌机的目标成本	900 000
每台搅拌机的目标成本（900 000 美元 ÷ 40 000 台）	22.5

22.5 美元的目标成本可以分为以下不同环节的目标成本：生产、销售、分销以及售后服务等。每个环节都有责任使实际成本保持在目标成本之内。

小结

定价涉及微妙的平衡行为。更高的价格带来了更多的单位产品收入，却使得产量下降。实际上通过确定价格以实现利润最大化是一个很难的问题。

管理者通常依靠成本加成定价法确定售价。完全成本法下的成本加成定价法在单位产品的完全成本上运用了成本加成额来弥补非生产性成本，并提供充足的投资报酬。在完全成本法下，只有当在成本加成公式中运用的预测销量是准确的情况下，成本才会得以补偿，并且还会有充足的投资报酬。如果运用成本加成公式得出的价格太高，预测的销量将无法达到。

顾客在购买决策中拥有自主权。他们可以选择购买你的产品、竞争者的产品或者都不买。这种自主权应当在定价中予以考虑。如果价格的变动对销量的影响微乎其微，那么顾客对价格的敏感性就被认为是缺乏弹性的。而如果价格的变动对销量具有显著的影响，那么顾客对价格的敏感性就被认为是具有弹性的。总体来说，顾客对价格越敏感，最优销售价格越低，顾客对价格越不敏感，最优销售价格越高。

价值定价法是成本加成定价法的一种替代方法。运用价值定价法的公司基于其产品和服务为顾客带来的利益的经济价值确定售价。价值定价法是基于产品和服务对顾客经济价值（EVC）的量化。一种产品的 EVC 是相对于顾客而言的最好替代品的价值（参考价值）加上将产品与替代品相区别的价值（差异价值）。一旦卖方计算出 EVC，就可以建立一个落在参考价值和 EVC 之间的基于价值的售价。

运用目标成本法的公司可能会基于预期的功能和市场上已有的产品的价格来估计新产品的市场价格。它们将期望利润从期望售价中减去就得到了目标成本。研发团队接着就负有使确保新产品的实际成本不超过目标成本的责任。

术语表

Cost-plus pricing 成本加成定价法　一种将预先设定的加成率运用到成本基础上来确定目标售价的定价方法。

Economic value to the customer 对顾客的经济价值

相对于顾客而言的最好替代品的价值（参考价值）加上将产品与替代品相区别的价值（差异价值）。

Markup 加成额 产品或服务的售价与其成本的差额。加成额通常由成本的一定百分比表示。

Price elasticity of demand 需求的价格弹性 一种衡量价格变动对产品或服务销量的影响程度的度量。

Target costing 目标成本法 确定一种新产品可容许的最高成本，然后开发出在最高目标成本下可以获利的产品原型的过程。

value-based pricing 价值定价法 公司基于产品和服务能够给顾客带来的经济价值来确定售价的一种定价方法。

练习题

1. 完全成本法下的成本加成定价法

马丁公司（Martin Company）采用完全成本法进行成本加成定价。该公司正在考虑引进一种新产品，为确定售价，公司收集了以下信息。

每年生产和销售的数量	14 000 件
单位生产成本	25 美元 / 件
预计年度销售和管理费用	50 000 美元
公司所需的预计投资	750 000 美元
期望投资报酬率（ROI）	12%

要求：

（1）计算实现期望投资报酬率所需的加成率。

（2）计算单位售价。

2. 基于价值的售价

麦克德莫特公司（McDermott Company）开发了一种名为 IC-75 的新型工业元件。该公司对 IC-75 感到兴奋，因为与麦克德莫特公司的主要竞争对手销售的元件相比，IC-75 具有优越的性能。竞争对手的元件售价为 1 200 美元，需要在使用 2 000 小时后更换。在其使用寿命期间，还需要 200 美元的预防性维护费用。

IC-75 的性能与其竞争产品相似，但有两个重要例外，即在使用 4 000 小时后需要更换，并且在其使用寿命期间需要 300 美元的预防性维护费用。

要求：

从基于价值的售价角度来看：

（1）在给 IC-75 定价时，麦克德莫特公司应该考虑什么样的参考价值？

（2）IC-75 每使用 4 000 小时才需要更换，相对于竞争对手的产品，其差异价值是多少？

（3）IC-75 4 000 小时的使用寿命内对顾客的经济价值是多少？

（4）在设定 IC-75 的价格时，麦克德莫特应该考虑什么样的价格？

3. 顾客自主权与最优定价

Northport 公司生产多种产品，其中一种产品叫作海风洁面乳。公司提供了有关本产品的数据如下。

	（金额单位：美元）
销量 / 瓶（a）	120 000
单位售价	20.00
单位变动成本	13.00
单位边际贡献（b）	7.00
总边际贡献（a×b）	840 000
可追溯的固定成本	800 000
经营净利润	40 000

管理层正在考虑将洁面乳价格提高 20%，从 20 美元提高到 24 美元。该公司的销售经理估计，此次价格上涨可能会使销量减少 30%，从 120 000 瓶减少到 84 000 瓶。

要求：

在以下所有要求中，假设可追溯的固定成本不受定价决策的影响。

（1）假设销售经理的估计是准确的，海风洁面乳以 24 美元的价格能获得多少利润？

（2）Northport 公司需要以 24 美元的价格出售多少瓶才能获得与目前以 20 美元的价格获得的利润完全相同的利润？（将答案四舍五入至最接近的整数。）

（3）如果 Northport 公司将海风洁面乳的价格提高到 24 美元，那么在保持目前以 20 美元的价格获得相同利润的情况下，可接受的销量下降的百分比是多少？（将答案四舍五入到最接近的十分之一。）

（4）从 www.mhhe.com/garrison_opm 下载最优定价模型。将与海风洁面乳相关的所有相关数据输入模型（包括假设售价上涨 20% 将导致销量下降 30%）。确保在单元格 B12 中输入当前的售价。单击 Microsoft Excel 中的"数据"选项卡，并选择"规划求解"选项。当"规划求解参数"对话框打开时，单击"求解"按钮。

a. 最优售价是多少？

b. 以最优售价赚取的利润是多少？

c. 与 24 美元的价格相比，以最优价格获得的额外利润是多少？

（5）假设售价上涨 20% 实际上会导致销量下降 35%，而不是下降 30%。使用最优定价模型，确定以下问题的答案：

a. 如果销量下降 35%，而不是 30%，那么最优售价和最佳利润是多少？

b. 上述 5（a）中的最优价格是高于还是低于 4（a）中的答案？为什么？

c. 如果价格上涨 20% 导致销量下降 35%，而不是 30%，你会建议保留 20 美元的价格还是按照 5（a）执行你的最优价格？为什么？

问题

目标成本法

全美餐饮供应公司（National Restaurant Supply，Inc）在美国大部分地区销售餐饮设备和用品。管理层正在考虑在其冰淇淋生产线中增加一台制作冰淇淋的机器。管理层将与瑞典制造商协商冰淇淋机的购买价格。

全美餐饮供应公司的管理层认为，冰淇淋机可以以 4 950 美元的价格卖给美国的顾客。按照这个价格，冰淇淋机的年销量应该是 100 台。如果将冰淇淋机添加到全美餐饮供应公司的产品线中，该公司将不得不在库存和特殊仓库设备上投资 60 万美元。销售冰淇淋机的变动成本为每台 650 美元。

要求：

（1）如果全美餐饮供应公司需要 15% 的投资报酬率（ROI），公司愿意向瑞典制造商支付的冰淇淋机的最高金额是多少？

（2）负责购买设备的经理正飞往瑞典商讨购买价格，他想知道机器的购买价格将如何影响全美餐饮供应公司的投资报酬率（ROI）。构建一个函数图，显示全美餐饮供应公司的 ROI 作为冰淇淋机购买价格的函数。将购买价格作为 X 轴，将 ROI 作为 Y 轴，绘制每台机器从 3 000 美元到 4 000 美元之间的购买价格的投资报酬率曲线。

（3）经过数小时的谈判，管理层得出结论，瑞典制造商不愿意为了全美餐饮供应公司获得 15% 的必要投资报酬率，以足够低的价格出售冰淇淋机。除了简单地放弃将冰淇淋机添加到全美餐饮供应公司的产品线之外，管理层还能做什么？

第 15 章

资本预算决策

👁 **商业聚焦**

沃尔玛适应互联网时代

沃尔玛最重要的资本预算决策之一是决定每年开设多少家新店。该公司在全球拥有 11 700 多家门店，过去一年内新增了 300 多家门店。然而，未来沃尔玛可能会选择每年开设少于 25 家门店。该公司计划发展在线业务，升级现有门店，而不是投资开设新店。例如，沃尔玛斥资 33 亿美元收购了互联网零售商 Jet.com，以发展其在线销售业务。

资料来源：Sarah Nassauer, "A Storied Retail Name Bows to Internet Age," *The Wall Street Journal*, December 7, 2017, pp. B1-B2.

✍ **学习目标**

1. 确定一项投资的回收期。
2. 运用净现值法评价投资项目的可行性。
3. 运用内含报酬率的方法评价投资项目的可行性。
4. 评价拥有不确定现金流的投资项目。
5. 按照优先顺序排列投资项目。
6. 计算简单的投资报酬率。
7. （附录 15A）理解现值的概念以及现值系数表的运用。
8. （附录 15C）了解所得税的净现值分析。

管理者通常考虑那些在当前进行投资的决策，希望未来能实现利润。例如，当百胜餐饮集团（Yum！Brands，Inc）要开设一家新的必胜客餐厅时，就要进行投资；当 L.L. 比恩公司（L.L.Bean）安装一台新电脑来处理客户订单时，就要进行投资；当福特（Ford）重新设计一款车型（如 F-150 皮卡）时，就要进行投资；默克公司（Merck & Co.）需要投资于医药研究；亚马逊（Amazon.com）需要投资于重新设计网站。所有的这些投资都需要现在投入资金，以实现未来的净现金流入。

资本预算（capital budgeting）是指描述管理者如何规划对公司具有长远意义的重大投资项目，如新设备的采购、新产品的引入等。许多公司面临的潜在投资项目远远多于其实际可以筹集资金投资的项目。因此，管理者必须仔细选择那些承诺带来最高投资报酬的项目。管理者如何做出这些资本预算决策是影响一个组织长期财务状况的重要因素。本章将要讨论做出资本预算决策的 4 种方法——回收期法、净现值法、内含报酬率法和简单报酬率法。

15.1 资本预算概述

15.1.1 典型的资本预算决策

任何涉及当前现金支出以获取未来报酬的决策都是一项资本预算决策。典型的资本预算决策包括：

（1）降低成本决策。应当购买新设备以降低成本吗？

（2）生产扩张决策。应当获取新的厂房、仓库或其他设备以增加生产能力和销售吗？

（3）设备选择决策。在可获得的几种机器中应当购买哪个呢？

（4）租赁或购买决策。新设备应当租赁还是购买？

（5）设备重置决策。旧设备应当现在重置还是以后重置？

资本预算决策可以分为两大类：筛选决策和优先决策。**筛选决策**（screening decision）是指一项提议的项目是否达到预设的标准，从而决定是否可以接受的决策。例如，一家公司可能会有的一个政策是只有项目的必要报酬率在 20% 以上时才会接受。必要报酬率是当一个项目可接受时应当产生的最低报酬率。**优先决策**（preference decision）是指在几个可接受的备选方案中做出选择的决策。例如，一家公司可能会考虑在多种机器中做出选择，以重置装配线上的现有机器，那么，采购哪种机器的选择就是一项优先决策。

15.1.2 现金流量与经营净利润

本章首先讨论资本预算的 3 种方法：回收期法、净现值法、内含报酬率法。这 3 种方法都关注于与资本投资项目相关的现金流量，而简单报酬率法关注于经营净利润的增量。为了更好地运用回收期法、净现值法、内含报酬率法，我们定义了在资本投资项目中最常见的现金流出和现金流入的种类。

1. 典型的现金流出

大多数项目都有至少 3 种现金流出。

首先，这些项目通常需要一笔以初始投资形式存在的直接现金流出，其形式是对设备、其他资产和安装成本的初始投资。从销售旧设备中实现的残值可以视为初始投资的一项抵减或者一种现金流入。

其次，一些项目需要公司扩大营运资本。**营运资本**（working capital）是指流动资产（如现金、应收账款和存货）减流动负债。当一家公司投资了一个新的项目时，流动资产账户的余额通常会增加。例如，诺德斯特龙百货公司（Nordstrom）需要在销售账户上登记额外的现金和更多的存货。通常，将这些额外的营运资本需求看作是项目初始投资的一部分。

最后，许多项目需要定期的修理和维护支出以及额外的经营成本。

2. 典型的现金流入

大多数项目也至少有 3 种类型的现金流入。

首先，一个项目通常都会增加收入或减少成本。不论哪一种方式，相关金额都应当被认为是资本预算科目下的一项现金流入。请注意，从现金流的角度来看，成本的减少等于收入的增加。

其次，当一个项目结束时，常常通过销售设备残值实现现金流入，尽管公司事实上可能会为处置一些低价值的或危险的物品支付成本。

最后，任何投入项目中的营运资本可以在项目结束时释放出来，此时另作他用的营运资本应当看作是一项现金流入。例如，当公司销售其存货或收回了应收账款时，营运资本就得到了释放。

15.1.3 货币的时间价值

除了定义一个资本项目的现金流出和现金流入之外，思考这些现金流什么时候发生也同样是非常重要的。例如，如果有人今天给了你 1 000 美元，你可以将这笔钱存起来直到最终退休，或者一年后给你 1 000 美元，你可以将这笔钱存起来直到最终退休。你会选择哪一种方案？你很可能会选择在今天收到 1 000 美元并把钱用于投资，一年后这笔钱就会超过 1 000 美元。这个简单的例子说明了一个重要的资本预算概念——货币的时间价值。**货币的时间价值**（the time value of money）认为今天的 1 美元在一年后的价值超过 1 美元，如果没有其他原因，在今天将 1 美元存入银行，一年后你将有超过 1 美元的收获。由于货币的时间价值，那些能够较早产生现金流的项目要优于那些较晚产生现金流的项目。

尽管回收期法关注现金流，但它并不承认货币的时间价值。换句话说，它认为在今天收到的 1 美元的价值等于在未来任何时点收到的 1 美元的价值。而净现值法和内含报酬率法不仅关注现金流，也承认现金流的货币的时间价值。这两种方法运用了一种被称为贴现现金流的技术，以将未来的现金流量折算为它们当前的价值。如果你不熟悉贴现现金流的概念以及现值系数表的运用，在净现值法和内含报酬率法之前，你应当阅读附录15A：现值的概念。

| 商业实战 15-1 |　　　　　　　　　　迪士尼在新景点投资 5 亿美元

沃尔特·迪士尼公司（Walt Disney Company）斥资 5 亿美元在佛罗里达州奥兰多的沃尔特·迪士尼世界主题公园建造了一个名为"阿凡达 – 潘多拉世界"的新景点。这个占地 12 英亩的景点以 2009 年轰动一时的电影《阿凡达》为原型，以"一个飞行模拟器、河流之旅和一座看似飘浮在空中的大山"为特色。一些人认为这 5 亿美元的投资是一场赌博，因为这部电影已经离开公众视线多年。然而，迪士尼的高管们相信，这些特色能够吸引游客前来"阿凡达 – 潘多拉世界"参观，不管他们对《阿凡达》这个电影是否感兴趣。

资料来源：Ben Fritz, "Disney Adds 'Avatar' Attraction," *The Wall Street Journal*, May 23, 2017, pp. B1 and B4.

15.2　回收期法

评价资本预算项目的回收期法关注于投资的回收期。**回收期**（payback period）是指一个项目产生的现金净流入弥补其初始成本所需要的时间长度。这段时间有时也被认为是"一个项目为自身买单所需要的时间"。回收期法最主要的前提是一项投资的成本回收得越快，这项投资越值得去做。

回收期用年来表示。当每年的现金净流入相等时，可以用如下公式计算回收期：

$$回收期 = \frac{需要的投资额}{年现金净流入} \tag{15-1}$$

为了说明回收期，考虑如下例子。

[**例 15-1**] 约克公司需要一台新的研磨机。公司正在考虑两种机器：机器 A 和机器 B。机器 A 的成本为 15 000 美元，使用期为 10 年，每年可以减少经营成本 5 000 美元。机器 B 的成本仅为 12 000 美元，每年同样可以减少经营成本 5 000 美元，但是其使用期仅为 5 年。

要求：根据回收期，应当购买哪种机器？

$$机器 A 的回收期 = \frac{15\ 000\ 美元}{5\ 000\ 美元 / 年} = 3\ 年$$

$$机器 B 的回收期 = \frac{12\ 000\ 美元}{5\ 000\ 美元 / 年} = 2.4\ 年$$

根据回收期的计算，约克公司应当购买机器 B，因为相比于机器 A 它具有更短的回收期。

15.2.1 回收期法的评价

回收期法并不是一种能够真正衡量一个项目获利能力的方法。它仅仅告诉了管理者需要多少年可以收回初始投资。不幸的是，一个更短的回收期并不总是意味着一项投资比另一项更值得投资。

为了便于说明，我们回顾［例 15-1］。虽然机器 B 比机器 A 拥有更短的回收期，但是它的使用期只有 5 年，而不是像机器 A 那样可用 10 年。机器 B 需要购买两次，购买一次之后，很快 5 年后还要再购买一次（假定为了与机器 A 提供相同的服务）。在这样的情形下，尽管机器 B 拥有更短的回收期，但机器 A 相比于机器 B 可能是一项更好的投资。回收期法的主要缺点是忽视了所有在回收期后发生的现金流。

对回收期法更进一步的批评是它并没有考虑货币的时间价值。在未来几年收到的现金流入等价于在现在收到的现金流入。为了说明，我们假定一个 8 000 美元的投资项目，你可以得到以下两种中的任意一种现金流入：

（单位：美元）

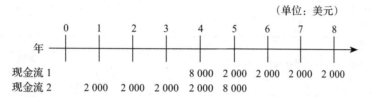

为了收回 8 000 美元的投资，你更喜欢收到哪种现金流入？每一种现金流的回收期都是 4 年。因此，如果仅仅依靠回收期而做出决策，两种现金流入同样令人满意。如果从货币的时间价值的角度来看，现金流 2 比现金流 1 更令人满意。

但是，在确定环境下回收期法非常有用。一方面，它可以确定哪一种投资建议处在"活动领域"内，它可以作为筛选工具用于回答"我是否应该更进一步考虑这个建议？"这一问题。如果一个投资方案的回收期不在特定期间内，就无须进一步考虑它。另一方面，回收期通常对于"现金流短缺"的新设公司非常重要，当一家公司现金流短缺时，一个回收期短但是报酬率低的项目可能优于一个报酬率高但回收期长的项目，其原因就是公司可能仅仅需要现金投资的快速报酬。最后，回收期法有时用于产品淘汰迅速的行业，如消费性电子产品行业。由于产品可能仅持续上市一年或两年，所以回收期必须非常短。

15.2.2 回收期法的一个拓展性例子

如投资回收期公式（15-1）所示，投资回收期的计算方法是将项目投资额除以项目的年现金净流入。如果新设备替换旧设备，那么处置旧设备收到的残值应当从新设备的成本中扣减，并且只有增加的投资额才应当用于计算回收期。另外，任何在计算项目的经营净利润中扣减的折旧应当在计算项目的期望年现金净流入时加回。为了说明，考虑如下例子。

［例 15-2］美好时光娱乐中心公司经营几所游乐园，其中一所游乐园中的几个自动贩卖机的收入非常少，公司正在考虑移除这几个自动贩卖机，同时安装冰淇淋售卖机。冰淇淋售卖机的成本为 80 000 美元，有 8 年的使用期，期满无残值。与销售冰淇淋相关的年收入增量与年成本增量如下。

（单位：美元）

销售收入	150 000
变动成本	90 000
边际贡献	60 000
固定成本：	
工资	27 000
维护费	3 000
折旧	10 000
固定成本总额	40 000
经营净利润	20 000

自动贩卖机可以以 5 000 美元的残值出售。假设只有当冰淇淋售卖机的回收期小于等于 3 年时，公司才会购买，那么公司是否会购买冰淇淋售卖机？

表 15-1 计算了冰淇淋售卖机的回收期。有几点应当说明。首先，折旧需要加回到经营净利润中以得到新设备的年现金净流入。折旧并不是一项现金支出，因此，它必须加回到经营净利润中以将其调整为现金基础。其次，在回收期的计算中，由于要把旧设备的残值从新设备的成本中扣减，所以，只有投资额的增量被用于计算回收期。

表 15-1 计算回收期

步骤 1：计算年现金净流入	
由于年现金净流入没有给定，所以，在确定回收期之前必须计算年现金净流入：	
经营净利润	20 000 美元
加：非现金扣减——折旧	10 000 美元
年现金净流入	30 000 美元
步骤 2：计算回收期	
运用上面的年现金净流入，回收期可以确定如下：	
新设备成本	80 000 美元
减：旧设备的残值	5 000 美元
需要的投资额	75 000 美元

$$回收期 = \frac{需要的投资额}{年现金净流入} = \frac{75\ 000 \text{ 美元}}{30\ 000 \text{ 美元} / \text{年}} = 2.5 \text{ 年}$$

由于拟投资设备的回收期少于 3 年，满足了公司对回收期的要求。

15.2.3 回收期和不平衡的现金流量

当一个投资项目的现金流每年都在变化时，我们之前提到的简单的回收期公式就不适用了。这时回收期可以通过如下的方式计算（假定现金流入在一年中均衡地发生）：回收期 = 直到投资收回时已经过的年数 +（在投资收回当年年初未收回的投资 ÷ 在投资收回当年发生的现金流入）。为了说明如何运用这个公式，考虑如下的数据。

（单位：美元）

年份	投资额	现金流入	年份	投资额	现金流入
1	4 000	1 000	5		500
2		0	6		3 000
3		2 000	7		2 000
4	2 000	1 000			

该项投资的回收期是多少？答案是 5.5 年，计算如下：5 年 +（1 500 美元 ÷ 3 000 美元 / 年）= 5.5 年。事实上，我们是逐年在追踪未收回的投资额，如表 15-2 所示。在第 6 年将会有充足的现金流入以弥补全部的投资 6 000 美元（= 4 000 美元 + 2 000 美元）。

表 15-2 回收期和不平衡的现金流量 （单位：美元）

年份	投资额	现金流入	未收回的投资[①]	年份	投资额	现金流入	未收回的投资[①]
1	4 000	1 000	3 000	5		500	1 500
2		0	3 000	6		3 000	0
3		2 000	1 000	7		2 000	0
4	2 000	1 000	2 000				

① x 年未收回投资 =（$x-1$）年未收回投资 + x 年投资额 − x 年现金流入。

15.3　净现值法

如前所述，净现值法和内含报酬率法运用折现的现金流量来分析资本预算决策。这一节先介绍净现值法，之后再介绍内含报酬率法。

15.3.1　净现值法阐述

净现值法比较了一个项目现金流入的现值和现金流出的现值。这些现金流现值的差额，被称为**净现值**（net present value），是用于决定一个投资项目是可接受或拒绝的指标。

当运用净现值法分析时，管理者通常会做出两个重要假设。第一，假设除了初始投资以外，所有的现金流都发生在期末。这个假定有点不现实，因为现金流通常都是遍及一个期间的，而不是仅仅发生在期末，但是，这个假定却能够大大地简化计算。第二，假设一个投资项目产生的现金流会立刻进行再投资，其报酬率等于未来现金流量的折现率相同的报酬率。这个折现率也称为贴现率。如果这个条件不满足，那么净现值的计算将会是不准确的。

为了阐述净现值分析，考虑如下例子。

[**例 15-3**] 哈珀公司正在考虑购入一台新机器，成本为 50 000 美元，可以使用 5 年。这台新机器可以使公司每年减少人工成本 18 000 美元。在第 5 年年末，公司会以 5 000 美元的残值出售这台机器。哈珀公司对所有投资项目要求的最低税前投资报酬率为 18%。[注]

应当购入这台机器吗？哈珀公司现在需要确定一项 50 000 美元的现金投资，如果在未来 5 年中每年会使得成本减少 18 000 美元，那么这项投资是否合理？答案似乎是很明显，考虑到总成本节约了 90 000 美元（=18 000 美元 / 年 ×5 年）。但是，如果公司将资金投资到其他方面能够获得 18% 的投资报酬率。年成本的减少额仅弥补了机器的原值是不够的，它们必须还能产生至少 18% 的投资报酬率，否则公司最好将资金投资在其他方面。

为了确定投资是否值得，年成本节约额 18 000 美元的现金流以及机器的残值 5 000 美元应当折算成现值，并与新机器的成本相比较。图 15-1、图 15-2 和图 15-3 展示了用 3 种独具特色但等价的方式来计算。图 15-1 和图 15-2 依靠附录 15B 中结果保留 3 位小数的折现系数，图 15-3 运用非四舍五入的折现系数得出其答案。

（单位：美元）

	A	B	C	D
1			年	
2		现在	1~5	5
3	初始投资	-50 000		
4	年人工成本节约额		18 000	
5	新机器的残值			5 000
6	总现金流量（a）	-50 000	18 000	5 000
7	折现系数（18%）（b）	1.000	3.127	0.437
8	现金流的现值（a）×（b）	-50 000	56 286	2 185
9	净现值（SUM B8:D8）	8 471		
10				

图 15-1　净现值分析：运用附录 15B 中的表 15B-1 和表 15B-2 中的现值系数

注：折现系数来自附录 15B 中的表 15B-1 和表 15B-2。

图 15-1 中单元格 B8 通过用 50 000 美元乘以 1.000 得出哈珀公司的初始现金支出 50 000 美元，1.000 为任何当前发生的现金流量的折现系数。单元格 C8 通过用 18 000 美元乘以 3.127 计算出了年人工成本节约额的现值 56 286 美元，3.127 是 5 年期、折现率为 18% 的年金现值系数（见表 15B-2）。单元格 D8 通过用 5 000 美元乘以 0.437 计算出了机器残值的现值 2 185 美元，0.437 为在 18% 的折现率下 5 年内收到的单笔金额的现值系数（见表 15B-1）。最后，从单元格 B8 到单元格 D8 加总得到单元格 B9 中的净现值 8 471 美元。

[注] 为简单起见，我们忽略通胀和税收的因素。所得税对资本预算决策的影响在附录 15C 中讨论。

（单位：美元）

	A	B	C	D	E	F	G
1			年				
2		现在	1	2	3	4	5
3	初始投资	-50 000					
4	年人工成本节约额		18 000	18 000	18 000	18 000	18 000
5	新机器的残值						5 000
6	总现金流量（a）	-50 000	18 000	18 000	18 000	18 000	23 000
7	折现系数（18%）（b）	1.000	0.847	0.718	0.609	0.516	0.437
8	现金流的现值（a）×（b）	-50 000	15 246	12 924	10 962	9 288	10 051
9	净现值（SUM B8：G8）	8 471					
10							

图 15-2　净现值分析：运用附录 15B 中的表 15B-1 中的现值系数

注：折现系数来自附录 15B 中的表 15B-1。

图 15-2 展示了另一种方法计算净现值 8 471 美元。在这种方法下，单元格 B8 通过用 50 000 美元乘以 1.000 得出初始现金支出 50 000 美元，正如图 15-1 所做的那样。但是，在计算年人工成本节约额的现值时，没有运用表 15B-2 中的折现系数 3.127，而是在图 15-2 中采用了表 15B-1 中的折现系数，将 1～5 年的年人工成本节约额和机器在第 5 年的残值折算为现值。例如，第 3 年的总现金流量 18 000 美元（单元格 E6）乘以折现系数 0.609（单元格 E7）得到未来现金流量的现值 10 962 美元（单元格 E8）。再如，第 5 年的总现金流量 23 000 美元（单元格 G6）乘以折现系数 0.437（单元格 G7）以确定这些未来现金流的现值 10 051 美元（单元格 G8）。然后将单元格 B8 至 G8 的现值加总计算项目的净现值为 8 471 美元（单元格 B9）。

图 15-1 和图 15-2 中描述的方法在数学上是等价的，它们都得出了 8 471 美元的净现值。这两张表中唯一的区别就是与年人工成本节约额相关的折现方法。在图 15-1 中，年人工成本节约额的折现，采用的是年金现值系数 3.127，而在图 15-2 中，这些成本节约额是通过 5 个加总为 3.127（0.847+0.718+0.609+0.516+0.437=3.127）的折现系数来分别折现的。需要重申的是，图 15-1 和图 15-2 中的净现值是运用附录 15B 中四舍五入后的折现系数计算得到的。但是，净现值的计算同样可以通过非四舍五入的折现系数进行。一种方法是运用非四舍五入的折现系数，替换图 15-1 和图 15-2 中第 7 行公式中的四舍五入折现系数重新计算。另一种方法如图 15-3 所示，运用电子表格中的 NPV 函数进行计算。在指定 3 个参数——折现率（0.18）、总现金流量（C6：G6）以及初始现金支出（+B6）之后，净现值函数能够自动地计算净现值。请注意，图 15-3 中的净现值 8 475 美元比图 15-1 和图 15-2 中列示的净现值高出 4 美元，这一微小的 4 美元差异产生于电子表格的净现值函数运用了非四舍五入的折现系数。

（单位：美元）

	A	B	C	D	E	F	G
1			年				
2		现在	1	2	3	4	5
3	初始投资	-50 000					
4	年人工成本节约额		18 000	18 000	18 000	18 000	18 000
5	新机器的残值						5 000
6	总现金流量（a）	-50 000	18 000	18 000	18 000	18 000	23 000
7	净现值（SUM B8：G8）	8 475					
8							

图 15-3　净现值分析：运用电子表格中的净现值函数

注：净现值的计算运用了如下的公式：NPV（0.18，C6：G6）+B6。

在你的职业生涯中，你可能能够自如地运用上面讨论过的任何方法计算净现值。但是，本章通篇以及后面的习题中我们会运用图 15-1 和图 15-2 中阐述的方法，以及附录 15B 中四舍五入的折现系数来计算净现值。

在计算了项目的净现值之后，你就需要解释你的计算结果。例如，由于哈珀公司的提议项目有正的净现值 8 471 美元，表明了公司应当购入这台新机器。一个正的净现值表明项目的报酬率大于折现率。一个负的净现值表明项目的报酬率小于折现率。因此，如果一家公司将最低必要报酬率作为折现率，一个项目的净现值为正，表明其报酬率大于其最低必要报酬率，该项目是可接受的。相反，一个项目的净现值为负，表明其报酬率小于最低必要报酬率，该项目是不可接受的。下面是使用净现值决策的标准。

如果净现值是	那么项目是
正的	可接受的，因为其报酬率大于最低必要报酬率
零	可接受的，因为其报酬率等于最低必要报酬率
负的	不可接受的，因为其报酬率小于最低必要报酬率

一家公司的资本成本通常被认为是其最低必要报酬率。**资本成本**（cost of capital）是公司由于使用了长期债权人和股东的资金而必须支付给他们的平均报酬率。如果一个项目的报酬率小于资本成本，那么该公司就不会获取足够的投资收益来补偿其债权人和股东。因此，任何报酬率小于资本成本的项目都应当拒绝。

资本成本可以作为一种筛选工具。当资本成本作为折现率用于净现值分析中时，净现值为负值的任何项目都无法弥补公司的资本成本，均应当作为不可接受的项目而放弃。

15.3.2 原始投资的收回

净现值法本身就可以提供原始投资的报酬率。无论何时，如果一个项目的净现值为正，那么该项目不仅能收回原始投资的成本，还有充足的额外现金流入弥补一个组织投入项目中的现金。为了说明这一点，考虑如下例子。

[**例 15-4**] 卡弗医院正在考虑购入 X 光机的一个附件，该零件的成本为 3 170 美元。该零件可以使用 4 年，使用期满后无残值。该附件会使 X 光部门每年的现金流入增加 1 000 美元。医院的董事会在这项投资中的必要报酬率至少为 10%。

有关购买 X 光机附件意愿的净现值分析（用表 15B-2 中的现值系数 3.170）如图 15-4 所示。请注意，该附件的原始投资报酬率刚好为 10%，因为在 10% 的折现率下净现值刚好为零。

（单位：美元）

	A	B	C
1			年
2		现在	1~4
3	初始投资	-3 170	
4	年成本节约额		1 000
5	总现金流量（a）	-3 170	1 000
6	折现系数（10%）（b）	1.000	3.170
7	现金流现值（a）×（b）	-3 170	3 170
8	净现值（SUM B7: C7）	0	
9			

图 15-4　卡弗医院 X 光机附件的净现值分析

注：折现系数来自附录 15B 中的表 15B-2。

使用附件而产生每年 1 000 美元的现金流入由两部分组成：一部分代表了对附件原始投资 3 170 美元的部分收回，另一部分代表了这项投资的报酬。对每年 1 000 美元的现金流入在投资回收和投资报酬之间的拆分列示在图 15-5 中。

（单位：美元）

	A	B	C	D	E	F
1		（1）	（2）	（3）	（4）	（5）
2	年	年初未收回投资余额	现金流入	投资报酬（1）×10%	本年收回的投资（2）-（3）	年末未收回的投资（1）-（4）
3	1	3 170	1 000	317	683	2 487
4	2	2 487	1 000	249	751	1 736
5	3	1 736	1 000	174	826	910
6	4	909	1 000	91	909	0
7	收回的投资总额				3 170	

图 15-5　卡弗医院年现金流入的分析

第 1 年中 1 000 美元的现金流入由投资报酬 317 美元（在 3 170 美元的原始投资基础上乘以 10% 的报酬率）加上 683 美元的投资收回。由于未收回投资的金额每年都在减少，每年的投资报酬也在减少。在第 4 年年末，3 170 美元的原始投资已经全部收回。

15.3.3　净现值法的一个拓展性例子

［例 15-5］提供了如何运用净现值法分析一个项目的拓展性例子。这个例子将目前所讨论的方法联系在了一起并予以强化。

［**例 15-5**］在一项特殊的许可协议下，斯温亚德（Seinyard）公司得到了一个为期 5 年的营销一款新产品的机会。产品从制造商处购买，斯温亚德公司承担推广和分销成本。许可协议在第 5 年年末续签。仔细地研究之后，斯温亚德公司估计了新产品成本和收入数据如下。

（单位：美元）

所需设备的成本	60 000
所需的营运资本	100 000
4 年内设备的大修理费	5 000
5 年后设备的残值	10 000
年收入和成本：	
销售收入	200 000
销货成本	125 000
付现经营成本（工资、广告费和其他直接支出）	35 000

在第 5 年年末，如果斯温亚德公司不再续签许可协议，营运资本将会用于投资到其他方面。斯温亚德公司选用的折现率为 14%。你会建议引入新产品吗？

这个例子涉及了大量的现金流入和现金流出。解决方案如图 15-6 所示。

（单位：美元）

	A	B	C	D	E	F	G
1			年				
2		现在	1	2	3	4	5
3	设备的采购	-60 000					
4	营运资本投资	-100 000					
5	销售收入		200 000	200 000	200 000	200 000	200 000
6	销货成本		-125 000	-125 000	-125 000	-125 000	-125 000
7	付现成本——工资、广告费等		-35 000	-35 000	-35 000	-35 000	-35 000
8	设备大修理费					-5 000	
9	设备残值						10 000
10	释放的营运资本						100 000
11	总现金流量（a）	-160 000	40 000	40 000	40 000	35 000	150 000
12	折现系数（14%）（b）	1.000	0.877	0.769	0.675	0.592	0.519
13	现金流现值（a）×（b）	-160 000	35 080	30 760	27 000	20 720	77 850
14	净现值（SUM B13:G13）	31 410					
15							

图 15-6　净现值法：一个拓展性的例子

注：折现系数来自附录 15B 中的表 15B-1。

请注意，营运资本在 Excel 中的处理方式。营运资本在项目的开始被看作是现金流出（单元格 B4）且在项目终止得以释放时被看作是现金流入（单元格 G10）。同样要注意，销售收入、销货成本和付现成本的处理方式。**付现成本**（out-of-pocket costs）是对于工资、广告费以及其他经营性费用的实际现金支出。

由于该项目的净现值为正，所以引入新产品是可以接受的。

蛋农们正面临着一个有趣的资本预算问题：他们应当为母鸡投资建造散养设施还是购买更大的笼子？投资于更大笼子的成本低于建造散养设施，并且遵循了新动物福利法。但是，这样做并没有满足许多顾客和动物权益倡导者的需求。例如，雀巢（Nestle）、星巴克（Starbucks）、汉堡王（Burger King）以及爱玛客（Aramark）已经承诺禁止使用圈养鸡蛋。

玫瑰亩农场公司（Rose Acre Farms）已经承诺在散养设施中养殖其所有的母鸡。蛋农们估计建造一个散养农场可养殖 100 000 只鸡，但是，要比建造可养殖相同数量禽类的散养设施多花费 1 000 000 美元。因为在美国只有 6% 的农场实行散养，蛋农可以对散养农场生产的鸡蛋要求溢价出售。

资料来源：David Kesmodel, "Flap Over Eggs: Whether to Go Cage-Free," *The Wall Street Journal*, March16, 2015, pp. B1-B2.

15.4 内含报酬率法

内含报酬率（internal rate of return）是指一个投资项目在其使用期内的报酬率。内含报酬率是使得项目的现金流出的现值等于其现金流入的现值的一个折现率。换句话说，内含报酬率是能够使净现值为零的折现率。

15.4.1 内含报酬率法概述

为了说明内含报酬率法，考虑如下例子。

[**例 15-6**] 格莱德校区正在考虑购入大型拖拉机式割草机。目前，该校区正在使用小型手推汽油割草机。大型拖拉机式割草机的成本为 16 950 美元，预计使用寿命为 10 年，其残值很小，可以忽略不计。大型拖拉机式割草机比旧的割草机工作效率更高，每年节省人工成本 3 000 美元。

为了计算新割草机的内含报酬率，我们必须找到使净现值为零的折现率。我们该如何做呢？当每年的净现金流入相同时，最简单、最直接的方法是用项目的投资额除以年预期现金净流入。用这种计算方法得出了可以确定内含报酬率的一个系数。公式如下：

$$内含报酬率系数 = \frac{需要的投资额}{年现金净流入} \tag{15-2}$$

由式（15-2）得出系数之后，可以在附录 15B 的表 15B-2 中找到其代表的内含报酬率。运用式（15-2）以及格莱德校区预期项目的数据，我们可以得到：

$$内含报酬率系数 = \frac{需要的投资额}{年现金净流入} = \frac{16\ 950\ 美元}{3\ 000\ 美元} = 5.650$$

因此，使一系列 3 000 美元的现金流入现值等于投资 16 950 美元的折现系数为 5.650。现在我们需要在附录 15B 的表 15B-2 中找出其代表的报酬率。我们应当用表 15B-2 中第 10 期的那一栏，因为该项目的现金流量会持续 10 年。如果我们沿着第 10 期那一栏找下去，我们会发现 5.650 的系数代表了 12% 的报酬率。因此，割草机项目的内含报酬率为 12%。我们可以通过用 12% 的折现率计算项目的净现值来验证这一点，如图 15-7 所示。

（单位：美元）

	A	B	C
1			年
2		现在	1~10
3	初始投资	-16 950	
4	年成本节约额		3 000
5	总现金流量 (a)	-16 950	3 000
6	折现系数 (12%) (b)	1.000	5.650
7	现金流现值 (a)×(b)	-16 950	169 50
8	净现值 (SUM B7: C7)	0	
9			

图 15-7 用 12% 的折现率对割草机项目进行评价
注：折现系数来自附录 15B 中的表 15B-2。

管理会计

请注意，用 12% 的折现率使得年成本节约额的现值等于项目初始投资所需资金的现值，最终的净现值为零。12% 的折现率因而代表了项目的内含报酬率。[⊖]

一旦格莱德校区计算了项目的内含报酬率为 12%，就可以通过将它与校区的最低必要报酬率相比来决定是否接受该项目。如果内含报酬率等于或大于最低必要报酬率，那么就可以接受该项目。如果内含报酬率小于最低必要报酬率，则应当拒绝该项目。例如，如果我们假定格莱德校区的最低必要报酬率为 15%，那么校区就会拒绝该项目，因为 12% 的内含报酬率没有达到门槛比率。

15.4.2 净现值法与内含报酬率法的比较

这一部分从两个方面对净现值法与内含报酬率法进行比较。

第一，两种方法都运用资本成本筛选出不可行的投资项目。当运用内含报酬率法时，资本成本就是使一个项目得以接受的门槛比率。如果一个项目的内含报酬率低于资本成本的门槛，通常会拒绝该项目。当运用净现值法时，资本成本被用作折现率从而计算预期项目的净现值。任何净现值为负的项目都应当拒绝，除非其他因素足以重要到要求接受该项目。

第二，内含报酬率法建立在一个令人质疑的假定之上。两种方法都假定投资项目在其寿命期内产生的现金流都立即用于其他再投资。但是，两种方法对于现金流产生的报酬率却持有不同的假定。净现值法假定报酬率就是折现率，而内含报酬率法假定现金流的报酬率是项目的内含报酬率。具体来讲，如果项目的内含报酬率很高，这个假定可能就是不现实的。通常更现实的假定是现金流入可以以与折现率相等的报酬率再投资，特别是当折现率就是公司的资本成本或机会报酬率时。例如，如果报酬率是公司的资本成本，公司运用该项目产生的现金流量支付债权人的本金和利息并回购公司的股票，那么这一投资报酬率就能实现。简言之，当净现值法和内含报酬率法对于一个项目的可行性存在分歧时，最好是采用净现值法。在这两种方法中，净现值法对投资项目的现金流量所产生的报酬率的假定更现实。

15.5 净现值法的拓展

目前为止，我们所有的例子都是关于单一投资项目的评价。在接下来这一节我们运用总成本法来分析净现值法如何用于评价两种备选方案。总成本法是用于比较互斥性投资方案的方法中最具灵活性的方法。为了阐述该方法的机理，考虑如下例子。

[例 15-7] 哈珀渡轮公司提供横跨密西西比河的高速客运服务。其中一艘渡船运营条件不佳，但花费 200 000 美元的成本就可以立即更新，3 年后进一步的修理成本和发动机的大修理费为 80 000 美元。如果保证维修，该渡船可使用 5 年。第 5 年年末，该渡船必须报废，预计残值为 60 000 美元。目前渡船的残值为 70 000 美元。每年渡船的付现经营成本为 300 000 美元，年收入总额为 400 000 美元。

另一种方案是，哈珀渡轮公司以 360 000 美元的成本购入一艘新渡船，新渡船的预计使用寿命为 5 年，但在 3 年后需要一笔 30 000 美元的修理成本。在第 5 年年末，该渡船的残值为 60 000 美元。每年渡船的付现经营成本为 210 000 美元，年收入总额为 400 000 美元。

哈珀渡轮公司在所有投资项目上的最低必要报酬率为 14%。

公司应当购入新的渡船还是更新旧的渡船？图 15-8 运用总成本法和表 15B-1 中的折现系数给出了解决方案。

⊖ 我们还可以通过使用 Excel 中的 IRR 函数来验证 12% 的内含报酬率。要做到这一点，你应该将每年的年成本节约额描述为 10 个单笔金额，而不是 10 年的年金。换句话说，你将创建 11 个单元格的数据：一个单元格为 16 950 美元的初始投资，剩余 10 个单元格每个单元格为 3 000 美元的年成本节约额。然后将光标放在第 12 个单元格中，你希望在这里显示内含报酬率。在 Excel 中选择"公式"选项卡，然后选择"财务"选项卡，向下滚动选择 IRR。包含 11 种不同现金流的单元格范围插入将出现在屏幕上的"Values"选择框中，然后单击"确定"。Excel 将自动计算 IRR 并将结果插入你选择的单元格中。

（单位：美元）

	A	B	C	D	E	F	G
1	更新旧渡船：				年		
2		现在	1	2	3	4	5
3	更新成本	-200 000					
4	年收入		400 000	400 000	400 000	400 000	400 000
5	年付现经营成本		-300 000	-300 000	-300 000	-300 000	-300 000
6	3年中的修理费				-80 000		
7	旧渡船的残值						60 000
8	总现金流量（a）	-200 000	100 000	100 000	20 000	100 000	160 000
9	折现系数（14%）（b）	1.000	0.877	0.769	0.675	0.592	0.519
10	现金流量现值（a）×（b）	-200 000	87 700	76 900	13 500	59 200	83 040
11	净现值（SUM B10：G10）	120 340					
12							
13	购入新渡船：				年		
14		现在	1	2	3	4	5
15	初始投资	-360 000					
16	旧渡船的残值	70 000					
17	年收入		400 000	400 000	400 000	400 000	400 000
18	年付现经营成本		-210 000	-210 000	-210 000	-210 000	-210 000
19	3年中的修理费				-30 000		
20	新渡船的残值						60 000
21	总现金流量（a）	-290 000	190 000	190 000	160 000	190 000	250 000
22	折现系数（14%）（b）	1.000	0.877	0.769	0.675	0.592	0.519
23	现金流现值（a）×（b）	-290 000	166 630	146 110	108 000	112 480	129 750
24	净现值（SUM B23：G23）	372 970					
25							
26	购买新渡船的净现值差额（B24-B11）	252 630					

图 15-8　总成本法下的项目选择

注：折现系数来自附录 15B 中的表 15B-1。

Excel 中有两点需要明确。

第一，每一种方案的解答下都包括了所有的现金流入和所有的现金流出。无须花费精力区分与决策相关的现金流和与决策无关的现金流。与每一种备选方案有关的所有现金流量都包括其中，总成本法也由此得名。

第二，请注意每种方案都用到了净现值法。这是总成本法的优势，它能对无限多的方案进行逐一比较并确定最优选择。例如，哈珀渡轮公司的另一个选择可能是完全退出渡轮业务。如果管理层需要，可以计算这项方案的净现值，以便同图 15-8 中列示的方案进行比较。同样公司可能还会有其他的备选方案。本例假设只有这两种备选方案，数据表明购买新渡船的净现值差额为 252 630 美元。㊀

最低成本决策

有些决策不涉及任何收入。例如，一家公司正在考虑是购买还是租赁管理人员用车。选择依据是外购或租赁基于哪种备选方案的花费更少。在这样的决策中不涉及收入，最理想的方案应该是从现值的角度选择具有最低总成本的方案。因此，这被称为最低总成本决策。为了说明最低成本决策，考虑如下例子。

[例 15-8] 瓦尔泰克公司正在考虑更新一台旧的螺纹机。新的螺纹机能够大大降低年付现经营成本。新、旧螺纹机的相关数据如下。

	旧螺纹机	新螺纹机
购买时成本	200 000 美元	250 000 美元
当前的残值	30 000 美元	—
年付现经营成本	150 000 美元	90 000 美元
现在需要的大修理费	40 000 美元	—
6 年后的残值	0 美元	50 000 美元
剩余使用年限	6 年	6 年

瓦尔泰克公司采用的折现率为 10%。

㊀ 净现值最高的备选方案并不总是最优选择——尽管在本例中它是最好的选择。进一步的讨论，参见“15.7 优先决策：投资项目的排序”这一节的内容。

图 15-9 运用了总成本法以及表 15B-1 和表 15B-2 中的折现系数对备选方案进行了分析。由于这是一项最低成本决策，两个方案下的净现值均为负。但是，购买新螺纹机的方案比更新旧螺纹机的净现值低 109 500 美元。因此，购买新螺纹机是更加节约成本的方案。

（单位：美元）

	A	B	C	D
1	更新旧的螺纹机		年	
2		现在	1~6	6
3	现在所需的大修理费	-40 000		
4	年付现经营成本		-150 000	
5	总现金流量（a）	-40 000	-150 000	
6	折现系数（10%）（b）	1.000	4.355	
7	现金流量现值（a）×（b）	-40 000	-653 250	
8	净现值（SUM B7：C7）	-693 250		
9				
10	购买新的螺纹机		年	
11		现在	1~6	6
12	初始投资	-250 000		
13	旧的螺纹机残值	30 000		
14	年付现经营成本		-90 000	
15	新的螺纹机残值			50 000
16	总现金流量（a）	-220 000	-90 000	50 000
17	折现系数（10%）（b）	1.000	4.355	0.564
18	现金流现值（a）×（b）	-220 000	-391 950	28 200
19	净现值（SUM B18：D18）	-583 750		
20				
21	购买新的螺纹机净现值差额	109 500		

图 15-9 最低成本决策：净现值分析法

注：折现系数来自附录 15B 中的表 15B-1 和表 15B-2。

| 商业实战 15-3 |　　　　　　联合包裹服务公司专注于 12 月 22 日

当联合包裹服务公司（UPS）没有在圣诞节成功地将数百万份包裹运送出去时，它需要找到一种解决办法以防止在下一年再次发生同样的事情。公司的决策是将 5 亿美元投资于一个叫作"新一代分类通道"的自动化系统。新系统能够快速地识别邮政编码，使得员工可以每天多处理 15% 的包裹，在面临恶劣天气时能够迅速更改运送路线。联合包裹服务公司希望该自动化系统每年能够在员工培训方面节省 5 亿美元。但是，可能更重要的是，公司同样希望新系统能够将 12 月 22 日收到的 3 400 万份包裹在圣诞节前送至焦急的收件人手中。

资料来源：Laura Stevens, "One Day, 34 Milllion Packages at UPS," *The Wall Street Journal*, December 22, 2014, pp. B1-B2.

15.6　不确定的现金流量

到目前为止，我们都假定所有的未来现金流量都是已知的、确定的。但是，未来的现金流量通常是不确定的、难以估计的。有很多方法可以用于处理这种复杂性。一些方法技术性很强，涉及计算机模拟或高等数学技巧，并且超出了本书的范围。但是，我们可以提供一些非常有用的、没有太多技巧性的知识来帮助管理者解决现金流量不确定性的问题。

一个例子

下面是一个在自动化设备投资项目中未来的现金流量难以估计的案例。公司的预付成本及有形收益相对易于估计，如经营成本和浪费的减少。但是，与无形收益相关的未来现金流量都比较难以量化，如更高的可靠性、更快的速度、更高的质量。这些无形的收益当然会影响未来现金流量，尤其在销量的增加和可能更高的售价方面。在现金流量的影响难以估计时，该怎么办呢？

当无形收益很大时，我们可以遵循一种相当简单的程序。例如，假设一家公司采用的折现率是 12%，正在考虑购入一台预计可以使用 10 年的自动化设备。假定有形成本和有形收益的现金流量折现分析得出的净现值为 -226 000 美元。很显然，如果无形收益足够大，它可以将负的净现值变为正的净现值。在本案例中，为使项目在财务上可行，每年所需无形收益带来的额外现金流量计算如下。

不包括无形收益的净现值（负的）	（226 000）美元
10 年，折现率为 12% 的年金现值系数	
（来自附录 15B 的表 15B-2）	5.650

$$\frac{226\,000\ 美元待抵消的负的净现值}{5.650\ 的现值系数} = 40\,000\ 美元$$

因此，如果自动化设备每年给公司带来的无形收益至少有 40 000 美元，就应当购买该自动化设备；如果管理层判断这些无形收益每年的价值低于 40 000 美元，就不应当购买该自动化设备。

这种方法也可以用于当未来现金流量难以估计的其他情形。例如，这种方法可以用于当残值难以估计的情形。为了说明，假定一项对巨型油轮投资的所有现金流量，除 20 年后的残值之外，都已经估计了。管理层运用 12% 的折现率，确定了所有这些现金流量的净现值是 -1 040 000 美元。这一负的净现值将会被巨型油轮的残值抵消。为使这项投资可行，残值应当为多大？

$$\frac{1\,040\,000\ 美元待抵消的负的净现值}{0.104\ 的现值系数} = 1\,000\ 万美元$$

因此，如果 20 年后该巨型油轮的残值至少为 1 000 万美元，其净现值为正，这项投资就是可行的。但是，如果管理层认为残值不太可能超过 1 000 万美元，就不应该进行该项投资。

15.7　优先决策：投资项目的排序

回想一下，在考虑投资机会时，管理者必须做出两类决策：筛选决策和优先决策。首先考虑筛选决策，与提议的投资项目是否可接受相关。紧随其后的是优先决策，它试图回答如下问题：经过筛选后留下来的、能够提供可接受的报酬率的方案，它们的优先顺序是什么？也就是说，哪一种是公司可以接受的最好方案？

优先决策有时也称为配给决策，或排序决策。有限的投资资金必须配给多个竞争性方案，因此，必须对方案进行排序。内含报酬率法或净现值法都可以用于优先决策。但是，如前所述，如果这两种方法有矛盾，最好选用净现值法，因为它更加可靠。

15.7.1　内含报酬率法用于优先决策中

当运用内含报酬率法对竞争性投资项目进行排序时，优先的原则是：内含报酬率越高，项目越可行。一个内含报酬率为 18% 的投资项目通常要优于内含报酬率仅为 15% 的项目。内含报酬率法广泛用于项目的排序。

15.7.2　净现值法用于优先决策中

一个项目的净现值无法同另一个项目的净现值直接相比，除非初始投资额相等。例如，假定公司正在考虑两个竞争性方案，如下所示。

（单位：美元）

	投资项目	
	A	B
所需投资额	（10 000）	（5 000）
现金流入的现值	11 000	6 000
净现值	1 000	1 000

尽管两个项目的净现值都为 1 000 美元，但是在投资额有限的情况下，两种方案并非同等理想。需要 5 000 美元投资额的项目比需要 10 000 美元投资额的项目更值得投资。这一事实可以通过用项目现金流入的现值除以所需投资额的形式加以突出，这种以等式的形式给出的结果称为**获利指数**（project profitability index）。

$$获利指数 = \frac{项目现金流入的现值}{所需投资额} \qquad (15\text{-}3)$$

两个项目的获利指数计算如下。

（金额单位：美元）

	投资项目	
	A	B
现金流入的现值（a）	11 000	6 000
所需投资额（b）	10 000	5 000
获利指数（a）÷（b）	1.1	1.2

采用获利指数为竞争性投资项目排序的优先原则是：获利指数越高，项目越可行。[⊖]将这一原则用于前述的两种投资中，投资项目 B 因优于投资项目 A 而被选择。

获利指数是对之前章节中提到的利用约束资源的方法的应用。在本例中，约束资源就是可用于投资的有限资金，获利指数与单位约束资源下的边际贡献类似。

关于获利指数的计算，有相关的几点需要说明。"所需投资额"是指任何在项目开始时发生的现金流出，减去通过销售旧设备而实现的任何残值。"所需投资额"同样包括项目可能需要的任何营运资本投资。

| 商业实战 15-4 | 　　　　　　　大众汽车因丑闻削减资本支出

当大众汽车"由于某些柴油动力汽车排放的烟雾问题而向美国当局撒谎"时，对公司的财务状况造成了毁灭性打击。该公司同意支付高达 250 亿美元以解决受影响方提出的索赔，并回购约 50 万辆污染车辆。此外，该公司股价下跌了 40%。

为了应对排放烟雾的丑闻，大众汽车大幅削减了此前批准的 5 年资本支出预算。"最初的计划拨出数百亿美元用于建造新工厂，生产几十种新车型，开发电动汽车、自动驾驶汽车和连接互联网的汽车等新技术"。任何被认为不必要的投资机会都会被推迟或放弃。

资料来源：William Boston and Sarah Sloat，"Volkswagen CEO: Big Cuts Ahead," *The Wall Street Journal*, October 7, 2015, p. B4.

15.8　简单报酬率法

简单报酬率（simple rate of return）法是本章讨论的最后一种资本预算决策方法。这种方法通常又被称为会

⊖　由于项目的复杂性，基于获利指数的排序可能不是完美的。尽管如此，这仍然是一个良好的开始。

计收益率法或未调整的报酬率法。我们将从说明如何计算简单报酬率开始，然后讨论这种方法的局限性以及这种方法对于投资中心管理者决策行为的影响。

为了得到简单报酬率，可以用项目产生的年经营净利润增量除以项目的初始投资，如下式所示：

$$简单报酬率 = \frac{年经营净利润增量}{初始投资} \qquad (15\text{-}4)$$

分子的年经营净利润增量应当减去由于投资产生的折旧费。此外，分母的初始投资应当减去通过销售旧设备而实现的任何残值。

[例 15-9] 布里格姆茶叶公司是一家低酸性茶叶的加工商。公司正在考虑为一条新增的生产线购买设备。新增的生产线每年会增加收入 90 000 美元，经营性付现成本的增量为每年 40 000 美元，设备的成本为 180 000 美元，使用寿命为 9 年，期满无残值。

为了运用简单报酬率公式，我们必须首先确定项目的年经营净利润增量。

（单位：美元）

年收入增量		90 000
年经营性付现成本增量	40 000	
年折旧额 [（180 000 美元 – 0 美元）÷ 9]	20 000	
年成本增量		60 000
年经营净利润增量		30 000

考虑到项目的年经营净利润增量为 30 000 美元，以及项目的初始投资为 180 000 美元，简单报酬率 16.7% 的计算如下：

$$简单报酬率 = \frac{年经营净利润增量}{初始投资}$$
$$= \frac{30\ 000\ 美元}{180\ 000\ 美元}$$
$$= 16.7\%$$

[例 15-10] 中西部农业公司雇用了一些兼职人员来挑选鸡蛋。手工挑选鸡蛋的成本为每年 30 000 美元。公司正在调查了解一台成本为 90 000 美元、寿命期为 15 年的鸡蛋分选器。设备的残值可以忽略不计，每年的营运和维护成本为 10 000 美元。目前正在使用的鸡蛋分选器可按残值 2 500 美元出售。

这个项目同之前的项目稍有不同，因为它涉及了成本的减少而收入没有增加。尽管如此，年经营净利润增量仍可以通过将年成本的节约额视同收入增量计算得到。

（单位：美元）

年成本节约额增量		30 000
年经营性付现成本增量	10 000	
年折旧额 [（90 000 美元 – 0 美元）÷ 15]	6 000	
年成本增量		16 000
年经营净利润增量		14 000

因此，尽管新的设备不会产生任何更多的收入，但它会每年减少成本 14 000 美元。这会产生每年经营净

利润增加 14 000 美元的影响。

最后，旧设备残值对新设备初始成本的抵消情况如下。

（单位：美元）

新设备的成本	90 000
减：旧设备的残值	2 500
初始投资	87 500

考虑到项目的年经营净利润增量为 14 000 美元，以及项目的初始投资为 87 500 美元，简单报酬率 16.0%
计算如下：

$$简单报酬率 = \frac{年经营净利润增量}{初始投资}$$

$$= \frac{14\ 000\ 美元}{87\ 500\ 美元}$$

$$= 16.0\%$$

简单报酬率具有两点重要的局限性：首先，它关注会计的经营净利润而不是现金流量。如果在一个项目的
寿命期内没有稳定的收入增量及成本增量，简单报酬率会呈现逐年波动的趋势，因此，会导致同一个项目在一
些年份看来是可行的，而在另一些年份则又不可行。其次，简单报酬率法并不涉及现金流量的折现，它把 10
年后收到的 1 美元与今天收到的 1 美元看作是等值的。

考虑到这些局限性，很自然地就会想到为什么我们会不遗余力地来讨论这种方法呢？首先，尽管存在这些
局限性，一些公司仍然采用简单报酬率来评价预期的资本投资项目。因此，你应当熟悉这种方法以便在实际中
面临相关决策时能够辩证地运用它。其次，更重要的是，你需要理解简单报酬率法如何影响投资中心管理者的
行为，而对这些管理者的评价与激励正是基于实现的投资报酬率（ROI）。

例如，假定如下 3 个事项。第一，假定你是投资中心的一名管理者，你的薪酬增加完全基于 ROI。第
二，去年你的部门实现的 ROI 为 20%。第三，假定你的部门有机会投入一个有正的净现值以及简单报酬率
为 17% 的资本预算项目中。考虑所有上述假定，你会选择接受该项目还是拒绝它？尽管公司可能会因为项目
所带来的正的净现值而寄希望于你接受它，你可能仍然会选择拒绝它，因为 17% 的简单报酬率低于你的部门
上一年 20% 的 ROI。这个简单的例子说明，一个项目的简单报酬率是如何影响投资中心管理者做出决策的。
它同样凸显了组织机构所面临的一个巨大挑战，即如何设计绩效考核体系以使员工的行动与组织的目标达成
一致。

15.9 投资项目的事后审计

在一个投资项目已经批准并实施之后，应当进行事后审计。**事后审计**（postaudit）的目的是检查预期的结
果是否实现。这是资本预算过程中的关键环节，因为这有助于使管理者在其建议的投资项目上保持诚实。任何
虚增收益或低估成本的倾向都会在事后审计之下昭然若揭。事后审计同样提供了加强和可能拓展成功项目以及
减少错误项目损失的机会。

在最初审核项目过程中用到的资本预算决策方法同样可以用于事后审计。也就是，如果一个项目的批准是
基于净现值法，那么同样的程序应当用于事后审计。但是，事后审计分析中运用的数据应当是实际观察到的数
据而不是估计的数据。这就为管理层提供了通过比较以观测项目进度的机会，同样也有助于确保收到的未来投
资项目的估计数据是认真准备的，因为提交数据的人员知晓他们的估计将会在事后审计过程中与实际结果相比
较。实际结果如果与初始估计相去甚远，应当仔细核查。

| 商业实战 15-5 |　　　梅西百货计划增加其资本性支出

梅西百货（Macy's）希望 12 亿美元的资本性支出会扭转它连续 4 年销售增长率下滑的局面。梅西百货会将资本性支出项目集中于开发新型商店模式、整合线上业务与实体店业务以及扩大在美国之外的梅西百货和布卢明代尔百货（Bloomingda-le's）的数量。支持这些资本性投资的一部分资金将会通过裁

减 2 000 多名员工的方式筹集。公司的首席财务官卡伦·霍格特（Karen Hoguet）对投资者指出，由于对这些资本性投资项目的投入，将会需要 2 ～ 3 年的时间从初始投资中获得满意的投资报酬。

资料来源：Suzanne Kapner, "With Sales Sluggish, Macy's Boots Spending," *The Wall Street Journal*, February 25, 2015, p.B3.

本章小结

回收期法在评估资本投资项目时关注投资的回收期。投资回收期是指一个项目从其产生的净现金流入中收回初始投资成本所需的时间。回收期法的基本原则是一项投资收回得越快，这项投资就越值得。

投资决策应当考虑货币的时间价值，因为今天收到的 1 美元比未来收到的 1 美元更有价值。净现值法和内含报酬率法都反映了这个事实。在净现值法下，未来的现金流量会折算成现值。现金流入的现值和现金流出的现值之差被称为项目的净现值。如果一个项目的净现值为负，则应当拒绝该项目。净现值法中的折现率通常是最低必要报酬率，比如一家公司的资本成本。

内含报酬率是使得现金流入的现值等于现金流出的现值的报酬率，从而使净现值为零。如果内含报酬率低于公司的最低必要报酬率，那么管理者应当拒绝该项目。

在拒绝了净现值为负或内含报酬率低于公司的最低必要报酬率的项目之后，留下的项目仍然多于可筹集资金支持的项目。留下的项目可以用获利指数或内含报酬率进行排序。获利指数通过项目现金流入的现值除以所需投资额得到。

简单报酬率通过项目的年经营净利润增量除以项目的初始投资得到。尽管这种方法有重大缺陷，但它能够影响投资中心管理者的决策过程，而对这些管理者的评价与激励正是基于实现的投资报酬率（ROI）。

复习题：资本预算决策方法的比较

拉马尔公司（Lamar Company）正在考虑投资一个项目设备。该设备使用期为 5 年，需要 2 400 000 美元的投资。在第 5 年年末，项目终止且设备无残值。项目每年提供的经营净利润如下。

（单位：美元）

销售收入	3 200 000
变动成本	1 800 000
边际贡献	1 400 000
固定成本：	
广告费、工资及其他	
固定付现成本	700 000
折旧费	300 000
固定成本总额	1 000 000
经营净利润	400 000

公司采用的折现率为 12%。

要求：

（1）计算项目的年现金净流入。

（2）计算项目的净现值。该项目可行吗？
（3）计算项目的内含报酬率，结果保留至整数。
（4）计算项目的回收期。
（5）计算项目的简单报酬率。

复习题答案：

（1）年现金净流入可以通过将现金支出从销售收入中抵减得到。

（单位：美元）

销售收入	3 200 000
变动成本	1 800 000
边际贡献	1 400 000
广告费、工资及其他	
固定付现成本	700 000
年现金净流入	700 000

或者年现金净流入可以通过将折旧加回到经营净利润中得到。

（单位：美元）

经营净利润	400 000
加：扣除的非付现折旧	300 000
年现金净流入	700 000

（2）净现值计算如下。

（单位：美元）

	A	B	C	D	E	F	G
1					年		
2		现在	1	2	3	4	5
3	初始投资	-2 400 000					
4	销售收入		3 200 000	3 200 000	3 200 000	3 200 000	3 200 000
5	变动成本		-1 800 000	-1 800 000	-1 800 000	-1 800 000	-1 800 000
6	付现成本		-700 000	-700 000	-700 000	-700 000	-700 000
7	总现金流量（a）	-2 400 000	700 000	700 000	700 000	700 000	700 000
8	折现系数（12%）（b）	1.000	0.893	0.797	0.712	0.636	0.567
9	现金流现值（a）×（b）	-2 400 000	625 100	557 900	498 400	445 200	396 900
10	净现值（SUM B9：G9）	123 500					

注：折现系数来自附录15B中的表15B-1。

或者也可以计算如下。

（单位：美元）

	A	B	C
1			年
2		现在	1-5
3	初始投资	-2 400 000	
4	销售收入		3 200 000
5	变动成本		-1 800 000
6	付现成本		-700 000
7	总现金流量（a）	-2 400 000	700 000
8	折现系数（12%）（b）	1.000	3.605
9	现金流现值（a）×（b）	-2 400 000	2 523 500
10	净现值（SUM B9：C9）	123 500	

注：折现系数来自附录15B中的表15B-2。

该项目是可行的，因为它的净现值为正。

（3）内含报酬率系数的计算公式为：

$$内含报酬率系数 = \frac{需要的投资额}{年现金净流入}$$

$$= \frac{2\ 400\ 000\ 美元}{700\ 000\ 美元}$$

$$= 3.429$$

查本章末附录15B中的表15B-2，在5年期那一行，我们可以找到系数3.429最接近系数是3.433，其对应的报酬率为14%。

（4）回收期的计算公式为：

$$回收期 = \frac{需要的投资额}{年现金净流入}$$

$$= \frac{2\ 400\ 000\ 美元}{700\ 000\ 美元}$$

$$= 3.4\ 年（四舍五入）$$

（5）简单报酬率的计算公式为：

$$简单报酬率 = \frac{年经营净利润增量}{初始投资}$$

$$= \frac{400\ 000\ 美元}{2\ 400\ 000\ 美元}$$

$$= 16.7\%$$

术语表

Capital budgeting 资本预算 是对有长期影响的重大投资项目的规划过程，如购买新设备或引进新产品等投资项目。

Cost of capital 资本成本 一家公司因为占用资金而必须支付给其长期债权人和股东的平均报酬率。

Internal rate of return 内含报酬率 使得一个投资项目的净现值为零的折现率；在一个项目寿命期内预计的报酬率。

Net present value 净现值 一个投资项目现金流入的现值和现金流出的现值之差。

Out-of-pocket costs 付现成本 为工资、广告费、修理费和其他相似成本而实际发生的现金支出。

Payback period 回收期 一个项目从它产生的现金净流入中完全收回其初始投资所需的时间。

Postaudit 事后审计 投资项目批准并实施之后进行的审查，以确定预期的结果是否真正实现。

Preference decision 优先决策 对可行的备选方案进行排序的决策。

Project profitability index 获利指数 项目的现金流入的现值与所需投资额之间的比率。

Screening decision 筛选决策 与一项预期的投资项目是否可接受相关的决策。

Simple rate of return 简单报酬率 通过计算项目的年经营净利润增量与所需的初始投资之比得出的报酬率。

Time value of money 货币的时间价值 这种观念认为今天的 1 美元比一年后的 1 美元更有价值。

Working capital 营运资本 流动资产减流动负债。

思考题

1. 资本预算的筛选决策与资本预算的优先决策有什么不同？

2. 什么是货币的时间价值？

3. 什么是折现率？

4. 在做出资本预算决策时，为什么在净现值法和内含报酬率法下不采用会计的经营净利润？

5. 在做出资本预算决策时，为什么净现值法优于其他方法？

6. 什么是净现值？它会是负数吗？请解释。

7. 指出与资本预算决策的净现值法相关的两大简化假设。

8. 如果一家公司需要为长期债务支付 14% 的利息，其资本成本为 14%。你同意吗？请解释。

9. 投资项目的内含报酬率的含义是什么？如何计算内含报酬率？

10. 当运用净现值法和内含报酬率法时，请解释资本成本是如何起到筛选工具作用的。

11. 当折现率增加时，给定的未来现金流量的现值同样会增加。你同意吗？请解释。

12. 参见图 15-6，该预期项目的报酬率是正好为 14%，大于 14% 还是小于 14%？请解释。

13. 获利指数如何计算？它衡量的是什么？

14. 什么是投资回收期？如何确定投资回收期？如何应用？

15. 在做出资本预算决策时，对回收期法和简单报酬率法最主要的批评是什么？

基础练习

Cardinal 公司正在考虑一项为期 5 年的项目，该项目需要 2 975 000 美元的设备投资，设备的使用寿命为 5 年，且没有残值。公司的折现率为 14%。该项目在 5 年内每年提供的经营净利润如下所示。

	（单位：美元）
销售收入	2 735 000
变动成本	100 000
边际贡献	1 735 000
固定成本：	
广告、工资和其他固定资产	
付现成本	735 000
折旧	595 000
固定成本总额	1 330 000
经营净利润	405 000

要求：

（除非另有说明，请参考原始数据回答每个问题。）

（1）上述利润表中的哪些项目不会影响现金流量？

（2）项目的年现金净流入是多少？

（3）项目年现金净流入的现值是多少？

（4）项目的净现值是多少？

（5）这个项目的获利指数是多少（保留小数点后两位）？

（6）项目的内含报酬率是多少（保留小数点后两位）？

（7）项目的投资回收期是多长时间？

（8）该项目 5 年中每年的简单报酬率是多少？

（9）如果公司的折现率为 16%，而不是 14%，你是否认为该项目的净现值大于、小于或与（4）中的答案相同？不需要计算。

（10）如果设备在 5 年结束时的残值为 300 000 美元，你是否认为该项目的回收期大于、小于或与（7）中的答案相同？不需要计算。

（11）如果设备在 5 年后的残值为 300 000 美元，

你是否认为该项目的净现值大于、小于或与（3）中的答案相同？不需要计算。

（12）如果设备在 5 年后的残值为 300 000 美元，你是否认为该项目的简单报酬率大于、小于或与（8）中的答案相同？不需要计算。

（13）假设一次事后审计表明，除了变动成本比率（实际为 45%）之外，所有估计（包括总销售收入）都是完全正确的。该项目的实际净现值是多少？

（14）假设一次事后审计表明，除了变动成本比率（实际为 45%）之外，所有估计（包括总销售收入）都是完全正确的。该项目的实际投资回收期是多长时间？

（15）假设一次事后审计表明，除了变动成本比率（实际为 45%）之外，所有估计（包括总销售收入）都是完全正确的。该项目的实际简单报酬率是多少？

练习题

1. 内含报酬率

温德尔的甜甜圈店（Wendell's Donut Shoppe）正在分析是否要购买一台价值 18 600 美元的甜甜圈制作机。新机器将使该公司减少所需的兼职人员，每年可节省 3 800 美元的人工成本。此外，新机器将允许该公司生产一种新型的甜甜圈，从而每年多销售 1 000 打甜甜圈。因此，该公司能够实现每销售一打甜甜圈就有 1.20 美元的边际贡献，这台新机器的使用寿命为 6 年。

要求：

（1）为了编制资本预算，每年与新机器相关的现金流入总额是多少？

（2）计算新机器的内含报酬率时应使用什么折现系数？

（3）使用附录 15B 中的表 15B-2 作为参考，新机器的内含报酬率是多少（保留两位小数）？

（4）除了前面给出的数据外，假设机器在 6 年后的残值为 9 125 美元。在这种情况下，内含报酬率与最接近的整数百分比是多少（提示：你可能会发现使用净现值法很有用，找到使净现值最接近于零的折现率）？

2. 不确定的未来现金流

武库夫（Lukow）公司正在决策是否购买一台自动化设备，该设备每年将节省 40 万美元的直接人工和库存成本。该设备价值 2 500 000 美元，预计使用寿命为 15 年，无残值。公司所有设备采购的必要报酬率为 20%。管理层预计，该设备将提供无形收益，例如更大的灵活性和更高质量的产出，这将导致未来更多的现金流入。

要求：

（1）在不考虑无形收益的前提下，设备的净现值是多少？

（2）设备每年应为公司带来多少无形收益才能证明 2 500 000 美元的投资是合理的？

3. 投资项目的优先排序

关于 4 个投资项目的信息如下。

（单位：美元）

	投资项目			
	A	B	C	D
所需投资额	（90 000）	（100 000）	（70 000）	（120 000）
现金流入的现值	12 600	138 000	105 000	160 000
净现值	36 000	38 000	35 000	40 000
项目寿命 / 年	5	7	6	6

要求：

（1）计算每个投资项目的获利指数。

（2）根据优先性对上述项目进行排序。

4. 投资回收期和简单报酬率

尼克新奇礼品股份有限公司（Nick's Novelties, Inc.）正在考虑购买新的电子游戏机，将其放置在娱乐场所。游戏机总共耗资 30 万美元，使用寿命为 8 年，总残值为 2 万美元。公司估计，与游戏机相关的年销售收入和成本如下。

（单位：美元）

销售收入		200 000
减去：经营成本：		
娱乐场所佣金	100 000	
保险	7 000	
折旧	35 000	
维护	18 000	160 000
经营净利润		40 000

要求:

（1）新电子游戏机的回收期是多久？假设该公司只有当这项投资的回收期是 5 年或更短的时间时才会购买游戏机，那么公司会购买新游戏机吗？

（2）这项投资的简单报酬率是多少？如果公司要求的最低必要报酬率为 12%，则公司是否会购买新的电子游戏机？

5. 净现值分析和简单报酬率

德里克·艾弗森（Derrick Iverson）是霍尔斯顿公司（Holston Company）的部门经理。他的年薪增长很大程度上取决于其部门的投资报酬率（ROI），公司投资报酬率在过去 3 年中每年都超过 20%。德里克正在对一项投资项目进行资本预算，该项目需要投资 300 万美元，用于购买使用寿命为 5 年且无残值的设备。霍尔斯顿公司的折现率是 15%。该项目在 5 年内每年产生的经营净利润如下所示。

（单位：美元）

销售收入		2 500 000
变动成本		1 000 000
边际贡献		1 500 000
固定成本:		
广告、工资和其他固定资产		
付现成本	600 000	
折旧	600 000	
固定成本总额		1 200 000
经营净利润		300 000

要求:

（1）计算项目的净现值。

（2）计算项目的简单报酬率。

（3）该公司是否希望德里克进行此次项目的投资？他会倾向于进行投资吗？请解释。

问题

1. 净现值分析；不确定现金流

高级设备公司（Superior Equipment Company）的总裁吉姆·奥尔德（Jim Alder）说："我不确定我们是否应该为那台自动焊接机支付 25 万美元，这是一笔巨款，软件和安装费用为 8 万美元，而仅仅维护这个设备每年还要花费 3.6 万美元。"

制造商透露，3 年后，更换磨损的零件要多花 4.5 万美元。"我承认这是一大笔钱，"财务总监弗朗西·罗杰斯（Franci Rogers）说，"但是我们的焊接人员存在离职问题。而这台机器将取代 6 名焊工，每年节省的成本为 108 000 美元。我们还将每年减少材料浪费 6 500 美元。当计算出自动焊接机将使用 6 年时，我认为购买自动焊接机的报酬率将高于我们要求的 16%"。"我还是不相信，"奥尔德先生反驳道，"如果我们现在出售旧的焊接设备，我们只能从中获得 12 000 美元的残值，6 年后新机器的零件价值仅为 20 000 美元。请你们的人员计算这些数字，我们将在明天的执行委员会会议上讨论。"

要求:

（1）计算自动焊接机为公司节约的年度净成本。

（2）使用（1）中的数据和问题中的其他数据，计算自动焊接机的净现值。你认为应当购买自动焊接机吗？请解释。

（3）假设管理层能够识别与自动焊接机相关的几个无形收益，包括能够更灵活地从一种产品转换到另一种产品、提高产出质量以及缩短交付时间。为了使新自动焊接机成为一项可接受的投资，管理层每年能为这些无形收益花费多少呢？

2. 简单报酬率；投资回收期；内含报酬率

安大略省的埃尔伯塔（The Elbert）水果农场一直雇用临时工人来负责一年一度的樱桃采摘。农场经理珍妮莎·赖特（Janessa Wright）刚刚收到许多水果农场正在购买的一台樱桃采摘机的信息。这台机器是一种电动装置，可以摇动樱桃树，使樱桃落在塑料油布上，塑料油布将樱桃送入箱子中。赖特女士收集了以下信息，以确定樱桃采摘机是否应当投资。

a. 目前，该农场每年平均支付 4 万美元给临时工人采摘樱桃。

b. 这台樱桃采摘机要花 94 500 美元，它将使用直线法折旧，在其 12 年使用寿命结束时没有残值。

c. 与樱桃采摘机相关的年度付现成本包括：操作员和助手的工资为 14 000 美元；保险费为 200 美元；燃料费为 1 800 美元；还有一份 3 000 美元的维修合同。

要求:

（1）如果确定购买樱桃采摘机，将节约的年现金运营成本是多少？

（2）计算樱桃采摘机的简单报酬率。如果埃尔伯塔水果农场的必要报酬率为 16%，是否可以购买樱桃采摘机？

（3）计算樱桃采摘机的投资回收期。只有当其投资回收期为 5 年或更短时，埃尔伯塔水果农场才会购买该机器。请判断是否应当购买该机器。

（4）计算樱桃采摘机的内含报酬率。基于这样的计算，简单报酬率可以准确地指导投资决策吗？

案例

运用净现值法分析一种新产品

马特森电子股份公司（Matheson Electronics）刚刚开发了一款新型电子装置，公司认为该产品具有广泛的市场吸引力。公司已经进行了市场调研及成本分析，并得到了如下信息。

a. 为生产该电子装置获取新设备的成本为 315 000 美元，且预计可以使用 6 年。6 年后，残值为 15 000 美元。

b. 6 年中该电子装置的销量如下。

年	销量 / 件
1	9 000
2	15 000
3	18 000
4 ～ 6	22 000

c. 生产和销售该电子装置需要营运资本 60 000 美元，以支持应收账款、存货以及每日的现金需求。这部分营运资本将会在项目期满时释放。

d. 该装置单价为 35 美元，为生产、管理以及销售发生的单位变动成本为 15 美元。

e. 工资、维护费、财产税、保险费以及按直线法为设备计提的折旧等固定成本总额为每年 135 000 美元（应计折旧额为成本减残值）。

f. 为了快速进入市场，公司可能需要大量地做广告。广告成本如下。

年	年广告支出
1 ～ 2	180 000 美元
3	150 000 美元
4 ～ 6	120 000 美元

g. 公司的必要报酬率为 14%。

要求：

（1）计算预期未来 6 年里每年从销售电子装置中获得的净现金流入（边际贡献的增量减固定成本的增量）。

（2）运用（1）中得出的数据及其他已知数据，确定该投资项目的净现值。你会建议公司投产该电子装置作为新产品吗？

附录 15A　现值的概念

今天收到的 1 美元比一年后收到的 1 美元更有价值，一个很简单的理由是如果你现在有 1 美元，你可以将它存进银行，一年后你就会有多于 1 美元的钱。由于相同数量的钱在现在要比在将来更值钱，在不同时点收到的现金流量的价值一定不同。

15A.1　利率的数学运算

如果银行的存款利率为 5%，那么现在 100 美元的存款在一年后的价值为 105 美元。这可以用如下的数学式表达：

$$F_1 = P(1+r) \tag{15A-1}$$

式中　F_1——一段时期期末的余额；

　　　P——现在的投资额；

　　　r——每一期的利率。

在本例中，存款账户中有 100 美元，年利率为 5%，P=100 美元，r=0.05。在这些条件下，F_1=105 美元。

现在 100 美元的支出叫作一年后将要收到的 105 美元的**现值**（present value）。它同样被认为是未来收到的 105 美元的折现价值。100 美元代表了在利率为 5% 时，一年后将要收到的 105 美元的现值形式。

15A.1.1　复利

如果 105 美元第 2 年继续留在银行会怎么样？在那种情形下，最初的 100 美元存款将会增长至 110.25 美元。

	（单位：美元）
原始存款	100.00
第 1 年利息：100 美元 × 0.05	5.00
第 1 年年末的余额	105.00
第 2 年的利息：105 美元 × 0.05	5.25
第 2 年年末的余额	110.25

请注意，第 2 年年末的利息为 5.25 美元，与之相比第 1 年的利息只有 5 美元。这种差异的产生是由于第 2 年利息的支付是"利上加利"。也就是，第 1 年得到的 5 美元的利息在计算第 2 年的利息时被加入原始的 100 美元的存款中。这就被称为**复利**（compound interest）。在本例中，复利是以年来计算的。复利同样可以以半年、季度、月度甚至更频繁的基础来计算。复利的计算越频繁，余额的增长就越迅速。

我们可以用如下等式来确定一个账户复利 n 期之后的余额：

$$F_n = P(1+r)^n \tag{15A-2}$$

式中　n——复利的期数。

如果 $n = 2$ 年，年利率为 5%，两年后的余额计算如下：

$$F_2 = 100 \text{ 美元} \times (1+0.05)^2$$
$$= 110.25 \text{ 美元}$$

15A.1.2　现值和终值

图 15A-1 展示了现值与终值的关系。如图 15A-1 所示，100 美元以 5% 的年利率存入银行，按复利计息，在第 5 年年末会增长至 127.63 美元。

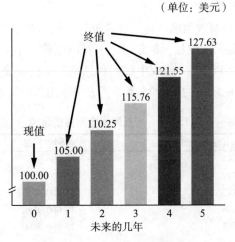

图 15A-1　现值与终值的关系

15A.2　现值的计算

一项投资可以从终值或现值的形式来考虑。我们从前述的计算中看到，如果我们知道现值（例如100美元的存款），n年后的终值可以用式（15A-2）计算。如果情况反过来，我们已知一定数量的终值但是不知道现值，怎么办？

例如，假定你在两年后将收到200美元。你知道终值为200美元，因为这是你在两年后将会收到的数目。但是这笔钱的现值——现在的价值是多少？在未来将会收到的任何数目的现值都可以通过将式（15A-2）变形并解出P：

$$P = \frac{F_n}{(1+r)^n} \qquad\qquad (15A\text{-}3)$$

在本例中，$F_n = 200$美元（在未来会收到的金额），$r = 0.05$（年利率），$n = 2$（未来收到这笔钱所需要的时间），则现值为：

$$P = \frac{200\text{ 美元}}{(1+0.05)^2}$$
$$= 181.40\text{ 美元}$$

如上式所示，在利率为5%的时候，两年后将会收到的200美元的现值为181.40美元。事实上，现在的181.40美元等价于两年后收到的200美元。

我们刚刚计算未来现金流量现值的过程，叫作**折现**（discounting）。我们已经将200美元折算成现值181.40美元。用于计算现值的5%的利率叫作**折现率**（discount rate）。将终值折算为现值在经营过程中很常见，特别是在资本预算决策中。

如果你的计算器上有幂集计算（y^x），那么上述的计算将会非常简单。但是，一些我们将用到的现值公式会更加复杂。幸运的是，在可获取的现值系数表中许多计算已经完成了。例如，附录15B中的表15B-1列出了在未来不同时期的1美元以不同的利率折算的现值。表中指出两年、5%的折现率下，1美元的现值为0.907美元。由于在本例中我们希望知道200美元而不是1美元的现值，我们需要将表格中的系数乘以200美元：

$$200\text{ 美元} \times 0.907 = 181.40\text{ 美元}$$

答案与我们之前用式（15A-3）计算的结果相同。

15A.3　一系列现金流量的现值

尽管一些投资涉及在未来的某一时点的单一现金流的收付，但是其他的投资会涉及一系列的现金流。一系列相同的现金流被称为**年金**（annuity）。例如，假定一家公司刚刚购入了一些政府债券，这些政府债券每年会产生15 000美元的利息，存续期为5年。从债权中收到利息所产生的现金流量的现值是多少？如表15A-1所示，如果折现率为12%，现金流量的现值为54 075美元。表中所用到的折现系数来自附录15B中的表15B-1。

表15A-1　一系列现金流量的现值

年	折现系数（12%）（见表15B-1）	收到的利息	现值
1	0.893	15 000美元	13 395美元
2	0.797	15 000美元	11 955美元
3	0.712	15 000美元	10 680美元
4	0.636	15 000美元	9 540美元
5	0.567	15 000美元	8 505美元
			54 075美元

表 15A-1 说明了以下很重要的两点。

第一，15 000 美元的利息在越远的将来收到，其现值越小。一年后收到的 15 000 美元的利息其现值为 13 395 美元，与之相比，5 年后收到的 15 000 美元的利息其现值仅为 8 505 美元。这一点凸显了货币的时间价值。

第二，表 15A-1 中的计算涉及了不必要的工作。同样的现值结果 54 075 美元通过附录 15B 中的表 15B-2 更容易获得。表 15B-2 包括了在不同的利率下在一系列年份中每年都收到 1 美元的现值。表 15B-2 中的系数是通过将表 15B-1 中的系数加总求得的。

年	折现系数（12%）（见表 15B-1）
1	0.893
2	0.797
3	0.712
4	0.636
5	0.567
	3.605

这 5 个系数的和为 3.605。在表 15B-2 中利率为 12%，5 年期每年都收到 1 美元所对应的系数同样也是 3.605。如果我们用这个系数乘以 15 000 美元的年现金流入，那么我们就会得到与之前表 15A-1 中相同结果 54 075 美元的现值。

$$15\ 000\ 美元 \times 3.605 = 54\ 075\ 美元$$

因此，当计算从第 1 年年末等额发生的一系列现金流量的现值时，应当运用表 15B-2。

简言之，附录 15B 中的现值系数表的用法如下。

表 15B-1：用于寻找发生在未来的单一现金流量（例如单一现金收付款）的现值。

表 15B-2：用于寻找开始于本期期末并将会持续发生的一系列等额现金流量的现值。

这两张表的运用在本章的正文部分以不同表格的形式已做说明。当现值系数出现在表格中时，你应当花费时间追溯到表 15B-1 或表 15B-2，以熟悉这些表格是如何发挥作用的。

复习题：基本的现值计算

以下的每一种情况都是独立的。给出在每一种情形下的解答，然后将其与提供的答案进行比较。

要求：

1. 约翰计划在 12 年后退休，届时，他将享受额外的假期。他预期成本至少为 40 000 美元。在利率分别为下列水平时，为了 12 年后获得 40 000 美元他现在需要一次性存入多少钱？

a. 8%

b. 12%

2. 摩根夫妇希望在未来 5 年每年年末送他们的女儿参加音乐夏令营，夏令营每年的花费为 1 000 美元。在利率分别为下列水平时，为了每年年末获得 1 000 美元现在需要一次性存入多少钱？

a. 8%

b. 12%

3. 假定你刚刚从一位亲属那里继承了一笔遗产，你可以在 10 年后一次性收取 200 000 美元或在未来 10 年中每年年末等额收取 14 000 美元。如果折现率为 12%，你会选择哪种方案？

复习题答案：

1. a. 现在需要存入的金额就是在折现率为 8% 的条件下的现值。由表 15B-1 可知，12 期利率为 8% 的复利现值系数为 0.397。将现值系数与 12 年后需要的 40 000 美元相乘就会得到现在所需的投资额：40 000 美元 × 0.397=15 880 美元。

b. 我们会继续 a 中的计算过程，但是，这一次我们会用 12% 的折现率。由表 15B-1 可知，12 期利率为 12% 的复利现值系数为 0.257。将现值系数与 12 年后需要的 40 000 美元相乘就会得到现在所需的投资额：40 000 美元 × 0.257=10 280 美元。

请注意，随着折现率（期望报酬率）的增加，现值在减少。

2. 这一题与第 1 题的不同之处在于，我们现在要解决年金问题而不是单一的未来现金流量。现在必须投入的金额是未来 5 年中每年年末所需 1 000 美元的现值。由于我们解决的是年金问题，或者一系列的年现金流量，我们必须参见表 15B-2 以寻求合适的折现系数。

a. 由表 15B-2 可知，5 期利率为 8% 的年金现值系数为 3.993。因此，为了在未来 5 年中每年年末获得 1 000 美元，现在所需投资的金额为 1 000 美元 × 3.993=3 993 美元。

b. 由表 15B-2 可知，5 期利率为 12% 的年金现值系数为 3.605。因此，为了在未来 5 年中每年年末获得 1 000 美元，现在所需投资的金额为 1 000 美元 × 3.605=3 605 美元。

同样要注意，随着折现率的增加，现值在减少。

当报酬率增加时，为了在将来收到给定金额的钱而现在所需的投资额就减少了。

3. 这一题我们需要参见表 15B-1 和表 15B-2。从表 15B-1 中我们需要找到 10 期、利率为 12% 的复利现值系数，然后将它与 10 年后收到的 200 000 美元相乘。从表 15B-2 中我们需要找到 10 期、利率为 12% 的年金现值系数，然后将它与 10 年中每年年末收到的系列年金 14 000 美元相乘。现值更高的方案就是我们所要选择的方案。

$$200\ 000\ \text{美元} \times 0.322 = 64\ 400\ \text{美元}$$
$$14\ 000\ \text{美元} \times 5.650 = 79\ 100\ \text{美元}$$

因此，你应当更愿意选择在 10 年中每年年末收取 14 000 美元而不是一次性收取 200 000 美元。这意味着你可以将每年年末收到的 14 000 美元以 12% 的利率投资，在 10 年后这笔钱的价值将超过 200 000 美元。

术语表

Annuity 年金　一系列等额的现金流量。

Compound interest 复利　在一项投资中利息的支付在上一期利息的基础上进行的过程。

Discount rate 折现率　用于寻求未来现金流量的现值的报酬率。

Discounting 折现　寻求未来现金流量的现值的过程。

Present value 现值　在未来将会收到的金额的当前价值。

练习题

基本现值概念 1

朱莉刚刚退休。她的公司有两种退休计划，即如何获得退休福利。根据第一种选择，朱莉将立即获得一笔 15 万美元的全额退休金。根据第二种选择，她将在 20 年内每年收到 14 000 美元，并在 20 年期结束时一次性获得 60 000 美元。

要求：

如果存款利率为 12%，使用现值分析，你建议她接受哪种选择？

基本现值概念 2

3 年后，当史蒂夫从空军退役后，他想买一艘价值 8 000 美元的动力船。

要求：

如果史蒂夫可以投资于以下项目，那么他现在必须一次性投资多少钱才能在 3 年后获得 8 000 美元：

（1）投资报酬率为 10% 的项目。

（2）投资报酬率为 40% 的项目。

附录 15B　现值系数表

表 15B-1 为期数从 1 ～ 30 和 40，利率从 4% ～ 25% 的复利现值系数表，表 15B-2 为期数从 1 ～ 30 和 40，利率从 4% ～ 25% 的年金现值系数表。

表 15B-1　复利现值系数 $= \dfrac{1}{(1+r)^n}$

期数	4%	5%	6%	7%	8%	9%	10%	11%	12%	13%	14%	15%	16%	17%	18%	19%	20%	21%	22%	23%	24%	25%
1	0.962	0.952	0.943	0.935	0.926	0.917	0.909	0.901	0.893	0.885	0.877	0.870	0.862	0.855	0.847	0.840	0.833	0.826	0.820	0.813	0.806	0.800
2	0.925	0.907	0.890	0.873	0.857	0.842	0.826	0.812	0.797	0.783	0.769	0.756	0.743	0.731	0.718	0.706	0.694	0.683	0.672	0.661	0.650	0.640
3	0.889	0.864	0.840	0.816	0.794	0.772	0.751	0.731	0.712	0.693	0.675	0.658	0.641	0.624	0.609	0.593	0.579	0.564	0.551	0.537	0.524	0.512
4	0.855	0.823	0.792	0.763	0.735	0.708	0.683	0.659	0.636	0.613	0.592	0.572	0.552	0.534	0.516	0.499	0.482	0.467	0.451	0.437	0.423	0.410
5	0.822	0.784	0.747	0.713	0.681	0.650	0.621	0.593	0.567	0.543	0.519	0.497	0.476	0.456	0.437	0.419	0.402	0.386	0.370	0.355	0.341	0.328
6	0.790	0.746	0.705	0.666	0.630	0.596	0.564	0.535	0.507	0.480	0.456	0.432	0.410	0.390	0.370	0.352	0.335	0.319	0.303	0.289	0.275	0.262
7	0.760	0.711	0.665	0.623	0.583	0.547	0.513	0.482	0.452	0.425	0.400	0.376	0.354	0.333	0.314	0.296	0.279	0.263	0.249	0.235	0.222	0.210
8	0.731	0.677	0.627	0.582	0.540	0.502	0.467	0.434	0.404	0.376	0.351	0.327	0.305	0.285	0.266	0.249	0.233	0.218	0.204	0.191	0.179	0.168
9	0.703	0.645	0.592	0.544	0.500	0.460	0.424	0.391	0.361	0.333	0.308	0.284	0.263	0.243	0.225	0.209	0.194	0.180	0.167	0.155	0.144	0.134
10	0.676	0.614	0.558	0.508	0.463	0.422	0.386	0.352	0.322	0.295	0.270	0.247	0.227	0.208	0.191	0.176	0.162	0.149	0.137	0.126	0.116	0.107
11	0.650	0.585	0.527	0.475	0.429	0.388	0.350	0.317	0.287	0.261	0.237	0.215	0.195	0.178	0.162	0.148	0.135	0.123	0.112	0.103	0.094	0.086
12	0.625	0.557	0.497	0.444	0.397	0.356	0.319	0.286	0.257	0.231	0.208	0.187	0.168	0.152	0.137	0.124	0.112	0.102	0.092	0.083	0.076	0.069
13	0.601	0.530	0.469	0.415	0.368	0.326	0.290	0.258	0.229	0.204	0.182	0.163	0.145	0.130	0.116	0.104	0.093	0.084	0.075	0.068	0.061	0.055
14	0.577	0.505	0.442	0.388	0.340	0.299	0.263	0.232	0.205	0.181	0.160	0.141	0.125	0.111	0.099	0.088	0.078	0.069	0.062	0.055	0.049	0.044
15	0.555	0.481	0.417	0.362	0.315	0.275	0.239	0.209	0.183	0.160	0.140	0.123	0.108	0.095	0.084	0.074	0.065	0.057	0.051	0.045	0.040	0.035
16	0.534	0.458	0.394	0.339	0.292	0.252	0.218	0.188	0.163	0.141	0.123	0.107	0.093	0.081	0.071	0.062	0.054	0.047	0.042	0.036	0.032	0.028
17	0.513	0.436	0.371	0.317	0.270	0.231	0.198	0.170	0.146	0.125	0.108	0.093	0.080	0.069	0.060	0.052	0.045	0.039	0.034	0.030	0.026	0.023
18	0.494	0.416	0.350	0.296	0.250	0.212	0.180	0.153	0.130	0.111	0.095	0.081	0.069	0.059	0.051	0.044	0.038	0.032	0.028	0.024	0.021	0.018
19	0.475	0.396	0.331	0.277	0.232	0.194	0.164	0.138	0.116	0.098	0.083	0.070	0.060	0.051	0.043	0.037	0.031	0.027	0.023	0.020	0.017	0.014
20	0.456	0.377	0.312	0.258	0.215	0.178	0.149	0.124	0.104	0.087	0.073	0.061	0.051	0.043	0.037	0.031	0.026	0.022	0.019	0.016	0.014	0.012
21	0.439	0.359	0.294	0.242	0.199	0.164	0.135	0.112	0.093	0.077	0.064	0.053	0.044	0.037	0.031	0.026	0.022	0.018	0.015	0.013	0.011	0.009
22	0.422	0.342	0.278	0.226	0.184	0.150	0.123	0.101	0.083	0.068	0.056	0.046	0.038	0.032	0.026	0.022	0.018	0.015	0.013	0.011	0.009	0.007
23	0.406	0.326	0.262	0.211	0.170	0.138	0.112	0.091	0.074	0.060	0.049	0.040	0.033	0.027	0.022	0.018	0.015	0.012	0.010	0.009	0.007	0.006
24	0.390	0.310	0.247	0.197	0.158	0.126	0.102	0.082	0.066	0.053	0.043	0.035	0.028	0.023	0.019	0.015	0.013	0.010	0.008	0.007	0.006	0.005
25	0.375	0.295	0.233	0.184	0.146	0.116	0.092	0.074	0.059	0.047	0.038	0.030	0.024	0.020	0.016	0.013	0.010	0.009	0.007	0.006	0.005	0.004
26	0.361	0.281	0.220	0.172	0.135	0.106	0.084	0.066	0.053	0.042	0.033	0.026	0.021	0.017	0.014	0.011	0.009	0.007	0.006	0.005	0.004	0.003
27	0.347	0.268	0.207	0.161	0.125	0.098	0.076	0.060	0.047	0.037	0.029	0.023	0.018	0.014	0.011	0.009	0.007	0.006	0.005	0.004	0.003	0.002
28	0.333	0.255	0.196	0.150	0.116	0.090	0.069	0.054	0.042	0.033	0.026	0.020	0.016	0.012	0.010	0.008	0.006	0.005	0.004	0.003	0.002	0.002
29	0.321	0.243	0.185	0.141	0.107	0.082	0.063	0.048	0.037	0.029	0.022	0.017	0.014	0.011	0.008	0.006	0.005	0.004	0.003	0.002	0.002	0.002
30	0.308	0.231	0.174	0.131	0.099	0.075	0.057	0.044	0.033	0.026	0.020	0.015	0.012	0.009	0.007	0.005	0.004	0.003	0.003	0.002	0.002	0.001
40	0.208	0.142	0.097	0.067	0.046	0.032	0.022	0.015	0.011	0.008	0.005	0.004	0.003	0.002	0.001	0.001	0.001	0.000	0.000	0.000	0.000	0.000

表 15B-2　年金现值系数 $=\dfrac{1}{r}\left[1-\dfrac{1}{(1+r)^n}\right]$

期数	4%	5%	6%	7%	8%	9%	10%	11%	12%	13%	14%	15%	16%	17%	18%	19%	20%	21%	22%	23%	24%	25%
1	0.962	0.952	0.943	0.935	0.926	0.917	0.909	0.901	0.893	0.885	0.877	0.870	0.862	0.855	0.847	0.840	0.833	0.826	0.820	0.813	0.806	0.800
2	1.886	1.859	1.833	1.808	1.783	1.759	1.736	1.713	1.690	1.668	1.647	1.626	1.605	1.585	1.566	1.547	1.528	1.509	1.492	1.474	1.457	1.440
3	2.775	2.723	2.673	2.624	2.577	2.531	2.487	2.444	2.402	2.361	2.322	2.283	2.246	2.210	2.174	2.140	2.106	2.074	2.042	2.011	1.981	1.952
4	3.630	3.546	3.465	3.387	3.312	3.240	3.170	3.102	3.037	2.974	2.914	2.855	2.798	2.743	2.690	2.639	2.589	2.540	2.494	2.448	2.404	2.362
5	4.452	4.329	4.212	4.100	3.993	3.890	3.791	3.696	3.605	3.517	3.433	3.352	3.274	3.199	3.127	3.058	2.991	2.926	2.864	2.803	2.745	2.689
6	5.242	5.076	4.917	4.767	4.623	4.486	4.355	4.231	4.111	3.998	3.889	3.784	3.685	3.589	3.498	3.410	3.326	3.245	3.167	3.092	3.020	2.951
7	6.002	5.786	5.582	5.389	5.206	5.033	4.868	4.712	4.564	4.423	4.288	4.160	4.039	3.922	3.812	3.706	3.605	3.508	3.416	3.327	3.242	3.161
8	6.733	6.463	6.210	5.971	5.747	5.535	5.335	5.146	4.968	4.799	4.639	4.487	4.344	4.207	4.078	3.954	3.837	3.726	3.619	3.518	3.421	3.329
9	7.435	7.108	6.802	6.515	6.247	5.995	5.759	5.537	5.328	5.132	4.946	4.772	4.607	4.451	4.303	4.163	4.031	3.905	3.786	3.673	3.566	3.463
10	8.111	7.722	7.360	7.024	6.710	6.418	6.145	5.889	5.650	5.426	5.216	5.019	4.833	4.659	4.494	4.339	4.192	4.054	3.923	3.799	3.682	3.571
11	8.760	8.306	7.887	7.499	7.139	6.805	6.495	6.207	5.938	5.687	5.453	5.234	5.029	4.836	4.656	4.486	4.327	4.177	4.035	3.902	3.776	3.656
12	9.385	8.863	8.384	7.943	7.536	7.161	6.814	6.492	6.194	5.918	5.660	5.421	5.197	4.988	4.793	4.611	4.439	4.278	4.127	3.985	3.851	3.725
13	9.986	9.394	8.853	8.358	7.904	7.487	7.103	6.750	6.424	6.122	5.842	5.583	5.342	5.118	4.910	4.715	4.533	4.362	4.203	4.053	3.912	3.780
14	10.563	9.899	9.295	8.745	8.244	7.786	7.367	6.982	6.628	6.302	6.002	5.724	5.468	5.229	5.008	4.802	4.611	4.432	4.265	4.108	3.962	3.824
15	11.118	10.380	9.712	9.108	8.559	8.061	7.606	7.191	6.811	6.462	6.142	5.847	5.575	5.324	5.092	4.876	4.675	4.489	4.315	4.153	4.001	3.859
16	11.652	10.838	10.106	9.447	8.851	8.313	7.824	7.379	6.974	6.604	6.265	5.954	5.668	5.405	5.162	4.938	4.730	4.536	4.357	4.189	4.033	3.887
17	12.166	11.274	10.477	9.763	9.122	8.544	8.022	7.549	7.120	6.729	6.373	6.047	5.749	5.475	5.222	4.990	4.775	4.576	4.391	4.219	4.059	3.910
18	12.659	11.690	10.828	10.059	9.372	8.756	8.201	7.702	7.250	6.840	6.467	6.128	5.818	5.534	5.273	5.033	4.812	4.608	4.419	4.243	4.080	3.928
19	13.134	12.085	11.158	10.336	9.604	8.950	8.365	7.839	7.366	6.938	6.550	6.198	5.877	5.584	5.316	5.070	4.843	4.635	4.442	4.263	4.097	3.942
20	13.590	12.462	11.470	10.594	9.818	9.129	8.514	7.963	7.469	7.025	6.623	6.259	5.929	5.628	5.353	5.101	4.870	4.657	4.460	4.279	4.110	3.954
21	14.029	12.821	11.764	10.836	10.017	9.292	8.649	8.075	7.562	7.102	6.687	6.312	5.973	5.665	5.384	5.127	4.891	4.675	4.476	4.292	4.121	3.963
22	14.451	13.163	12.042	11.061	10.201	9.442	8.772	8.176	7.645	7.170	6.743	6.359	6.011	5.696	5.410	5.149	4.909	4.690	4.488	4.302	4.130	3.970
23	14.857	13.489	12.303	11.272	10.371	9.580	8.883	8.266	7.718	7.230	6.792	6.399	6.044	5.723	5.432	5.167	4.925	4.703	4.499	4.311	4.137	3.976
24	15.247	13.799	12.550	11.469	10.579	9.707	8.985	8.348	7.784	7.283	6.835	6.434	6.073	5.746	5.451	5.182	4.937	4.713	4.507	4.318	4.143	3.981
25	15.622	14.094	12.783	11.654	10.675	9.823	9.077	8.422	7.843	7.330	6.873	6.464	6.097	5.766	5.467	5.195	4.948	4.721	4.514	4.323	4.147	3.985
26	15.983	14.375	13.003	11.826	10.810	9.929	9.161	8.488	7.896	7.372	6.906	6.491	6.118	5.783	5.480	5.206	4.956	4.728	4.520	4.328	4.151	3.988
27	16.330	14.643	13.211	11.987	10.935	10.027	9.237	8.548	7.943	7.409	6.935	6.514	6.136	5.798	5.492	5.215	4.964	4.734	4.524	4.332	4.154	3.990
28	16.663	14.898	13.406	12.137	11.051	10.116	9.307	8.602	7.984	7.441	6.961	6.534	6.152	5.810	5.502	5.223	4.970	4.739	4.528	4.335	4.157	3.992
29	16.984	15.141	13.591	12.278	11.158	10.198	9.370	8.650	8.022	7.470	6.983	6.551	6.166	5.820	5.510	5.229	4.975	4.743	4.531	4.337	4.159	3.994
30	17.292	15.372	13.765	12.409	11.258	10.274	9.427	8.694	8.055	7.496	7.003	6.566	6.177	5.829	5.517	5.235	4.979	4.746	4.534	4.339	4.160	3.995
40	19.793	17.159	15.046	13.332	11.925	10.757	9.779	8.951	8.244	7.634	7.105	6.642	6.233	5.871	5.548	5.258	4.997	4.760	4.544	4.347	4.160	3.995

附录 15C　所得税与净现值法

本附录讨论了在做出资本预算决策时所得税对净现值法的影响。本章正文通篇都忽略了所得税，原因有以下两点。第一，许多组织并不缴纳所得税。例如，非营利组织、医院、慈善机构以及政府的代理机构都免交所得税。第二，资本支出非常复杂，所得税只是其中非常小的一部分。既然我们已经建立了现金流量折现这一概念的牢固基础，现在我们就可以探索所得税对净现值法的影响了。

为了使这一讨论保持在合理范围内，我们做出了一些简化的假定。首先，尽管税法允许公司在资产投入使用的当年将部分固定资产的全部成本支出，但我们将假设公司的应纳税所得额等于其财务报告净收入，并且公司始终使用零残值直线折旧。其次，我们假设统一税率为 30%（联邦所得税税率为 21%，州和地方所得税税率为 9%）。最后，我们假设出售非流动资产没有收益或损失。

15C.1　关键概念

附录中包括了你已经学到的与净现值法相关的所有内容，并且只增加了一种现金流量的计算——所得税费用作为一种现金流出。为了计算与资本预算项目相关的所得税费用，我们将会采用两步法程序。第一步是计算项目每一年产生的净利润增量。第二步是用每一年的净利润增量乘以所得税率确定所得税费用，然后将每一年的所得税费用连同项目期内产生的其他现金流量一起折算为现值。

一项资本预算项目净利润增量的计算包括年销售收入减年经营付现成本（包括变动成本和固定付现成本）、年折旧费以及任何一次性支付的成本。请注意，折旧费是包括在净利润增量的计算中的，尽管折旧费是非付现成本，但它确实影响了应纳税所得额的计算，进而影响了与所得税费用相关的现金流出。一项资本预算项目的净利润增量的计算并不包括以初始投资形式发生的直接现金流出，这些初始投资发生于设备、其他资产以及安装成本。净利润增量的计算不包括营运资本的投资、在项目终止时释放的营运资本，以及当不存在利得或损失时销售非流动资产取得的收入。

简言之，在一项资本预算项目的净利润增量计算中应当包括或排除的项目如下。

净利润增量的计算中包括的项目有：	从净利润增量的计算中排除的项目有：
年销售收入	设备、其他资产以及安装成本等初始投资
年经营付现成本	营运资本投资
年折旧费	在项目终止时释放的营运资本
一次性支付的成本	当不存在利得或损失时销售非流动资产取得的收入

15C.2　所得税及净现值分析：举例

霍兰德公司（Holland Company）拥有一片富含矿石的土地的开采权。公司并不确定是否应该购买设备并在这片土地上开凿矿井。经过仔细调研之后，公司收集了如下数据。

（单位：美元）

设备的初始投资	275 000
营运资本的初始投资	50 000
预计矿石的年销售收入	250 000
预计的年经营付现成本	150 000
第 3 年道路的修复成本	30 000

矿井中的矿石预计 5 年后开采完毕，届时矿井将会关闭，营运资本将会被释放并重新调配。设备使用期为

5 年，期满无残值。在财务报告及纳税目的下，公司采用直线法计提折旧。税后资本成本为 12%，所得税率为 30%。为了保持一致，当我们计算税后现金流量的现值时，我们用税后的资本成本作为折现率。

霍兰德公司应当购入设备并开凿矿井吗？

图 15C-1 展示了包含所得税对决策影响的净现值分析。图 15C-1 的上部计算了项目在 1 ～ 5 年的净利润增量，以及每一年的所得税费用。净利润增量的计算包括年销售收入 250 000 美元、年经营付现成本 −150 000 美元、第 3 年道路修复成本 −30 000 美元以及年折旧费 55 000 美元（275 000 美元 ÷ 5 年 =55 000 美元 / 年）。每一年的净利润增量乘以所得税率即确定了所得税费用。

图 15C-1 的下部计算了采矿项目的净现值。Excel 表格中这一部分的现金流量合计排除了购买设备的初始现金流出 −275 000 美元、营运资本投资 −50 000 美元、年销售收入 250 000 美元、年经营性付现成本 −150 000 美元、第 3 年的道路修复成本 −30 000 美元、在第 5 年释放的营运资本 50 000 美元以及年所得税费用。请注意，单元格 C19 至单元格 G19 中显示的所得税费用直接来源于之前 C10 至 G10 的计算结果。在单元格 C20 至 G20 中每一年的总现金流量都乘以合适的折现率 12% 可以得出它们的现值。单元格 B22 至 G22 中的现值加在一起确定了项目的净现值为 231 美元。由于净现值为正，表明霍兰德公司应当进行该采矿项目。

（单位：美元）

	A	B	C	D	E	F	G
1					年		
2		现在	1	2	3	4	5
3	计算年所得税费用：						
4	年销售收入		250 000	250 000	250 000	250 000	250 000
5	经营付现成本		−150 000	−150 000	−150 000	−150 000	−150 000
6	第3年道路修复成本				−30 000		
7	折旧费		−55 000	−55 000	−55 000	−55 000	−55 000
8	净利润增量		45 000	45 000	15 000	45 000	45 000
9	所得税率		30%	30%	30%	30%	30%
10	所得税费用		−13 500	−13 500	−4 500	−13 500	−13 500
11							
12	计算净现值：						
13	设备采购成本	−275 000					
14	营运资本投资	−50 000					
15	年销售收入		250 000	250 000	250 000	250 000	250 000
16	经营付现成本		−150 000	−150 000	−150 000	−150 000	−150 000
17	第3年道路修复成本				−30 000		
18	释放的营运资本						50 000
19	所得税费用		−13 500	−13 500	−4 500	−13 500	−13 500
20	总现金流量（a）	−325 000	86 500	86 500	65 500	86 500	136 500
21	折现率（12%）（b）	1.000	0.893	0.797	0.712	0.636	0.567
22	现金流量现值（a）×（b）	−325 000	77 245	68 941	46 636	55 014	77 396
23	净现值（SUM B22：G22）	231					

图 15C-1　霍兰德公司：所得税及净现值分析

注：折现系数来自附录 15B 中的表 15B-1。

小结

除非组织获得了税收豁免，如非营利组织医院或政府的代理机构，否则在运用净现值法进行资本预算决策时应当考虑所得税的影响。计算与资本预算项目相关的所得税费用时应当遵循两步法程序。第一步是计算在项目期每一年产生的净利润增量。第二步是将每一年的净利润增量与所得税率相乘以确定所得税费用，然后将每一年的所得税费用连同项目期内产生的其他现金流量一起折算为现值。

一项资本预算项目净利润增量的计算包括年销售收入减年经营付现成本、年折旧费以及任何一次性支付的成本。一项资本预算项目的净利润增量的计算并不包括以初始投资形式发生的直接现金流出，这些初始投资发生于设备、其他资产以及安装成本。净利润增量的计算同样不包括营运资本的投资、在项目终止时释放的营运资本以及当不存在利得或损失时销售非流动资产取得的收入。

练习题

所得税及净现值分析

加斯顿公司（Gaston Company）正在考虑投资一个项目，该项目需要投资 200 万美元，用于购买使用寿命为 5 年且无残值的设备。公司税率为 30%，税后资本成本为 13%。它使用直线折旧法进行财务报告和纳税。该项目将在 5 年内每年提供经营净利润，如下所示。

销售收入	2 800 000 美元
变动成本	1 600 000 美元

		（续）
边际贡献		1 200 000 美元
固定成本：		
广告、工资和其他固定资产		
付现成本	500 000 美元	
折旧	400 000 美元	
固定成本总额		900 000 美元
经营净利润		300 000 美元

要求：

计算项目的净现值。

问题

1. 罗斯曼公司的所得税和净现值分析

罗斯曼公司（Rosman Company）正在分析是否要进行一项为期 5 年的项目投资。经过仔细研究，罗斯曼公司估算的该项目的成本和收入如下。

	（单位：美元）
所需新设备的成本	420 000
出售不再需要的旧设备	80 000
所需的营运资本	65 000
第 3 年和第 4 年的设备维护费用	20 000
年收入和成本：	
销售收入	410 000
变动成本	175 000
固定付现经营成本	100 000

上述新设备的使用寿命为 5 年，无残值。旧设备将在项目开始时出售，出售不会产生任何收益或损失。罗斯曼公司使用直线折旧法。公司税率为 30%，税后资本成本为 12%。当项目在 5 年内结束时，营运资本可以在公司其他地方进行投资。

要求：

（1）计算因该投资机会而产生的第 1 ~ 5 年的年度所得税费用。

（2）计算该投资机会的净现值。

2. Shimano 公司的所得税和净现值分析

Shimano 公司有机会在 5 年内生产和销售两种新产品中的一种。公司税率为 30%，税后资本成本为 14%。每种产品的成本和收入估算如下。

	（单位：美元）	
	产品 A	产品 B
初始投资	400 000	550 000
营运资本初始投资	5 000	60 000
年销售收入	370 000	390 000
年现金经营成本	200 000	170 000
3 年内所需维修费用	45 000	70 000

这两种产品的使用寿命均为 5 年，无残值。公司在财务报告和税务方面采用直线折旧法。5 年后，每种产品的营运资本将用于公司内部的其他投资。

要求：

（1）计算引入产品 A 所产生的第 1 ~ 5 年的年度所得税费用。

（2）计算与产品 A 相关的投资机会的净现值。

（3）计算引入产品 B 所产生的第 1 ~ 5 年的年度所得税费用。

（4）计算与产品 B 相关的投资机会的净现值。

（5）计算产品 A 和产品 B 的获利指数，公司应选择两种产品中的哪一种？为什么？

第 16 章

现金流量表

👁 商业聚焦

了解现金流量

2018 年，美国最大的食品和药品零售商克罗格公司（The Kroger Company），报告称实现了 31 亿美元的净利润。同年该公司花费了 30 亿美元建造工厂、购置设备、支付股息 4.37 亿美元、还清了 14 亿美元的长期债务，并且花费了 20 亿美元用于回购本公司的普通股股票。乍一看，这些数字可能会令人不解，因为克罗格公司花费的钱远远超出了其净利润。在这一章中，你将会学习现金流量表，将会阐释一个公司的净利润和它的现金流入、流出之间的关系。

资料来源：The Kroger Company, 2018 Form 10-K Annual Report.

📝 学习目标

1. 把现金流入和流出分类为经营活动产生的现金流量、投资活动产生的现金流量或者筹资活动产生的现金流量。

2. 用间接法编制现金流量表，从而确定出经营活动产生的现金流量净额。

3. 计算现金净流量。

4.（附录 16A）采用直接法确定经营活动产生的现金流量净额。

三大主要财务报表——利润表、资产负债表和现金流量表是对外报告的财务报表。而**现金流量表**（statement of cash flows）是指着重阐释影响现金流，进而影响到现金余额的那些主要活动的财务报表。企业管理层关注现金的理由很充分，因为在某些情况下，如果没有充足的现金，公司可能会错失绝佳的投资机会，甚至可能破产。

现金流量表回答了一些单纯依靠查阅利润表和资产负债表而不能解答的问题。例如，达美航空公司（Delta Airlines）在当年利润表显示其亏损超过 10 亿美元的情况下，从哪里获取了现金以支付近 1.4 亿美元的股息？迪士尼公司在欧洲迪士尼的投资损失超过 5 亿美元的情况下，如何能够投资近 10 亿美元来扩建和翻修其主题公园？在当年净利润仅为 212 亿美元的情况下，微软从哪里获得了 259 亿美元收购其他公司？这些问题都可以在现金流量表上找到答案。

虽然说，管理者往往更关心在预算编制过程中编制的预测现金流量表，但是现金流量表对于管理者以及投资者和债权人来说都是一个很有价值的分析工具。现金流量表可以用来回答诸如以下的关键问题。

（1）公司在其持续经营中是否能产生充足的正现金流以维持生存？

（2）公司是否有能力偿还债务？

（3）公司能够支付其正常的股息吗？

（4）为什么净利润和现金净流量不同？

（5）公司在多大程度上需要借钱来满足投资需求？

　　管理人员通过运用复式记账的基本原理来编制现金流量表，现金余额的变动额必须等于除现金以外所有其他资产负债表账户的变动额。这一编制原理确保正确分析所有非现金资产负债表账户的变化，能起到量化现金流入和流出的作用，从而解释现金余额的变化。[⊖]本章的目标就是将这个相当复杂的原理转化为少量的概念和步骤，以简化编制和解读现金流量表的过程。

　　在深入研究编制现金流量表的规则之前，我们需要回顾一下适用于所有资产账户、资产备抵账户、负债和股东权益账户的两个基本等式。

　　资产账户的基本等式为：

$$期初余额 + 借方发生额 - 贷方发生额 = 期末余额$$

　　资产备抵账户、负债和股东权益账户的基本等式为：

$$期初余额 - 借方发生额 + 贷方发生额 = 期末余额$$

　　这些等式将帮助你计算现金流量表中报告的各种现金流入和流出，并将会贯穿整个章节。

16.1　现金流量表：核心概念

　　现金流量表概括了公司一段时间内所有现金的流入和流出，也因此解释了现金余额的变动。现金流量表中的现金含义通常是广义的，它包括现金和现金等价物。**现金等价物**（cash equivalents）包括高流动性的短期投资，诸如短期国库券、商业票据以及仅仅是为了从临时闲置资金上获取收益的货币市场基金。大多数公司都把超额的现金储备投资于易于转化为现金的有息资产上。由于这些资产相当于现金，因而现金流量表中的现金应该包含这些资产。

　　本节的其余部分将讨论编制现金流量表时需要理解的4个核心概念，这4个概念包括：现金流量表的构成；编制现金流量表的一部分时所采用的直接法和间接法之间的区别；间接法的3个步骤；现金流量表中现金总流量的正确记录。[⊜]

16.1.1　现金流量表的构成

　　为了更容易地比较不同公司的数据，美国一般公认会计原则（GAAP）和国际财务报告准则（IFRS）要求公司在编制现金流量表时要遵循规定的准则。其中一项准则就要求将现金流量表划分为3个部分，报告企业经营活动、投资活动和筹资活动产生的现金流量。**经营活动**（operating activities）产生的现金流入和流出与影响净利润的收入和费用有关。**投资活动**（investing activities）产生的现金流入和流出与购置和处置非流动资产（如房屋、厂房、设备、长期投资以及借予他方款项）相关。**筹资活动**（financing activities）产生的现金流入和

⊖　现金流量表是根据以下资产负债表和利润表公式计算的：
　　（1）现金变动额 + 非现金资产变动额 = 负债变动额 + 股东权益变动额
　　（2）现金净流量 = 现金变动额
　　（3）股东权益变动额 = 净利润 - 股息 + 股本变动额
　　这3个等式可以用来推导出以下这个等式：
　　（4）现金净流量 = 净利润 - 非现金资产变动额 + 负债变动额 - 股息 + 股本变动额
　　从本质上来讲，解释现金净流量的现金流量表，是以净利润为起点，通过调整非现金资产负债表账户的变化编制而成的。
⊜　直接交换交易是另外一个与现金流量表相关的概念，它是指资产负债表非流动项目的互换。例如，一家公司可能会发行普通股用以直接交换房屋。然而现金流量表上是不会报告直接交换交易的，它们是在单独的附注中披露的。在高级会计课程中将会详尽地介绍这一主题。在本章中，我们对直接交换交易不予讨论。

流出与向债权人借款和偿付本金、与公司所有者完成诸如出售或回购普通股和支付股息等交易有关。表 16-1 总结了这 3 种活动产生的最常见的现金流入与流出。[⊖]

表 16-1 经营活动、投资活动和筹资活动的现金流入与流出

	现金流入	现金流出		现金流入	现金流出
经营活动			购买作为长期投资的股票和债券		√
从客户处收取的现金	√		出售作为长期投资持有的股票和债券	√	
向供应商支付的货款		√	借予他方款项		√
向保险公司、公用事业单位等支付的款项		√	收回借予他方的本金	√	
支付的职工薪酬		√	**筹资活动**		
向政府机构缴纳的各项税费		√	向债权人借款	√	
向债权人支付的利息		√	归还借款本金		√
投资活动			出售普通股收取的现金	√	
购买房屋、厂房和设备		√	支付现金回购普通股		√
出售房屋、厂房和设备	√		向股东支付股息		√

16.1.2 经营活动：直接法或间接法

美国一般公认会计原则和国际财务报告准则允许公司任选直接法或者间接法来计算经营活动产生的现金流量净额，规范来讲应该称之为**经营活动产生的现金流量净额**（net cash provided by operating activities）。直接法和间接法的目的相同，即将权责发生制下的净利润转化为收付实现制。但是，两者的实现方式却各不相同。

在**直接法**（direct method）下，需要按照收付实现制重新编制利润表。例如，销售商品时不确认收入的实现，待收取现金时再做记录；成本结转的时点是向供应商支付现金的时点而非销售商品的时点。从本质上说，现金收入是指销售收入，而与经营活动有关的现金支出就是费用。现金收入与现金支出的差额即为经营活动产生的现金流量净额。

间接法（indirect method）则是以收付实现制为基础对净利润进行调整。也就是说，现金销售收入、现金费用等不是直接通过计算得出，而是通过从净利润中扣除不影响现金流量的项目获得的。间接法说明了净利润与经营活动产生的现金流量净额之间存在差异的原因，这是它优于直接法的一个地方。

尽管这两种方法都同样可以计算得出经营活动产生的现金流量净额，但是绝大多数的公司都选择采用间接法来编制对外财务报告。如果一家公司采用了直接法来编制现金流量表，那么它还必须提供一份使用间接法编制的现金流量表补充资料。但是，如果一家公司选择使用间接法，它却不需要提供使用直接法编制的报表。鉴于直接法的工作量更大，所以很少有公司采用这一方法。因此，本章的主体部分是介绍间接法，直接法仅在附录 16A 中予以说明。

16.1.3 间接法：三步式

间接法通过三步将净利润调整为经营活动产生的现金流量净额。

步骤 1

第一步是将折旧费用（depreciation charges）加到净利润上。折旧费用是在一定期间累计折旧账户的贷方发生额——增加累计折旧的会计分录的贷方发生额总额。我们为什么要这样做呢？因为累计折旧是一个非现金资产负债表账户，而我们必须在净利润的基础上对这一期间的非现金资产负债表账户的所有变动进行调整。

我们使用之前提到的资产备抵账户的基本等式来计算累计折旧账户的贷方发生额。

资产备抵账户的基本等式为：

⊖ 经营活动现金流入也包括利息收益和股息收益，但是本章仅限于销售商品的现金流入。

$$期初余额 - 借方发生额 + 贷方发生额 = 期末余额$$

例如，假设累计折旧账户的期初余额和期末余额分别为 300 美元和 500 美元。同时，假设该公司在此期间出售设备累计折旧额为 70 美元。鉴于我们在累计折旧账户的借方记录出售或报废设备的累计折旧额，在净利润中加上的折旧额的计算过程如下：

$$期初余额 - 借方发生额 + 贷方发生额 = 期末余额$$
$$300 \text{ 美元} - 70 \text{ 美元} + 贷方发生额 = 500 \text{ 美元}$$
$$贷方发生额 = 500 \text{ 美元} - 300 \text{ 美元} + 70 \text{ 美元}$$
$$贷方发生额 = 270 \text{ 美元}$$

我们也可以用累计折旧的 T 型账户来展示同样的推理方法。鉴于我们已知该账户的期初余额与期末余额，并且知道出售设备时的借方发生额，那么 T 型账户的贷方发生额必定等于 270 美元。

累计折旧

		期初余额	300 美元
出售设备	70 美元		
			270 美元
		期末余额	500 美元

对于销售商品和提供服务的公司来说，累计折旧的 T 型账户的贷方发生额与其折旧费用账户的借方发生额相等。第一步的调整就包含了将折旧费用加到净利润上。

然而，对于制造企业来说，累计折旧 T 型账户的某些贷方发生额与生产性资产的折旧有关，而生产性资产的折旧是计入在产品存货的借方而非折旧费用的借方的。对于这些公司而言，折旧支出并不简单地等同于折旧费用。

由于在现金流量表中折旧费用是加回到净利润当中去的，所以有些人错误地以为公司可以通过增加折旧费用来增加现金流。这当然是错误的，一个公司不可能通过增加其折旧费用来增加其经营活动产生的现金流量净额。如果增加了 X 美元的折旧费用，那么净利润就会相应减少 X 美元，而第一步中的调整额也会增加 X 美元。净利润的减少额与第一步中的调整额恰好相互抵消，最终对经营活动产生的现金流量净额没有影响。

步骤 2

第二步是分析影响净利润的非现金资产负债表账户的净变动额（net changes in noncash balance sheet accounts）。表 16-2 提供了分析流动资产与流动负债账户的总体指南。[⊖]对于表中列示的每一个账户，你都需要从查阅资产负债表开始，计算整个期间账户余额的变化，然后你需要在净利润中加上或者减去这些变动额，如表 16-2 所示。请注意，所有流动资产账户（应收账款、存货和待摊费用）的变化对净利润的调整都是相同的。

表 16-2　分析非现金资产负债表账户变化如何影响现金流量表上净利润的总体指南

	账户余额的增加	账户余额的减少		账户余额的增加	账户余额的减少
流动资产			**流动负债**		
应收账款	减去	加上	应付账款	加上	减去
存货	减去	加上	应计负债	加上	减去
待摊费用	减去	加上	应交所得税	加上	减去

如果某个资产账户的余额在此期间增加了，其增加额将从净利润中扣除。如果某个资产账户的余额在此期间减少了，其减少额将加到净利润中去。流动负债账户（应付账款、应计负债和应交所得税）的调整方法则相反。如果某个负债账户的余额增加了，其增加额将加到净利润中去。如果某个资产账户的余额减少了，其减少

⊖ 诸如应付利息等其他账户也会影响到这些计算。然而，为了简化，本章仅仅探讨表 16-2 中所列的账户。

额将从净利润中扣除。

请注意，上面所做的这些调整的目的是将净利润转化为收付实现制。例如，应收账款余额的变化衡量的是赊销和从赊购的客户处收取的现金之间的差额。应收账款余额增加意味着赊销数超过了从赊购的客户处收取的现金数。应收账款余额减少意味着从赊购的客户处收取的现金数超过了赊销数。在这种情况下，净利润中应加上应收账款余额的变动额，因为这时它反映了从赊销的客户处收取的现金数超出赊销数的大小。

表 16-2 中的其他账户也都有着相似的基本逻辑关系。对存货和应付账款的调整是将销货成本调整为购买商品支付的现金。对待摊费用和应计负债的调整是将销售和管理费用转化为收付实现制。对于应交所得税的调整则是将所得税费用调整为收付实现制。

步骤 3

计算经营活动产生的现金流量净额的第三步是调整利润表中的收益或损失。根据美国一般公认会计原则和国际财务报告准则的规定，出售非流动资产的现金收入必须列示在现金流量表的投资活动部分。为了遵循这些规定，必须从现金流量表的经营活动部分报告的净利润中扣除与出售非流动资产有关的收益或损失。在做这种调整时，要将收益从经营活动部分的净利润中扣除并将损失加到经营活动部分的净利润中去。

| 商业实战 16-1 |　　　　　　　　　西尔斯的供应商想尽快收回他们的钱

西尔斯（Sears）的一些供应商一改往常 30～60 天的收款标准，想要西尔斯在 15 天之内就支付款项。供应商正在争取让西尔斯更快地付款，以补偿供应商将商品卖给陷入困境的零售商的风险。这家陷入困境的零售公司每年亏损超过 10 亿美元。从现金流的角度来看，更早地向供应商支付款项将降低西尔斯的应付账款余额，进而降低其经营活动产生的现金流量净额。

资料来源：Suzanne Kapner, "Jittery Suppliers Press Sears to Pay Up Faster," *The Wall Street Journal*, March 19,2015, pp.B1-B2.

16.1.4　投资及筹资活动：现金总流量

美国一般公认会计原则和国际财务报告准则要求现金流量表的投资及筹资部分披露现金总流量。举例来说，假设梅西百货（Macy's Department Stores）在一年中购买了 5 000 万美元的房屋，并以 3 000 万美元的价格出售了其他房屋。该公司必须呈现购进交易和出售交易的总额，而不能仅显示 2 000 万美元的净变动额。在现金流量表的投资活动部分，将会披露 5 000 万美元购进业务的现金流出，并列报 3 000 万美元出售业务的现金流入。类似地，如果美国铝业（Alcoa）出售长期债券获得了 8 000 万美元的现金，然后花费 3 000 万美元的现金清偿其他债券，那么这两笔交易在现金流量表的筹资活动部分也应当单独列报，而不能以相互抵销的净额列报。

现金流量表中的经营活动部分在列报现金流量时并不采取总额法，而是反映借方和贷方相互抵销后的净额。例如，REI 在今年的销售业绩中增加了 6 亿美元的应收账款，并收回了 5.9 亿美元的应收账款，那么它在现金流量表中仅列报 1 000 万美元的净增加额。

要想计算出现金流量表中投资活动及筹资活动产生的现金总流量，你需要先算出每个对应资产负债表账户的余额变动。同流动资产一样，非流动资产账户（包括房屋、厂房及设备，长期投资和借予他方款项）余额的增加意味着需要在现金流量表投资活动部分减去现金流出。如果非流动资产账户的余额在此期间减少了，即意味着需要增加现金流入。负债和股东权益账户（应付债券和普通股）的处理方式则正好相反。若负债或股东权益账户余额增加了，就表明需要在现金流量表的筹资活动部分增加现金流入，若负债或股东权益账户余额减少了，就表明需要扣减这部分现金流出。表 16-3 对这些一般性准则进行了总结。

表 16-3 分析非现金资产负债表账户变动如何影响现金流量表投资部分及筹资部分的一般准则

	账户余额增加	账户余额减少
非流动资产（投资活动）		
房屋、厂房及设备	减去	加上
长期投资	减去	加上
借予他方款项	减去	加上
负债和股东权益（筹资活动）		
应付债券	加上	减去
普通股	加上	减去
留存收益	①	①

①若想量化所支付的现金股利，尚需进一步的分析。

在上述准则的基础上，若想正确地计算出每个账户的现金流入与流出总量，则需要分析在此期间内发生的与该账户有关的交易。现以房屋、厂房及设备和留存收益为例来加以说明。

1. 房屋、厂房及设备账户

当公司购置房屋、厂房及设备时，应以购置金额借记房屋、厂房及设备账户。当出售或处置这些资产时，应以原价贷记该账户。根据之前提到的资产账户基本等式来计算与房屋、厂房及设备有关的现金流出量。

资产账户的基本等式：

$$期初余额 + 借方发生额 - 贷方发生额 = 期末余额$$

例如，假设某公司的房屋、厂房及设备账户的期初余额与期末余额分别为 1 000 美元和 1 800 美元。除此之外，该公司在此期间以 40 美元的现金出售了一台设备，该设备原值为 100 美元，累计折旧为 70 美元。则该公司因为此项业务记录了 10 美元的收益，进而结转到净利润当中。

我们首先计算出房屋、厂房及设备账户增加了 800 美元，这意味着需要从现金流量表筹资活动部分扣减这一现金流出。事实上，我们很容易就得出这样的结论：本例中分析房屋、厂房及设备账户的正确方法就是在账户余额增加 800 美元时，对应地记录 800 美元的现金流出。然而，只有在公司在本年没有出售任何房屋、厂房及设备的情况下，此结论才是正确的。由于该公司出售了设备，我们只能根据资产账户的基本等式来计算现金流出，计算过程如下：

$$期初余额 + 借方发生额 - 贷方发生额 = 期末余额$$
$$1 000 美元 + 借方发生额 - 100 美元 = 1 800 美元$$
$$借方发生额 = 1 800 美元 - 1 000 美元 + 100 美元$$
$$借方发生额 = 900 美元$$

上述推导过程也可以用房屋、厂房及设备的 T 型账户来说明。考虑到账户的期初余额、期末余额以及记录下来的冲销已售设备的原值的贷方发生额均为已知，那么 T 型账户的借方发生额，即该账户的增加额就一定是 900 美元。

房屋、厂房及设备

期初余额	1 000 美元		
添置固定资产	**900 美元**	出售设备	100 美元
期末余额	1 800 美元		

所以，正确的会计处理是从报表的经营活动产生的现金流量部分的净利润中减去因设备出售而获得的 10

美元的收益，而不是在现金流量表的投资活动现金流量部分列报 800 美元的与房屋、厂房及设备有关的现金流出。同时，还需要在报表的投资活动现金流量部分披露出售设备获得的 40 美元的现金流入，以及因添置房屋、厂房及设备而造成的 900 美元的现金流出。

2. 留存收益

当公司获得净利润时，留存收益账户的贷方会增加，而公司分配股利时，则计入留存收益账户的借方。根据之前提到的股东权益账户的基本等式，可以计算出支付的现金股利总额。

股东权益账户的基本等式：

$$期初余额 - 借方发生额 + 贷方发生额 = 期末余额$$

例如，假定某公司的留存收益账户的期初余额与期末余额分别为 2 000 美元和 3 000 美元。此外，该公司列报了 1 200 美元的净利润以及支付了一定的现金股利。为了确定现金股利支付额，我们首先计算出留存收益账户有 1 000 美元的增加额，然而，鉴于该账户既反映这一期间获取的净利润，又反映股利的支付额，所以，我们必须利用上述等式来计算现金股利支付额，计算过程如下：

$$期初余额 - 借方发生额 + 贷方发生额 = 期末余额$$
$$2 000 美元 - 借方发生额 + 1 200 美元 = 3 000 美元$$
$$3 200 美元 = 3 000 美元 + 借方发生额$$
$$借方发生额 = 200 美元$$

同样也可以用留存收益 T 型账户来表示上述过程。考虑到账户的期初余额、期末余额以及 T 型账户贷方所记录的净利润都是已知的，那么现金股利作为 T 型账户借方列报的金额就一定是 200 美元。

		留存收益	
		期初余额	2 000 美元
现金股利	200 美元	净利润	1 200 美元
		期末余额	1 800 美元

因此，不能错误地列报有关留存收益的 1 000 美元的现金流总变动额，正确的会计处理是在现金流量表的经营活动产生的现金流量部分披露 1 200 美元的净利润，并在报表的筹资活动产生的现金流量部分列报 200 美元的现金股利。

16.1.5 核心概念总结

表 16-4 总结了之前讨论的 4 个核心概念。第一个核心概念是现金流量表分为 3 个部分：经营活动、投资活动和筹资活动。需要结合这 3 种类型的活动所耗用或产生的现金流量净额来分析反映现金余额变化的现金及现金等价物的净增加额或净减少额。第二个核心概念是现金流量表的经营活动部分可采用直接法或者间接法编制。直接法是将销售收入、销货成本、销售和管理费用以及所得税都转化为收付实现制。而间接法则是以权责发生制下的净利润为起点，将其调整为收付实现制。第三个核心概念是间接法通过三步来计算出经营活动产生的现金流量净额：第一步是将折旧加回到净利润当中去；第二步是分析影响净利润的非现金资产负债表账户的变动情况；第三步是调整利润表中的收益和损失。第四个核心概念是记录现金流量表投资活动部分与筹资活动部分的现金总流入与总流出（而非净流入与净流出）。⊖

⊖ 本章中关于普通股交易采取了两种简化的分析方法。首先我们总是假定公司发行无面值的普通股，于是，本章的分析中就排除了额外的实收资本。其次，本章假定股票回购交易直接记录在普通股账户的借方，而不是记录在称之为"库存股"的股东权益抵减账户的借方。

表 16-4　编制现金流量表的核心概念总结　　　　　　　　　　　　　（单位：美元）

核心概念 1		核心概念 2	
现金流量表分为 3 个部分：		美国一般公认会计原则和国际财务报告准则允许现金流量表的经营活动部分采用两种方法编制：	
经营活动		**直接法（附录 16A）**	
经营活动产生（或耗用）的现金流量净额	××	从客户处收到的现金	××
投资活动		采购存货支付的现金	(××)
投资活动产生（或耗用）的现金流量净额	××	销售和管理费用支付的现金	(××)
		缴纳所得税支付的现金	(××)
		经营活动产生（或耗用）的现金流量净额	××
筹资活动			
筹资活动产生（或耗用）的现金流量净额	××		
		间接法	
现金及现金等价物的净增/减额	××	净利润	××
现金及现金等价物的期初余额	××	各项调整（+/-）	××
现金及现金等价物的期末余额	××	经营活动产生（或耗用）的现金流量净额	××

核心概念 3		核心概念 4	
运用间接法计算经营活动产生的现金流量净额的过程分为 3 步：		现金流量表的投资活动部分与筹资活动部分必须列报总现金流量：	
经营活动		经营活动产生（或耗用）的现金流量净额	××
净利润	××	**投资活动**	
为将净利润转化为收付实现制所做的调整：		房屋、厂房及设备的购置	(××)
步骤 1 { 加：折旧	××	房屋、厂房及设备的出售	××
		购买长期投资	(××)
		出售长期投资	××
步骤 2 { 分析非现金资产负债表账户的净变动情况：		投资活动产生（或耗用）的现金流量净额	(××)
流动资产账户的增加额	(××)	**筹资活动**	
流动资产账户的减少额	××	发行应付债券	××
流动负债账户的增加额	××	偿还应付债券本金	(××)
流动负债账户的减少额	(××)	发行普通股	××
		回购自有普通股股票	(××)
		支付股利	(××)
步骤 3　对收益/损失的调整：		筹资活动产生（或耗用）的现金流量净额	××
出售收益	(××)	现金及现金等价物的净增/减额	××
出售损失	××	现金及现金等价物的期初余额	××
经营活动产生（或耗用）的现金流量净额	××	现金及现金等价物的期末余额	××

16.2　现金流量表举例

为了阐明前节所介绍的内容，现在以一家名为阿帕尔股份有限公司（简称阿帕尔公司）的商业企业为例编制现金流量表。该公司的利润表与比较资产负债表如表 16-5 和表 16-6 所示。

表 16-5　阿帕尔公司利润表　　　　　　　　　　　　　（单位：百万美元）

销售收入	3 638	非经营性项目：出售门店的收益	3
销货成本	2 469	税前利润	231
毛利	1 169	所得税	91
销售和管理费用	941	净利润	140
经营净利润	228		

表 16-6　阿帕尔公司比较资产负债表　　　　　　　　　　　　（单位：百万美元）

资产	期末余额	期初余额	变动额	负债和股东权益	期末余额	期初余额	变动额
流动资产				流动负债			
现金及现金等价物	91	29	+62	应付账款	264	220	+44
应收账款	637	654	−17	应计负债	193	190	+3
存货	586	537	+49	应交所得税	75	71	+4
流动资产合计	1 314	1 220		流动负债合计	532	481	
房屋、厂房及设备	1 517	1 394	+123	应付债券	479	520	−41
减：累计折旧	654	561	+93	负债合计	1 011	1 001	
房屋、厂房及设备净值	863	833		股东权益			
资产总计	2 177	2 053		普通股	157	155	+2
				留存收益	1 009	897	+112
				股东权益合计	1 166	1 052	
				负债和股东权益总计	2 177	2 053	

我们同样假定了关于阿帕尔公司的如下事实。

（1）该公司出售了一间门店，该门店的原值为 1 500 万美元，累计折旧为 1 000 万美元。此次出售的现金收入为 800 万美元，收益为 300 万美元。

（2）该公司当年未发行任何新债券。

（3）该公司当年未回购自有普通股。

（4）该公司当年发放了一次现金股利。

需要注意的是，表 16-6 中的比较资产负债表包含了每一个资产负债表账户的变动额。例如，现金及现金等价物的期初余额与期末余额分别为 2 900 万美元和 9 100 万美元。也就是说，该账户余额增加了 6 200 万美元。其他资产负债表账户的计算同上。因为我们之后还将借助这些账户的余额，所以我们现在需要对它们进行学习。例如，我们需要记住阿帕尔公司编制现金流量表的目的在于披露表 16-6 中现金及现金等价物增加的 6 200 万美元背后的经营活动、投资活动及筹资活动产生的现金流量。同样，也请注意虽然表 16-6 已为你计算出了各账户余额的变动额，在试图编制现金流量表之前，通常你需要自己计算一下上述余额的变动额。

16.2.1　经营活动

本节采用先前提到的三步法来编制阿帕尔公司现金流量表的经营活动部分。

步骤 1

计算阿帕尔公司经营活动产生的现金流量净额的第一步是在净利润中加上折旧，从表 16-6 的比较资产负债表中可以看到，阿帕尔公司的累计折旧账户的期初余额和期末余额分别为 5.61 亿美元和 6.54 亿美元。从之前的假设中，我们还可以得知阿帕尔公司当年出售了一间门店，该门店的累计折旧为 1 000 万美元。基于上述事实，我们可以根据资产备抵账户的基本等式确定出阿帕尔公司需要在净利润中加上 1.03 亿美元的折旧：

$$期初余额 - 借方发生额 + 贷方发生额 = 期末余额$$
$$5.61 亿美元 - 1 000 万美元 + 贷方发生额 = 6.54 亿美元$$
$$贷方发生额 = 6.54 亿美元 - 5.61 亿美元 + 1 000 万美元$$
$$贷方发生额 = 1.03 亿美元$$

步骤 2

计算经营活动产生的现金流量净额的第二步是分析影响净利润的非现金资产负债表账户的净变动额。表 16-7 列示了阿帕尔公司完成此步骤所需要做的 5 项调整。为了便于读者参考，表 16-7 的上半部分再现了完成本步骤的一般准则的摘录，这在之前的表 16-2 中也总结过。表 16-7 的下半部分则将表中上半部分的一般准则应用于阿帕尔公司的资产负债表。例如，表 16-6 显示阿帕尔公司的应收账款余额减少了 1 700 万美元。而表 16-7 的上半部分就表明应收账款的减少额被加到净利润当中去了。这就解释了为什么在表 16-7 的下半部分中阿帕尔公司应收账款 1 700 万美元的减少额前会有一个加号。类似地，表 16-6 表明阿帕尔公司的存货余额增加了 4 900 万美元。当存货增加时，净利润中会扣减该增加额。这就解释了为什么在表 16-7 的下半部分中阿帕尔公司存货 4 900 万美元的增加额前会有一个减号。运用同样的推理方式，就可以解释为什么表 16-6 中的应付账款增加（+44），应计负债增加（+3）以及应交所得税增加（+4）均导致表 16-7 的下半部分中列示的阿帕尔公司的净利润的增加。

表 16-7　阿帕尔公司：分析非现金资产负债表账户如何影响现金流量表中的净利润

（单位：百万美元）

	账户余额增加	账户余额减少
表 16-2 中的一般准则		
流动资产		
应收账款	减	加
存货	减	
流动负债		
应付账款	加	减
应计负债	加	减
应交所得税	加	减
	账户余额增加	**账户余额减少**
阿帕尔公司的账户分析		
流动资产		
应收账款		+17
存货	-49	
流动负债		
应付账款	+44	
应计负债	+3	
应交所得税	+4	

步骤 3

计算经营活动产生的现金流量净额的第三步是调整利润表中的收益和损失。阿帕尔公司在表 16-5 所示的利润表中列报了 300 万美元的收益；因此，需要从净利润中减去该数额。通过扣减销售收入，将其从现金流量表中的经营活动部分剔除。而与此项销售业务相关的全部现金收入则将反映在报表的投资活动部分。

表 16-8 列示了阿帕尔公司现金流量表的经营活动部分。现在花一些时间来查看我们刚才对表中每个数字所做的计算。对净利润的总调整额为 1.19 亿美元，从而经营活动产生的现金流量净额就是 2.59 亿美元。

表 16-8　阿帕尔公司：现金流量表的经营活动部分　（单位：百万美元）

	经营活动		
	净利润		140
	将净利润转化为收付实现制的调整项：		
步骤 1	折旧	103	
	应收账款减少	17	
	存货增加	（49）	
步骤 2	应付账款增加	44	
	应计负债增加	3	
	应交所得税增加	4	
步骤 3	出售门店的收益	（3）	119
	经营活动产生（或耗用）的现金流量净额		259

16.2.2　投资活动

阿帕尔公司投资活动产生的现金流量与其房屋、厂房及设备账户有关，如表 16-6 所示，该账户的期初余额与期末余额分别为 13.94 亿美元和 15.17 亿美元，即增加额为 1.23 亿美元。该增加额表明阿帕尔公司购置了设备；然而，其并未反映现金流量表中需要列报的总现金流量。

根据之前的假设，阿帕尔公司以 800 万美元的现金出售了一间原值为 1 500 万美元的门店，此项出售带来的现金流入应当记录于现金流量表的投资活动部分。为了计算出与购置房屋、厂房及设备有关的现金流出，我们要用到本章开头部分所提到的资产账户的基本等式：

$$期初余额 + 借方发生额 - 贷方发生额 = 期末余额$$
$$13.94\ 亿美元 + 借方发生额 - 1\ 500\ 万美元 = 15.17\ 亿美元$$
$$借方发生额 = 15.17\ 亿美元 - 13.94\ 亿美元 + 1\ 500\ 万美元$$
$$借方发生额 = 1.38\ 亿美元$$

请注意，上述等式的贷方发生额中包括所出售门店的原值。将购置房屋、厂房及设备的现金流出量 1.38 亿美元与出售门店的现金流入量 800 万美元相减，即可得出阿帕尔公司投资活动耗用的现金流量净额为 1.3 亿美元。

16.2.3　筹资活动

表 16-9 对于如何计算阿帕尔公司与资产负债表中应付债券和普通股账户有关的现金流量做了解释。表的上半部分再现了之前在表 16-3 分析筹资活动现金流量的一般准则的摘录。表 16-9 的下半部分将上半部分的一般准则应用于阿帕尔公司资产负债表中的这两个账户。下面我们将依次分析每个账户。

表 16-6 显示阿帕尔公司的应付债券余额减少了 4 100 万美元。如前所述，由于阿帕尔公司当年并未发行任何债券，我们可以得出这样的结论：该账户 4 100 万美元的减少额单纯是偿还债券导致的。表 16-9 的上半部分指出应付债券的减少意味着需要从现金流量表的投资活动部分减去这部分现金流出。这就解释了为什么表的下半部分中阿帕尔公司应付债券 4 100 万美元的减少额前会有一个减号。类似地，表 16-6 表明阿帕尔公司的普通股余额增加了 200 万美元。如前所述，因为阿帕尔公司当年并未回购任何自有普通股股票，我们可以得出这样的结论：该账户 200 万美元的增加额单纯是发行普通股导致的。表 16-9 的上半部分指出普通股的增加意味着需要在现金流量表的投资活动部分加上这部分现金流入。这就解释了为什么在表 16-7 的下半部分中阿帕尔公司普通股 200 万美元的增加额前会有一个加号。

表 16-9　阿帕尔公司：分析非现金资产负债表账户变化如何影响现金流量表筹资活动现金流量

（单位：百万美元）

	账户余额增加	账户余额减少
表 16-3 中的一般准则		
负债和股东权益		
应付债券	加	减
普通股	加	减
	账户余额增加	**账户余额减少**
阿帕尔公司的账户分析		
负债和股东权益		
应付债券		→ -41
普通股	→ +2	

阿帕尔公司筹资活动最终的现金流出是向普通股股东支付的股利。可以借助本章开头提到的股东权益账户的基本等式来计算股利支付额：

$$期初余额 - 借方发生额 + 贷方发生额 = 期末余额$$
$$8.97\ 亿美元 - 借方发生额 + 1.4\ 亿美元 = 10.09\ 亿美元$$
$$10.37\ 亿美元 = 10.09\ 亿美元 + 借方发生额$$
$$借方发生额 = 2\ 800\ 万美元$$

将 6 900 万美元（=4 100 万美元 +2 800 万美元）的现金流出与 200 万美元的现金流入相减，可得出阿帕尔公司筹资活动耗用的现金流量净额为 6 700 万美元。

表 16-10 列示了阿帕尔公司的现金流量表。报表的经营活动部分由表 16-8 转入。现在我们花一些时间来查看刚才在表 16-10 中反映的投资活动及筹资活动产生的现金流量，需注意的是现金及现金等价物的净变动额是根据以下等式计算得到的：

$$\begin{array}{l} \text{现金及现金等价} \\ \text{物的净变动额} \end{array} = \begin{array}{c} \text{经营活动产生（或耗用）} \\ \text{的现金流量净额} \end{array} + \begin{array}{c} \text{投资活动产生（或耗用）} \\ \text{的现金流量净额} \end{array} + \begin{array}{c} \text{筹资活动产生（或耗用）} \\ \text{的现金流量净额} \end{array}$$

$$\begin{array}{l} \text{现金及现金等价} \\ \text{物的净变动额} \end{array} = 2.59 \text{ 亿美元} - 1.3 \text{ 亿美元} - 6\,700 \text{ 万美元}$$

$$= 6\,200 \text{ 万美元}$$

该数额与表 16-6 的比较资产负债表中现金及现金等价物的变动额 6 200 万美元是一致的。

表 16-10　阿帕尔公司现金流量表：间接法编制　　　　　（单位：百万美元）

经营活动			投资活动		
净利润		140	房屋、厂房及设备的增加		（138）
将净利润转化为收付实现制所做的调整：			出售门店的收益		8
折旧	103		投资活动产生（或耗用）的现金流量净额		（130）
应收账款的减少	17		**筹资活动**		
存货的增加	（49）		偿还应付债券		（41）
应付账款的增加	44		发行普通股		2
应计负债的增加	3		已付现金股利		（28）
应交所得税的增加	4		筹资活动产生（或耗用）的现金流量净额		（67）
门店销售收入	（3）	119	现金及现金等价物净增加额		62
经营活动产生（或耗用）的现金流量净额		259	现金及现金等价物期初余额		29
			现金及现金等价物期末余额		91

16.2.4　综观全局

本章开头提到，现金流量表的编制是通过分析非现金资产负债表账户的变动情况来实现的。接着我们阐述了编制现金流量表的方法。这一方法简化了编制现金流量表的过程，现在我们将说明这与分析非现金资产负债表账户的变动达到的效果是相同的。

表 16-11 采用 T 型账户总结了如何用阿帕尔公司非现金资产负债表账户的变动确定其现金流入量与流出量，从而解释了其现金余额的变化。该表的上方是阿帕尔公司的现金 T 型账户，而下方则是该公司其余资产负债表账户的 T 型账户。要注意的是：经营活动产生的现金流量净额是 2.59 亿美元，且现金 T 型账户中显示的 6 200 万美元的现金及现金等价物净增加额与表 16-10 中现金流量表的相应数字是一致的。

我们将分五步来解释表 16-11。分录（1）在留存收益账户的贷方记录了阿帕尔公司 1.4 亿美元的净利润，并将该金额记录在现金账户的借方。现金 T 型账中列示的 1.4 亿美元的净利润将被调整，直到其反映现金及现金等价物的净增加额 6 200 万美元。分录（2）将 1.03 亿美元的折旧加到净利润中。分录（3）～分录（7）根据流动资产与流动负债账户的变化对净利润进行调整。分录（8）～分录（11）总结了与购置房屋、厂房及设备、偿还应付债券、支付现金股利以及发行普通股有关的现金流出与流入。分录（12）记录了出售门店这项业务。请注意，该项出售带来的 300 万美元的收益是记录在现金 T 型账户的贷方的，这相当于将此收益从净利润中减去，这样一来此项出售带来的 800 万美元的现金收入总额就可以在现金流量表的投资活动部分反映了。

表 16-11 阿帕尔公司过账后的 T 型账户　　　　　　　　　　（单位：百万美元）

现金

净利润	（1）	140	49	（4）	存货的增加额
折旧	（2）	103	3	（12）	出售门店的收益
应收账款减少额	（3）	17			
应付账款增加额	（5）	44			
应计负债增加额	（6）	3			
应交所得税增加额	（7）	4			
经营活动产生的现金流量净额		259			
出售门店带来的收入	（12）	8	138	（8）	房屋、厂房及设备的增加额
普通股的增加	（11）	2	41	（9）	应付债券减少额
			28	（10）	已付现金股利
现金及现金等价物净增加额		62			

应收账款

期初余额	654		
		17	（3）
期末余额	637		

存货

期初余额	537		
（4）	49		
期末余额	586		

房屋、厂房及设备

期初余额	1 394		
（8）	138	15	（12）
期末余额	1 517		

累计折旧

		561	期初余额
（12）	10	103	（2）
		654	期末余额

应付账款

		220	期初余额
		44	（5）
		264	期末余额

应计负债

		190	期初余额
		3	（6）
		193	期末余额

应交所得税

		71	期初余额
		4	（7）
		75	期末余额

应付债券

		520	期初余额
（9）	41		
		479	期末余额

普通股

		155	期初余额
		2	（11）
		157	期末余额

留存收益

		897	期初余额
（10）	28	140	（1）
		1 009	期末余额

| 商业实战 16-2 | 　　　　　帕纳拉面包公司增加了其股票回购

　　帕纳拉面包公司（Panera Bread Company）宣布计划斥资 7.5 亿美元回购自己的股票。该公司打算举借 5 亿美元的新债，并计划出售 925 家公司自有门店中的 73 家来为此次股票回购提供资金。当帕纳拉面包公司的计划公之于众时，其股价上涨了 12%，达到了 182.89 美元/股。该公司还计划采取措施在午餐时间以外增加销售，并通过实施诸如缩短食物准备时间及结账时长等提升运营效率的措施以提高其财务业绩。

　　资料来源：Llan Brat, "Panera to Expand Buyback and Sell Some Stores," *The Wall Street Journal*, April 17, 2015, p.B3.

16.3　解释现金流量表

　　管理者通过研究现金流量表可以获取许多有用的信息。本节将探讨管理者在解释现金流量表时会用到的两项指南。

16.3.1　考虑公司的具体情况

　　评估公司的现金流量表应以公司的具体情况作为背景支撑。为了说明这一点，我们举两个例子，一个是初创公司，另一个是销售收入增长和销售收入下降的公司。初创公司通常无法从经营活动中产生正的现金流量，因此，它们依赖发行股票和贷款来为投资活动提供资金。这就意味着初创公司经营活动产生的现金流量往往为负值，而投资活动会耗用大量的现金，同时筹资活动也会产生大量的现金流量净额。然而，随着初创公司日趋成熟，它们应该开始产生足够的现金以维持日常经营，并且能够在不额外发行股票或者借债的情况下有资金维护其厂房及设备。这意味着经营活动产生的现金流量净额应当由负数转为正数。用于投资活动的现金流量净额应当有所减少并保持稳定，而筹资活动产生的现金流量净额应当下降。

销售收入增长的公司的应收账款、存货以及应付账款余额均会增加，这一点很容易理解。而倘若公司的销售收入下降，但上述账户的余额却增加了，这就预示着公司的经营出了问题。可能应付账款的增加是由于公司试图向那些并不会付款的客户销售商品以扩大销量。存货的增加可能意味着公司积压了大量的存货。应付账款的增加可能是因为公司正延期支付给供应商款项，以扩大经营活动产生的现金流量净额。要注意的是，对于这些账户余额变动的合理解释要依公司的情况而定。

16.3.2　考虑数字之间的关系

现金流量表中的每个数字都可以提供有用的信息，管理者可以通过考察数字之间的关系得到最有意义的信息。

例如，一些管理者通过比较经营活动产生的现金流量净额与销售收入来研究公司销售现金比率的变动趋势。这样做的目的在于不断地增加 1 美元销售收入得到的经营活动现金流量。如果我们回过头去看表 16-5 中阿帕尔公司的利润表以及该公司在表 16-10 中的现金流量表，可以得出其销售现金比率大约为 0.07 美元 / 1 美元销售收入（=2.59 亿美元 ÷36.38 亿美元），管理者还可以将经营活动产生的现金流量净额与流动负债的期末余额做比较。如果经营活动产生的现金流量净额高于（或低于）流动负债的期末余额，就说明该公司产生了（或未产生）足够的现金流以在期末时偿付负债。阿帕尔公司的经营活动产生的现金流量净额为 2.59 亿美元（见表 16-10），这不足以偿付当年末 5.32 亿美元的流动负债（见表 16-6）。

又如，管理者将现金流量表投资活动部分中房屋、厂房及设备的增加额与报表经营活动部分的折旧额做比较。如果房屋、厂房及设备的增加额持续地低于折旧额，这表明公司没有投入足够的资金来维持其非流动资产。如果我们回过头去看表 16-10 中的阿帕尔公司的现金流量表，会发现其房屋、厂房及设备的增加额（1.38 亿美元）高于其折旧额（1.03 亿美元），这表明阿帕尔公司投资了足够多的资金来维持其非流动资产。

1. 自由现金流量

自由现金流量（free cash flow）是管理者考察现金流量表中的 3 个数字之间的关系的一个衡量尺度，这 3 个数字是经营活动产生的现金流量净额，房屋、厂房及设备的增加额（也被称作资本支出）以及股利。自由现金流量衡量了公司的经营活动产生的现金流量净额为其房屋、厂房及设备的资本支出以及现金股利分配提供资金的能力。计算自由现金流量的公式如下：[⊖]

$$自由现金流量 = 经营活动产生的现金流量净额 - 资本支出 - 股利$$

根据这个公式以及表 16-10 中的现金流量表，可以计算出阿帕尔公司的自由现金流量（以百万美元为单位），计算过程如下：

$$自由现金流量 = 259 百万美元 - 138 百万美元 - 28 百万美元 = 93 百万美元$$

这对自由现金流量的解释直截了当。自由现金流量若为正数，表明公司经营活动产生的现金流量足以为其资本支出及股利支付提供资金。若自由现金流量为负数，则说明公司需要从其他渠道获取现金，比如像债权人

⊖　关于自由现金流量的多种定义的总结，可以参照 John Mills, Lynn Bible, and Richard Mason, "Defining Free Cash Flow," *CPA Journal* ,January 2002,pp.36-42.

借款或者是发行普通股，才可以为其房屋、厂房及设备的投资以及股利支付提供资金。负的自由现金流量并不一定意味着公司的业绩糟糕。正如先前所述，有着巨大发展前景的新公司在初创阶段的自由现金流量很可能为负。然而，即使是初创公司，最终也需要产生正的自由现金流量以维持生存。

| 商业实战 16-3 | 　　　　　　　　**多家石油公司无法产生自由现金流量**

　　尽管削减支出以及油价小幅反弹，但埃克森美孚、荷兰皇家壳牌、雪佛龙和英国石油等公司最近都报告称，今年的自由现金流量为负。英国石油公司表示，公司将把石油价格提高到每桶 60 美元，以平衡现金收入与资本支出和股利。麦格理资本（Macquarie Capital）

分析师伊恩·里德（Iain Reid）表示："自油价暴跌以来，一切都取决于谁最先实现收支平衡……在短期内，一切都与现金流量有关，因为人们仍在担心股利问题。"

　　资料来源：Sarah Kent，" Oil Companies' Goal: Break Even," *The Wall Street Journal*, April 3, 2017, pp.B1-B2.

---

2. 盈利质量

　　管理者和投资者往往通过考察净利润与经营活动产生的现金流量净额之间的关系来帮助自己分析公司的盈利在多大程度上反映出公司真实的经营绩效。管理者们普遍认为，当满足以下条件时，公司的盈利质量较高，或者说更能反映出真实的经营绩效：①没有受到通货膨胀的过度影响；②根据谨慎的会计原则及会计估计计算得出；③与经营活动产生的现金流量净额相关。当公司的净利润与其经营活动产生的现金流量净额的变动相一致（或者说是呈相关关系的）时，这就意味着盈利是由销售收入及销货成本带来的。相反，如果公司的净利润稳步增长，但是其经营活动产生的现金流量净额却在减少，那就说明其净利润受到了与经营绩效无关的因素的影响，如非经常性交易或激进的会计原则和估计的影响。

| 商业实战 16-4 | 　　　　　　　　**通用电气的投资者难以评估其盈利质量**

　　令通用电气（General Electric）的投资者感到沮丧的是，他们无法确定公司盈利和经营活动产生的现金流量之间的相关性。"通用电气的会计核算有很多变动的部分，比如不同的衡量业绩的方式、公司的变化以及大量没有详细披露的特殊项目和领域，因此分析师表示，他们难以确定现金流量。"通用电气

对此回应称："我们的目标是让数据保持一致性和透明度，以至于我们的股东可以理解。我们正在考虑如何以更清晰明了的方式进行报告，包括更简单的表述。"

　　资料来源：Michael Rapoport, "General Electric's Conundrum," *The Wall Street Journal*, November 11-12.2017, p.B2.

本章小结

　　现金流量表是企业编制的三大主要财务报表之一。它传递出一段时间内公司的现金是如何产生的又是如何使用信息的。现金流量表作为工具被广泛用于评估企业的财务状况。

　　出于对外报告的目的，现金流量表必须划分为经营活动、投资活动以及筹资活动三大部分。经营活动产生的现金流量净额是一项很重要的指标，因为它可以反映出公司持续产生现金的能力强弱。计算经营活动产生的现金流量净额的间接法分为三步：第一步是在净利润中加上折旧；第二步是分析影响净利润的非现金资产负债表账户的净变动额；第三步是调整利润表中的收益或损失。

　　现金流量表的投资活动部分与筹资活动部分则必须列报总现金流量。现金流量表总括反映了一定期间现金及现金等价物的净增加额或净减少额，从而解释了现金账户余额的变化。

复习题

罗克福德公司（Rockford Company）今年和去年的比较资产负债表以及本年的利润表如下。

罗克福德公司比较资产负债表

（单位：百万美元）

	本年	去年
资产		
流动资产		
现金及现金等价物	26	10
应收账款	180	270
存货	205	160
待摊费用	17	20
流动资产合计	428	460
房屋、厂房及设备	430	309
减：累计折旧	218	194
房屋、厂房及设备净值	212	115
长期投资	60	75
资产总计	700	650
负债和股东权益		
流动负债		
应付账款	230	310
应计负债	70	60
应交所得税	15	8
流动负债合计	315	378
应付债券	135	40
负债合计	450	418
股东权益		
普通股	140	140
留存收益	110	92
股东权益合计	250	232
负债和股东权益总计	700	650

罗克福德公司利润表（截至本年 12 月 31 日）

（单位：百万美元）

销售收入	1 000
销货成本	530
毛利	470
销售和管理费用	352
经营净利润	118
非营业项目	
设备出售损失	4
税前利润	114
所得税	48
净利润	66

补充资料：

（1）本年罗克福德公司发放了一次现金股利。

（2）出售设备损失 400 万美元来自于一个原值为 1 200 万美元，累计折旧为 500 万美元，销售价格为 300 万美元现金的设备交易。

（3）罗克福德公司当年未购买任何长期投资，也未产生任何与出售长期投资有关的收益或损失。

（4）本年罗克福德公司未偿还任何应付债券，也没有发行或回购普通股。

要求：

（1）利用间接法确定本年的经营活动产生的现金流量净额。

（2）编制本年度现金流量表。

复习题答案：

在将注意力转移到问题的具体要求之前，你首先需要完成的任务是计算资产负债表中每个账户的变动额，如下所示。

罗克福德公司比较资产负债表

（单位：百万美元）

	本年	去年	变动额
资产			
流动资产			
现金及现金等价物	26	10	+16
应收账款	180	270	−90
存货	205	160	+45
待摊费用	17	20	−3
流动资产合计	428	460	
房屋、厂房及设备	430	309	+121
减：累计折旧	218	194	+24
房屋、厂房及设备净值	212	115	
长期投资	60	75	−15
资产总计	700	650	
负债和股东权益			
流动负债			
应付账款	230	310	−80
应计负债	70	60	+10
应交所得税	15	8	+7
流动负债合计	315	378	
应付债券	135	40	+95
负债合计	450	418	
股东权益			
普通股	140	140	+0
留存收益	110	92	+18
股东权益合计	250	232	
负债和股东权益总计	700	650	

要求（1）：

你应当采取三步法计算经营活动产生的现金流量净额。

步骤1：将折旧加到净利润中。

完成这一步骤需要用到下述公式：

期初余额－借方发生额＋贷方发生额＝期末余额

1.94 亿美元－500 万美元＋贷方发生额＝2.18 亿美元

贷方发生额＝2.18 亿美元－1.94 亿美元＋500 万美元

贷方发生额＝2 900 万美元

步骤2：分析影响净利润的非现金资产负债表账户的净变动额。

完成这一步骤需要按照表16-2中的逻辑，如下所示。

	账户余额的增加	账户余额的减少
流动资产		
应收账款		+90
存货	-45	
待摊费用		+3
流动负债		
应付账款		-80
应计负债	+10	
应交所得税	+7	

步骤3：调整利润表中的收益和损失。

罗克福德公司因出售设备而导致的400万美元的损失必须加回到净利润中。

完成了这三步之后，现金流量表的经营活动部分将呈现如下。

罗克福德公司现金流量表：间接法编制

（截至本年12月31日）

（单位：百万美元）

经营活动		
净利润		66
将净利润转化为收付实现制所做的调整：		
折旧	29	
应收账款的减少	90	
存货的减少	（45）	
待摊费用的减少	3	
应付账款的减少	（80）	
应计负债的增加	10	
应交所得税的增加	7	
设备出售的损失	4	18
经营活动产生（或耗用）的现金流量净额		84

要求（2）：

为了编制出最终的现金流量表，我们还需要完成报表的投资活动部分和筹资活动部分的编制。这就需要分析房屋、厂房及设备，长期投资，应付债券，普通股和留存收益账户。下表是在表16-3的基础上编制的，该表反映了罗克福德公司4个账户的余额变动情况。

	账户余额的增加	账户余额的减少
非流动资产（投资活动）		
房屋、厂房及设备	-121	
长期投资		+15
负债和股东权益（筹资活动）		
应付债券	+95	
普通股	不变	不变
留存收益	①	①

①确定已付的现金股利额还需进一步的分析。

根据前面的资料中已知，罗克福德公司本年未购买任何长期投资，且在长期投资方面也不存在任何收益或损失。这就意味着减少的1 500万美元长期投资相当于现金流量表投资活动部分记录的因出售长期投资所带来的现金流入量。在前面资料中还提到，罗克福德公司年内未偿还任何应付债券，因此，9 500万美元的应付债券增加额定是由发行债券所致。这部分现金流入记录在了现金流量表的筹资活动部分。

在此期间公司的普通股账户未发生变动，因此也就未对现金流量表造成影响。还有两个账户需要进一步的分析，这两个账户是房屋、厂房及设备账户以及留存收益账户。

该公司出售的设备的原值为1 200万美元，销售收取的现金为300万美元。此项销售的现金收入需要在现金流量表的投资活动部分反映。与罗克福德公司投资活动有关的现金流出量可以根据以下公式计算得到：

期初余额＋借方发生额－贷方发生额＝期末余额

3.09 亿美元＋借方发生额－1 200 万美元＝4.30 亿美元

借方发生额＝4.30 亿美元－3.09 亿美元＋1 200 万美元

借方发生额＝1.33 亿美元

可以借助罗克福德公司的留存收益账户和股东权益账户的基本等式来计算该公司的股利支付额，计算过程如下：

期初余额－借方发生额＋贷方发生额＝期末余额

9 200 万美元－借方发生额＋6 600 万美元＝1.1 亿美元

1.58 亿美元＝1.1 亿美元＋借方发生额

借方发生额＝4 800 万美元

该公司完整的现金流量表如下所示。请注意，现金及现金等价物的净增加额与现金及现金等价物账户的余额变动数相等。

罗克福德公司现金流量表：间接法编制
（截至本年 12 月 31 日）

（单位：百万美元）

经营活动

净利润	66

将净利润转化为收付实现制所做的调整：

折旧	29
应收账款的减少	90
存货的增加	（45）
待摊费用的减少	3
应付账款的减少	（80）
应计负债的增加	10

（续）

应交所得税的增加	7	
设备出售的损失	4	18
经营活动产生（或耗用）的现金净额		84
投资活动		
房屋、厂房及设备的增加	（133）	
出售长期投资的收入	15	
出售设备的收入	3	
投资活动产生（或耗用）的现金净额		（115）
筹资活动		
发行债券	95	
已付现金股利	（48）	
筹资活动产生（或耗用）的现金净额		47
现金及现金等价物净增加额		16
现金及现金等价物期初余额		10
现金及现金等价物期末余额		26

术语表

Cash equivalents 现金等价物　期限短、流动性强且仅以为闲置资金获取回报为目的持有的投资，如国库券、商业票据和货币市场基金等。

Direct method 直接法　计算经营活动现金流量净额的一种方法。在该方法下，利润表需要从上到下按照收付实现制重新编制。

Financing activities 筹资活动　筹资活动产生的现金流入与流出与向债权人借款和偿付本金，以及发生与公司所有者之间的交易（如出售和回购普通股及派发股息）有关。

Free cash flow 自由现金流量　用以衡量及评估公司依靠经营活动产生的现金流量净额为其资本支出及支付现金股利提供资金的能力。

Indirect method 间接法　计算经营活动产生的现金流量净额的一种方法，该方法是以将净利润调整为收付实现制为起点的。

Investing activities 投资活动　投资活动产生的现金流入和流出与取得和处置非流动资产（如房屋、厂房及设备，长期投资以及借予他方款项）相关。

Net cash provided by operating activities 经营活动产生的现金流量净额　日常经营活动引起的现金收入与现金支出的净额。

Operating activities 经营活动　经营活动产生的现金流入和流出与影响净利润的收入和费用交易有关。

Statement of cash flows 现金流量表　反映影响现金流从而最终影响到整个现金余额的主要活动的一种财务报表。

思考题

1. 现金流量表的作用是什么？

2. 现金等价物是什么，为什么它包含在现金流量表的现金中？

3. 现金流量表的 3 个主要部分是什么？每个部分应该包括什么类型的现金流入和流出？

4. 对于解释现金流量表，你能提供哪些一般准则？

5. 如果某项资产以盈利方式出售，那么在间接法下计算经营活动产生的现金流量净额时，为什么要把这部分收益从净利润中扣减呢？

6. 为什么筹资活动不包括与应付账款有关的交易呢？

7. 假设某公司偿还了 30 万美元的银行贷款，然后在同年的晚些时候借入了 50 万美元。现金流量表上的金额应该反映多少？

8. 直接法和间接法在计算经营活动产生的现金流量净额的方法上有什么不同？

9. 一位企业高管曾经说过："折旧是我们最大的经营现金流之一。"你同意这一说法吗？请给出解释。

10. 如果应收账款的余额在一段时间内增加，那么在利用间接法计算经营活动产生的现金流量净额时该如何确认这部分增加额？

11. 出售设备获得现金应被视为投资活动还是筹资活动呢？为什么？

12. 经营活动产生的现金流量净额与自由现金流量的区别是什么？

基础练习

拉文纳公司（Ravenna Company）采用了间接法来编制经营活动现金流量表。公司今年的现金流量表如下所示。

拉文纳公司现金流量表

（单位：美元）

	期末余额	期初余额
现金及现金等价物	48 000	57 000
应收账款	41 000	44 000
存货	55 000	50 000
流动资产合计	144 000	151 000
房屋、厂房及设备	150 000	140 000
减：累计折旧	50 000	35 000
房屋、厂房及设备净值	100 000	105 000
资产总计	244 000	256 000
应付账款	32 000	57 000
应交所得税	25 000	28 000
应付债券	60 000	50 000
普通股	70 000	60 000
留存收益	57 000	61 000
负债和股东权益总计	244 000	256 000

在这一年里，拉文纳公司支付了 6 000 美元的现金股利，并以 3 000 美元的价格出售了一件设备，该设备最初的成本是 6 000 美元，累计折旧为 4 000 美元。该公司在这一年中没有赎回任何债券或回购任何自有普通股。

要求：

（1）现金流量表中显示的现金及现金等价物净增或净减的金额是多少？

（2）公司的现金流量表中哪些项目加入到净利润中？

（3）在现金流量表上，公司的净利润会增加多少折旧？

（4）如果公司在一年中借记应收账款并贷记销售收入 60 万美元，那么在一年中记录在应收账款中的贷方总额是多少？这些贷方的金额代表什么（为了帮助回答这个问题，创建一个应收账款 T 型账户，并记录期初和期末余额）？

（5）在现金流量表的经营活动部分，应收账款调整净额的金额和方向（＋或－）是什么？这种调整代表什么？

（6）如果公司在一年中借记"销货成本"和贷记"存货"40 万美元，存货 T 型账户借方和应付账款 T 型账户贷方记录的存货采购总额是多少？年度内记入应付账款 T 型账户的借方总额是多少？这些借方的金额代表什么（为了帮助回答这个问题，创建存货和应付账款 T 型账户，并记录它们的期初和期末余额）？

（7）现金流量表的经营活动部分的存货和应付账款调整净额的合计金额和方向（＋或－）是什么？这个数字代表什么？

（8）如果公司在一年中借记"所得税费用"和贷记"应交所得税"700 美元，那么在应交所得税账户中记录的借方总额是多少？这些借方的金额代表什么（为了帮助回答这个问题，创建一个应交所得税 T 型账户，并记录期初和期末余额）？

（9）在现金流量表中经营活动部分，应交所得税调整净额的金额和方向（＋或－）是什么？这种调整代表什么？

（10）公司现金流量表的经营活动部分是否包含收益或损失调整？调整的金额和方向（＋或－）是什么？

（11）在公司现金流量表中，经营活动产生的现金流量净额是多少？

（12）在公司现金流量表中，投资活动产生的现金流量净额是多少？

（13）公司投资活动产生（或耗用）的现金流量净额是多少？

（14）在公司现金流量表中，筹资活动产生的现金流量净额是多少？

（15）公司筹资活动产生（或耗用）的现金流量净额是多少？

练习题

1. 确定经营活动产生的现金流量净额

在刚刚结束的一年里，汉纳公司（Hanna Company）的净利润为 35 000 美元。年初和年末公司流动资产和流动负债账户余额如下。

（单位：美元）

	12 月 31 日	
	年末	年初
流动资产：		
现金及现金等价物	30 000	40 000
应收账款	125 000	106 000
存货	213 000	180 000
待摊费用	6 000	7 000
流动负债：		
应付账款	210 000	195 000
应计负债	4 000	6 000
应交所得税	34 000	30 000

这一年内累计折旧账户的贷方总额为 20 000 美元。汉纳公司在这一年中没有记录任何收益或损失。

要求：

采用间接法，确定当年经营活动产生的现金流量净额。

2. 计算自由现金流量

阿派克斯公司（Apex Company）编制的本年度现金流量表如下所示。

阿派克斯公司现金流量表——间接法

（单位：美元）

经营活动		
净利润		40 000
将净利润转换为收付实现制的调整：		
折旧	22 000	
应收账款的增加	（60 000）	
存货的增加	（25 000）	
待摊费用的减少	9 000	
应付账款的增加	55 000	
应计负债的减少	（12 000）	
应交所得税的增加	5 000	（6 000）
经营活动产生（或耗用）的现金流量净额		34 000
投资活动		
销售设备的收入	14 000	
向托马斯公司（Thomas Company）贷款	（40 000）	
购置厂房设备	（110 000）	
投资活动产生（或耗用）现金流量净额		（136 000）
筹资活动		
应付债券的增加	90 000	
普通股的增加	40 000	

（续）

现金股利	（30 000）
筹资活动产生（或耗用）现金流量净额	100 000
现金及现金等价物净减少额	（2 000）
现金及现金等价物期初余额	27 000
现金及现金等价物期末余额	25 000

要求：

计算阿派克斯公司本年的自由现金流量。

3. 编制现金流量表、计算自由现金流量

卡莫诺公司（Carmono Company）的比较财务报表数据如下所示。

（单位：美元）

	本年	去年
资产		
现金及现金等价物	3	6
应收账款	22	24
存货	50	40
流动资产合计	75	70
房屋、厂房及设备	240	200
减：累计折旧	65	50
房屋、厂房及设备净值	175	150
资产总计	250	220
负债和股东权益		
应付账款	40	36
普通股	150	145
留存收益	60	39
负债和股东权益总计	250	220

今年，该公司列报的净利润如下。

（单位：美元）

销售收入	275
销货成本	150
毛利	125
销售和管理费用	90
净利润	35

今年卡莫诺公司宣告并发放了现金股利，且年内没有出售房屋、厂房及设备。公司今年也没有回购自有普通股。

要求：

（1）用间接法编制今年的现金流量表。

（2）计算卡莫诺公司本年度的自由现金流量。

问题

1. 编制韦弗公司现金流量表

韦弗公司（Weaver Company）的比较资产负债表和利润表如下。

韦弗公司比较资产负债表（截至本年 12 月 31 日）
（单位：美元）

	今年	去年
资产		
现金及现金等价物	9	15
应收账款	340	240
存货	125	175
待摊费用	10	6
流动资产合计	484	436
房屋、厂房及设备	610	470
减：累计折旧	93	85
房屋、厂房及设备净值	517	385
长期投资	16	19
资产总计	1 017	840
负债和股东权益		
应付账款	310	230
应计负债	60	72
应交所得税	40	34
流动负债合计	410	336
应付债券	290	180
负债合计	700	516
普通股	210	250
留存收益	107	74
股东权益合计	317	324
负债和股东权益总计	1 017	840

韦弗公司利润表（截至本年 12 月 31 日）
（单位：美元）

销售收入		800
销货成本		500
毛利		300
销售和管理费用		213
经营净利润		87
非营业项目：		
出售投资收益	7	
出售设备损失	(4)	3
税前利润		90
所得税		27
净利润		63

在这一年里，韦弗公司以 20 美元的价格出售了一些原本价值 40 美元的设备，这些设备累计折旧 16 美元。此外，该公司以 10 美元的价格出售了长期投资，而几年前购买这些投资需要 3 美元。韦弗公司今年支付了现金股利，并且回购了 40 美元的股票。今年韦弗公司没有赎回任何债券。

要求：

（1）采用间接法，确定本年度经营活动产生的现金流量净额。

（2）利用上面（1）问中的信息，结合对资产负债表余额的分析，编制今年的现金流量表。

2. 编制伯吉斯公司现金流量表

伯吉斯公司（Burgess Company）的比较资产负债表和利润表如下。

伯吉斯公司比较资产负债表
（单元：百万美元）

	期末余额	期初余额
资产		
流动资产：		
现金及现金等价物	49	79
应收账款	645	580
存货	660	615
流动资产合计	1 354	1 274
房屋、厂房和设备	1 515	1 466
减：累计折旧	765	641
房屋、厂房和设备净值	750	825
资产总计	2 104	2 099
负债和股东权益		
流动负债：		
应付账款	250	155
应计负债	190	165
应交所得税	76	70
流动负债合计	516	390
应付债券	450	620
负债合计	966	1 010
股东权益：		
普通股	161	161
留存收益	977	928
股东权益合计	1 138	1 089
负债和股东权益总计	2 104	2 099

伯吉斯公司利润表

（单元：百万美元）

销售收入	3 600
销货成本	2 550
毛利	1 050
销售和管理费用	875
经营净利润	175
非营业项目：出售设备收益	3
税前利润	178
所得税	63
净利润	115

伯吉斯公司还提供了以下信息。

（1）该公司出售的设备原价为 1 300 万美元，累计折旧为 800 万美元。此次拍卖的现金收入为 800 万美元。出售所得为 300 万美元。

（2）该公司年内未发行任何新债券。

（3）公司在这一年中支付了现金股利。

（4）该公司在这一年中没有发生任何普通股交易。

要求：

（1）使用间接法，编制年度现金流量表。

（2）假设伯吉斯公司上一年的销售收入为 3 800 美元，净利润为 135 美元，经营活动产生的现金流量净额为 150 美元（所有数字均以百万计）。准备一份备忘录，总结你对伯吉斯公司财务业绩的理解。

3. 编制现金流量表、计算自由现金流量

鲁斯科公司（Rusco Company）的总裁玛丽·沃克（Mary Walker）认为 14 000 美元是出于经营目的的最低现金余额。从下面的报表中可以看到，该公司本年末只有 8 000 美元可用。由于该公司今年列报了巨额的净利润，并且发行了债券及普通股，现金的急剧减少令沃克女士感到困惑。

鲁斯科公司比较资产负债表（截至本年 12 月 31 日）

（单位：美元）

	本年	去年
资产		
流动资产：		
现金及现金等价物	8 000	21 000
应收账款	120 000	80 000
存货	140 000	90 000
待摊费用	5 000	9 000
流动资产合计	273 000	200 000
长期投资	50 000	70 000
厂房及设备	430 000	300 000
减：累计折旧	60 000	50 000

（续）

	本年	去年
厂房及设备净值	370 000	250 000
资产总计	693 000	520 000
负债和股东权益		
流动负债：		
应付账款	123 000	60 000
应计负债	8 000	17 000
应交所得税	20 000	12 000
流动负债合计	151 000	89 000
应付债券	70 000	0
负债合计	221 000	89 000
股东权益：		
普通股	366 000	346 000
留存收益	106 000	85 000
股东权益合计	472 000	431 000
负债和股东权益总计	693 000	520 000

鲁斯科公司利润表（截至本年 12 月 31 日）

（单位：美元）

销售收入		500 000
销货成本		300 000
毛利		200 000
销售和管理费用		158 000
经营净利润		42 000
非营业项目：		
出售投资收益	10 000	
出售设备损失	(2 000)	8 000
税前利润		50 000
所得税		20 000
净利润		30 000

以下是关于今年的补充资料。

（1）该公司宣告并发放了现金股利。

（2）年内设备以 8 000 美元出售，该设备原价为 20 000 美元，累计折旧为 10 000 美元。

（3）原值为 20 000 美元的长期投资在年内以 30 000 美元出售。

（4）该公司未清偿任何债券，也未回购其自有普通股。

要求：

（1）采用间接法计算本年的经营活动产生的现金流量净额。

（2）使用上面（1）中的数据及其他所需的该问题中的数据，编制本年的现金流量表。

（3）计算本年的自由现金流量。

（4）解释该公司现金余额减少的主要原因。

附录 16A　确定经营活动产生的现金流量净额的直接法

在采用直接法计算经营活动产生的现金流量净额时，我们必须将利润表从上到下重新编制。表 16A-1 列示了将销售收入、费用等转为收付实现制所应进行的调整。为了说明这一点，我们使用了本章中阿帕尔公司的数据。

请注意，经营活动产生的现金流量净额（2.59 亿美元）与本章采用间接法计算的数字是一致的。这两个数字之所以一致是因为直接法和间接法只是为达到同一个目的所采用的两种不同的方法而已。而报表的投资活动部分和筹资活动部分与表 16-10 所示的间接法的处理方法完全相同。直接法和间接法唯一的不同就在于经营活动部分。

16A.1　数据处理的异同

虽然我们采用直接法或是间接法都能达到相同的目的，但在两种调整过程中，并不是所有数据的处理方式都相同。我们先翻回到表 16-7 的下半部分，将该表中阐述的调整过程与表 16A-1 中采用直接法所做的调整进行比较。两种方法对影响销售收入的账户（在我们所举的例子中仅包括应收账款）的调整是相同的。在这两种情况下，以上账户的增加额都要减去，而账户的减少额则要加上。然而，在直接法和间接法下，对影响费用的账户的调整则是截然相反的。这是由于间接法是对净利润做调整，而直接法则是对费用账户本身做调整。

为了阐明这一差异，请注意在直接法和间接法下对存货和折旧的处理。在间接法下（见表 16-7），存货账户的增加额（49 美元）在计算经营活动产生的现金流量净额时是从净利润中扣减。而在直接法下（见表 16A-1），存货的增加额是加到销货成本中。对于两种处理方式的差异可以解释如下：存货的增加意味着这一期间存货的采购超过了利润表中的销货成本。因此，在把净利润调整成收付实现制时，我们要么需要从净利润中减去这部分增加额（间接法），要么需要将这部分增加额加到销货成本里去（直接法）。不管采用哪种方法，最终得到的经营活动产生的现金流量净额的数字都会是一样的。同样，在间接法下，折旧被加到了净利润里以抵消其影响（见表 16-8），而在直接法下，则是从销售和管理费用中减去折旧以抵消其影响（见表 16A-1）。这种数据处理方式的差异在采用两种方法处理其他所有费用项目时也都是存在的。

表 16A-1　通用模型：利用直接法确定经营活动产生的净现金流量

收入或费用项目	加（+）或减（−）以调整现金基础	举例：阿帕尔公司（以百万美元计）	
销售收入（按披露）		3 638	
对现金基础的调整：			
应收账款的增加	−		
应收账款的减少	+	+17	3 655
销货成本（按披露）		2 469	
对现金基础的调整：			
存货的增加	+	+49	
存货的减少	−		
应付账款的增加	−	−44	
应付账款的减少	+		2 474
销售和管理费用（按披露）		941	
对现金基础的调整：			
待摊费用的增加	+		
待摊费用的减少	−		
应计负债的增加	−	−3	
应计负债的减少	+		
折旧费用	−	−103	835
所得税费用（按披露）		91	
对现金基础的调整：			
应交所得税的增加	−	−4	
应交所得税的减少	+		87
经营活动产生的现金流量净额			259

至于出售资产的收益和损失方面，在直接法下不需要做任何调整。收益和损失之所以可以被忽略是因为它们不涉及销售收入、销货成本、销售和管理费用或者所得税。观察表 16A-1 中可以发现，阿帕尔公司出售门店的 300 万美元的收益并没有作为调整项目列示在经营活动部分。

16A.2　特殊规定：直接法和间接法

如前所述，当采用直接法时，美国一般公认会计原则和国际财务报告准则要求用同间接法一样的方式将净利润调整成经营活动产生的现金流量净额。因此，当公司选择采用直接法时，它必须同时在现金流量表后附一份单独的附表来呈现间接法的计算过程。

另外，如果公司采用间接法来计算经营活动产生的现金流量净额，那么它还必须提供一份特殊的数据明细。该公司必须单独披露当年支付的利息额以及当年缴纳的所得税额。这种单独的披露是必要的，这样报表的使用者就可以利用间接法提供的数据对采用直接法编制时列报的销售收入、所得税等的金额进行估计。

练习题

经营活动提供的现金净额

威利公司（Wiley Company）第 2 年的利润表如下。

（单位：美元）

销售收入	150 000
销货成本	90 000
毛利	60 000
销售和管理费用	40 000
税前利润	20 000
所得税	8 000
净利润	12 000

威利公司第 2 年的销售和管理费用包括 7 500 美元的折旧费用。威利公司在第 1 年和第 2 年年底的资产负债表账户余额如下。

（单位：美元）

	第 2 年	第 1 年
流动资产		
应收账款	40 000	30 000
存货	54 000	45 000
待摊费用	8 000	6 000
流动负债		
应付账款	35 000	28 000
应计负债	5 000	8 000
应交所得税	2 000	2 500

要求：

（1）采用直接法将该公司第 2 年的利润表调整成收付实现制。

（2）假设在第 2 年，威利公司在投资处置上获得了 9 000 美元的收益，在设备出售上损失了 3 000 美元。请解释这两笔交易将如何影响（1）中的计算。

问题

编制现金流量表

参阅正文问题 1 中韦弗公司的财务报表。

要求：

（1）采用直接法将该公司本年的利润表调整成收付实现制。

（2）利用上述（1）中获得的信息，结合对资产负债表余额账户的分析，编制今年的现金流量表。

第 17 章

财务报表分析

👁 **商业聚焦**

安德玛股价暴跌

安德玛（Under Armour）已经连续 26 个季度的收入增长超过 20%；然而，当该公司的收入增长率在最近一个季度放缓到 12% 时，其股价下跌了 23% 以上。虽然安德玛的季度利润为 1.049 亿美元，或每股收益为 23 美分，但最终低于 2016 年同期 1.056 亿美元的利润。此外，分析师原本预计每股收益为 25 美分，而不是 23 美分，这进一步加剧了股价的下跌。

资料来源：Sara Germano and Anne Steele, "Under Armour Plunges after Slip," *The Wall Street Journal*, February 1, 2017, p. B3.

✍ **学习目标**

1. 编制和解释比较财务报表以及同基财务报表。
2. 计算和解释管理者用来评估流动性的财务比率。
3. 计算和解释管理者用于资产管理的财务比率。
4. 计算和解释管理者用于债务管理的财务比率。
5. 计算和解释管理者用来评估盈利能力的财务比率。
6. 计算和解释管理者用来评估市场业绩的财务比率。

　　股东（stockholder）、**债权人**（creditor）和**管理者**（manager）是利益相关者的代表，他们通过分析财务报表（financial statement analysis）来评估公司财务状况和未来前景。股东和债权人分析公司的财务报表，以评估公司盈利增长的潜力、股价增值，发放股利以及偿付债务本息的能力。管理者分析财务报表，一是能够更好地了解股东和债权人基于投资和信贷决策目的是如何解释其公司财务报表的；二是了解和掌握关于其公司业绩的有价值的反馈信息。例如，管理者可以通过研究公司财务报表中的趋势来评估业绩是在改善还是在下滑，或者，运用财务报表分析将其公司业绩与世界级竞争对手的业绩进行比较。

　　在这一章中，我们将说明管理者如何比较以统一度量形式编制的财务报表，以及如何使用财务比率来评估公司的流动性、资产管理、债务管理、盈利能力和市场业绩。

17.1 财务报表分析的局限性

　　本节要讨论财务报表分析的两点局限性，这也是管理者应该始终注意的两点：①要比较公司间的财务数据；②不能仅根据比率下结论。

17.1.1 公司间财务数据缺少可比性

将公司的财务数据与其他公司做比较，可以为评估企业的财务状况提供有价值的线索。不幸的是，公司之间会计方法的差异有时会使彼此之间财务数据的比较变得困难。例如，如果一家公司的存货计价采用先进先出法，而另一家公司的存货计价采用月末一次加权平均法，那么直接比较其诸如存货价值和销售成本等财务数据可能会对报表使用者产生误导。有时财务报表的附注提供了足够的数据，以便将数据重新以可比的基础表述。否则，管理者在分析财务报表时应牢记公司之间的数据是缺乏可比性的。即使存在这种局限性，将重要财务比率与其他公司以及行业均值做比较仍然有助于管理者发现改善与提升的机会。

17.1.2 财务比率的局限

比率不应该成为财务分析的最终目的，相反应该作为财务分析的起点（starting point）。从财务比率中可以发现许多问题，并且获得进一步分析的机会，但财务比率本身并不能解决任何问题。除了财务比率之外，管理者还应该考虑各种内部因素，诸如员工的学习和成长、内部业务流程表现以及顾客满意度等，同时管理者还应当考虑外部因素，如行业趋势、技术变化、消费者偏好的改变以及宏观经济指数的变化。

17.2 比较财务报表及同基财务报表

资产负债表和利润表上的项目本身没有什么意义。假定一家公司一年的销售收入为 2.5 亿美元，单独这一数据，并不是什么特别有用的信息。它与去年的销售收入相比怎么样呢？该销售收入与销售成本又有怎样的关系？在进行这些比较的过程中，需要广泛使用到 3 种分析方法。

（1）财务报表中的金额及百分比变化（水平分析）。

（2）同基财务报表（垂直分析）。

（3）比率分析。

本节将讨论前两种方法，第三种方法将在本章中的其他小节讨论。在整个这一章中，我们将以专用电子元件生产商布克电器公司（Brickey Electronics）的财务报表为例来说明这些分析方法。

17.2.1 财务报表中的金额及百分比变化

水平分析（horizontal analysis）也被称为**趋势分析**（trend analysis），涉及对一段时间内财务数据的分析，如对一组财务报表中同比时期的金额和百分比的变化。表 17-1 和表 17-2 列示了布克电器公司以比较格式（comparative form）编制的财务报表。金额的变化凸显了那些经济上最重要的变化；而百分比的变化则突出了那些最异常的变动。

表 17-1 布克电器公司比较资产负债表 （金额单位：千美元）

	本年	去年	增加（减少）	
			金额	百分比
资产				
流动资产：				
现金	**1 200**	2 350	（1 150）	（48.9）%[①]
应收账款净额	**6 000**	**4 000**	2 000	50.0%
存货	**8 000**	**10 000**	（2000）	20.0%
待摊费用	300	120	180	150.0%
流动资产合计	**15 500**	16 470	（970）	（5.9）%

（续）

	本年	去年	增加（减少）	
			金额	百分比
房屋及设备				
土地	4 000	4 000	0	0.0%
建筑物及设备净值	12 000	8 500	3 500	41.2%
房屋及设备合计	16 000	12 500	3 500	28.0%
资产总计	31 500	28 970	2 530	8.7%
负债和股东权益				
流动负债：				
应付账款	5 800	4 000	1 800	45.0%
应计负债	900	400	500	125.0%
短期应付票据	300	600	（300）	（50.0）%
流动负债合计	7 000	5 000	2 000	40.0%
长期负债：				
应付债券（利率8%）	7 500	8 000	（500）	（6.3）%
负债合计	14 500	13 000	1 500	11.5%
股东权益：				
普通股（面值12美元）	6 000	6 000	0	0.0%
股本溢价	3 000	3 000	0	0.0%
实收资本总额	9 000	9 000	0	0.0%
留存收益	8 000	6 970	1 030	14.8%
股东权益合计	17 000	15 970	1 030	6.4%
负债和股东权益总计	31 500	28 970	2 530	8.7%

① 去年和本年的变动额是以相对于去年金额的百分比的形式表示的。例如，本年现金比去年减少了1 150千美元，这项减少以百分比形式表示的结果的计算过程如下：1 150千美元÷2 350千美元=48.9%。本表和表17-2中其他的百分比数字也是以同样的方法计算得到的。

表 17-2　布克电器公司比较利润表和留存收益调节表　　　　　　　　（单位：千美元）

	本年	去年	增加（减少）	
			金额	百分比
销售收入	52 000	48 000	4 000	8.3%
销货成本	36 000	31 500	4 500	14.3%
毛利	16 000	16 500	（500）	（3.0）%
销售和管理费用：				
销售费用	7 000	6 500	500	7.7%
管理费用	5 860	6 100	（240）	（3.9）%
销售和管理费用合计	12 860	12 600	260	2.1%
经营净利润	3 140	3 900	（760）	（19.5）%
利息费用	640	700	（60）	（8.6）%
税前净利润	2 500	3 200	（700）	（21.9）%
所得税（税率30%）	750	960	（210）	（21.9）%
净利润	1 750	2 240	（490）	（21.9）%
普通股股利，每股1.44美元	720	720		
结转至留存收益的净利润	1 030	1 520		
期初留存收益	6 970	5 450		
期末留存收益	8 000	6 970		

当利用数年的数据来计算趋势百分比时，水平分析法尤为有用，为了计算**趋势百分比**（trend percentage），需要选择一个基准年度，并将所有年份的数据以基准年度的业绩百分比表示。为了说明这一点，让我们看看全球最大的食品服务零售商麦当劳公司的销售收入和净利润，麦当劳公司在全球有超过 37 000 家餐厅：

	年份									
	2008	2009	2010	2011	2012	2013	2014	2015	2016	2017
销售收入 / 百万美元	23 522	22 745	24 075	27 006	27 567	28 106	27 441	25 413	24 622	22 820
净利润 / 百万美元	4 313	4 551	4 946	5 503	5 465	5 586	4 758	4 529	4 687	5 192

只要看看这些数据，你就会发现销售收入从 2009—2013 年每年都在增长，然后逐年下降。净利润从 2008—2011 年稳步攀升，2013 年与 2012 年持平，2014 年和 2015 年在下降，2016 年和 2017 年开始反弹。如果将上述数据以趋势百分比的形式重新表述将更有助于对财务报表的解释。

	年份									
	2008	2009	2010	2011	2012	2013	2014	2015	2016	2017
销售收入	100%	97%	102%	115%	117%	119%	117%	108%	105%	97%
净利润	100%	106%	115%	128%	127%	130%	110%	105%	109%	120%

在上表中，销售收入和净利润都按 2008 年销售收入和净利润的百分比进行了重新计算。例如，2014 年的销售收入 27 441 亿美元是 2008 年销售收入 23 522 亿美元的 117%。当以图 17-1 的形式绘制这些数据时，这种趋势分析就变得更容易了。从 2009—2013 年，麦当劳的销售收入持续增长，之后销售收入逐年下降。从 2008—2013 年，净利润持续增长，2014 年和 2015 年大幅下降，2016 年和 2017 年恢复了上升趋势。

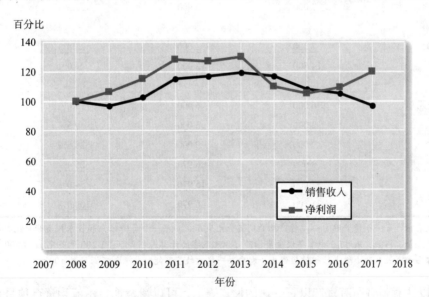

图 17-1　麦当劳公司：销售收入与净利润趋势分析

17.2.2　同基财务报表

前一节所讨论的水平分析考察了财务报表账户随时间而发生的变化。**垂直分析**（vertical analysis）关注的是在给定时点的财务报表账户之间的关系，**同基财务报表**（common-size financial statement）就是将财务报表账户以百分比和金额的形式表示的报表。在利润表中，所有项目通常都以销售收入的百分比表示。在资产负债表中，所有项目通常都以资产总额的百分比表示。表 17-3 列示了布克电器公司的同基比较资产负债表，表 17-4 则列示了其同基比较利润表。

表 17-3　布克电器公司同基比较资产负债表　　　　　　　　　　　　　　　（单位：千美元）

	本年	去年	同基百分比 本年	同基百分比 去年
资产				
流动资产：				
现金	1 200	2 350	3.8%①	8.1%
应收账款净额	6 000	4 000	19.0%	13.8%
存货	8 000	10 000	25.4%	34.5%
待摊费用	300	120	1.0%	0.4%
流动资产合计	15 500	16 470	49.2%	56.9%
房屋及设备				
土地	4 000	4 000	12.7%	13.8%
建筑物及设备净值	12 000	8 500	38.1%	29.3%
房屋及设备合计	16 000	12 500	50.8%	43.1%
资产总计	31 500	28 970	100.0%	100.0%
负债和股东权益				
流动负债：				
应付账款	5 800	4 000	18.4%	13.8%
应计负债	900	400	2.9%	1.4%
短期应付票据	300	600	1.0%	2.1%
流动负债合计	7 000	5 000	22.2%	17.3%
长期负债：				
应付债券（利率8%）	7 500	8 000	23.8%	27.6%
负债合计	14 500	13 000	46.0%	44.9%
股东权益：				
普通股（面值12美元）	6 000	6 000	19.0%	20.7%
股本溢价	3 000	3 000	9.5%	10.4%
实收资本总额	9 000	9 000	28.6%	31.1%
留存收益	8 000	6 970	25.4%	24.0%
股东权益合计	17 000	15 970	54.0%	55.1%
负债和股东权益总计	31 500	28 970	100.0%	100.0%

　　① 在同基财务报表中，每一个资产账户都以资产总额的百分比表示，而每一个负债账户和股东权益账户也都以负债总额和股东权益总额的百分比表示。例如，表17-3中本年现金余额的百分比数字的计算过程如下：1 200千美元÷31 500千美元=3.8%。所有的同基百分比都已四舍五入到小数点后一位，因此，表中每一栏的数字可能加起来并不正好是100%。

　　从表17-3可以注意到将所有资产以百分比的形式表示，可以清楚地显示流动资产项目相对于非流动资产的重要性。它还可以表明在过去的一年中，流动资产的构成发生了重大变化。例如，应收账款的相对重要性有所增加，而现金和存货的相对重要性有所下降，从应收账款的急剧增加来看，现金余额的缩减可能是无法收回客户的货款所导致的。

　　表17-4中的同基比较利润表将每一行的项目都作为销售收入的百分比。例如，去年的管理费用是销售收入的12.7%，而本年的管理费用是销售收入的11.3%。如果布克电器公司的管理服务的质量和效率持续不变或随着时间的推移而提高，那么这两个百分比就表明布克电器公司本年对其行政管理资源的管理更加节约成本。除了管理费用外，管理者还对同基比较利润表中披露的其他百分比抱有极大的兴趣，这些将在之后与盈利能力比率有关的章节中讨论。

表 17-4　布克电器公司同基比较利润表 （单位：千美元）

	本年	去年	同基百分比[①]	
			本年	去年
销售收入	52 000	48 000	100.0%	100.0%
销货成本	36 000	31 500	69.2%	65.6%
毛利	16 000	16 500	**30.8%**	**34.4%**
销售和管理费用：				
销售费用	7 000	6 500	13.5%	13.5%
管理费用	5 860	6 100	**11.3%**	**12.7%**
销售和管理费用合计	12 860	12 600	24.7%	26.3%
经营净利润	3 140	3 900	6.0%	8.1%
利息费用	640	700	1.2%	1.5%
税前净利润	2 500	3 200	4.8%	6.7%
所得税（税率30%）	750	960	1.4%	2.0%
净利润	1 750	2 240	**3.4%**	**4.7%**

① 注意，每年的百分比数字都是以当年的销售收入总额的百分比表示的。例如，本年销货成本的百分比计算如下：36 000 千美元 ÷ 52 000 千美元 =69.2%。所有的同基百分比都已四舍五入到小数点后一位，因此，表中每一栏的数字可能加起来并不正好是 100%。

| 商业实战 17-1 |　　　　　　　GoPro 公司削减经营支出

总部位于加州圣马特奥的极限运动相机制造商 GoPro，在最近两年内售出了 1 100 万台相机，比前两年增长了 25%。然而，当该公司的第一架无人机遇到技术问题，以及一款"为更广泛的消费者设计的新相机在发布时遭遇失败"时，该公司不得不做出一些艰难的调整。该公司在 6 个月的时间里裁员 470 人，年经营成本降至 5.85 亿美元。这相当于该公司销售收入的 47%，低于上一年经营成本支出占销售收入的 70%。

资料来源：Dan Gallagher, "GoPro Puts Its Focus on Profitability," *The Wall Street Journal*, March 17, 2017, p.B12.

17.3　比率分析：流动性

流动性（liquidity）是指资产转化为现金的速度。流动资产可以迅速转化为现金，而流动性差的资产则不能。公司需要持续监控流动资产相对于欠短期债权人（如供应商）款项的数额。如果公司的流动资产不足以及时偿付欠短期债权人的债务，这就映射出一个重要的管理问题，而该管理问题如果不及时补救，将会导致公司破产。

本节使用布克电器公司的财务报表来解释管理者用于分析公司流动性和短期偿债能力的一个指标和两个比率。当你继续学习本节时，请记住，所有的计算都是针对本年而不是上一年的。

17.3.1　营运资金

流动资产超出流动负债的部分被称为**营运资金**（working capital）。

$$营运资金 = 流动资产 - 流动负债$$

布克电器公司营运资金的计算如下：

$$营运资金 =15 500 000 美元 -7 000 000 美元 =8 500 000 美元$$

管理者需要从两个角度来解释营运资金。一方面，如果一家公司拥有充足的营运资金，就为该公司能够按时足额偿付债权人的债务提供了一定的保障。另一方面，维持大量的营运资金并不是无成本的。营运资金需要长期负债和权益作为资金来源，这两种筹资方式的代价都是昂贵的。此外，大额且仍持续增长的营运资金余额可能暗示着（如存货激增等）问题。因此，管理者在保障有能力偿付短期债务的同时都想使营运资金最小化。

17.3.2 流动比率

公司的营运资金常常以比率的形式表示。公司的流动资产除以流动负债的结果被称为**流动比率**（current ratio）。

$$流动比率 = \frac{流动资产}{流动负债}$$

对于布克电器公司而言，其流动比率的计算如下：

$$流动比率 = \frac{15\,500\,000\ 美元}{7\,000\,000\ 美元} = 2.21$$

虽然流动比率被广泛认为是衡量短期偿债能力的一个指标，但是在诠释流动比率时要格外谨慎。该比率下降可能是财务状况恶化的信号，或者是减少了陈旧存货或其他停滞流动资产的结果。该比率上升可能是存货囤积的信号，或者表明财务状况得到了改善。简而言之，流动比率有用但很难解释。

一般的经验法则要求流动比率至少达到2。然而，许多公司在流动比率低于2的情况下仍然经营得很成功。流动比率的大小在很大程度上取决于资产的构成。正如我们在下表中所看到的，沃辛顿公司（Worthington Corporation）和格瑞斯通股份有限公司（Greystone Inc.）的流动比率均为2，然而，它们的财务状况并不相同。格瑞斯通股份有限公司更有可能难以履行其目前的财务义务，因为它所有的流动资产几乎都是由存货而非流动性更强的资产（如现金和应收账款）构成。

（金额单位：美元）

	沃辛顿公司	格瑞斯通股份有限公司
流动资产		
现金	25 000	2 000
应收账款净额	60 000	8 000
存货	85 000	160 000
待摊费用	5 000	5 000
流动资产合计（a）	175 000	175 000
流动负债合计（b）	87 500	87 500
流动比率（a）÷（b）	2	2

17.3.3 酸性测试（速动）比率

酸性测试（速动）比率［acid-test（quick）ratio］在测试一家公司的短期偿债能力方面比流动比率更为严格。此时存货和待摊费用被剔除出流动资产，只留下流动性更强（或者说"速动"）的资产来除以流动负债。

$$酸性测试比率 = \frac{现金 + 有价证券 + 应收账款}{流动负债}$$

酸性测试比率衡量公司在不过度清理或者说依赖其存货的情形下履行其义务的能力。在理想情况下，每1美元的负债应得到至少1美元的速动资产的支持。然而，酸性测试比率普遍才为0.3。

布克电器公司的酸性测试比率计算如下：

$$酸性测试比率 = \frac{1\,200\,000\,美元 + 0\,美元 + 6\,000\,000\,美元}{7\,000\,000\,美元} = 1.03$$

虽然布克电器公司的酸性测试比率在可接受的范围之内，但管理者可能会担心公司资产负债表中揭示的一些趋势。注意到在表 17-1 中短期负债在增加，而现金余额在减少。可能现金余额减少是应收账款大幅增加的结果。简而言之，同流动比率一样，在解释酸性测试比率时也需要同时关注流动资产的基本构成。

17.4 比率分析：资产管理

公司的资产是由债权人和股东提供的资金，债权人和股东都希望资产的运用具有较高的效率和效益。本节将阐述管理者用来评估公司资产管理绩效的各种指标和比率。所有即将进行的计算都是针对本年的。

17.4.1 应收账款周转率

应收账款周转率和平均收账期是衡量赊销收入转化为现金的速度。**应收账款周转率**（accounts receivable turnover）的计算公式是用赊销收入（也就是赊销的销售收入）除以当年的平均应收账款余额：

$$应收账款周转率 = \frac{赊销收入}{平均应收账款余额}$$

假定布克电器公司的所有销售均为赊销，那么其应收账款周转率计算如下：

$$应收账款周转率 = \frac{52\,000\,000\,美元}{(6\,000\,000\,美元 + 4\,000\,000\,美元)/2} = 10.4$$

可以用 365 天除以应收账款周转率以确定收回赊销款项的平均天数（也被称为**平均收账期**，average collection period）。

$$平均收账期 = \frac{365\,天}{应收账款周转率}$$

布克电器公司的平均收账期计算如下：

$$平均收账期 = \frac{365\,天}{10.4} = 35.1\,天$$

这意味着该公司平均需要 35 天才能收回其赊销款项。这究竟是好是坏？它主要取决于布克电器公司提供给客户的赊销期限，许多客户倾向于在赊销期限内尽可能长时间地拖延支付。如果赊销期限是 30 天，那么 35 天的平均收账期通常视为很好了。如果公司的赊销期限是 10 天，那么 35 天的平均收账期就令人担忧了。平均收账期长可能是由太多的旧有呆账、未能及时催收延期付款、宽松的信用审查等导致的。在实务中，根据行业的不同，10 ~ 180 天的平均收账期都是正常的。

17.4.2 存货周转率

存货周转率（inventory turnover ratio）衡量的是公司存货在一年中销售和更换的次数。其计算公式是用销货成本除以存货平均余额，平均存货余额即（期初余额 + 期末余额）/2。

$$存货周转率 = \frac{销货成本}{平均存货}$$

布克电器公司的存货周转率计算如下：

$$存货周转率 = \frac{36\,000\,000\text{ 美元}}{(8\,000\,000\text{ 美元} + 10\,000\,000\text{ 美元})/2} = 4.0$$

销售全部存货平均所需天数（也被称作**平均销售期**，average sale period）可以用 365 天除以存货周转率计算得到：

$$平均销售期 = \frac{365\text{ 天}}{存货周转率} = \frac{365\text{ 天}}{4} = 91.3\text{ 天}$$

平均销售期因行业而异。杂货店因拥有大量的易腐存货，因而往往存货周转很快。而珠宝店的存货往往周转得很慢。在实务中，根据行业的不同，10～90 天的平均销售期都是正常的。

如果一家公司的存货周转率比行业的平均存货周转率要慢得多，原因可能是存货太多或存货类型不合理。一些管理者认为，必须大量采购以充分利用数量折扣。但这些数量折扣必须同保险、税费、筹措资金的附加成本，以及由存货增加导致的损耗和老旧的风险相比较。

17.4.3 营运周期

营运周期（operating cycle）衡量的是从供应商处收到存货再到从客户处收到现金所经过的时间。其计算公式为：

$$营运周期 = 平均销售期 + 平均收账期$$

布克电器公司的营运周期计算如下：

$$营运周期 = 91.3\text{ 天} + 35.1\text{ 天} = 126.4\text{ 天}$$

管理者的目标是缩短营运周期，因为营运周期长意味着将属于公司的现金收回时间延长了。事实上，如果一家公司能够将其营运周期缩减到短于向供应商的平均付款期，就意味着该公司在向供应商支付存货采购款项之前，就可以从其客户处收到现金。例如，如果某公司的营运周期为 10 天，而其向供应商的平均付款期为 30 天，那么该公司在向供应商付款的 20 天之前就从客户处收到现金了。在本例中，该公司可以从现金收入中赚取 20 天的利息收益，之后再将所收现金的一部分支付给供应商。相反，如果某公司的营运周期比向供应商的平均付款期长得多，那么它就需要借钱为其存货和应收账款提供资金。在布克电器公司的案例中，公司的营运周期非常长，因此表明该公司需要借钱来为其营运提供资金。

17.4.4 总资产周转率

总资产周转率（total asset turnover）是指销售收入与平均资产总额的比率。它衡量的是公司资产用于产生销售收入的效率。这一比率中不仅包括流动资产，还包括如房屋、厂房及设备等非流动资产。其计算公式为：

$$总资产周转率 = \frac{销售收入}{平均资产总额}$$

布克电器公司的总资产周转率计算如下：

$$总资产周转率 = \frac{52\,000\,000\text{ 美元}}{(31\,500\,000\text{ 美元} + 28\,970\,000\text{ 美元})/2} = 1.72$$

公司的目标是提高其总资产周转率。为了实现此目标，要么增加销售收入，要么需要减少对资产的投资。

如果一家公司的应收账款周转率和存货周转率都在提高，而总资产周转率却在下降，这表明问题可能出在非流动资产的利用率及使用效率上。该比率还强调，如果其他因素皆保持不变，公司的总资产周转率仍会随着时间的推移而增加，因为随着时间的推移，房屋、厂房及设备的累计折旧会增加。

17.5 比率分析：债务管理

管理者需要从对两类利益相关者——长期债权人及普通股股东有利的角度评估公司的债务管理选择。长期债权人关心的是公司长期偿还贷款的能力。例如，一家公司以股利的方式支付了所有的可用现金，那么就没有什么剩余资金去偿还债权人的债务了。因此，债权人通常要求借款人同意各种限制性条款或规定以寻求对其债权的保护。这些限制性条款通常涉及对股利支付的限制，同时要求公司必须将某些财务比率维持在特定的水平上。虽然限制性条款得到了广泛的使用，但也不能保证在债务到期时债权人一定能得到偿付。公司仍必须产生足够的盈余以偿付债务。

股东们则从财务杠杆的角度来审视债务。**财务杠杆**（financial leverage）是指借钱购买资产，以增加销售收入和利润。一家公司可以有正的财务杠杆，也可以有负的财务杠杆，这取决于其资产总额收益率与必须偿付给债权人的回报率之间的差额。如果公司的资产总额收益率高于偿付给债权人的回报率，财务杠杆就为正。如果资产总额收益率低于偿付给债权人的回报率，财务杠杆就为负。我们将在本章后续内容中探讨布克电器公司的财务杠杆是正还是负。现在，你需要明白的是，如果一家公司的财务杠杆为正，那么举债可以使普通股股东获益颇丰。相反，如果一家公司的财务杠杆为负，那么普通股股东将会遭受损失。考虑到维持正的财务杠杆的潜在好处，管理者就不会试图避免债务，相反，他们通常寻求维持一种在行业内被视为正常的债务水平。

在本节中，我们阐释管理者用于债务管理的 3 个比率：利息保障倍数比率、负债权益比率和权益乘数。所有的计算都是针对当年的。

17.5.1 利息保障倍数

最常用的用来衡量一家公司为其长期债权人提供保护的能力的指标是**利息保障倍数**（times interest earned ratio）。其计算公式是用息税前利润（也就是经营净利润）除以利息费用：

$$利息保障倍数 = \frac{息税前利润}{利息费用}$$

布克电器公司本年的利息保障倍数计算如下：

$$利息保障倍数 = \frac{3\ 140\ 000\ 美元}{640\ 000\ 美元} = 4.91$$

利息保障倍数的计算基于息税前利润，因为这是可以用来偿付利息的总收益。利息费用在所得税前扣除，债权人对缴税前的收益具有优先受偿权。

由于利息费用超过了可以用来偿付利息的收益，因此，低于 1 的利息保障倍数是不足以偿付利息的。相反，可以认为达到或者高于 2 的利息保障倍数足以保障长期债权人的利益。

17.5.2 负债权益比率

负债权益比率（debt-to-equity ratio）是一种杠杆比率，它表明公司资产负债表上某一时点的负债与权益的相对比例。当负债权益比率增加时，表明公司在提高财务杠杆水平。换句话说，该公司正依赖于更大比例的负债而非权益来为资产提供资金。负债权益比率的计算公式为：

$$负债权益比率 = \frac{负债总额}{股东权益}$$

布克电器公司本年的负债权益比率计算如下：

$$负债权益比率 = \frac{14\,500\,000\ 美元}{17\,000\,000\ 美元} = 0.85$$

在今年年底，布克电器公司的债权人为股东提供的每 1 美元提供了 85 美分的贷款。

债权人和股东对于最优负债权益比率有着不同的见解。一般来讲，一方面，股东喜欢大量的负债以充分利用正的财务杠杆。而另一方面，由于权益代表着资产总额超出负债总额的部分，从而成为保护债权人的缓冲剂，债权人希望减少负债，增加权益。在实务中，从零（没有负债）到 3.0 的负债权益比率都是很常见的。一般来讲，在几乎不存在财务风险的行业，管理者会维持高负债权益比率。而在财务风险较大的行业里，管理者则会维持较低的负债权益比率。

17.5.3　权益乘数

权益乘数（equity multiplier）是另一种杠杆比率，它表明公司资产中由权益提供资金的比例。与负债权益比率相似，当权益乘数增加时，表明公司提高了财务杠杆水平。换句话说，该公司正依赖于更大比例的负债而非权益来为资产提供资金。权益乘数不像负债权益比率那样衡量某一时点上分子和分母的金额，它关注的是全年的平均水平。它的计算公式为：

$$权益乘数 = \frac{平均资产总额}{平均股东权益}$$

布克电器公司本年的权益乘数计算如下：

$$权益乘数 = \frac{(31\,500\,000\ 美元 + 28\,970\,000\ 美元)/2}{(17\,000\,000\ 美元 + 15\,970\,000\ 美元)/2} = 1.83$$

负债权益比率和权益乘数传递出公司如何管理其负债和权益组合的信号。我们之所以引入了权益乘数，是因为它将在下一节中使用。在本章的下一节中，我们将进一步了解公司是如何衡量和解释净资产收益率（ROE）的。

17.6　比率分析：盈利能力

管理者都密切关注着公司的利润总额。然而，在进行比率分析时，他们倾向于关注利润总额与销售收入、资产总额或者股东权益总额等其他数额的相对比率。当利润是以另一个数字（如销售收入）的百分比形式表示时，有助于管理者了解公司随着时间的推移其经营状况如何。例如，一家公司在第 1 年和第 2 年的利润分别为 10 美元和 20 美元，如果马上得出公司的业绩有所改善的结论就太过天真了。换句话说，如果我们进一步假设该公司第 1 年的销售收入为 100 美元，而第 2 年的销售收入为 1 000 美元，我们会不安地发现公司把增加的 900 美元销售收入仅转换成了 10 美元的额外利润。在本节中，我们将通过讨论管理者常用的 4 种衡量盈利能力的比率——毛利率、净利率、总资产收益率和净资产收益率，对盈利能力进一步分析。所有计算都是针对本年的。

17.6.1　毛利率

表 17-4 列示了布克电器公司的销货成本占销售收入的百分比从上一年的 65.6% 增长到了本年的 69.2%。或者我们也可以从另外一个角度看待这个问题，即毛利率从上一年的 34.4% 下降到了本年的 30.8%。管理者和投资者都密切关注着这一衡量盈利能力的指标。毛利率的计算公式为：

$$毛利率 = \frac{毛利}{销售收入}$$

零售企业的毛利率应该比其他企业的毛利率更稳定，因为零售业的销货成本不包括固定成本。当销货成本包含固定成本时，毛利率会随销量的波动而发生增减变动。随着销量的增加，固定成本会分摊到更多的单位中，从而会提高毛利率。

| 商业实战 17-2 |　　　　阿贝克隆比 & 费奇失去了它的声望吗

在过去的 5 年中，阿贝克隆比 & 费奇（Abercrombie & Fitch，A&F）赢得了 60% 左右的毛利率，而美鹰傲飞（American Eagle Outfitters）和 Aeropostale 的毛利率却低于 40%。A&F 有如此高的毛利率的部分原因是它在青少年中具有很强的品牌认知，青少年愿意支付高价购买服装以将公司的商标穿在身上。然而，在现今这个变幻莫测的青少年市场上，秀出品牌标识已成为一种尴尬的着装行为，这就给 A&F 带来了有趣的挑战——凭借销售标识较少的服装以维持其毛利率水平。该公司的财务风险很高，因为公司毛利率每下降 1%，就意味着经营净利润下降 14%。

资料来源：Miriam Gottfried, "Abercrombie's Margins Aren't Cool," *The Wall Street Journal*, December 9, 2014, p.C10.

17.6.2　净利率

表 17-4 列示了布克电器公司的净利率从上一年的 4.7% 下降到了本年的 3.4%。**净利率**（net profit margin percentage）得到了管理者们的广泛使用，其计算公式为：

$$净利率 = \frac{净利润}{销售收入}$$

毛利率和净利率分别表示的是毛利和净利润占销售收入的百分比。毛利率只关注一项费用（销货成本）及其对业绩的影响，而净利率同时考虑了销售和管理费用、利息费用以及所得税对业绩的影响。本节剩余的两个比率则是考查与资产负债表上列报的金额有关的盈利能力，而不是销售收入。

| 商业实战 17-3 |　　　　　多宝箱首次公开财务报表

当多宝箱（Dropbox）作为一家上市公司提交其第一份季度财务报表时，它的收入达到了 3.163 亿美元，与上一季度同期相比增长了 28%。然而，该公司的经营成本占销售收入的 209%，导致净利润亏损 4.655 亿美元。

多宝箱在首次公开募股（IPO）中筹集了 7.56 亿美元，自 2007 年成立以来一直没有盈利。尽管如此，许多投资者仍然对多宝箱的增长前景感到好奇，因为多宝箱声称"其免费和付费服务的注册用户都超过 5 亿人次"。

资料来源：Jay Greene, "Dropbox Revenue Jumps by 28%," *The Wall Street Journal*, May 11, 2018, p.B4.

17.6.3　总资产收益率

总资产收益率（return on total assets）是衡量经营业绩的一种尺度。它的计算公式为：

$$总资产收益率 = \frac{净利润 + [利息费用 \times (1 - 所得税税率)]}{平均资产总额}$$

利息费用被加回到净利润里，以显示如果公司没有负债，那么其收益将是多少。随着这一调整，管理者可以评估其公司一段时间内的总资产收益率，而不受到随时间的推移公司负债权益组合变化的影响，这种调整还能够使管理者同其他负债规模不同的公司进行更有意义的比较。请注意，利息费用乘以（1－所得税税率）是税后利息费用。

布克电器公司的总资产收益率的计算如下（见表17-1和表17-2）：

$$总资产收益率 = \frac{1\,750\,000\,美元 + [\,640\,000\,美元 \times (1-0.30)\,]}{(31\,500\,000\,美元 + 28\,970\,000\,美元)/2} = 7.3\%$$

布克电器公司本年的总资产收益率为7.3%。

17.6.4 净资产收益率

总资产收益率考查的是相对于资产总额的利润，而净资产收益率考查的则是相对于股东权益账面价值的利润。**净资产收益率**（return on equity）的计算公式为：

$$净资产收益率 = \frac{净利润}{平均股东权益}$$

布克电器公司本年的净资产收益率将以如下的方式计算得到：

$$净资产收益率 = \frac{1\,750\,000\,美元}{(17\,000\,000\,美元 + 15\,970\,000\,美元)/2} = 10.6\%$$

我们已计算得出了总资产收益率和净资产收益率，下面可以花点时间看看布克电器公司经营过程中的财务杠杆。注意表17-1中，该公司为应付债券支付了8%的利息。而这些债券的税后利息成本仅为5.6%[=8%×（1-0.30）]。如前所述，该公司的总资产收益率7.3%比其债券的税后利息成本5.6%要高，因此，其财务杠杆为正，差额归股东所有。这就部分地解释了为什么净资产收益率10.6%高于总资产收益率7.3%。

这同时还强调了许多管理者和投资人使用杜邦公司提出的指标体系来更深入地研究净资产收益率。杜邦分析法认为净资产收益率受到3个要素的影响——经营效率（以净利率来衡量）、资产使用效率（以总资产周转率来衡量）和财务杠杆（以权益乘数来衡量）。下列等式采用了这3个要素计算了布克电器公司的净资产收益率：

$$净资产收益率 = 净利率 \times 总资产周转率 \times 权益乘数$$

$$净资产收益率 = \frac{净利润}{销售收入} \times \frac{销售收入}{平均资产总额} \times \frac{平均资产总额}{平均股东权益}$$

$$净资产收益率 = 3.37\% \times 1.72 \times 1.83 = 10.6\%$$

请注意，销售收入和平均资产总额的数字被约掉了，因此，剩下的就是净利润除以平均股东权益。虽然这个等式有些复杂，但它计算出的净资产收益率与之前最初计算的净资产收益率是一致的。同样需要注意，这个等式使用的净利率是3.37%，而不是表17-4中列示的四舍五入后的净利率3.4%。总资产周转率1.72和权益乘数1.83已在本章之前的内容中计算过。

17.7 比率分析：市场业绩

本节总结了普通股股东用以评估公司业绩的5个比率。考虑到普通股股东是拥有公司所有权的人，所以从逻辑上讲，管理者应当对他们的所有者用以判断他们业绩的衡量尺度有一个全面的了解。所有的计算都是针对本年的。

17.7.1　每股收益

投资者购买股票是希望以股利或者是未来股票价值增加的形式获取回报。由于收益构成了股利支付及未来股票增值的基础，因此投资者对公司的每股收益很感兴趣。

每股收益（earnings per share）的计算公式是用净利润除以流通在外的普通股平均股数。

$$每股收益 = \frac{净利润}{流通在外的普通股平均股数}$$

使用表 17-1 和表 17-2 中的数据，布克电器公司的每股收益计算如下：

$$每股收益 = \frac{1\ 750\ 000\ 美元}{(500\ 000\ 股^{\ominus}+500\ 000\ 股)/2} = 3.50\ 美元/股$$

| 商业实战 17-4 | 蓝围裙努力赚钱

蓝围裙（Blue Apron）为顾客提供在家中组装的餐包，每份平均价格为 8.75 美元。当该公司的每位顾客的收入从 236 美元增加到 250 美元，每股仅亏损 17 美分，而预期亏损为 24 美分时，其股价上涨 9.5%，至每股 2.30 美元。

蓝围裙正面临着众多来自其他对手日益激烈的竞争，这些竞争对手向素食者和肉类爱好者等小众消费者提供餐包。为了应对这一挑战，该公司扩大了销售渠道，包括通过开市客（Costco）等零售商销售餐包。

资料来源：Heather Haddon，"Blue Apron to Sell Meal Kits in Costco to Stave Off Rivals，" *The Wall Street Journal*，May 4, 2018, p.B2.

17.7.2　市盈率

市盈率（price-earnings ratio）表达了每股市场价格和每股收益之间的关系。如果我们假定布克电器公司本年年末的股票市值为 40 美元 / 股，那么其市盈率的计算公式为：

$$市盈率 = \frac{每股市场价格}{每股收益} = \frac{40\ 美元/股}{3.50\ 美元/股} = 11.43$$

市盈率是 11.43，也就是说，股票的每股价格是当前每股收益的 11.43 倍。

高市盈率意味着投资者愿意为公司股票支付溢价，想必是因为他们预计公司未来将拥有高于平均水平的收益增长。相反，如果投资者认为公司未来的收益增长前景有限，该公司的市盈率就会相对较低。在 20 世纪 90 年代末，一些网络公司（尤其是那些收益很少甚至没有收益的公司）的股票以高昂的价格出售，导致了史无前例的高市盈率。当时许多分析人士警告称这些市盈率长期来看不可能持久——他们确实说对了。几乎所有的网络公司的股票价格随后都暴跌了。

17.7.3　股利支付率和股利率

公司股票的投资者以两种方式赚钱——股票市场价格的增加和股利。一般来讲，只要公司内部投资的收益率高于股东在公司以外的其他方面投资获取的收益率，公司就应当将收益留存在公司内部，而不是分红。因此，具有高收益前景的公司通常很少分红或者不分红。那些没有利润增长前景但收益稳定、可靠的公司，往往

⊖　股数 = 总面值 ÷ 每股面值 =6 000 000 ÷ 12=500 000（股）

倾向于以股利的方式将经营活动产生的现金流量以较高的比率支付。

1. 股利支付率

股利支付率（dividend payout ratio）用股利支付占当前收益的百分比来衡量。该比率是通过用普通股每股股利除以普通股每股收益计算得出的：

$$股利支付率 = \frac{每股股利}{每股收益}$$

根据表 17-2，布克电器公司的股利支付率计算如下：

$$股利支付率 = \frac{1.44\ 美元 / 股}{3.50\ 美元 / 股} = 41.1\%$$

尽管同一行业公司的该比率往往是相似的，但没有所谓的"正确的"股利支付率。如上所述，拥有充分成长机会和高收益率的公司的股利支付率往往较低，而再投资机会有限的公司往往股利支付率较高。

2. 股利率

股利率（dividend yield ratio）是用当前每股股利除以当前每股市场价格计算得出的一种比率：

$$股利率 = \frac{每股股利}{每股市场价格}$$

由于布克电器公司的股票市场价格是 40 美元 / 股，其股利率计算如下：

$$股利率 = \frac{1.44\ 美元 / 股}{40\ 美元 / 股} = 3.6\%$$

股利率衡量的是以当前股票市场价格购买公司普通股股票的投资者仅以现金股利的方式获得的收益率。股利率较低本身既不能说好也不能说坏。

17.7.4 每股账面价值

每股账面价值（book value per share）衡量的是如果所有资产都以资产负债表上的金额（也就是账面价值）出售，且所有债权人都得到了清偿，那么每股普通股持有者将获得的金额。每股账面价值完全基于历史成本。其计算公式为：

$$每股账面价值 = \frac{股东权益总额}{流通在外的普通股股数}$$

布克电器公司的普通股每股账面价值计算如下：

$$每股账面价值 = \frac{17\ 000\ 000\ 美元}{500\ 000\ 股} = 34\ 美元 / 股$$

如果将该账面价值与布克电器公司的股票市场价格 40 美元 / 股相比，股票价格似乎是被高估了。然而，如前所述，市场价格反映了对未来收益及股利的预期，而账面价值在很大程度上反映了过去发生的事项的结果。通常，股票的市场价格都会高于其账面价值。例如，在一年的时间里，微软普通股交易的市场价格通常是其账面价值的 4 倍多，而可口可乐的股票市场价格是其账面价值的 17 倍。

17.8 比率及比较比率数据来源的总结

表 17-5 总结了本章所讨论的比率。表中包含了每个比率的公式和每个比率的意义。

表 17-5 比率总结

比率	公式	意义
流动性：		
营运资金	流动资产 − 流动负债	衡量公司仅用流动资产偿付流动负债的能力
流动比率	流动资产 ÷ 流动负债	考查短期偿债能力
酸性测试比率	（现金＋有价证券＋应收账款）÷ 流动负债	考查不依赖存货的情况下的短期偿债能力
债务管理：		
应收账款周转率	赊销收入 ÷ 平均应收账款余额	衡量公司应收账款转化成现金的次数
平均收账期	365 天 ÷ 应收账款周转率	衡量收回应收账款平均所需天数
存货周转率	销货成本 ÷ 存货平均余额	衡量一年内公司存货被出售的次数
平均销售期	365 天 ÷ 存货周转率	衡量存货销售一次平均占用天数
营运周期	平均销售期＋平均收账期	衡量从供应商处收到存货再到从客户处收到现金所需要的时间
总资产周转率	销售收入 ÷ 平均资产总额	衡量利用资产产生销售收入的效率
债务管理：		
利息保障倍数	息税前利润 ÷ 利息费用	衡量公司支付利息的能力
负债权益比率	负债总额 ÷ 股东权益	衡量股东提供的每 1 美元的资产对应的债权人提供的资产数额
权益乘数	平均资产总额 ÷ 平均股东权益	衡量公司资产中由权益提供资金的比例
盈利能力：		
毛利率	毛利 ÷ 销售收入	衡量扣除销售和管理费用前的盈利能力
净利率	净利润 ÷ 销售收入	衡量盈利能力的一个广义指标
总资产收益率	｛净利润＋［利息费用 ×（1− 所得税税率）］｝÷ 平均资产总额	衡量管理层运用资产的效率
净资产收益率	净利润 ÷ 平均股东权益	当同总资产收益率做比较时，衡量的是财务杠杆使普通股股东获益或受损的程度
市场业绩：		
每股收益	净利润 ÷ 流通在外的普通股平均股数	正如市盈率中反映出来的那样，该指标会影响到每股市场价格
市盈率	每股市场价格 ÷ 每股收益	是反映股票相对于当前收益是相对便宜还是昂贵的指标
股利支付率	每股股利 ÷ 每股收益	是显示公司将其大部分收益用于分红还是用于内部再投资的指标
股利率	每股股利 ÷ 每股市场价格	衡量股票在现金股利方面所能提供的回报
每股账面价值	股东权益总额 ÷ 流通在外的普通股股数	衡量在所有资产均以资产负债表账面价值出售且所有债权人都得到了偿付的情况下分配给普通股股东的金额

表 17-6 所示为一个公开资源的列表，提供了分行业归纳的比较比率数据。这些数据源被管理者、投资者和分析师广泛使用。在表 17-6 中列出的 EDGAR（电子数据收集、分析及检索系统）是一个特别丰富的数据库。它包含大约自 1995 年以来公司提交给美国证券交易委员会的各种报告的副本，包括像 10-K 年度报告这样的文件。

表 17-6 财务比率来源

来源	内容
《商业与工业财务比率年鉴》，阿斯彭出版社；每年出版	包括分行业及行业内分规模的公司的同基利润表和财务比率的详尽数据
《美国管理协会年度报表研究》，风险管理协会，每年出版	是得到广泛使用的出版物，其中包括个别公司的同基财务报表和财务比率；公司是按行业进行分类的
电子数据收集、分析及检索系统（EDGAR），美国证券交易委员会；网站持续更新；www.sec.gov	一个完整的互联网数据库，包含了公司提交给美国证券交易委员会的报告；这些报告可以下载
胡佛在线，胡佛股份有限公司；网站持续更新；www.hoovers.com	一个提供 10 000 家美国公司简况的网站，其中包括公司网站链接、年度报告、股价图、新闻报道及行业信息
《行业标准及关键商业比率》，邓恩和布拉德斯特里特著；每年出版	为超过 800 家主要行业集团计算的 14 个常用财务比率

（续）

来源	内容
《摩根特工业手册及摩根特银行和财务手册》；每年出版	包含在纽约证券交易所、美国证券交易所及区域美国交易所上市的所有公司的财务比率的一个详尽来源
《标准普尔行业调查》，标准普尔；每年出版	各种统计数据（其中包括一些财务比率），这些数据是按照行业提供的，且是为每个产业集群中的领导公司提供的

本章小结

财务报表中所包含的数据是对公司经营活动的一个定量的概要。一个善于分析这些报表的管理者可以从中了解公司的优势、弱势、新出现的问题、经营效率、盈利能力等。

有很多方法可以用于分析财务报表并评估趋势和变动的方向及重要性。在本章中，我们探讨了3种分析方法：财务报表中的金额及百分比变化（水平分析），同基财务报表（垂直分析），比率分析。有关比率的详细列举，请参阅表17-5。

复习题：选择的比率及财务杠杆

马利根公司（Mulligan Corporation）的财务报表如下所示。

马利根公司比较资产负债表

（单位：百万美元）

	本年	去年
资产		
流动资产：		
现金	281	313
有价证券	157	141
应收账款	288	224
存货	692	636
其他流动资产	278	216
流动资产合计	1 696	1 530
房屋及设备净值	2 890	2 288
其他资产	758	611
资产总计	5 344	4 429
负债和股东权益		
流动负债：		
应付账款	391	341
短期银行贷款	710	700
应计负债	757	662
其他流动负债	298	233
流动负债合计	2 156	1 936
长期负债	904	265
负债合计	3 060	2 201
股东权益：		
普通股及股本溢价	40	40
留存收益	2 244	2 188
股东权益合计	2 284	2 228
负债和股东权益总计	5 344	4 429

马利根公司利润表

（单位：百万美元）

	本年
销售收入	9 411
销货成本	3 999
毛利	5 412
销售和管理费用：	
门店营业费用	3 216
其他营业费用	294
折旧和摊销	467
一般及行政管理费用	489
销售和管理费用合计	4 466
经营净利润	946
加：利息和其他收益	110
利息费用	0
税前净利润	1 056
所得税	384
净利润	672

要求：

（1）计算总资产收益率。

（2）计算净资产收益率。

（3）马利根公司的财务杠杆是正的还是负的？请解释。

（4）计算流动比率。

（5）计算酸性测试比率。

（6）计算存货周转率。

（7）计算平均销售期。

（8）计算负债权益比率。

（9）计算总资产周转率。

（10）计算净利率。

复习题答案：

（1）总资产收益率：

$$总资产收益率 = \frac{净利润 + \left[利息费用 \times \left(1 - 所得税税率\right)\right]}{平均资产总额}$$

$$= \frac{672\,百万美元 + \left[0 \times \left(1 - 0.36\right)\right]}{\left(5\,344\,百万美元 + 4\,429\,百万美元\right)/2}$$

$$= 13.8\%\,（四舍五入后）$$

（2）净资产收益率：

$$净资产收益率 = \frac{净利润}{平均股东权益}$$

$$= \frac{672\,百万美元}{\left(2\,284\,百万美元 + 2\,228\,百万美元\right)/2}$$

$$= 29.8\%\,（四舍五入后）$$

（3）该公司拥有正的财务杠杆，因为其净资产收益率29.8%高于总资产收益率13.8%。正的财务杠杆是从流动负债及长期负债中获取的。

（4）流动比率：

$$流动比率 = \frac{流动资产}{流动负债} = \frac{1\,696\,百万美元}{2\,156\,百万美元}$$

$$= 0.79\,（四舍五入后）$$

（5）酸性测试比率：

$$酸性测试比率 = \frac{现金 + 有价证券 + 应收账款}{流动负债}$$

$$= \frac{281\,百万美元 + 157\,百万美元 + 288\,百万美元}{2\,156\,百万美元}$$

$$= 0.34\,（四舍五入后）$$

（6）存货周转率：

$$存货周转率 = \frac{销货成本}{平均存货}$$

$$= \frac{3\,999\,百万美元}{\left(692\,百万美元 + 636\,百万美元\right)/2}$$

$$= 6.0\,（四舍五入后）$$

（7）平均销售期：

$$平均销售期 = \frac{365\,天}{存货周转率} = \frac{365\,天}{6.0}$$

$$= 60.8\,天（四舍五入后）$$

（8）负债权益比率：

$$负债权益比率 = \frac{负债总额}{股东权益总额}$$

$$= \frac{3\,060\,百万美元}{2\,284\,百万美元}$$

$$= 1.34\,（四舍五入后）$$

（9）总资产周转率：

$$总资产周转率 = \frac{销售收入}{平均资产总额}$$

$$总资产周转率 = \frac{9\,411\,百万美元}{\left(5\,344\,百万美元 + 4\,429\,百万美元\right)/2}$$

$$= 1.93\,（四舍五入后）$$

（10）净利率：

$$净利率 = \frac{净利润}{销售收入}$$

$$= \frac{672\,百万美元}{9\,411\,百万美元}$$

$$= 7.1\%\,（四舍五入后）$$

术语表

（注意：所有财务比率的定义及公式均列示在表17-5当中。这里不再重复这些定义及公式。）

Acid-test（quick）ratio 酸性测试（速动）比率　一种比流动比率更严格地测试公司短期偿债能力的比率。存货和待摊费用不包括在流动资产总额中，只留下流动性更强（或"速动"）的资产除以流动负债。

Common-size financial statement 同基财务报表　一种以百分比形式和金额形式列示各项目的报表。在利润表上，百分比是以销售收入总额作为基准；在资产负债表上，百分比是以资产总额作为基准。

Current ratio 流动比率　一家公司的流动资产除以流动负债。

Financial leverage 财务杠杆　总资产收益率与债权人要求的回报率之间的差额。

Horizontal analysis 水平分析　对于两年或者两年以上的财务报表进行的并行比较。

Liquidity 流动性　指资产转化为现金的速度。流动资产可以快速兑现，但是流动性差的资产做不到。

Trend analysis 趋势分析　请参阅水平分析。

Trend percentage 趋势百分比　数年的财务数据以相对基准年度的业绩百分比进行表示。

Vertical analysis 垂直分析　以统一度量形式列报的公司财务报表。

Working capital 营运资金　流动资产减流动负债。

思考题

1. 区分财务报表数据的垂直分析和水平分析。
2. 考查公司财务比率及其他数据的基本目的是什么？分析师还能做哪些其他的比较呢？
3. 假设同一行业的两家公司收益相等。为什么这两家公司的市盈率不同？如果一家公司的市盈率为20，并报告称当前年度的每股收益为4美元，你预计其股票在市场上的销售价格为多少？
4. 你认为一家处于快速成长期的科技行业公司会拥有高还是低的股利支付率呢？
5. 普通股投资的股利率的含义是什么？
6. 财务杠杆这一术语的含义是什么？
7. 一份商业期刊引用某公司总裁的一句话："我们已10多年没有1美元的付息债务了。没有多少公司能这么说。"作为该公司的股东，你如何看待这种不举债的政策？
8. 如果股票市场价值超过其账面价值，那么股票价值就被高估了。你同意这种观点吗？请解释。
9. 一家寻求信贷额度的公司遭到了银行的拒绝。除此之外，银行还指出，该公司2：1的流动比率是不够的。请给出2：1的流动比率不够的理由。

基础练习

马库斯公司（Markus Company）的普通股在今年年底以每股2.75美元的价格出售。该公司今年支付了每股0.55美元的普通股股利。它还提供了今年的财务报表的部分数据。

（单位：美元）

	期末余额	期初余额
现金	35 000	30 000
应收账款	60 000	50 000
存货	55 000	60 000
流动资产合计	150 000	140 000
资产总计	450 000	460 000
流动负债	60 000	40 000
负债合计	130 000	120 000
普通股（每股面值1美元）	120 000	120 000
股东权益合计	320 000	340 000
负债和股东权益总计	450 000	460 000

	今年
销售收入	700 000
销货成本	400 000
毛利	300 000
经营净利润	140 000

	（续）
利息费用	8 000
净利润	92 400

要求：

计算如下财务比率。

（1）每股收益。
（2）市盈率。
（3）股利支付率和股利率。
（4）总资产收益率（假设税率为30%）。
（5）净资产收益率。
（6）每股账面价值。
（7）营运资金和流动比率。
（8）酸性测试比率。
（9）应收账款周转率和平均收账期。
（10）存货周转率和平均销售期。
（11）营运周期。
（12）总资产周转率。
（13）利息保障倍数。
（14）负债权益比率。
（15）权益乘数。

练习题

1. 评估流动性的财务比率

韦勒公司（Weller Corporation）是一家销售公司，截至12月31日年度比较财务报表如下所示。报告期内，公司未增发普通股。已发行普通股80万股。

应付债券的利率为 12%，所得税税率为 40%，普通股每股股利去年为 0.75 美元，今年为 0.40 美元。该公司普通股在今年年底的市值为 18 美元。公司所有的销售收入都被记录在账上。

韦勒公司比较资产负债表

（单位：千美元）

	今年	去年
资产		
流动资产：		
现金	1 280	1 560
应收账款净值	12 300	9 100
存货	9 700	8 200
待摊费用	1 800	2 100
流动资产合计	25 080	20 960
房屋及设备：		
土地	6 000	6 000
建筑物及设备净值	19 200	19 000
固定资产合计	25 200	25 000
资产总计	50 280	45 960
负债和股东权益		
流动负债：		
应付账款	9 500	8 300
应计负债	600	700
短期应付票据	300	300
流动负债合计	10 400	9 300
长期负债：		
应付债券	5 000	5 000
负债合计	15 400	14 300
股东权益：		
普通股	800	800
资本公积	4 200	4 200
实收资本总额	5 000	5 000
留存收益	29 880	26 660
股东权益合计	34 880	31 660
负债和股东权益总计	50 280	45 960

韦勒公司比较利润表和对账

（单位：千美元）

	今年	去年
销售收入	79 000	74 000
销货成本	52 000	48 000
毛利	27 000	26 000
销售和管理费用：		
销售费用	8 500	8 000
管理费用	12 000	11 000
销售和管理费用合计	20 500	19 000
经营净利润	6 500	7 000
利息费用	600	600
税前净利润	5 900	6 400
所得税	2 360	2 560
净利润	3 540	3 840

（续）

普通股股利	320	600
未分配利润	3 220	3 240
期初留存收益	26 660	23 420
期末留存收益	29 880	26 660

要求：

计算本年度的以下财务数据和比率。

（1）营运资金。

（2）流动比率。

（3）酸性测试比率。

2. 评估资产管理的财务比率

请参阅第 1 题中韦勒公司的数据。

要求：

计算本年度的以下财务数据。

（1）应收账款周转率（假设所有销售都是赊账）。

（2）平均收账期。

（3）存货周转率。

（4）平均销售期。

（5）营运周期。

（6）总资产周转率。

3. 评估市场业绩的财务比率

请参阅第 1 题中韦勒公司的数据。

要求：

计算本年度的以下财务数据。

（1）每股收益。

（2）市盈率。

（3）股利支付率。

（4）股利率。

（5）每股账面价值。

4. 评估盈利能力和债务管理的财务比率

萨福德公司（Safford Company）6 月 30 日年终报表的部分财务数据如下。

（单位：美元）

资产合计	3 600 000
长期债务（12% 的利率）	500 000
股东权益合计	2 400 000
支付长期债务的利息	60 000
净利润	280 000

年初资产合计为 3 000 000 美元，股东权益合计为 2 200 000 美元，企业所得税税率是 30%。

要求：

（1）计算总资产收益率。

（2）计算净资产收益率。

（3）财务杠杆是正的还是负的？请解释。

问题

1. 综合比率分析

你刚被聘为李德科斯公司（Lydex Company）——一家安全帽制造商的财务分析师。你的老板要求你对公司的财务报表进行一次综合分析，其中包括将李德科斯公司的业绩与其主要竞争对手做比较。该公司过去两年的财务报表如下。

李德科斯公司比较资产负债表

（单位：美元）

	本年	去年
资产		
流动资产：		
现金	960 000	1 260 000
有价证券	0	300 000
应收账款净额	2 700 000	1 800 000
存货	3 900 000	2 400 000
待摊费用	240 000	180 000
流动资产合计	7 800 000	5 940 000
厂房及设备净值	9 300 000	8 940 000
资产总计	17 100 000	14 880 000
负债和股东权益		
负债		
流动负债	3 900 000	2 760 000
应付票据（利率10%）	3 600 000	3 000 000
负债合计	7 500 000	5 760 000
股东权益：		
普通股（面值78美元）	7 800 000	7 800 000
留存收益	1 800 000	1 320 000
股东权益合计	9 600 000	9 120 000
负债和股东权益总计	17 100 000	14 880 000

李德科斯公司比较利润表

（单位：美元）

	本年	去年
销售收入（均为赊销）	15 750 000	12 480 000
销货成本	12 600 000	9 900 000
毛利	3 150 000	2 580 000
销售和管理费用	1 590 000	1 560 000
经营净利润	1 560 000	1 020 000
利息费用	360 000	300 000
税前净利润	1 200 000	720 000
所得税（税率为30%）	360 000	216 000
净利润	840 000	504 000
普通股股利	360 000	252 000
未分配利润	480 000	252 000
期初留存收益	1 320 000	1 068 000
期末留存收益	1 800 000	1 320 000

在任务开始前，你收集了李德科斯公司所在行业中的公司具有代表性的财务数据及比率，具体如下。

流动比率	2.3
酸性测试比率	1.2
平均收账期	30天
平均销售期	60天
总资产收益率	9.5%
负债权益比率	0.65
利息保障倍数	5.7
市盈率	10

要求：

（1）你决定首先评估公司在债务管理和盈利能力方面的表现。计算本年和去年的下述指标。

a. 利息保障倍数。

b. 负债权益比率。

c. 毛利率。

d. 总资产收益率（去年年初的资产总额为12 960 000美元）。

e. 净资产收益率（去年年初的股东权益合计为9 048 000美元。过去的两年间普通股未发生改变）。

f. 该公司的财务杠杆是正的还是负的？请解释。

（2）你决定下一步评估该公司在股票市场上的表现。假定李德科斯公司本年年末的股票价格为每股72美元，而去年年末的股价为每股40美元。计算去年和本年两年的以下指标。

a. 每股收益。

b. 股利率。

c. 股利支付率。

d. 市盈率。与同行业的其他公司相比较，投资者会如何看待李德科斯公司？请解释。

e. 普通股每股账面价值。每股市场价格与每股账面价值之间的差额是否表明股票目前的价格很便宜？请解释。

（3）你决定最后评估公司的流动性及资产管理情况。计算本年和去年两年的下述指标。

a. 营运资金。

b. 流动比率。

c. 酸性测试比率。

d. 平均收账期（去年年初应收账款余额合计为1 560 000美元）。

e. 平均销售期（去年年初存货余额合计为1 920 000美元）。

f. 营运周期。

g. 总资产周转率（去年年初资产总额为12 960 000美元）。

（4）准备一份简短的备忘录，总结一下与竞争对手相比，李德科斯公司的表现如何？

2. 解释财务比率

富有产品有限公司（Pecunious Products，Inc.）过去三年的财务业绩总结如下。

	第 3 年	第 2 年	第 1 年
销售趋势	128.0	115.0	100.0
流动比率	2.5	2.3	2.2
酸性测试比率	0.8	0.9	1.1
应收账款周转率	9.4	10.6	12.5
存货周转率	6.5	7.2	8.0
股利率	7.1%	6.5%	5.8%
股利支付率	40%	50%	60%
每股股利[①]	1.50 美元	1.50 美元	1.50 美元

[①]在这 3 年期间，已发行的普通股没有任何变化。

你的老板要求你回顾这些结果，然后回答以下问题。

a. 公司支付到期账单是否变得更容易了？

b. 客户现在支付账款的速度至少和第 1 年一样快吗？

c. 应收账款的总额是增加、减少，还是保持不变？

d. 存货水平是增加、减少，还是保持不变？

e. 该公司股票的市场价格上涨了还是下跌了？

f. 每股收益增加了还是减少了？

g. 市盈率上升了还是下降了？

要求：

请回答你老板提出的每一个问题。

3. 利润表：比率分析

胡椒工业（Pepper Industries）财务报表部分数据如下。

胡椒工业资产负债表（截至 3 月 31 日）

（单位：美元）

流动资产：	
现金	?
应收账款净值	?
流动资产合计	?
存货	?
厂房及设备净值	?
资产总计	?
负债：	
流动负债	320 000
应付票据（10）	?
负债合计	?

（续）

股东权益：	
普通股（每股面值 5 美元）	?
留存收益	?
股东权益合计	?
负债和股东权益合计	?

胡椒工业利润表（截至 3 月 31 日）

（单位：美元）

销售收入	4 200 000
销货成本	?
毛利	?
销售和管理费用	?
经营净利润	?
利息费用	80 000
税前利润	?
所得税费用（30%）	?
净利润	?

以下是关于该公司的补充信息。

a. 这一年中发生的所有销售都记录在账。

b. 这一年中流通在外的普通股数量没有变化。

c. 利润表中的利息费用与应付债券有关；这一年中，未偿付债券的数量没有变化。

d. 本年度期初的部分结余如下。

（单位：美元）

应收账款	270 000
存货	360 000
资产合计	1 800 000

e. 根据上述报表计算出的本年度财务比率如下。

每股收益	2.30 美元
负债权益比率	0.875
应收账周转率	14.0
流动比率	2.75
总资产收益率	18.0%
利息保障倍数	6.75
酸性测试比率	1.25
存货周转率	6.5

要求：

在公司的财务报表上计算缺失的金额（提示：酸性测试比率和流动比率有什么区别）。

综合练习

概述

成功的管理者依靠一套综合的管理会计能力来解决工作中复杂的难题。因此，我们编写了 20 个综合练习题，帮助你掌握这些极为重要的管理技能。这些练习题会使你理解学习目标是如何贯穿全书并相互联系的。当你开始理解"它们是如何整合在一起的"时，你将开始从数据计算者到管理者实习生的转化。

综合练习 1　作业量差异、成本差异、材料价格差异、材料数量差异

绍斯赛德比萨店（Southside Pizzeria）想要提高管理有关生产和销售比萨的原料成本的能力。6 月，该公司计划生产 1 000 张比萨。它开发了一个包括每张比萨 2.40 美元马苏里拉芝士的成本配方。在 6 月末，绍斯赛德比萨店实际售出了 1 100 张比萨，在该月它使用芝士的实际成本是 2 632 美元。

要求：

（1）6 月马苏里拉芝士的作业量差异是多少？

（2）6 月马苏里拉芝士的支出差异是多少？

（3）假定该公司制定了一个每盎司马苏里拉芝士 0.30 美元的价格标准，以及每张比萨 8 盎司芝士的数量标准。同时，假定绍斯赛德比萨店当月实际使用了 9 400 盎司芝士生产了 1 100 张比萨。

a. 6 月马苏里拉芝士的材料价格差异是多少？

b. 6 月马苏里拉芝士的材料数量差异是多少？

c. 6 月马苏里拉芝士的材料成本差异是多少？

综合练习 2　不同目的的不同成本、本量利关系

贺格森公司（Hixson Company）制造并销售一种产品，每件产品 34 美元。该公司没有期初或期末存货，并且其产品产量是 20 000 ~ 30 000 件。当贺格森公司生产并销售了 25 000 件产品时，其成本如下。

	每件金额 / 美元
直接材料	8.00
直接人工	5.00
变动制造费用	1.00
固定制造费用	6.00
固定销售费用	3.50
固定管理费用	2.50
销售佣金	4.00
变动管理费用	1.00

要求：

（1）为了财务会计目标，制造这25 000件产品产生的总成本是多少？销售这25 000件产品期间发生的总成本是多少？

（2）如果生产24 000件产品，生产每件产品的变动制造费用是多少？生产每件产品的平均固定制造费用是多少？

（3）如果生产26 000件产品，生产每件产品的变动制造费用是多少？生产每件产品的平均固定制造费用是多少？

（4）如果生产27 000件产品，为达成这一水平的生产，发生的总直接制造费用和总间接制造费用是多少？

（5）如果贺格森公司的产量从25 000件增长到25 001件，那么它产生的总增量制造费用是多少？

（6）贺格森公司每件产品的边际贡献是多少？它的边际贡献率是多少？

（7）贺格森公司的保本点销量是多少？它的保本点销售额是多少？

（8）如果贺格森公司生产和销售的产品从25 000件增长到26 500件，它的经营净利润会增加多少？

（9）在销量为25 000件时，贺格森公司的安全边际是多少？

（10）在销量为25 000件时，贺格森公司的经营杠杆系数是多少？

综合练习3　完全成本法、变动成本法、本量利关系

牛顿公司（Newton Company）制造并销售一种产品。该公司总结了其第1年的经营计划。

（单位：美元）

单位变动成本：	
生产成本：	
直接材料	20
直接人工	16
变动制造费用	4
变动销售和管理费用	2
每年固定成本：	
固定制造费用	450 000
固定销售和管理费用	70 000

在第1年的经营期间，牛顿公司预计生产25 000件产品，销售20 000件产品。该公司预计的每件产品的销售价格是66美元。

要求（参考原始数据，独立回答每个问题）：

（1）假设牛顿公司列出的计划数据准确，在第1年的经营中，完全成本法下的经营净利润是多少？

（2）牛顿公司正考虑投资一种质量更高的原材料，这会使其直接材料成本每件增长1美元，销量增加1 000件。如果该公司投资了这种更高质量的原材料并仍然生产25 000件产品，那么修正后的完全成本法下的经营净利润是多少？

（3）牛顿公司正考虑把每件产品的售价提高1美元，这预计会使其销量减少1 500件。如果该公司把每件产品的售价提高了1美元，且仍然生产25 000件产品，那么修正后的完全成本法下的经营净利润是多少？

（4）假设牛顿公司列出的计划数据准确，在第1年的经营中，变动成本法下的经营净利润是多少？

（5）牛顿公司正考虑投资一种更高质量的原材料，这会使其直接材料成本每件增长1美元，销量增加1 000件。如果该公司投资了这种更高质量的原材料并仍然生产25 000件产品，那么修正后的变动成本法下的经营净利润是多少？

（6）牛顿公司正考虑把每件产品的售价提高1美元，这预计会使其销量减少1 500件。如果该公司把每件产品的售价提高了1美元且仍然生产25 000件产品，那么修正后的变动成本法下的经营净利润是多少？

（7）牛顿公司的保本点销量是多少？保本点销售额是多少？

（8）在第1年的经营中，该公司的计划安全边际是多少？

综合练习4　现金预算、利润表、资产负债表、现金流量表、比率分析

米伦公司（Millen Corporation）是一家商场，正在制定7月的总预算。该公司6月的资产负债表如下。

米伦公司资产负债表（截至6月30日）

（单位：美元）

资产	
现金	120 000
应收账款	166 000
存货	37 200
厂房及设备、净折旧额	554 800
资产总计	878 000
负债和股东权益	
应付账款	93 000
普通股股本	586 000
留存收益	199 000
负债和股东权益总计	878 000

米伦公司的管理者做出了如下的假定和估计。

（1）估计7月和8月的销售收入分别是310 000美元和330 000美元。

（2）每月销售收入的20%是现销，80%是赊销。每月的赊销款项能在当月收回30%，下个月收回70%。6月30日所有的应收账款都能在7月收回。

（3）每月的期末存货是下月销售收入的20%。销货成本是销售收入的60%。该公司在采购月采购其进货的40%，下个月再采购60%。6月30日所有的应付账款都会在7月支付。

（4）月销售和管理费用是70 000美元。这其中有每月折旧费用10 000美元和该月维持生产所需要的相关成本60 000美元。

（5）在7月，该公司没有任何购买或销售厂房及设备的计划。在7月，公司不会发生借款、支付股利、发放普通股股票或者回购自己的普通股股票。

要求：

（1）计算7月预期能收回的现金。

（2）计算7月采购商品预期支付的现金。

（3）制定7月的现金预算。

（4）编制7月的预计利润表，使用完全成本法。

（5）编制7月31日的预计资产负债表。

（6）计算7月估计的应收账款和存货的周转量。

（7）计算7月估计的经营循环时间。（提示：在计算平均收账期和平均销售期时分子用30天。）

（8）使用间接法计算7月经营活动产生的现金净流量。

综合练习5　现金流量表、比率分析

罗恩公司（Rowan Company）的比较资产负债表及利润表如下。

罗恩公司的比较资产负债表

（单位：百万美元）

	期末余额	期初余额
资产		
流动资产：		
现金及现金等价物	70	91
应收账款	536	572
存货	620	580
流动资产合计	1 226	1 243
固定资产	1 719	1 656
减：累计折旧	640	480
固定资产净值	1 079	1 176
资产总计	2 305	2 419
负债和股东权益		
流动负债：		
应付账款	205	180
应计负债	94	105
应交所得税	72	88
流动负债合计	371	373
应付债券	180	310
负债合计	551	683
股东权益：		
普通股股本	800	800
留存收益	954	936
股东权益合计	1 754	1 736
负债及股东权益总计	2 305	2 419

罗恩公司的利润表（截至当年 12 月 31 日）

（单位：百万美元）

销售收入	4 350
销货成本	3 470
毛利	880
销售和管理费用	820
经营净利润	60
营业外收支：出售设备收益	4
税前利润	64
所得税	22
净利润	42

罗恩公司也提供了以下信息。

（1）公司出售的设备原值为 1 600 万美元，累计折旧为 900 万美元。出售该设备实际收到现金 1 100 万美元，该项销售获利 400 万美元。

（2）公司当年未发行新债券。

（3）公司当年支付现金股利。

（4）公司当年未进行股票交易。

要求：

（1）采用间接法编制当年现金流量表。

（2）计算当年自由现金流量。

（3）为评估罗恩公司年末偿债能力，计算下列指标：

a. 流动比率。

b. 酸性测试比率。

（4）为评估罗恩公司资产管理情况，计算下列指标：

a. 平均收账期（假定所有销售均为赊销）。

b. 平均销售期。

（5）为评估罗恩公司债务管理情况，计算下列指标：

a. 年末的负债权益比率。

b. 权益乘数。

（6）为评估罗恩公司盈利能力，计算下列指标：

a. 净利率。

b. 净资产收益率。

（7）为评估罗恩公司的市场业绩，计算下列指标（假定公司普通股面值为每股 10 美元）：

a. 每股收益。

b. 股利支付率。

综合练习 6 全厂及部门制造费用分配、作业成本法、分部利润表

孔茨公司（Koontz Company）生产两种型号工业部件：一种是基本型号，另一种是先进型号。公司考虑到其全部制造费用为固定成本，则使用全厂制造费用分配法，并以直接人工工时为分配基础。孔茨公司的管理者编制的近几年的分部利润表如下（以销售收入为分配基础将销售和管理费用分配至产品）。

（金额单位：美元）

	基本型号	先进型号	合计
生产及销售的产品数量 / 件	20 000	10 000	30 000
销售收入	3 000 000	2 000 000	5 000 000
销货成本	2 300 000	1 350 000	3 650 000
毛利	700 000	650 000	1 350 000
销售和管理费用	720 000	480 000	1 200 000
经营净利润（损失）	（20 000）	170 000	150 000

直接人工成本为每小时 20 美元。基本型号的直接材料成本为单位产品 40 美元，先进型号的直接材料成本为单位产品 60 美元。孔茨公司考虑从全厂制造费用分配法转换为部门制造费用分配法。公司铸造部门的制造费用以机器工时为分配基础，装卸部门以直接人工工时为分配基础。为进一步分析，管理人员搜集了以下信息。

	铸造部门	装卸部门	合计
制造费用 / 美元	787 500	562 500	1 350 000
直接人工工时 / 时：			
基础型号	10 000	20 000	30 000
先进型号	5 000	10 000	15 000
机器工时 / 时：			
基础型号	12 000	—	12 000
先进型号	10 000	—	10 000

要求：

（1）利用全厂制造费用分配法：

a.计算全厂制造费用分配率。

b.计算分配至单位产品的制造费用金额。

（2）利用部门制造费用分配法：

a.计算部门制造费用分配率。

b.计算分配至单位产品的制造费用金额。

c.利用部门制造费用分配法，重新编制管理人员的分部利润表（仍以销售收入为基础分配分配销售和管理费用）。

（3）孔茨公司的生产经理建议应用作业成本法而非全厂或部门制造费用分配法。为便于进行必要的计算，她将公司制造费用总额分配至以下 5 个作业成本库中。

作业成本库	作业度量	制造费用/美元
加工	铸造部门的机器工时	417 500
装卸	装卸部门的直接人工工时	282 500
订货单处理	客户订单数量	230 000
安装	安装工时	340 000
其他（未利用的生产能力）		80 000
		1 350 000

她将基础型号及先进型号的订货量分别确定为 400 件及 50 件。每个订单均需安装铸造机器。每个基础型号订单中需要一个安装工时，每个先进型号的订单需要 3 个安装工时。

公司为基础型号支付 5% 的销售手续费，为先进型号支付 10% 的销售手续费。其可追溯的固定广告费用包括基础型号的 150 000 美元、先进型号的 200 000 美元。公司其他的销售和管理费用的成本性质不变。

利用生产经理提供的额外信息，计算：

a.每个作业成本库的作业分配率。

b.利用作业成本法将制造费用总额分配至基础型号及先进型号产品的金额。

c.利用作业成本法将销售和管理费用总额追溯至基础型号及先进型号产品的金额。

（4）利用（3）中的数据（作业成本法下），编制根据图 7-3 改编的贡献式分部利润表（提示：将公司全部成本分为 3 类：变动费用、可追溯固定费用、共同固定费用）。

（5）利用（4）中的贡献式分部利润表，计算先进型号产品销售收入的损益平衡点。

（6）解释孔茨公司作业成本法与全厂及部门制造费用分配法的不同之处。

综合练习 7　定额成本与实际成本

达尔文公司（Darwin Company）仅生产一种单位售价为 200 美元的产品。公司利用全厂制造费用分配法，且以生产的产品数量为分配基础。年初估计数如下表所示。

生产的产品数量	50 000 件
固定制造费用总额	1 000 000 美元
生产的单位产品的变动制造费用	12 美元

当年公司无期初存货、期末原材料和在产品。用于生产中的全部原材料为直接材料。预计业务低迷导致年销量下降至 38 000 件。由于销量下降，达尔文公司将其年度产量降至 40 000 件。公司当年发生的实际成本如下。

（单位：美元）

单位变动成本：		
生产成本：		
直接材料		78
直接人工		60
变动制造费用		12
变动销售和管理费用		15
每年固定成本：		
固定生产成本	1 000 000	
固定销售和管理费用	350 000	

要求：

（1）假定公司应用定额成本法（如第3章及第4章所述）：

a. 计算全厂预计制造费用分配率。

b. 计算当年的单位生产成本。

c. 编制产成品成本表和销货成本表。（假定分配不足及分配过度的制造费用完全与销货成本相近。）

d. 计算完全成本法下当年的经营净利润。

（2）假定公司应用实际成本法（如第7章所述）：

a. 计算当年的单位生产成本。

b. 计算完全成本法下当年的经营净利润。

（3）定额成本法与实际成本法下的经营净利润一致吗？为什么？请通过计算进行阐述。

综合练习8　资本预算、投资报酬率、剩余收益

西蒙斯公司（Simons Company）在不同地区拥有多家连锁店。其中一家连锁店的经理考虑到经济增长拟改变其商品组合。该连锁店将800 000美元投资于昂贵商品（增加营运资本），预计3年的年销售收入上涨400 000美元，年变动成本上涨250 000美元。连锁店经理认为3年期期末时经济激增现象会衰退，因此，会释放额外的营运资本。连锁店经理的工资取决于该连锁店的投资报酬率（ROI），过去3年每年均超过了22%。

要求：

（1）假定公司折现率为16%，计算该连锁店投资机会的现值。

（2）计算该连锁店投资机会的年毛利率、资产周转率、投资报酬率。

（3）假定公司要求的必要报酬率为16%，计算该连锁店投资机会的3年中每年的剩余收益。

（4）你认为连锁店经理会选择这个投资机会吗？你认为公司会希望连锁店经理选择这个投资机会吗？为什么？

（5）利用16%的折现率，计算3年中每年剩余收益的现值。该计算结果是大于、小于上述（1）中计算的净现值，还是二者相等？为什么？请通过计算进行解释。

综合练习9　差异分析和内部业务流程

沃雷利工业（Vorelli Industries）的制造副经理本·卡里克（Ben Carrick）评论道："我认为精益生产会让我们更高效。看看6月产品的制造差异就知道了。人工效率差异是24万美元，比以往任何时候都高4倍。如果再加上10.2万美元的不利材料价格差异，仅一种产品在一个月内就损失了34.2万美元。"

公司采购经理桑迪·希普（Sandi Shipp）回答说："放轻松，本，我们知道转向精益生产将增加我们的材料成本。但现在我们与顶级供应商合作，他们每天三次向我们的工厂交付原材料。再过几个月，我们将能够通过腾出三个租用的仓库来抵消大部分较高的采购成本。"

该公司生产经理劳尔·杜瓦尔（Raul Duvall）回答说："我知道我们的人工效率差异看起来很糟糕，但这并不能说明全部情况。我们生产线的准时化流程使我们的工厂比以往任何时候都更有效率。此外，我们在自动

化方面的投资每月都在减少材料浪费。"

本·卡里克问道："上个月，你用 9 万小时直接工时生产了 3 万个产品，你怎么能说你效率更高？这意味着平均每个产品 3 小时，而产品的标准成本只允许每个产品 2.5 小时。"

劳尔·杜瓦尔解释说："我们向精益生产转型的一部分原因是需要削减生产，以减少过剩的产成品库存。几个月后，我们的产成品库存将耗尽，我们将能够满足生产和需求。同时，别忘了，我们的生产线人员并不是在机器闲置时袖手旁观。在精益方法下，他们自己进行检查和设备维护。"

本·卡里克回应说："我们不能让这种情况再持续几个月……至少如果你想在今年获得奖金的话就不能。我看这些报告已经 30 年了，当我看到它时，我就知道效率低下。我们必须把这种情况控制住。"

离开本·卡里克的办公室后，劳尔·杜瓦尔请你帮助制定一些绩效指标，以突出公司向精益生产转型的好处。你正与劳尔·杜瓦尔合作，并收集了以下信息。

（1）该产品（公司众多的产品之一）的标准成本卡如下所示。

	用量或工时标准	价格或工资率标准	标准成本
直接材料	18 英尺	每英尺 3 美元	54.00 美元
直接人工	2.5 小时	每小时 16 美元	40.00 美元
变动制造费用	2.5 小时	每小时 2.8 美元	7.00 美元
单位产品总标准成本			101.00 美元

（2）6 月，该公司以每英尺 3.20 美元的价格购买了 51 万英尺的材料用于生产产品。在这个月里，所有这些材料都被用于生产 30 000 个产品。

（3）该公司拥有稳定的员工队伍来生产产品。以前执行过检查和维护的员工已被重新分配为直接人工。6 月，直接工人在生产线上工作了 90 000 小时，平均工资为每小时 15.85 美元。

（4）变动制造费用是根据直接人工工时分配至产成品的。在 6 月，该公司产生产品制造相关的 20.7 万美元变动制造费用。

（5）随着工人对精益生产方法越来越熟悉，在过去 3 个月里出现了以下趋势。

	4 月	5 月	6 月
加工时间	2.6 小时	2.5 小时	2.4 小时
检查时间	1.3 小时	0.9 小时	0.1 小时
搬运时间	1.9 小时	1.4 小时	0.6 小时
排队时间	8.2 小时	5.2 小时	1.9 小时

要求：

（1）对于直接材料：

a. 计算出价格差异和用量差异。

b. 从你的差异计算中可以看出劳尔·杜瓦尔提到的浪费减少了吗？请解释。

c. 公司未来应该用什么标准价格来计算材料价格差异？为什么？

（2）对于直接人工：

a. 计算工资率差异和人工效率差异。

b. 在精益环境下，公司的人工效率差异是不是一个有用的绩效衡量指标？为什么？

（3）对于变动制造费用：

a. 计算工资率差异和人工效率差异。

b. 在公司的精益环境中，直接工时是不是变动制造费用的适当成本动因？请解释。

（4）计算 4 月、5 月和 6 月的以下数据：

a. 每单位经营循环时间。

b. 制造循环效率（MCE）。

（5）您认为在公司的精益环境中，人工效率差异、经营循环时间和制造循环效率哪个绩效指标更合适？

综合练习 10　分部利润表；作业率和基于作业的成本分配

莫利产品公司（Morley Products）是一家批发分销商，在三个市场竞争——商业市场、家庭市场和学校市场。该公司编制了以下分部利润表。

（金额单位：美元）

	总体合计		商业市场	家庭市场	学校市场
销售收入	20 000 000	100%	8 000 000	5 000 000	7 000 000
减费用：					
销货成本	9 500 000	47.5%	3 900 000	2 400 000	3 200 000
销售支持	3 600 000	18.0%	1 440 000	900 000	1 260 000
订单处理	1 720 000	8.6%	688 000	430 000	602 000
仓储	940 000	4.7%	376 000	235 000	329 000
包装与运输	520 000	2.6%	208 000	130 000	182 000
广告	1 690 000	8.5%	676 000	422 000	591 500
综合管理	1 310 000	6.5%	524 000	327 500	458 500
费用合计	19 280 000	96.4%	7 812 000	4 845 000	6 623 000
经营净利润	720 000	3.6%	188 000	155 000	377 000

虽然商业市场的销售收入最高，但它的利润远远低于学校市场。因此，管理层正在考虑将注意力和资源从商业市场转移到学校市场。他们要求你提出如何进行的建议。你已决定创建一份格式正确的分部利润表。为了协助这项工作，你收集了以下信息。

a. 上述利润表中所示的商品销售成本数据可追溯到各自的市场。

b. 销售支持、订单处理、包装与运输都是变动成本。仓储、综合管理和广告是固定成本。在上面的利润表中，所有这些成本都是根据销售收入分配给这三个市场的。

c. 利用你对作业成本法的了解，你汇编了以下数据。

（单位：美元）

		作业量（单位）			
成本库	成本合计 / 美元	学校市场	商业市场	家庭市场	合计
销售支持	3 600 000	11 000	8 000	5 000	24 000
订单处理	1 720 000	1 650	1 750	5 200	8 600
仓储	940 000	17 500	35 000	65 000	117 500
包装与运输	520 000	64 000	24 000	16 000	104 000

d. 你还确定了公司广告费用和一般管理费用的以下细目。

（单位：美元）

	合计	商业市场	家庭市场	学校市场
广告费：				
可追溯的成本	1 460 000	700 000	180 000	580 000
共同费用	230 000			
一般管理费用：				
可追溯的成本	410 000	150 000	120 000	140 000
共同成本	900 000			

要求：

（1）请参考上文（c）中的数据，计算每个成本库的作业率。然后使用这些比率，将每个成本库中的成本分配到公司的三个市场。

（2）为公司编制一份修改后的贡献式分部利润表，包括公司作为一个整体和每个市场分部的"数量"栏和"百分比"栏的内容。

（3）分部利润表中的哪些内容应引起管理层的注意？请解释。

综合练习 11　转让价格和差异分析

班德公司（Bend Corporation）由格兰特部门（Grant Division）、艾博部门（Able Division）和范西特部门（Facet Division）三个分散的部门组成。部门经理根据部门的利润进行评估和奖励。他们每个人都可以选择将自己的产品销售给外部客户或者将自己的产品销售给公司内的其他部门。他们有权向外部客户设定自己的销售价格，也有权与其他部门协商转让价格。

艾博部门的经理正在考虑两个备选方案。

备选方案 1：

艾博部门可以以每台电机 1 600 美元的转让价格向范西特部门出售 2 000 台电机。为了制造每台电机，艾博部门将从格兰特部门以每台 400 美元的转让价格购买一个部件。然后，艾博部门将进一步加工从格兰特部门购买的每个部件，每个部件的变动成本为 450 美元。此外，艾博部门制造每台电机需要 5 个机器工时。它的固定制造费用是每机器工时 23 美元。

在以每台 400 美元的价格将每个部件出售给艾博部门之前，格兰特部门每个部件的变动成本是 200 美元。它还需要 2.5 个机器工时来生产出售给艾博部门的每个部件。格兰特部门的固定制造费用是每机器工时 38 美元。

如果艾博部门拒绝了这个机会（并寻求下一段所述的备选方案 2），范西特部门将以每台电机 1 600 美元的价格从韦弗利公司（Waverly corporation）购买这 2 000 台电机。为了生产每台电机，韦弗利公司将以每台 350 美元的价格从格兰特部门购买一个部件。格兰特部门将使用 2.5 个机器工时来制造每个部件；然而，由于该部件不同于它将为艾博部门生产的部件，因此单位变动成本仅为 175 美元。

备选方案 2：

艾博部门以每台 1 200 美元的价格向科技公司出售 2 500 台电机。为了生产这种特殊电机，艾博部门将以每单位 200 美元的转让价格从格兰特部门购买一个部件。从格兰特部门的角度来看，这个部件单位变动成本是 100 美元，它需要两个机器工时来生产。艾博部门将进一步加工从格兰特部门购买的每个部件，每个部件的变动成本为 470 美元。艾博部门还将使用 4 个机器工时来完成每台电机。

艾博部门的工厂产能有限，因此，它只能在两个方案中选择一个。公司的一般固定间接费用总额不受此决定的影响。

要求：

（1）如果艾博部门的经理想要利润最大化，应该选择哪一种方案——来自范西特部门的订单还是来自科技公司的订单？请用计算来支持你的答案。

（2）两种方案中，哪一种会使公司整体利润最大化？请用计算来支持你的答案。

综合练习 12　服务部门成本分配；顺序分配法；变动成本和固定成本

海景湾度假村（Bayview Resort）有三个经营部门：会议中心、餐饮服务和宾客住宿，有三个服务部门：行政管理部门、成本核算部门和洗衣房部门。出于计费和管理控制目的，度假村经理希望计算出每个经营部门的直接成本加上分配给服务部门的成本。公司采用服务部门成本分配的顺序分配法，从行政管理部门开始，然后是成本核算部门和洗衣房部门。各部门的分配依据如下。

分配依据	
行政管理部门：	
固定成本	长期平均雇员人数
成本核算部门：	
变动成本	每个期间处理的事务数
固定成本	高峰时期交易处理需求的百分比
洗衣房部门：	
变动成本	每个期间洗衣服的磅数
固定成本	高峰时期洗衣需求的百分比

最近一个季度的其他数据如下。

（单位：美元）

	服务部门			经营部门			合计
	行政管理	成本核算	洗衣房	会议中心	餐饮服务	宾客住宿	
变动成本	0	70 000	143 000	0	52 000	24 000	289 000
固定成本	200 000	110 000	65 900	95 000	375 000	486 000	1 331 900
总间接成本	200 000	180 000	208 900	95 000	427 000	510 000	1 620 000
高峰时期资源使用百分比		10%	4%	30%	16%	40%	100%
每个期间处理的事务数			800	1 200	3 000	9 000	14 000
高峰时期交易处理需求的百分比			7%	13%	20%	60%	100%
每个期间洗衣服的磅数				20 000	15 000	210 000	245 000
高峰时期洗衣需求的百分比				10%	6%	84%	100%

要求：

（1）使用顺序分配法，将服务部门的变动成本分配给经营部门。每个经营部门内分配的直接成本和变动成本总额是多少？

（2）采用顺序分配法，将服务部门的固定成本分配给经营部门。每个经营部门分配的直接成本和固定成本总额是多少？

（3）计算每个经营部门总的直接和分配的变动成本与总的直接和分配的固定成本。

综合练习 13　服务部门成本分配；直接法；全厂间接制造费用分配率和部门间接制造费用分配率

霍巴特公司（Hobart Company）有 5 个制造部门，生产箱包和手提箱。由于成型、零部件和装配部门是将原材料转化为成品，因此，它们被视为经营部门，电力部门和维护部门支持 3 个经营部门，因此被视为服务部门。

霍巴特公司一直以直接人工工时计算的预计全厂间接制造费用分配率作为产品成本分配的基础。间接制造费用分配率的计算方法是：将公司 5 个制造部门的间接制造费用总额除以 3 个运营部门的直接人工工时。

该公司的利润一直在下降；因此，它正在考虑从全厂间接制造费用分配转向服务部门成本分配。根据服务部门成本分配办法，服务部门的成本将分配给三个经营部门。然后每个经营部门将计算自己的间接制造费用分配率。成型部门的间接费用将基于机器工时分配，而零部件部门和装配部门的费用将基于直接人工工时分配。

各服务部门明年的估计费用如下。

（单位：美元）

	服务部门	
	电力部门	维护部门
变动间接成本	640 000	25 000
固定间接成本	1 200 000	375 000
间接成本总额	1 840 000	400 000

电力部门根据预计使用的电量将其变动成本分配给经营部门，并根据高峰时期所需容量的百分比分配其固定成本。维护部门根据所使用的预计维护时间将其变动成本分配给经营部门，并根据高峰时期所需容量的百分比分配其固定成本。

将服务部门成本分配给经营部门的相应数据如下。

	经营部门		
	成型部门	零部件部门	组装部门
电力部门：			
预计使用的电量 /（千瓦·时）	36 000	32 000	12 000
高峰时期所需容量的百分比	50%	35%	15%
维护部门：			
预计维修时间 / 小时	9 000	2 500	1 000
高峰时期所需容量的百分比	70%	20%	10%

要求：

（1）计算公司预计全厂间接制造费用分配率。

（2）下面两种情况，假设公司实际使用部门成本分配。

a. 使用直接法，将变动和固定服务部门成本分配给经营部门。

b. 计算 3 个经营部门的预计部门间接制造费用分配率。

（3）霍巴特公司的一个产品是箱包，在 3 个经营部门使用的机器工时和直接人工工时数如下。

	机器工时 / 小时	直接人工工时 / 小时
成型部门	3 000	1 000
零部件部门	800	2 500
装配部门	0	4 000
总工时	3 800	7 500

a. 使用全厂范围的方法计算将应用于箱包的间接费用。

b. 使用部门成本分配计算将应用于箱包的间接费用。

（4）在箱包的案例中，与部门成本分配相比，全厂间接制造费用分配率方法是成本分配过度还是成本分配不足？如果公司采用成本加成定价，全厂间接制造费用分配将如何影响其定价决策？

综合练习 14　服务部门成本分配；顺序分配法与直接法；全厂及部门间接制造费用分配率

仙台公司（Sendai Company）各部门明年的成本预算如下。

（单位：美元）

工厂管理部门	270 000
保管业务部门	68 760
人事部门	28 840
维护部门	45 200
加工部门——间接费用	376 300
装配部门——间接费用	175 900
成本合计	965 000

公司按照下列顺序将服务部门成本分配给其他部门。

部门	员工人数	总人工工时	占地面积 / 平方英尺	直接人工工时	机器工时
工厂管理部门	12	—	5 000	—	—
保管业务部门	4	3 000	2 000	—	—
人事部门	5	5 000	3 000	—	—
维护部门	25	22 000	10 000	—	—
加工部门	40	30 000	70 000	20 000	70 000
装配部门	60	90 000	20 000	80 000	10 000
	146	150 000	110 000	100 000	80 000

加工部门和装配部门是经营部门；其他部门是服务部门。工厂管理部门按人工工时分配；保管业务部门按占地面积分配；人事部门按员工人数分配；维护部门按机器工时分配。

要求：

（1）采用顺序分配法（间接法）将服务部门成本分配给经营部门。然后在加工部门以机器工时为分配基数，在装配部门以人工工时为分配基数，计算各经营部门的预计间接制造费用分配率。

（2）重复上面的步骤（1），这次使用直接法。再次计算加工部门和装配部门的预计间接制造费用分配率。

（3）假设公司不分配服务部门的成本，而只是计算全厂范围的间接制造费用分配率，该比率将总间接制造费用（包括服务部门和经营部门的成本）除以总直接人工工时，计算全厂预计间接制造费用分配率。

（4）假设一个批次生产需要机器工时和直接人工工时如下。

	机器工时	直接人工工时
加工部门	190	25
装配部门	10	75
合计	200	100

使用上面（1）、（2）和（3）中的间接制造费用分配率，计算分配到该批次的间接制造费用总额。

综合练习 15　分部利润表；边际贡献率；作业成本分配

多元化产品公司（Diversitive Products, Inc.）最近收购了一家小型出版公司，该公司出售 3 本书——《菜谱》《旅游指南》《拼字本》。每本书售价为 10 美元。出版公司最近的月度利润表如下所示。

（单位：美元）

	合计	产品线		
		《菜谱》	《旅游指南》	《拼字本》
销售收入	300 000	90 000	150 000	60 000
费用：				
印刷费用	102 000	27 000	63 000	12 000
广告	36 000	13 500	19 500	3 000
一般销售费用	18 000	5 400	9 000	3 600
工资	33 000	18 000	9 000	6 000
设备折旧	9 000	3 000	3 000	3 000
销售佣金	30 000	9 000	15 000	6 000
一般管理费用	42 000	14 000	14 000	14 000
仓库租金	12 000	3 600	6 000	2 400
办公设备折旧	3 000	1 000	1 000	1 000
费用合计	285 000	94 500	139 500	51 000
经营净利润（损失）	15 000	(4 500)	10 500	9 000

该公司可获得以下附加信息。

a. 只有印刷费用和销售佣金是变动的，所有其他费用都是固定的。印刷费用（包括材料、人工和变动制造费用）可追溯至上述利润表中所示的三条产品线。销售佣金占销售收入的 10%。

b. 用于三条产品线的设备相同，因此设备折旧费用在三条产品线中平均分配。对该公司作业成本的分析表明，该设备 30% 的时间用于制作《菜谱》，50% 的时间用于制作《旅游指南》，20% 的时间用于制作《拼字本》。

c. 仓库用于存储产成品，因此租赁成本已根据销售收入分配给产品线。仓库租金为每年每平方英尺 3 美元。仓库有 48 000 平方英尺的空间，其中 7 200 平方英尺用于《菜谱》产品线，24 000 平方英尺用于《旅游指南》产品线，16 800 平方英尺用于《拼字本》产品线。

d. 上述一般销售费用包括销售经理的工资和其他无法追溯到任何特定产品线的销售费用，该费用已根据销售收入分配给产品线。

e. 一般管理费用和办公设备折旧均与公司整体管理有关。这些费用已平均分配给三条产品线。

f. 所有其他费用可追溯至上述利润表中所示的三条产品线。

多元化产品公司的管理层急于提高出版公司 5% 的销售报酬率。

要求：

（1）编制本月新的贡献式分部利润表。根据提供的附加信息调整设备折旧和仓库租金的分配。

（2）根据（1）中编制的分部利润表，鉴于《菜谱》不会带来利润，管理层计划取消《菜谱》产品线，并将所有可用资源集中在《旅游指南》的宣传上。

基于你编制的新贡献式分部利润表，请回答：

a. 你同意管理层取消《菜谱》产品线的计划吗？请解释。

b. 你是否同意将所有可用资源集中于宣传《旅游指南》的决定？假设三条产品线都有充足的市场（提示：计算每条产品线的边际贡献率）。

综合练习 16　全面预算

永山公司（Endless Mountain Company）生产一款深受户外休闲爱好者喜爱的产品。公司将产品销售给美国东北部地区的零售商。该公司正在编制 2022 年度的总预算，并于 2021 年 12 月 31 日报告了资产负债表，具体如下。

公司首席财务官（CFO）与整个组织的各部门管理者进行了磋商，做出以下一系列假设以帮助编制 2022 年度的预算。

（1）四季度的预计销量分别为 12 000 单位、37 000 单位、15 000 单位和 25 000 单位。注意，公司在第二和第四季度的销售收入达到了峰值。全年的预计销售价格为每单位 32 美元。2023 年第一季度的预计销量为 13 000 单位。

（2）所有商品都是赊销的，坏账可以忽略不计。75% 的赊销款项可在销售当季收回，其余 25% 会在下一季度收回。

（3）每季度的期末产成品库存应该等于下一季度销量的 15%。

（4）每单位产成品需要 3.5 码原材料，且每码原材料的成本为 3 美元。每季度的期末原材料存货应该相当于下季度生产需求量的 10%。预计 2022 年 12 月 31 日的期末原材料存货为 5 000 码。

（5）每季度采购价款的 70% 将在采购当季支付，其余 30% 会在下一季度支付。

（6）直接人工工资为每小时 18 美元，而每单位产成品需耗用的工时为 0.25 小时。所有直接人工成本都在发生当季支付。

（7）单位工时的变动制造费用为 3.00 美元。每季度的固定制造费用为 150 000 美元，其中设备折旧为 20 000 美元。直接人工工时数量被用作预计全厂制造费用分配率的分配基础。所有的间接成本（不包括折旧）都在发生当季支付。

	A	B	C
1	永山公司资产负债表		
2	（2021 年 12 月 31 日）		
3			
4			
5	资产		
6	流动资产：		
7	现金	46 200	
8	应收账款	260 000	
9	原材料存货（4 500 码）	11 250	
10	产成品存货（1 500 单位）	32 250	
11	流动资产合计		349 700
12	厂房及设备：		
13	建筑物及设备	900 000	
14	累计折旧	（292 000）	
15	厂房及设备净值		608 000
16	资产总计		957 700
17			
18	负债和所有者权益		
19	流动负债：		
20	应付账款		158 000
21	所有者权益：		
22	普通股股本	419 800	
23	留存收益	379 900	
24	所有者权益合计		799 700
25	负债和所有者权益总计		957 700
26			

期初资产负债表　　　预算假设

（8）每售出 1 单位产品预计发生变动销售和管理费用 1.25 美元。每季度的固定销售和管理费用包括广告费 25 000 美元、管理人员工资 64 000 美元、保险费 12 000 美元、财产税 8 000 美元和折旧费用 8 000 美元。所有的销售和管理费用（不包括折旧）都在发生当季支付。

（9）公司计划在每季度末维持 30 000 美元的最低现金余额。假定全部借款都发生在季度的第一天。在可能的情况下，该公司将在第四季度的最后一天偿还借款本金和利息。公司债权人对全部借款按每季度 3% 的单利收取利息。

（10）每个季度宣告并支付 15 000 美元的股利。

要求：

公司 CFO 要求你运用 Excel 来编制 2022 年度的全面预算。你的 Excel 工作簿应包括下列子表：2021 年 12 月 31 日资产负债表，编制预算假设的汇总，以及与财务报表相对应的下列预算表。

（1）季度销售预算，包括现金收入预算表。

（2）季度生产预算。

（3）季度直接材料预算，包括材料采购现金支出预算表。

（4）季度直接人工预算。

（5）季度制造费用预算。

（6）2022 年 12 月 31 日的期末产成品库存预算。

（7）季度销售和管理费用预算。

（8）季度现金预算。

（9）截至 2022 年 12 月 31 日的利润表。

（10）2022 年 12 月 31 日的资产负债表。

综合练习 17 现金流量表

参考综合练习 16 中提供的有关永山公司的信息。除了综合练习 16 中编制的预算表，在你的 Excel 工作簿中插入一个名为"现金流量表"的子表。

要求：

（1）运用间接法，计算永山公司预计的 2022 年度经营活动产生的现金流量净额。

（2）编制公司截至 2022 年 12 月 31 日的年度预计现金流量表。

综合练习 18 财务报表比率分析

参考综合练习 16 中提供的有关永山公司的信息。除了综合练习 16 中编制的预算表，在你的 Excel 工作簿中插入一个名为"比率分析"的工作表。

要求（对于所有问题，在进行计算时一定要运用与 Excel 工作簿中其他标签相关联的公式）：

（1）为评估公司的流动性，计算 2022 年 12 月 31 日的下列指标：

a. 营运资金。

b. 流动比率。

（2）为评估公司的资产管理，计算 2022 年的下列指标：

a. 应收账款周转率。

b. 平均收账期。

c. 存货周转率。

d. 平均销售期。

e. 营运周期。

（3）为评估公司的债务管理，计算 2022 年的下列指标：

a. 利息保障倍数。

b. 权益乘数。

（4）为评估公司的盈利能力，计算 2022 年的下列指标：

a. 净利率。

b. 净资产收益率。

（5）对于要求（1）～（4）中所计算的每类衡量指标，指出一般情况下管理层是希望它们随时间的推移而增加还是减少，并对每个答案做出支持性解释。

综合练习 19 本量利关系、变动成本法

参考综合练习 16 中提供的有关永山公司的信息。除了综合练习 16 中编制的预算表，在你的 Excel 工作簿中插入"本量利分析"和"变动成本法"两个新标签。

要求（对于所有问题，在进行计算时一定要运用与 Excel 工作簿中其他标签相关联的公式）：

（1）计算 2022 年的下列预算数据：

a. 固定成本总额。

b. 售出产品的单位变动成本。

c. 售出产品的单位边际贡献。

d. 销量和销售收入的保本点。

e. 安全边际。

f. 经营杠杆系数。

（2）完成下列任务：

a. 编制变动成本法下的利润表（不再计算经营净利润）。

b. 解释完全成本法和变动成本法下经营净利润的差异和调整。

综合练习20　全面预算、现金流量表、比率分析、本量利关系、变动成本法

参考综合练习16以及回答综合练习16～19时所编制的表中提供的有关永山公司的信息。

要求：

（1）假定公司预期在销售当季就收回全部赊销款项，而不是最初假设的在销售当季收回75%的赊销款项，其余25%在下一季度收回。不改变预算假设标签中的任何基本假设，计算以下与2022年预算相关的修正值：

a. 利润（完全成本法基础）。

b. 应收账款周转率。

c. 经营活动产生的现金流量净额。

（2）在Excel工作簿中找到预算假设的工作表。将销售当季收回的销售收入百分比变为100%，而将下季度收回的销售收入百分比变为零。你对（1）a～（1）c的回答与Excel工作表中出现的数字一致吗？如果不一致，为什么？

（3）参考综合练习16中的初始预算假设。假设公司预期向其直接人工支付19美元/小时的工资，而不是原先估计的18美元/小时。不改变预算假设标签中的任何基本假设，计算以下与2022年预算相关的修正值：

a. 2022年12月31日的期末产成品库存。

b. 销量的保本点。

c. 变动成本法下的经营净利润。

（4）在Excel工作簿中找到预算假设工作表。将每小时的直接人工成本从18美元调整为19美元。你对（3）a～（3）c的回答与Excel工作表中出现的数字一致吗？如果不一致，为什么？